# 조현병의 모든 것

35년간 연구와 사례를 축적한 조현병 바이블

SURVIVING
SCHIZO
PHRENIA

# 조현병의 모든 것

E. 풀러 토리 지음 · 정지인 옮김 · 권준수 감수

심심

내 상태 말인데, 다른 선택이 가능했다면 내가 굳이 광기를 선택하지는 않았으리라는 걸 너는 꼭 알아줬으면 한다.

> ― 빈센트 반 고흐Vincent Van Gogh, 1889년, 비자의로 생레미 정신병원에
> 입원했을 때 동생에게 보낸 편지에서[1]

7판을 소중한 친구이자 연구 동료인 페이스 디커슨Faith Dickerson과 밥 욜큰Bob Yolken에게 바친다.

7판의 모든 인세는 치료 옹호 센터Treatment Advocacy Center에 양도한다.

**감수의 말**

# 조현병, 누구에게나 찾아올 수 있다

조현병은 100명 중 1명이 앓고 있는 비교적 흔한 정신질환이다. 이런 비율로 계산하면 국내에 약 50만 명 내외의 환자가 있다고 추정할 수 있고, 그 환자의 가족들을 고려하면 200만 명 이상이 조현병과 직간접적으로 관련이 있다. 물론 이것은 추정치에 불과하며 국내에서 조사한 역학연구에 의하면 이보다는 훨씬 적은 수로 나타나기도 한다. 분명 조현병은 많은 사람이 관련되어 있는 병이지만 여전히 정신질환에 대한 사회적 낙인 때문에 겉으로 잘 드러나지 않는다.

조현병은 만성적이고 치료 기간이 길기 때문에 환자 본인이나 가족들이 병에 대해 잘 이해하고 있는 것이 치료의 시작이자 끝이다. 이러한 이유로 각 병원에서는 환자와 가족을 위한 조현병 교육 프로그램을 운영하고 있지만 시간상의 한계를 비롯해 여러 가지 제약으로 병을 제대로 이해하기에는 역부족이다. 이 책은 이러한 열악한 국내 상황에서 조현병을 종합적이고 체계적으로 이해하는 좋은 길잡이가 될 것이다.

이 책은 1983년에 처음 출간된 이후 조현병에 관한 표준적인 참고 도서로 자리 잡으며 수많은 환자와 가족, 정신건강 전문가에게 도움을 주었다. 조현병의 증상, 원인, 치료와 경과 등을 설명하고, 환자나 가족의 관점에서 병을 안고 살아가는 것이 어떤 의미인지를 잘 담아내어 많은 찬사를 받았다. 유명한 정신과 의사이자 치료 옹호 센터 창립자이며 전미 정신질환자 가족 연합National Alliance on Mental Health, NAMI의 발전에 큰 역할을 했던 E. 풀러 토리 박사는 초판 이후 35년 동안의 연구 결과를 추가해 7판을 출간했다. 국내에서 오래전에 번역이 되었어야 하는 책이 이제나마 소개되는 것은 크나큰 다행이라고 생각한다. 가족들을 위한 책들이 국내에 있기는 하지만 대부분이 단편적인 내용이고, 이 책처럼 종합적이고 체계적으로 정리한 것은 없기 때문이다.

감수를 하면서 국내 상황과 맞지 않는 부분 가운데 일부는 주석을 달아서 국내 실정을 설명했다. 이 점에서 내용상의 잘못이 있다면 순전히 감수자의 잘못임을 밝혀둔다. 이 책을 국내에 소개하기로 한 출판사에 감사하며, 국내 조현병 환자 당사자는 물론이고 가족들에게 큰 도움이 되길 진심으로 희망한다.

권준수(서울대학교병원 정신건강의학과 교수)

# 7판 서문

　내가 이 책의 7판을 낼 만큼 오래 살았다니 행운이라는 생각이 든다. 또한 이 책이 미국뿐 아니라 스페인과 이탈리아, 러시아, 중국, 일본 등지에서도 번역되어 계속 널리 쓰이고 있다는 점도 매우 뿌듯하다. 그러나 이런 만족감은 우리가 아직 조현병의 정확한 원인을 이해하지도 결정적인 치료법을 찾아내지도 못했다는 생각을 하면 한풀 꺾인다. 35년 전 초판을 쓸 당시 나는 이 정도 세월이 흐르면 조현병 연구가 지금보다는 훨씬 더 진전되어 있을 것이라고 기대했다. 그렇게 되지 못한 이유는 이 병에 더 폭넓은 관심을 갖지 않은 정신의학계와 연방정부, 특히 충분한 연구를 수행하지 못한 국립정신보건원National Institute of Mental Health, NIMH 탓이라고 생각한다. 이런 실망감에도 불구하고 나는 지금 우리가 조현병 연구의 매우 중요한 돌파구를 앞두고 있다고 낙관한다.

　이번 개정판에는 몇 가지 새로운 내용을 추가했다. 7장에 정신증이 처음 생긴 사람을 위한 구체적인 치료 계획의 윤곽을 짜놓았다. 그 계획만 봐도 미국에서 현재 사용되고 있는 20가지 항정신병약물을 어떻게 사용해야 하는지 이해할 수 있도록 쓰려고 노력했다. 또한 조현병의 원인에 관한 최신 정보도 담았다. 특히 염증, 감염, 면역과 관련한 선행 사건들을 원인으로 지목하는 흥미로운 최신 연구를 중점적으로 다루었다(5장). '좋은 서비스란 어떠해야 하는가'(9장), '성공적인 조현병'(4장), '운동'(8장)에 관한 새로운 장들도 추가했다. 옹호 활동과 관련해서는 질병인식불능증(1장)과 환청 네트워크Hearing Voices Networks (2장과 3장), 회복 모델(4장), 뇌 질환이라는 사실을 부정하는 사람들(5장), 비밀에 관한 건강보험 양도 및 책임에 관한 법률The Health Insurance Portability and Accountability Act, HIPAA(10장) 등의 논쟁적 사안에 대한 내용도 최신 내용으로 바꾸었다.

그런 만큼 이 책이 계속해서 조현병 환자와 가족, 의료보건 체계에 속한 모든 이에게 유용하게 쓰였으면 좋겠다. 또한 초판 서문에도 썼듯이, 이 책이 절망의 늪에서 조현병을 건져내 미국 의학계의 주류로 옮겨놓는 데도 도움이 되기를 바란다.

# 차례

## 1 광기 내부의 세계: 안에서 보는 모습

## 2 조현병의 정의: 밖으로 보이는 모습

## 3 조현병과 혼동되는 병들

## 4  발병, 경과, 예후

## 5  조현병의 원인

## 6  조현병 치료: 첫 단계

# 7 조현병 치료: 약물 치료와 기타

# 8 조현병의 재활

# 9 좋은 서비스란 어떠해야 하는가

## 10  10대 주요 문제

## 11  환자와 가족은 어떻게 해야 조현병을 이겨낼 수 있을까

## 12  자주 묻는 질문들

## 13  대중의 눈에 비친 조현병

## 14  조현병이라는 재앙의 규모

## 15  옹호를 위해 알아야 할 것들

이 책의 목적은 독자들에게 조현병의 진행 과정과 개연성 있는 발병 경로들을 알리는 것이다. 증상을 평가하려면 전문가가 필요하다. 실제 증상이든 짐작되는 증상이든 모든 증상을 제대로 진단하고 치료하려면 의사의 진찰을 받아야 한다. 증례들에 관해 논할 때는 이름을 비롯해 신원을 드러낼 수 있는 세부 사항들은 바꾸었지만, 연구 결과에 담긴 내용은 온전히 유지했다.

# 1

**광기 내부의 세계: 안에서 보는 모습**

그렇다면 나에게 조현병은 무엇을 의미할까? 내게 조현병은 피로와 혼란을 의미하고, 어떤 경험을 하든 그게 현실인지 비현실인지 구분하려 애써야 한다는 것, 또 어떤 때는 현실과 비현실이 섞여 있어도 알아차리지 못한다는 것을 의미한다. 여러 일이 미로처럼 얽혀 생각을 방해할 때나, 무엇인가가 머리에 든 생각들을 끊임없이 밖으로 뽑아내버려서 사람들이 모인 자리에서 할 말을 잃었을 때 정신 차리고 똑바로 생각하기 위해 애써야 한다는 것을 의미한다. 때로는 내가 내 머리 안에 들어가 있는 느낌이 들어서 뇌 위를 걸어 다니는 내 모습을 상상하거나, 어떤 여자가 내 옷을 입고서 이런 저런 행동을 하는 것을 지켜보며 그녀에 대해 생각할 때가 있음을 의미한다. 내가 끊임없이 '감시당하고' 있다는 것을, 모든 법이 나에게 불리하게 돼 있어서 인생에서 결코 성공할 수 없다는 것을, 그리고 내가 완전히 파괴될 때까지 그리 많은 시간이 남지 않았음을 아는 걸 의미한다.

　　　— 조현병 환자, 헨리 R.롤린의 《조현병에 대처하기Coping with Schizoph-
　　　renia》에서 인용[1]

비극이 닥쳤을 때 삶을 견딜 수 있게 하는 것 중 하나가 친구를 비롯한 가까운 사람들의 공감이다. 홍수 같은 자연재해나 암 같은 만성질환의 경우에 그렇다. 피해를 입은 당사자와 가장 가까운 사람들은 그를 돕고 공감하며 그가 어려운 때에 위로하고 필요한 지원을 한다. "공감은 사람을 지탱해주는 공기이며, 그 속에서 우리는 웅크리고 있던 몸과 마음을 편안하게 펼 수 있다"라고 사상가 랠프 월도 에머슨Ralph Waldo Emerson은 말했다.[2] 공감의 전제 조건은 고통을 입은 사람의 자리에 자신을 대입해볼 줄 아는 능력이다. 홍수로 피해를 입거나 암에 걸린 자신을 상상할 수 있어야 가능한 일이다. 피해 입은 사람과 같은 입장에 처한 자신을 상상할 수 없다면, 피상적인 연민은 가능해도 진정한 공감은 생길 수 없다.

조현병으로 고통받는 사람들에게 공감하기 힘든 이유는 자신이 그 병을 앓는 입장이 된 상태를 상상하기가 어렵기 때문이다. 대부분의 사람에게 조현병의 전체적인 경과는 알 수 없고 낯설고 무섭게 느껴진다. 역사학자 로이 포터Roy Porter가 《광기의 사회사A Social History of Madness》에서 "'미친' 사람과 '멀쩡한' 사람 사이에 오가는 심한 간극이 있는 대화나 그 사이에 끼어드는 침묵의 핵심 특징은 **이상하다는 느낌**이다. 광기는 낯선 타국이다"[3]라고 지적했다.

그러니 조현병은 자신의 소유물이 모두 떠내려가는 상황을 상상할 수 있는 홍수 같은 것이 아니다. 서서히 자라나는 종양이 이 조직에서 저 조직으로 가차 없이 퍼지며 자신의 몸에서 생명을 앗아가는 상황을 상상할 수 있는 암과도 다르다. 그렇다. 조현병은 미치는 것이다. 조현병에 걸린 사람은 괴상한 행동을 하고 기이한 말을 하며 우리를 멀리

하고 움츠러들며, 심지어 우리에게 해를 입히려 할 수도 있다. 예전과
는 전혀 다른 사람으로 변한다. 한마디로 **미친** 것이다! 우리는 그들이
왜 그런 말과 행동을 하는지 이해하지 못하고, 그 병의 경과도 이해하
지 못한다. 꾸준히 자라는 종양이라면 그나마 이해할 수 있겠지만, 이
병은 사람이 자신의 뇌를 아예 통제할 수 없게 되는 일 같다. 보이지도
않고 알 수도 없는 힘에 사로잡힌 사람에게, 미친 사람에게 우리가 어
떻게 공감할 수 있겠는가?

조현병 환자에게 공감하는 사람이 너무 적다는 사실은 조현병을 그
만큼 더 큰 재앙으로 만든다. 조현병에 걸렸다는 사실 자체만으로도
이미 충분히 큰 비극인데 말이다. 이 병에 걸리지 않은 사람들은 이렇
게 자문해봐야 한다. '뇌가 우리에게 장난을 걸어오기 시작한다면, 주
인 없는 목소리가 우리에게 고함을 친다면, 감정을 느끼는 능력이 사
라진다면, 논리적 사고 능력이 사라진다면 어떤 느낌일까?' 한 조현병
환자는 다음과 같이 말했다. "내게 가장 큰 공포를 안기는 것은 나의
뇌다. (…) 상상할 수 있는 최악의 일은 자신의 마음을, 그러니까 자신
의 존재 전체, 자신이 행하고 느끼는 모든 것을 통제하는 바로 그것을
무서워하는 일이다."[4] 이는 분명 그 누구라도 견디기 힘든 지독히 무거
운 짐일 것이다. 그런데 이런 상황에 더해 가장 가까운 사람들이 우리를
피하거나 무시하기 시작한다면, 우리가 하는 말을 못 들은 척하거나 우
리가 하는 일을 몰라본 척하기 시작한다면 어떨까? 가장 사랑하는 사람
들이 매일 우리의 행동에 당황한다면 어떤 기분일까?

조현병 환자에게 공감하지 못하는 이유는 그만큼 조현병에 대해 아
는 것이 없기 때문이다. 그렇기 때문에 친척이나 가까운 친구 중에 조

현병 환자가 있다면 누구나 그 병이 과연 어떤 병인지, 그 병에 걸린 사람이 어떤 일을 겪는지 최대한 알아보려고 노력하는 것이 마땅한 도리다. 이는 단순히 지적인 교육이나 호기심을 풀기 위한 일이 아니라, 그 사람에게 공감하기 위한 노력이다. 도움이 되기를 원하는 친구와 친지가 해야 할 가장 중요한 일은 조현병에 걸린 사람의 뇌 안에서 어떤 일들이 벌어지는지 알아보는 것이다. 한 어머니가 조현병 환자인 아들이 자신의 환각을 묘사한 이야기를 들은 뒤 내게 다음과 같은 편지를 보내왔다. "저는 아들에게 들러붙어 괴롭히는 환영들을 들여다보았고, 솔직히 말씀드려서 때때로 모골이 송연해졌습니다. 그 일은 동시에 제가 **저 자신의** 비극에서 빠져나가, 그 병에 시달리는 것이 당사자에게 얼마나 끔찍한 일인지 깨닫게 해주었습니다. 이 고통스러운 지혜를 얻게 해주신 하느님께 감사합니다. 저는 이제 이 모든 일에 좀 더 쉽게 대처할 수 있습니다."

공감이 있을 때 조현병은 개인적 비극이다. 공감이 없을 때 조현병은 가족의 재난이 된다. 공감이 없으면 가족을 하나로 묶어줄 그 무엇도, 상처에 바를 연고도 없기 때문이다. 조현병을 이해한다는 것은 병을 둘러싼 무지의 안개를 걷어내고 신비의 영역에서 끌어내 이성의 햇빛 아래 세우는 일이다. 조현병을 이해할수록 우리 눈에 보이는 광기의 얼굴은 공포의 얼굴에서 점점 슬픔의 얼굴로 변해간다. 조현병에 시달리는 사람에게 이것은 매우 중요한 변화다.

조현병 환자가 어떤 일을 겪는지 알아보는 가장 좋은 방법은 당사자의 말을 들어보는 것이다. 그래서 나는 신호와 증상 들을 묘사하는 당사자의 이야기에 많이 의존한다. 영어로 된 책들에 몇몇 훌륭한 묘사들이 흩어져 있는데, 그중 가장 괜찮은 책들을 1장 추천 참고문헌 목록에 수록했다. 그런 책들과 대조적으로, 가장 널리 읽힌 책 중 하나인 한나 그린Hannah Green(조앤 그린버그의 필명)의 《난 너에게 장미 정원을 약속하지 않았어I Never Promised You a Rose Garden》[5]는 〈부록 1〉에서도 설명하겠지만 전혀 도움이 되지 않는다. 한 분석에 따르면, 그 소설은 조현병이 아닌 (지금은 보통 신체화장애somatization disorder라 불리는) 히스테리로 진단해야 할 한 환자를 묘사한다.

〈표 1-1〉에 나오는 증상이나 신호가 모든 환자에게 다 나타나지는 않는다. 그보다는 증상들의 조합이 그려내는 전체적인 그림에 따라 최종 진단이 내려진다. 한 종류의 증상이 더 많이 나타나는 사람이 있는가 하면 다른 종류의 증상이 더 많이 나타나는 사람도 있다. 그리고 조

**표 1-1. 조현병 환자가 자신의 경험을 묘사하는 말을 듣거나 그들의 행동을 관찰할 때 눈에 띄는 몇 가지 이상**

1. 감각 변화
2. 입력되는 감각들을 분류하거나 해석하지 못하고 그로 인해 적절하게 반응하지 못함
3. 망상과 환각
4. 자기 감각의 변질
5. 감정 변화
6. 동작 변화
7. 행동 변화
8. 병에 대한 인식 감소

현병에서만 유일하게 발견되는 증상이나 신호는 없다. 모든 증상과 신
호는 이따금 뇌종양이나 측두엽간질 같은 다른 뇌 질환들에서도 나타
난다.

## 감각 변화

---

소설가 에드거 앨런 포Edgar Allan Poe의 〈고자질하는 심장The Tell-Tale
Heart〉(1843)에서 조현병에 빠져들고 있는 것이 분명해 보이는 주인공
이 이렇게 소리친다. "당신이 광기라고 착각하는 것은 사실 감각이 극
도로 예리해진 것이라고 내가 말하지 않았던가요?" 인간 정신의 어둡
고 후미진 구석에 관한 전문가인 포는 광기의 핵심 주제 하나를 정확
하게 지목했다.

감각 변화는 조현병의 초기 단계에서 특히 두드러지는 증상이다.
연구에 따르면 모든 환자 중 3분의 2에게서 나타난다. 연구자들은 "지
각장애는 조현병 초기 단계에서 가장 흔히 나타나는 특징"이라고 결론
내렸다.[6] 감각 변화는 정신증 삽화*에서 회복한 후에 환자들이 가장 흔
히 털어놓는 증상이기도 하다. 그러나 급성 및 일과성 정신증 환자나 만

---

\*      정신증psychosis이란 망상이나 환각 등의 증상 때문에 현실과 비현실을 구별하지 못할
       정도로 정신이 무너진 병증 상태를 말한다. 이런 증상이 일정 기간 지속되는 상태를
       정신증 삽화라고 한다. 정신증의 다른 증상들로는 일관되지 않거나 의미가 통하지
       않는 말을 하는 것, 상황에 맞지 않는 행동을 하는 것, 우울증, 불안증, 수면장애, 사
       회적 위축, 의욕 상실, 전반적 기능 문제가 있다.

성적 정신증 환자가 이런 감각 변화를 겪고 있다고 말하는 일은 매우 드물다.

포와 동시대에 살았던 전문가들도 감각 변화를 조현병의 대표적 특징으로 언급했다. 1862년 일리노이 주립 정신병원의 병원장은 정신이상이 "정신이 인상印象들을 받아들이는 방식을 완전히 뒤집거나 본질적으로 변화시킨다"라고 썼다.[7] 감각이 예리해지는 변화가 좀 더 흔하지만 무뎌지는 변화도 많이 나타나며, 모든 감각 양태樣態에 영향을 끼칠 수 있다. 예를 들어, 포의 소설에서 주인공은 주로 예리해진 청각을 경험한다.

> 맞아요! 불안해요. 나는 늘 아주, 아주 무시무시할 정도로 불안했고 지금도 그래요! 하지만 그렇다고 왜 나더러 미쳤다고 말하는 거죠? 그 병은 내 감각을 예리하게 했어요. 파괴한 게 아니고, 무디게 한 것도 아니라고요. 무엇보다 청각이 예리해졌죠. 나는 천국과 지상에서 나는 모든 소리를 들었어요. 지옥에서 나는 여러 가지 소리도 들었고요. 그런데 이런 내가 어떻게 미쳤단 말이죠? 들어봐요! 그리고 내가 그 모든 이야기를 당신에게 얼마나 건강한 상태로, 얼마나 침착하게 말할 수 있는지 관찰해 보라고요.

어느 환자는 이렇게 묘사했다.

지난번 마지막으로 증상을 겪었을 때는 모든 소음이 전보다 훨씬 더 시끄러워졌다는 걸 느꼈어요. 마치 누군가가 볼륨을 높여놓은 것 같았죠.

(…) 배경 잡음에서 가장 많이 느껴졌어요. 무슨 말인지 아시죠. 항상 우리 주변을 채우고 있지만 대개는 의식하지 않는 잡음 말이에요.[8]

청각의 변화보다 시지각의 변화가 훨씬 더 흔하다. 한 환자는 다음과 같이 묘사했다.

지금은 색깔들이 더 환하게 보여요. 마치 형광물감처럼요. 사물들도 만져보기 전까지는 고체인지 아닌지 확신할 수가 없어요. 나는 그리 예술적인 사람이 아닌데도 전보다 색깔들도 더 많이 감지하는 것 같고요. (…) 사물들의 색깔만 매혹적으로 느껴지는 게 아니라, 바닥 표면에 그어진 표시 같은 것들도 주의를 확 끌어당깁니다.[9]

또 다른 환자는 색상의 선명함뿐 아니라 사물들의 변화에도 주목했다.

모든 게 생기발랄하게 보였어요. 특히 빨강색이요. 사람들은 검은 윤곽선을 띠고 있고 눈에서는 흰빛을 발해서 악마처럼 보였고요. 의자, 건물, 장애물 등 모든 종류의 물건이 그 자체로 생명이 있었고, 위협하는 동작을 하는 것 같았어요. 애니미즘에서 말하듯, 영혼이 깃든 것 같은 모습이었어요.[10]

어떤 경우에는 시각 변화가 외양을 더 좋아 보이게 할 때도 있다.

많은 것이 사이키델릭해 보였고 빛이 났어요. 저는 레스토랑에서 일하고 있었는데, 실제보다 훨씬 더 고급스러운 레스토랑처럼 보였죠.[11]

다른 경우에는 시각 변화가 대상을 더 추하게 혹은 더 무섭게 만들기도 했다.

사람들이 기형으로 보였어요. 마치 성형수술을 받았거나 다른 골격구조로 보이게 분장한 것 같았죠.[12]

색깔과 질감이 서로 뒤섞이기도 한다.

모든 것이 가능한 한 가장 가느다란 선인 것처럼 아주 밝고 풍성하고 순수해 보였어요. 아니면 물처럼 빛나면서 부드러웠지만 고체이기도 했고요. 얼마 지나자 모두 다시 거칠어지고 음영이 졌어요.[13]

때로는 청각과 시각이 **모두** 강화되기도 하는데, 다음의 젊은 여성에게도 그런 일이 일어났다.

이 울음들은 줄어들기는커녕 점점 더 커지는 것 같았다. 어느 날, 교장실에 있을 때 방이 갑자기 거대해졌다. (…) 엄청난 두려움이 나를 덮쳤고, 나는 마치 길을 잃은 것처럼 주위를 둘러보며 필사적으로 도움을 구하려 했다. 사람들이 말하는 소리가 들렸지만, 말의 의미는 파악되지 않았다. 그 목소리들은 온기도 색깔도 없는 금속성이었다. 때때로 단어 하나가 나머지 말들에서 떨어져 나왔다. 말도 안 되겠지만 칼로 잘라낸 것처럼 말이다. 그러고는 내 머릿속에서 끝없이 반복됐다.[14]

감각의 과도한 예리함과 밀접하게 연관되는 또 한 가지 현상은 감각 자극들이 흘러넘치는 것이다. 감각 입력이 예리해질 뿐만 아니라 모든 것이 보이고 들린다. 보통 우리 뇌는 입력되는 대부분의 시각과 청각을 걸러내 무엇이든 우리가 선택하는 감각에 집중하도록 해준다. 많은 조현병 환자가 이런 선별 기제가 손상된 것처럼 보이며, 그 결과 뇌에서 한꺼번에 감각 자극의 홍수가 일어나는 것 같다.

이 사람은 청각 자극으로 가득한 감각의 홍수를 묘사한다.

> 나는 그 무엇에도 딱히 관심이 없는데 이상하게 모든 게 내 주의를 사로잡아요. 선생님한테 이야기를 하고 있는 지금도 옆방과 복도에서 나는 소리가 다 들려요. 그 소리를 차단하기가 어렵고, 그래서 선생님한테 하는 이야기에 집중하기가 더 어려워요.[15]

그리고 시각 자극의 홍수를 이렇게 묘사한다.

> 뒤이은 혼란의 시기 동안 때때로 어느 정도 시각의 왜곡과 환각이 있었다. 몇 번은 눈이 유난히 빛에 예민했다. 보통의 색깔들이 너무 밝게 보였고, 햇빛은 눈부실 정도로 강하게 느껴졌다. 이런 일이 일어났을 때는 책을 읽는 것조차 불가능했고, 인쇄된 글자들은 너무 심하게 검게 보였다.[16]

그 두 가지가 한꺼번에 일어나는 경우도 자주 있다.

> 나의 집중력은 약간 해괴하다. 나는 길을 걸어가는 사람들을 초상화를
> 그리듯 묘사할 수 있다. 밴쿠버로 들어가는 동안 우리 앞을 지나갔던 차
> 들의 번호판 숫자도 모두 기억한다. 우리는 휘발유 값으로 3달러 57센
> 트를 지불했다. 우리가 주유소에 있는 동안 공기주입기에서는 땡 하는
> 소리가 열여덟 번 났다.[17]

> 외부자의 눈에는 '현실과의 접촉을 잃은' 사람만 보일지도 몰라요. 사실
> 우리는 종종 혼란에 빠지고 때로는 완전히 압도당할 정도로 너무 많은
> 현실을 경험하고 있는 거랍니다.[18]

이 예들에서 명확히 알 수 있듯이, 많은 감각 데이터가 한꺼번에 뇌
로 몰려들어오면 집중하거나 주의를 기울이기 어렵다. 한 연구에 따르
면 조현병을 앓았던 사람 중 절반 이상이 주목하거나 시간의 흐름을
따라가는 기능이 손상되었다고 회상했다. 그중 한 환자는 다음과 같이
표현했다.

> 때때로 사람들이 내게 말을 할 때면 내 머리는 과부하에 걸립니다. 동시
> 에 너무 많은 걸 머릿속에 붙잡아둬야 하니까요. 또 빨리 들어온 만큼 빨
> 리 빠져나갑니다. 충분히 오랫동안 듣고 있지 못하기 때문에 방금 들은
> 것도 잊어버리죠. 말들이 허공에 뜬 의미 없는 단어에 지나지 않아서 사
> 람들의 얼굴을 보고 짐작하는 수밖에 없습니다.[19]

이런 감각 과부하 때문에 조현병 환자는 사람을 사귀고 어울리는
일을 힘들어한다. 이를 한 청년은 다음과 같이 말했다.

> 대인 관계 상황에 대처하는 일은 불가능에 가깝다. 아무 의미 없는 대화
> 의 조각을 하나 붙잡아 다시 말해 달라고 하거나 무슨 이야기를 하는 거
> 냐고 묻는 나는 사람들에게 항상 냉담하거나 불안하거나 초조한 사람이
> 거나 그냥 아주 이상한 사람으로만 비춰진다.[20]

청각과 시각 외에 다른 감각 양태들도 영향을 받을 수 있다. 메리
반스Mary Barnes는 자신이 경험한 '광기의 여정'을 풀어낸 자서전에서
"몸에 뭔가가 닿는 게 얼마나 끔찍했는지" 회상했다. "언젠가 간호사
가 내 손톱을 깎으려 했다. 그와 닿는 느낌이 얼마나 끔찍했는지 나는
간호사를 물려고까지 했다."[21] 조현병에 걸린 한 의대생은 "환자들에
게 손을 대면 내가 전기 처형을 당하는 느낌이 들었다"고 회상했다.[22]
또 다른 환자는 목구멍 안에 쥐가 있는 것 같은 끔찍한 느낌과 "그 쥐
의 사체가 내 몸 속에서 분해되면서 내 입안에서 썩는" 맛이 났던 일을
묘사했다.[23] 성기의 감각이 예민해지는 일도 종종 발생하는데, 한 환자
는 "벗어날 수도 없고 멈출 수도 없는 성기의 성적 흥분"이라고 표현
했다.[24] 언젠가 내가 치료하던 한 젊은이는 그런 감각 증상 때문에 자신
의 성기가 검은 색으로 변하고 있다고 확신했다. 그는 이런 망상적 공
포에 대처하기 위해 5분마다 의사들(혹은 눈에 보이는 아무나)에게 자기
성기를 살펴보게 해 그렇지 않다는 확인을 받았다. 심지어 여자친구가
일하던 지역 우체국에 가서 손님들이 보는 앞에서 자기 성기를 살펴

봐달라고 했다가 강제 입원을 당했다. 하지만 그로서는 자신도 제어할 수 없는 일이었다.

과도하게 예리한 감각의 또 한 가지 양상은 정신에 생각이 흘러넘치는 것이다. 이는 마치 (소리나 시각 같은) 외적 자극과 (생각과 기억이라는) 내적 자극이 동시에 힘을 합쳐 뇌를 폭격하는 것 같은 상황이다. 이 분야를 집중적으로 연구한 한 정신의학자는 우리가 지금까지 조현병 환자들의 내적 자극에 관해 반드시 알아야 하는 만큼도 알지 못한다고 주장한다.[25]

> 나를 괴롭히는 문제는 생각이 너무 많다는 겁니다. 다른 사람들도 뭔가를 생각하죠. 재떨이를 생각한다고 해봅시다. 그러면, '아, 그래, 저건 담배를 놓아두는 거지'하고 생각하겠죠. 하지만 나는 재떨이를 생각하면 재떨이와 관련된 여남은 가지를 동시에 생각합니다.[26]

> 나는 집중력이 형편없어요. 하나에서 다른 걸로 풀쩍 풀쩍 뛰어다니죠. 내가 누군가에게 뭔가 말하고 있을 때 그 사람이 다리를 꼬거나 머리를 긁적이기만 해도 나는 정신이 산만해져서 내가 무슨 말을 하고 있었는지 잊어버려요. 눈을 감으면 더 잘 집중할 수 있다고 생각합니다.[27]

과거의 기억들이 홍수처럼 쏟아져 들어오는 상황을 묘사하는 이들도 있다.

> 어렸을 때 느낀 감정들이 무슨 상징처럼 다시 떠오르기 시작했고, 과거

에 나눈 대화의 조각들이 내 머릿속을 지나다녔다. (…) 나는 누군가 내
게 최면을 걸어 내 인생의 첫 4년 반 동안 있었던 일들을 기억해내도록
한 거라고 생각했다.[28]

일부 환자들이 유년기에 겪은 일을 잘 기억해내는 점 때문에 예전
정신분석가들 중에는 기억 난 사건들이 어떤 식으로든 조현병과 인과
관계로 얽혀 있다고 착각하는 이들도 있었다. 그러나 이 이론을 뒷받
침하는 과학적 증거는 존재하지 않으며 많은 증거가 오히려 반대의 이
론들을 지지한다.

생각이 홍수처럼 쏟아지는 일의 또 다른 양상은 누군가가 자신의
머릿속에 생각의 홍수를 집어넣고 있다고 느끼는 것이다. 이는 흔히
'사고주입'이라고 하며, 많은 정신의학자가 이런 느낌이 드는 것을 조
현병의 거의 확실한 증상으로 여긴다.

> 온갖 종류의 '생각들'이 내게 오는 것 같다. 마치 누군가 내 머릿속에서
> 그 생각들을 '말하고' 있는 것처럼. 사람이 곁에 있으면 더 심해지는 것
> 같다.[29]

> 대학 시절에 나는 모든 사람이 나에 관해 생각하고 내 얘기를 한다는 걸,
> 동네 약사가 자기 생각을 내 머릿속에 주입하고 나한테 필요 없는 것들
> 을 사도록 유도하며 나를 괴롭힌다는 걸 '알고 있었다'.[30]

머릿속에서 이런 일들이 벌어지고 있을 때 집중하기 어렵다는 건

놀랄 일도 아니다.

> 나는 체커checker를 하러 오라는 초대를 받고 가서 게임을 시작했지만 계속할 수가 없었다. 내 생각에 너무 깊이 빠져 있었기 때문이다. 특히 다가오는 세계의 종말과 무력 사용에 대해 책임이 있는 사람들, 살해 의도가 있다고 여겨지는 사람들에 관한 생각이었다.[31]

환자의 관점에서 아주 유용한 글을 많이 써온 에소 리트Esso Leete의 다음 묘사에서 알 수 있듯이, 감각 변화는 무척 무서워질 수도 있다.

> 때는 저녁이었고 나는 플로리다에서 내가 다니는 대학 근처 해변을 따라 걷고 있었다. 갑자기 나의 지각에 변화가 생겼다. 점점 강해지는 바람은 뭔가 끔찍한 일이 일어날 전조였다. 나는 바람이 점점 더 강해지는 걸 느낄 수 있었고, 바람이 나를 붙잡아 휩쓸어 가버리려는 거라고 확신했다. 주변 나무들은 위협적으로 나를 향해 몸을 굽혔고 굴러다니는 회전초*들이 나를 쫓아왔다. 나는 너무 무서워서 달아나기 시작했다. 그런데 내가 달리고 있다는 걸 분명히 아는데도 나는 전혀 앞으로 나아가지 못하고 있었다. 시간과 공간 속에 갇혀버린 것 같았다.[32]

극도로 예민해진 모든 감각 양상이 한데 더해져 뇌에서 불협화음을

---

\*    뿌리에서 분리되어 바람에 굴러다니는 식물의 지상 부분. 뿌리 없이도 식물의 기능을 완전하게 수행한다.

일으키면 끔찍하고 무서울 것이다. 대부분의 환자도 그렇게 말한다.
그러나 조현병 초기, 예민한 정도가 너무 심하지 않을 때는 예민한 감
각이 즐거운 경험으로 느껴질 수도 있다. 조현병이 처음 발발한 며칠
동안을 묘사하는 많은 이야기에서 보통 '절정경험'이라 불리는 고조된
인식의 경험을 발견할 수 있다. 이런 경험들은 조울증(양극성장애)과 마
약에 취한 상태에서도 흔히 나타난다. 한 환자의 묘사를 살펴보자.

> 갑자기 빛과 사랑스러움이 흘러들어와 나의 전 존재를 채웠고, 그러자
> 순식간에 내 안에서는 그에 응답하려는 듯 심오하고 감동적인 감정이
> 차올랐다. 나는 가장 생생한 인식과 깨달음의 상태에 있었다.[33]

이러한 경험을 종교적 틀 안에서 해석하고 신의 손길이 자신에게
닿은 거라고 믿는 환자가 많다.

> 나는 점점 더 높은 고양과 인식의 상태로 들어갔다. 사람들이 하는 말에
> 는 숨겨진 의미가 있었다. 그들이 하는 말들은 다 인생에 적용할 수 있었
> 다. 실재하는 모든 것의 의미를 알 것 같았다. 나는 인생과 진실, 신에 대
> 한 엄청난 인식을 얻었다. 교회에 갔더니 갑자기 예배를 구성하는 모든
> 부분의 의미가 분명히 이해됐다.[34]

이러한 경험들을 고려하면 과도한 종교적 몰입이 조현병의 흔한 초
기 신호로 꼽히는 것도 놀랍지 않다. 초기 조현병 환자들을 대상으로
한 연구에 따르면 "대부분의 환자가 자기 경험을 말로 표현하기 어렵

다는 점을 불만스러워했고, 대다수가 형이상학적이거나 초자연적, 철학적 문제들에 정신이 팔려 있었다"고 보고했다.[35]

조현병으로 감각이 예민해질 수도 있지만 무뎌질 수도 있다. 병의 경과에서 예민해지는 증상은 대개 가장 초기에 나타나지만 감각 둔화 현상은 후기에 나타난다. 감각 둔화는 "마치 정신에 무거운 커튼을 쳐버린 것 같은 느낌, 감각을 자유롭게 사용하는 것을 방해하는 두껍고 먹먹한 구름에 뒤덮인 것 같은 느낌"으로 묘사된다.[36] 자신의 목소리가 먹먹하게 잘 안 들리거나 멀리서 나는 소리처럼 들리기도 하고, 시야가 흔들흔들 물결 지게 보이거나 뿌옇게 될 수도 있다. "아무리 열심히 들여다봐도 마치 백일몽 속을 들여다보는 것 같고 카펫 무늬 같은 복잡한 세부들의 덩어리를 보는 것 같아서 이내 길을 잃은 느낌이 들었다."[37]

조현병으로 통각이 둔해지는 일도 있다.[38] 자주 생기는 일은 아니지만 통각 둔화는 간병인들에게 극적이고 실질적인 영향을 미칠 수 있다. 지금은 약 때문에 통각이 둔화된다고 생각하는 추세지만, 사실은 이미 1798년에 존 해슬럼John Haslam 박사가《정신이상에 대한 관찰Observations on Insanity》에서 명확히 묘사한 증상이다. 더 오래된 교과서들을 보면 외과의사들이 일부 조현병 환자들에게 마취제를 조금만 쓰거나 아예 쓰지 않고 맹장수술이나 그와 유사한 처치를 한 이야기가 많이 나온다. 내 환자는 유방에 아주 큰 농양이 생겼는데도 옷에 고름이 배어나올 때까지 이를 전혀 알아차리지 못했다. 유방 농양은 보통 엄청나게 통증이 심한 병인데도 그 환자는 통증을 전혀 느끼지 못했다고 말했다. 여러 해 동안 조현병 환자들을 돌봐온 간호사들은 골절, 천

공성 궤양, 맹장 파열 등이 발생했는데도 환자가 아무 말도 하지 않았던 사례들을 얼마든지 들려줄 수 있다. 환자가 통증을 호소하지 않더라도 어딘가 아파 보이면 의학적 도움을 줄 수 있도록 이런 가능성들을 염두에 두는 것이 실질적으로 매우 중요하다. 일부 조현병 환자들이 담배를 피울 때 너무 끝까지 태우다 손가락 화상을 입는 것도 바로 이런 이유 때문이다.

지금까지 이야기한 감각 변화의 모든 양상에는 공통분모가 있다. 뇌로 들어가는 모든 감각 입력은 뇌 하부에 위치한 시상thalamus을 통과한다. 5장에서 이야기하겠지만 시상은 조현병과 관련 있는 부위로 의심되며, 시상에 일어난 병증으로 조현병의 여러 증상들을 설명할 수 있다. 1960년에 자신의 투병기를 출판한 노마 맥도널드Norma MacDonald는 정신의학자들과 뇌과학자들이 그 사실을 이해하기 여러 해 전에 이러한 가능성을 상당히 명료하게 예측했다. 그리고 자신이 생각하는 필터 시스템의 고장에 관해 다음과 같이 썼다.

길을 걷는 낯선 사람의 걸음걸이는 내가 해석해야만 하는 신호일 수도 있었다. 지나가는 전차의 차창에 보이는 모든 얼굴은 내 마음에 새겨질 것이고, 모두가 나에게 집중하며 내게 모종의 메시지를 전달하려고 했다. 여러 해가 지난 지금, 나는 무슨 일이 일어났는지 이해할 수 있다. 우리는 우리의 존재를 침범하는 많은 감각 자극에 대처할 능력을 갖추고 있다. 소리가 닿는 범위 안에서 들리는 모든 소리를 들을 수 있고 시야 안에 있는 모든 대상과 색조와 색상을 볼 수 있다. 그런데 존재하는 그 모든 자극 중에 100분의 1만 한꺼번에 몰려들어도 우리는 일상적인 활동을 수행할 수 없다. 그래서 정신에는 우리가 의식적으로 생각하지 않더라도 스스로 자극들을 분류하고 현재 상황에 의미 있는 자극들만이 의식으로 들어가도록 걸러주는 필터가 있어야 한다. 이 필터는 항상 효과적으로 작동해야 하며, 특히 어느 정도 집중력이 요구되는 상황에서는 더욱 그래야 한다. 토론토에 있을 때 나에게 일어났던 일은 바로 그 필터가 고장 난 것이었고, 그 결과 서로 무관한 자극들이 뒤죽박죽된 채로 내가 온전히 주의를 기울여야 할 것들에서 내 정신을 분리시켜 산만하게 만들었다.[39]

## 해석하고 반응하는 능력의 상실

정상적인 사람의 뇌는 들어오는 자극들을 분류하고 해석한 다음 적절한 반응을 선택해 내보내도록 작동한다. 이런 반응은 선물을 받으면 "감사합니다"라고 말하는 것처럼 대부분 학습된다. 이런 반응에는 논리도 포함된다. 예를 들어 정해진 시간에 출근하지 않으면 어떤 일이 일어날지 예측할 수 있는 것도 논리다. 우리 뇌는 매일 수십만 가지씩 들어오는 자극을 분류하고 해석해 반응을 내보낸다.

조현병에서 나타나는 근본적인 결함은 이렇게 분류하고 해석하고 반응하는 능력이 훼손되는 것이다. 정신의학 교과서들은 이를 사고장애thought disorder로 기술하지만, 사실 거기에는 생각만 포함되는 게 아니다. 시각과 청각 자극, 감정, 일부 행위들도 생각이 잘못 배열되는 것과 정확히 똑같은 방식으로 잘못 배열된다. 그러니 아마 이 모든 원인은 비슷한 뇌 결함일 것이다.

우리는 뇌 시스템이 정확히 어떻게 작동하는지 알 정도로 인간의 뇌를 충분히 이해하지는 못한다. 그래도 일단 우리 뇌 한가운데에 구식 전화교환대가 있고 그 앞에 전화교환수가 앉아 있다고 상상해보자. 이 교환수는 들어오는 모든 감각 입력, 생각, 아이디어, 기억, 감정을 분류하고 그 가운데 어떤 것들을 함께 묶을지 결정한다. 예를 들어 우리 뇌는 보통 한 문장을 이루는 단어들을 받아들여 생각의 한 패턴으로 자동 변환한다. 이때는 개별 단어 하나하나에 집중하지 않고 전체 메시지에 담긴 의미에만 초점을 맞추면 된다.

그런데 교환수가 분류와 해석 작업을 그만둔다면 어떤 일이 벌어질까? 청각 자극을 이해하는 일과 관련해 이런 결함이 발생한 상황을 묘사하는 두 환자의 말을 들어보자.

> 사람들이 말을 할 때면 나는 그 단어들 하나하나가 무엇을 뜻하는지 생각해야만 합니다. 그러니까 즉각적인 반응이 나오지 않고 사이가 뜨는 거지요. 나는 뜻을 생각해야만 하고 그러려면 시간이 걸리니까요. 사람들이 말할 때 나는 모든 주의를 집중해야 합니다. 안 그러면 모든 것이 뒤죽박죽이 돼서 그들이 무슨 말을 하는지 이해할 수가 없어요.[40]

> 나는 사람들이 단순하게 말할 때는 꽤 잘 집중할 수 있어요. 그러나 긴 문장들을 늘어놓으면 의미들을 다 놓쳐버려요. 뜻을 파악하려면 단어들을 한 줄기로 엮어내야 하는데 문장이 길어지면 그렇게 엮어야 할 단어가 너무 많아지거든요.[41]

어떤 연구자들은 이런 결함을 일부 뇌졸중 환자에게 나타나는 것과 유사한 수용성 실어증receptive aphasia이라고 묘사했다. 제시된 단어들을 조합해 문장으로 만들어내지 못하는 것을 말한다. 한 조현병 환자는 이를 다음과 같이 설명한다.

> 나는 이따금 사람들이 하는 말을 갑자기 이해하지 못할 때가 있었어요. 그럴 땐 꼭 모르는 외국어를 듣는 것 같아요.[42]

시각 자극을 잘 이해하지 못하는 문제도 청각 자극 묘사와 비슷하다.

> 나는 모든 걸 내 머릿속에서 조립해야만 합니다. 만약 시계를 쳐다본다면 시곗줄과 시계, 숫자판, 바늘 등을 본 다음에 그것들이 하나의 물건이 될 수 있도록 하나하나 조립해야만 하는 거죠.[43]

한 환자는 담당 정신과 의사를 볼 때 비슷한 문제를 겪었다. "치아가 보이고, 그 다음에 코, 그 다음에 뺨, 그 다음에 한쪽 눈과 다른 쪽 눈이 보여요. 분명 내가 아는 선생님인데도 알아보지 못하는 건 아마도 이렇게 각 부분이 독립되어 있는 게 너무 큰 공포감을 일으키기 때문인 것 같아요."[44]

일부 조현병 환자가 사람을 잘 알아보지 못하거나 다른 사람처럼 보인다고 말하는 이유는 아마도 시각 해석에 손상이 일어났기 때문일 것이다. 조현병에 걸린 내 여동생도 자주 그러는데, 실제로 보았을 가능성이 전혀 없다는 걸 내가 분명히 알고 있는 어린 시절의 친구들을 여럿 보았다고 주장한다. 또 다른 조현병 환자는 시각 오인에 거창한 설명을 갖다 붙였다.

> 오늘 아침 힐사이드[병원]에 있을 때 나는 영화를 만들고 있었어요. 스타 배우들이 나를 둘러싸고 있었죠. 방사선 기사는 피터 로포드Peter Lawford 였고, 경비원은 돈 노츠Don Knotts였어요.[45]

많은 조현병 환자가 각각의 청각이나 시각 자극을 일관된 패턴으로 잘 해석하지 못할 뿐 아니라, 두 종류의 자극을 하나로 조합하는 것도 어려워한다.

> 나는 텔레비전에 집중하지 못해요. 화면을 보면서 동시에 말을 들을 수 가 없기 때문이죠. 이렇게 두 가지를 동시에 받아들이는 걸 못하는 것 같 아요. 특히 그 두 가지가 보는 것과 듣는 것일 때요. 다른 한편으로 나는 항상 한 번에 너무 많은 걸 받아들이는 것 같아요. 그리고는 그걸 감당하 지도 이해하지도 못하죠.[46]

> 나는 앉아서 책을 읽으려 했다. 단어들은 완벽히 낯이 익었다. 얼굴은 완 벽히 기억하지만 이름이 기억나지 않는 옛 친구들처럼. 한 문단을 열 번 읽었지만 전혀 무슨 말인지 이해할 수 없었고, 그래서 책을 덮었다. 라디 오를 들으려 해보았지만, 라디오 소리는 전기톱처럼 내 머리를 갈라놓 는 것 같았다. 차가 다니는 길을 조심조심 걸어 극장에 가서 영화 한 편 이 끝날 때까지 앉아 있었는데, 느릿느릿 돌아다니면서 무언가에 관해

엄청 많이 이야기하는 사람들이 나오는 내용 같았다. 결국 나는 매일 공원 호숫가에 앉아 새들을 보며 시간을 보내기로 했다.[47]

이들이 텔레비전이나 영화를 잘 보지 못하는 것은 매우 전형적인 증상이다. 사람들이 흔히 예상하는 것과는 정반대로 정신과 병동에서 텔레비전을 보는 조현병 환자는 놀라울 정도로 드물다. 텔레비전 앞에 앉아 있는 사람은 있을 수 있지만 그들은 마치 조정화면을 보는 것처럼 단지 시각적인 움직임만을 보기 때문에 방송 내용이 무엇인지 설명하지 못한다. 이 점은 지능이나 교육 수준과는 상관없다. 대학 교육을 받았지만 달리 할 일이 없어 종일 텔레비전만 볼 것 같은 사람들도 마찬가지다. 오히려 그들이 방 한구석에 조용히 앉아 텔레비전의 존재를 모르는 척하는 모습을 발견할 가능성이 크다. 왜 텔레비전을 보지 않느냐고 물으면, 무슨 일이 벌어지는지 따라갈 수 없다고 말하거나, 피곤해서 그런다며 내용을 이해하지 못한다는 사실을 숨기려 할 것이다. 내 환자는 병에 걸리기 전에 열성적인 뉴욕 양키스 팬이었는데, 발병 이후에는 방에 텔레비전이 있는데도 양키스 경기 시청을 거부했다. 어떤 상황이 벌어지고 있는지 이해할 수 없었기 때문이다. 조현병 환자가 가장 좋아하는 시청각물은 만화와 여행 프로그램이다. 둘 다 단순할 뿐 아니라, 청각 입력을 동시에 통합하지 않고서 시각적인 면만 따라가도 되기 때문이다.

뇌 속 전화교환수의 임무는 입력 자극을 분류하고 해석하는 데서 끝나지 않는다. 그 자극들에 적합한 반응을 찾아 다시 밖으로 내보내는 일도 해야 한다. 예를 들어, 누군가 나에게 "오늘 저랑 점심식사 같이 하실래요?" 하고 물으면 뇌는 즉각 그 질문의 전체 내용에 초점을 맞추고 계산을 시작한다. 내가 오늘 시간이 있나? 나는 이 사람과 같이 식사하고 싶은가? 거절할 변명거리는 뭐가 있을까? 이 사람과 내가 함께 있는 걸 다른 사람들이 보면 무슨 생각을 할까? 내가 싫다고 말하면 이 사람에게 어떤 영향을 줄까? 정상적인 뇌에서는 이런 계산 끝에 상황에 적절한 반응이 나온다. 이와 유사하게 친구가 죽었다는 소식은 슬픔과 연결되고, 웃기는 영화의 시각과 청각 자극은 웃음과 연결되며, 우주의 창조에 관한 새로운 개념은 논리와 이미 알고 있는 그 분야 지식과 연결된다. 이런 과정은 질서정연하게 계속되며, 교환수는 매일 이런 일들을 비교적 실수 없이 해낸다.

　자극을 분류하고 해석하지 못하는 것뿐 아니라 적절한 반응을 골라내지 못하는 것도 조현병의 특징 중 하나다. 1911년에 스위스 정신의학자 오이겐 블로일러Eugen Bleuler가 독일어로 사고 과정의 여러 부분이 분열되었다는 뜻의 '정신분열병schizophrenia'* 용어를 도입한 것은 바로 그런 점 때문이었다. 블로일러는 조현병 환자들이 자주 보이는 부적절한 반응, 예를 들어 친한 친구가 죽었다는 이야기를 들은 조현병 환자가 키득키득 웃는 것에서 강한 인상을 받았다. 이는 마치 교환수가 따분해져서 입력된 자극을 분류하고 해석하는 일을 그만뒀을 뿐 아니라 단단히 악의를 품고 부적절한 반응들을 마구잡이로 연결해버리는 것

＊　한국에서 조현병으로 병명을 개정하기 전 통용되던 '정신분열병'은 schizophrenia의 직역어다. 현을 조율한다는 의미의 조현調絃을 쓰는 조현병은, 정신의 여러 기능들의 통합 및 조율에 문제가 생겼음을 뜻하는 조어로, 영어로는 attunement disorder라고 표기한다.

같은 상황이다.

적절히 해석하고 반응하는 능력이 사라지는 것은 환자가 다른 사람들을 대하고 사귀는 일을 잘 하지 못하는 문제의 핵심 원인이기도 하다. 청각 자극과 시각 자극을 통합하지 못하니 다른 사람들을 이해하기가 어려워지고, 거기다가 반응을 적절하게 못하니 대인 관계가 불가능해진다. 한 환자는 그러한 곤란을 이렇게 묘사했다.

> 그녀를 만나 함께 있는 동안 나는 그녀와의 연결을 형성하려고, 생명과 감각을 지닌 그녀가 실제로 거기 존재한다는 것을 느끼려고 노력했다. 하지만 헛된 노력이었다. 나는 분명 그녀를 알아보았지만, 그녀는 비현실적 세계의 일부가 되어 있었다. 이름부터 시작해 그녀의 모든 것을 알고 있는데도, 그녀는 마치 조각상처럼 낯설고 비현실적으로 보였다. 그녀의 눈과 코를 보고, 입술의 움직임을 보고, 그녀의 목소리를 듣고 그녀가 한 말을 완벽하게 이해했지만, 그런데도 나는 낯선 사람과 함께 있었다. 우리 사이의 연결을 되살리기 위해 나는 우리를 분리하는 그 보이지 않는 벽을 뚫고 나가려 필사적으로 노력했다. 하지만 노력하면 할수록 성공은 더 멀어졌고, 불안은 성큼성큼 커져만 갔다.[48]

많은 조현병 환자가 위축된 채 타인과의 의사소통을 최소한으로 줄이고 혼자 시간을 보내고 싶어 하는 것은 바로 이런 이유 때문이다. 절대적으로 필요한 경우를 제외하고 의사소통과정은 그들에게 너무나 어렵고 고통스럽다.

환자의 뇌가 청각 자극과 시각 자극을 분류하고 해석하지 못하는 것처럼, 행동들도 토막토막 분절되고 부적절한 반응으로 이어질 수 있다. 이에 대해서는 다음 부분 〈망상과 환각〉에서 더 자세히 다룰 테지만, 이 두 경우 모두 동일한 뇌 손상과 관련되었을 가능성을 짚고 넘어가는 것이 좋겠다. 예를 들어 다음의 환자가 물을 마시는 단순한 행위를 할 때 느끼는 어려움을 앞에서 살펴본 청각과 시각 자극에 반응하는 어려움과 비교해보자.

> 물을 마셔야 한다면, 나는 모든 단계를 하나하나 점검해야 합니다. 컵을 찾는다, 걸어간다, 수도꼭지를 돌린다, 컵에 물을 채운다, 수도꼭지를 잠근다, 마신다 하는 식으로요. 나는 계속 하나의 그림을 완성해 갑니다. 매번 그림을 바꿔야만 하지요. 다음 행동을 하기 전에 이전 그림을 치워야만 해요. 나는 집중할 수가 없습니다. 생각들을 유지할 수가 없어요. 다른 뭔가가, 다양한 것들이 계속 들어오기 때문이죠. 내가 꼼짝 않고 가만히 있으면 좀 더 안정이 되는 것 같습니다.[49]

이런 유사점들을 보면 조현병을 구성하는 증상들은 광범위해도 원인이 되는 기저의 뇌 결손은 몇 가지 안 된다고 짐작할 수 있다.

이를테면 정신과 의사가 묘사하는 경우처럼 조현병의 사고 패턴을 밖에서 관찰할 때는 '비일관성disconnectedness', '연상의 이완loosening of associations', '구체성concreteness', '논리의 손상impairment of logic', '사고 차단thought blocking', '양가감정ambivalence' 같은 단어들을 사용한다. 먼저 비일관성부터 살펴보자. 환자 중 하나는 매일 아침 사무실로 와서 내 비서에게 종이에 문장 하나를 써달라고 부탁했다. 그가 부탁한 예를 하나 보자. "양파처럼 생기고, 몹시 예민하며, 마음 깊숙이, 길고 장황하며, 모든 크기의 검은 뱀의 모든 종류를 써주세요." 이 환자는 정상적으로 작동하는 뇌라면 연결하지 않을, 명백히 서로 일관성 없는 개념들을 한데 모아놓았다. 또 다른 환자는 이렇게 말했다.

> 내 생각은 완전히 뒤죽박죽되어서, 뭔가를 생각하거나 말하기 시작해도 결코 끝마치지 못해요. 그냥 엉뚱한 방향으로 빠져버리거나, 내가 말하고 싶은 것들과 관련이 있을지도 모르지만 어떻게 관련이 있는지는 나도 설명할 수 없는 다른 온갖 것들에 붙잡혀 버리죠. 내 말을 듣는 사람들은 나보다 더 어리둥절해 하고요.[50]

때로는 조현병 환자의 뒤엉킨 생각들 사이에 희미한 연관이 존재하기도 한다. 그런 경우를 연상의 이완 또는 느슨한 연상loose associations이라고 한다. 예를 들어 위에서 본 검은 뱀에 관한 문장에서 환자가 양파와 검은 뱀을 병치한 것은 일부 뱀 껍질에 나타나는 양파와 비슷한 무늬 때문일지도 모른다. 또 하나의 예는 언젠가 내가 한 환자의 팔에서 피를 뽑을 때 그가 한 말이다. "내 파란 정맥을 보세요. 내가 러시아 여자들한테 내 정맥을 빨갛게 해달라고 부탁했어요." 피의 빨간색을 구소련의 '빨갱이들Reds'과 느슨하게 연결한 것이다.

이따금 느슨한 연상은 단어들 사이의 빈약한 논리적 연결에 의지하기보다 단지 비슷한 소리에 의지할 때도 있다. 한 젊은이가 내게 보여준 다음의 시가 한 가지 예다.

나는 우리가 곧I believe we will soon

세계 평화를 이룰 거라고 믿는다achieve world peace.

하지만 나는 아직 양을 타고 있다But I'm still on the lamb.

그는 평화를 연상시키는 양lamb과 아마도 올바른 철자를 모르는 듯한 '도망 중인on the lam'이라는 표현을 혼동했다. 'lamb'과 'lam' 사이에는 발음이 비슷한 것 외에는 아무런 논리적 관계도 없다. 이런 연상을 음향 연상clang associations이라고 한다. 또 다른 젊은 환자가 내게 보내준 다음 글도 그러한 비일관적 사고의 예를 보여준다. 그는 한 관리에게 자신의 증상을 설명하기 위해 직접 써보낸 편지를 내게 보여주고 싶어 했다.

사람들이 당신에게 그런 믿음을 심어줬을지도 모르지만, 사실 조현병 환자가 꼭 멍청한 것은 아닙니다. 조현병 환자는 아주 지적일 수도 있습니다. 예를 들어 나는 문장 하나를 보면 그것을 3차원으로 봅니다. 문장 속 모든 단어의 조합들을 보고, 보일 의도를 갖고 있지 않은 단어들도 봅니다. 이 숨어 있는 단어들은 종국에는 원래의 문장과는 전혀 무관한 의미를 지닌 또 하나의 숨은 문장을 이룰 수도 있습니다. 이런 문장의 예를 보면 대단히 학구적인 관찰자도 당황할 것입니다. eye 같은 단순한 단어도 I로 대체할 수 있고, to는 too나 two로 대체할 수 있죠. 동음이의어는 조현병 환자에게 아주 중요합니다. 보시면see 아시겠지만요. 아니 sea라고 말해야 할까요. no와 know 같은 단어들도 서로 바꿔 쓸 수 있습니다. 그러니까 내가 어떤 질문에 "no"라고 대답한다면, 나는 단순히 "know?"

라고 질문하는 것일 가능성이 높습니다. "Do you know?"라고 묻는 것처럼 말입니다. 그러니까 의사가 조현병 환자인 나의 세계에 들어와 나를 평가하기가 얼마나 혼란스러운 일인지 아시겠지요. 마치 논리의 규칙들이 바뀌어버린 것 같으니까요.

조현병 사고의 또 다른 특징은 구체성이다. 이는 속담의 의미를 말해보라는 질문으로 검사할 수 있다. 이에 대답하려면 구체적인 것에서 일반적인 것으로 넘어가는 추상화 능력이 필요하기 때문이다. "유리집에 사는 사람들은 돌을 던지면 안 된다"라는 속담이 무슨 뜻이냐고 물으면 대부분의 사람이 "자신이 완전무결하지 않다면 다른 사람들도 비판하지 말라"라는 식으로 대답할 것이다. 그들은 아무 어려움 없이 유리 집과 돌이라는 구체적인 개념에서 일반적인 개념으로 넘어간다.

그러나 조현병에 걸린 사람은 그러한 추상화 능력을 상실하는 경우가 많다. 내가 조현병 환자 100명에게 위의 속담을 설명해보라고 했을 때 추상적으로 생각할 수 있는 이들은 3분의 1도 되지 않았다. 대다수는 "그러면 유리가 깨질 거예요"라는 식으로 단순하게 대답했다. 많은 경우에 구체적인 대답은 비일관적 사고를 보여주는 것이기도 하다.

음, 그냥 말한 그대로를 의미할 수 있죠. 그러면 유리가 깨지기 십상이니까요. 사람들은 유리 집 안에서 실제로 꽃을 키우죠.

만약에 그렇게 한다면 환경을 망가뜨리게 될 테니까요.

몇몇 환자는 개인적인 이야기로 돌렸다.

사람들은 항상 점잖은 주거 형태를 유지해야 해요. 나도 유리 집에 살았
던 기억이 나는데 내가 했던 거라곤 파도를 친 것뿐이었어요.

또 어떤 사람들이 내놓은 전혀 무관한 답은 사고장애의 다양한 측
면을 보여주었다.

당신이 갈 때까지는 치지 마세요. 오거나 가거나.

몇몇 환자는 앞에서 말한 속담을 추상적으로 사고할 수 있었지만,
그들의 답변에는 조현병에서 전형적으로 나타나는 다른 사고의 측면
들이 담겼다.

유리 집에 사는 사람들은 돌집에 사는 사람들을 잊으면 안 되고, 유리를
던지면 안 된다.

당신이 복잡함들 때문에 고통받는다면 사람들에 관해 말하지 말라. 날
렵하지 말라.

가장 간단명료한 답은 만성 조현병에 시달리는 조용한 젊은이의
것으로, 그는 엄숙한 태도로 곰곰이 생각하더니 고개를 들고 말했다.
"조심."

구체적 사고는 일상생활 중에서 일어날 수 있다. 어느 날 나는 조현병 환자인 여동생의 사진을 찍고 있었다. 내가 "여기를 보세요Look at the birdie" 하고 말하자 동생은 곧바로 하늘을 올려다봤다.* 또 한 환자는 신문가판대 옆을 지나가다가 별이 창문에서 떨어졌다는 헤드라인을 발견했다. 그는 "별처럼 거대한 것이 어떻게 창문에서 떨어질 수 있지?"[51] 하고 궁금해하다가 그 별이 유명 영화배우를 말한다는 걸 깨달았다.

논리적 사고능력이 손상되는 것은 조현병 사고의 또 한 가지 측면인데, 앞에서 살펴본 몇몇 예에서도 알 수 있다. 한 젊은이는 이렇게 썼다. "내 정신에서 논리를 통제하는 부분이 문밖으로 나가버린 것 같았다."[52] 또 내가 돌보던 한 환자는 심리테스트에서 "숲속에서 길을 잃으면 어떻게 할 건가요?"라는 질문을 받고 이렇게 대답했다. "숲의 뒤로 가요. 앞이 아니라." 이와 유사하게 많은 환자가 사건들의 인과관계를 추론하는 능력도 상실한다. 예를 들어 한 환자는 휠체어에 의지하고 있는 어머니가 집안에 있는데도 집에 불을 질렀다. 조심스레 물어보니 그는 자기가 어머니를 위험에 빠트렸다는 사실을 이해하지 못하는 것 같았다.

이렇듯 많은 조현병 환자가 인과적 사고와 논리적 사고가 손상된다는 점을 감안하면, 그들이 버스를 타거나 지시를 따르거나 식사를 계획하는 일과 같은 일상적 활동을 자주 어려워하는 것은 당연한 일이다. 또

---

\*    사진을 찍을 때 카메라를 보라는 의미로 사용하는 'look at the birdie'를 실제로 새를 보라는 말로 받아들인 상황.

한 그러한 사고의 손상은 일부 환자들이 환상적인 생각들을 사실처럼 제시하는 이유도 설명한다. 한 환자는 내게 '1톤이 넘는 거미'와 '무게가 80킬로그램이고 겨울에 200바퀴를 날며 발은 하나뿐인 새'에 관한 글을 써주었다. 그 글을 쓴 사람은 대학 교육을 받은 사람이었다.

신조어를 만들어내는 것도 조현병 환자의 사고에서 볼 수 있는 또 하나의 특징이다. 듣는 사람에게는 횡설수설처럼 들릴지 모르지만 말하는 사람에게는 자신이 원하는 단어를 찾지 못하는 것에 대한 당연한 대응이다.

> 내가 말을 할 때면 거대하게 확대된 생각들이 내 머릿속으로 들어와 내가 말하고 싶었던 단어들을 몰아내버려요. (⋯) 나는 할 말이 아주 많지만 내 입에서 나오는 단어들에 집중할 수가 없고 그래서 말들이 뒤죽박죽된 채 나오죠.[53]

흔하지는 않지만 드라마틱한 또 하나의 조현병 사고 형태는 단어 샐러드word salad라 불리는 것이다. 전혀 무관한 일련의 단어들을 그냥 한데 꿰어서 한 문장인 것처럼 이야기한다. 언젠가 환자 한 명이 엄숙한 태도로 나를 향해 돌아서더니 이렇게 물었다. "붉은지렁이 볼티모어 프렌치프라이?" 그런 질문에 대답하기란 정말 어렵다!

보통 어떤 사고 과정에 문제가 있다는 것을 그 과정을 세세하게 분석해야만 알 수 있는 건 아니다. 사고장애가 있는 사람의 말을 들으면 곧바로 그 사실을 감지할 수 있다. 가장 흔한 조현병적 사고 과정들은 듣는 사람에게 환자의 사고가 뭔가 흐리멍덩하고 단어들이 살짝 뒤죽박죽되어 있다는 느낌을 준다. 존 바틀로우 마틴John Bartlow Martin은《유리 한 장A Pane of Glass》이라는 제목의 정신질환에 관한 책을 썼고, 잉마르 베리만Ingmar Bergman 감독은《창문을 통해 어렴풋이Through a Glass Darkly》라는 영화로 조현병 증상의 재발을 그려냈다(13장 참고). 두 작품 모두 말하기와 사고의 이러한 불명료한 특징을 다룬다. 청자는 모든 단어를 듣고, 그 단어들 하나하나는 대부분 정확할 수도 있지만 문장이나 단락이 끝나면 그게 '말이 안 된다'는 것을 깨닫는다. 그때 느껴지는 감정은 우리가 수수께끼 같은 무언가에 어리둥절해져서 눈을 가늘게 뜨고 이맛살을 찌푸리며 어색한 미소를 짓게 될 때와 비슷한 감정이다. 그런 표정을 지을 때 대개 우리는 "도대체 무슨 소리야?" 하고 소리친다. 사고장애가 있는 조현병 환자의 다음과 같은 말을 들을 때 흔히 일어나는 반응이다.

> 나는 모든 것이 어느 정도 모든 사람과 연관되어 있고, 어떤 사람들은 다른 사람들보다 이 상대성이론이란 것에서 훨씬 더 영향을 받기가 쉽다고 느끼는데, 그 이유는 이전의 조상들이 장소들이나 사물들과 어떤 식으로든지 연결되어 있기 때문이거나 믿고 있기 때문에, 혹은 당신이 아는 방을 가로질러 걸어갈 때 자취를 남기기 때문입니다. 어떤 사람들은 다른 자취를 남길 수도 있고, 모든 종류의 것들이 그런 식으로 가지요.[54]

물론 환자마다 사고장애의 정도는 다를 수 있다. 특히 조현병 초기 단계에서는 불분명하거나 종잡기 어려운 정도의 장애만 나타나 정확하게 규정하기가 어려울 수 있지만 병이 본격적으로 진행되면 대개 어떤 손상이 일어났는지 꽤 명확하게 알 수 있다. 어떤 형태의 사고장애도 없는 환자가 오히려 이례적인 경우다. 심지어 어떤 정신의학자들은 환자의 사고 과정이 완전히 정상적이라면 조현병이라고 단언하는 게 과연 정확한 진단인지 의문을 제기하기도 한다. 그들은 조현병이라는 말의 정의상 사고에 이상이 생겨야만 조현병이라고 말한다. 또 다른 정신의학자들은 드문 일이기는 하지만 사고장애 없이 다른 증상들만으로 진짜 조현병을 앓을 수도 있다고 주장한다.

앞에서 살펴본 것들과는 전혀 다른 유형의 사고장애로 사고 차단이 있는데, 이 역시 조현병 환자에게서 흔히 볼 수 있다. 전화교환수의 비유를 다시 들어보자면, 사고 차단은 마치 교환수가 잠시 졸아서 시스템이 멈춰버린 상황이다. 환자는 생각을 하고 있다가 혹은 뭔가 대답을 하려다가, 많은 경우 문장의 중간에서 멈춰버리고 잠깐 동안 멍한 표정을 짓는다. 존 퍼시벌John Perceval은 이미 1840년에 이에 대해 묘사했다.

> 예를 들어, 나는 입을 열어 많은 사람에게 다양한 태도로 말을 걸고 싶은 욕구를 종종 느꼈고, 미리 계획을 세우지 않고서 매우 합리적이고 논리가 일관된 말을 하기 시작했다. (…) 그러나 문장을 말하는 중간에 내게서 힘이 빠져나가 버리거나, 앞에서 말한 단어들과 모순되는 단어들이 떠올랐다. 그러면 나는 머리가 텅 빈 사람처럼 입을 크게 벌리고 아무 말도 못하거나 심한 혼란에 빠져 말을 더듬고는 했다.[55]

이렇게 설명하는 사람도 있다.

나는 꽤 명확하게 사고하지만 누군가에게 뭔가를 말하다가도 갑자기 막혀버릴 때가 있습니다. 내가 그러는 걸 당신도 보았고 그때 아마 내가 단어가 생각나지 않았거나 얼이 빠진 상태가 되었다고 생각했겠지요. 하지만 그런 게 아니었습니다. 그때 일어난 일은 갑자기 단어 하나 혹은 생각 하나가 내 머릿속에 달라붙어 도저히 거기서 넘어갈 수 없었던 겁니다. 그게 내 정신을 완전히 채우고 있어서 다른 무엇도 들어설 여지가 없었던 것이지요. 이런 일은 한참 계속되기도 하는데 그러다가 또 갑자기 끝나버립니다.[56]

조현병 환자와 시간을 보내본 사람이라면 누구나 이런 현상을 관찰했을 것이다. 제임스 채프먼James Chapman은 이런 현상이 환자 95퍼센트에게서 일어나는 일이라고 주장한다.[57] 어떤 환자들은 이를 누군가 또는 뭔가가 자신의 머리에서 생각을 빼내가는 일이라고 설명한다. 이런 망상적 증상을 사고 탈취thought withdrawal라 하는데, 많은 정신의학자가 이 증상을 조현병을 진단하는 강력한 신호로 여긴다.

양가감정도 조현병 사고에서 흔히 나타나는 증상이다. 지금은 매우 광범위하게 유행어처럼 쓰는 말이지만, 원래는 더 좁은 의미에서 조현병 환자가 반대되는 것들을 동시에 마음에 품은 채 서로 모순되는 생각이나 감정 사이에서 갈피를 잡지 못하는 상태를 지칭하는 용어였다. 조현병 환자라면 이런 생각도 할 수 있다. "그래, 그들이 나를 죽일 거고 나는 그들을 사랑해."

한 여성은 모순되는 생각들을 다음과 같이 묘사했다.

내게는 너무 모순적인 것들이 병존하고 있어서, 나의 정신은 하나의 주제에 대해서도 분열되고 그렇게 나뉜 두 부분이 계속해서 분열을 거듭해 결국 내 정신은 그 조각들로 가득 찬 것 같은 느낌이 들고 나는 완전히 혼란에 빠진다.[58]

때때로 양가감정은 행동으로도 표출된다. 예를 들어 나의 환자 한 명은 종종 건물의 앞문으로 나가서 오른쪽으로 방향을 바꿔 가다 멈추고, 왼쪽으로 세 걸음 되돌아가서 다시 멈추고, 다시 돌아서서 오른쪽으로 가기 시작하는데 어떤 때는 이런 일을 5분 내내 계속하기도 한다. 대부분의 환자에게서는 이렇게까지 극적으로 나타나지는 않지만, 블로일러가 조현병의 기본 증상 중 하나로 명명했을 정도로 충분한 빈도와 강도로 나타난다. 이는 마치 결정을 내리는 능력이 손상된 것 같다. 정상적인 뇌는 입력되는 생각과 자극을 평가해 결정을 내린 다음 반응을 개시한다. 일부 조현병 환자들의 뇌는 이런 측면이 명백히 손상된 것처럼 보인다. 그래서 반응을 개시하기는 하지만 곧바로 그 반대되는 반응으로 앞의 반응을 철회하고, 이 과정을 반복한다. 정말로 보고 있기 고통스러운 광경이다.

## 망상과 환각

망상delusion과 환각hallucination은 조현병의 가장 잘 알려진 증상이다. 이 증상들은 매우 극적이기 때문에 대중문학이나 영화에서 조현병을 묘사할 때 주로 이런 모습에 초점을 맞춘다. 최근까지는 혼잣말을 하거나 무생물에게 말하는 모습을 보이는 것이 조현병의 필수 조건으로 여겨졌지만, 지금은 그냥 휴대폰에 대고 말하는 것일 수도 있다! 그러나 여전히 '미친' 또는 '정신 나간'이라는 말을 들을 때 우리 머릿속에 떠오르는 이미지는 바로 이런 혼잣말 하는 사람들이다.

망상과 환각이 조현병의 매우 중요하고 흔한 증상인 것은 분명하다. 하지만 그것들이 조현병의 필수 요건은 아니라는 점은 꼭 기억해야 한다. 사실 조현병 진단에 필수적인 **단 하나**의 증상은 존재하지 않는다. 사고장애, 정동 이상affect disturbances, 행동 이상behavioral disturbances 같은 다른 증상들을 함께 겪으면서도 망상이나 환각 증상이 전혀 없는 조현병 환자도 많다. 덧붙여 망상과 환각은 조현병 외 다른 뇌 질환에서도 나타난다는 사실도 기억해야 한다. 따라서 망상과 환각이 나타난다고 해서 자동적으로 조현병이라는 의미는 아니다.

마지막으로 신체 경계의 왜곡도 그렇지만 대부분 망상과 환각은 감각이 지나치게 예민해지고 뇌가 자극을 적절하게 해석하고 반응하는 능력을 상실해서 일어난 직접적인 결과다. 망상과 환각은 대부분 그 사람의 뇌가 경험하고 있는 일에서 나오는 논리적 결과다. 제3자의 눈에만 '미친' 것처럼 보일 뿐, 그것을 경험하는 사람에게는 논리적이고 일관된 패턴의 한 부분이다.✝ 이에 대한 명백한 설명은 1994년에

---

✝    환각이나 망상 등은 실제 현실에서는 있을 수 없기 때문에 외부 사람들은 이것을 거짓으로 받아들이는 경우가 있다. 하지만 환자 본인의 입장에서는 실제로 경험하고 느끼는 현실이기 때문에 거짓이 아니고 현실적 상황이다. 이런 점을 인정해주는 것이 환자에게 중요하다.

노벨경제학상을 수상했고 조현병을 앓았던 존 내시John Nash가 조지 매키George Mackey 교수에게 그의 망상적 믿음들에 대한 질문을 받았을 때 한 말에서 볼 수 있다.

"어떻게 당신이," 하고 매키가 말을 꺼냈다. "수학자로서 이성과 논리적 증명에 헌신하는 당신이 (…) 그런 당신이 어떻게 외계인들이 당신에게 메시지를 보낸다는 걸 믿을 수 있습니까? 우주에서 온 외계인들이 세계를 구하라고 당신을 채용했다는 걸 어떻게 믿을 수 있냐고요? 어떻게 당신이……"

내시는 마침내 고개를 들더니 눈 한번 깜빡이지 않고서 마치 새나 뱀의 눈처럼 냉정하고 아무 감정 없는 시선으로 매키를 빤히 응시했다. "왜냐하면," 내시가 특유의 부드럽고 이성적인 남부인의 느릿한 말투로 마치 혼잣말을 하듯 말했다. "초자연적 존재들에 관한 나의 생각들은 나의 수학적 아이디어들이 내게 온 것과 똑같은 방식으로 왔기 때문입니다. 그러니 그 생각들을 진지하게 받아들일 수밖에요."[59]

망상은 환자는 믿지만 그와 같은 문화에 속한 다른 사람들은 믿지 않고, 이성을 동원해도 바로잡기 어려운 잘못된 생각이다. 이는 대개 어떤 감각경험에 대한 그 사람의 잘못된 해석에서 나온 결과다. 예를 들어 라디오에서 잠깐 나온 잡음이나 텔레비전 화면의 깜빡임처럼 단순한 감각경험을 어떤 의미가 담긴 신호라고 해석한다. 가족들은 보통 환자가 가진 망상적 생각들이 어디에서 온 것인지 궁금해한다.

한 가지 단순한 형태의 망상은 주변에서 일어나는 무작위적 사건들이 모두 직접적으로 자신과 연관된 것이라는 확신이다. 만약 당신이 거리를 걸어가고 있을 때, 반대쪽 보도에서 어떤 사람이 기침을 하면 당신은 그에 대해 별 생각을 하지 않거나 어쩌면 기침소리가 난 것을 의식하지 못할지도 모른다. 그러나 조현병에 걸린 사람은 기침 소리를 들을 뿐 아니라 즉각 그것이 어떤 신호가 틀림없다고, 어쩌면 길 저쪽에서 걷고 있는 다른 누군가에게 자신이 가고 있음을 경고하는 것이라고 판단한다. 그는 자신의 생각이 사실이라고 **절대적**으로 **확신**한다. 만약 당신이 그 사람과 함께 걷고 있다가 이성적으로 설득해 그런 망상을 떨쳐주려고 시도한다면, 노력은 헛수고가 될 가능성이 크다. 심지어 당신이 그 사람과 함께 길을 건너가 기침을 한 사람에게 물어본다면, 그는 당신 역시 음모에 가담했다고 판단할 것이다. 망상에 빠진 사람에게 그 망상을 논리적으로 설득하려는 시도는 양동이 하나로 바닷물을 다 퍼내려는 것과 같다. 만약 그 기침 사건 직후에 머리 위로 헬리콥터가 날아간다면 망상은 더욱 확대될 것이다. 명백히 헬리콥터는 자기를 감시하는 것이고, 이는 기침에 대한 의혹이 맞았음을 더욱 확증해줄 뿐이다. 그리고 만약 이런 일들에 더해 그 사람이 버스 정류장에 아슬아슬하게 늦게 도착해 버스를 놓쳤다면 그 망상의 체계는 다시 한번 더욱 확고한 확인을 받게 된다. 기침한 사람이나 헬리콥터 조종사가 버스 기사에게 전화를 걸어 그를 태우지 말고 가버리라고 말한 게 분명하다는 것이다. 모든 것이 하나의 논리적이고 일관된 전체로 맞아떨어진다.

정상적인 사람들이 이런 일을 경험하면 그냥 재수 없게 버스를 놓쳤다며 불운을 탓할 것이다. 그러나 조현병 환자는 그 일을 다르게 경험하고, 그 결과 사건들은 다른 의미를 띈다. 기침과 헬리콥터의 소음이 그 사람에게 매우 시끄럽게 들릴 수도 있고, 심지어 버스 소리조차 이상한 것으로 인식될 수도 있다. 보통 사람은 이 일들에 대해 일상의 다양한 자극이나 사건과 유사하게 서로 무관한 별개의 일들로 받아들여 반응하지만, 조현병 환자는 그 모두를 하나의 패턴 속으로 엮어 넣는다. 그러므로 감각의 과도한 예민함, 입력되는 자극과 생각에 대한 논리적 사고능력의 손상이 모두 망상의 원인일 수 있다. 그들이 보기에는 이 특별한 사건들을 하나로 엮는 자신이 아니라 엮지 **못하는** 사람들이 미친 게 틀림없다.

문학에는 망상적 사고의 훌륭한 예가 많이 등장한다. 러시아 소설가 안톤 체호프Anton Chekhov는 단편소설 〈6호 병실Палата No. 6〉에서 다음과 같이 묘사했다.

> 경찰관 한 명이 천천히 창가를 지나간다. 그건 아무 이유 없이 한 행동이 아니었다. 여기서는 두 남자가 집 근처에 가만히 아무 말 없이 서 있다. 왜? 그들은 왜 아무 말도 하지 않는 거지? 그 후 이반 드미트리치는 잇달아 괴로운 낮과 밤을 보냈다. 창가를 지나가거나 뜰로 들어온 모든 사람이 그에게는 스파이 아니면 형사처럼 보였다.[60]

많은 경우 망상은 더 복잡해지고 통합된다. 단순히 감시만 당하는 것이 아니라 자신이 다른 사람들에 의해 통제되거나 조종되거나 최면에 걸렸다고 확신한다. 그런 사람은 자신의 믿음을 뒷받침해줄 확실한 증거를 찾으려고 항상 주의를 곤두세운다. 말할 필요도 없이 그들은 우리 모두가 매일 받는 어마어마한 양의 시각 및 청각 자극 중에서 그 증거를 찾아낸다. 이런 사례의 좋은 예로 내 병동에 있던 한 아일랜드 출신 노부인을 들 수 있다. 부인은 알 수 없는 외국의 어떤 첩보기관이 자신이 잠든 사이에 배선 장치 같은 것을 설치했고, 그 장치를 통해 그들이 자신의 생각과 행동을 통제할 수 있다고 믿고 있었다. 통제가 벌어지는 장소로는 천장을 지목했다. 어느 아침 나는 병동에 갔다가 일꾼들이 새로운 화재경보 시스템을 설치하는 것을 보고 속이 상했다. 온갖 색깔의 전선들이 사방에서 아래로 늘어져 있었다. 부인은 나를 보더니 천장을 가리켜 보이고는 미소만 지었다. 부인의 망상이 빼도 박도 못하게 확인된 것이다!

도청을 당하거나 원격조종된다는 망상은 비교적 흔하다. 그 음모의 범인들로는 흔히 FBI나 CIA가 지목된다. 최근에는 인터넷과 관련된 망상들이 늘어나고 있다. 한 환자는 두피에 작은 상처를 입어 꿰맨 적이 있는데 그때 FBI가 자기 두개골 안에 무선조종장치를 꿰매 넣었다고 확신했고 FBI에 법정 소송을 걸려고 수차례 시도했다. 교장을 지낸 또 다른 사람은 자기 코 안에 무선조종장치가 심어져 있다고 확신하고, 큰 의료 센터 수십 군데를 찾아가고 심지어 유럽까지 가서 장치를 제거해줄 외과의를 찾으려 했다. 또 그는 자기 코를 찍은 엑스선사진도 가지고 다니면서 자기가 무선조종장치라고 믿고 있는 작고 하얀 얼룩도 보여주었다.

이 딱한 사람들의 친구들은 종종 논리적 설득으로 그들을 망상에서 벗어나게 하려고 시도한다. 이런 시도가 성공하는 일은 극히 드물다. 왜 FBI가 당신을 통제하고 싶어 하겠냐고 질문하면 그런 건 의미 없는 질문이라며 능숙하게 내쳐버린다. 중요한 점은 FBI가 통제한다는 사실이며, 자기는 그 사실을 확증해주는 감각들(이상한 소음 같은)을 경험하고 있다는 것이다. 그들이 지각하는 왜곡된 자극들도, 비논리적이거나 비일관적인 사고 과정도 조현병 환자를 논리적으로 설득하는 일을 방해한다. 망상이 그대로 실현되는 것처럼 보이는 경우가 많다는 사실도 또 하나의 장애물이다. 다른 사람들이 자신을 감시한다고 믿는 사람들에게는 은밀하게 행동하는 것, 예를 들어 모퉁이를 따라 조심스레 뛰어가고, 행인들의 얼굴을 불안하게 힐끔거리는 것이 논리적인 일이라 여겨진다. 그런 행동은 필연적으로 주목을 끌어 실제로 다른 사람들이 망상에 빠진 그 사람을 지켜보는 결과로 이어진다. "예전에는 내가 편집적이었던 거지만 지금은 사람들이 진짜로 나를 **감시하고 있다니까요**"라는 상황이 되는 것이다.

자신이 감시당하거나 박해당하거나 공격당한다는 망상은 보통 편집 망상paranoid delusion이라고 한다. 편집성paranoia이란 상대적인 개념이다. 누구나 때때로 이런 저런 편집적인 상태를 경험한다. 일반인 사이에서도 편집적 사고는 꽤 흔하며, 특히 정부를 신뢰하지 않는 집단들 사이에 많다. 인터넷에는 www.stopcovertwar.com 같은 편집적 사고를 뒷받침하는 웹사이트들이 존재한다. 어떤 곳에서는 약간의 편집성이 생존에 유리한 가치를 지니기도 한다. 복도 건너편에서 일하는 그 사람이 실제로 당신의 자리를 원해서 당신의 비망록을 훔치고 있는지도 모른다. 편집적 사고가 그 자체로 조현병은 아니다. 그것이 (이성에 의해서도 꿈쩍하지 않는) 명백한 망상으로 빠질 때에만 조현병일 가능성이 있다. 그런 경우에도 편집 망상은 조현병 외의 다른 뇌 질환에서도 생길 수 있다는 것을 꼭 기억해야 한다.

편집 망상은 때에 따라 위험해질 수도 있다. "편집적 시기에는 나의 신념들 때문에 내가 박해를 받고 있다고 생각했고, 나의 적들이 적극적으로 나의 활동을 방해하고, 나를 해치려 하고, 때로는 심지어 나를 죽이려 한다고 생각했다."[61] 편집적인 사람은 위협이 너무 가까이 다가왔다고 느끼면 먼저 공격을 시도할 수도 있다. 모든 주에 있는 '정신이상 범법자 수용시설'에는 정당방위라고 믿고서 범죄를 저지른 조현병 환자 다수가 수용되어 있다. 바로 이 하위집단이 일반인들 사이에 조현병 환자 전체가 위험하다는 믿음을 갖게 했다. 10장에서 논의하겠지만, 모든 조현병 환자를 고려하면 이 하위집단은 아주 작은 부분을 차지한다. 대부분의 조현병 환자는 전혀 위험하지 않으며, 나는 도심의 어느 거리를 걷는 것보다 정신병원의 복도를 걷는 것이 더 안전하다고 생각한다.

망상에는 편집 망상 외에도 많은 유형이 있는데, 그중 과대망상grandiose delusion은 상당히 흔하다. "나는 날씨가 나의 내적인 기분에 반응하기 때문에 날씨를 결정할 수 있는 힘이 내게 있다고 느꼈고, 또한 다른 천체들과 관련해 태양의 움직임도 내가 통제할 수 있다고 느꼈다."[62] 과대망상은 자신이 예수 그리스도이거나 성모 마리아, 대통령, 또 대단하고 중요한 어떤 사람이라는 믿음으로도 이어진다. 우리 병원에 입원한 한 환자는 자신이 마오쩌둥이라고 믿었다. 약물 치료를 시작한 다음 날 그는 자기가 그저 마오쩌둥의 동생일 뿐이라고 생각했고, 이런 변화를 본 우리는 그가 회복하고 있다는 걸 알 수 있었다.

과대망상도 때에 따라 위험할 수 있다. 자기가 날 수 있다거나 가슴으로 총알을 막아낼 수 있다고 믿는 사람은 그 믿음이 참이라는 것을 증명할 수 있는 상황으로 자신을 내몰아 충분히 예측되는 비극적 결과를 불러올 수도 있다.

과대망상의 유형 중에는 흔하지는 않지만 너무 독특해서 그 자체의 이름을 갖게 된 것이 있다. 그것은 다른 사람, 대개는 유명한 사람이 자신을 깊이 사랑한다는 망상이다. 이런 사례들은 원래 프랑스의 정신의학자인 가에탕 가시앙 드 클레랑보Gaëtan Gatian de Clerambault 박사가 정욕 정신증psychoses passionnelles이라 부른 것으로, 지금은 흔히 드 클레랑보 증후군de Clerambault syndrome 또는 색정광erotomania이라 불린다.[63] 내 환자 중에 에드워드 케네디Edward Kennedy 상원의원이 자신을 사랑한다고 믿었던 여성은 그를 따라다니는 일에 모든 시간과 돈을 썼지만, 항상 그와의 거리를 유지했고, 그가 자신이 있는 걸 모른 척 할 수밖에 없었던 기막힌 이유를 수없이 만들어냈다. 또 한 환자는 몇 년 전 우연히 한 번 만난 남자와 약혼한 사이라고 믿었고, 하루 종일 그를 찾아 도심의 거리를 헤매 다녔다. 이런 망상에 빠진 환자 대부분이 조현병이지만, 소수는 양극성장애bipolar disorder인 경우도 있다. 이 환자들에게는 어떤 격정이 인생에 특별한 영향을 미치고 있다.

자신이 다른 사람의 마음을 조종할 수 있다는 망상도 비교적 흔하다. 내가 진찰했던 한 젊은 여성은 5년 동안 집에서만 지냈다. 자기가 밖에 나갈 때마다 자신의 정신이 다른 사람들을 조종해 고개를 돌려 자신을 보게 만든다고 믿었기 때문이다. 그녀는 자기 정신의 힘이 "마치 자석과 같아서 그 사람들도 고개를 돌려 쳐다보는 수밖에 다른 도리가 없다"고 표현했다. 또 다른 환자는 자기가 '텔레파시의 힘으로'

다른 사람들의 기분을 바꿀 수 있다고 믿었다. "결국 나는 북적이는 레스토랑에 가서 사람들이 조용히 앉아 있는 동안 그들 모두의 기분을 행복과 웃음으로 바꿀 수 있다고 느끼는 지경까지 갔다."[64]

또 다른 종류의 망상은 자기 생각이 머리에서 사방으로 퍼져나가 라디오나 텔레비전으로 전파된다는 망상적 믿음이다. 이를 사고전파 thought broadcasting라고 하며, 이 망상이 있을 경우 조현병 신호로 여겨진다. 한 여성은 다음과 같이 설명했다. "나는 종이테이프가 나의 한쪽 귀로 들어가 내 생각을 모두 그 위에 기록한 뒤 반대쪽 귀로 나온다고 믿었다."[65] 그리고 한 젊은이는 다음과 같이 회상했다.

> 며칠 전 나는 정말 화가 났다. 뉴스에 나온 사람들이 내 생각을 말하고 있었기 때문이다. 내가 이 사실을 아는 건 그들이 자기들이 하는 짓에 관해 나에게 메시지를 보냈기 때문이다. 나는 그들이 자기들을 보고 있는 모든 사람에게 내 생각을 말하는 게 싫다. 또 사람들이 나의 생각을 들을 수 있고 나에 관해 모든 걸 알 수 있다는 것도 싫다.[66]

때때로 이런 사람들은 라디오나 텔레비전 방송국에 전화를 하거나 찾아가 자신의 생각을 방송하는 짓을 그만두라고 요구하기도 한다. 1999년의 한 연구논문에 따르면 그렇게 실제로 연락을 취하는 일이 비교적 흔하다고 한다.[67]

망상을 평가할 때는 망상의 내용을 각자가 속한 문화의 틀 안에서 살펴보아야 한다는 점을 염두에 두어야 한다. 어떤 믿음 자체가 망상이 아니라, 같은 문화 혹은 하위문화에 속한 다른 사람들이 공유하는 믿음에서 얼마나 많이 동떨어졌는가에 따라 망상인지 아닌지를 구분한다. 어떤 사람이 자신에게 "뿌리를 내린", 즉 마법을 건 사람들에게 영향을 받는다고 믿을 경우, 만약 그가 사우스캐롤라이나주 저지대에서 자란 사람이라면 그는 완벽히 정상일 것이다. 그곳에서는 "뿌리내리기"에 대한 문화적 믿음이 널리 퍼져 있기 때문이다.* 하지만 뉴욕주의 부유한 스카스데일에서 자란 사람이 자신이 '뿌리 내림'에 영향을 받고 있다고 믿는다면 조현병일 가능성이 더 크다고 볼 수 있다.

소수집단들은 특히 문화에 의해 유도된 상당한 정도의 편집적 믿음을 지니고 있을 수 있고, 이런 믿음은 실제적 차별과 실제적 박해에 근거를 둔 것일 수 있다. 그러나 하위문화 집단 중에서 망상적 사고가 병적인 성격을 띤 것인지 아닌지 평가하기 어려운 경우도 있다. 예를 들어 신앙심이 매우 깊은 종교 집단에서 나타나는 과대망상이나 정보기관 직원들이 보이는 편집 망상 같은 경우가 그렇다. 자신이 성모 마리아와 특별한 관계가 있다고 주장하는 신참 수녀의 상태를 평가해야 하는 수녀원장이나, 신분을 감추고 활동하는 CIA 요원 하나가 자신이 항상 감시당하고 있다고 말할 때 그의 상사가 느낄 딜레마를 상상해보자. 조현병이 의심되는 사람들이 가진 믿음을 검토할 때는 **항상** 문화적 맥락 안에서 살펴야 하고, 또한 그런 믿음은 조현병의 여러 측면 중 하나일 뿐이라는 점을 고려해야 한다.

또 하나 중요하게 짚고 넘어가야 할 망상의 측면이 있다. 망상은 일

---

\*    뿌리내리기rootwork는 사우스캐롤라이나주 저지대 지역에 자리 잡은 아프리카계 미국인들의 민속 주술인 후두hoodoo를 일컫는다.

부 조현병 환자들에게서는 고정되고 변함없는 것일 수 있지만, 사람에 따라 망상이 가변적인 경우도 있고 확신의 정도도 매우 다양하다. 예를 들어 다른 환자가 자신을 죽이려 한다고 믿고 있던 한 환자가 있었다. 그는 어느 날은 자기가 두려워하는 그 사람을 완전히 피하다가, 다음 날은 그와 유쾌하게 어울리기도 하고, 그러다가 다음 날 또 다시 그를 피하고는 했다. 이런 비일관성은 1890년에 정신의학자 플리니 얼Pliny Earle 박사도 눈여겨보았던 점이다. 그의 한 환자는 자신에게 "천 조 명의 자녀가 있고 (…) 그들이 항상 서로를 살해한다고" 믿었다. "그러나 이 여인은 항상 조용하고 온화하며, 겉으로는 슬픔이나 불만을 전혀 드러내지 않았으며, 그 상상의 자녀들이 존재하는 세상으로 억지로 들어가려는 시도는 한 번도 하지 않았다."[68] 망상적 사고에 대해 이렇게 일관성 없이 반응하는 것은 조현병 환자의 가족들로서는 무척 이해하기 어려운 일이다.

환각은 조현병에서 매우 흔한 증상으로, 과도하게 예민한 감각에서 시작된 스펙트럼의 가장 끝부분에 해당한다. 시각을 예로 들어보자. 스펙트럼 한쪽 끝에는 시각의 과도한 예민함이 있다. 다시 말해서 빛이 너무 밝고 색상들은 더욱 눈부신 색조를 띤다. 이 스펙트럼의 가운데에는 시각적 자극의 전반적 왜곡(착각illusion이라고도 한다)이 자리하고 있는데, 이를테면 개가 호랑이처럼 보이는 현상이다. 그리고 스펙트럼 가장 끝에는 아무것도 없는 곳에서 무언가를 보는 현상이 있는데, 이것이 바로 진짜 환각이다. 환자들이 들려주는 경험에는 대개 스펙트럼상의 다양한 지점이 섞여 있다.

시각이나 청각 자극의 전반적 왜곡은 조현병 경험에서 드문 일이 아니다.

　　이 현상은 내가 처음으로 그걸 경험한 때를 이야기하면 가장 잘 설명
할 수 있을 것 같다. 나는 브리지게임 테이블에 앉은 네 사람 중 하나
였다. 한 게임에서 내 파트너가 3클럽을 비딩했다.* 내 패를 보니 숫
자가 작은 클로버 한 장뿐이었다. 내 패는 약했지만 그래도 그를 이기
도록 비딩해야만 했다. 결국 나의 비딩이 이겼다. 파트너가 패를 펼쳐
놓자 그의 패에는 숫자가 작은 클로버 두 장뿐이었다. 나는 곧바로 왜
3클럽으로 비딩을 했느냐고 물었다. 그는 그렇게 비딩하지 않았다고 했
고, 테이블에 있던 다른 두 사람도 그렇게 말했다. (…) 게다가 파트너는
내가 3클럽이라는 말을 들었을 때 실제로 다른 비딩을 했다. 그런데 나
는 그 말을 전혀 듣지 못했다. 내 신경계의 어딘가에서 그가 실제로 말한
단어는 차단되고 다른 단어의 환각으로 대체되었던 것이다.[69]

　　이 사례에서는 어떤 유형의 자극이 존재하기는 했지만, 화자는 그
자극을 심하게 왜곡된 방식으로 보거나 들었다. 마치 그 사람의 뇌가
속임수를 쓰는 것처럼 말이다.
　　진짜 환각, 그러니까 처음부터 아무 자극도 존재하지 않는 상태에

---

*　　브리지는 참가자 4명이서 마주 보는 두 사람씩 같은 조가 되어, 트럼프 카드 52장을
　　13장씩 나눠 가지고 하는 게임이다. 4명이 카드를 한 장씩 내고 그중 숫자가 가장
　　높은 카드가 이기는 것인데, 이 4장 1벌을 1트릭이라고 하며, 따라서 한 게임은 13
　　트릭으로 이루어진다. 비딩은 게임 시작 전에 으뜸패를 정하고 게임에서 획득할 트
　　릭수를 선언하는 것이며, 본문에서 '3클럽'이란 클럽(클로버)을 으뜸패로 하여 레벨
　　3(13트릭 중 9트릭을 이기는 것을 말한다)으로 이기겠다고 비딩했다는 뜻이다.

서 환각이 생기는 데에는 더욱 심각한 속임수가 작동한다. 뇌가 듣거나 보거나 촉감을 느끼거나 냄새 맡거나 맛보는 일을 지어내는 것이다. 그런 경험은 당사자에게는 매우 현실적으로 느껴질 수 있다. 자신에게 말을 거는 목소리 환각을 경험하는 사람에게 그 목소리는 진짜 사람이 말하는 목소리만큼 선명하게, 때로는 그보다 더 선명하게 들릴 수 있고, 조현병 환자는 그 목소리와 말을 주고받는 경우도 많다. 환자의 주변 사람들은 보통 그런 '상상의' 목소리들을 비웃거나, 의미를 축소하거나, 실제로 그 소리를 듣는다는 사람의 말을 믿지 않으려한다. 그러나 실제로 그들은 그 소리를 듣는다. 뇌가 그 소리를 듣는다는 의미에서 그 목소리는 실제이다. 그러나 그 목소리는 환자의 감각기관이 오작동하고 있음을 보여주는 극단적인 예다.

청각적 환각auditory hallucination, 즉 환청은 조현병의 환각 중에서 가장 흔한 형태다. 너무 특징적인 조현병 증상이기 때문에 진짜 환청을 듣는 사람은 다른 경우로 증명될 때까지는 조현병으로 가정해야 한다. 환청도 여러 가지 형식을 띨 수 있다. 단순하게 쉭 하는 소리나 쿵 하는 소리일 수도 있다. 포의 유명한 단편소설 〈고자질하는 심장〉에 나오는 심장 뛰는 소리도 그런 예에 속한다.

> 의심할 여지없이 나는 무척 창백해졌죠. 하지만 나는 유창하게, 고조된 목소리로 말했어요. 그런데도 그 소리는 점점 커졌는데, 내가 뭘 할 수 있었겠어요? 그건 낮고 둔탁하고 빠른 소리였어요. 마치 솜으로 싸놓은 시계에서 나는 소리와 아주 비슷했죠. 나는 숨이 차서 헐떡거렸어요. 그런데도 경찰관들은 그 소리를 듣지 못하더군요. 나는 더 빨리, 더 맹렬하

게 말했지만, 그 소리는 계속해서 커지기만 했어요. 경찰관들은 왜 안 갈까요? 나는 마치 그들이 하는 이야기를 듣고 흥분하고 분노해서 그러는 것처럼 무거운 발걸음으로 마루 위를 성큼성큼 왔다 갔다 했어요. 그래도 그 소리는 계속 커지기만 했어요.[70]

환청은 하나의 목소리일 수도 있다.

그렇게 몇 년 동안 나는 매일 같이 아무 일관성도 없고 맥락도 없는 말들을 나의 신경에 대고 수백 번 반복해서 속삭이는 소리를 들어왔다. '도대체 왜?', '왜냐하면', '왜냐하면 내가', '그게 아니면', '그에 관해서는' 같은 말들을.[71]

혹은 여러 개의 목소리이거나 심지어 합창일 수도 있다.

어디에나 음악이 있었고 리듬과 아름다움이 있었다. 그러나 계획은 항상 무산되었다. 나는 천사들의 합창 같은 소리를 들었다. 내가 들어본 것 중 가장 아름다운 음악이라는 생각이 들었다. (…) 천사들의 합창은 계속해서 병원 주위를 떠돌았고, 잠시 후에는 바로 내 윗방에서 아기 양이 태어나는 것 같은 소리가 들렸다.[72]

환청은 이따금만 들릴 수도 있고 끊임없이 들릴 수도 있다. 이따금 들리는 경우에는 내 임상 경험상 밤에 잠을 자려고 누웠을 때 가장 자주 들린다.

거의 7년 동안, 잠자는 시간만 제외하고, 목소리들이 들리지 않은 때는 한순간도 없었다. 목소리들은 언제 어디서나 나를 따라다녔다. 내가 다른 사람과 대화를 나누고 있을 때도 계속 소리를 냈고, 책이나 신문을 읽거나 피아노를 연주하는 등 다른 일에 집중하고 있을 때도 단념하지 않고 계속됐다. 내가 다른 사람들에게 또는 나 자신에게 큰소리로 말할 때만, 더 큰 말소리에 묻혔고 그래서 나에게 들리지 않았다.[73]

나도 이와 유사한 증상을 보이는 사람들을 진료해왔다. 한 불운한 여인은 20년 동안이나 계속해서 목소리들을 들어왔다. 목소리들은 그녀가 텔레비전을 보려고 할 때면 유난히 더 커져서 텔레비전을 전혀 볼 수 없었다.

대다수의 경우 환청의 목소리는 남자 목소리이며 불쾌한 목소리다. 대개는 비난하는 목소리로, 실제로 한 행위이든 상상의 산물이든 간에 과거의 잘못에 대해 듣는 이를 신랄하게 공격하며 욕도 자주 한다. 목소리가 뭐라고 말했냐고 물어도 그 내용이 창피하다고 느껴 알려주지 않는 환자도 많다. 결국 자살한 한 환자는 그 목소리를 '끊임없는 정신적 강간 상태'라고 표현했다.[74] 많은 환자가 그 목소리에 반응하는 것도 충분히 이해된다.

나는 그 목소리가 나를 공격하는 걸 가만히 앉아서 당하고 있지만은 않는다. 할 수 있는 최대한 맞서 싸운다. 때로는 내가 그 목소리들에게 너무 큰소리로 고함을 질러서 내가 지내고 있는 정신질환 수용시설의 간호사가 내게 주사를 놓기도 한다. 혼자서 흥분을 가라앉힐 때도 있다. 지금은 그 목소리들에게 예전처럼 많이 고함을 지르지는 않는다. 도저히 무시가 안 될 때는 그들의 목소리보다 조금만 더 큰 소리로 받아치려고 노력 중이다.[75]

소수의 경우지만 듣기 좋은 목소리가 들릴 때도 있다. 위에서 인용한 사랑스러운 음악이 들리는 경우처럼 말이다. 때로는 목소리가 도움이 되는 경우도 있다. 어느 날 내게 자신의 상태가 좋아지고 있다고 한 환자가 있다. 그는 이렇게 말했다. "내가 좋아지고 있다는 걸 알아요. 내 목소리가 그렇게 말했거든요."

청각적 환각의 정확한 메커니즘은 지금은 상당히 잘 밝혀졌다. 자기공명영상MRI을 사용한 최근 연구들은 지속적으로 환청에 시달리는 조현병 환자들의 뇌를 정밀검사하고 정상인 대조군과 비교한 결과, 환청이 상측두이랑superior temporal gyrus과 하두정소엽inferior parietal lobule이 만나는 부분, 그중에서도 특히 오른쪽 영역이 활성화되는 것과 관련이 있음을 알아냈다.[76] 이 영역은 흔히 측두엽-두정엽 연접부temperoparietal junction, TPJ라 불리며, 뇌에서 청각을 담당하는 두 영역 중 하나가 여기에 포함된다.[77] 이 부위가 환청과 연관된다는 사실은 이 부위가 조현병 증상을 일으키는 데 일차적으로 관여하는 것으로 알려진 뇌 연결망과 연결되어 있다는 다른 증거들과도 논리적으로 일관된다. 이 내용에 관해서는 5장에서 더 이야기할 것이다. 태어날 때부터 소리를 듣지 못한 사람들도 조현병이 생긴 후 환청을 경험할 수 있다는 사실도 흥미로운 주제다.[78]

시각적 환각, 즉 환시 역시 발생하지만 환청만큼 자주 나타나지는 않는다. 한 환자는 시각적 환각의 다양성을 다음과 같이 묘사했다.

초기 단계에는 색깔이 있는 섬광 불빛이 흔히 나타났다. 이런 것들은 멀리서 보이는 빛줄기의 형태나 근처에서 빛을 발하는 지름 30센티미터 정도의 원반 형태를 띠었다. 또 다른 유형은 대여섯 번 정도 발생했는데, 빈 표면에 단어나 상징 들이 나타난다. 이와 밀접하게 관련된 현상으로, 내가 읽고 있던 책에 실제로 인쇄된 내용을 환각 내용이 대체해버리는 일도 이따금 일어났다. 이런 경우에는 내가 읽고 있던 구절이 내 눈 앞에서 녹아 사라지고 또 다른 구절, 때로는 완전히 다른 구절이 그 자리에 나타났다.[79]

환시는 보통 환청과 함께 나타난다. 환시만 나타날 때는 조현병 때문이 아닐 가능성이 크다. 다른 많은 뇌 질환, 특히 약물중독과 알코올 금단은 순수하게 시각적 환각만을 일으키기기 때문에 환시만 나타나는 경우에는 약물중독이나 알코올 금단으로 진달될 확률이 더 높다.

망상과 마찬가지로 환각도 문화적 맥락 안에서 살펴보아야 한다. 중세에는, 그리고 오늘날에도 일부 종교 집단에서는 시각적 환각이 드문 일이 아니기에 반드시 정신질환 때문이라고 볼 수는 없다. 이탈리아 정신의학자 실바노 아리에티Silvano Arieti[80]는 신앙심이 매우 깊은 사람들의 환각과 조현병의 환각을 구별하려 시도하며 다음 범주들을 제안했다. (1) 종교적 환각은 대개 시각적이며, 조현병 환각은 대부분 청각적이다. (2) 종교적 환각은 보통 그 사람에게 명령을 전달하는 자애로운 안내자 혹은 조언자와 관련된다. (3) 종교적 환각은 보통 기분 좋은 환각이다.

냄새나 맛의 환각, 즉 환후와 환미도 드물지만 발생하기는 한다. 한 환자는 냄새 환각에 대해 다음과 같이 묘사했다.

> 나는 몇 차례 후각적 환각을 경험했다. 이런 환각들은 마치 코 바로 근처 어디선가 나는 냄새를 맡는 것 같은 느낌이다. 때로는 냄새가 생각하고 있는 내용과 상징적 관계가 있을 때도 있다. 예를 들어 지옥에 떨어지는 위험에 대해 생각하고 있을 때 유황 냄새가 나는 식이다.[81]

미각적 환각은 대개 익숙한 음식에서 다른 맛을 느끼는 것이다. 편집형 조현병paranoid schizophrenia이 있는 내 환자 중에 음식 맛이 '괴상하게' 느껴지기 시작하면 자기 음식에 독이 들었다고 단정하는 이들이 있었다. 사실 음식 맛이 갑자기 변한다면 누군가 그 음식에 뭔가를 더 집어넣었다고 의심하는 게 그리 이상한 일은 아니다.

촉각적 환각도 조현병 환자에게서 나타나기는 하지만 그리 흔하지는 않다. 내가 돌보던 한 여성 환자는 자기 얼굴 피부 아래로 작은 벌레들이 기어 다니는 것을 느꼈다. 그 일로 환자가 느낀 감정은 기분이 나쁘다는 말 정도로는 도저히 표현할 수 없을 것이다. 또 다른 환자는 통각적 환각을 경험했다.

> 환각의 통증을 느끼는 사람에게 그 통증은 실제 통증과 똑같이 느껴진다. (…) 그 통증 환각을 느끼는 사람은 실제로 고통에 시달리는 것이다.[82]

## 자기 감각의 변질

많은 조현병 환자에게 특징적으로 나타나는 증상 가운데 망상 및 환각과 밀접하게 연관된 것이 하나 더 있다. 정상인 사람들은 명확한 자기 감각sense of self을 가지고 있고, 자신의 신체가 어디서 끝나고 무생물 대상들이 어디서 시작되는지 안다. 자신의 손을 바라보면 그것이 자신에게 속한 것임을 안다. 이런 문장을 말하는 것조차 정상인들에게는 어리석은 일처럼 여겨지며 그들로서는 다른 가능성은 상상도 할 수 없다.

그러나 조현병 환자는 다르게 상상할 수 있다. 자기 감각이 변질되는 일이 조현병에서는 드물지 않다. 어떤 사람이 묘사했듯이 "내게는 나 자신과의 접촉감이 없다. 내가 좀비 같이 느껴진다. (…) 나는 거의 존재하지 않는다."[83] 이러한 자기 감각의 변질은 신체감각의 변질과 관련되는 경우가 많다. 한 조현병 환자는 내게 아래와 같이 묘사한 편지를 보내왔다.

내 신체는 내 시각과 동일한 형태의 왜곡을 겪었고, 그러한 왜곡은 몸 전체에 걸쳐 모습을 드러냅니다. 움푹 들어간 곳들과 산등성이처럼 굴곡 진 부분들, 고통스러운 변형들이 온몸을 뒤덮고 있는 느낌이에요. 이마 위로 흘러내리는 머리카락들은 훨씬 더 크고 무겁고 더 시선을 끄는 느낌이 들고, (…) 손과 팔, 다리는 때때로 실제로 있는 위치에서 1인치쯤 옆에 있는 것처럼 느껴져요. 손가락들은 때에 따라 평소보다 더 길어 보였다 짧아 보였다 하고요. 얼굴은 실제보다 두 배는 더 긴 느낌이 듭니다.

자기 감각 변질의 범위는 스펙트럼의 한쪽 끝에 위치한 위와 같은 신체 지각 왜곡에서부터 자신과 다른 사람을 구분하는 걸 혼란스러워 하는 일까지 걸쳐 있다.

> 한 젊은이는 대화를 나누다가 자신과 대화 상대를 구별할 수 없어 자주 혼란에 빠졌다. 그는 누구의 생각이 누구에게서 처음 나왔는지를 파악 하는 감각을 상실한 것 같았고, '마치' 상대방이 어떤 식으로인지 '자신 을 침범한' 것처럼 느껴졌다. 이런 경험은 그의 정체성을 산산조각 내버 리고 극심한 불안을 불러왔다. 거리를 걸을 때면 상점 유리창에 비친 자 기 모습을 무심코 보는 일을 피하려고 바짝 신경을 쓴다. 자기가 진짜로 있는 곳이 어디인지 불확실한 느낌이 들기 때문이다.[84]

극단적인 경우지만 일부 조현병 환자들은 자기 사진을 보고도 자신 임을 알아보지 못한다.[85] 어떤 남자 환자는 본인의 사진을 보여주고 누 구냐고 묻자 "남자네요"라고 대답했다.

한 환자는 자신의 신체 부위가 마치 서로 관계를 끊고 분리된 것처 럼 각자의 삶을 살아가고 있다고 느꼈다. 한 환자는 그 느낌을 다음과 같이 묘사했다.

> 무릎이 휘청거리고 가슴은 내 앞에 있는 산 같고, 몸동작들도 달라졌습 니다. 팔과 다리는 내게서 멀리 떨어져 각자의 길을 가고요. 그럴 때 나 는 내가 다른 사람 같이 느껴지고 다른 사람들의 동작을 흉내 내는 것 같 은 느낌이 들어요. 그래서 어쩔 땐 그냥 멈춰서 조각상처럼 서 있어요.[86]

한 여성은 자기 몸이 어디서 끝나고 나머지 세상이 어디서 시작되는지 잘 알 수 없는 혼란을 이렇게 표현했다. "이는 내 신체 기능들에 대해서도 똑같이 적용된다. 내가 소변을 볼 때 밖에서 비가 억수같이 쏟아지고 있으면, 세상을 적시고 있는 게 내 소변인지 아닌지 도무지 확신이 서지 않았고, 그 때문에 공포에 사로잡혔다."[87]

자신의 성적 특성에 대한 불확실함도 조현병 환자에게서 드물지 않게 나타나는데, 자기 몸이 여성적 외형을 띤다고 믿었던 다음 남자 환자도 그랬다.

> 내 가슴은 여성의 잘 발달한 가슴 같은 인상을 주었다. 이 현상은 직접 자신의 눈으로 나를 관찰하고자 하는 사람이라면 누구나 볼 수 있었다. (…) 흘낏 한 번 보는 것으로는 충분치 않았다. 그걸 알아보려면 관찰자는 내 곁에서 10~15분을 보내는 수고를 해야 했다. 그러면 그들은 내 가슴이 주기적으로 부풀었다가 줄어드는 것을 알아차렸다.[88]

신체에 관한 촉각적 환각이나 망상 증상까지 있다면 자기 감각의 변질은 더욱 악화될 수 있다. 카프카의 대표 소설 《변신》이 그 한 예가 될 수 있다. 소설에서 그레고르는 아침에 잠에서 깬 뒤 서서히 자신이 거대한 벌레로 변했음을 깨닫는다. 카프카의 글에 등장하는 이런 부분들 때문에 일부 학자들은 카프카 본인이 조현병 증상을 겪었을지도 모른다고 추측한다. 지금은 이러한 감각 변화의 원인이 조현병의 질병 과정에 관여하는 뇌 부위들과 연관되어 있다고 알려져 있다. 이에 대해서는 5장에서 다룰 것이다.

# 감정 변화

감정emotion 변화, 혹은 전문가들이 자주 쓰는 말로는 정동affect, 情動*
변화는 조현병에서 가장 흔하고도 특징적으로 나타난다. 조현병 초기
단계에서는 우울감과 죄책감, 공포감, 순식간에 오르락내리락하는 감
정까지 모두 나타날 수 있다. 후기에는 감정이 둔해지고 마비되는 것
이 더욱 두드러지며, 감정을 전혀 못 느끼는 것처럼 보이는 상태에 이
르는 경우도 많다. 이는 조현병 환자의 대인 관계를 더 어렵게 만들고,
사람들이 환자들을 더욱 피하는 결과를 낳는다.

우울증은 조현병 진행 과정에서 매우 흔히 나타나는 초기 증상이
지만 자주 간과되는 증상이기도 하다. 한 연구에 따르면 "환자의 81퍼
센트가 (…) 명백한 우울 삽화를 경험했다"고 한다.[89] 환자 중 절반은
망상이나 환각이 시작되기 이전에 우울 증상이 나타났다. 이런 우울증
은 대부분 생물학적 원인에 의한 것으로, 다시 말해 조현병 질병 과정의
일부로서 뇌에서 일어난 신경화학적 변화 때문에 발생한 것이다. 그러
나 일부 경우는 환자 자신이 병들고 있음을 자각하고 그에 대한 반응으
로 우울 증상이 생긴 것일 수도 있다. 이런 우울증의 비극적이고도 드물
지 않은 후유증 가운데 하나가 바로 자살이다. 이에 대해서는 10장에서
다룬다.

조현병 초기에는 매우 광범위하고 다양한 감정이 오르락내리락 요

*    사람이 표현하고 타인이 관찰할 수 있는 기분이나 감정. 외부 요소에 의해 일시적으
     로 급격히 일어나거나 변할 수 있으며, 그로 인해 가슴이 뛰거나 땀이 나거나 하는
     등의 신체 변화가 뒤따를 수 있다.

동치는 급격한 변화도 겪을 수 있다. 온갖 종류의 과장된 감정도 드물지 않게 나타나는데, 특히 앞에서 이야기했던 절정경험과 관련해 과장된 경험을 하는 경우가 많다.

> 내게 정신증이 발발하고 첫 2주 동안, 정신증적 현상의 가장 지배적인 요소는 종교적 경험이었다. 그 시기의 가장 중요한 종교적 경험의 형식은 종교적 황홀경이었다. 나 자신에게 내가 메시아라는 집착적인 생각을 설득하기 위해 입 밖으로 말하는 내 목소리가 환각의 배경으로 깔렸다. 정동의 측면에서 지배적이었던 것은 전반적으로 퍼져 있는 안녕감이었다. 모든 걱정이 사라지고 모든 문제가 해결된 느낌이었다. 내 모든 욕구가 충족될 거라는 확신도 있었다. 이런 희열의 상태와 더불어 나는 전신에서, 특히 등에서 부드러운 온기를 느꼈고, 내 몸에서 체중이 없어져 살며시 공중을 떠다니는 것 같은 느낌도 들었다.[90]

초기 단계에 흔히 경험하는 또 하나의 감정은 죄책감이다.

> 나중에 돌이켜보았을 때는 더 이상 그 환상들에 대해 죄책감도 느껴지지 않았고, 그때의 죄책감에는 실질적인 대상도 없었다. 그 감정은 하나의 특정 원인에 의한 것으로 보기에는 너무나 매사에 만연해 있고 너무나 거대했다. 그것은 처벌을 부르는 죄책감이었다. 벌은 실제로도 끔찍하고 가학적이었다. 죄책감을 느끼는 그 자체가 바로 벌이었다. 자신을 죄인으로 느끼는 것이야말로 일어날 수 있는 최악의 일이기 때문에, 그것은 벌 중의 벌인 것이다.[91]

두려움 역시 환자들이 자주 이야기하는 증상이며, 대개 구체적인 대상이 존재하지 않아 뭐라 이름 붙일 수는 없지만 언제 어디서나 떨쳐지지 않는 두려움이다. 한 젊은 조현병 환자가 이런 두려움을 잘 묘사했다.

> 나는 통제할 수 없는 두려움을 안고 지하실에 앉아 있었다. 나는 창밖을 내다보는 내 고양이를 보는 것만으로도 완전히 무서움에 사로잡혔다.[92]

과장된 감정은 대체로 초기 단계를 넘어선 환자에게서는 잘 나타나지 않는다. 만약 그때도 그런 감정이 계속 나타난다면 조현병 진단이 정확한지 의심하는 게 좋다. 그런 느낌과 감정들이 **유지되는 것**은 조현병과 양극성장애를 명확히 나누는 구분선 중 하나다.(2장 참고) 과장된 감정이 초기 단계를 지나서도 현저한 정도로 유지된다면, 양극성장애가 정확한 진단일 가능성이 훨씬 높다.

일부 환자들은 과장된 감정을 경험할 뿐 아니라, 다른 사람의 감정을 파악하는 데도 어려움을 겪는다는 증거들도 있다. 이 분야 연구들을 검토한 논문에 따르면, "감정적 커뮤니케이션을 처리하는 통제력이 조현병 환자 사이에서도 상당한 차이가 있다고 주장하는 문헌들이 계속 증가하고 있다."[93] 이 사실을 증명하는 데 사용된 한 가지 연구 기법은 조현병 환자들에게 사진에 담긴 사람의 감정을 묘사하는 과제를 주는 것인데 다수가 이를 어려워한다. 예를 들어 한 연구에서는 "조현병 환자들이 대조군 참가자들에 비해, 순한 표정과 극단적 표정까지 포함해 모든 감정과 중립적 표정을 인지하는 일에서 서툴다는 결과가 나왔다."[94] 이렇게 타인의 감정을 판단하는 능력이 떨어지는 것은 많은 조현병 환자가 사회적 커뮤니케이션과 친구 사귀기에서 어려움을 겪는 주요 이유 중 하나다.

조현병 환자가 경험하는 감정 변화에서 가장 특징적인 것은 부적절한 감정 또는 둔하고 마비된 감정이다. 조현병이 본격적인 단계에 접어들 때까지 둘 중 하나가 나타나지 않거나 심지어 둘 다 나타나지 않는다면 그것은 매우 이례적인 경우다.

부적절한 감정은 앞에서 든 전화교환수의 비유만 생각해도 충분히 예상되는 결과다. 교환수가 입력되는 자극에 엉뚱한 생각을 연결했던 것처럼, 감정도 엉뚱한 것을 연결한다. 착신 통화에 슬픈 소식이 담겨 있더라도 교환수가 즐거움과 연결해버린 탓에 환자가 웃는 것이다. 부적절한 감정 반응을 보이는 또 다른 이유는 환자의 머릿속에서 벌어지고 있는 다른 일들이 웃음을 유발하기 때문이다.

> 나는 한 가지를 이야기하면서 동시에 대여섯 가지 다른 생각을 하고 있을 때가 많습니다. 말하고 있는 내용과 아무 상관없는 일로 내가 웃으면 내 말을 듣는 사람들에게는 분명 괴상하게 보일 테지요. 그들은 내 머릿속에서 무슨 일이 벌어지는지, 내 머릿속에 얼마나 많은 것이 떠돌고 있는지 모르니까요. 예를 들어 내가 선생님한테 상당히 심각한 뭔가를 얘기하고 있을 때 갑자기 웃긴 다른 생각이 떠오르면 나는 그 때문에 웃음을 터뜨리지요. 내가 한 번에 하나에만 집중할 수 있다면 지금처럼 이렇게 바보 같이 보이지는 않을 텐데 말입니다.[95]

이런 부적절한 감정은 조현병의 가장 극적인 양상을 만들어낸다. 환자가 갑자기 아무 뚜렷한 이유 없이 웃음을 터뜨리는 것이다. 이는 조현병 환자와 함께 일하거나 생활하는 사람들이 흔히 보는 광경이다.

둔하고 마비된 감정은 병의 초기 단계에서는 은근하고 미묘한 정도로만 나타날 수 있다. 채프먼은 "조현병 경험에서 가장 먼저 나타나는 변화 중 하나는 다른 사람에 대한 감정이입 과정이 손상되는 것과 관련이 있다"고 주장한다.[96] 조현병에 걸리면 다른 사람의 입장에 자신을 대입하거나 다른 사람의 감정에 공감하는 능력이 상실된다. 병이 진행될수록 감정이 밋밋해지거나 둔감해지는 것이 더 두드러질 수 있다. "처음 발병했던 시기에 나는 화, 분노, 원망 같은 감정을 평소에 느끼던 정도로 강렬하게 느끼지 않았다. 지배적인 심적 태도는 반감, 소원함, 두려움 같은 것들이었다."[97]

감정이 구체적인 대상들과 완전히 분리되는 일도 있는데 이럴 때 환자에게는 텅 빈 공백만 남는다. 한 환자는 이를 다음과 같이 통렬하게 표현했다.

> 어떤 일을 내가 원해서 하는 것이 아니라, 일들이 기계적이고 무서운 무언가에 의해 처리되었다. 그것이 무서운 이유는 일을 할 수는 있지만, 하고 싶어 하거나 하기 싫어할 수는 없기 때문이다. 마음의 고통을 서서히 건강하게 낫게 해주는, 건설적인 치유를 구성하는 모든 부분이 사라졌다. 한 사람의 내면에 존재해야 할 감정이 모두 밖으로 나가버렸고 다시 돌아오기를 갈망하지만, 돌아올 힘까지 모두 갖고 나가 버린 뒤였다.[98]

　　조현병 환자인 마이클 웩슬러Michael Wechsler는 이를 아버지에게 보낸 편지에서 깔끔하게 요약했다. "정말 불쾌한 감정을 느끼는 상태로 깨어 날 수 있으면 좋겠습니다. 아무것도 느끼지 못하는 것보다는 그게 더 나을 거예요."[99]

　　감정이 둔해지는 증상이 아주 오래 진행되어 후기로 가면 아무런 감정도 남지 않는 것처럼 보인다. 이런 일이 자주 일어나지는 않지만 일단 일어나면 환자를 상대하는 사람들에게는 잊을 수 없는 경험이 된다. 내게도 그런 환자가 두 명 있었는데 그들에게서는 어떤 조건에서도 **아무** 감정도 이끌어낼 수 없었다. 그들은 예의 바르게 행동했고 가끔 고집을 부리기는 했지만 결코 행복하지도 슬프지도 않았다. 섬뜩하게도 꼭 로봇을 상대하는 느낌이었다. 이 중 한 사람은 자기 집에 불을 지르고는 앉아서 평온하게 텔레비전을 보았다. 집에 불이 났다는 사실을 알리자 그는 차분하게 일어나서 밖으로 나갔다. 이런 사례들에서는 뇌 손상이 감정 반응 조절 중추에 심각한 영향을 입힌 것이 분명하다. 다행히 대부분의 조현병 환자는 뇌의 이 영역이 그만큼 완전히 손상되지는 않는다.

　　그러나 아무런 감정도 느끼지 않는 것처럼 보이는 조현병 환자가 실제로도 감정을 느끼지 않는다고 판단하는 일은 매우 신중해야 한다. 조현병 환자가 감정을 매우 자극하는 영화를 보는 장면을 촬영한 한 연구에서는 그들이 겉으로 감정을 많이 표현하지는 않았음에도 "긍정적 감정과 부정적 감정을 많이 느꼈다고 보고했다"는 결과를 얻었다.[100] 조현병 아들을 둔 어머니 진 부리시어스Jean Bouricius는 아들이 쓴 글 중에서 정신건강 전문가들이 그의 감정을 매우 둔하고 마비되었다

고 평가했던 당시에도 겉으로 표현되지는 않았지만 매우 강렬한 감정
들을 경험하고 있었음을 증명하는 내용들을 모아 출판했다. 그의 글에
는 이런 문장들이 포함되었다. "외로움에는 노래가, 사랑과 고통의 노
래가, 달콤한 해방과 미래의 희망이 필요하다." "나는 부드럽게 눈을
감고 한밤에 부는 바람의 일부가 된다. 그 바람 속에서는 감정이 질식
당하고 울음은 전혀 빠져나갈 수 없다."[101] 조현병 환자 중 겉보기에 아
무 감정도 느끼지 않는 것처럼 보여도 내면에서는 강렬한 감정을 느끼
는 이들이 있다는 사실은 갈수록 더 분명해지고 있다.

    감정이 둔해지는 것과 자주 연관되는 증상들로 냉담함, 느린 동작,
욕구 결여, 줄어든 생각과 말(보통 생각과 말의 빈곤이라고도 불린다)이 있
다. 이러한 복합 요소들은 여러 해 동안 병을 앓은 환자들에게서 자주
보이고 흔히 조현병의 '음성' 증상이라고 하는데 이는 2장에서 다시 이
야기할 것이다. 이런 환자들은 욕망이 없고 무엇에도 관심이 없으며
아무것도 추구하지도 원하지도 않는 것처럼 보인다. 마치 의지가 다
사그라진 것 같은데, 병이 진행되는 과정에서 실제로 그런 일이 일어
날 수도 있다. 통찰력이 뛰어난 한 환자는 이러한 상태를 유머 감각을
곁들여 표현했다. "아직 내게는 내가 '빈곤'이라 부르는 것들이 남아
있다. 예를 들어 생각과 감정과 친구와 현금의 빈곤 같은 것."[102]

    오늘날에는 조현병 환자가 둔한 감정과 무관심을 흔히 경험하는 이
유는 조현병 치료제의 부작용 때문이라는 생각이 유행처럼 번져있다.
사실 이런 생각은 아주 조금만 진실이다. 조현병 치료에 쓰는 많은 약
에 감정을 차분하게 만들거나 진정시키는 효과가 있는 것은 사실이다
(7장 참고). 그러나 감정이 둔하게 마비되고 의욕이 희박해지는 것은 병

자체의 결과지 약의 영향이 아니다. 이는 그 약물들이 도입되기 전 문헌에 묘사된 환자들의 모습만 봐도 쉽게 증명된다. 예전의 묘사에서도 마비된 감정과 무관심은 오늘날 못지않게 두드러지는 조현병 증상이었다.

## 동작 변화

근래에는 동작 변화도 조현병 치료의 부작용과 밀접한 관련이 있다고 여겨진다. 그리고 실제로도 항정신병약물과 리튬lithium은 손가락의 미세한 떨림이나 팔, 몸통 전체의 급작스런 움직임 같은 동작 변화를 유발할 수도 있다.

그러나 조현병 진행 과정 자체도 그런 동작 변화를 유발할 수 있고, 이런 변화는 현대의 약물이 등장하기 오래 전부터 조현병에 대한 묘사에 분명히 나와 있었다는 점을 명심해야 한다. 조현병의 동작 변화에 관한 한 연구는 그런 변화들이 "보수적으로 정의한 조현병의 거의 모든 사례에서" 발생한다는 점을 발견하고, 그것이 질병 과정의 결과일 뿐 환자가 복용한 약물의 결과가 아니라고 결론 내렸다.[103] 또 다른 연구에서는 병세가 완화된 환자 중 절반이 자신의 동작이 변했던 것을 기억하고 있었다.[104] 동작이 더 빨라진 사람들도 있었고, 더 느려진 사람들도 있었다. 어정쩡함이나 서투른 느낌이 비교적 흔했고, 병에 걸리기 전에 비해 뭔가를 흘리거나 걷다가 뭔가에 걸려 비틀거리는 일도 더 잦아졌다.

동작의 또 다른 변화로는 자발성이 감소하는 것을 들 수 있는데, 환자 본인도 이를 의식할 수 있다. "나는 자발성이 전혀 없었고, 그 결과 매우 소심해지고 부자연스러워졌다."[105] 어떤 환자들은 걸을 때 자연스럽게 팔이 흔들리는 동작이 줄어들기도 했는데, 일부 연구자들은 이런 사실을 보고 조현병에 영향을 미치는 뇌 영역이 소뇌cerebellum나 기저핵basal ganglia일 수 있다는 이론을 세웠다.

틱tic*이나 떨림, 혀 동작, 빠는 동작 등 반복적인 동작도 볼 수 있다. 환자 대다수가 약 부작용으로 이런 증상이 생기며 소수지만 약보다는 질병 과정 자체의 결과인 경우도 있다. 눈 깜빡임 같은 미세한 동작들도 조현병 때문일 수 있다.[106] 일부 조현병 환자는 일반인에 비해 눈을 깜빡이는 횟수가 훨씬 적다. 일부는 약 때문으로 설명할 수 있지만, 모두 그런 것은 아니다. 프랑스의 사실주의 작가 오노레 드 발자크Honore de Balzac도 19세기 초에 그런 환자의 모습을 묘사한 적이 있다. "[그는] 밤이고 낮이고, 지금 내가 보고 있는 모습 그대로, 다른 사람들처럼 눈꺼풀을 올리거나 내리지도 않고 시선을 고정한 채 서 있었다."[107]

물론 조현병에서 가장 극적인 동작 변화는 긴장증catatonia 행태다. 긴장증 증상이 있는 환자는 아무 움직임 없이 몇 시간이고 있을 수 있고, 만약 누군가가 팔 위치를 바꿨다면, 새로운 자세 그대로 한 시간 이상 유지하는 경우가 많다. 긴장형 조현병catatonic schizophrenia은 20세기 초에는 흔했지만 갈수록 드물어졌다. 긴장증 증상은 보통 약에 즉각적으

---

\*        얼굴, 목, 어깨 등에 급격하고 율동적으로 반복해서 일어나는 불수의 운동. 눈을 깜박이는 운동, 고개를 끄덕이는 운동, 고개를 갸웃거리는 운동, 머리를 흔드는 운동, 혀를 차는 운동 등을 심하게 반복하는 증세를 들 수 있다.

로 반응해 고쳐지는데, 그중 항정신병약물 사용을 꼽을 수 있다.

## 행동 변화

행동 변화는 대체로 조현병의 일차 증상이라기보다는 이차 증상이다. 이 말은 조현병 환자가 보이는 행동은 대개 뇌에서 일어나는 다른 일들에 대한 반응이라는 뜻이다. 예를 들어 조현병 환자가 과도하게 예민해진 감각에 시달리고 있고 입력되는 자극들을 종합하는 능력을 상실했다면, 그 사람이 구석으로 물러나 웅크리고 있는 행동은 당연한 결과로 보인다. 조현병에서 보이는 다른 많은 행동도 이와 유사하게 논리적으로 설명할 수 있다.

위축되는 것, 한 장소에서 오랫동안 조용히 머무르는 것, 움직이지 않는 것은 모두 조현병 환자에게 나타나는 흔한 행동이다. 이런 행동 중 가장 극단적인 것이 오랫동안 한 자세를 유지한 채 머물러 있는 긴장증과 말을 전혀 하지 않는 함구증mutism이다. 긴장증과 함구증은 조현병에서 매우 흔하게 나타나며 덜 극단적인 증상인 위축과 정지immobility와 함께 한 부류로 묶을 수 있다. 조현병 환자가 위축되거나 침묵하는 이유는 여러 가지가 있다. 때로는 깊은 생각에 빠져 있을 때 그런 일이 일어나기도 한다.

그건 내가 길을 걷고 있을 때 찾아옵니다. 나는 갑자기 깊이 생각하기 시작하고 일종의 무아지경에 들어가죠. 생각에 너무 깊숙이 들어가서 마

치 세상 밖으로 나가 있는 것 같습니다.[108]

아니면 감각 자극들이 입력되는 속도를 늦추어 뇌가 그 자극들을 정리하게 하려는 것일 수도 있다.

나는 빨리 움직이는 걸 좋아하지 않아요. 내가 너무 빨리 움직이면 뭔가 붕괴할 것 같은 느낌이 들거든요. 나는 아주 잠시 동안만 버틸 수 있고 그런 다음에는 멈춰야만 합니다. 만약 계속한다면 만사를 있는 그대로 인식할 수 없게 돼요. 소리와 소음과 움직임들만 인식할 수 있죠. 모든 게 뒤죽박죽된 덩어리가 되어버려요. 완전히 꼼짝도 하지 않고 가만히 있으면 이런 일을 멈출 수 있다는 걸 알게 됐어요. 그렇게 하면 모든 걸 더 쉽게 받아들일 수 있습니다.[109]

시각 자극과 청각 자극을 통합해야 할 때처럼, 동작들도 하나의 전체로 통합하기 위해 속도를 늦춰야 할 때도 있다.

이제는 내가 하는 동작에 대해서도 잘 모르겠습니다. (…) 예를 들어 앉으려고 한다면, 나 자신에 대해 생각하면서 실제로 앉기 전에 내가 앉는 모습을 눈으로 보는 것처럼 상상해야 합니다. 씻는 것, 먹는 것, 옷 입는 것처럼 한때는 아무 문제없이 전혀 생각하지 않고서 했던 다른 일들도 마찬가지고요. (…) 이 모든 게 지금의 나를 훨씬 느릿느릿한 사람으로 만들었지요.[110]

조현병 환자에게서는 다른 특이한 행동들도 볼 수 있다. 의식적 행동ritualistic behavior도 드물지 않다. 어떤 환자들은 반복적으로 원을 그리며 걷고, 내가 아는 한 환자는 문을 통과할 때는 항상 거꾸로 걷는다. 그리고 이런 의식적 행동에는 다 나름의 이유가 있다. 케이크를 만들 때 계란을 특정한 방식으로 휘저어야만 한다고 느끼는 다음 여성의 예를 보자.

> 작업을 하다 보면 변화가 왔다. 케이크 재료들이 특별한 의미를 띠기 시작하는 것이다. 케이크 만드는 과정이 하나의 의식이 되었다. 특정 단계들에서는 시계 반대 방향으로만 휘저어야 했고, 또 다른 때는 반드시 일어서서 동쪽을 향해 반죽을 쳐야 했으며, 계란 흰자는 왼쪽에서 오른쪽으로 접듯이 거품을 쳐야 했다. 그리고 이 각각의 방식에는 복잡한 각자의 이유가 있었다. 나는 이런 이유들이 새롭고 낯설고 예상치 못한 것임을 인식했지만 의문을 제기하지는 않았다. 내가 의문을 품든 말든 반드시 지켜야 할, 이미 최종적으로 내려진 결정이기 때문이었다. 각각의 저항할 수 없는 충동에는 그만큼 저항할 수 없는 설명이 따랐다.[111]

특정한 몸짓을 반복하는 일도 자주 있다. 아주 논리적인 이유로 그런 행동을 한다고 생각하지만 지켜보는 사람에게는 괴상해 보일 뿐이다. 한 환자는 자기 머리를 이쪽저쪽으로 리드미컬하게 흔들었는데 그러면서 자기 정신에서 쓸데없는 생각을 흔들어 떨쳐버리기 위해서라고 말했다. 또 다른 사람은 머리가 원치 않는 생각들을 "청소하는 걸 도와주려고" 머리를 마사지했다.[112] 바로 이런 의식적 행동과 반복적 행동 때문에 때때로 조현병 환자가 강박장애obsessive-compulsive disorder라는 오진을 받기도 한다. 강박사고obsession와 강박행동compulsion은 실제로 조현병에서도 자주 나타난다. 그러나 순전한 강박장애 환자에게는 사고장애, 망상, 환각 등 다른 조현병 증상은 없다.

특정한 자세를 취하는 조현병 환자도 있다. 내 환자 중에는 항상 왼손을 어색하게 왼쪽 어깨에 올린 채로 마치 행진하듯 인도를 끝도 없이 왔다 갔다 하는 이가 있었다. 불편해 보였지만 그는 나로서는 도저히 알 수 없는 이유로 항상 그런 자세를 취했다.

간혹 앵무새처럼 누군가 자신에게 한 말을 모조리 따라서 반복하는 증상도 있다. 이를 정신의학 용어로는 메아리증echolalia, 반향언어증이라고 한다. 채프먼은 단어들을 반복하는 것이 상대방이 말한 내용을 흡수하고 통합해 처리할 시간을 주기 때문에 환자에게 유용할 거라고 생각한다.[113] 훨씬 더 드물게 나타나지만 행동을 따라하는 동작모방증echopraxia도 있다. 이런 증상은 자기self의 경계선이 사라져 자신의 몸이 어디서 끝나고 타인의 몸이 어디서 시작되는지 알 수 없게 된 결과일지도 모른다.

조현병 환자의 친구나 친족이 가장 걱정스러워하는 부분은 사회적으로 부적절한 행동인데, 왜 그런지는 충분히 짐작할 수 있다. 다행히 병동에서 부적절하게 행동하던 환자들도 병원 밖으로 나갔을 때는 꽤 적절하게 행동하기도 한다. 가장 병세가 심한 병동의 환자들이 공공장소에 갔을 때 보이는 모습은 언제나 놀라움을 자아낸다. 이럴 때 그들을 남달라 보이게 하는 것은 대개 행동보다는 (전형적으로 제대로 갖춰 입지 못한) 복장이다. 병세가 심해서 공공장소에서도 부적절한 행동(아무데서나 소변보기, 드러내놓고 수음하기, 사람들에게 침 뱉기 등)을 계속하는 환자도 있지만, 그런 환자들은 상대적으로 드문 편이다. 그중 일부는 적절한 약물 치료나 조건화 기법으로 행동을 개선할 수 있다.

우리는 조현병 환자의 행동이 자기 내면의 논리와 이성에는 완벽히 부합한다는 점을 명심해야 한다. 장애가 생긴 그들의 감각과 사고를 기준으로 볼 때, **환자 자신은** 충분히 합리적인 이유에서 그런 행동을 한다는 말이다. 남들에게는 그들의 행동이 비합리적이고, '정신 나간', '미친' 행동, 그러니까 조현병의 전형적인 특징으로 보일 수 있다. 그러나 병에 걸린 본인에게는 그 행동에 '정신 나갔'거나 '미친' 점은 전혀 없다. 예를 들어 어떤 약사가 자신의 정신을 조종하고 있다고 믿던 한 환자는 "그가 내뿜는 영향력에서 벗어날 유일한 방법은 그의 약국을 중심으로 지름 1.6킬로미터 거리를 두고 빙둘러서 피해다니는 것뿐"이라고 판단했다.[114] 또 자신이 '혐오스러운 설인', 즉 예티Yeti라고 믿었던 한 오하이오 사람은 "알래스카로 몰고 가서 '세상을 구하려는' 목적으로 도로 청소용 차량을" 훔쳤다.[115]

조현병 환자의 기이한 행동은 대부분 사고 과정에 발생한 장애의 결과지만, 일부는 조현병과 관련된 뇌의 생리학적 변화로 생기기도 한다. 예를 들어 조현병 환자 중에는 체온조절 장애가 나타나는 경우가 많은데, 그 때문에 아주 더운 날씨에도 옷을 여러 겹 껴입는 환자들이 있다.[116]

사실상 조현병 환자가 하는 모든 말과 행동이 환자 본인에게는 합리적이다. 멀찍이 떨어져 구경하듯 보는 외부인에게만 '미친' 언행이다. '미친'이란 말이 비합리적인 것을 뜻한다면, 시간을 들여 그들의 말을 들어보는 사람에게는 조현병 환자가 전혀 '미친' 것처럼 보이지 않을 것이다. 그 '미친 언행'의 뿌리는 장애가 생긴 뇌 기능이며, 이러한 뇌 기능장애가 잘못된 감각 데이터와 혼란스러운 사고를 만들어낸 것 뿐이다.


## 병을 인식하는 능력 감소: 질병인식불능증

조현병 환자 중에는 자기 뇌의 기능에 문제가 생겼음을 인지하는 이들이 있다. 이를 질병 인식awareness of illness 혹은 병식病識, insight이라고 한다. 소수지만 발병 초기에 주변 사람들에게 자기 머릿속에 뭔가 문제가 생겼다고 말하는 환자도 있다. 한 어머니는 아들이 자기 머리를 붙잡고 "엄마, 도와주세요. 내 머릿속에서 뭔가가 잘못됐어요" 하고 호소하던 일을 기억하고 있었다. 겨우 열두 살이었던 한 소녀는 부모에게 자기가 정신과 의사를 만나서 조현병인지 아닌지 물어보면 어떻겠냐고 물었다.[117] 존 힝클리John Hinckley*는 부모에게 썼지만 보내지는 않은 편지에 이렇게 썼다. "뭐가 잘못된 건지 모르겠어요. 상황이 좋지 않아요. 내 머릿속에 뭔가 문제가 있는 것 같아요."[118] 내가 들었던 가장 절절한 이야기 하나는 매우 명석했던 어느 십 대 소년에 관한 것이다. 이 소년은 병의 가장 초창기부터 자기 뇌가 뭔가 잘못되었음을 깨달았고 그때부터 증상이 너무 심해지기 전에 몇 달 동안 지역 의학도

---

\* 영화배우 조디 포스터에게 집착해 그녀의 관심과 사랑을 얻기 위해 로널드 레이건 전 대통령 암살을 시도했던 인물.

서관에서 조현병에 관해 공부했다고 한다. 또 한 사례는 어느 부모에게 들은 것인데, 가족들이 아들에게 병이 있는 걸 제대로 눈치 채기도 전에 아들이 "스스로 자기가 조현병이라고 진단했다"고 한다.

그러나 병이 온전히 발현하면서 질병 인식이 사라지는 경우도 많다. 이는 그리 놀라운 일이 아니다. 조현병은 뇌에 기능 이상이 생긴 병이며, 우리가 자신에 관해 생각할 때 사용하는 것이 바로 뇌이기 때문이다. 나는 오히려 조현병에 걸려서도 자신의 병에 대한 인식을 유지하고 있는 환자들이 더 놀랍다. 만성 단계에 접어든 환자 중에서도 뚜렷한 병식을 보여주는 이들이 있다. 여러 해 동안 조현병에 시달렸던 한 여성은 내게 보낸 편지에서 "오른팔을 희생해서라도 내 뇌가 제대로 작동할 수 있다면 기꺼이 그렇게 할 거예요"라고 말했다. 7년간 심한 조현병을 앓았던 또 다른 여성 환자는 크리스마스 선물로 뭘 원하느냐고 물었더니 슬픈 표정으로 나를 바라보며 잠시 잠자코 있더니 "정신이요"라고 대답했다.

질병 인식이 줄어드는 현상은 다른 뇌 질환에서도 나타난다. 예를 들어 알츠하이머병에 걸린 사람의 경우 대개 처음에는 병을 인식하지만 병이 진행될수록 병식이 사라진다. 로널드 레이건 전 대통령은 알츠하이머병이 발병했을 때 공개적으로 자신의 병을 밝혔지만, 병이 진행되면서 병식을 잃었고 심지어 가족들도 알아보지 못했다. 다른 유형의 치매와 일부 뇌졸중 환자의 경우에도 병식이 감소한다. 뇌졸중을 겪은 사람 중에는 증거가 분명히 눈에 보이는데도 자신의 팔이나 다리가 마비되었다는 사실을 부인하는 이들도 있다. 병식 감소는 공식적인 신경학적 용어로 질병인식불능증anosognosia이라고 한다.

질병 인식이 감소하는 이유는 뇌의 특정 부위들에 일어난 손상 때
문이라고 알려져 있다. 조현병 환자를 병식이 있는 그룹과 없는 그룹
으로 나눠 뇌를 비교한 연구가 최소 25건이 있는데, 거의 모든 연구가
두 집단의 뇌에서 차이점들을 발견했다. 치료 옹호 센터 웹사이트(ww
w.treatmentadvocacycenter.org)의 '배경 논문Background Papers'* 부분에 연구
내용이 잘 요약되어 있다. 질병인식불능증에서 기능장애를 일으키는
것으로 보이는 뇌 영역은 전방대상피질anterior cingulate cortex과 섬엽insula,
하두정소엽inferior parietal lobule을 포함하는 내측 전두엽medial frontal lobe이
며 특히 우뇌 쪽이 더 심하다. 5장에서 살펴보겠지만 이 영역들은 모두
조현병 질병 과정과 관련된 뇌 네트워크에 속해 있다. 구체적으로 어
느 뇌 영역에 영향을 받았는가에 따라 질병을 온전히 인식하거나 부분
적으로만 인식하거나 전혀 인식하지 못하기도 한다. 또한 한 환자에게
서도 시간의 흐름에 따라 질병 인식에 변화가 일어난다는 것도 잘 알
려진 사실이다. 질병 과정이 잠잠한 완화기에는 온전한 병식이 돌아
왔다가 질병 과정이 다시 활발해지는 재발기에는 병식이 사라질 수도
있다.

조현병 환자의 질병 인식 감소는 오랫동안 관찰되어 왔지만 연구
대상으로 삼은 것은 그리 오래되지 않았다. 1869년에 나온《미국 법학
리뷰American Law Review》에는 이런 언급이 있다. "전반적으로 정신이상
자들은 자신의 정신이 이상하지 않다고 여기며, 그 결과 자신들이 감

---

\*        www.treatmentadvocacycenter.org/evidence-and-research/learn-more-about/3628-
serious-mental-illness-and-anosognosia(shorturl.at/kqyUV)

금된 데는 자유를 박탈하려는 자들의 악의적인 의도 외에 다른 이유는 찾을 수 없다고 생각한다."[119] 1990년대부터 조현병의 질병 인식에 관한 연구들이 쏟아져 나왔고, 이 중 많은 연구 내용이 《병식과 정신증Insight and Psychosis》과 《난 멀쩡해, 도움 따윈 필요 없어!I Am Not Sick, I Don't Need Help》라는 책에 잘 정리되어 있다. 이 책들은 1장 참고문헌 목록에도 실어두었다. 질병 인식을 평가하는 척도도 개발되어, 조현병 환자 가운데 거의 절반이 중간 정도 혹은 심한 정도로 병식이 손상되었음을 밝혀냈다.

조현병 환자의 질병 인식 감소가 가져오는 결과는 아주 다양하다. 긍정적인 측면에서 보면 질병 인식이 감소한 사람들은 충분히 예상할 수 있듯이 덜 우울해하고 자살하는 비율이 더 낮을 수 있다. 부정적인 면으로는 질병 인식 결여가 비자의 입원과 투약이 필요한 가장 큰 원인이라는 점을 꼽을 수 있다. 이와 관련한 주요 문제들은 10장에서 다룬다.

## 미술 작품 속 조현병

조현병은 뇌의 질환이다. 저명한 신경학자 찰스 스콧 셰링턴Charles Scott Sherrington은 정상적인 뇌가 경험이라는 실들을 가지고 삶이라는 직물을 짜는 '마법 베틀'이라고 표현했다.[120] 뇌에 조현병이 생긴 사람들은 그 베틀이 고장 난 것이며, 어떤 경우에는 그 베틀의 자리를 믹서기가 대신 차지하고 앉아 생각을 뒤죽박죽으로 섞고 연상들을 헐겁게 만

드는 것처럼 보인다. 그 결과로 만들어지는 뇌의 불협화음을 생각해보
면, 조현병 환자들이 자신의 인생을 마치 〈환상특급Twilight Zone〉* 속 세
계 같다고 묘사하는 것도 전혀 놀랍지 않다.

　지금까지 살펴본 감각의 변질, 자극 해석 능력 상실, 망상과 환각,
신체 경계와 감정과 동작에 일어나는 변화들을 겪는다면 어떤 느낌일
지 상상해보자. 당신의 뇌가 당신에게 무언가 말을 건넬 때 자신의 뇌
를 더 이상 신뢰할 수 없다면 어떤 느낌이 들까? 표현력이 매우 뛰어난
한 여성 환자가 나에게 해준 설명에 따르면 그것은 '길이를 재는 자가
자 자신을 재야 하는' 문제다.[121] 다시 말해서 자기 뇌의 기능장애를 평
가하는 데 기능장애가 일어난 그 뇌를 사용해야만 하는 딜레마다. 이
런 병에 걸린 사람이 우울해지는 건 당연한 일이 아닐까? 그 사람들이
자신의 행동에 자주 창피함을 느끼는 것이 이상한 일일까? 만약 조현
병보다 더 나쁜 병이 존재한다면, 그 병은 아직 발견되지 않았다.

　가족과 친구 들은 어떻게 해야 조현병 환자가 겪고 있는 일을 이해
할 수 있을까? 향정신성 약물을 사용하면 일시적으로 조현병과 유사
한 감각의 변질이 일어나고 심지어 망상도 생길 수 있지만, 그렇다고
환자 가족들에게 그런 마약을 사용하라고 권할 수는 없다. 조현병의
경험을 이해하는 더 나은 방법은 미술관을 둘러보며 자신이 그중 몇몇
그림들 속에 들어가 있다고 상상해보는 것이다.

　빈센트 반 고흐가 정신증을 앓고 있던 1888년 말과 1889년에 그린

* 　미스터리 SF 판타지 TV 시리즈물로 1959~1964년에 오리지널 시리즈가 방영되었
　고, 1980년대 중반과 2000년대 초반에 각각 2차, 3차 리메이크되었다. 한국에서도
　1980년대에 방영되어 인기를 끌었다.

그림들부터 시작해보자. 〈별이 빛나는 밤The Starry Night〉과 〈올리브나무와 흰 구름Olive Grove with White Cloud〉은 특히 빛과 색채, 질감에 대한 고흐의 왜곡된 지각을 보여준다. 고흐는 자신의 병을 유난히 예리하게 인식했다. 1889년에 입원해 있는 동안 그린 〈생 폴 병원의 정원The Garden of St. Paul's Hospital〉을 묘사하며 그는 이렇게 썼다.

> 붉은 황토색, 회색을 덧칠해 침울해진 녹색, 윤곽을 에워싼 검은 선들의 이 조합에서 너는 나의 어떤 불운한 동료들이 자주 시달렸던 '검정-빨강noir-rouge'이라 불리는 어떤 고뇌의 감각을 알아차릴 게다.[122]

그렇다면 정신증은 누아르-루즈병 혹은 흑적병黑赤病이라고 부를 수도 있겠다.

그 밖에도 정신증에 걸리지는 않았지만, 조현병 환자들의 지각을 떠올리게 하는 요소를 자신의 예술적 창작에 포함시킨 화가가 많았다. 예를 들어 호안 미로Joan Miro 는 〈초상 IVPortrait IV〉(1938), 〈여인의 두상Head of a Woman〉(1938), 〈카탈루냐 농부의 두상Head of a Catalan Peasant〉 같은 그림에서 흉하게 왜곡되고 해체된 이목구비를 보여준다. 파블로 피카소Pablo Picasso의 〈나부Nude Woman〉 같은 그림을 보는 사람들도 개별 부분들을 종합해 전체를 구성해야 하는 혼란스러운 과제에 직면하는데, 이는 조현병 환자가 매일 직면하는 어려움과 그리 다르지 않다. 마르셀 뒤샹Marcel Duchamp 의 〈계단을 내려오는 나부Nude Descending a Staircase〉는 조현병 환자들이 자주 불평하는 갑작스러운 움직임, 협응 결여, 어색한 동작 등을 연상시킨다. 특히 뒤샹의 이 그림은 바이러스성 뇌염

때문에 조현병 증상이 생긴 한 여성이 자신이 느끼는 기분을 의사에게
설명할 때 구체적으로 인용한 그림이다.[123]

앙리 루소Henri Rousseau의 몇몇 그림은 감정 왜곡을 연상시킨다. 눈들
이 당신을 응시하고 있고 모든 수풀 뒤에 이름 붙일 수 없는 공포가 도
사리고 있는 〈꿈The Dream〉이라는 그림 속에 자신이 들어가 있다고 상
상해보라. 다음으로 에드바르 뭉크Edvard Munch의 석판화나 회화로 넘어
가보자. 〈절규The Scream〉 같은 그림은 조현병의 우울증과 절망감, 외로
움을 거울처럼 담아내고 있다. 그림 속 여성이 귀를 막고 있는 것은 일
부 환자들이 환청을 눌러 잠재우려 애쓸 때 하는 행동과 닮았다. 마지
막으로 히에로니무스 보스Hieronymus Bosch의 〈세속적인 쾌락의 동산The
Garden Of Earthly Delights〉으로 미술관 투어를 끝내자. 세 폭으로 구성된 이
작품의 '지옥' 편에서 보스가 상상해낸 고문 장면들을 자세히 들여다보
고, 조현병을 앓는 경험은 보스가 상상한 그 무엇보다 더 나쁠 수도 있
다는 사실을 생각해보자.

요약하면 조현병은 병에 걸린 사람의 뇌와 존재의 핵심이 그 사람
에게 잔인한 농간을 부리는 병이다. 캐시 빅Kathy Bick은 중증 조현병으
로 심화되기 전 초기에 쓴 일기에 그 이상한 느낌을 절절하게 표현했
다. "내 안의 뭔가가 우스꽝스럽고 낯선 상태를 통과하고 있고, 뭔가
기괴한 힘에 휘둘리고 있는 느낌이다. 내 안에 있는 이 한심한 허수아
비 같은 존재는 또 다른 힘들에도 휘둘리고 있다."[124] 출발점이 뇌의 기
능장애인 사실을 감안하면, 정신적 평정 상태를 유지하려 애쓰는 것은
많은 조현병 환자에게 가히 초인적인 노력이다. 그리고 이 불운한 사
람을 염려하는 사람들이 보여야 할 올바른 반응은 인내와 이해다. 이

런 반응은 오노레 드 발자크의 소설《루이 랑베르Louis Lambert》에서 조현병에 걸린 루이 랑베르와 결혼한 여주인공이 매우 잘 보여준다. 결혼 후 여주인공은 남자를 보살피는 일에 인생을 바친다.

"분명 루이는 '미친' 것처럼 보일 거예요." 그녀가 말했다. "하지만 그는 미친 게 아니에요. 미쳤다는 말이 알 수 없는 원인으로 뇌가 손상된 사람, 그래서 자신의 행위에 대한 이유를 댈 수 없는 사람을 가리키는 거라면 말이에요. 내 남편은 완벽한 정신의 균형을 유지하고 있어요. 만약 그가 당신을 형체로서 알아보지 못하더라도, 그가 당신을 보지 못한 거라고 생각하지 마세요. 루이는 자기 몸에서 벗어나 다른 형식으로 우리를 볼 수 있어요. 그 형식이 어떤 성격의 것인지는 나도 모르지만요. 그가 말을 할 때는 경이로운 것들에 관해 이야기해요. 물론 자기 정신의 침묵 속에서 시작된 생각을 말로 완성하는 경우나, 말로 하나의 진술을 시작했다가 마무리는 머릿속으로만 하는 경우가 많은 것은 사실이지만요. 다른 사람들에게 그는 분명 미친 것처럼 보일 거예요. 하지만 그의 생각 속에서 살고 있는 나에게는 그의 모든 생각이 명료하게 보여요. 나는 그의 정신의 길을 따라가죠. 그 길에 있는 갈림길과 샛길 중에 내가 이해하지 못하는 것도 많지만, 그래도 그 길 끝까지 그와 함께 가요. 우리도 어떤 사소한 것들을 생각하다가 점진적으로 전개되는 생각과 회상 들을 따라 심각한 생각으로 끌려들어가는 일이 자주 있잖아요? 생각하는 사람은 종종 가벼운 뭔가를 이야기하고는 어쩌다 급작스럽게 어떤 명상에 빠져들고, 그러다 어떤 결론에 이르지만 그 결론에 이르게 한 추상적 연결고리들은 잊어버리거나 언급하지 않은 채, 그 성찰의 사슬에서 마지막 고리만을 말하죠. 이런 기민한 정신적 비전을 알지 못하는 평범한 정신의 소유자들, 영혼의 내적인 고뇌를 모르는 사람들은 몽상가들을 비웃고, 그들이 연속적인 생각의 단계들을 곧잘 잊어버리면 미친 사람이라고 부르죠. 루이는 항상 그래요. 제비처럼 민첩하게 생각의 공간을 가로질러 날아다니죠. 하지만 나는 그가 맴도는 항로를 모두 따라갈 수 있어요. 이것이 이른바 그의 정신이상에 관한 이야기랍니다."[125]

이 정도의 헌신과 이해는 소설에서만 가능할지도 모를 고귀한 이상이다. 이런 헌신과 이해는 많은 가족에게도, 그리고 정신병동이나 외래 진료소에서 환자들을 돌봐야 하는 전문가에게도 어느 정도 존재한다. 루이 랑베르의 아내가 보여주는 것처럼 이해를 하면 그 뒤를 따라 연민이 생긴다. 그러므로 최선을 다해 이해하는 것이 우리에게 주어진 의무다. 그렇게 이해한다면 모두를 짓누르는 조현병이라는 짐의 무게가 조금은 더 가벼워질 것이다.

**2**

조현병의 정의: 밖으로 보이는 모습

미친 사람에게도 세계는 여전히 실제적이지만, 그 세계는 새로운 의미를 띤다. 사람들 역시 실제적이며 그들은 가깝고 힘이 있으며 어쩌면 위험하기도 한 존재이지만, 그 사람들 속에서 미친 사람은 오직 혼자다. 그것이 우리가 정신이상을 통과할 때의 핵심 특징이다. 우리에게는 세계가 줄어든 것이 아니라 그 세계에 또 다른 세계가 스며들어 있는 것이며, 우리는 다른 국면의 삶을 목격하고 경험하느라 주변 멀쩡한 사람들과 소통이 단절된다. 정신 멀쩡하고 편협한 사람들은 모든 사람 가운데서 우리만이 인지할 수 있는 광대하고 중대하고 긴급한, 그리고 어쩌면 격변적인 진실을 보지 못하고 분명 알지도 못할 것이며, 결코 믿지도 않을 것이다.

— 모래그 코트Morag Coate, 1965년[1]


인류의 질병은 대부분 정의되었다. 우리는 장티푸스를 일으키는 세균이 존재하는 상태를 장티푸스라고 정의하고, 신부전을 일으키는 화학물질이 혈액 내에 증가한 상태를 신부전이라고 정의하며, 암을 유발하는 특정 세포들이 존재하는 상태를 암이라고 정의한다. 대부분의 질병에서는 볼 수 있거나 측정할 수 있는 무언가가 존재하고, 이것들을 사용해 그 병을 정의하고 무병 상태와 구분할 수 있다.

그러나 조현병은 사정이 다르다! 분명 조현병 환자의 뇌 구조와 기능에 여러 가지 이상異常이 존재하지만 그중 어느 한 가지 이상이 발견되었다고 해서 무조건 "예, 조현병이 맞습니다"라고 단언할 수 있는 결정적 이상은 존재하지 않는다. 이 때문에 조현병의 정의에 대한 논쟁은 끝날 줄을 모른다. 조현병이 하나 이상의 질병들을 포함하고 있을 가능성도 있어 상황은 더욱 복잡해진다.

아직 조현병에 대한 결정적 척도가 없기 때문에 우리는 증상을 가지고 병을 정의할 수밖에 없다. 하지만 여기에도 착오의 소지가 있다. 서로 다른 병들이 동일한 증상을 초래할 수도 있기 때문이다. 예를 들어 복통은 하나의 증상이지만, 복통을 일으키는 병은 100가지도 넘는다. 그러므로 증상으로 질병을 정의하는 데는 우려가 따른다. 이것이 현재 조현병이 처해 있는 상황이다. 그렇지만 정확한 진단은 무엇보다 중요하다. 정확한 진단이 나와야 환자에게 적합한 치료가 무엇인지 결정할 수 있고 환자와 가족에게 가장 탄탄한 정보를 바탕으로 예후를 말할 수 있다. 또한 연구자들에게는 그들이 동일한 대상에 대해 이야기하고 있다는 확신을 주기 때문에 조현병 연구에도 도움이 된다.

# 공식 진단 기준

오직 조현병에서만 나타나는 증상은 하나도 없지만, 조현병 이외 다른 병들에서 나타나는 일은 매우 드문 몇 가지 증상은 있다. 이 증상 들이 있을 때는 의심 지수가 상당히 높아진다. 스위스 정신의학자 오 이겐 블로일러는 사고 과정에서 연상이 이완되는 것이 조현병의 핵심 이라고 믿었다. 독일 정신의학자인 쿠르트 슈나이더Kurt Schneider는 몇 가지 증상 목록을 만들고 이를 '일급 증상'이라고 불렀는데, 이 말은 곧

**표 2-1. 슈나이더의 조현병 일급 증상**

1. 자신의 생각을 큰소리로 말하는 목소리가 들리는 환청(사고 메아리).
2. 두 목소리가 싸우는 소리가 들리는 환청(논쟁 환청).
3. 본인의 행동을 논평하는 목소리들이 들리는 환청(논평 환청).
4. 외부의 힘에 의해 신체 감각이 발생했다는 환촉(신체 피동 체험).
5. 자신의 정신에서 생각이 빠져나가는 느낌(사고 탈취).
6. 다른 존재가 자신의 정신에 생각을 주입하는 느낌(사고주입).
7. 자신의 생각이 라디오나 텔레비전 등을 통해 남들에게 방송된다는 느낌(사 고전파).
8. 남들이 자신의 정신에 감정을 주입하는 느낌.
9. 남들이 자신의 정신에 저항할 수 없는 충동을 주입하는 느낌.
10. 마치 자동장치처럼 자신의 모든 행위를 타인이 조종하는 느낌.
11. 망상적 지각. 예를 들어 평범한 말이 자신에게 비밀스러운 의미를 지닌 다는 확신.

그 증상 중 한 가지 이상이 있으면 조현병 진단을 강력하게 암시한다는 의미였다.

슈나이더의 일급 증상들은 유럽 국가들에서 조현병을 진단할 때 비공식적으로 사용되지만 미국에서는 그만큼 많이 사용되지 않는다. 여러 연구에 따르면 적어도 조현병 환자의 4분의 3은 이 증상 중 한 가지 이상을 갖고 있다.[2] 그러나 이 증상들은 양극성장애 환자 중 적어도 4분의 1에게서도 나타나기 때문에 조현병의 결정적 증상이라고 할 수는 없다.[3]

1980년까지 미국에서는 유럽에 비해 '조현병(정신분열증schizophrenia)'이라는 용어를 훨씬 더 막연하고 광범위하게 사용했다. 실제로 전 세계에서 미국만큼 조현병을 막연하게 진단했던 나라는 반정부인사들의 위신을 떨어뜨리고 낙인을 찍는 꼬리표로 사용했던 구소련뿐이었다.

미국 정신의학계는 1980년에 보통 'DSM-Ⅲ'이라고 일컫는《정신질환 진단 및 통계 편람 3판Diagnostic and Statistical Manual of Mental Disorders, 3rd edition》에서 수정한 진단과 명명 체계를 채택하면서 발전의 큰 걸음을 내디뎠다. 이어서 1987년에 수정판 DSM-Ⅲ-R이 나왔고, 1994년에 새로운 수정판 DSM-Ⅳ[4]가, 2013년에 DSM-5가 나왔다. DSM의 진단 기준은 유럽 국가들에서 사용하는 **국제질병분류**International Classification of Diseases, ICD의 진단 기준과 정확히 일치하지는 않지만 꽤 유사하다.

DSM의 조현병 진단 기준은 미국 내에서 널리 받아들여졌고 조현병의 정의를 찾는 가족들도 이 기준을 사용할 것이다. 이 기준에 부합하지 않을 때는 공식적으로 조현병이라고 진단하지 말아야 한다.

**표 2-2. DSM-5의 조현병 진단 기준**

A. 다음 중 2가지 이상의 증상이 한 달 동안 혹은 상당 시간 동안 존재해야
한다.
1. 망상
2. 환각
3. 와해된 언어
4. 긴장증 또는 명백하게 비정상적인 정신운동* 행동
5. '음성' 증상, 즉 억제된 정동, 비사회성

B. 업무, 대인 관계, 자기를 돌보는 기능의 상당한 저하.

C. 성공적으로 치료하지 못한 경우 활성기 증상(A 범주)이 최소한 1개월 지
속되거나, 모든 증상(전구기, 활성기, 잔류기)이 최소한 6개월 지속됨.

D. 조현정동장애의 기준과 물질 남용으로 초래된 정신증 증상들에 해당하
지 않을 것.

DSM-5의 조현병 진단 기준을 보면 조현병이 비교적 진단하기 쉬
울 거라는 느낌이 든다. 완전히 발병한 상태에서는 대체로 진단이 쉽
지만 초기 단계에서는 확실히 진단하기가 어려운 편이다. 증상들이 간
헐적으로 나타나거나 비교적 가볍게 나타날 수도 있고, 병에 걸린 사
람이 병의 발현 양상 일부를 숨길 수도 있기 때문이다. 그래서 정신질
환 전문가들이 처음에 환자를 만났을 때는 조현병에 대한 '배제 진단'
을 내리는 경우가 흔하다. 이 말은 임상에서 상황이 확실해질 때까지
는 임시로 진단한다는 뜻이다.

조현병으로 진단하기 전에 최소한 6개월 동안 증상이 있어야 한다
는 조건은 미국의 전통적 의료와 확연하게 달라진 부분이다. 이는 꽤

유용한 진전이다. 조현병은 심각한 진단이므로, 단기간이지만 조현병과 유사한 증상이 나타난 사람에게 무차별적으로 진단해서는 안 된다. 하지만 과거에는 그런 일이 자주 있었다. DSM-5는 조현병 유사 증상을 6개월 미만으로 겪은 사람들에게는 조현양상장애schizophreniform disorder라는 진단명을 사용하도록 권고한다. 지속 기간이 한 달 이하라면 단기 정신증적 장애brief psychotic disorder라는 진단명을 사용한다.

DSM의 기준이 조현병 진단을 명확하게 만드는 데 큰 도움이 되지만, 아직 해소되지 않은 문제들도 있다. 여전히 진단은 환자의 행동과 환자 본인이 겪고 있다고 이야기한 내용에 대해 정신과 의사가 주관적으로 내린 평가를 근거로 이루어진다. 혈액검사나 뇌척수액 검사 같은 진단의 객관적 척도가 분명히 필요하며, 머지않아 이런 척도들을 사용하게 될 수도 있다. 그때까지는 계속해서 조현병 진단 기준에 대한 논쟁이 이어질 것이고, 노련한 임상적 판단이 요구될 것이다.

스탠포드대학교 심리학자인 데이비드 L. 로젠한David L. Rosenhan 박사가 1973년에 실시해 널리 알려진 실험은 현재의 진단 방법이 가진 몇 가지 문제점을 드러내보였다.[5] 그는 자원한 실험참가자들을 정신병원으로 보내 3주 동안 환청이 지속되었다고 주장하며 입원을 요청하게 했다. 어떤 종류든 환청이 들린다는 것은 의심할 여지없이 조현병의 중요하고도 흔한 증상이며, 조현병 환자 대다수가 질병 과정 중 어느 시점에든 환청을 경험한다. 그러므로 대부분의 정신과 의사는 환청 증상을 다른 병으로 증명되기 전까지는 조현병이 있다는 신호로 받아들인다. 그러니까 실험참가자들이 진짜 환자로 받아들여지지 않았다면 그것이야말로 놀라운 일이었을 것이다. 로젠한은 이 연구를 정신과 의사들과 그들의 진단 능력을 조롱하는 데 사용했지만, 이는 잘못된 생각이다. 환청 때문에 몹시 괴로움을 겪고 있다고 말한 참가자들을 병원이 더 자세한 진찰을 위해 입원시키지 않았다면 그것이야말로 **훨씬 더** 충격적인 일이다. 조현병에서 환청은 맹장염의 복통, 소화성 궤양의 토혈과 같은 것이다. 모두 다 더 정확한 검사를 해야 한다는 위험신호다. 시모어 케티Seymour Kety 박사는 로젠한 연구의 오류를 다음과 같이 깔끔하게 정리했다.

> 만약 내가 혈액 1리터를 마시고 그 사실을 감춘 채 아무 병원 응급실에나 가서 피를 토한다면 의료진이 어떤 행동을 취할지 충분히 예상할 수 있다. 그들이 내게 출혈성 궤양이 있다고 판단하고 진료한다면, 나는 의료계가 내 상태를 제대로 진단할 줄 모른다고 확신에 차서 주장하지는 못 할 것이다.[6]

## 조현병의 아형

19세기 후반기에는, 현재 우리가 조현병이라 부르는 것의 몇 가지 아형subtype을 개별적인 질병으로 취급했다. 요컨대 1868년에 편집형 정신증paranoid psychosis이 처음으로 규정되고, 1871년에 파과증hebephrenia이, 1874년에 긴장증이 규정되었다. 그러다 1896년에 에밀 크레펠린Emil Kraepelin이 이 세 질병을 하나로 묶어 조발성치매dementia praecox라 불렀고, 1911년에 블로일러가 조현병schizophrenia이라고 이름을 바꾸고,

여기에 단순형 조현병 아형simple schizophrenia을 추가했다.

오랫동안 조현병 아형들도 계속 널리 사용되었다. 아형들은 오직 증상만을 기준으로 구분했다. 요컨대 편집형 조현병paranoid schizophrenia은 망상과 환각 모두 혹은 둘 중 하나를 특징으로 하고, 내용은 피해망상적 내용이 주를 이루며 더 드물지만 과대망상적 내용도 있다. 파과증은 DSM-IV 명명법에 따르면 '와해형disorganized type' 조현병이라고 하고, 주요 증상은 와해된 언어, 와해된 행동, 둔하고 마비되거나 부적절한 정동이다. 긴장형 조현병은 조현병의 가장 두드러진 특징이 자세나 경직, 혼미, 함구증 같은 행동장애일 경우에 진단되지만, 현재는 이 아형을 별로 볼 수 없다. 단순형 조현병은 DSM-IV 이후로는 개별 질병으로 포함되지 않지만, 관심과 의욕의 점진적 상실, 위축, 감정 둔화를 특징으로 하며 망상이나 환각은 나타나지 않는다.

이 아형들은 널리 사용되었음에도 그 타당성과 유용성은 매우 미심쩍었다. 깔끔하게 단 한 가지 아형에만 해당하는 환자는 거의 없으며, 대부분의 환자가 몇 가지 증상들을 함께 겪기 때문이다. 이런 이유로 미국의 DSM과 유럽의 ICD 모두 조현병 아형들을 삭제하고 더 이상 사용하지 않는다.

조현병의 아형 분류 중 가장 타당성 있는 것은 결핍형과 비결핍형 범주로 나누는 분류다. 이 분류는 윌리엄 카펜터William Carpenter 박사 연구 팀이 1988년에 처음 제안한 것으로, 지지하는 사람들이 서서히 증가해왔다.[7] 결핍형 조현병deficit schizophrenia은 '음성' 증상이 지배적인 조현병이다. 결핍형 조현병 환자는 정동이 억제되고('정동둔마情動鈍痲') 사회적 욕구가 감소하며, 거의 말을 하지 않고 흥미를 느끼지 않는다. 망

상이나 환각 같은 '양성' 증상도 있을 수는 있지만 음성 증상만큼 두드
러지지 않는다. 조현병 환자 15퍼센트가 결핍형 아형에 해당한다. 연
구에 따르면, 결핍형 조현병 환자들은 신경심리검사와 가족력(가족의
조현병 병력이 훨씬 많다), 출생 계절(여름 출생자가 더 많다), 유전적 소견,
혈청 염증 표지를 가지고 다른 조현병 환자들과 구별할 수 있다. 또한
결핍형 조현병은 치료 저항성이 있는 편이다. 이 아형에 다른 개별적
원인이 있는지는 아직 확실히 밝혀지지 않았다.

임상적 증상들을 가지고 조현병 아형을 분류하려는 노력이 시간 낭
비라고 주장하는 연구자들도 있다. 그보다는 특정 생물학적 소견의 유
무, 이를테면 전기생리학적 이상, 뇌 영상적 이상, 인지적 이상 같은 내
인성 표현형endophenotype[8]을 근거로 아형을 분류해야 한다는 것이다. 그
러면 특정한 인지장애가 있는 모든 환자는 한 가지 아형으로 간주될
것이다.


## 조현병 스펙트럼:
## 누구나 조금씩은 조현병이 있다고 할 수 있을까

조현병 스펙트럼의 외곽 경계선은 어디일까? 이 질문은 계속 뜨거
운 논쟁을 일으키며, 실제로 진단의 영토에서 조현병의 경계 지역이라
는 어둑한 지역보다 더 불분명한 곳은 찾기 어렵다. 이 지역으로 여행
을 가는 사람이라면 모호함에 대한 내성이 매우 높아야 할 것이다.

본격적인 조현병은 스펙트럼 상의 한쪽 끝에 지나지 않는다는 것이

갈수록 더 분명해지고 있다. 이 스펙트럼의 다른 영역에는 다음과 같
은 것들이 포함된다.

**망상장애**Delusional Disorder    이 사람들은 망상은 있지만 조현병 기준
에 부합하지는 않는다. 이런 망상들로는 편집형 망상paranoid delusion(예를
들어 자신이 미행당하고 있다는 믿음), 질투형 망상delusions of jealousy(예를 들
어 배우자가 바람을 피우고 있다는 믿음), 색정형 망상delusion of erotomania(예를
들어 유명한 인물이 자신을 사랑하고 있다는 믿음), 신체형 망상somatic delusion
(예를 들면 자신이 치명적인 질병에 걸렸다는 믿음)이 있다. 망상장애의 전
형적인 특징은 망상 내용이 사실은 아니지만 이성적으로 터무니없는
생각은 아니라는 점, 망상을 제외하면 손상된 기능이 없다는 점, 환각
은 없거나 있더라도 두드러지지 않는다는 점이다.

　망상장애와 조현병의 정확한 관계는 아직 확정적으로 규명되지
않았다. 임상의와 연구자 들은 망상장애가 덜 진행된 형태의 조현병
이 아닐까 의심하지만, 아직 확실히 입증된 것은 아니다. 망상장애는
DSM-5의 진단 항목에 포함되어 있다.

**조현형 성격장애**Schizotypal Personality Disorder    과거에는 이런 사람들을
경계성 조현병borderline schizophrenia이나 통원형 조현병ambulatory schizophrenia,
가성 신경증 조현병pseudoneurotic schizophrenia, 잠재 조현병latent schizophrenia,
준임상적(무증상) 조현병subclinical schizophrenia, 조현형 성격schizophrenic
character이 있다고 말했다. 이들은 지각과 사고, 언어, 행동에서 특이하
고 괴상한 면들을 보인다. DSM-5에서 조현형 성격장애 진단 조건을

충족하려면 다음과 같은 것들이 나타나야 한다.

- 관계망상적 사고idea of reference, 즉 다른 사람들이 자신에 관해 언급하고 있다는 생각이 자주 드는 것.

- 행동에 영향을 미치고, 하위문화의 기준(예를 들어 미신, 투시력, 텔레파시, 어린이나 청소년의 '육감', 기괴한 환상, 집착 등)에는 부합하지 않는 괴상한 믿음이나 마술적 사고.

- 신체적 착각bodily illusion을 포함한 유별난 지각 경험.

- 기이한(모호하거나, 필요 이상으로 상세하거나, 은유적이거나, 지나치게 정교하거나, 고정관념적인) 생각과 말.

- 의심이나 편집적 사고.

- 부적절하거나 억제된 정동.

- 별나거나 일정한 격식이나 형식을 벗어나거나 기이하게 행동하는 것 혹은 그러한 외양.

- 직계가족 외에는 가까운 친구나 마음을 털어놓을 사람이 없음.

- 친밀해져도 사라지지 않으며, 자신에 대한 부정적 평가보다는 편집증적 공포와 더 관련이 깊은 과도한 사회적 불안.

**조현성 성격장애**Schizoid Personality Disorder  외톨이이며 친구가 거의 없다. 사회적 상황을 피하며, 타인을 상대하지 않아도 되는 일자리를 구한다(산림감시원이나 컴퓨터 프로그래머 등). 조현성 성격장애인 사람이 결혼하는 일은 매우 드물다. 이런 사람들은 애정이든 적의이든 타인에 대해 어떠한 감정도 느끼지 못하는 것처럼 보이며, 칭찬이나 비판에도

개의치 않는 편이다. 영원한 안개 속에 갇힌 듯 자신이 처한 환경에서
도 분리되어 있는 것처럼 보이는 이들도 있다. DSM-5에는 포함되지
않았다.

**편집성 성격장애**Paranoid Personality Disorder    이 사람들의 특징은 과민성,
불신, 타인의 동기에 대한 의심이다. 이들은 항상 경계하며, 쉽게 모욕
을 느끼고, 순식간에 마음이 상한다. 다른 사람들이 자기를 속이거나
해치려 한다고 믿고, 그 믿음을 증명하려고 무리하게 노력한다. 타인
의 의리를 의심하고, 아무도 음모라 여기지 않는 일들도 음모라 생각
하는 일이 많다. 대체로 융통성이 없고 툭하면 따지고 들고 곧잘 소송
을 건다. 몰래 감시하는 데 사용하는 전자기기나 기계 장비에 관심 있
는 사람이 많다. 이들은 부드러운 감정을 잘 느끼지 않고 약한 사람을
경멸하며 유머 감각이 부족한 것처럼 보인다. 편집성 성격장애와 편집
성 망상장애를 나누는 선은 매우 가느다란데, 후자에게는 완전한 망상
이 생긴다는 차이가 있다. DSM-5에는 포함되지 않았다.

성격장애를 이렇게 분류하는 게 타당한지, 그리고 이 장애들과 조
현병은 어떤 관계가 있는지에 대한 논쟁은 끝나지 않았다. 성격장애
들이 서로 겹치는 부분이 있고, 여러 성격장애 증상을 갖고 있는 사람
이 많다는 것은 널리 인정되는 사실이다. 조현병 환자 가족에 대한 연
구들을 보면 친족 중에 조현형 성격장애와 편집성 성격장애가 많은 편
인데, 이런 결과는 이들이 유전적으로 조현병과 연관이 있음을 암시한
다. 이론적으로는 그들도 가벼운 형태의 조현병을 갖고 있다고 생각

할 수 있다. 이런 가능성을 가리켜 일반적으로 조현병의 '스펙트럼 개념'이라고 하며, 이는 사람들이 조현성 성격장애와 중증 조현병 사이를 연결하는 스펙트럼 상의 어느 한 지점에 위치한다는 것을 의미한다. 조현형 성격장애가 있는 사람들에게서 조현병에서 보이는 것과 유사한 뇌의 구조적 변화(예를 들어 뇌실 확장, 측두엽과 미상핵의 이상)가 나타난다는 최근 연구 결과도 스펙트럼 개념을 뒷받침한다. 그뿐 아니라 조현형 성격장애 환자 중 다수는 항정신병약물을 저용량으로 투약한 후 기분과 기능이 개선된다.

정말로 조현병 스펙트럼이 존재한다면, 그 스펙트럼의 가장 바깥쪽 경계선은 어디일까? 이 질문은 최근 일부 연구자들, 특히 주로 유럽 연구자들이 제기한 주장 때문에 더욱 중요해졌다. 그들은 환청을 비롯해 조현병 증상과 유사한 정신적 경험을 하는 사람들이 많다고 주장한다. 연구자들은 "당신은 다른 사람들이 믿기 어려워할 만한 기이하고 설명할 수 없는 어떤 일이 벌어지고 있다고 느낀 적이 있습니까?", "다른 사람들은 보지 못하는 장면을 보고 다른 사람들은 듣지 못하는 목소리를 들은 적이 있습니까?" 같은 질문이 담긴 설문조사를 지역사회에서 실시했다. 어떤 조사에서는 유럽 인구의 18퍼센트가 그런 경험이 있다는 결과가 나왔지만, 더 근래에 이런 종류의 연구 35건을 검토한 논문은 정신증 유사 경험의 유병률 중간값은 5퍼센트에 지나지 않는다고 보고했다.[9]

조현병 환자가 아닌 사람들도 정신증과 유사한 경험을 한다는 것은 잘 알려진 사실이다. 양극성장애 환자의 절반 정도와 심한 우울증 환자의 4분의 1 정도에게서 주요한 정신증 증상들이 나타날 수 있다. 심한 불안증과 외상 후 스트레스 장애post-traumatic stress disorder가 있거나 비교적 경미한 우울증이 있는 사람도 가벼운 정신증 증상을 경험하기도 한다. 한편 지역사회 설문조사들에도 문제가 있다. 가장 흔히 사용하는 설문지인 복합 국제 진단 인터뷰Composite International Diagnostic Interview, CIDI는 정신증 증상을 찾기에 신뢰할 수 없는 도구로 알려져 있다. 게다가 문화에 따라 기대되는 예상치의 문제도 있다. 예를 들어 돌아가신 어머니가 들려주는 충고의 목소리가 들리지 않는다는 것을 비정상적이라고 여기는 문화도 있다. 한 국제 비교 조사에서는 환시나 환청을 경험했다고 보고한 사람들의 비율이 네팔은 32퍼센트, 브라질은 14퍼센트, 인도는 12퍼센트였지만, 중국과 스페인, 파키스탄에서는 1퍼센트 미만이었다.[10] 또 하나 문제는 이런 설문조사 대부분이 돌아가신 어머니의 목소리가 이따금 들리는 것과 조현병 환자가 경험하는 매일 매시간 불쾌한 말들이 들리는 고함 소리를 구별하지 않았다는 점이다.

충분히 예상할 수 있듯이, 이런 연구를 활용하는 이들은 조현병의 존재 자체를 부정하고 자신이 정상이라고 주장하고 싶어 하는 조현병 환자다. 8장에서 다루겠지만 현재 유럽에는 그러한 주장을 퍼뜨리기 위한 '환청 네트워크'가 조직되어 있다. 그들은 목소리를 듣는 것, 즉 환청이 "근절해야 할 병적인 현상이 아니라, 그 소리를 듣는 이의 삶의 이야기와 내밀하게 연결된 의미 있고 해석 가능한 **경험**으로 간주해야 한다"고 말한다. 이런 생각은 모두 아주 무해해 보이지만, 그런 생각이 공식적인 진단에 영향을 미치는 것은 문제다. 현재 DSM-5 개정 작업을 추진 중인 이들까지 한때는 약화된 정신증 증후군Attenuated Psychosis Syndrome이라는 범주를 추가해 본격적인 조현병 환자는 아니지만 유사 증상을 경험하는 사람들을 포함시키려고 했지만 결국에는 그렇게 하지 않기로 결정했다. 대부분의 정신의학자는 그러한 증후군을 추가하는 데 반대하지만, 항정신병약물 시장의 확대를 꾀하는 제약업계는 열성적으로 지지한다.

　요약하면 조현병은 완전히 발병한 증후군을 갖고 있는 이들과 조현형 성격장애 진단을 받은 사람들처럼 더 약한 강도의 질병을 갖고 있는 이들이 있는, 질병 스펙트럼의 한 부분이 분명하다. 또한 일반인 중에도 때때로 환각이나 기타 정신증과 유사한 경험을 하는 이가 많은 것도 분명하다. 그러나 이런 사람들이 조현병 스펙트럼의 한 끝을 차지한다는 증거는 없다. 조현병은 단순히 현상적인 스펙트럼 상의 한 극단 지점이 아니라, 그 자체로 하나의 범주를 구성하는 뇌 질환이다. 우리 모두가 다 약간씩은 조현병을 가지고 있다는 주장을 뒷받침할 증거는 전혀 없다.


## 조현정동장애와 양극성장애

　정신의학 연구자 사이에서는 바로 앞에서 살펴본 진단 단위들 못지않게 조현정동장애schizoaffective disorder와 양극성장애bipolar disorder가 조현병과 어떤 관계인지를 두고도 많은 논쟁이 벌어진다.

　1896년에 크레펠린이 정신증을 조발성치매(현재의 조현병)와 조울증manic-depressive illness으로 나누자고 제안한 이래, 정신의학계는 그 분류를 널리 수용해왔다. 1980년에 미국 정신의학회가 DSM-Ⅲ를 통해 조울증을 양극성장애로 개명할 것을 제안했으나, 이 새로운 명칭이 그리

의미 있는 이점을 가져다주는 것도 아니어서 정신의학자 중에는 예전 용어를 계속 고집하는 이도 많다.

양극성장애는 조현병보다 더 많이 발병한다고 하는데, 과잉 진단 되는 면도 없지 않다. 남성보다 여성에게 조금 더 많으며, 이유는 알 수 없지만 사회경제적 지위가 더 높은 집단에서 더 높은 비율로 발생한다 고 알려져 있다. 보통은 서른 살 이전에 시작되지만, 조현병과 달리 더 늦게 발병하는 일도 드물지 않다. 양극성장애의 원인에 대한 연구는 조현병의 원인에 대한 연구와 동일한 노선으로 진행된다. 유전적 소인 이 있음은 확실히 규명되었고, 일부 연구자들은 아예 유전질환이라고 단언하기도 한다. 양극성장애 환자의 뇌에 생화학적 기능이상이 있다 는 것도 밝혀졌는데, 연구는 도파민dopamine보다는 세로토닌serotonin과 그 대사산물에 집중한다. 조현병에서 발견되는 대부분의 생물학적 이 상(예를 들어 MRI 검사에서 보이는 뇌실의 확대, 신경학적 이상 등)이 양극성 장애에서도 발견되지만, 그 정도는 대체로 미미하다.

양극성장애의 주요 임상 특징은 조증 삽화와 우울 삽화 또는 그 둘 이 다양하게 조합된 양상이다. 조증 삽화는 고양된 (때때로 초조해하는) 기분으로 이루어지며, 이 기간 동안 환자는 과도하게 쾌활하고 말이 많으며 사교적이고 속을 잘 터놓고 과대망상적 사고에 사로잡히고 에 너지가 넘치며 성욕이 과도해지고 많은 경우 수면 욕구가 거의 없어진 다. 말이 빨라져서(다변증) 듣는 사람이 내용을 다 소화하지도 못할 만 큼 많은 생각을 쏟아낸다(사고비약). 과대성은 망상 상태(자신이 대통령 이라는 믿음 등)로 진행될 수 있고, 옷차림이 화려해지고, 위험하거나 부 적절한 행동(닥치는 대로 물건을 사거나 어리석은 투자를 하는 등)을 하기도 한다. 우울 삽화는 슬픈("불쾌dysphoric") 기분과 암담함, 식욕부진, 수면 장애(불면증 또는 과수면증), 평소 하던 일에 대한 관심 상실, 성욕 상실, 에너지 상실, 사고 속도 저하, 죄책감 또는 자신이 무가치하다는 느낌, 그리고 종종 자살 생각으로 이루어진다. DSM-5 진단 기준에서는 조증 삽화가 최소한 1주는 지속되고(혹은 입원이 필요한 상태이고), 우울 삽화가 최소한 2주 지속되어야 양극성장애로 진단한다.

대중이 양극성장애에 대해 갖고 있는 고정관념은 그네를 타듯 양극단 사이를 왔다 갔다 하는 사람의 이미지이지만, 이런 일은 아주 드물다. 어떤 환자는 조증 삽화를 연달아 겪고, 어떤 환자는 우울 삽화를 연달아 겪으며, 또 어떤 이는 두 삽화를 상상할 수 있는 모든 다양한 조합으로 겪는다. 삽화와 삽화 사이에 여러 달, 심지어 여러 해의 간격이 있을 수도 있으며, 그 사이의 기간 동안은 정상 상태인 것이 특징이다. 물론 전체 인구를 기준으로 보아도 사람들은 양쪽 방향으로 온갖 다양한 정도의 기분 변화를 겪는다. 천성이 에너지가 넘치고 쾌활한 사람도 있고, 늘 자기를 비하하고 우울해하는 성격도 있다. 본격적인 조증에 조금 모자라는 상태를 경조증hypomania이라고 하고, 제2형 양극성장애bipolar II disorder로 진단한다. 잦은 기분 변화를 경험하지만 양극성장애의 진단 기준에 완전히 부합하지 않는 사람들에게는 순환성장애cyclothymic disorder라는 진단명을 사용한다. 양극성장애 환자 중 약 15퍼센트가 자살한다.

전형적인 양극성장애는 조현병과 쉽게 구별할 수 있다. 사고장애가 아닌 기분장애가 지배적 증상이기 때문이다. 양극성장애 환자에게도 망상이나 환각이 생길 수 있지만, 그런 경우는 들뜨거나 우울한 기분과 함께 일어나며 내용도 그 기분에 부합한다. 가장 중요한 차이는, 양극성장애는 일반적으로 개별 삽화 단위로 발생하며 삽화와 삽화 사이에는 정상 기능으로 되돌아간다는 점이다. 조현병은 양극성장애와 달리 개별 삽화 단위로 일어나는 일이 드물고 장애가 잔존한다. 양극성장애의 이러한 회복 가능성 때문에 양극성장애 환자 중에는 정부와 기업, 연예계에서 중요한 일을 하는 이들도 많고, 경조증의 몇몇 특징(넘치는 에너지, 높은 자존감, 수면 욕구 저하 등)은 그런 분야에서 더욱 큰 생산성과 성공을 불러올 수 있다.

정신의학과 심리학 교과서 들은 대체로 정신증이 조현병과 양극성장애로 깔끔하게 양분되며 둘을 쉽게 구별할 수 있는 것처럼 암시한다. 안타깝지만 항상 그런 것은 아니며, 두 병의 증상을 모두 갖고 있는 환자 비율도 꽤 높다. 게다가 시간이 지나면서 증상들이 바뀌는 환자도 드물지 않게 볼 수 있다. 처음에는 전형적인 조현병처럼 보였던 환자가 1~2년 후에는 명백한 양극성장애 증상을 보이거나 그 반대인 경우도 있다. 환자들이 정신의학 교과서를 읽고서 자기가 갖고 싶은 병을 고르는 모양이라는 농담이 나돌 정도인데, 사실 그런 사례들을 보면 우리가 정신의학에 대해 더욱 유연하게 사고해야 한다는 것을 다시금 되새기게 된다. 나 역시 임상에서 조현병과 양극성장애의 증상들을 거의 모든 조합으로 갖고 있는 환자들을 봐왔다.

정신의학계에서 이 문제를 해결한 방식은 조현정동장애라는 중간적 질환 범주를 만들어낸 것이었다. DSM-Ⅲ 이전까지 조현정동장애는 공식적으로 조현병의 한 아형으로 포함되었다. DSM-Ⅲ에서는 조현정동장애를 개별적으로 분류하고 "현재로서는 이 범주의 정의에 대한 합의가 형성되지 않았다"고 단서를 달았다. DSM-IV에서는 조현정 동장애에 대해, 주요우울증major depression 또는 조증 증상들이 조현병 증 상과 나란히 나타나지만, 우울증이나 조증 없이 조현병 증상만 존재하는 시기가 최소 2주는 되어야 한다고 정의했다.

이런 정의가 정신의학자들 사이에서 벌어지는 쓸데없이 세세한 논 쟁처럼 들린다면, 대체로 맞는 말이다. 게다가 환자와 가족들은 조현 병과 조현정동장애가 서로 다른 진단명이라고 생각하기 때문에 혼란을 느끼는 경우가 많다. 사실 이 두 병은 한 가지 진단 스펙트럼 상에 위치한 두 양상일 뿐이다. 조현정동장애라고 진단하는 것은 통계적으로 볼 때 전형적인 조현병보다 어느 정도 예후가 좋다는 암시라고 볼 수 있는데, 환자에 따라서는 그렇지 않은 경우도 있다. 이런 점을 제외하면 조현정동장애와 조현병의 치료는 사실상 동일해서 두 경우 모두 같은 약을 쓴다.

그렇다면 조현정동장애와 양극성장애는 조현병과 어떤 관계가 있을까? 간략히 말하면 그 답은 아직 밝혀지지 않았다. 근래에는 어쩌면 크레펠린이 틀렸을지도 모른다는, 그러니까 조현병과 양극성장애는 두 가지 개별 질환이 아니라 한 가지 질환 스펙트럼의 양 끝이라는 견 해가 점점 더 힘을 얻고 있다. 구체적 증상(예를 들어 조현병에 더 가깝거 나 양극성장애에 더 가까운 증상)은 어쩌면 환자 개인의 **유전적 소인에 따 라 또는 주로 영향을 받은 뇌 영역이 어디인지, 발달기의 어느 시점에 최초 의 뇌 손상이 일어났는지**에 따라 결정되는 것인지도 모른다.

최근 점점 더 진지하게 주목을 끌고 있는 의견은 정신증 증상이라 는 공통분모를 더욱 중요하게 보아야 한다는 것이다. 조현병이 있는 모든 사람에게는 병의 정의대로 정신증 증상(망상, 환각 등)이 있다. 그러나 전체 양극성장애 환자 중에서는 절반에게만 정신증 증상이 발생한다. 정신증 증상이 있는 양극성장애 환자는 조현병 환자와 더 밀접한 연관이 있으며 그들의 병은 어쩌면 동일한 질환 범주에 속하는지도 모른다는 증거들이 점점 늘어나고 있다. 이는 정신증 증상이 없는 양극성장애 환자에게는 해당하지 않는 이야기다.

〈표 2-3〉은 조현병과 양극성장애의 비슷한 점과 다른 점을 요약한 것이다. 두 병은 출생 계절과 입원 계절, 출생을 전후한 시기(주산기)의 과도한 합병증, 발달 이상, 몇 가지 MRI 소견과 임상증상, 항정신병약물에 대한 반응 등 여러 **선행변수**를 공유한다. 한편으로 두 병은 **발현양상**에서, 특히 신경심리학적 이상과 몇 가지 MRI 소견, 정동 증상의 우세, 임상 과정, 리튬 같은 기분안정제에 대한 반응에서 유의미한 차이를 보인다.

**표 2-3. 조현병과 양극성장애는 같은 병인가 다른 병인가?**

A. 비슷한 점

- 겨울과 봄에 태어난 사람이 훨씬 많이 걸린다.

- 여름에 입원과 재입원이 훨씬 많다.

- 출생 전후로 합병증이 있었고 피부 이상dermatoglyphic abnormalities이 있는 경우가 많아, 일부 병의 원인이 태아기에 발생한 것일 수 있음을 암시한다.

- 유사한 염색체(10번, 13번, 18번, 22번 염색체 등) 상의 유전자들이 관련된 것으로 의심된다.

- 일부 환자에게서 운동, 언어 발달 이정표 지연 같은 발달 이상, 교육 문제, 협응 불량 같은 신경학적 징후가 많이 보이며, 이는 조현병에서 더 두드러진다.

- MRI 연구에서 뇌실 확대와 회백질 이상이 보이며, 일반적으로 이런 소견은 조현병에서 더 두드러진다.

- 망상과 환각 같은 확연한 정신증적 특징이 나타날 수 있다.

- 항정신병약물에 반응한다.


B. 다른 점

- 양극성장애는 사회경제적 지위가 높은 집단에서 더 많이 발생한다.

- 조현병은 남성에게 더 일찍, 더 심각하게 영향을 미치며, 양극성장애는 여성에게 약간 더 많이 발생한다.

- 유전적 요인은 양극성장애에서 더 두드러진다.

- 양극성장애 환자는 가족 중에 양극성장애 진단을 받은 이가 있는 경우 더 흔하고, 조현병 환자는 가족 중에 조현병 진단을 받은 이가 있는 경우 더 흔한데, 물론 예외도 존재한다.

- 환자의 지리적 군집화는 (어쩌면 유전적 군집화도) 양극성장애에서 더 두드러진다.

- 특히 기억 검사와 전두엽 기능 검사에서 드러나는 신경심리학적 기능장애는 조현병에서 더 현저하고 더 전반적으로 나타난다.
- 양극성장애가 있는 사람 중에 예술적 창조성으로 명성을 얻는 이가 많다.
- MRI상으로 조현병에서는 뇌 부피가 더 많이 감소하는데 구체적으로 내측두엽medial temporal lobe에 속하는 구조물(예를 들어 해마hippocampus)이 감소한다. 양극성장애에서는 백질 과강도white matter hyperintensities가 더 많이 나타난다.
- 두 병 모두 신경전달물질과 관련이 있는데, 양극성장애는 세로토닌, 조현병은 도파민과 더 깊은 관련이 있다고 여겨진다.
- 임상적으로 양극성장애는 정상적 시기를 사이에 두고 재발과 완화를 반복할 가능성이 더 크다.
- 정동(기분) 증상(우울증, 조증 등)은 양극성장애에서 훨씬 흔하다.
- 양극성장애는 대체로 다른 약물을 쓰지 않고도 (리튬 등) 기분안정제만으로 치료할 수 있지만 조현병은 그렇지 않다.
- 전기경련요법은 양극성장애에 더 효과적이다.

# 3

## 조현병과 혼동되는 병들

위안이 되는 사실은 이제 내가 정신병을 그냥 여러 병 중 하나로 여기고, 있는 그대로 받아들이게 되었다는 거야.

— 빈센트 반 고흐, 1889년, 동생 테오에게 보내는 편지에서[1]


어떤 병을 이해하는 한 방법은 그 병이 무엇인지 이야기하는 것으로 바로 앞 장에서 우리가 한 일이다. 또 다른 방법은 그 병이 무엇이 아닌지 이야기하는 것이다. 조현병의 경우 이 부분은 특히 중요하다. 과거에는 대중문화에서도 의학계에서도 조현병을 부정확한 의미로 널리 사용했기 때문이다. 조현병을 더욱 잘 이해하기 바란다면, 먼저 우리가 이야기하고 있는 이 병이 무엇인지 명확히 해야 한다.

# '인격분열'이라는 오해

'정신분열병'이라는 과거의 용어 때문에 조현병을 다중인격 혹은 '인격분열'이라고 오해하는 사람들이 많지만, 이는 사실이 **아니다.**《시빌Sybil》*이나《이브의 세 얼굴The Three Faces of Eve》**에서 볼 수 있는 '인격분열'의 공식 진단명은 해리성 장애dissociative disorder다. 이 병은 조현병보다 훨씬 더 드물고 거의 여성에게만 나타나며 대부분의 경우 아동기에 겪은 성적 학대나 신체 학대에 대한 반응이라고 여겨진다.

요즘에는 '해리성 장애'가 일부 정신과 의사들 사이에서 유행처럼 번지는 진단명이 되었고, 아주 다양한 증상에 널리 적용되고 있다. 이 병은 너무나 과잉 진단되고 있고, 특히 의사의 말에 잘 휘둘리는 사람에게 이런 진단이 내려진다. 유능한 정신건강 전문가라면 해리성 장애와 조현병을 결코 혼동해서는 안 된다.

## 마약으로 인한 정신증: 대마초가 조현병을 일으킬 수 있을까[2]

향정신성 효과를 얻기 위해 남용하는 많은 약물이 조현병과 유사

---

\*    1973년에 플로라 레타 슈라이버Flora Rheta Schreiber가 쓴 책으로 해리성 장애(당시에는 다중인격장애로 불림)를 앓던 시빌 도셋(본명 셜리 아델 메이슨)의 정신분석 치료 과정을 담고 있다. 1976년과 2007년에 텔레비전 영화로도 만들어졌다.

\*\*   1957년에 해리성 장애를 앓던 이브 화이트(본명 크리스 코스트너 사이즈모어)의 정신과 의사 두 사람이 그녀의 삶에 관해 쓴 책으로 영화로도 만들어졌다.

한 증상들을 초래할 수 있다는 것은 널리 인정받는 사실이다. 대마초 (마리화나)처럼 비교적 약한 마약을 한 뒤에도 기이한 신체 감각, 신체 경계 상실, 편집 망상을 경험할 수 있다. 사용할 때마다 불쾌한 편집증적 상태가 되어 마리화나 사용을 그만둔 사람들도 있다. LSD나 펜시클리딘phencyclidine, PCP처럼 더 강한 마약은 환각(이 경우에는 환청보다는 환시가 더 많다), 망상, 사고장애를 일으킨다. 때로는 이런 증상이 너무 심해져 입원해야만 할 때도 있는데, 이때 의료진이 환자의 마약 남용 전력을 모른다면 실수로 조현병으로 진단할 수도 있다. 특히 암페타민amphetamine*은 조현병 증상과 똑같아 보이는 일시적 증상을 초래한다고 알려져 있다. 최근 들어 미국 시골 지역에 메스암페타민metham-phetamine** 사용이 전염병처럼 번지며 이런 증상을 겪는 사례가 증가하고 있다.

그렇다면 마약 사용이 조현병 **발병**에 영향을 미치는가라는 질문이 자연스럽게 떠오른다. 이는 조현병 환자의 가족과 친지가 자주 묻는 질문이기도 하다. 정신에 변화를 일으키는 여러 가지 약물을 만성적이고 반복적으로 사용하면 뇌를 손상시켜 지적 기능과 기억이 훼손되고 이미 조현병이 있는 사람에게는 증상을 더욱 악화시킨다는 증거가 많다.

하지만 마약이 조현병을 유발하는지는 분명하지 않다. 근래에 유럽

---

*    중추신경자극제. ADHD, 기면증, 비만 등을 치료하는 데 쓰이며 과거에는 비충혈鼻充血과 우울증 치료에도 사용되었다. 여러 나라에서 처방약으로 쓰이고 있지만, 오락성 마약으로 쓰일 경우 심각한 건강상의 위협이 따르기 때문에 무허가 소지와 유통은 엄격히 통제된다.

**   암페타민의 유도체로 중추신경을 흥분시키는 마약. 우리나라에서는 필로폰(히로뽕)이라는 상품명으로 잘 알려져 있다.

의 일부 연구자들은 대마초 사용과 조현병의 연관성을 보여주는 몇몇 연구들을 살펴보고 마리화나가 조현병을 일으킬 수 있다고 주장해왔다. 2016년 수잔 게이지Suzanne H. Gage 연구 팀은 모든 증거를 검토한 후 이러한 연관성이 지속적으로 보고되기는 하지만, "관찰을 목적으로 실시한 연구들에서 인과성을 확정하는 것은 문제의 소지가 있을 수 있다"라고 결론지었다(3장 추천 참고문헌 목록 참조). 그 연관성을 회의적으로 보는 사람들은 1960년대 만연한 대마초 사용을 지적하며 만약 대마초가 조현병을 초래한다면 캘리포니아에서는 조현병이 유행병처럼 번졌을 거라고 말한다. 반대편 사람들은 오늘날 사용되는 대마초는 1960년대 대마초보다 최고 5배까지 더 강력하다고 응수한다. 대마초 사용과 조현병에 관한 의문은 각 주들이 대마초 합법화로 나아가고 있는 이 시점에 특히 더 중요하다. 분명한 사실은 대마초 사용, 특히 다량의 대마초 사용은 조현병에 걸릴 소인을 갖고 있는 사람들의 발병을 더욱 앞당길 수 있다는 것이다. 또한 조현병 환자가 대마초를 사용하면 병세가 더 나빠지는 것도 분명하다.

그렇다면 정신에 변화를 일으키는 마약을 사용한 뒤에 조현병이 시작되는 사례가 왜 그렇게 흔할까? 두 가지로 답할 수 있다. 첫째, 마약 남용과 조현병 발병은 둘 다 10대 후반과 20대 초반이라는 비슷한 연령대에서 일어난다. 미국에서는 이 연령대에서 최소한 몇 번이라도 대마초를 피워본 사람의 비율이 상당히 높다. 마약 남용과 조현병 사이에 아무 관계도 없다고 가정하더라도, 조현병이 발병한 사람 중 상당수가 향정신성 약물을 시도해본 적이 있다고 추측할 수 있다.

둘째 이유이자 더 중요한 이유는, 조현병 초기 증상들이 생기기 시작한 사람이 자신이 겪고 있는 일을 합리화하기 위해 정신에 변화를 가져오는 약물들을 사용하는 것인데, 이런 수순으로 진행되는 경우는 아주 흔하다. 예를 들어 난생처음 환청을 듣는 것은 대단히 무서운 경험이다. 그런 증상이 나타난 다음 대마초나 펜시클리딘 또는 그와 유사한 약물을 사용하기 시작하면, 환청이 들리는 데 대한 설득력 있는 이유를 댈 수 있다. 마약을 하면 정신이 아주 이상해지고 있다고 말하는 자신과의 불편한 대면을 뒤로 미룰 수 있다. 이 사람은 말 그대로 정신을 잃고 있는 중이다. 또한 알코올도 그렇지만 마약은 부분적으로 증상을 완화하기도 한다. 이런 경우 이 사람은 자가투약하고 있다고 말할 수 있다. 이에 대해서는 10장에서 다룰 것이다.

마약과 조현병 발병의 관계에 관한 연구 중에서는 독일 정신과 의사 마틴 함브레히트Martin Hambrecht 박사와 하인츠 헤프너Heinz Häfner 박사의 연구가 가장 훌륭하다.[3] 그들은 첫 번째 조현병 삽화를 겪고 있던 환자 232명을 검토하는 과정에서 14퍼센트가 마약, 그중에서도 주로 대마초를 사용한 적이 있다는 사실을 알게 되었다. 마약을 해본 사람 중에서는 조현병 증상이 나타나기 전에 마약을 했던 이들이 27퍼센트, 마약을 하기 시작한 같은 달에 조현병 증상이 시작된 이들이 35퍼센트, 조현병이 발병하고 최소한 한 달 뒤까지는 마약을 사용한 적이 없었던 이들이 38퍼센트였다.

가족들은 조현병 초창기 증상들을 알아차리지 못하는 경우가 많다. 가족이 어떤 일을 겪고 있는지 모르는 이들에게는 그 사람이 점점 더 마약에 심하게 의존하는 모습만 보인다. 그러다 3~6개월쯤 뒤에 그가 조현병 진단을 받으면 가족은 마약 사용이 조현병을 초래했다고 결론을 내린다. 이런 생각은 가족 때문에 조현병이 생긴 게 아님을 분명히 해줌으로써 가족이 느끼는 죄책감의 부담도 덜어준다. 특히 정신건강 전문가가 아동기 양육 문제나 가족 간 소통 문제가 발병에 영향을 미쳤을 수도 있다고 암시하는 경우에는 더욱더 그런 추론에 끌린다. 이런 경우 가족들은 전문가에게 항변하기 위해 마약 남용이 조현병을 초래한다는 말을 붙잡고 늘어지는 경우가 많다.

> 테드는 인생의 계획을 잘 세워둔 앞길이 창창한 대학생이었다. 2학년 중반을 지나면서 다행증(이상행복감)euphoria 삽화들과 기이한 신체 감각을 겪고, 자신이 세상을 구원하도록 보내졌다는 생각을 하기 시작했다. 성적이 급격히 떨어졌고, 매일 교회에 다니기 시작했으며 LSD에 손을 댔다. 그 전까지는 파티에서 이따금 대마초를 피워본 것뿐이었다. 룸메이트들과 대학 당국, 그리고 결국 부모까지 테드의 마약의존에 놀라며 심각하게 여겼다. 그로부터 한 달 후 테드는 명백한 조현병 증상들로 지역 병원에 입원했다. 부모는 마약 때문에 테드에게 조현병이 생긴 거라고 믿었고, 그 외 다른 설명은 아무리 설득해도 결코 받아들이지 않았다.

## 처방약으로 인한 정신증

미국 사회는 약에 의존한다. 젊은이들은 마약을 남용하고, 나이든 이들은 이례적으로 많은 양의 처방약을 쓴다. 미국 가정에 있는 약품 수납장만 열어봐도, 섭취할 수 있는 처방약의 수가 얼마나 많은지 알 수 있다.

이런 처방약 중에는 부작용으로 흔한, 우울증, 편집 망상, 환상 등 정신과적 증상이 생길 수 있는 것이 많다. 이런 경우 대부분 환각은 환시에만 한정되는데, 이는 환각 증상이 약물 또는 그 밖의 기질적 질병에 의한 것임을 암시한다. 때로는 환청이 생기기도 해서, 갑자기 전형적인 조현병이 발병한 것처럼 보일 수도 있다. 그러므로 정신증 삽화가 처음 일어났을 때 의사는 언제나 "어떤 약을 복용하고 있습니까?"라는 질문을 가장 먼저 해야 한다.

처방약 부작용으로 정신증 증상이 나타나는 시기는 그 약을 처음 복용하기 시작했을 때다. 약을 끊으면 때로는 바로, 경우에 따라서는 서서히 정신증 증상이 사라진다. 처방약이 정신증 증상을 일으키는 일은 노인일수록 또는 용량이 높을수록, 또는 두 조건 다 해당할수록 더 흔하다. 때로 망상이나 환각을 일으키고, 그로 인해 조현병과 혼동되는 임상적 상황을 유발할 수 있는 의약품들을 다음 목록으로 정리했다. 물론 그 밖에 다른 약품들도 있으며, 특정 약이 이 목록에 들지 않았다고 그 약이 정신증 증상을 초래하지 않는다는 의미는 결코 아니다. 두 가지 이상의 약이 상호작용해 증상을 일으키는 경우도 있을 수 있다.

〈표 3-1〉은 학술지《의학 서한Medical Letter》(2008년 12월 15일, 50호)에서 가져온 것이며, 약의 일반명을 나열하고 괄호 속에 대표적인 상품명을 추가했다. 그 외에 여러 다른 상품명으로 판매되는 경우도 많다.

## 표 3-1. 간혹 망상이나 환각을 초래하는 약품(가나다 순)

간시클로비르ganciclovir(사이토빈Cytovene)

네비라핀nevirapine(바이라문Viramune)

댑손dapsone

덱스트로메토르판dextromethorphan(로비투신Robitussin)

드로나비놀dronabinol(마리놀Marinol)

디곡신digoxin(라녹신Lanoxin)

디설피람disulfiram(안타뷰즈Antabuse)

디소피라마이드disopyramide(노르페이스Norpace)

디이이티DEET(오프Off)

라멜테온ramelteon(로제렘Rozerem)

레보도파levodopa(시네메트Sinemet)

리도카인lidocaine(싸일로카인Xylocaine)

메트로니다졸metronidazole(플라질Flagyl)

메틸도파methyldopa

메틸페니데이트methylphenidate(리탈린Ritalin)

메플로퀸mefloquine(라리암Lariam)

모나피닐monafinil(프로비질Provigil)

바클로펜baclofen(켐스트로Kemstro)

발간시클로비르valganciclovir(발사이트Valcyte)

보리코나졸voriconazole(브이펜드Vfend)

부프로피온bupropion(웰부트린Wellbutrin)

빈크리스틴vincristine

셀레질린selegiline(엘데프릴Eldepryl)

소디움 옥시베이트sodium oxybate(자이렘Xyrem)

슈도에페드린pseudoephedrine(슈다페드Sudafed)

시부트라민sibutramine(메리디아Meridia)

시클로벤자프린cyclobenzaprine(플렉세릴Flexeril)

시클로세린cycloserine(세로마이신Seromycin)

실데나필sildenafil(비아그라Viagra)

아만타딘amantadine(시메트렐Symmetrel)

아바카비르abacavir(지아젠Ziagen)

아시클로비르acyclovir(조비락스Zovirax)

아지트로마이신azithromycin(지트로맥스Zithromax)

에파비렌즈efavirenz(서스티바Sustiva)

오셀타미비르oseltamivir(타미플루Tamiflu)

이소니아지드isoniazid

이포스파마이드ifosfamide(아이펙스Ifex)

인터류킨-2interleukin-2(프로류킨Proleukin)

졸피뎀zolpidem(앰비엔Ambien)

카페인caffeine　　　　　　　　　트라조돈trazodone

퀴니딘quinidine　　　　　　　　　트리메토프림trimethoprim, 설파메톡사

클로니딘clonidine(카타프레스Catapres)　　졸sulfamethoxazole(박트림Bactrim)

클로람부실chlorambucil(류케란Leukeran)　　티자니딘tizanidine(자나플렉스Zanaflex)

클로로퀸chloroquine(아랄렌Aralen)　　프로파페논propafenone(리트몰Rythmol)

## 다른 질병으로 인한 정신증

　　신체 질병 중에도 조현병과 유사한 증상을 일으킬 수 있는 병이 몇 가지 있다. 대부분의 경우에는 명확히 진단할 수 있기 때문에 조현병과 헷갈리지 않지만, 병의 초기 단계에서는 간혹 혼동할 수도 있다.

　　다른 질병이 조현병인 것처럼 보이면서 제대로 감지되지 않고 넘어가는 일이 얼마나 자주 벌어지는가 하는 문제는 열띤 논쟁 주제다. 널리 인용되는 한 연구에서 리처드 C. W. 홀Richard C. W. Hall 연구 팀은 텍사스에서 입원 치료를 받고 있는 조현병 환자 38명을 검토해 9퍼센트가 조현병을 "일으키거나 악화시킨" 의학적 질병을 갖고 있음을 알아냈다.[4] 한편 로린 M. 코란Lorrin M. Koran 연구 팀은 캘리포니아에서 조현병 환자 269명을 철저히 검토해 그 가운데 단 한 명만이 명백히 조현병 유사 증상을 보였지만 제대로 진단하지 못한 병(측두엽간질)을 갖고 있음을 알아냈다.[5] 잉글랜드의 한 연구에서는 조현병 진단을 받고 입원한 환자 318명 중 8퍼센트가 "선행 기질적 뇌 장애"를 갖고 있음을 발

견했다.[6] 잉글랜드에서 실시된 또 다른 연구에서는 조현병으로 처음
입원한 환자 268명 중 조현병과 관련된 기질적 질병 소견을 갖고 있다
고 밝혀진 환자는 6퍼센트 미만이었다.[7] 조현병 환자 200명을 부검한
한 연구에서는 "11퍼센트에게서 인과적 관계가 있다고 여겨지는 기질
적 뇌 질환이 발견"되었다.[8] 분명한 사실은 조현병 환자 중 소수의 하
위집단은 조현병 증상을 일으킨 다른 의학적 질환이 있고, 그 병 중 일
부는 치료가 가능하다는 점이다.

　조현병 증상을 일으킬 수 있는 가장 중요한 질병은 다음과 같다.


**뇌종양**Brain Tumor　　뇌하수체에 생긴 종양이 조현병 증상을 일으킬
가능성이 가장 높지만, (측두엽 수막종 등) 다른 종양들도 그럴 가능성이
있다. 뇌종양은 대개 MRI 검사로 찾아낼 수 있고, 초기에 수술하면 치
료가 가능한 경우도 많다.


**바이러스 뇌염**Viral Encephalitis[9]　　바이러스 뇌염이 이후에 조현병과 유
사한 증상을 일으킬 수 있다는 점은 여러 해 전부터 알려져 있었다. 점
점 더 분명해지고 있는 사실은 뇌염이 다른 징후와 증상이 명백히 드
러나기 전, 즉 질병 초기 단계에서 조현병처럼 보일 때가 있다는 점이
다. 하지만 이런 일이 얼마나 자주 일어나는지는 확인되지 않았다. 이
런 사례 22건을 검토한 결과, 단순헤르페스, 엡스타인-바 바이러스, 거
대세포바이러스, 홍역 바이러스, 콕사키 바이러스, 말뇌염 바이러스 등
조현병 유사 증상을 일으킬 수 있는 다양한 바이러스를 찾아냈다. 뇌
염이 의심될 때는 대부분 뇌척수액검사와 뇌파검사EEG로 진단할 수

있다. 또한 바이러스 뇌염은 여러 가지 단기 정신장애와 며칠 동안만 지속되는 조현병 유사 증상들도 일으킬 수 있다. 바이러스와 조현병의 잠재적 관계를 다루는 이야기는 5장에서 더 다룬다.

**측두엽간질**Temporal Lobe Epilepsy     간질과 조현병의 관계는 오랫동안 논쟁적 주제였다. 발병 소인이 되는 몇 가지 유전자를 간질과 조현병이 공유한다는 보고가 있고, 간질이 있으면 조현병 발병률이 높고, 조현병이 있으면 간질 발병률도 높다는 보고도 있다. 누구나 동의하는 한 가지 사실은 간질 중에서도 측두엽간질이 조현병과 유사한 증상들을 자주 일으킨다는 점이다. 한 연구에서는 측두엽간질 환자의 17퍼센트가 일부 조현병 증상을 보인다는 결과가 나왔다.[10]

**뇌성 매독**Cerebral Syphilis     매독은 과거만큼 많이 보이지는 않지만 조현병 유사 증상을 일으킬 수 있는 잠재적 원인임을 기억하는 게 좋다. 혈액검사를 통해 가능성을 탐지할 수 있고, 요추천자를 통해 진단을 확정할 수 있다.

**다발경화증** Multiple Sclerosis     다발경화증 초기에는 우울증과 지적 퇴화가 흔히 나타난다. 간혹 조현병 증상도 생길 수 있는데, 다발경화증이 완전히 발병하기 전까지 '편집성 조현병' 증상들만 10년간 겪었던 여성 환자의 사례도 보고된 바 있다.[11]

**헌팅턴병**Huntington's Disease     조현병은 중년에 발병하는 유전질환인 헌팅턴병에 '보통 제일 먼저 내려지는 진단'이자 '가장 자주 되풀이되는 오진'이다.[12] 그러나 환자에게서 무도병 동작이 나타나기 시작하면 정확한 진단이 무엇인지 분명해진다.*

**후천성면역결핍증AIDS[13]**    조현병과 유사한 증상을 나타낼 수 있는 질병 목록에 가장 최근에 추가된 병이다. 인간면역결핍바이러스HIV가 뇌에 미치는 영향 때문에 에이즈가 때로 조현병이나 양극성장애 증상으로 발현될 때가 있다는 사실은 명백히 확인되었다. 중증 정신질환자가 처음 입원할 때 진단을 위한 정밀검사에 HIV 검사를 포함시켜야 한다.

**다른 질병들**    조현병과 유사한 증상을 나타낸다고 기록된 다른 질병도 많다. 〈표 3-2〉에 그 병들을 정리했다.

조현병과 비슷하게 보이는 질병들에 관심이 있는 사람에게는 3장 추천 참고문헌 목록에 있는 콜먼Coleman과 길버그Gillberg, 데이비슨Davison, 리시먼Lishman의 저술들을 찾아보기를 권한다.

---

\*    헌팅턴병은 뇌세포의 죽음을 초래하는 유전질환으로, 초기에는 기분이나 정신 능력에 미묘한 문제가 생기다가 일반적인 조정의 부족과 불안정한 걸음걸이가 나타나고, 병이 진행되면서 조절되지 않는 경련성 신체 움직임이 두드러진다. 이 때문에 동작이 마치 춤을 추는 것처럼 보인다 해서 무도병舞蹈病이라고도 한다.

**표 3-2. 조현병과 유사한 증상을 나타낸다고 기록된 다른 질병**(가나다 순)

| | |
|---|---|
| 간성뇌병증hepatic encephalopathy | 수도관 협착증aqueductal stenosis |
| 갑상샘 병thyroid disease | 악성빈혈pernicious anemia |
| 금속 중독metal poisoning(예: 납, 수은 등) | 열대 감염병tropical infections(예: 파동편 |
| 급성간헐포르피린증acute intermittent | 모충증trypanosomiasis, 뇌성 말라리아cerebral |
| porphyria | malaria) |
| 기면증narcolepsy | 윌슨병Wilson's disease |
| 뇌혈관사고cerebral vascular accident(뇌졸중) | 이염성 백질 형성 장애metachromatic |
| 렙토스피라병leptospirosis | leukodystrophy |
| 부신 질환adrenal disease | 정상압물뇌증normal pressure hydrocephalus |
| 사르코이드증sarcoidosis | 진행핵상마비progressive supranuclear palsy |
| 살충제 중독insecticide poisoning(예: 유기인 | 펠라그라pellagra |
| 계 화합물) | 홍반루푸스lupus erythematosus |
| 선천성 기저핵 석회화congenital | |
| calcification of basal ganglia | |

# 두부외상으로 인한 정신증

　　머리에 입은 부상이 정신증을 초래할 수 있는지 여부는 200년 넘게
뜨거운 논쟁 주제였다. 1800년에 정신증 증상을 보이며 조지 왕에게
총을 쏘았다가 암살 미수에 그친 제임스 해드필드James Hadfield는 그로부
터 6년 전 머리에 심한 부상을 입어 정신이상이 나타났다는 이유로 무
죄 판결을 받았다. 재판에서는 배심원들에게 두개골에 나 있던 구멍으

로 해드필드의 뇌 표면을 보여주기도 했다.

프랑스-프로이센 전쟁과 러시아-핀란드 전쟁에서 두부에 관통상을 입은 부상병들을 연구한 문헌에는 정신증 발병을 포함한 성격의 큰 변화들이 명확히 기록되어 있다. 하지만 두부외상이 정신증을 초래하는 일이 얼마나 자주 일어나는지, 그러려면 외상이 얼마나 심각해야 하는지, 뇌의 어느 부분이 영향을 받는지, 외상과 정신증 발병 사이의 기간은 얼마나 긴지 등에 대해서는 아직 확실히 밝혀지지 않았다.

심각한 두부외상이 일부 사람들에게서 조현병 발병에 영향을 미칠 수 있다는 증거가 존재하기는 한다.[14] 그러나 일반적으로는 두부외상 직후 최소한 몇 시간 동안 의식을 잃었던 경우가 아니라면, 두부외상이 정신증을 일으킬 가능성은 극히 미미하다. 또한 정신증을 일으킬 가능성이 있는 대부분의 부상은 전두엽, 그리고 특히 측두엽에 생긴 부상이다. 조현병과 유사한 정신증이 생긴 두부외상 환자 3명을 대상으로 한 MRI 연구는 3명 모두 좌뇌 측두엽에서 이상을 발견했다.[15]

이와 관련해 가장 큰 문제가 생기는 경우는 두부외상과 정신증 발병의 관련성을 평가할 때다. 두부외상과 조현병 모두 젊은이들에게 흔하며, 따라서 간혹 두 가지가 동시에 발생하는 일도 일어난다. 젊은 사람 중에는 두부외상 경험이 있는 경우가 많으며, 그중 조현병 발병 이유가 궁금한 친족들에게는 외상과 조현병을 관련짓는 설명이 솔깃할 것이다. 또한 조현병 초기 증상 때문에 비합리적인 행동을 하다가 두부외상이 생길 수도 있는데, 이런 경우 원인관계를 평가하는 일은 더욱 복잡해진다. 초기 증상을 모르고 있었던 가족들이라면 외상과 조현병 발병을 연관 지을 수도 있다. 마지막으로 외상이 정신증을 일으키는 것이 뇌에 직접 부상을 입히기 때문인지, 아니면 극심한 스트레스 요인이 되어 마지막 결정적 한 방이 되는지도 분명하지 않다.

## 지적장애로 인한 정신증

지적장애*란 지능지수로 측정하는 인지기능의 손상이다. 지능지수에 따라 경도(50~70), 중등도(35~49), 고도(20~34), 최고도(20이하) 지적장애로 나뉜다. 원인은 염색체 이상(다운증후군)이나 대사질환(페닐케톤뇨증)일 수도 있고, 출생 이전 또는 이후에 생긴 뇌 손상일 수도 있다. 대부분의 조현병 환자는 인지기능 검사로 검사한 결과 지능지수의 가벼운 하락을 보인다. 타고난 지능이 꼭 손상되는 것은 아니지만, 자신의 지능을 증명할 수 있는 능력은 손상된다(12장 참조).

간혹 조현병과 지적장애가 모두 있는 사람도 있다. 각 상태는 우연히 같은 시기에 함께 나타났을 뿐 서로 독립적인 것일 수도 있고, 둘 다 동일한 뇌 손상에 의해 발생한 서로 연관된 것일 수도 있다. 이렇게 두 가지가 함께 나타나는 경우에는 환자를 제대로 돌보는 일이 거의 불가능해진다. 정신질환자를 위한 치료 시설과 지적장애 환자를 위한 치료 시설이 각각 따로 조직되어 있기 때문이다. 미국 대부분의 주에서는 각 기관이 자신들에게는 이들에 대한 최종 책임이 없다고 주장하

---

\*     원서에는 이 책이 발간될 당시의 진단명인 정신지체mental retardation를 사용했으나 이후 DSM-5에서 지적장애intellectual disability, ICD-11에서는 지적발달장애intellectual development disorder로 병명이 바뀌었으므로 지적장애로 번역했다.

며, 결국 환자들을 이 기관에서 저 기관으로 떠밀면서 어디로도 갈 곳 없는 신세로 만든다. 환자 가족들은 공식적인 정신건강 전문가의 도움을 거의 혹은 전혀 받지 못한 채 가정에서 그들을 돌보느라 거의 초인적인 노력을 한다.

지적장애와 정신증이 함께 있던 가장 잘 알려진 사례는 존 F. 케네디의 여동생이자 로버트와 에드워드 케네디의 누나인 로즈메리 케네디였다.[16] 아동기에 경도 지적장애였던 그녀는 초등 5학년의 지적 수준까지는 도달했다. 그러나 21세에 조현병과 유사한 정신증이 발병해 가족에게 또 다시 충격을 안겼다. 1941년에는 아직 항정신병약물이 없었으므로 뇌엽절제 수술을 받았는데, 수술은 중증 지적장애와 뇌 손상이라는 재앙을 몰고 왔고, 로즈메리는 죽을 때까지 사설 요양 수녀원에 갇혀 살았다.

## 유아자폐증

유아기에 발생하는 뇌 질환인 유아자폐증은 조현병과는 무관한 것으로 보인다. 이 증후군은 생애 첫 2년 반 안에 시작되며, 심각한 사회적 위축(누가 자기를 안거나 만지는 것을 거부하는 일 등)과 언어발달 지체, 감각 자극에 대한 비정상적 반응(소리에 압도되는 것 등), 무생물(수도꼭지나 자기 그림자 등)에 대한 매료, 반복적 행동(빙글빙글 도는 것 등)이 특징이다. 1만 명 당 약 4명의 아이에게 발생하며, 이는 조현병 발생률의 20분의 1이다. 한때는 자폐증이 사회경제적 지위가 높은 집단에서 더 흔하다고 했으나, 이제는 그 말이 사실이 아님이 증명되었다. 여아보다 남아에게 4배 더 많이 발생한다. 최근 연구들은 미국에서 발생이 증가하고 있다는 의견을 내놓았다.

자폐증은 단일한 병이라기보다는 여러 병들의 조합인 것이 거의 확실하다. 레트장애Rett's disorder는 경도 자폐증으로 여아들에게만 발생하고, 아스퍼거장애Asperger's disorder도 경도 자폐증이지만 언어는 정상적으로 발달한다. 자폐증 유사 행동은 취약한엑스증후군fragile X syndrome, 페닐케톤뇨증phenylketonuria, 바이러스 뇌염 등 다른 질병이 있는 어린이들에게서도 나타날 수 있다. 자폐증에는 간질이 동반되는 경우도 흔하며, 자폐증 어린이의 약 절반이 어느 정도 지적장애가 있으며, 시각 소실이나 청각 소실이 나타나는 비율도 예상보다 높다.

자폐증도 조현병처럼 생물학적 원인에 의한 질병이라는 증거가 근래에 압도적으로 증가했다. 차가운 엄마 때문에 자폐증이 생긴다는 자폐증 연구의 대가 리오 카너Leo Kanner의 "냉장고 엄마" 이론 같은 심인성 이론들은 완전히 틀린 것으로 밝혀졌다. 자폐증에는 확실히 유전적 요인이 있는 것으로 보이며, 이 어린이들의 뇌, 특히 소뇌에는 신경병리학적 이상이 있다. 어떤 연구들에서는 MRI로 관찰할 수 있는 이상들이 발견되나 그렇지 않은 연구들도 있다. 내분비 기능 이상과 혈액 화학적 이상도 발견되었다. 자폐증의 원인과 관련해 가장 흥미로운 발견 중 하나는, 자폐아의 어머니들이 대조군에 비해 임신 기간에 이례적으로 높은 하혈 빈도를 보였다는 점이다. 과거에는 백신이 자폐증의 원인이라고 주장한 사람들도 있었지만, 이 역시 사실이 아님이 증명되었다.

자폐증을 치료하는 데 여러 약이 사용되었지만, 지금까지는 그리 좋은 결과를 거두지 못했다. 특수한 훈련은 행동을 어느 정도 개선하는 효과가 있다. 자폐아가 나이 들어가는 과정에서 소수는 개선되어 기능을 잘 하게 되기도 한다. 그 좋은 예가 콜로라도 주립 대학교 동물학과 부교수 템플 그랜딘Temple Grandin으로, 그는 자신의 병을 기록한 《나는 그림으로 생각한다Thinking in Pictures》라는 책을 썼다. 그러나 대다수의 자폐인은 성인 조현병과 같은 특징들을 보이는데, 망상이나 환각 같은 '양성' 증상보다는 위축, 둔하고 마비된 감정, 사고 빈곤* 등의 '음성' 증상이 더욱 두드러진다.

유아자폐증과 소아 조현병을 구분하는 것은 어렵지 않다. 자폐증은 거의 항상 두 살 반 이전에 시작되지만, 조현병은 다섯 살 이전에는 극히 드물고 열 살 이전에도 흔치 않다. 자폐 어린이에게서는 위축과 언어 지체, 반복 행동이 두드러지지만, 어린이 조현병 환자에게서는 망상과 환각, 사고장애가 나타난다. 자폐증 어린이의 절반에게는 지적장애가 발생하지만, 조현병 어린이에게서는 그 비율이 훨씬 낮다. 마지막으로 조현병 어린이에게는 가족력이 있을 수 있지만, 자폐 어린이에게는 가족력이 거의 없다.

## 반사회적 성격장애와 성 약탈자

반사회적 성격장애antisocial personality disorder와 성 약탈자sexual predator를

---

\* 생각이 없거나 빈약한 상태로, 단순하고 의미 없는 말을 반복하는 행동을 통해 겉으로 드러난다.

조현병 환자와 혼동하는 일은 절대 없어야 하지만, 법정에서는 이를 혼동하여 판결을 내리는 일이 종종 있다.[17] 반사회적 성격장애가 있는 사람은 모든 면에서 타인에 대한 배려가 전혀 없는데 이런 점은 거짓말이나 사기, 범법 행위를 저지르거나, 타인에게 신체적 상해를 입히거나, 자기 행동에 전혀 가책을 느끼지 않는 것으로 표출된다. 이런 사람은 보통 소시오패스sociopath나 사이코패스psychopath, 혹은 그냥 범죄자라고 불린다. 반사회적 성격장애의 아형 중에는 성적인 문제가 있는 부류도 있는데, 이 때문에 강간을 저지르거나 어린이를 성적으로 약탈하는 소아성애로 이어진다. 이들을 보통 성폭력 약탈자sexually violent predator, SVP라고 부른다.

　1994년에 캔자스주는 성폭력 약탈자를 공립정신병원에 무기한 감금하는 것을 허용하는 법률을 통과시켰다. 1997년에 미 연방 대법원의 승인을 받은 이 법은 헨드릭스 판결이라 불린다. 과거에는 성폭력 약탈자를 형사사법제도가 맡아서 교도소에서 형을 치르게 했는데, 지금은 정신병원에서 형을 치르게 한다. 그런데 한편으로 조현병이 있지만 정신병원에서 퇴원 조치되어 치료를 받지 못하는 사람이 병이 초래한 정신적 문제로 범죄를 저지르면 교도소에서 형을 치른다. 이는 14장에서 다룰 것이다. 이렇듯 범죄자들을 정신병원에 보내고 정신질환자들을 교도소로 보내는 완전히 뒤집힌 현실을 보면, 정신의료 체계가 대부분의 정신질환자보다 더 심각한 사고장애에 빠져 있다는 생각이 든다.

　반사회적 성격장애 및 성폭력 약탈자는 조현병과 전혀 무관하다. 한 연구 결과에 따르면, 조현병 환자의 친족 중에서 반사회적 성격장애자가 나온 비율은 전체 인구 중 반사회적 성격장애자가 나온 비율과

거의 비슷하다.[18] 반사회적 성격장애자와 성폭력 약탈자의 뇌에 손상이 있는지 여부는 아직 밝혀지지 않았다. 만약 뇌 손상이 있다면, 그들의 뇌 손상은 조현병에서 나타나는 뇌 손상과는 분명 다를 것이다.

## 문화적으로 용인된 정신증적 행동

조현병을 문화적으로 유도된 정신증 혹은 히스테리 정신증과 혼동하는 일도 이따금 벌어진다. 그러한 변성의식상태altered state of consciousness*에는 대체로 개인이 자발적으로 들어가며, 그 상태에 들어간 사람은 외견상 조현병 증상과 유사한 증상을 보이기도 한다. 예를 들어 신체감각의 변화나 환각이 생기기도 하고, 몹시 흥분해 비합리적인 행동을 하는 식이다. 미국에서 이런 상태는 근본주의 종교 예배에서 가장 흔히 볼 수 있다. 다른 문화 집단과 다른 나라에서는 (아메리카 원주민 나바호족의) 나방광기moth craziness, (크리족과 오지브와족의) 윈디고windigo, (중동의) 자르zar, (중국의) 코로koro(축약증縮陽症), (라틴아메리카의) 수스토susto, (동남아시아의) 라타latah, (세계적으로) 어모크amok 등이 있다.

세셀리아는 한 달에 한 번 자신이 속한 근본주의 교회에서 하는 밤샘 예배 때를 제외하면 완벽하게 정상적인 삶을 살고 있다. 예배를 하는 동안

---

\*        깨어 있을 때의 의식과 다른 의식 상태. 수면 상태나 최면 상태 따위를 말한다.

그는 자신에게 말을 거는 목소리들을 듣는다고 주장하며, 종종 방언을
하고, 때때로 거칠고 비합리적인 행동을 해서 다른 사람들에게 제압을
당하기도 한다. 다른 신도들은 세셀리아가 성령에 들린 거라고 짐작하
고 두려움과 경외감을 갖고 그를 대한다.

세셀리아 같은 사람들은 다른 조현병 증상이 없는 한 조현병 환자
로 분류되지는 않는다. 때로는 조현병이 있는 사람들이 근본주의 종교
집단이나 사이비 종교에 끌리기도 하는데, 이는 대개 그런 집단들이
환청을 듣는 것과 '방언을 하는 것'을 가치 있게 여기기 때문이다.

# 4

**발병, 경과, 예후**

감각을 교란하고, 이성을 왜곡하며, 열정을 붕괴시키고 거친 혼란에 빠트려 그 사람의 본성을 공격하며, 피해자의 머리에 너무나 큰 비참함을 퍼붓고, 너무나 많은 사회적 해악을 만들어내는 질병은, 통계적 방법 등 여러 방법을 동원해 그 자체의 본질을 조사하는 것이 마땅하다. (⋯) 우리는 정신이상의 원인들과 그 과정을 통제하는 법칙들, 거기에 영향을 미치는 환경들을 알아낼 수 있고, 그 병이 나타나는 것을 방지하거나 병세를 완화할 수도 있다. 어쩌면 후대에는 인류를 정신이상의 고통에서 구할 수 있을지도 모르고, 그럴 수 없더라도 적어도 고통받는 이들이 반드시 일찍 치료를 받게 해줄 수는 있을 것이다.

— 윌리엄 파William Farr 박사, 1841년[1]

처음 조현병 진단을 받으면 당사자와 가족에게는 많은 의문점이 생긴다. 아동기에 조현병을 예측할 수 있는 요인들이 있었을까? 최초로 나타난 증상들을 우리가 놓친 것은 아닐까? 완전히 회복할 가능성은 어느 정도나 될까? 10년 뒤 또는 30년 뒤에 어느 정도로 독립적인 삶

을 유지할 거라 예상할 수 있을까? 삶의 대부분을 정신병원이나 집단
수용시설에서 보내게 될 확률은 얼마나 될까? 이런 질문들은 아주 중
요하다. 그 답에 따라 조현병 환자와 그 가족이 미래를 어떻게 계획할
지가 결정되기 때문이다.


## 아동기의 전조

조현병 발병이 아동기에 최초로 시작된다는 것은 새로운 생각이 아
니다. 영국의 저명한 의사 존 혹스John Hawkes는 1857년에 "실제 발병한
시점보다 훨씬 이른 시기에 땔감이 이미 준비되었을 가능성이 매우 높
다"고 지적했다.[2] 1919년에 크레펠린도 "우리 환자 중에 아동기부터
**정신적 문제로 인한 것이 분명한 기이한 특징들**을 보인 사례가 상당히 많
다"고 말했다.[3]

조현병의 아동기 전조를 정식으로 연구한 것은 1930년대로 거슬러
올라가지만, 특히 최근 몇 십 년 사이에 이 주제에 관한 다량의 정보가
쏟아져 나왔다. 그중 가장 훌륭한 정보는 특정 시기에 태어난 대규모
어린이 집단을 아동기에 집중적으로 조사하고 시험한 연구에서 나온
것들이다. 그 어린이 중 다수가 현재 조현병 위험 연령에 도달했고, 따
라서 아동기의 기록들을 검토해 조현병이 있는 이들과 없는 이들의 기
록을 비교할 수 있게 되었다. 이러한 출생 코호트 연구 중 가장 규모가
큰 것은 1959년부터 1966년 사이에 미국에서 태어난 5만 5000명의 아
이들을 연구한 전국 협력 주산기 프로젝트National Collaborative Perinatal Project

이며, 잉글랜드와 스웨덴, 핀란드, 덴마크, 뉴질랜드, 이스라엘에서도
규모는 더 작지만 유사한 출생 코호트 연구들이 진행되었다.

　이 연구들을 통해, 이후에 조현병이 발병한 사람 중 약 4분의 1 내
지 3분의 1에 해당하는 하위집단이 아동기에 다른 모습을 보였음이 드
러났다. 다른 점은 다음과 같은 것들이 있다.

1.  유아기 발달 이정표들의 지연(예: 걷기와 말하기를 늦게 시작함)

2.  기타 언어 문제와 말하기 문제

3.  낮은 협응력(예: 운동을 잘 못함. 체육 성적이 낮음)

4.  낮은 학업 성적

5.  사회적 기능이 떨어지고 친구가 적음

　이런 아동기 전조들은 **통계적 연관성만 있을 뿐, 개별 사례들에 대한
예측 요인은 아니라는 점**을 강조하고 싶다. 조현병이 생기는 대다수는
아동기에 남다른 모습을 보이지 않으며, 실제로 핀란드의 한 연구에서
는 나중에 조현병이 발병한 아이 중 유난히 높은 비율이 학교에서 유
독 좋은 성적을 냈었다는 사실을 발견하기도 했다.[4] 또한 역으로 발달
이정표에 늦게 도달하고, 언어와 말하기 문제가 있었으며, 협응력, 성
적, 사회적 기술이 저조하더라도 대부분은 조현병이 발병하지 않는다.

　조현병의 아동기 전조에 관해서는 조현병이 있는 어머니의 자녀들
을 대상으로 한 연구(이 연구들은 이 중 약 13퍼센트가 나중에 조현병이 발병
한다고 알려져 있어 '고위험군' 연구라고 불린다)와 일란성쌍둥이 연구도 실
시되었다. 예를 들어 내가 실시한 쌍둥이 연구에서는, 한 쪽은 조현병

이 생겼고 한 쪽은 생기지 않은 일란성쌍둥이 27쌍 중에서 나중에 조현병이 생긴 쌍둥이 7명은 5세 때 자신의 건강한 쌍둥이와 명백한 차이를 보였다. 그중 한 쌍의 예를 보면, 둘 다 4세 때 신발 끈을 맬 줄 알았으나 1년 뒤 둘 중 하나는 그 능력을 상실했고 이상한 걸음걸이로 걷기 시작했다. 당시 진행한 검사에서 아무 문제도 발견되지 않았으나 신발 끈을 못 매게 된 쌍둥이는 26세에 조현병이 발병했다.

## 발병과 초기 증상

환자 가족이 가장 많이 묻는 질문 중 하나는 조현병의 초기 증상을 어떻게 알아보느냐는 것이다. 이는 조현병의 재발 증상에 대한 질문과는 다른 것으로, 그 문제는 11장에서 이야기한다. 이런 질문을 하는 이들은 까다로운 십 대 자녀를 기르고 있으며, 그 아이들에게 나중에 조현병이 생기지 않을까 걱정하는 가족들이다. 또한 큰 아이가 이미 조현병 진단을 받아서, 작은 아이도 그러지 않을까 걱정하는 부모들도 그런 질문을 한다.

조현병의 초기 증상에 대해 생각할 때는, 발병 연령대의 범위가 놀랍도록 좁다는 점을 염두에 두면 도움이 된다. 미국에서는 조현병 환자의 4분의 3이 17세에서 25세 사이에 발병한다. 14세 이전이나 30세 이후에 최초 발병하는 경우는 흔치 않다. 현재는 50년이나 100년 전보다 발병 연령이 더 앞당겨졌다는 증거도 있다.

조현병 발병이 왜 이 특정 연령집단에서 일어나는지는 완전히 밝혀지지 않았다. 그러나 여기서 짚고 넘어갈 것은, 다발경화증이나 알츠하이머병 같은 다른 만성 뇌장애들도 특정 발병 연령대가 있으며, 우리는 그 병들이 그때 발병하는 이유도 아직 모른다는 점이다. 또 미국은 유럽보다 평균 조현병 발병 연령이 더 낮다는 의견도 있으며, 편집성 조현병의 발병 연령은 다른 아형들보다 더 높다는 의견, 또한 현재 미국의 평균 발병 연령이 19세기보다 더 낮아졌다는 의견도 있다. 특히 흥미로운 한 연구는 적도에 가까운 나라일수록 조현병 발병 연령이 낮아서, (콜롬비아처럼) 적도에 가장 가까운 나라들과 (러시아처럼) 가장 먼 나라들 사이에 평균 발병 연령이 10년이나 차이 나는 것을 보여주었다.[5]

조현병의 발병 시기를 알아내기가 불가능한 사람들도 있다. 앞에서도 이야기했듯이 가족들은 이런 말을 한다. "그 애는 항상 다른 애들과 달랐어요." 또는 "아동기 내내 선생님들은 애가 특이하다는 걸 눈치 채고 검사를 받아보게 하라고 말했어요." 이런 경우 십 대 후반이나 이십 대 초까지는 사고장애, 망상, 환각 같은 본격적 증상이 시작되지 않았더라도 삶의 더 이른 시기에 질병 과정이 시작되었을 거라고 짐작된다.

이런 경우를 보면 특이한 아이가 있는 가족들이 언제부터 조현병을 염려해야 하는가 하는 질문이 떠오른다. 조현병 환자 대다수가 정상적인 아동기를 보내며, 따라서 이 시기에는 나중에 발병할지 여부를 알아볼 수 없다는 것은 잘 알려져 있다. 또한 특이한 아이들 가운데 많은 수가 조현병이 생기지 않으며, 사실 그중 다수는 자라서 리더십을 발휘하는 사람이 된다는 것도 잘 알려져 있다. 정상적인 아동기에 나타나는 특이한 점들과 조현병의 초기 증상들을 구별하는 문제는 대략 11세에서 13세에 이르는 사춘기에 특히 더 어렵다. 행동의 표준 자체가 매우 이상해지는 시기이기 때문이다. 감각의 과민성은 조현병에서 흔히 나타나는 증상이지만, 사춘기 아이 중에 과민한 감각을 경험하지 않는 아이가 얼마나 되겠는가? 침울함, 위축, 냉담, 자기 외모에 대한 관심 상실, 당혹감, 사람들이 자기를 보고 있다는 믿음, 자기 몸에 대한 집착, 생각의 모호함, 이 모두가 다가오는 조현병의 전령일 수도 있지만, 동시에 청소년기의 정상적 징후이자 그에 수반하는 문제일 수도 있다. 그러므로 가족들은 아이가 보이는 모든 기이한 버릇을 낱낱이 걱정하기**보다는** 비정상적으로 판명되기 전까지는 정상이라고 가정하는 것이 좋다. 이미 한 아이가 조현병 진단을 받았고, 동생들에 대해서도 최악의 상황을 예상하고 있는 부모라면 그렇게 하기가 더 어려울 것이다. 하지만 그것은 아주 중요한 일이다. 15세 아이는 "공상에 빠지지 마. 네 형이 바로 그러다가 병이 나서 병원에 갔잖니?" 같은 말을 듣지 않더라도 이미 걱정할 거리가 충분히 많다.

　부모가 **마땅히** 걱정해야 할 시기는 언제부터일까? 청소년기 심리의 정상적인 변화에 그치지 않고 조현병 초기 증상으로 확실히 넘어간 것이라 판단할 수 있는 시점은 언제일까? 독일과 캐나다의 연구자들은 최초 증상이 어떤지 확실히 알아내기 위해 조현병 초기 단계의 수많은 환자와 그 가족에게 질문했다.[6] 그 결과에 다른 연구자들의 연구 결과와 나의 임상경험을 더해 〈표 4-1〉에 요약했다. 거기서 가장 중요한 단어는 '변화', 즉 사회적 행동, 수면이나 식습관 패턴, 자기돌봄, 학교 성적, 정서적 인간관계 등에 나타나는 변화다. 부모들은 이런 식의 말을 한다. "존이 지난 6개월 동안 완전히 다른 사람이 되었어요." "이제

**표 4-1. 가족이 관찰한 가장 흔한 조현병 초기 증상**

- 우울증
- 사회적 행동의 변화, 특히 위축
- 수면이나 식습관 패턴 변화
- 의심하거나 사람들이 자신에 관해 말하고 있다는 느낌
- 자기돌봄 패턴의 변화
- 학교 성적의 변화
- 눈에 띄게 허약해지고 에너지가 없음
- 두통 또는 머릿속에서 느껴지는 이상한 감각
- 가족이나 친한 친구와의 정서적 관계에 변화가 생김
- 혼란하고 이상하고 기괴한 생각

제니퍼의 친구들이 아무도 놀러오지 않고, 제니퍼도 아무도 보고 싶어 하지 않는 것 같아요." 물론 이런 변화들은 조현병이 아닌 다른 이유 때문에 일어날 수도 있다. 이 연령대에서는 마약을 한 것도 변화의 원인 중 하나로 반드시 고려해야 한다.

위의 표에 정리된 초기 증상 목록은 가족들이 관찰한 내용일 뿐임을 명심해야 한다. 조현병 초기 단계에 있는 사람은 가족이 봐서는 알 수 없는 일들을 경험하고 있을 수도 있다. 불안, 초조함, 집중하기 어려움, 자존감 감소 등이 그렇다. 또 환청을 들을 수도 있는데, 가족은 이를 몇 주나 몇 달 동안 알아차리지 못할 수도 있다.

# 아동기 조현병

　아동기 조현병은 성인기 조현병이 일찍 발병한 것일 뿐이고, 단지 훨씬 드문 일이라는 것이 일반적인 믿음이다. 대략 여아 1명당 남아는 2명꼴로 이 병의 영향을 받는다. 조현병이 생긴 사람 중 약 2퍼센트만이 아동기에 발병하는데, 아동기와 성인기의 기준선을 어디로 잡느냐에 따라 이 비율은 달라질 수 있다. 5세 이전에 시작되는 조현병은 극히 드물며(3장 유아자폐증 참고), 5세부터 10세 사이 연령대에서는 천천히 증가한다. 10세부터 15세까지 조현병 발병이 증가하다가, 15세부터는 급격한 기울기로 증가해 성인기 조현병이라는 봉우리를 향해 간다.

　아동기 조현병의 증상은 성인기 증상과 아주 비슷하며, 충분히 예상할 수 있는 한 가지 예외는 그 내용이 연령과 연관된다는 것이다. 예를 들어 조현병이 발병한 어린이들을 대상으로 실시한 한 연구에 따르면, 환청의 근원이 반려동물이나 장난감이라고 믿는 일이 많고, "괴물 주제가 흔히 나타났다. 연령이 올라갈수록 환각과 망상 모두 더 복잡하고 정교해지는 경향이 있다."[7] 또 하나 아동기 조현병을 구별하는 특징은 발병한 어린이에게 발작seizure\*, 학습장애, 경도 지적장애, 신경학적 증상, 과다 행동 및 그 밖의 행동 문제 중 한 가지 이상이 종종 나타난다는 점이다. 이런 혼동을 해결하기 위해 미국 정신의학회는 '아동기 조현병'을 공식 진단명에서 삭제하고, 대신 '아동기에 발병한 조현

---

\*　뇌세포 사이에 잘못된 신호가 전달될 때 갑작스럽게 발생하는 것으로, 근육의 수축과 이완이 반복되어 몸이 떨리고 동작이 조절되지 않는 상태를 말한다. 발작에는 다양한 종류가 있다.

병'이나, 제대로 정의되지 않은 여러 가지 아동기 뇌 장애를 포괄적으로 아우르는 용어인 '아동기 발병 전반 발달장애'를 쓰도록 제안했다.

성인기 조현병처럼 아동기 조현병에도 유전적 선행요인이 있다고 여겨지는데, 많은 연구자가 이런 선행요인이 성인기 조현병보다 아동기 조현병에서 더욱 중요하다고 생각한다. 또한 이 어린이들은 경미한 신체적 이상이 남달리 많고, 어머니가 임신 및 출산 합병증을 남달리 많이 겪은 병력이 있다고도 알려져 있다. 아동기 조현병이 뇌의 병이라는 사실은 MRI와 뇌파검사 소견에 나타난 이상들을 통해 증명되었다. 근래에 MRI 연구들이 아동기에 발병한 조현병 환자들에게서 그 병과 관련해 청소년기에 일어난 변화들을 발견했는데, 여기에는 진행성 뇌 부피 감소, 특히 회백질 감소가 포함된다.[8]

아동기 조현병도 성인기 조현병에 사용하는 것과 동일한 항정신병약물로 치료한다. 아동기에 조현병이 발병했고 발병한 지 14~34년이 지난 조현병 환자 10명을 추적 연구한 결과, 그들은 여전히 조현병이 있었지만 망상이나 환각은 비교적 감소한 상태였다.[9] 대신 사고 빈곤과 의욕 결여로 조용하고 위축된 경향이 있었다. 아동기에 조현병이 생겼던 사람 중 소수는 회복해 건강한 성인으로 지내기도 하지만, 그 비율이 어느 정도인지는 분명하지 않다. 일반적으로는 조현병 발병 연령이 낮을수록 병의 결과가 더 나쁠 가능성이 높다고 여겨지지만, 이 일반론에도 큰 예외들은 존재한다.

이 주제를 다룬 문학작품으로는 12세에 조현병이 발병한 소년의 이야기를 다룬 콘래드 에이큰Conrad Aiken의 단편소설 〈소리 없는 눈, 비밀스러운 눈Silent Snow, Secret Snow〉(13장 참고)이 있고, 문학적 가치가 뛰어난 블라디미르 나보코프Vladimir Nabokov의 단편소설〈신호와 상징Signs and Symbols〉이 있다.[10] 루이즈 윌슨Louise Wilson은《낯선 사람, 나의 아들This Stranger, My Son》에서 조현병이 있는 아이와 사는 삶을 잘 묘사했다.[11]

## 산후 조현병

산모들이 출산 후 어느 정도 우울증을 겪는 일은 비교적 흔하고, 때로는 중증 우울증까지 가기도 한다. 약 1000번의 출산에서 한 번 나타날 정도로 드물기는 하지만 산모에게 정신증 증상이 생기는 경우도 있다. 이런 일은 보통 출산 후 3~7일 사이에 발생하며 (아기가 기형이라거나 유괴되었다고 믿는 등의) 망상이나 (아기를 죽이라는 목소리가 들리는 등) 환청이 생길 수 있다. 이런 환자들은 예측할 수 없기 때문에 상태가 개선될 때까지 보통 아기와 엄마를 떼어놓는다.

이러한 산후 정신증 환자의 대다수는 결국 양극성장애나 정신증적 양상을 동반하는 주요 우울증 진단을 받는다. 그리고 소수는 조현병이라고 진단받는다. 덴마크에서 실시한 대규모 연구에서 알아본 결과, 산후 정신증이 발생한 여성의 9퍼센트가 조현병 진단을 받았다.[12] 이들의 예후는 좋지 않았다. 50퍼센트는 최초 발병 이후 1년 안에 다시 입원했고, 98퍼센트가 10년 안에 재발했다.

이런 경우는 조만간 발병할 상태이던 조현병이 출산으로 급격히 당겨졌을 가능성이 높다. 출산할 때는 대대적인 호르몬 변화가 일어나는데, 여성 조현병 환자의 경우 급격한 호르몬 변동에 유난히 민감하며 월경 직전에 증상이 더 심해진다는 사실은 잘 알려져 있다.

## 후기 발병 조현병

아동기에 일찍 발병하는 조현병 유형이 있는 것처럼, 늦은 나이에 발병하는 유형도 있다. 후기 발병 조현병late-onset schizophrenia은 40세 이후 또는 45세 이후에 시작된다고 본다. 정확한 발병률은 모르지만, 드물지 않은 것은 분명하다. 이에 대한 연구는 유럽인들이 한 것이 많으며 미국 연구자들은 그들만큼 큰 관심을 보이지 않았다. 이런 사실은 유럽과 미국의 연구들을 비교할 때 전반적으로 조현병 발병 평균 연령이 거의 항상 유럽이 미국보다 더 높게 나오는 점과도 관련이 있다. 유럽 연구자들이 후기 발병 조현병에 더 큰 관심을 갖는 이유는 무슨 이유에서인지는 모르나 후기 발병 조현병이 유럽에서 더 많이 발생하기 때문인 것 같다.

임상적 측면에서 후기 발병 조현병은 더 일찍 발병하는 조현병과 유사하지만, 몇 가지 차이점이 있다. 여성의 발병 비율이 훨씬 높으며, 병에 걸리기 전보다 조현성 성격과 편집성 성격특성이 더 많아지고, 편집 망상과 시각적, 촉각적, 후각적 환각이 더 많으며, '음성' 증상이나 사고장애는 더 적다. 신경심리학적 검사와 MRI 검사에서도 다른 유형의 조현병들과 유사한 결손이 드러난다. 후기 발병 조현병 환자들을 추적한 한 연구에서는 이 중 3분의 1이 조현병에서 알츠하이머 유형의 치매로 진행되었음을 발견했다.[13]

# 조현병의 결과는 어떻게 예측하는가

세월이 흐르면서 어떤 환자들은 조현병에서 완전히 회복하고, 어떤 이들은 부분적으로 회복하며, 또 어떤 이들은 전혀 회복하지 못한다는 사실이 드러났다. 이런 차이를 본 전문가들은 좋은 결과나 나쁜 결과를 예측하게 하는 요인이 무엇인지 알아보려고 환자들이 최초로 입원했을 당시의 임상 데이터를 검토했다. 그 결과 일련의 예측 요인이 밝혀졌는데, 이 요인들을 각각 따로 검토할 때는 그리 유용하지 않지만 함께 모아 검토할 때는 매우 유용하다. 이로부터 조현병을 양호한 결과(양호한 예후)와 저조한 결과(저조한 예후)로 나누는 또 한 가지 아형 분류법이 생겨나 널리 사용되고 있다. 이는 아마 지금까지 나온 분류법 중 가장 타당한 방법일 것이다.

양호한 결과가 나올 가능성이 더 높은 환자들은 병에 걸리기 전에 비교적 정상적이었다고 간주되었다. 그러니까 어렸을 때 친구를 사귈 수 있었고 큰 비행을 일으키지 않았으며 지능에 알맞은 학업성적을 거두었다면, 예후가 좋을 가능성이 크다. 반대로 가족과 친지들이 "항상 이상한 아이였다"고 말하거나, 사회적으로 매우 위축된 아이였다면 저조한 결과 그룹에 속할 가능성이 더 크다.

지금은 남성 환자보다 여성 환자가 더 좋은 결과가 나온다는 사실이 명백히 밝혀졌다. 또한 가장 좋은 결과가 나오는 환자들은 친족 중 조현병 병력이 전혀 없는 이들이다. 조현병이 있었던 친족과 촌수가 더 가까울수록 병의 예후는 더 저조하다. 가족 중에 우울증이나 양극성장애 병력이 있는 사람은 양호한 결과가 나올 가능성이 더 크다. 그러니까 정신질환 가족력이 전혀 없거나, 우울증과 양극성장애 가족력만 있을 경우 양호한 결과를 예측할 수 있다. 조현병 가족력이 있으면 저조한 결과가 예측된다.

일반적으로 발병 연령이 낮을수록 결과는 더 저조하다. 15세에 처음 조현병 진단을 받은 사람은 25세에 처음 진단받은 사람보다 결과가 더 저조할 가능성이 높다. 연령이 더 높은 그룹, 특히 30세 이후에 첫 진단을 받은 사람들은 양호한 결과 그룹에 들어갈 가능성이 높다.

발병 유형도 중요한 회복 예측 요인으로, 매우 급작스럽게 발병한 환자들에게서 가장 좋은 결과가 나온다. 증상이 수개월에 걸쳐 점진적으로 자리 잡기 시작했다고 가족들이 말한다면, 이는 매우 암울한 미래를 예측하게 한다. 이런 경우 환자는 저조한 결과 그룹에 속할 가능성이 훨씬 더 높기 때문이다. 반대로 정신과 의사로서 매우 기쁜 순간은 "한 달 전까지만 해도 존은 완전히 정상이었어요"라는 가족의 말을 들을 때다. 그런 과거가 좋은 미래의 징조라는 걸 알기 때문이다. 자신의 병을 인식하는 것(병식)도 매우 좋은 신호이며, 반면 인식하지 못하는 것(질병인식불능증)은 나쁜 신호다.

임상증상 중에서는 주로 '양성' 증상들, 특히 망상과 긴장증적 행동이 좋은 결과로 더 많이 연결된다. 반대로 주로 '음성' 증상들, 예를 들어 위축, 냉담, 사고 빈곤 등은 저조한 결과로 이어지는 경우가 더 많다. 정상적인 감정이 존재하는 것은 좋은 신호지만 감정이 둔하고 마비된 것은 나쁜 신호다. 강박증 증상도 저조한 예후를 암시한다는 의견이 있다. 진단용 컴퓨터단층촬영CT이나 MRI 검사에서 이상 소견이 없으면 이 또한 좋은 신호다. 뇌실 확장이나 뇌 조직 위축이 보이는 건

**표 4-2. 조현병의 결과 예측 요인 분류**

| 양호한 결과 | 저조한 결과 |
| --- | --- |
| 비교적 정상적인 아동기 | 아동기에 큰 문제들을 겪음 |
| 여성 | 남성 |
| 조현병 가족력 없음 | 조현병 가족력 있음 |
| 늦은 발병 연령 | 이른 발병 연령 |
| 갑작스러운 발병 | 점진적인 발병 |
| 편집증 및 긴장증 증상 | 주로 '음성' 증상 |
| 정상적 감정 존재 | 둔하고 마비된 감정 |
| 병을 잘 인식함 | 병을 인식하지 못함 |
| 정상적 CT 및 MRI 소견 | 비정상적 CT 및 MRI 소견 |
| 첫 약물 치료에 대한 양호한 반응 | 첫 약물 치료에 대한 저조한 반응 |

나쁜 신호다. 항정신병약물을 처음 썼을 때의 반응도 예후에 대한 강력한 지표다. 약에 대한 반응이 좋을수록 예후도 좋은 편이다.

다시 한 번 강조하지만, 이 요인들을 **각자 하나씩 따로** 보아서는 확실한 예측을 보장할 수 없다. 모든 요인을 함께 고려할 때만 전반적인 예후를 내놓을 수 있다. 물론 양호 신호와 저조 신호가 섞여 있는 환자도 많지만, 한 범주에 깔끔하게 들어가는 환자도 있다.

그리고 이 **모든 예측 요인은 통계상 그럴 가능성이 있다는 말**일 뿐이라는 점을 잊지 말아야 한다. 이 요인들에는 어떠한 구속력도 없다. 조현병 환자를 돌보는 우리 의료진은 이러한 예측 참조점들에 어긋나는 예외들을 충분히 많이 봐왔고, 그러면서 예측에 대해서는 겸손해야 한다는 걸 배웠다. 나는 정상적인 아동기를 보냈고 조현병 가족력이 없으며 22세에 급작스레 발병했고 처음에 긴장증 증상이 있었으나, 최초 발병 이후 결코 회복하지 못하고 예후도 좋지 않은 환자도 보았다. 반면 더욱 낙관적인 측면도 있으니, 저조한 예후 신호들을 거의 모두 갖고 있었지만 완전히 회복한 환자들도 보았다.

## 성별 차이

과거 정신의학 교과서들은 조현병이 남녀 동일한 비율로 발생한다고 주장했지만, 최근 연구들은 남성이 더 많이 걸린다는 것을 명백히 증명했다.[14] 가장 확연한 점은 남성의 평균 발병 연령이 훨씬 이른 것으로, 미국의 경우 여성보다 3~4년 더 빨리 발병한다. 17세 혹은 18세 조현병 환자 집단을 분석해보면 여성 1명당 남성 4~5명이라는 결과가 나온다. 또한 조현병은 여성보다 남성에게 더 심각한 병이다. 남성은 항정신병약물에 대해 여성만큼 좋은 반응이 나오지 않아 더 높은 용량을 투약해야 하며, 재발률도 더 높고, (사회생활, 결혼, 직업 기록, 자살률, 기능 수준 등으로 볼 때) 장기적인 적응도 여성에 비해 떨어진다. 물론 중증 경로로 이어지는 여성 조현병 환자도 많고 좋은 결과가 나오는 남성 환자도 많지만, 통계적으로 보면 확실히 남성에게서 더 많이, 더 일찍, 더 중증 형태로 발생한다.

이러한 성별 차이[15]가 나타나는 이유는 아직 밝혀지지 않았지만, 그 차이는 조현병에 관해 생각해보아야 할 또 하나의 연구 주제를 던져준다. 요컨대 유아자폐증과 아동기 조현병 역시 남아들에게 훨씬 더 많다는 점, 그리고 일반적으로 남자 태아가 감염 등 환경 문제의 영향을 쉽게 받는다는 점도 짚고 넘어가야 한다. 그렇다면 남성이 더 이른 나이에 조현병에 걸리고 더 심각한 영향을 받는다는 사실은 여러 면에서 남성이 더 약한 성이라는 대자연의 선언을 보여주는 또 하나의 현상인지도 모른다. 남성에게서 조현병이 더 심한 이유를 둘러싼 또 하나의 추측은 여성 호르몬(에스트로겐)이 항정신병 효과를 내서 조현병의 영향을 막아주는 가능성이다. 이 가능성은 에스트로겐을 여성 조현병 환자 치료에 추가 의약품으로 사용하는 유망한 시험들로 이어졌다(7장 참고). 또한 확률은 낮지만, 조현병도 당뇨병처럼 두 개의 주요 하위집단으로 이루어졌을 가능성도 있다. 그러니까 대부분 남성에게 영향을 미치며 심각도가 더 높은 조기 발병 그룹과 여성이 더 많이 걸리며 심각도가 덜한 후기 발병 그룹으로 말이다.

## 발병 10년 후 예상 경과

조현병으로 처음 입원한 환자의 경우 1년이 지난 시점에서 경과를 전망하면 꽤 낙관적이다. 제프리 리버먼Jeffrey Lieberman 박사 연구 팀은 첫 입원 환자 70명을 연구했는데, 1년이 지난 시점에 74퍼센트가 "완전히 완화된 것으로 보였고" 12퍼센트는 "부분적으로 완화"되었다. 병세가 완화된 사람들의 경우 평균 완화 시간은 조현병 진단을 받은 이후 42주였고, 조현정동장애 진단을 받은 이들은 12주였다.[16]

조현병의 더 장기적인 예후는 1년의 결과만큼 낙관적이지는 않다. 20세기 초부터 조현병의 예상 경과에는 '3분의 1' 법칙이 있다고들 했다. 3분의 1은 회복하고, 3분의 1은 개선되며, 3분의 1은 개선되지 않는다는 말이었다. 그러나 최근 유럽과 미국에서 실시한 장기 추적 연구들은 그 법칙이 너무 단순하고 시대에 뒤떨어졌다는 것을 보여준다. 예를 들어 30년간의 조현병 경과가 10년간의 경과보다 확실히 더 낫다. 아마도 약 덕분에 많은 환자의 장기적 질병 경과가 개선되는 것 같고, 탈원화의 긍정적인 결과로 병원 의존이 줄고 지역사회에서 생활하는 환자 수가 늘어난 면도 있다. 한편 조현병 환자의 사망률, 특히 자살 사망률이 매우 높고 더욱 증가하는 추세인 것도 분명하다.

## 조현병의 경과

조현병의 예상 경과를 가장 잘 정리한 내용은 J. H. 스티븐스J. H. Stephens가 최소한 10년 동안 후속 연구를 실시한 연구 25건을 분석해 제시한 것이다.[17] '회복한', '개선된', '개선되지 않은' 환자들의 비율은 최초에 어떤 대상 환자들을 선별했는지에 따라 연구마다 큰 차이를 보였다. 예를 들어 급성 반응성 정신증acute reactive psychosis 환자가 다수 포함된 연구에서는 완전히 회복한 비율이 더 높아지는 식이다. 최근까지의 연구를 모두 활용해 정리한 조현병의 10년 후 경과는 〈표 4-3〉에서 볼 수 있으며, '3분의 1' 법칙보다는 '4분의 1' 법칙에 더 가까워보인다.

**표 4-3. 조현병의 경과**

10년 후

| 25% | 25% | 25% | 15% | 10% |
|---|---|---|---|---|
| 완전히 회복 | 상당히 개선됨, 비교적 독립적임 | 개선되지만, 폭넓은 지원망이 필요함 | 입원 상태, 개선되지 않음 | 사망 (대부분 자살) |

30년 후

| 25% | 35% | 15% | 10% | 15% |
|---|---|---|---|---|
| 완전히 회복 | 상당히 개선됨, 비교적 독립적임 | 개선되지만, 폭넓은 지원망이 필요함 | 입원 상태, 개선되지 않음 | 사망 (대부분 자살) |

**25퍼센트는 완전히 회복한다**　이는 조현병 증상을 보인 모든 환자, 즉 6개월 미만으로 조현 양상 장애를 앓았던 사람들까지 모두 분석에 포함했을 때의 수치다. 좁고 엄밀한 정의에 따른(즉, "최소한 6개월 이상 조현병 징후를 지속적으로 보인") 조현병 환자들로만 한정한다면, 완전히 회복한 환자의 비율은 25퍼센트 아래로 내려갈 것이다. 여기서 완전히 회복한 환자란 항정신병약물로 치료했든 맥아유wheat germ oil나 티베트의 심령 치료, 정신분석, 노란 젤리로 치료했든 간에 어쨌든 회복한 환자들이며, 어떤 치료법이든 정말로 효과가 있다는 인정을 받으려면 이 25퍼센트 자연 회복률보다 더 나은 결과를 보여야만 한다. 또한 이들은 발병 후 첫 2년 안에 회복했으며, 그 사이에 겪은 개별 삽화는 대체로 2회 이하다.

안드레아는 대학교 2학년 때 급성 정신증 상태에 빠져 6주 동안 입원했다. 이후 여섯 달 동안 집에서 생활하면서 약물 치료와 심리치료를 받으며 서서히 회복했고, 이듬해에 다시 학교로 돌아갈 수 있었다. 재발한 적은 없다. 안드레아는 실패한 연애 때문에 병이 났던 거라고 믿고 있으며, 가족들은 그 병을 언급할 때면 '신경쇠약'이라고 모호하게 표현한다.

이런 가족들은 흔히 자기 가족 중에 조현병을 앓았던 사람이 있다는 사실을 부인하며, 전미 정신질환자 가족 연합 같은 가족 상조 단체에 가입하는 일도 거의 없다.

**25퍼센트는 상당히 개선된다**　　이 환자들은 대체로 항정신병약물에 잘 반응하며, 약을 계속 쓰는 한 양호한 상태를 유지한다. 비교적 독립적으로 생활할 수 있고, 사회생활도 할 수 있고, 결혼할 수도 있으며, 시간제나 상근직으로 일을 할 수 있는 경우도 많다.

피터는 정상적인 아동기를 보내고 고등학교 시절도 잘 보냈다. 그 후 결혼을 하고, 입대해 훈련을 받고 해외로 파견되었다. 정신질환 가족력은 전혀 없다. 독일에 주둔하고 있던 21세 때, 몸에서 이상한 감각들을 느끼기 시작했고 나중에는 환청이 들렸다. 그러다 과음을 했는데, 술을 많이 마시면 목소리들이 잦아드는 것 같았고, 나중에는 해시시와 코카인에도 손을 댔다. 상태가 급격히 악화되었고, 장교 한 사람이 자신에게 독을 먹이려 한다고 생각하고 그를 때려 체포되었다. 사람들은 그를 입원시켰고, 결국 복무 관련 장애를 인정받고 제대했다. 다음 3년 동안 그는 세 차례 더 입원했다.

피터는 고용량 약물에 천천히 반응했고, 거의 나아서 퇴원했다. 그는 매주 충실하게 병원에 가서 주사를 맞았고, 자기 아파트에서 살면서, 낮 동안 (이혼한 아내와 자녀들을 포함한) 가족과 친구들을 만나러 다녔다. 피터는 분명히 직장을 유지할 수 있었지만, 매달 나오는 보훈 장애 지원금 자격을 잃을까 두려워 직장을 구하지 않았다. 유일하게 남아 있는 증상은 늦은 시간 들려오는 환청인데, 이제 피터는 그 목소리를 무시할 수 있게 됐다.

**25퍼센트는 약간만 개선된다**　　이 환자들은 약에 그다지 잘 반응하지 못하고, '음성' 증상이 자주 나타나며, 발병 이전에도 잘 적응하지 못했던 과거가 있다. 이들에게는 광범위한 지원망이 필요하다. 지원망이 갖춰진 지역사회에서는 만족스러운 삶을 살 수 있지만, 그렇지 못한 곳에서는 괴롭힘을 당하다가 결국 노숙자로 살거나 공공 보호소에서 살게 될 수도 있다.

프랭크는 어려서부터 외톨이지만, 엄청난 음악적 능력이 있어서 장학금을 받고 대학에 들어갔다. 3학년 때 계속되는 환청을 호소하더니 서서히 성적이 떨어졌다. 입원과 약물 치료로 병세가 약간 호전되어 마침내 지역사회에 있는 사회복귀 훈련시설에 보내졌다. 그는 주간 프로그램에 참가해야 하지만 보통 거리를 거닐며 혼잣말을 하거나 종잇조각에 작곡을 한다. 그는 완전히 혼자 지내며, 옷을 갈아입고 양치질을 하고 약을 먹는 것도 누가 알려주어야만 할 수 있다.

**15퍼센트는 개선되지 않는다**    이들은 치료 저항성 환자로 얼마 전까지만 해도 이들을 위해 해줄 수 있는 일이 거의 없었다. 이 중 일부는 클로자핀clozapine 같은 2세대 항정신병약물(7장 참고)에 반응한다. 그 약물에도 반응하지 않는 사람들은 보호된 환경에서 장기간의 요양 돌봄을 받게 될 가능성이 크다. 이들을 의지에 반해 지역사회로 돌려보내면, 자주 재앙에 가까운 결과로 이어진다.

> 도로시는 학교에서 전 과목 A학점을 받는 조용한 아이로 알려져 있었다. 도로시의 아동기에 2년 동안 어머니가 조현병으로 입원했고, 오빠는 시설에 있었다. 도로시는 15세에 처음으로 한 달 동안 입원했는데, 입원 당시의 정보는 '청소년의 일과성 상황 반응'이라는 진단 외에 구할 수가 없었다. 이 일이 있고 난 후 도로시는 학교를 중퇴하고 가정부로 일하다가 결혼을 하고 아이를 셋 낳았다. 22세까지는 괜찮았던 것으로 보이는데, 그때부터는 사람들이 자기를 죽이려 하고 자기에 대해 이야기한다고 믿었고 하루 종일 머리 위로 비행기 날아다니는 소리가 들린다고 했다. 도로시는 아이들과 집안일을 방치하고 공포로 가득한 표정으로 한 구석에 앉아 있기만 했다. 검사를 해보니 도로시는 현저한 사고장애와 긴장형 경직이 있었고, 매우 수줍고 위축된 모습을 보였다.
> 이후 15년 동안 대부분의 시간을 입원한 채 보냈고 약물 치료에 최소한의 반응만 보였다. 초기에는 짧은 기간 동안 가정봉사원 서비스를 받으며 집에서 지낼 때도 있었지만, 최근에는 몇 달 동안 사회복귀 훈련기관에서 살았다. 그곳에서 늘 남자들에게 괴롭힘을 당했고 자기방어 능력이 없다는 평가를 받았다. 도로시는 병원에 남아 매일 조용히 의자에 앉

아서 보낸다. 대답은 예의바르게 하지만 그 어떤 감정도 없고 사고와 언어의 현저한 빈곤을 보인다.

**10퍼센트는 사망한다**     이들은 거의 대부분 자살이나 사고로 죽는다. 다른 사망 요인에 대해서는 뒤에서 자세히 이야기할 것이다.

# 발병 30년 후 예상 경과

평균적인 조현병 환자들에게는 30년 경과가 10년 경과보다 더 양호하다는 사실이 지금은 확실히 입증되었다. 이는 대부분의 환자가 서서히 악화된다던 크레펠린의 비관적 믿음부터 계속 이어진 만연한 고정관념과 완전히 어긋난다. 이렇게 장기 예후가 더 좋은 주된 이유는 대부분의 사람에게서 노화가 조현병 증상을 개선하기 때문이다. 조현병 증세는 20대와 30대에 가장 심한 편이고, 40대에는 그 정도가 조금 덜하고, 50대와 60대에는 훨씬 덜하다. 그 이유가 뭔지는 아직 모르고 물론 예외도 많지만, 조현병은 생애 과정에서 노화가 이로운 역할을 하는 몇 안 되는 질병 중 하나다.

조현병의 장기 경과에 관한 가장 결정적인 연구로는, 유럽의 만프레트 블로일러Manfred Bleuler 박사와 루크 치옴피Luc Ciompi 박사, 게르트 후버Gerd Huber 박사와 동료들이 수행한 연구와 버몬트 주립 병원에서 탈원 환자들을 대상으로 한 코트니 하딩Courtenay Harding 박사와 동료들이 수행한 연구가 있다. 이 연구 팀들이 후속 연구한 환자 중 일부는 발병했을 때보다 40년 이상 나이가 더 들었으며, 서로 다른 연구들에서 신기할 정도로 일치하는 결과가 나왔다. 평균 36년을 후속 연구한 환자들에 대해 치옴피 박사는 이렇게 요약했다. "우리가 연구한 조현병 환자 중 약 5분의 3이 양호한 결과를 보였다. 즉, 회복하거나 결정적인 개선을 보였다."[18] 그리고 하딩 연구 팀이 퇴원 후 20~25년 동안 후속 연구한 버몬트주의 만성 조현병 환자들은 "현재 보여주는 기능 양상은 입원 기간 동안의 기록에서 보이는 이전 수준과는 깜짝 놀랄 정도로 차이가 난다."[19] 버몬트 환자들의 약 4분의 3은 약간의 도움만으로 혹은 아무 도움 없이도 각자 기본적인 일상의 필요를 해결할 수 있었다.

조현병 환자 대부분에게서 환각, 망상, 사고장애 같은 '양성' 증상들은 세월이 가면서 감소한다. 25세에 이런 증상들로 생활에 심각한 타격을 입었던 사람들도 50세에는 그 증상들의 흔적만 남아 있을 수도 있다. 마치 조현병 과정 자체가 시간이 흐르면서 스스로 소진되고 과거 행적의 흉터만 남기는 것처럼 보인다. 환자들은 환청이 들려도 무시하거나 공공장소에서는 환청에 반응하지 않는 식으로 증상을 안고 살아가는 방법을 익혀간다.

조현병의 잔류기를 정신의학 문헌에서는 만성 결손 상태라고 칭하며 표준적인 교과서들은 다음과 같이 기술한다.

환자는 시설에 살고 있든 밖에서 살고 있든 **자신의 병과 타협을 이룬 상태**가 된다. 자신의 병적인 생각 세계에 대해 자신의 관점에서도 주변 사람들의 관점에서도 그럭저럭 성공적으로 적응한 상태다. 급성 정신증 시기의 경험과 비교하면, 망상이나 환각 같은 양성 증상들은 무미건조하고 반복적이며 형식적인 것이 되었다. 여전히 그에게 영향을 미치기는 하지만 새로운 것이 더해지거나 예상하지 못한 증상이 나타나지는 않는다. 음성 증상과 사고장애, 수동성, 긴장형 매너리즘과 둔하고 마비된 감정이 전반적 상황에 지배적이지만, 이 역시 환자에게는 습관이 되어서 각각의 경우가 판에 박힌 패턴처럼 보인다. 로봇처럼 태도와 반응이 고정적이고 경직되어 있는데, 이는 사고 빈곤 때문만이 아니라 선택할 수 있는 행동 유형이 매우 적기 때문이기도 하다.[20]

모든 원칙에 예외가 있듯이 이 마지막 과정에도 차이가 있을 수 있다. 때때로 현란한 증상을 평생 겪는 환자들도 있다. 예를 들어 내가 돌보던 75세 남자 환자는 매일 하루 종일 환각을 경험했고, 50년째 그 상태가 지속되고 있었다. 그의 병은 약에도 거의 영향을 받지 않았다. 물론 예외적이지만 이런 환자들도 분명히 있다.

사이언톨로지 교도들을 비롯한 반反정신의학 활동가들은 만성 조현병 증상들을 약 탓으로 돌린다. 진실을 말하자면, 항정신병약물이 존재하기 50년 전에 묘사한 조현병의 양상도 정확히 현재와 일치한다. 조현병 치료약들에 분명 어느 정도 진정 효과가 있을 수 있고 특히 나이가 많은 환자들에게서 더 그렇지만, 이러한 부작용은 전체 임상 양상에서 아주 작은 부분에만 해당한다. 위의 주장과 유사하게, 후기 조현병 증상들이 장기간 입원의 결과라고 비난하는 일도 종종 있다. 이 역시 전체 양상의 매우 작은 부분에만 해당하는 이야기다. 후기 증상들이 병원을 떠날 가능성이 보이지 않는 만성 환자들의 우울증과 절망감에서 기인할 수도 있지만 이 역시 아주 작은 부분에만 해당하는 설명이다. 만성 조현병 환자에게서 보이는 후기 임상증상 대다수가 조현병과 이 병이 뇌에 미친 영향의 직접적인 결과임이 증명되었다.

앞의 표에서 보았듯이 30년 후에도 병원(또는 비슷한 일반적 돌봄 시설인 요양원 같은 곳) 입원이 필요한 조현병 환자는 10퍼센트뿐이다. 대부분은 지역사회 안에서 살 수 있고, 그중 약 15퍼센트에게는 광범위한 지원망이 필요하다.

요즘 정신질환 전문가들을 당황스럽게 하는 수수께끼 중 하나는 그 많던 조현병 환자가 다 어디로 갔느냐다. 과거의 입원율을 통원 치료를 받는 환자 수와 비교하면 한결같이 예상 환자 수의 절반이 사라진 결과가 나온다. 그 답은 사라진 환자 대부분이 지역사회 내에 살고 있으며 대개는 약을 쓰지도 않고 적응 정도도 제각각이라는 데에 있다. 볼티모어 지역에서 실시한 한 설문조사에 따르면, 지역 내 조현병 환자의 절반이 정신의료 기관의 지속적 치료나 약물 치료를 전혀 받지 않고 있었다.[21] 다음은 그런 환자의 한 예다.

> 72세의 한 은둔자가 허물어져가는 시골집에서 경찰에 의해 강제 퇴거 당했다. 그는 20년 동안 조현병으로 두 차례 입원했고, 점원으로 잠시 일했으나, 늙어가는 부모 집으로 돌아가 함께 살았다. 부모가 세상을 떠난 후에는 장애 지원금을 받으며 30년 동안 그 집에서 계속 살았다. 집에는 전기도 들어오지 않고 수돗물도 나오지 않았으며 방에는 신문지 더미가 천장까지 꽉 들어차 있었다. 그는 휴대용 가스버너로 요리를 하고, 아무도 귀찮게 하지 않았으며, 혼자 내버려두라는 것 외에 아무 요구도 하지 않았다.

이 사람의 경우 강인한 독립성과 병에 적응하며 살아가는 능력은 칭찬할 만하다. 그러나 약물 치료를 했더라면 훨씬 더 좋은 삶을 살 수 있었고, 잘 운영되는 재활 서비스들이 존재한다는 사실을 생각하면 서글픈 일이 아닐 수 없다. 조현병의 장기적 경과에 관한 여러 질문 중 아직 답을 얻지 못한 것도 많다. 조현병 삽화를 더 많이 겪을수록 지속적으로 뇌에 더 많은 손상이 생길까? 일자리와 사회적 상호작용을 제공하는 재활 프로그램들은 조현병의 장기적 경과에 얼마나 큰 영향을 미칠 수 있을까?

## 개발도상국의 조현병 환자들은 정말로 더 양호한 결과를 얻을까

1960년대에 세계보건기구는 9개국을 대상으로 '국제 조현병 예비 연구'라는 야심 찬 조현병 유병률 연구를 실시했다. 1973년에 발표된 최초 결과는 개발도상국인 나이지리아와 인도의 조현병 환자들이 덴마크, 잉글랜드, 러시아, 미국 같은 선진국 환자들보다 발병 5년 후 결과가 훨씬 더 양호하게 나왔다고 보고했다. 이 결과로 이후 교과서들이 수없이 반복한, 개발도상국의 조현병 결과가 훨씬 양호하다는 생각이 굳어졌다. 많은 연구자가 가족과 공동체의 지원이 더 많고, 낙인이 덜하며, 환자에 대한 사회적 요구가 더 적다는 등의 여러 요인을 들어 그 이유를 추측해왔다.

세계보건기구의 보고서가 처음 발표될 당시, 연구 데이터와 결론

타당성에 의문이 제기되었다. 나이지리아와 인도의 연구 대상에는 바이러스뇌염으로 인한 급성 발병 조현병 환자가 더 많았다는 주장도 제기되었다. 이러한 기질적 원인으로 조현병이 발생한 환자들은 완전히 완화되는 경우가 흔하며, 이 점이 결과의 차이를 설명한다고 여겨졌다. 세월이 흐르면서 다른 선택편향의 가능성들도 제기되었다. 이를테면 개발도상국의 중증 조현병 환자들은 기근이나 다른 의학적 질병들로 사망함으로써 더 양호한 결과를 얻은 환자들 쪽으로 표본을 편향시켰을 가능성도 그중 하나다. 이러한 유보적 의견들에도 불구하고, 개발도상국의 조현병 결과가 더 양호하다는 생각은 계속 이어졌고, 세계보건기구의 후속 연구에 의해서도 뒷받침되었는데, 이 연구 역시 최초의 연구와 동일한 방법론적 문제들을 갖고 있었다.

　최근 들어 세계보건기구의 주장을 정면으로 반박하는 몇몇 연구가 발표되었다. 2007년에 팔라우공화국에서 실시한 한 연구는 팔라우의 "경과나 결과가 '선진국'이든 아니든 다른 국가들보다 어떤 식으로든 더 양호하다는 가정과 일치하지 않는다"고 결론 내렸다."[22] 2008년에 저임금 혹은 중저임금 국가들에서 실시한 조현병 결과 연구 23건을 검토한 한 연구는, 그 나라들의 결과가 선진국들과 그리 다르지 않다는 결론을 내렸다.[23] 방법론 면에서 지금까지 실시된 연구 중 가장 훌륭한 연구는 2009년에 에티오피아 시골에서 실시되었는데 그 지역의 조현병 환자 중 증상이 완전히 완화된 이들은 6퍼센트밖에 되지 않으며, 3분의 1은 3년 동안 지속적으로 병을 앓았다고 보고했다. 현재는 세계보건기구의 최초 주장이 유효하지 않는 것이 분명해 보인다. 어떤 나라에서든 조현병에서 완전히 회복하는 사람들도 있고, 만성적으로 쇠약해지는 경과를 보이는 환자들도 있으며, 다수는 그 두 극단 사이 어딘가에 해당한다.

## 회복 모델

지난 10년 사이 조현병 환자의 재활을 돕는 회복 모델recovery model이 매우 큰 인기를 얻었다. 심지어 연방 단위와 주별 단위의 정신건강 관료들 사이에서도 회복 모델은 정신의학의 마법 주문처럼 받아들여지고 있다. 회복 모델에는 긍정적 측면과 부정적 측면이 모두 있는데, 후자는 너무 자주 간과된다.

긍정적 측면은 조현병 환자들이 자신의 치료에 더욱 적극적으로 참여하도록 유도하는 데 유용하다는 것이다. 회복 모델은 자기주장과 권한 부여, 자발적 방향 설정, 개인 목표 세우기, 선택, 자기실현, 그리고 무엇보다 중요한 희망을 북돋운다. 이 모델은 만성 환자가 병원에 머물며 뭐든 병동의 간병인이 시키는 대로 하는 것과 정반대다. 회복 운동은 심리 교육, 지원 고용, 사회적 기술훈련, 괜찮은 주거 선택을 비롯해 성공적 재활에 필요한 모든 일에 집중한다. 마지막으로 회복 모델은 조현병이 있는 사람 중 일부는 높은 수준의 기능을 수행할 수 있고 삶의 성공을 이룰 수 있다는 사실에 초점을 맞춰왔다.

부정적인 측면을 보면, 회복 운동을 장려하는 많은 이가 '회복'이라는 말의 의미를 명확히 정의하지 않고 모든 조현병 환자가 '회복'할 수 있다고 암시하는 것인데 이는 솔직하지 못한 태도다. 그런 주장을 하는 이들은 대체로 앞에서 설명했듯이 정신증 증상에서 회복한 4분의 1에 속하는 사람들이거나, 병세가 경미해서 비교적 높은 수준의 기능을 유지할 수 있는 사람들이다. 그들의 말에는 "내가 회복했으니 당신들도 회복할 수 있다"는 의미가 내포되어 있다. 더 중증인 증상을 지닌 이들이나 약물 치료에 잘 반응하지 않는 사람들에게 '회복'하라는 권고는 도움이 되지 않을 뿐더러, 회복하지 못하는 것이 자신의 잘못처럼 느끼게 만들 수도 있다. 이런 부분을 다그치면 회복 운동 옹호자들은 대개 자신들은 모든 조현병 환자가 완전히 회복할 수 있다고 말하는 건 아니라고 주장하지만, 그들이 전달하는 메시지에는 그런 단서가 빠져 있기 일쑤다.

　더욱 심각한 문제는 회복 운동이 상당히 차별적이라는 것이다. 연방 약물남용 및 정신건강 서비스국Substance Abuse and Mental Health Services Administration(15장 참고)이 정의하는 제1원칙은 "그 말의 정의상 회복 과정은 개인이 스스로 주도하는 것이어야 한다"이다. 이는 자기 병을 인지하는 절반의 환자들에게는 문제가 없겠지만, 다양한 정도의 질병인식불능증을 앓고 있는 나머지 절반은 완전히 등한시하는 처사다. 그들의 뇌는 조현병 질병 과정에 의해 손상되었고, 그리하여 1장에서 이야기했듯이 자신이 병에 걸렸다는 판단을 내리지 못한다. 만약 내가 질병인식불능증이 있는 나의 환자들에게 회복 운동 옹호자들이 제안하듯이 자신의 목표를 정해보라고 한다면, 그들은 "CIA가 더 이상 나를 미행하지 못하게 만드는 것"이나 "육군정보국에 내 머릿속 송신기에 목소리를 보내지 말라고 요구하는 것" 같은 답을 내놓을 것이다. 그런 다음에는 내게 **자신에게는** 아무 문제도 없고, 약을 먹을 필요도 전혀 없다고 재차 강변할 것이다.

그러니 조현병 환자의 절반 정도에게는 회복 운동이 사실상 아무 의미가 없다. 만약 연방 기관이 유방암이나 당뇨병 같은 다른 질병에 대해 대략 절반의 환자를 등한시하는 원칙을 천명했다면, 그 병의 옹호자들에게서 대대적으로 격렬한 항의를 받았을 것이다.

## 성공적인 조현병

조현병 환자를 돕는 일을 하는 우리 같은 사람들은 대부분의 시간을 증세가 심각한 사람들과 함께 보내는 경우가 많다. 그래서 때때로 꽤 잘 살아가는 조현병 환자 부류도 있다는 사실을 잊어버리기도 한다. 앞에서 보았듯이 조현병의 30년 경과를 보면 35퍼센트는 많이 개선되고 비교적 독립적으로 살아간다. 이들은 조현병의 영향에서 완전히 벗어나지는 못했지만, 대개는 약물을 써서 증상들을 비교적 잘 통제하며, 보람 있는 삶을 살아간다. 이런 사람들의 병에 대해서는 성공적인 조현병이라고 말해도 될 것 같다.

그런 사람들의 예를 살펴보자.

### 대니얼 라이트먼Daniel Laitman

대니얼은 15세 때 환청을 듣기 시작했고, 이어서 망상도 생겨 조현병 진단을 받았다. 여러 항정신병약물을 시도했다가 실패한 뒤 마침내 클로자핀으로 안정화되었다. 이후 대학을 우등으로 졸업하고, 뉴욕시로 건너가 스탠드업 코미디언으로 경력을 쌓아가고 있다. 페이스북과 유튜브에서 "하루 중 아무 때나 라이트먼과 함께Any Time of Day with Laitman"로, 트위터에서 @skitzocomedy로 그를 찾아볼 수 있다.

회복은 지난 10년 동안 나를 향해 고함처럼 퍼부어졌던 단어다. 물론 말그대로 고함소리를 들은 것은 아니지만, 그것은 조용하고도 미묘한 으르렁거림이었다. 회복은 모든 사람에게 각기 다른 의미를 갖는다. 어떤 사람에게는 단지 하루하루를 살아남는 것을 의미하고, 어떤 사람에게는 세계를 정복해 그 위에 우뚝 서는 것을 의미한다. 물론 내게 그것은 실제로 활동하는 코미디언이 되는 것이고, 지금까지는 꽤 잘 돼가고 있다. 하지만 그건 하나의 과정이다. 시작이 있고, 중간이 있으며, 바라건대 그 끝은 보이지 않았으면 좋겠다. 나로서는 내가 회복하는 중이라고 말할 수 있다. 나는 부모님의 도움을 받으며 도시에서 살고 있다. 완벽한 사람은 없다. 완벽에 가까울 순 있어도 완벽하지는 않다. 중요한 사실은 나는 친구들과 가족, 그리고 클로자핀을 포함해 든든하고 경이로운 알약들의 도움을 받아 인생을 살아갈 수 있다는 것이다. 아, 그리고 잠, **아주아주** 많은 잠의 도움도 받는다. 그래도 내게는 인생이 있다. 나는 정신질환을 갖고 살아가고 있으며, 이 병에서 나을 날이 과연 올지도 확신할 수 없다. 하지만 그 병은 내가 다른 사람들을 돕고, 그들의 '회복'을 도울 수 있게 해주었다. 병이 내게 사람과 목적과 친구들을 주었다. 회복이 회복을 키운다. 참 이상하지만 나를 돕는 일은 천천히 남들도 돕는 일이다. 그러니까 회복이란 수많은 사람 각자에게 수많은 다른 것을 의미한다.

회복은 정신질환 커뮤니티 안에서 어디에나 존재하는 단어 가운데 하나로 모든 사람이 갈망하는 것이다. 내 친구 한 명에게 그것은 영화를 만들 수 있게 되는 일이다. 또 다른 친구에게는 자신의 경험을 이야기함으로써 사람들을 교육할 수 있게 되는 것을 의미한다. 회복은 각자 다르고 경이롭고 어렵다. 하지만 그런 게 회복 아닌가. 원래 회복이란 결코 쉬운 일도 단순한 일도 아니지만, 그 산 정상에 올라 풍경을 내려다볼 수 있게 되었을 때 그만한 고생을 할 가치가 있는 일이다.

### 셰넌 플린Shannon Flynn

첫 정신증이 발병했을 때 셰넌은 17세였다. 이후 조지타운대학교에서 심리학을 전공했으며, 조지워싱턴대학교에서 미술치료 석사학위를 받았고, 존스홉킨스대학교에서 상담으로 석사 후 자격증을 받았다. 셰넌은 상근직으로 일하고 있으며 결혼한 지 15년이 되었다.

청소년기 후반에 망상과 심한 우울증에 시달리던 나는 세상에서 후퇴해 정신증의 소용돌이 속으로 빠져 들어갔다. 처음으로 입원하고, 약을 투약 받고, 조현정동장애 진단을 받았다. 정신증을 앓고 있었음에도 가족의 사랑과 흔들리지 않는 응원에 힘입어 몇 달에 걸쳐 회복하고 고등학교를 무사히 졸업했다.

이어서 나는 심리학을 전공해 대학을 졸업하고, 나중에는 미술치료와 상담으로 석사학위를 받았다. 하지만 고등교육을 받던 그 시절에 결코 웃음과 편안함만 있었던 것은 아니다. 사실 나는 시커멓게 동요된 조증과 한층 더 시커멓고 무기력한 우울증 사이를 급속도로 오갔고, 그 사이 사이 모르는 사람들까지 포함해 주변의 모든 사람이 끊임없이 나를 비판하고 있다는 편집 망상에도 종종 시달렸다.

다행히 나는 항상 약물 치료를 잘 따르고 마약과 알코올남용을 피했지만, 그 세월 내내 약의 부작용에 맞서 힘겨운 싸움을 해왔다. 과거에 나는 건강하고 비교적 날씬했지만 지금은 비만인데다 고혈압과 고콜레스테롤혈증 문제도 있다. 그래도 나는 계속 약을 먹고 있다. 힘겹게 얻어낸 온전한 정신을 잃는다면 얼마나 더 큰 희생을 치러야 할지 잘 알기 때문이다. 무엇보다 중요한 점은, 나에게 건강과 안녕을 위한 훌륭한 도구, 다른 사람들에게도 전해줄 수 있는 도구가 있다. 창조적인 예술과 미술치료가 바로 그것이다. 십 대 때 처음 고통을 겪은 후로 나는 정신증, 우울증, 조증의 수많은 삽화를 견뎌왔지만, 치료사로서 비슷한 어려움을 겪고 있는 동료들을 돕는 것이 나의 소명이라는 강력한 확신은 한 번도 잃은 적이 없다.

또한 나는 15년 동안 남편의 사랑에서도 용기를 얻었고, 우리에게는 집과 고양이도 있다. 나는 역설적이게도 조현병 연구부Department of Schizophrenia Research라는 정부기관에서 상근직으로 일하고 있다. 주말에는 내 꿈을 따라 커뮤니티 회원들에게 미술치료 봉사를 하며 큰 성취감을 얻고 있다. 나는 완벽하고 영구적인 회복 같은 것은 존재하지 않는다는 사실을 마침내 받아들였지만, 그 사실과는 무관하게 풍요롭고 의미 있는 인생을 살고 있다.

## 프레더릭 J. 프리즈 Frederick J. Frese

프레드는 미 해병대 장교로 근무하던 25세에 처음 조현병 진단을 받았다. 이후 자의 입원과 비자의 입원을 10차례 했고, 노숙자로 지낸 시기도 있다. 마침내 약으로 안정화가 된 뒤로 심리학 박사학위를 받고, 오하이오 주립 병원에서 수석 심리학자로 일했으며, 결혼해서 가족을 꾸리고, 조현병을 앓는 일에 관해 2000회가 넘는 강연을 했다. 2018년 7월, 프레드는 아래 글을 쓰고 얼마 지나지 않아 77세의 나이로 세상을 떠났다.

병을 관리할 때 내가 특별히 중요시하는 점 세 가지가 있다. 첫째, 누군가 당신이 생각하는 방식에 관해 피드백해줄 수 있는 사람이 있는 것이 중요하다. 내 경우에는 아내가 이 일을 아주 잘 해준다. 이 병을 갖고 있는 사람들에게는 친한 친구나 치료사, 아니면 다른 신뢰하는 사람이 비슷한 역할을 해줄 수 있을 것이다.

둘째, 나는 사회에 어떤 식으로든 기여할 수 있는 것도 도움이 된다고 생각한다. 이런 면에서 어떤 종류든 자격증을 갖는 것이 매우 중요하다. 그러면 의미 있는 일자리를 구하고 유지하기가 더 쉬워지기 때문이다. 나도 그렇게 해서 정신건강 분야에서 일해왔는데 그것이 매우 큰 도움이 된다고 느껴왔다. 이 분야의 동료들은 내게 증상이 나타나도 더 잘 이해하는 편이다.

셋째로 나는 내 행동이 어떻게 다른지 알기 위해 내가 '만성적 정상인'이라 부르는 사람들을 꼼꼼히 살펴왔다. 예를 들어 만성적 정상인들은 이야기할 때 상대를 똑바로 바라보지만, 우리는 그들의 표정에 주의를 쉽게 빼앗겨 산만해지기 때문에 그들이 말하는 내용에 집중하기가 어려워진다. 또한 나는 만성적 정상인들이 당신이 말하는 소리를 들을 수 있을 때는 당신의 환청과 대화를 나누지 말 것을 제안한다. 그들은 그런 행동을 보면 불편해하기 때문이다. 마지막으로 유머 감각을 유지하는 것도 매우 도움이 된다고 생각한다. 예를 들어 나는 다음과 같이 적힌 카드를 가지고 다니면서 나를 불쾌하게 대하는 사람들에게 건넨다.

"실례합니다. 제가 조현병을 앓고 있는 사람이라는 말씀을 드려야 할 것 같군요. 질책이나 업신여김, 모욕을 당하거나 어떤 식으로든 억압적인 대우를 받으면 저는 정서적으로 불안정해지는 경향이 있습니다. 제가 증상을 일으키지 않을 만한 방식으로 당신의 의사를 고쳐서 표현해 달라고 부탁드려도 될까요?"

## 사망 원인: 조현병 환자는 왜 더 일찍 사망하는가

조현병 환자가 조현병이 없는 사람들에 비해 평균적으로 더 이른 나이에 사망한다는 사실은 확실히 밝혀졌다. 1989년부터 1991년 사이에 발표된 연구 세 편은 조현병의 전반적 사망률을 "전체 인구의 약 2배"[24], "전체 사망률의 거의 3배 증가"[25], 남성은 "예상보다 5.05배 이상"이고 여성은 "5.63배 이상"이라고 추정했다.[26] 1999년 매사추세츠주의 한 연구는 전체 인구에 비해 중증 정신질환을 앓는 남성은 14.1년, 여성은 5.7년을 더 적게 산다고 보고했다.[27]

최근 연구들은 조현병 환자가 전체 인구보다 15~25년 더 일찍 사망한다고 추정한다. 조현병 환자의 사망률은 높기만 한 것이 아니라 계속 증가하고 있다는 증거도 있다. 2005년 스웨덴의 한 연구는 1960년부터 2005년 사이에 조현병 환자의 사망률이 **5배 증가**했다고 보고했다.[28] 이렇게 극적인 증가 수치는 정신과의 가용 병상수 감소를 정확히 반영한다. 병상수가 줄어든 만큼 사망률이 증가한 것이다.

이러한 초과 사망률의 주요 원인은 자살이며, 10장에서 다시 이야기하겠지만 조현병 환자의 자살률은 일반인에 비해 10~13배 높다. 그러나 자살 외에도 사고, 질병, 건강에 해로운 생활방식, 불충분한 의료, 노숙 등 초과 사망률을 끌어올리는 다른 요인들도 있다.

• **사고**　조현병 환자가 다른 사람만큼 운전을 많지 하지는 않지만, 연구 결과에 따르면 운전 거리 1.6킬로미터당 자동차 사고 비율은 일반인의 2배다.[29] 또한 보행 중 자동차 사고로 사망하는 조현병 환자의 수도 정확히 밝혀지지는 않았지만 상당히 많다. 예를 들어 내가 돌보던 환자는 우연히 도로경계석에서 내려섰다가 달려오는 버스에 치었다. 혼란, 망상, 환청에 의한 주의산만이 이런 식의 죽음에 원인을 제공한다. 예를 들어 1995년에 자신이 예수 그리스도라고 믿었던 조현병 환자 마거릿 킹은 워싱턴 D.C.의 국립동물원 사자 우리에 들어갔다가 사자들의 난폭한 공격을 받고 사망했다. 조현병 환자가 사고로 질식사하는 사례도 증가하고 있다. 조현병 환자의 초과 사망을 분석한 결과 12퍼센트가 사고로 인한 사망으로 추산되었다.[30]

• **질병**[31]　조현병 환자에게 감염과 심장질환, 호흡기질환(특히 만

성폐쇄성폐질환), 제2형(성인기 발병) 당뇨병, 여성의 경우 유방암이 더 많다는 여러 증거가 있는데, 이 모두가 사망률을 높일 수 있다. 한편 조현병 환자는 전립선암, 제1형(소아, 청소년기 발병) 당뇨병, 류머티즘성 관절염(5장 참고)의 유병률이 예상 이하로 낮게 나오는 편이고, 따라서 조현병 환자는 이런 병으로 인한 사망률은 더 낮다. 이렇게 낮아진 사망률은 앞의 질병들로 높아진 사망률을 어느 정도 상쇄한다. 한 연구에서는 고용량 항정신병약물 치료와 전립선암의 낮은 유병률 사이에 관계가 있음을 발견했다. 이는 그 약이 어떤 식으로든지 암 예방 효과가 있음을 암시하므로 특히 흥미롭다.[32]

• **건강에 해로운 생활방식**　조현병 환자가 담배를 많이 피운다는 사실은 오래전부터 잘 알려져 있다(10장 참고). 또한 영국에서 조현병 환자 102명을 대상으로 실시한 한 연구에서는 그들이 전체 인구에 비해 지방 함량이 높고 섬유질이 부족한 식사를 하고, 운동을 아주 적게 한다는 사실도 드러났다.[33]

• **불충분한 의료**　조현병 환자는 어떤 병에 걸려 몸이 아파도 의료진에게 자신의 증상을 잘 설명하기가 어렵고, 의료진은 그들의 호소를 단순히 조현병 증상의 일부라고 여겨 무시해버리기 쉽다. 1장에서도 이야기했듯이 조현병 환자 중에는 통증역치[*]가 올라가는 이들이 있고, 따라서 증상을 호소하지 않고 방치해 치료할 수 없을 지경까지 병이

---

[*]　자극을 통증으로 느끼기 시작하는 최소한도의 자극의 세기.

진행되는 경우도 있다. 진단을 받은 경우에도 조현병 환자는 표준적인 의료 관리나 수술을 받을 가능성이 낮다. 예를 들어 심장발작을 겪은 사람들의 심장도관삽입술에 관한 연구에서는 조현병 환자는 그 시술을 받을 가능성이 41퍼센트 낮다고 보고했다.[34]

• **노숙**    아직 잘 연구되지는 않았지만, 노숙 생활 역시 사고와 질병에 더 취약하게 해 조현병 환자의 사망률을 높인다. 잉글랜드의 한 연구에서는 노숙하는 중증 정신질환자 48명을 18개월 동안 추적했다. 추적 연구가 끝났을 때 그중 3명은 병으로(심장마비, 간질발작 중 질식, 동맥류 파열) 사망했고, 1명은 차에 치어 사망했으며, 3명은 소지품도 남겨둔 채 실종됐다.[35] 미국에서 나온 보도들을 봐도 노숙 정신질환자의 사망률은 매우 높아 보인다. 예를 들어 오클라호마에서는 1월에 정신병원에서 내보내진 한 여성이 오래된 닭장을 은신처로 삼았다가 동사했고, 사망 후 2년이 지나서야 발견되었다.[36] 휴스턴에서는 노숙 생활을 하던 여성 조현병 환자와 어린 아들이 쇼핑카트를 밀고 거리를 걷다가 차에 치어 사망했다.[37] 캘리포니아주 산타아나에서는 쇼핑카트에 개를 태우고 가던 여성 조현병 환자가 철도 선로에서 기차에 치어 사망했다.[38] 미국에서 노숙 생활을 하는 조현병 환자들의 사망률을 철저히 조사한다면 충격적으로 높은 사망률을 보게 될 것이다.

# 5

**조현병의 원인**

다양한 형태의 정신이상이 질병이라는 것은 이제 보편적으로 인정된다. 물론 그 본질과 현상에서 보면 평범한 질병과는 다르지만 그래도 질병이 분명하며, 따라서 다른 병들과 동일한 관점에서 보고 다른 의료 분야들을 규율하는 동일한 원칙들에 따라 다루어야 한다.

— 제임스 F. 던컨James F. Duncan, 1875년[1]

조현병이 뇌의 병이라는 생각은 위의 글에도 나오듯 그리 새로운 생각은 아니다. 새로운 것은 그 생각이 사실임을 결정적으로 증명하는 연구들이 쏟아져 나오고 있다는 점이다. 이 연구는 1980년대에 시작되어, 미의회에서 '뇌의 10년Decade of the Brain'이라고 선포한 1990년대에 추진력을 모아, 21세기에도 전혀 수그러들지 않고 계속되고 있다. 2005년, 2년마다 열리는 국제조현병연구학회에는 1500명의 연구자가 모였다. 20년 전에는 겨우 150명만 참석했던 학회였는데 말이다.

이 장에서는 그 연구 결과 중 조현병의 원인과 관련된 내용을 정리할 것이다. 조현병 연구는 현재 빠른 속도로 진행되고 있기 때문에 조현병에 관한 글은 발표되는 즉시 이미 다소 지나간 내용이 될 수도 있음을 감안해주면 좋겠다.

## 정상적인 뇌

조현병 환자의 뇌에 생긴 이상들을 논하기 전에, 먼저 정상적인 뇌를 생각해보자. 무게 1.36킬로그램의 버섯처럼 생긴 이 기관에는 줄기(뇌간)가 달려 있는데 이것이 점점 좁아지며 척수로 이어지고 척수는 등을 따라 아래로 쭉 뻗어 있다. 뇌를 이루는 덩어리를 우리는 우리 마음대로 전두엽, 두정엽, 측두엽, 후두엽이라는 4개의 뇌엽으로 구분하는데, 이 덩어리는 다시 세로로 깊이 난 틈에 의해 좌뇌 반구와 우뇌 반구 둘로 나뉜다. 그 틈의 제일 아래쪽에는 뇌의 양쪽 반구 사이를 오고가는 신경섬유들로 이루어진 뇌량corpus callosum이라는 두꺼운 다발이 있다.

뇌 전체는 둥근 아치 천장처럼 생긴 뼈인 두개골에 담겨 있고, 거기서 한 단계 더 보호해주는 뇌척수액 층으로도 둘러싸여 있다. 뇌척수액은 뇌 주변을 순환하며 일련의 관들을 통해 뇌의 중심부로 들어가는데, 이 관들이 확장되며 뇌실ventricle*을 이룬다. 우리가 다른 기관들에 비해 뇌와 뇌의 병들을 잘 이해하지 못하는 이유는 뇌가 이렇게 직접

---

*    뇌 안의 서로 연결된 빈 공간으로 뇌척수액으로 차 있다.

닿기가 어렵고 잘 보호되어 있기 때문이다. 우리가 뇌에게 간과 자리를 바꾸라고 설득할 수만 있다면 뇌의 기능과 조현병의 원인을 더 잘 이해할 수 있을 거라는 농담이 있을 정도다.

뇌가 실제로 하는 일은 약 1000억 개의 뉴런neuron과 그보다 10배 많은 1조 개의 신경교세포glia*가 수행한다. 그게 얼마나 큰 숫자인지 감이 잘 잡히지 않는다면, 뇌 하나에는 세상이 존재하기 시작한 후 모든 날의 수보다 더 많은 뉴런과 신경교세포가 존재한다고 생각하면 된다. 얼마 전까지만 해도 조현병은 뉴런의 병이라고 여겨졌지만, 지금은 신경교세포도 주요 용의자가 되었다. 신경교세포는 별교세포astrocyte, 희소돌기교세포oligodendroglia, 미세신경교세포microglia, 뇌실막세포ependymal cell의 4가지 유형으로 나뉜다. 뉴런들은 모두 서로 연결되어 있고, 평균적으로 뉴런 하나는 최소한 500개의 다른 뉴런에서 신호입력을 받는다. 이처럼 인간 뇌의 복잡한 상호연결성은 우리가 이해할 수 있는 수준을 넘어선다. 어느 학자는 이를 아주 명민하게 한 문장으로 정리했다. "우리 뇌가 우리가 이해할 수 있을 정도로 단순하다면, 우리의 지적 수준은 너무 단순해서 뇌를 이해하지 못할 것이다."[2]

뉴런들은 기본적으로 한 뉴런에서 다른 뉴런으로 보내는 화학적 신호전달자인 신경전달물질을 활용해 서로 의사소통을 한다. 인접한 두

---

*    신경교세포는 처음에 뉴런의 나머지 부분을 채워주는 완충제나 접착제 정도로만 여겨져 풀을 뜻하는 glia라는 이름이 붙었고, 우리나라에서는 오랫동안 '아교세포'라는 번역어를 사용했다. 이후 glia가 단순한 완충제가 아니라 신경계에서 중요한 역할을 하는 세포라는 것이 밝혀졌지만 한번 붙은 이름은 그대로 남았다. 최초의 명명 때문에 아교 혹은 교라는 글자는 빠지지 않지만, 최근에는 신경교세포, 신경아교세포처럼 신경계 세포임을 밝히는 명칭이 사용되고 있다.

뉴런의 팔(축삭)들 사이의 공간을 시냅스synapse라고 하며 그 넓이는 100 만분의 1인치다. 신경전달물질 신호들은 초당 600미터까지의 속도로 시냅스를 건너간다. 지금까지 식별된 신경전달물질만 100가지가 넘으며, 어쩌면 그보다 더 많을지도 모른다. 이 신경전달물질 중에서 조현병 연구자들이 가장 큰 관심을 갖는 것은 도파민, 노르에피네프린norepinephrine, 세로토닌, 가바(감마아미노부티르산)GABA, gammaaminobutyric acid, 글루탐산염glutamate이다.

인간의 뇌를 이해하기 위해서는 뇌가 2억 년 동안 이어져온 포유류 진화의 산물이라는 사실을 반드시 알아야 한다. 해마나 소뇌cerebellum 같은 부분들은 아주 오래된 구조물인 반면, 외측 전전두피질lateral prefrontal cortex과 하두정엽inferior parietal area 같은 부분들은 비교적 근래에 발달한 것으로 보인다. 조현병은 뇌의 여러 부분에 영향을 입히지만, 특히 가장 나중에 생긴 부분들과 더 관련이 깊은 것 같다. 조현병 연구자들은 종종 조현병의 동물모델을 거론하지만, 그건 사실 희망사항에 가깝다. 예를 들어 집쥐나 생쥐에게는 인간의 조현병 질병 과정에서 결정적인 외측 전전두피질이나 하두정엽에 상당하는 뇌 부위가 없다. 조현병에 동물모델이 없다는 사실은 조현병 연구가 그렇게 느리게 진행되어온 또 하나의 이유다.

인간의 뇌를 이해하기 위해 알아야 할 또 하나 중요한 사실은 뇌가 고차원적 뇌 기능을 수행할 때는 연결망을 이루어 작동한다는 것이다. 시각이나 팔다리 근육을 통제하는 것 같은 기본적인 뇌 기능에서는 특정한 뇌 영역이 지배적 역할을 한다. 그러나 자기 자신에 관해 생각하거나 미래 계획을 세우는 것 같은 고차원적 뇌 기능을 위해서는 여러 영역들이 협력해 대단히 복잡한 연결망을 형성한다. 그러므로 조현병을 일으키는 것은 하나의 뇌 영역이 아니라, 여러 뇌 영역과 그 영역들 사이의 연결에 있는 것이다. 실질적으로 이 말이 뜻하는 바는, 그 연결망에 속한 한 영역 또는 영역들 사이의 연결에(또는 둘 모두에), 손상이나 기능장애가 생긴 결과 조현병의 증상들이 나타난다는 것이다. 연구자들은 갈수록 더 이 병을 단순히 뉴런이나 신경교세포의 질병이 아니라 연결의 질병으로 보고 있다.

## 조현병이 뇌의 병이라는 것을 우리는 어떻게 아는가

파킨슨병, 다발경화증, 알츠하이머병이 뇌의 병인 것처럼 조현병도 뇌의 병이다. 우리가 그 사실을 아는 이유는 그 병에 걸린 사람들의 뇌의 구조와 기능에 생긴 이상들을 측정할 수 있기 때문이다. 그런 이상들은 항정신병약물이 도입된 1950년대 이전에도 이미 잘 기술되어 있으므로, 그 약들 때문에 생긴 이상이라고 볼 수는 없다.

**1. 구조적 신경병리적 변화**    조현병 환자의 뇌에서 가장 일관되게 보이는 구조적 변화는 뇌실 확장과 회백질 부피 감소다. 뇌실 확장은 항정신병약물이 발명되기 20년 전, 이미 공기를 뇌실로 주입해 뇌척수액을 대체하는 기법을 사용해 확실하게 밝혀졌다. 1933년의 한 연구에서는 조현병 환자 60명 중 25명에게서 뇌실 확장이 관찰되었다.[3] 1976년부터 100건이 훌쩍 넘는 연구들이 CT, MRI 같은 영상기술을 사용

해 뇌실이 평균 약 26퍼센트 확장되고 회백질 부피가 감소했음을 확인
했다.

현미경으로는 조현병 환자의 뇌 구조 변화를 감지하기가 더 어려
운데 이는 정보가 잘 파악된 부검용 뇌가 부족하고, 엄청난 노동력이
필요한 일이기 때문이다. 예전에는 대부분의 연구가 전두피질과 해마
에 생긴 이상들에 초점을 맞춰왔지만, 이제 섬엽과 시상thalamus, 전방
대상피질의 이상과 관련 있다는 강력한 증거도 있다. 2015년에 이 부
분에 관한 연구들을 검토한 논문은 앞에서 말한 부분들뿐 아니라, 뇌의
비대칭성, 뇌 표면의 이랑(피질주름), 가바와 연관된 연합뉴런, 뉴런 시
냅스에도 이상이 있다는 결론을 내렸다.[4] 이와 유사하게 2013년에 항

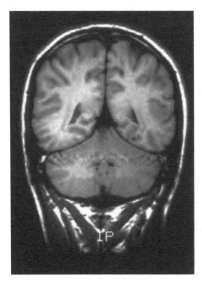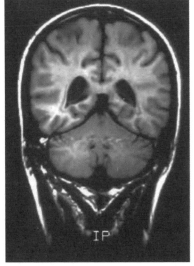

**그림 5-1. 28세 일란성쌍둥이의 뇌실 MRI.**
조현병이 있는 쌍둥이(우)는 후측뇌실의 확장이 뚜렷이 보인다. 이는 조현병과 연관된 뇌 조직이 소실되
었음을 암시한다.

정신병약물 치료 경험이 전혀 없는 조현병 환자 771명을 대상으로 한
연구 33건을 검토한 논문에서는 각 연구들이 공통적으로 시상과 꼬리
핵caudate nucleus의 부피 소실을 발견했다고 보고했다.[5] 또한 이 모든 연구
에서 백질 부피 감소도 공통적으로 관찰되어, 조현병의 병리학적 원인
이 뇌 영역들 사이의 연결에 있다는 점점 커져가는 추측에 한층 더 힘
이 실렸다.

**2. 신경심리학적* 결손**　　신경심리학적 결손은 조현병의 이상 중 특히
인상적인 부분으로, 이에 대한 수많은 연구가 진행되었다. 예를 들어 인
지장애에 관한 한 초기의 리뷰 논문은 "조현병 환자의 4분의 3에게서
중등도에서 중증에 이르는 인지기능 이상이 나타났다"고 전했다.[6]

　조현병으로 기능이 손상되는 인지 유형은 주의, 특정 유형의 기억,
집행 기능(계획 세우기, 문제 해결, 추상화 등), 질병에 대한 인식까지 4가
지다. 첫째로 주의력 결핍은 경각성과 집중을 측정하는 검사로 밝혀낼
수 있다. 조현병에 걸린 사람들은 자주 주의가 산만해지는데, 실제로
19세기 초에는 '주의산만'이라는 단어가 정신이상을 지칭하는 또 하나
의 일반적인 표현일 정도였다.

　둘째로 조현병의 기억 결손은 단기 기억이나 작업기억에서 가장 두
드러진다. 많은 환자가 세 가지 물체를 5분 동안 기억하는 일도 어려워
한다. 반면 장기 기억은 대체로 온전히 유지되며, 발병 이전에 있었던

---

\*　　신경심리학neuropsychology은 뇌를 비롯한 신경계가 인지 및 행동에 어떻게 영향을 미
　　치는지, 특히 신경계의 부상이나 질병이 인지기능과 행동에 어떤 영향을 주는지 연
　　구하는 심리학의 한 분야다.

사건들을 기억해내는 능력이 매우 뛰어난 경우가 많다.

셋째, 집행 기능 결손은 속담의 의미를 추상적으로 추론해내는 과제(1장 참고)를 통해 분명히 드러난다. 또 집행 기능을 측정하는 데 흔히 쓰는 방법으로 위스콘신 카드분류Wisconsin Card Sort 테스트가 있다. 검사 대상자는 모양이나 색깔에 따라 카드를 분류해야 하는데 동시에 분류 규칙이 계속 바뀐다. 조현병에 걸린 사람은 변화하는 규칙에 따라 카드 분류 방식을 바꾸는 것을 어려워한다.

조현병에서 흔히 나타나는 신경심리학적 결손의 넷째 유형은 질병 인식이 손상되는 것으로, 질병인식불능증이라고 한다. 이에 대해서는 1장에서 이야기했고, 거기서도 말했듯이 측정이 가능하다. 질병 인식의 손상은 조현병을 치료하는 실제 의료 행위에서 매우 중요하며, 이에 대해서는 10장의 '복약 비순응medication noncompliance'에서 더 자세히 다룰 것이다.

조현병의 신경심리학적 결손은 조현병의 질병 과정 자체에 내재한 것으로, 약 때문이 아니다. 약물 치료를 전혀 하지 않은 환자들과 약물 치료를 한 환자들을 비교한 연구에서 두 집단은 매우 유사한 결과가 나왔다. 신경심리학적 결손은 조현병 증상이 처음 시작될 때도 대부분 나타나며, 증상을 보이는 시기와 증상이 완화된 시기 사이에도 놀라울 정도로 변함없이 유지된다.

조현병의 신경심리학적 결손은 특정 뇌 기능들에만 영향을 끼친다는 점을 강조하고 넘어가겠다. 상식적 정보에 대한 지식, 구두 언어 능력, 시공간 능력 등의 다른 여러 뇌 기능은 정상적이거나 거의 정상에 가깝다.

**3. 신경학적 이상**　　조현병 환자의 신경학적 이상은 19세기 중반부터 줄곧 관찰되어 왔다. 1960년부터 60건 이상의 연구가 실시되었고, 거의 모든 연구가 일반 대조군에 비해 조현병 환자들에게서 신경학적 이상이 많이 발견되었다고 보고했다.

신경학적 이상은 두 종류로 나눌 수 있다. 무릎반사나 (보통 유아들에게서 보이는) 움켜잡기 반사 등 대개 특정 뇌 영역의 기능이 손상되었음을 암시하는 것이 '경성hard' 신경학적 징후다. '연성soft' 신경학적 징후는 이중 동시 자극(동시에 두 가지 촉감을 느끼는 못하는 것), 피부그림감각 불능증agraphesthesia(누군가 손바닥에 숫자를 쓸 때 눈을 감은 채로는 무슨 숫자인지 알아차리지 못하는 것), 신체의 좌우를 헷갈리는 것 등으로, 대개 뉴런 연결망의 기능 손상을 암시한다. 조현병에서는 '경성' 징후보다 '연성' 징후가 훨씬 더 흔하다. 1988년에 이러한 연구들을 검토한 한 논문은 조현병 환자의 50~60퍼센트에게 신경학적 이상이 있다고 밝혔다.[7]

눈의 신경학적 이상도 조현병 연구에서 많은 관심을 받아왔다. 가장 주목받는 이상은 급속안구운동rapid eye movement으로 그냥 보아서는 거의 감지할 수 없지만 특수한 기계로 측정할 수 있다. 일부 환자들에게서는 비정상적인 눈 반사와 눈 깜박임 횟수(눈을 자주 깜박이거나 거의 깜빡이지 않거나)도 관찰된다.

조현병의 신경학적 연구에서 중요하게 고려하는 사항 하나는 항정신병약물의 효과다. 약물이 일부 환자들에게서 떨림, 운동장애 및 기타 신경학적 이상들을 초래할 수도 있다는 것은 잘 알려진 사실이므로, 조현병 환자들의 신경학적 이상이 당연히 약 때문일 거라고 가정하는 사람들도 있었다. 그러나 이런 믿음과는 반대로, 약물 치료를 한 번도 받지 않은 환자들도 약물 치료를 받은 환자들과 같은 정도의 신경학적 이상을 갖고 있다는 점을 밝혀낸 연구 결과가 20여 건 있다. 그러므로 조현병 환자에게서 보이는 신경학적 이상들은 대다수가 원래 조현병의 질병 과정 자체에 기인한 것이며, 일부는 약의 부작용일 가능성도 있을 것이다.

**4. 전기적 이상**　뇌가 한 영역에서 다른 영역으로 정보를 보내는 방법 중 하나는 전기 자극electrical impulse을 사용하는 것이다. 그런데 조현병 환자 중 많은 이에게 이 과정이 비정상적이라는 사실이 밝혀졌다. 청각, 시각, 촉각 입력에 의해 유발된 특수한 전기자극, 즉 유발 전위evoked potential로 전기자극을 측정해보면 그런 이상이 드러난다. 조현병에서 비정상적 유발 전위(특히 P-300 유발 전위)가 보고된 것은 1970년대부터였다. 또한 뇌파검사로 뇌의 전기적 활동을 기록했을 때도 이상이 발견된다. 조현병 환자의 약 3분의 1에서 비정상적인 뇌파가 나타난다. 조현병의 비정상적 뇌파는 조증보다 2배, 우울증보다 4배 더 흔하다. 조현병의 전기적 이상들을 검토한 한 리뷰 논문은 "광범위한 뇌파 검사와 유발 전위 소견들을 해석해보면, 이 병이 있는 많은 환자에게 뇌의 장애가 있음을 재확인해준다"는 결론을 내렸다.[8]

**5. 알려진 위험 요인[9]**　이처럼 명확하게 입증된, 조현병 뇌의 구조적, 신경심리학적, 신경학적, 전기적 이상 들 외에도 조현병 발병에 영향을 미치는 것으로 알려진 위험 요인들도 있다. 이 요인들은 조현병의 원인에 실마리를 제공하기도 한다. 전체적으로 잘 살펴볼 수 있도록

표 〈5-1〉에 목록으로 정리해두었다. 미국에서 젊은이가 조현병에 걸릴 확률은 약 100명 중 1명이다. 표에서 볼 수 있듯이 어머니에게 조현병이 있으면 그 자녀가 걸릴 확률은 100명 중 9.3명으로 9배 이상 증가한다. 이와 대조적으로 특정 유전자를 갖고 있는 것은 100명 중 1.2명으로(달리 보면 1000명 중 10명에서 12명으로) 위험을 약간만 증가시킨다.

이민도 조현병 발생의 위험 요인 중 하나임이 명확하게 입증되었지만, 특정 국가(자메이카, 모로코)에서 다른 특정 국가(잉글랜드, 네덜란드)로 가는 이민에만 해당한다. 새로 이민한 국가에서 태어난 이민자의 자녀가 그 부모보다 조현병이 생길 위험이 더 높다는 것도 매우 큰 관심을 받는다. 이 위험 패턴을 설명하기 위해 심리사회학적 이론, 감염원에 대한 노출 등 여러 가설이 제안되었다. 또 하나, 어린아이 때 이민한 사람이 나이가 더 들어 이민한 사람보다 조현병 발병 위험이 더 크다는 보고들도 흥미롭다.

태어날 당시 아버지 나이가 많은 것, 특히 55세 이상인 경우도 조현병 발병에 대한 중등도의 위험 요인이다. 시골에서 나고 자란 것에 비해 도시에서 나고 자란 것 역시 중등도의 위험 요인이다. 뒤에서 다시 이야기할 톡소포자충toxoplasma gondii 감염도 그렇고, 3장에서 이야기한 대마초 사용도 그러하며, 자궁 내에서 발달 문제가 있었음을 암시하는 입천장활arched palate<sup>+</sup> 역시 그렇다.

---

✛     조현병의 뇌 발달 이상은 주로 뇌 중앙선midline을 중심으로 한 부분의 발달 이상과 관련이 있다. 그래서 태아의 뇌 발달에 문제가 생기는 경우 가운데 중앙선 부위에 발달 이상이 일어나면, 얼굴의 중앙 부위도 영향을 받는다. 그 이상의 하나로 입천장 부위 이상, 구개 파열 등이 발견된다.

### 표 5-1. 알려진 조현병의 위험 요인들

미국에서 젊은이가 조현병 진단을 받을 확률은 100명 중 1.0명이다. 이 표는 다양한 위험 요인이 이 확률에 어느 정도의 변화를 일으킬 수 있는지 보여준다.

| 위험 요인 | 조현병 진단 확률 |
| --- | --- |
| 어머니가 조현병 진단을 받았다. | 100명 중 9.3명 |
| 아버지가 조현병 진단을 받았다. | 100명 중 7.2명 |
| 형제나 자매가 조현병 진단을 받았다. | 100명 중 7.0명 |
| 특정 국가(자메이카, 모로코 등)에서 특정 국가(잉글랜드, 네덜란드 등)로 이민했다. | 100명 중 2.3명 |
| 위 이민자의 자녀 중 새로 이민한 나라에서 태어난 자녀다. | 100명 중 4.5명 |
| 출생 당시 아버지가 55세 이상이었다. | 100명 중 2.2~5.9명 |
| 출생 당시 아버지가 45세 이상이었다. | 100명 중 1.2~1.7명 |
| 대마초를 사용했다. | 100명 중 2.1~2.9명 |
| 도시 지역에서 나고 자랐다. | 100명 중 2.2~2.8명 |
| 톡소포자충 항체가 있다. 즉, 과거에 감염된 적 있다. | 100명 중 2.7명 |
| 경미한 신체적 이상이 있다. | 100명 중 2.2명 |
| 외상으로 뇌 손상을 입은 적이 있다. | 100명 중 1.7명 |
| 아동기에 성적 학대를 당한 적이 있다. | 100명 중 1.5명 |
| 어머니가 임신기나 출산 시에 여러 합병증을 겪었다. | 100명 중 1.3~1.4명 |
| 조현병에 취약하게 만든다고 알려진 특정 유전자 다형성多形性을 갖고 있다. | 100명 중 1.1~1.2명 |
| 겨울이나 봄에 태어났다. | 100명 중 1.1명 |
| 어머니가 본인을 임신했을 때 인플루엔자가 유행했다. | 100명 중 1.1명 |

위험도가 아주 낮은 요인으로는 특정 유전자를 갖고 있는 것을 비롯해 아동기에 외상으로 뇌가 손상된 경험, 아동기에 성적 학대를 당한 경험, 어머니가 임신기나 출산 시에 합병증을 겪은 일, 겨울이나 봄에 태어난 것, 어머니가 임신기에 인플루엔자에 노출된 일 등이다. 이모든 요인은 통계상 위험 요인이지만, 위험도가 매우 낮아 크게 중요하지는 않다. 그중 일부는 인과관계도 명확히 밝혀지지 않았다. 예를 들어 만약 성적 학대를 당했다면, 그것은 조현병이 있는 부모에게 당한 것인지 의문이 생길 수 있다. 그 경우 위험 요인은 성적 학대 자체인지 조현병에 걸린 부모가 있었던 것인지 분명하지 않다.

마지막으로 또 하나, 확실히 입증되었지만 여전히 신기한 사실이 있다. 조현병이 있는 사람은 류머티즘성관절염에 거의 걸리지 않고, 류머티즘성관절염이 있는 사람은 조현병에 거의 걸리지 않는다는 점이다. 그러다 보니 류머티즘성관절염은 조현병을 예방하는 요인처럼 보이기도 한다. 1936년부터 이 연관관계에 대한 연구가 18건 실시되었는데, 그중 14건이 조현병 환자에게서 예상보다 낮은 류머티즘성관절염 발병률을 보고했다. 방법론상 가장 탄탄한 세 연구만 보면, 두 연구에서는 입원한 조현병 환자 111명과 301명에게서 류머티즘성관절염 환자가 한 명도 없었고, 나머지 한 연구에서는 발생률이 매우 낮게 나왔다.

조현병과 류머티즘성관절염 사이에는 유사성도 많아서 이러한 역상관관계를 한층 더 흥미롭게 만든다. 두 병 모두 19세기 초가 되어서야 처음으로 명확하게 기술되었고, 평생 발생률이 약 1퍼센트이며, 일란성쌍둥이 사이의 일치율, 즉 쌍둥이 중 한 명이 걸리면 나머지 한 명도 걸릴 확률은 30퍼센트다. 두 병 모두 시골보다 도시에서 더 흔하다고 알려져 있다. 두 병의 주요한 차이점 하나는 류머티즘성관절염은 3 대 1의 비율로 여성이 남성보다 더 많이 걸린다는 점이다.

조현병과 류머티즘성관절염의 이러한 역상관관계를 설명하기 위해 여러 가설이 제안되었지만 증명된 것은 하나도 없다. 조현병에 취약하게 만드는 동시에 류머티즘성관절염에는 저항성을 갖게 하는 유전적 요인이 있을 가능성도 있다. 일부 연구자들은 프로스타글란딘prostaglandin, 필수지방산, 베타엔도르핀, 트립토판 같은 생화학적 요소들이 모종의 역할을 한다고 추측한다. 만약 두 병이 밀접하게 연관된 바이러스 유형들에 의해 일어난다면 바이러스로도 그 상관관계를 설명할 수 있을 것이다. 이를테면 한 바이러스에 감염되는 것이 또 다른 바이러스에 대한 면역성을 만들어준다고 말이다. 가장 궁금증을 자아내는 의문은 둘 중 한 병의 원인을 이해하면 다른 병에 대해 이해하는 일도 더 쉬워질까 하는 것이다.

**요약하면** 조현병에 걸린 사람의 뇌에 대해 우리가 할 수 있는 말은 다음과 같다. 우선 다발경화증, 파킨슨병, 알츠하이머병이 확실히 뇌 질환으로 입증된 것처럼, 조현병도 확고하고 분명하게 뇌 질환으로 입증되었다고 말할 수 있다. 100년도 더 전에 헨리 그리싱어Henry Griesinger 박사는 이렇게 말했다. "정신의학과 신경병리학은 단순히 밀접하게 연관된 두 분야가 아니다. 둘은 한 가지 언어를 말하고 동일한 법칙의 지배를 받는 한 분야다."[10] 과거에는 조현병을 '기질적' 장애와 구별되는 '기능적' 장애로 분류했지만 이제는 이러한 이분법이 틀렸다고 밝혀졌다. 조현병은 기질적 질병 범주에 들어갈 수 있는 완벽한 자격을 갖추고 있다.

## 뇌 질환이라는 사실을 부인하는 사람들

조현병이 뇌 질환이라는 압도적인 증거가 존재하는데도 불구하고, 그 사실을 부인하는 작은 집단들이 몇몇 있다. 조현병에 걸린 사람이 그렇게 부인한다면 어느 정도 이해할 수 있다. 조현병은 불쾌한 병이고 그런 병이 존재하지 않는다면 좋은 일일 테니 말이다. 조현병이 뇌 질환임을 인정하지 않는 정신건강 전문가들은 지구가 평평하다는 말도 믿을지 모른다.

토머스 사즈Thomas Szasz는 조현병이 뇌 질환임을 부인하는 사람 중 가장 유명한 인물로《정신질환이라는 신화The Myth of Mental Illness》(1961), 《조현병: 정신의학의 신성한 상징Schizophrenia: The Sacred Symbol of Psychiatry》(1976) 같은 책들에서 자신의 논리를 펼쳤다. 그는 조현병을 비롯한 정신질환이 인간 삶의 문제들에 대한 은유일 뿐이라고 주장했다. 알츠하이머병 같은 뇌 질환들이 진짜 뇌 질환이라는 것은 인정했고, 만약 조현병의 신경학적 기반이 발견된다면 그 역시 뇌 질환임을 인정하겠다고 했다. 그러나 많은 사람이 그런 증거를 제시했지만 사즈는 2012년에 사망할 때까지도 자신의 입장을 공개적으로 바꾸는 것을 끝내 거부했다. 사즈가 조현병을 잘 이해하지 못한 큰 이유는 그가 조현병 환자를 한 번도 치료해본 적이 없다는 사실에서 찾을 수 있다. 그는 시카고 정신분석 연구소에서 정신의학 교육을 받았고, 후에는 자신이 치료한 환자들에게 단 한 번도 약을 처방한 일이 없다고 자랑스럽게 말했다.

영국의 정신분석가인 로널드 랭Ronald Laing은 참으로 기괴한 이유를 대며 조현병이라는 현실을 부정했다. 그는 조현병이 정신 나간 세상을 향한 유일하게 분별 있는 반응이며, 어쩌면 성장 경험일지도 모른다는 생각을 퍼트렸다. 이런 터무니없지만 낭만적인 생각을 1960년대의 많은 급진주의자가 매력적이라고 받아들였다. 랭의 생각은 프로이트 이론과 가족관계 이론에 뿌리를 두고 있었다. 조현병에 대한 랭의 생각은, 그의 첫째 딸이 조현병 진단을 받고 몇 년 동안 입원해 있었다는 사실을 알면 가슴 아프게 느껴진다. 그는 점점 더 깊은 환멸에 빠졌고 나이가 들면서 알코올중독자가 되었다. 1982년에 그는 한 인터뷰 자리에서 이렇게 말했다. "사람들은 내가 답을 갖고 있을 거라 기대하며 나를 바라봤지만, 나는 한 번도 답을 갖고 있었던 적이 없습니다."[11]

사이언톨로지 교도들도 집단적으로 조현병이 뇌 질환이라는 현실을 부인한다. 그들은 사이언톨로지교의 한 부분을 차지하는 인권 시민 위원회Citizens' Commission on Human Rights를 통해 정신의학에 직접적으로 적대감을 퍼붓는다. 조현병에 대한 그들의 믿음은 사이언톨로지 창시자 L. 론 허버드L. Ron Hubbard가 쓴 글에 기반을 두고 있다. 한 기사에 따르면 "허버드는 정신증에 걸린 사람은 사이언톨로지에 반대하는 세력들과 연계된 '잠재적 문제의 원천'이며, 정신증 환자로 행동하는 사람은 '비윤리적'이고 '비도덕적'이라고 가르쳤다."[12] 허버드는 또한 정신의학의 배후 '세력'이 외계의 존재들이라고도 가르쳤고, "지구인들은 외계인들이 두는 장기판의 졸卒들"이며, 항상 사이언톨로지를 의심의 눈으로 보는 "기존 정신의학계는 단순히 오늘날의 악만이 아니라 시대를 초월한 악"이라고 주장했다. "머나먼 어느 은하계에서 외계의 '사이크들psychs'(허버드가 붙인 명칭)이 인류의 영적 진보를 궁극적으로 파괴하기 위해 고안한 이식물"이라는 것이었다. 그러니까 허버드의 우주에서 정신의학자들은 스타워즈에 나오는 다스베이더들인 셈이다.

이 모든 게 무의미한 횡설수설처럼 들릴지도 모르지만, 사이언톨로지 교도 다수가 실제로 그런 말을 믿는다는 걸 알면 생각이 달라질 것이다. 사이언톨로지 교도들 외에도 자칭 '소비자-생존자consumer-survivor'라 부르는 많은 이가 조현병이 뇌 질환이라는 사실을 부인한다. 대부분은 어떤 종류든 정신질환 진단을 받아 입원한 적이 있고, 이후 정신의학에 반대하는 것을 삶의 목표로 삼는 이들이다. 환청 네트워크 회원 다수도 조현병이 뇌 질환이라는 것을 부인한다(8장 참고).

## 뇌의 어느 부분이 영향을 받는가

연구자들은 조현병에서 가장 주요하게 영향을 받는 뇌의 부분이 어디인가를 끊임없이 논쟁한다. 과거에는 연구 집단마다 전방대상피질이라든가 외측 전전두피질 등 각자 선호하는 영역이 있어서 그 영역에 연구를 집중했다. 이런 사정은 여러 뇌 영역을 동시에 연구할 수 있는 신경 영상 기술의 등장으로 많이 달라졌다. 영향을 받는 뇌 영역에 대한 이해를 더욱 진전시킨 또 하나의 요인은, 1995년에 스탠리 의학연구소에서 만든 것을 비롯해 여러 뇌 은행들을 통해 사후 조현병 뇌 조직을 구하기가 훨씬 용이해졌다는 점이다. 그 이후로 신경병리학 연구가 급증했다.

현재 풍부한 증거들로 명백히 밝혀진 사실은 앞에서도 말했듯이 조현병이 여러 뇌 영역을 아우르는 광범위한 연결망에 관련된 뇌 질환이

라는 것이다. 단 하나의 조현병 뇌 영역은 존재하지 않는다. 그보다는
오히려 조현병에 영향을 받는 뇌 연결망이 존재한다고 말할 수 있다.
조현병의 질병 과정은 영향을 받은 여러 뇌 영역의 뉴런과 신경교세
포, 그리고 각 영역들 사이를 연결하는 백질과도 관련되는 것이 거의
확실하다.

조현병에서 영향을 받는 연결망에는 전방대상피질을 비롯한 내측
전전두피질과, 이보다 한참 뒤늦게 진화한 외측 전전두피질이 포함된
다. 그리고 이 부분들은 전두엽과 측두엽 사이에 자리 잡고 있는 섬엽,
그리고 상측두이랑에도 매우 긴밀하게 연결되어 있다. 상측두이랑에
는 청각을 처리하는 중요한 부분이 있기 때문에, 조현병에서 환청이
매우 많이 나타나는 이유는 이 부분과 관련이 있을 거라 짐작된다. 또
한 상측두이랑은 질병인식불능증을 비롯한 조현병 증상들을 초래하
는 데 중심 역할을 한다고 여겨지는 하두정소엽과도 바로 인접해 있
다. 상측두이랑과 하두정소엽이 연접한 부위를 측두엽-두정엽 연접부
라고 하는데, 조현병의 신경 영상 연구에서 매우 중요하게 다루어지는
부분이다.

진화상 더 오래된 영역들인 해마와 그에 인접한 해마곁이랑para-
hippocampal gyrus도 조현병 질병 과정에 관여한다. 조현병에 걸린 뇌 조직
을 현미경으로 관찰한 많은 연구가 일관되게 해마의 이상을 발견했다.
시상의 후측 부분인 시상베개pulvinar도 여러 증상을 초래하는 데 중요
한 역할을 한다고 보고 있다. 어떤 역할을 하는지 아직 분명하지는 않
지만 질병 과정에 관련된다고 여겨지는 다른 부위들로는 후방대상피
질posterior cingulate cortex과 소뇌의 내측 부분들이 있다. 지금까지 언급한

뇌 영역들 사이에는 연결이 매우 잘 형성되어 있다.

신경 영상 연구들은 이 여러 영역이 조현병 증상들을 만들어낼 수 있음을 증명해왔다. 예를 들어 한 여성의 간질을 치료하려고 뇌 수술을 하던 중, 좌측 측두엽-두정엽 연접부를 자극하면 "그 자리에 누군가 한 사람 더 있는 것 같은 느낌"과 "누군가 자기 뒤에 있다는 인상"이 생겨난다는 사실이 밝혀졌다.[13] 하두정소엽이 활성화되면 자신의 행위가 다른 사람에 의해 통제되고 있다는 느낌이 생겨날 수 있다.[14] 내측전두 영역과 하두정소엽을 활성화하면 신체상body image 과 자기 감각의 왜곡을 초래할 수 있다. 한마디로, 조현병 환자가 경험하는 모든 증상은 조현병에 영향을 입은 뇌 연결망 속 특정 영역들의 기능 이상과 관련된다.

조현병의 해부학적 위치에 특이한 사실이 하나 더 있다. 최근의 여러 연구가 조현병에서 뇌의 우측보다는 좌측이 주로 영향을 받는다는 결과를 제시해왔다. 예를 들어 측두엽간질 환자 중에서 좌측 측두엽에 간질이 발생했을 경우 조현병 유사 증상이 생기는 경우가 더 많다. 이와 유사하게 시각유발전위, 비정상적 뇌파, 양쪽 가장자리로 향하는 안구 움직임, 청각 분별, 전기피부반응, 정보처리, 신경학적 징후 모두가 주요 문제가 좌뇌에 있음을 시사한다.

## 질병 과정은 언제 시작되는가

조현병의 질병 과정이 언제 시작되느냐는 질문은 최근 여러 연구자

사이에서 활발한 논의를 일으켰고 그 결과 발달 이론들(221쪽 참고)이 제시되었다. 이 질문은 조현병 예방과도 관련되므로 매우 중요한 질문이다.

갈수록 더 명확해지는 사실이 있다. 실제 증상은 십 대 후반이나 이십 대가 되어서야 발현하더라도 조현병 환자 중 최소 4분의 1은 조현병을 일으키는 뇌의 변화가 생애 초기에 시작된다는 사실이다. 초기 뇌 변화들을 가리키는 증거로는 임신과 출산 합병증, 경미한 신체적 이상들, 겨울과 봄 출생이 유난히 많은 것, 도시 출산과 초기 양육의 위험 요인 등이 있고, 마지막으로 사후 뇌에서 현미경으로 관찰한 변화들 일부도 뇌의 발달기에 일어난 변화임을 보여준다.

모든 조현병 환자가 생애 초기에 시작된 뇌 변화를 갖고 있는 것일까? 아니면 일부 하위 그룹에만 해당하는 것일까? 우리는 아직 이 질문의 답을 알지 못한다. 우리가 아는 것은 조현병 환자의 약 4분의 1에게서 초기 뇌 변화가 일어난다는 점이다. 이런 사실은 예를 들어 쌍둥이 중 한 명은 조현병에 걸렸고 다른 한 명은 걸리지 않은 일란성쌍둥이에 대한 우리의 연구에서도 드러났다. 우리가 5세 이전의 쌍둥이들에게서 신경학적 차이 및 행동 차이를 관찰했을 때 27쌍 중 7쌍(26퍼센트)에게서 분명한 차이가 보였다. 물론 그 차이의 영향을 받은 쌍둥이에게서 조현병 증상이 나타난 것은 여러 해가 지난 후의 일이지만 말이다.

변화가 일찍 일어났던 이 사람들이 임상적 소집단, 즉 개별적인 다른 원인으로 조현병이 생긴 사람들인지 여부는 아직 확실하지 않다. 아니면 조현병에 걸리는 사람은 모두 생애 초기에 질병 과정이 시작되는데 다만 아직 우리가 그것을 측정하지 못하는 것뿐일까? 이 질문은 현재 조현병 연구자들이 직면한 가장 중요한 연구 주제 중 하나다.

지금까지 정리한 조현병에 관해 알려진 사실들은 상당히 잘 입증되어 있고 전혀 논쟁의 대상이 아니다. 아직 해결되지 않은 문제는 이 사실들과 조현병을 어떻게 연결해 하나의 일관적인 인과관계 이론을 만들 수 있는지다.


## 조현병의 원인을 다룬 이론들

조현병과 관련해 매우 특기할 만한 사실 하나는, 병의 원인에 관한 19세기 중반의 연구자들이 20세기 중반 연구자들보다 사실에 훨씬 근접했다는 점이다. 1830년대에 잉글랜드와 미국의 정신질환 전문가 사이에서 정신이상이 뇌 질환이라는 합의가 이루어졌다. 일례로 잉글랜드에서는 윌리엄 A. F. 브라운William A. F. Browne이 "그렇다면 정신이상은 (…) 뇌의 기질적 변화에 의해 만들어지는 것"이라고 말했다.[15] 연구자들은 뇌의 기질적 이상을 찾아 정신이상 환자들의 사후 뇌를 열심히 살펴보았지만, 서로 어긋나는 결과들만 나왔다. 당시 기술은 그 이상들을 찾아내기에는 역부족이었기 때문이다. 1867년에 정신과 의사 헨리 모즐리Henry Maudsley는 이렇게 말했다. "중요한 분자 변화나 화학적 변화는 아직 우리가 들어가 볼 수 없는 저 안 깊은 곳에서 일어나는지도 모른다. (…) 그리고 변화가 드러나 보이지 않는 현상에서 변화가 존재하지 않는다는 결론을 이끌어내는 일은 맹인이 색채가 존재하지 않는다고 주장하는 것이나 귀가 먼 사람이 소리가 존재하지 않는다고 주장하는 것과 같다."[16]

믿기 어려운 일이지만 브라운과 모즐리 등이 정신이상을 뇌 질환으로 논의한 지 100년 뒤, 후대의 정신의학자들은 정신이상이 어머니의 양육이 잘못된 결과이거나 명명이 잘못된 것이라는 방향으로 연구를 진행했다. 의학의 다른 어떤 영역에서도, 아니 과학의 모든 영역을 통틀어도 정신의학만큼 연구가 사실과 멀리 그리고 오랫동안 퇴보한 예는 없다.

조현병 연구는 20세기의 마지막 사분기부터 마침내 제 궤도로 돌아왔다. 지금 우리가 직면한 과제는 급속도로 축적되는 데이터를 종합해 하나의 일관된 이론을 세우고 그것이 옳은지 검증하는 일이다. "별똥비처럼 쏟아진 사실들"이 "질문도 받지 않고 조합되지도 않은 채 내버려져 있는" 상태를 묘사한 에드나 세인트 빈센트 밀레이Edna St. Vincent Millay의 소네트가 생각난다.

우리 병폐를 모조리 말려버리기 충분한 지혜의 실은
매일같이 자아지지만,
그 실로 베를 짤 베틀이 존재하지 않는구나.[17]

조현병에 관한 사실들을 일관되게 엮어내는 일을 막는 큰 걸림돌 하나는, 조현병이 하나의 질병인가 여러 질병인가 하는 의문이다. 대부분의 연구자가 후자일 것이라 가정하지만, 그 가정은 아직 입증되지 않았다. 반대로 보는 것이 더 일리가 있을지도 모른다. 그러니까 대부분의 조현병 병례가 단 하나의 주요 원인에 의한 것으로 판명될지도

모른다는 말이다. 루이스 토머스Lewis Thomas 박사는 매독과 결핵, 악성
빈혈의 경우도 모두 혼란스러울 정도로 다양한 방식으로 표출되는 병
들이어서 단일 질병이라고 생각한 과학자가 거의 없을 정도였지만, 그
래도 결국에는 세 병 모두 각자 단 하나의 원인(나선상균, 결핵균, 비타민
결핍)이 주요 원인으로 밝혀졌다는 점을 지적했다. 조현병도 (그리고 어
쩌면 양극성장애도) 이런 경우에 해당할 가능성이 분명히 존재한다.

　다음으로 조현병의 원인에 관한 이론들을 정리할 것이다. 독자들은
이 여러 이론이 상호 배타적이지 않으며, 최종 답은 여러 이론을 조합
한 것일 수도 있음을 염두에 두었으면 좋겠다. 또한 나 자신은 감염성
원인에 초점을 맞추어 연구하는 사람이므로, 서로 경쟁하는 이 이론들
에 완전히 객관적이지 않을 수도 있다는 점도 감안해주기 바란다.


## 유전 이론

　조현병의 유전 이론은 생물학적 연구자들이 정신분석 이론에 대
한 대안으로 내세운 1960년대부터 잘 알려져 있었다. 처음에 많은 유
전학자가 우성 혹은 열성 유전자 하나가 조현병을 초래한다고 믿었다.
그래서 한 명 이상 조현병 환자가 있는 가족의 혈액 샘플을 수집하고,
그 추정상의 문제 유전자를 밝혀내려고 노력했다. 1990년대에 이르자
23개 염색체 모두에서 유력한 유전자가 발견되었지만 그중 조현병 연
관성이 밝혀진 유전자는 하나도 없었다. 그러자 연구자들은 조현병이
큰 효과를 가진 소수의 유전자가 아니라 작은 효과를 가진 많은 유전
자에 의해 나타난다고 판단했다. 1990년대의 인간 유전체 분석은 이른

바 전장 유전체 연관 연구genome-wide association studies, GWAS를 통해 전체 유
전체에서 그러한 유전자를 추적하는 일을 가능하게 해주었다. 쏟아져
나온 전장 유전체 연관 연구 결과들은 수백 개의 유전자에서 단일뉴클
레오티드다형태single nucleotide polymorphism, SNP 들을 찾아냈는데, 모두가
아주 작은 효과만을 지니고 있었다. 만약 조현병이 정말로 유전질환이
라면, 그것은 이전까지 연구자들이 생각했던 것보다 훨씬 더 복잡한
유전질환임이 분명해 보였다.

현재 조현병의 유전 이론 대부분은 유전자 자체가 병을 초래한다
기보다 해당 유전자를 가진 사람이 특정한 환경 요인에 노출되었을 때
조현병에 더 취약해지도록 만드는 것이라고 가정한다. 그 환경 요인이
무엇인지에 관해서는 널리 논의되고 있지만, 출생외상, 감염원, 영양
요인, 면역결핍 등이 포함될 것이다. 연구자들은 유전자와 환경의 상
호작용 속에서 취약성 유전자로 의심되는 유전자들과 특정한 환경 요
인의 관계를 밝혀내려 노력하고 있다. 국립정신보건원이 그러한 유전
학 연구에 (2016년 기준) 한 해에 약 1억 달러를 쓰고 있는데도 지금까
지 나온 결과는 매우 실망스럽다.

돌이켜보면 유전이 조현병의 주요한 원인으로 작용한다는 생각에
는 의심을 품을 이유가 여럿 있다. 유전 원인론은 대체로 조현병에 가
족 내력이 있다는 사실, 그리고 그 사실은 조현병이 유전된다는 의미
라는 가정에 기반한다. 그러나 결핵도 가족 내력이 있지만 유전 때문이
아니라 가족 간에 전염되기 때문이다. 이론상으로 감염원이 조현병을
초래했더라도 유전병처럼 보일 수 있다. 뒤에서 자세히 이야기하겠지
만 예를 들어 고양이가 옮기는 감염성 기생충인 **톡소포자충**은 가족 군

집 안에서 인간 톡소포자충증을 초래한 것으로 밝혀졌는데, 이는 가족들이 톡소포자충에 감염된 공통 식수원이나 감염된 식품(염소젖)에 노출되었기 때문일 수도 있고, 집에서 키우는 감염된 고양이에게 노출되었기 때문일 수도 있다. 또한 그 기생충은 감염된 임신부에게서 태아로도 전염될 수 있다고 알려졌다. 더욱 심란한 점은, 동물의 경우 그 기생충이 수컷의 정자를 통해 성적으로 감염될 수도 있고, 생쥐에게서는 어미 생쥐에게서 자손 생쥐로 5세대까지 전염될 수 있다고 밝혀진 것이다. 이런 일이 사람에게도 일어날 수 있는지는 아직 밝혀지지 않았지만, 어쨌든 가족에 공통되는 모든 것이 반드시 유전적인 것은 아니라는 점을 분명히 보여주는 사례다.

쌍둥이 연구도 조현병의 유전 이론을 떠받치는 또 하나의 기반이다. 특히 이란성쌍둥이와 비교한 일란성쌍둥이의 조현병 유병률이 그렇다. 유전학자들은 종종 일란성쌍둥이의 조현병 일치율이 약 50퍼센트라고 주장해왔다. 그러나 예를 들어 스칸디나비아 국가의 쌍둥이 등록부처럼 표본을 임의추출한 쌍둥이 연구들만으로 자료를 제한하자 쌍둥이의 일치율은 28퍼센트에 지나지 않았다. 또한 유전학자들은 모호한 가정과 의심스러운 통계 방법을 사용해, 조현병의 유전율이 80퍼센트 이상이라고도 주장한다. 그러한 추정치에는 사실에 기반한 근거가 전혀 없다.

조현병이 기본적으로 유전질환이라는 주장을 의심할 이유는 또 있다. 가장 강력한 이유는 '조현병 역설'이라는 것이다. 조현병 환자의 낮은 출산율과 높은 사망률에도 불구하고 조현병이 계속 존재한다는 역설 말이다. 실제로 1830년부터 1950년까지 중증 조현병 환자들은 정신병원에 갇혀 있었고, 자식을 가질 수 없었다. 그런데도 그 시기 동안 조현병 유병률은 더욱 증가했다.

요약하면, 유전자가 조현병의 원인 제공에 어느 정도 역할을 하는 것은 분명해 보이지만, 그 역할은 예전에 생각했던 것보다는 훨씬 미미하다. 감염이든 다른 것이든 특정 환경 요인에 노출될 경우 조현병에 걸릴 가능성을 높이는 취약성 유전자가 존재할 가능성이 가장 크다. 게다가 조현병이 기본적으로 유전질환이 아니라는 사실은 좋은 소식으로 볼 수 있다. 정말 조현병이 유전질환이라면 우리가 할 수 있는 일이 별로 없기 때문이다. 비유전적 원인들이 고치기가 더 쉽다.


## 염증, 감염, 면역 관련 이론

지난 10년 사이 염증, 감염, 면역과 관련된 이론들이 조현병의 원인에 관한 가장 유망한 이론으로 등장했다. 세 이론을 함께 이야기하는 이유는 서로 관련이 있기 때문이다. 말하자면 감염원은 면역계를 활성화할 수 있고 염증을 초래할 수 있다. 근래에 이 이론들에 대한 흥미가 놀라울 정도로 증가한 주된 이유 하나는 유전학에서 이루어진 한 가지 발견 때문이다. 지난 20년 동안 이어진 조현병 유전 연구 가운데 가장 강력한 단 하나를 꼽는다면 바로 6번 염색체에서 감염에 대한 신체의 염증과 면역 반응을 통제하는 위치에 있는 유전자들이 활성화되어 있다는 것이다.

염증과 조현병 질병 과정을 연결하는 증거는 아주 강력하다. 조현병 환자, 그중에서도 특히 여러 해 동안 병을 앓아온 환자의 혈액과 척수액, 사후 뇌 조직에서 염증 관련 단백질 수치가 증가한 것도 한 증거다. 이런 염증 단백질 증가는 항정신병약물로 치료한 환자와 한 번도 약물 치료를 하지 않은 환자 모두에게서 발견된다. 가장 두드러진 염증 관련 단백질은 C-반응성단백질C-reactive protein로, 조현병 환자의 28퍼센트에게서 발견되었다. 다른 염증 관련 단백질들은 사이토카인cytokine이라 불린다. 조현병 환자의 뇌에서 발견된 또 다른 염증의 증거로는 염증에 반응하는 세포인 미세신경교세포가 활성화된 것을 들 수 있다.

면역반응과 림프구 기능에 대한 다양한 측정치를 포함해, 조현병에서 나타나는 면역 이상들에 관해서는 거의 한 세기 동안 보고되어왔다. 이런 연구의 대다수가 유럽, 특히 동유럽에서 이루어졌으며, 미국 연구자들에게는 아주 제한적인 영향만을 미쳤다. 최근 염증에 대한 관심이 증가하면서 면역학적 연구도 다시금 활기를 띠고 있다.

일부 조현병 병례를 초래할 수 있는 특정 감염원에 관해서는 단순포진바이러스 1형과 2형herpes simplex virus 1 and 2, 거대세포바이러스cyto-megalovirus, 엡스타인-바 바이러스Epstein-Barr virus, 인플루엔자바이러스, 콕사키바이러스Coxsackie virus, 폴리오바이러스polio, 풍진바이러스, 홍역바이러스, 볼거리바이러스 등 매우 다양한 바이러스에 대한 항체 증가를 보고한 연구들이 있다. 이 연구 중 일부는 조현병 환자들을 대상으로 실시한 것이고, 일부는 임신한 여성들을 대상으로 한 것으로 출산 후 아기가 자라서 조현병이 발병한 경우다. 지난 20년 동안 이러한 감염 연구의 중심지는 볼티모어 소재 존스홉킨스대학교 의료 센터의 스탠리 발달 신경 바이러스학 연구소Stanley Laboratory of Developmental Neurovirology

와 그곳과 제휴한 셰퍼드프랫병원Sheppard Pratt hospital 연구단이었다.

일부 조현병 병례의 원인일 가능성이 있어 현재 가장 흥미롭게 검토되고 있는 감염원은 바이러스가 아니라 고양이를 숙주로 하는 톡소포자충이라는 기생충이다. 조현병 및 관련 정신증이 있는 환자들에게 **톡소포자충**에 대한 항체가 증가해 있었다고 보고한 연구가 80건이 넘는다. 4건의 연구는 조현병 환자의 경우 대조군에 비해 어린 시절 고양이가 있는 집에서 자랐던 비율이 높았다고 보고했고, 다른 2건의 연구는 이런 차이를 발견하지 못했다고 했다. 톡소포자충은 도파민을 만든다고 알려져 있고, 조현병 환자들은 도파민 수치가 높다고 알려져 있어 특히 관심을 끈다. 역학*의 관점에서 보면 톡소포자충과 조현병 사이에는 비슷한 점이 많고, 일부 항정신병약물들은 톡소포자충을 억제하는 효과도 보였다. 마지막으로 중국에서 실시된 한 연구에 따르면, 대학에 입학할 당시 톡소포자충 항체가 있는 학생들은 이후 4년 사이에 정신증 진단을 받을 가능성이 유의미하게 증가했다.

조현병의 염증-감염-면역 이론에 최근 새로운 측면이 하나 더해졌는데, 바로 내장이 조현병 질병 과정에 관련되었을 가능성이다. 총칭 미생물체microbiome**라 불리는 어마어마한 수의 세균, 바이러스, 기타 감염원들이 뇌의 면역계를 포함해 인간의 면역계를 조절하는 데 중요한 역할을 한다는 사실이 점점 더 명확해지고 있다. 이 장뇌축gut-brain

---

\*      유행병의 예방법을 찾기 위해 특정 인구집단 안에서 건강에 관련된 사건, 상태, 과정, 질병의 원인이나 변동 상태를 연구하는 학문으로 현재는 재해나 공해 등의 문제도 다룬다.

\*\*      인체에 서식하는 미생물과 그들의 유전정보 전체.

axis에 관해서는 아직 완전히 밝혀지지 않았지만, 미주신경과의 직접 연결, 미생물체가 분비한 화학물질, 뇌 면역계의 활성화에 의해 작동하는 것으로 여겨진다. 이런 연구들에 힘입어 프로바이오틱스를 사용해 미생물체에 영향을 미치는 방식의 치료법이 시도되고 있는데, 이는 7장에서 이야기할 것이다. 이는 조현병의 염증, 감염, 면역 측면에 대한 연구로 조성된 조현병 치료의 새로운 방법 가운데 한 가지 예일 뿐이다.

### 신경화학적 이론

신경화학적 이론은 유전 이론과 함께 1960년대부터 최근까지 조현병 연구에서 지배적 위치를 차지하고 있었다. 특히 뇌세포들 사이에서 메시지를 전달하는 화학물질인 신경전달물질을 중요하게 다룬다. 신경전달물질 중에서도 연구자들이 가장 중시한 것은 도파민인데, 도파민을 분비하는 암페타민이 조현병과 유사한 증상들을 초래하기 때문이다. 게다가 초기의 항정신병약물들이 도파민을 차단한다고 밝혀지면서, 도파민 과잉이 조현병을 초래하고 항정신병약물은 도파민을 차단함으로써 효과를 낸다는 가정이 널리 퍼졌다. 안타깝게도 40년 동안 연구를 했지만 이 이론을 뒷받침하는 증거는 거의 나오지 않았고, 더 최근에 나온 일부 항정신병약물들은 도파민을 차단하지 않고도 효과를 내는 것으로 보인다.

근래에는 또 다른 신경전달물질인 글루탐산염이 유망한 후보로 여겨졌다. 이 물질에 대한 관심은 대부분 마약 PCP(펜시클리딘)가 조현병 유사 증상을 초래하며 글루탐산염도 차단한다는 사실에서 나왔다.

글루탐산염은 뇌에서 주요한 흥분성 신경전달물질이며, 보통 주요 억제성 신경전달물질인 가바와 쌍을 이룬다. 도파민과는 달리, 글루탐산염과 가바는 둘 다 조현병의 원인과 어떤 식으로든 관련된다는 상당한 증거가 있다.

그러나 신경전달물질은 100가지가 넘으며, 그 물질들이 서로 매우 복잡한 방식으로 상호작용하는 것이 점점 분명히 드러나고 있다. 그러므로 한 신경전달물질에 이상이 생기면 그 다음 물질로, 또 그 다음 물질로 계속해서 영향을 미친다. 그 밖에도 조현병 연구자들이 연구하는 또 다른 신경화학물질들도 있다. 신경펩티드neuropeptide라는 물질에도 상당한 관심을 쏟고 있는데, 이 중 일부는 신경전달물질로도 작용한다. 엔도르핀endorphin도 신경펩티드의 한 종류다. 또 많은 관심을 일으키는 신경화학 물질군은 세포 내에서 메시지를 전달하는 일(세포 내 신호전달)에 관여한다.

조현병 환자에게서 일부 신경전달물질과 다른 신경화학 물질들에 이상이 있다는 사실에는 의심의 여지가 없지만, 그 이상들이 질병 과정의 원인인지 아니면 결과인지에 관해서는 아직 많은 의문이 남아 있다. 이 이상들이 만약 원인이라면, 무엇이 그 이상들을 일으킬까? 어떤 연구자들은 이 빈틈을 메우기 위해 신경화학적 이론과 유전 이론을 결합하기도 하지만, 이런 접근법이 타당한지 아닌지는 아직 미지수다.


## 발달 관련 이론

조현병의 발달 관련 이론은 아주 명쾌하며 현재 많은 관심을 받고 있다. 이 이론들은 뇌 발달기에 뭔가 문제가 생겼다는 가설을 기반으로 한다. 태아기 동안 뉴런은 1분에 25만 개씩 만들어진다. 그렇게 만들어진 다음에는 뇌에서 자기가 속한 위치로 이동해 특정 유형의 뉴런으로 분화해야 한다. 마지막으로 불필요한 뉴런들을 솎아내는 가지치기 과정이 태아기에 시작되어 최소한 생후 3년까지 계속된다. 이렇게 장기간에 걸친 복잡한 과정 중에는 무언가 잘못될 수 있는 가능성이 분명 아주 많을 것이다.*

조현병의 발달 관련 이론은 병이 **언제** 시작되는가보다는 **무엇이** 병을 초래하는가에 관심이 있다. 발달 연구자들에 따르면 이론상 수많은 인자 중 어느 것이라도 발달 문제를 초래할 수 있으며, 그런 인자들로는 유전자, 감염원, 알코올, 화학물질, 의약품, 방사능, 영양실조, 스트레스가 심한 경험 등이 있다. 발달 관련 이론을 지지하는 한 사람이 잘 정리해서 말했듯이, 가능한 인자들에는 "유전성 뇌 병변 또는 환경에 따른 부상 취약성, 감염이나 감염 후 상태, 그리고 면역질환이나 출생을 전후한 외상 또는 뇌 병변으로 인한 손상, 발달 초기의 독소 노출, 주요 대사질환, 그 밖의 초기 발달상 사건들"이 포함된다.[18] 일단 뇌 발달의 결정적 시기에 손상이 일어났다면, 그 피해를 되돌릴 수는 없다. 그러나 대부분의 경우, 아동기의 협응 부족이나 행동 문제 같은 비특

---

✢ 태아나 신생아 시절에 시냅스의 가지치기가 일어나지만, 조현병 발병과 밀접한 관련이 있는 것은 사춘기 시절의 과도한 가지치기이다. 정상적으로 사춘기 시절에 필요없는 시냅스 가지치기가 일어나는데 조현병의 경우 너무 과도하게 가지치기가 일어나 필요한 뇌세포의 연결마저 감소되는 현상이 나타난다. 이것이 조현병 발병에 깊이 관련되어 있다고 보고되고 있다.

이적 신호들을 제외하면 즉시 알아볼 수 있는 영향은 드러나지 않는
다. 발달 이론에 따르면 일단 뇌가 성숙한 후에야 조현병의 징후와 증
상이 나타난다.

　조현병에 대한 발달 관련 이론들은 앞에서 살펴본 경미한 신체적
이상들, 임신 및 출산 합병증, 겨울과 봄 출생이 유난히 많은 것 등의
소견들과도 일맥상통한다. 또한 발달 이론가들은 아직 태아 상태의 동
물에게 (해마나 전전두피질 같은) 중요한 뇌 구조물에 의도적으로 손상을
입혔을 때 그 동물이 사춘기에 이르러 비정상적 행동을 보인 동물모델
도 제시한다. 한 동물모델에서는 해마가 손상된 집쥐가 도파민을 증가
시키는 화학물질에 비정상적으로 반응해 발달 이론과 도파민 이론을
연결해주었다. 그러나 무엇보다 발달 이론을 뒷받침하는 가장 중요한
증거는 태아 발달기에만 일어날 수 있는 뉴런의 손상이 조현병에서 때
때로 발견된다는 사실이다.

　명쾌하기는 하지만 발달 관련 이론들에는 한계도 많다. 이 이론을
떠받치는 주춧돌 격인 뉴런 붕괴의 증거는 그 수가 적은 편이다. 동물
모델 역시 관련성이 없다는 비판을 받아왔다. 예를 들어 쥐에게서 조
현병 증상에 맞먹는 것은 무엇일까? 또한 조현병의 질병 과정이 정말
로 대부분의 경우 태아기에 시작된다면, 조현병 증상이 발현하기 전에
도 경미한 신체 이상, 발작, 지적장애 등이 더 자주 나타나야 하는 것
아닐까? 마지막으로 발달 관련 이론들은 신경화학적 이론들이 그렇듯
이 병태생리학 이론, 즉 질병의 **과정**을 이야기하는 이론이며, 최초 원
인이 무엇인지는 답하지 않고 남겨둔다는 것이다.

## 영양 관련 이론

각기병, 펠라그라, 악성빈혈 등 정신적 증상도 나타날 수 있는 질환이 모두 비타민 부족 때문에 생긴다는 사실이 밝혀진 이후로 영양결핍이 조현병의 원인이라는 이론을 지지하는 사람들도 늘 존재했다. 연구자들은 다양한 영양결핍과 식품 알레르기를 조사했지만 별 성공을 거두지 못했으며 대부분의 연구 방법이 허술했다는 점은 인정해야 할 것이다. 1950년대에 험프리 오스먼드Humphrey Osmond 박사와 에이브럼 호퍼Abram Hoffer 박사는 조현병 환자들을 고용량의 니아신(비타민 B3)과 기타 비타민과 미네랄로 치료해 큰 성공을 거두었다고 주장했다. 그러나 그들의 주장은 증거가 뒷받침되지 않았다.

근래에 조현병 영양 이론에 대한 관심이 어느 정도 되살아났다. 관심을 받는 한 영역은 지질대사, 구체적으로는 뇌세포의 중요 구성성분인 지방산의 대사에 이상이 있을 가능성이다. 그리고 단백질 대사, 구체적으로는 단백질의 구성요소인 메티오닌, 트립토판, 글리신, 세린 같은 아미노산 대사에 이상이 있을 가능성도 또 하나의 관심 대상이다. 예전의 정분자학orthomolecular medicine*의 주장이 증거가 빈약했던 것과는 대조적으로 최근의 연구는 대조군을 써서 훨씬 더 신중하게 진행된다.

영양 이론에 대한 관심을 일으킨 또 한 가지 요소는, 임신기에 기아를 겪은 여성이 낳은 자녀가 자라서 조현병에 걸릴 가능성이 크다

---

\* 영양보충제로 건강을 유지하고자 하는 대안의학의 한 종류로, 최적의 신체 영양 상태가 존재한다고 전제하고 질병은 영양결핍을 반영한다는 생각에 근거한다. 병을 치료하려면 비타민, 미네랄, 아미노산, 미량원소, 지방산 같은 물질들을 사용해 개인의 생화학적 상태에 근거한 불균형이나 결핍을 바로잡아야 한다는 관점이다.

는 최근의 연구 결과들이다. 1992년에 네덜란드에서 발표된 한 연구에 따르면, 나치 독일이 네덜란드 식량 공급을 차단한 1944~1945년 사이 겨울에 기아에 시달렸던 임신부 중에서 기아가 한창일 때 임신 기간의 첫 3개월을 보낸 이들이 낳은 자녀는 후에 조현병이 발병한 비율이 2배였다.[19] 2005년 중국에서 발표된 한 연구도 이와 유사하게 1959~1961년 사이 안후이 지역 기근 당시 임신기를 보낸 여성들이 낳은 자녀가 후에 조현병에 걸릴 확률이 2배 높았다는 결과를 얻었다.[20]

이런 결과에 대해서는 몇 가지 설명이 가능하다. 우선 영양결핍이 발달기 태아의 뇌 발달에 변화를 일으켜 나중에 조현병이 발병할 위험을 더 높이는지도 모른다. 아니면 기아 상황이 임신한 여성에게 보통 때는 먹지 않았을 음식을 먹게 했을 수도 있다. 네덜란드 연구에서는 그런 음식에 튤립 구근이 포함되었고, 중국 연구에서는 많은 여성이 나무껍질을 먹었다고 한다. 마지막으로 영양결핍은 태아의 면역계를 약화시켜 뇌에 영향을 미칠 수 있는 감염에 더 취약하게 만든다.

조현병의 영양학적 원인에 대한 가장 그럴 듯한 증거 하나는 오스트레일리아의 존 맥그래스John McGrath 박사 팀의 비타민 D 결핍 연구에서 나온 결과다. 그들은 2010년에 발표한 연구에서, 조현병에 걸릴 가능성이 높은 아이들은 출생 당시 비타민 D 수치가 비정상적이었다고 보고했다.[21] 비타민 D 이론은 출생 계절, 도시에서 나고 자란 사람의 더 높은 위험률, 일부 이민자 집단의 더 높은 유병률 같은 역학연구에서 발견한 사실들도 설명해줄 수 있을지 모른다.

존스홉킨스대학교 의료 센터 스탠리 의학연구소의 에밀리 세브란스Emily Severance 박사 연구 팀은 영양학적 연구에 참신한 방식으로 접근한다. 조현병 환자 중 일부가 우유와 밀에 함유된 단백질들에 예민하다는 사실은 오랫동안 알려져 있었다. 어쩌면 그것은 그 단백질들이 촉발한 염증반응에 대한 면역학적인 반응 때문인지도 모른다. 연구는 그러한 염증이 세균을 포함해 다른 유형의 장내 산물들이 혈액 속으로 들어가도록 유발하는지 여부를 탐구하고 있다. 그런 일이 일어난다면, 신체는 자체의 염증 분자들로써 반응한다. 그러므로 이 연구는 영양학적 이론과 염증 이론을 결합한다. 이러한 연구 결과의 의미가 무엇인지 아직은 확실하지 않지만, 후속 연구들이 진행되고 있다.

## 내분비 관련 이론

조현병의 원인 중 하나로 내분비 기능이상에 관심이 커진 이유는 중증 갑상샘저하증, 갑상샘항진증, 부신 기능항진(쿠싱증후군)이 모두 조현병 증상과 유사한 정신적 증상들을 만들어낸다는 사실이 알려진 것과 관련이 있다. 또한 출산 후 산모에게 발생하는 정신증이 출산 후에 일어나는 대대적인 호르몬 변화 때문일 거라는 가능성도 관심을 높인 또 하나의 요인이다. 이런 현상들을 관찰한 연구자들이 더 미묘한 내분비 기능이상이 조현병의 발병 원인일지 모른다는 의문을 가졌다.

이 방향을 가리키는 한 가지 발견은 일부 조현병 환자들에게서 강박적인 물마시기, 즉 다음증polydypsia이 나타난다는 사실이다. 물 섭취는 후방뇌하수체 호르몬들과 관련이 있다. 도파민 자극제인 아포모르핀을 썼을 때 성장호르몬 반응에 변화가 일어난 일부 조현병 환자들의 경우에는 조현병이 잠정적으로 전방 뇌하수체와 관련되는 것으로 여겨져 왔다. 또한 조현병 환자들에게서는 전방 뇌하수체에서 분비되는 생식호르몬(난포자극호르몬FSH과 황체형성호르몬LH) 역시 비정상적이라는 주장도 있다. 일부 여성 조현병 환자들은 생리가 중단되는 것도 잘 알려진 사실이다.

인슐린 충격요법이 일부 조현병 환자의 병세를 단기적으로 완화시켰다는 사실이 알려지면서 인슐린 대사에 관심이 생겨났고, 조현병이 1형(인슐린 의존성) 당뇨병에서는 예상보다 흔치 않고 2형(인슐린 비의존성) 당뇨병에서는 예상보다 흔하다는 주장들도 있었다. 근래에는 2세대 항정신병약물, 특히 올란자핀olanzapine과 클로자핀이 일부 환자에게서 혈당수치를 현저히 끌어올리기 때문에 조현병과 당뇨병의 관계에 대한 관심도 다시금 높아졌다. 조현병에서 멜라토닌과 솔방울샘에 관한 연구도 집중적으로 진행되고 있는데, 현재로서는 그 부분들에는 이상이 없다는 것이 전반적 의견이다.

조현병에서 내분비 기능이상이 정확히 어떤 의미를 갖는지는 분명하지 않다. 병 자체가 주는 스트레스에 대한 내분비계 반응일 수도 있고, 항정신병약물의 영향일 수도 있으며, 어쩌면 조현병 질병 과정의 또 다른 양상일 수도 있다.

## 아동기 트라우마와 스트레스 관련 이론

아동기 트라우마와 스트레스를 조현병의 원인으로 보는 이론은 과학사에서 길고도 불명예스러운 과거를 갖고 있다. 19세기 내내 정신이상의 원인으로 '연애에 실패한 것' 같은 스트레스 요인들이 거론됐다.

1960년대에 그런 이론들이 되살아나더니 '조현병을 유발하는 어머니'가 자녀의 조현병 원인이라는 주장에 불을 붙였다. 1980년대 중반에 이르러 스트레스 이론은 폐기되었고, "삶의 스트레스와 조현병 삽화 사이에 인과관계가 있다는 타당한 증거는 존재하지 않는다"라고 확고하게 선언되었다.[22]

그러나 '조현병을 유발하는 어머니'라는 주장은 21세기로 접어들던 무렵, 아동기 트라우마라는 새로운 외형을 띠고 되살아났다. 아동기의 다양한 트라우마 경험이 조현병의 원인이라고 주장하는 수십 편의 논문이 발표됐다. 언론은 일부 연구를 따다가 '아동기의 성적 학대는 조현병과 관련 있다'라는 식의 헤드라인을 뽑았다. 아동기에 겪은 트라우마 사건들이 지속적인 정신적 상처를 남길 수 있다는 데는 의문의 여지가 없다. 특히 아동 성 학대는 이후의 우울증, 해리성 장애, 외상후스트레스장애, 물질 남용으로 연결될 가능성이 있다. 그러나 그 아동기 트라우마 연구들에는 큰 문제점들이 있고, 트라우마를 조현병의 원인으로 연관 짓는 것을 뒷받침해줄 믿을 만한 증거는 전혀 존재하지 않는다.

아동기 트라우마 연구 대부분은 과학적으로 매우 허술하다. 그런 주장을 하는 연구 46건의 과학적 가치를 검토한 한 리뷰 논문은 그중 6건만이 적절한 대조군을 사용했다고 밝혔다.[23] 아동기 트라우마 이론가들은 종종 그런 종류의 여러 연구를 한데 모아 요약하고는 숫자로 밀어붙이는데, 과학적으로 미심쩍은 연구를 100건을 쌓아놓는다고 해서 그 과학적 신뢰성이 증가하지는 않는다. 또 한 가지 문제는 그 연구자들이 연구 대상으로 삼은 아동기 트라우마가 각양각색이라는 것인데, 심지어 한 연구 안에서도 종종 그렇다. 성 학대와 신체 학대, 정서 학대부터 부모의 죽음, 부모의 가난, 부모의 이혼을 지켜본 것, 방치, 학내 괴롭힘 등 이 모든 것을 한데 묶는다. 이 연구들의 또 하나 큰 문제는 대부분이 학대 데이터를 회상을 통해 수집했다는 점이다. 아동기 트라우마 연구에 대한 한 비평에서 정확히 지적했듯이, "광범위한 문헌들이 아동의 양육, 아동기의 가족 간 갈등과 심리적 상태에 관한 회고적 보고가 타당한지 의심을 제기해왔다."[24] 아동기 트라우마 연구자들 다수는 거짓기억증후군과 연관된 스캔들에서 아무것도 배우지 못한 것 같다.

아동기 트라우마 연구 중 과학적으로 건전한 소수의 연구들이 아동기 트라우마와 조현병 발병 사이의 상관관계를 발견했지만, 상관관계는 인과관계가 아니다. 그 상관관계는 어쩌면, 특히 연구 대상에 청소년들이 포함된 경우에는 역인과관계로 설명할 수 있을지도 모른다. 다시 말해서 조현병의 시초 단계에 있지만 아직 진단은 받지 않은 청소년이라면 타인들이 그에게 트라우마가 될 만한 행동을 하도록 부추기는 방식으로 행동할 수도 있다. 그러면 이를 나중에 회상할 때는 그 트라우마가 조현병을 초래한 것처럼 보일 수 있는데, 실상은 그 반대다. 역인과관계의 가능성에 대해서는 오이겐 블로일러가 1911년에 펴낸 고전적인 책《조발성치매Dementia Praecox》에서도 통찰력 있게 지적한 바 있다.

병력을 잘 파악한 경우, 거기서 우리는 한결같이 정신적 트라우마가 있기 이전에 이 병의 징후가 있었던 것을 발견하며, 따라서 그 트라우마에 원인이라는 의미를 부여하기가 어려워진다. 실패한 사랑이나 직위 강등 같은 일들이 이 병과 어떤 연관관계라도 있다면, 대다수의 경우 그것은 더 볼 것도 없이 병의 원인이 아니라 결과다.[25]

아동학대와 이후의 조현병 발병 사이에서 상관관계가 있는 것처럼 보이게 하는 또 하나의 원인은 이 장의 앞부분에서 이야기했듯이 조현병이 가족 안에서 내력으로 이어지는 병이라는 점이다. 부모가 심각한 정신질환이 있는 가정에서 성장하는 아이는 학대를 경험할 가능성이 더 크고, 또한 조현병에 걸릴 가능성도 더 크다. 이는 학대 자체 때문이라기보다, 염증이든 다른 무엇이든 공통된 환경요인에 노출되었기 때문이다.

아동기 트라우마와 조현병 연구가 가진 마지막 문제점은 연구의 상당수가 영국과 네덜란드에서 공공연하게 반정신의학을 표방하는 정신건강 전문가들이 수행하고 요약한 것이라는 점이다. 조현병의 생의학적 모델을 확고히 반대하는 입장인 그들은 조현병의 뿌리가 대부분 의학적인 것이 아니라 심리적인 것이라 믿는다. 그러한 공공연한 편향은 연구의 해석 신뢰성을 떨어뜨린다.

## 폐기된 이론들

과학적 탐구의 영역에서 새로운 지식이 생겨나면, 그 지식의 내용을 설명하기 위한 새로운 이론이 등장한다. 동시에 더 이상 사실에 부합하지 않는 과거의 이론들은 옆으로 밀려나고 결국에는 폐기된다. 과학의 모든 영역에는 폐기된 이론들이 꽂혀 있는 먼지 수북한 책장들이 있으며, 조현병 연구 분야도 예외가 아니다. 그 폐기된 이론 중 상대적으로 더 비범하고 유명한 이론들을 꼽아보면 다음과 같다.

**프로이트학파 이론**     20세기 전반기 동안 미국에서는 프로이트의 정신분석 이론이 지배적이었다. 프로이트는 어머니의 나쁜 양육이 조현병을 초래한다고 가르쳤다. 프로이트 본인은 조현병에 대해 아는 것이 거의 없었고, 조현병 환자를 만나는 것도 회피했다. 1907년에 쓴 편지에서 그는 이렇게 인정했다. "나는 치매환자[조발성치매, 즉 조현병 환자]를 여간해서는 본 적이 없고, 다른 유형의 중증 정신증 환자들도 거의 본 적이 없습니다."[26] 4년 후에는 이렇게 썼다. "나는 이 [조현병] 환자들을 좋아하지 않는다. (…) 그들은 나와도, 인간적인 모든 것과도 거리가 너무 멀게 느껴진다."[27] 아직도 조현병에 관한 프로이트주의의 믿음을 갖고 있다고 공언하는 정신건강 전문가라면 무능하다고 간주해야 한다.

**나쁜 가족 이론**     나쁜 어머니에 관한 프로이트주의의 이론에 더해, 1950년대에는 나쁜 가족을 조현병의 원인으로 설명하는 일련의 이론들이 제시되었다. 이 이론과 연관된 사람들로는 시어도어 리즈Theodore Lidz, 그레고리 베이트슨Gregory Bateson, 돈 잭슨Don Jackson 등이 있다. 가족 상호작용 이론은 대조군 연구들을 통해 검증되고 잘못된 것으로 밝혀져 폐기되었다. 나쁜 가족 이론에서 파생된 것으로 '표출 감정expressed emotion'* 이론이 있다. 이 이론은 조현병이 있는 가족 구성원에게 지나치게 비판적이거나 적대적이거나 너무 깊이 간섭하거나 과도하게 동일시하는 가족이 환자의 병을 악화시킨다고 전제했다. 1980년대와 1990년 대에 표출 감정을 다룬 논문 수십 편과 책 몇 권이 출판되었지만, 엄밀한 연구로 이론에 과학적 근거가 없음이 밝혀진 뒤로는 서서히 사라졌다.

표출 감정이라는 개념이 조용히 사라지기는 했지만, 거기서 우리가 배울 만한 교훈은 있다. 조현병 환자는 주위 사람들이 차분하고, 의사 소통을 명확하고 직접적으로 할 때 가장 양호한 상태를 보인다. 바른 태도를 구성하는 요소들(상황을 전체적으로 보는 감각, 병을 있는 그대로 받 아들임, 가족 간의 균형, 현실적인 기대)은 높은 표출 감정과는 정반대인 것 들이다(11장 참고). 가족들이 바른 태도를 가지려 노력하는 한 표출 감 정은 걱정하지 않아도 된다.

나쁜 어머니 이론과 나쁜 가족 이론은 둘 다 과학적 근거가 없을 뿐 아니라 잘못된 상식에서 나왔다. 아이를 키워본 부모라면 부모가 단순 히 한 아이를 편애하거나 일관성 없는 메시지로 아이를 헷갈리게 하는 행동만으로 조현병 같은 병을 초래할 만한 힘이 없다는 걸 안다. 게다 가 자녀 중 한 아이가 조현병이 발병한 가족에는 완벽히 정상적인 다 른 아이도 한 명 이상 있는 것이 보통이다. 이 아이들은 위의 이론들에 대한 최종적인 반박 증거다.

**나쁜 문화 이론**　　나쁜 어머니와 나쁜 가족 외에, 나쁜 문화가 조현 병을 일으킬 수 있다고 말하는 사람들도 있었다. 이 개념은 1930년대

---

\*　　표출 감정이란 조현병에 걸린 가족에게 다른 가족 구성원이 갖고 있는 태도가 환자 의 예후에 영향을 미친다는 생각에서 나온 개념으로, 환자에 관해 이야기하는 가족 구성원의 인터뷰를 통해 측정했다.

에 인류학자 마거릿 미드Margaret Mead와 루스 베네딕트Ruth Benedict가 처음 제시했다. 더 근래에는 일부 지식인들, 주로 사회학이나 사회주의, 혹은 둘 다에 매혹된 사람들 사이에서 그런 이야기를 들을 수 있었다.

그중 한 사람인 크리스토퍼 라시Christopher Lasch는 1979년에 낸 책 《나르시시즘의 문화The Culture of Narcissism》에서 정신증이 "어떤 의미에서는 해당 문화의 특징적 표현"이라고 주장했다.[28] 그리고 그는 "한 문화에서 잘못된 모든 것의 최종 결과가 정신증"이라고 쓴 인류학자 줄스 헨리Jules Henry의 말도 인용했다.[29] 또 한 예는 1984년에 R. C. 르원틴R. C. Lewontin, 스티븐 로즈Steven Rose, 리온 카민Leon Kamin이 쓴 《유전자가 결정하지 않는다Not in Our Genes》에서도 볼 수 있다. 저자들은 서문에서 "우리는 사회적으로 더욱 정의로운 사회, 즉 사회주의 사회의 창출이라는 전망에 함께 헌신한다"고 말했다.[30] 그리고 조현병에 대한 생물학적 연구를 조롱한 다음 이렇게 썼다. "제대로 된 조현병 이론이라면 몇몇 부류의 사람들을 조현병 증상을 표출하도록 몰아가는 사회와 문화의 환경에 관한 이해를 담고 있어야만 한다." 그들은 사회와 문화의 환경이 뇌에 생물학적 변화를 일으킬 수 있다고 믿고, 그 변화는 "조현병과 뇌 사이에 상통하는 점들을 반영하는지도 모른다"고 생각한다. 현대 과학의 관점에서 볼 때 시대착오적인 공론들은 지금도 드물지만 간간이 들려온다.

# 6

# 조현병 치료: 첫 단계

인간이 할 수 있는 모든 수단을 동원해 정신이상의 고통을 완화하는 것은 가
장 큰 신의 선물을 되찾는 일이 아니며, 그러한 과제에 헌신하는 사람들도 그
런 일인 양 허세를 부리지 않는다. 그들은 잔인성을 인간성으로, 학대를 친절
함으로, 포효하는 분노를 평화로 대체하는 일에서, 또한 증오가 아닌 사랑을
얻는 일에서, 그리고 만약 희망이 존재할 수 있다면 바로 그러한 처우의 개선
을 통해 최종적 회복이라는 희망이 올 거라는 생각에서 자신을 지탱할 힘과
보상을 얻는다.

— 찰스 디킨스Charles Dickens, 《친숙한 말Household Words》, 1852년[1]

널리 퍼진 상투적인 생각과는 반대로 조현병은 명백히 치료가 가
능한treatable 병이다. 이는 완치가 가능한curable 병이라는 말은 아니며, 두
의미를 혼동해서는 안 된다. 성공적 치료란 증상을 통제하는 것을 의
미하는 반면, 완치란 병의 원인을 영구히 제거하는 것을 의미한다. 조

현병의 완치는 우리가 조현병의 원인을 완전히 이해하기 전까지는 가능하지 않을 것이며, 그때까지는 계속 치료를 개선해나가야 한다.

조현병을 설명하는 가장 좋은 질병 모델은 비슷한 점이 참 많은 병인 당뇨병이다. 조현병과 당뇨병 모두 아동기 유형과 성인기 유형이 있으며, 발병 원인이 한 가지가 아닌 것으로 추정되며, 여러 해에 걸쳐 재발과 완화가 거듭되는 과정을 거치고, 약물 치료로 완치는 안 되더라도 대체로 통제는 잘 되는 편이다. 우리가 당뇨병에 대해서 완치보다는 증상을 통제해 비교적 정상적인 삶을 영위할 수 있도록 노력하듯이 조현병 치료도 그런 관점에서 접근해야 한다.

## 좋은 의사 찾는 법[+]

좋은 의사를 찾는 일은 대개 환자의 가족이나 친구에게 맡겨지는 과제이며 결코 쉬운 일이 아니다. 미국에는 조현병 치료에 관해 잘 알거나 관심이 있는 의사가 적은 편이다. 조현병이 세상에서 가장 중요한 만성질환 중 하나임을 감안하면 이는 꽤 충격적이고도 서글픈 현실

---

[+] 한국은 미국처럼 개인 의사에 대한 정보가 공개되어 있지 않으며, 실제 정신건강의학과 진료에서 의사가 하는 진료를 평가하기가 쉽지 않다. 겉으로는 비슷비슷한 치료를 하는 것처럼 보이지만, 좀 더 밀접하게 살펴보면 의사마다 치료가 천차만별일 수도 있다. 따라서 한국에서 좋은 의사를 찾는 방법은 실제 그 의사에게 치료받고 있는 환자나 가족들에게 의견을 들어 보는 것이 가장 좋은 방법이다. 또한 가족 모임 같은 곳에 적극적으로 참여하면 정보를 얻을 가능성이 많다. 한국에는 사단법인 대한정신장애인가족협회가 있어 필요한 경우 도움을 청할 수 있다(사무국 전화 044-868-9325).

이다. 유럽에서는 좋은 의사를 찾기가 좀 더 쉬운 편이다.

조현병은 생물학적 질병이며, 약물 치료가 필수이기 때문에 처방을 위해서라도 의사를 찾는 문제는 피해갈 수 없다. 조현병을 제대로 치료하려면 언제라도 의사가 개입해야 한다. 의사는 적합한 약물을 처방하기 위해서만 필요한 것이 아니라, 혹시 조현병처럼 보이는 다른 질병일 가능성을 확인하기 위한 최초의 진단 검사를 위해서도 필요하다. 조현병 치료를 시작하기 전에 그 병이 조현병을 가장한 뇌종양이나 헤르페스뇌염이 아닌지 확실히 해두는 것이 좋은데, 이는 의사만이 할 수 있다.

조현병이든 다른 어떤 병이든 좋은 의사를 찾는 가장 좋은 방법은 의료업계 종사자들에게 본인의 가족에게 비슷한 문제가 생기면 어떤 의사에게 보낼지 물어보는 것이다. 의사, 간호사 들은 누가 좋은 의사인지 알고 있고 자기들끼리는 그 정보를 자유롭게 공유한다. 그리고 질문만 한다면 여러분에게도 알려줄 것이다. 형부나 처남에게 간호사 형제가 있다면 더욱 좋겠다. 아무리 멀리 사는 사람이라도 아는 인맥을 모두 동원해 조현병에 관해 잘 알만 한 유능한 의사가 누구이며 어디에 있는지 알아내자. 이때는 얻을 수 있는 도움은 모두 활용하는 것이 좋다. 수개월 동안 직접 찾아 헤맬 시간을 절약할 수 있는 귀중한 정보이기 때문이다.

좋은 의사를 찾는 또 다른 방법은 다른 조현병 환자 가족들에게 도움을 얻는 것이다. 대개 그들은 재빨리 해당 지역에서 도움을 구할 수 있는 의사 명단을 알려주기 때문에 의사를 찾아 헤매며 허비할 몇 주의 시간을 아끼고 잘못된 선택도 피할 수 있다. 이런 정보를 함께 나누는 것은 전미 정신질환자 가족 연합 지부들이 가진 가장 귀중한 자산이자, 거기에 가입해야 할 중요한 이유다.

좋은 의사를 찾을 때 유난히 도움이 되지 **않는** 것은 지역 의학협회나 미국 정신의학회 지부가 관리하는 추천 명단이다. 누구나 이런 단체에 전화를 하면 세 명의 이름을 추천받을 수 있다. 그러나 그 이름들은 환자를 더 받으려고 대기 중인 의사 명단에서 순서대로 뽑은 것이다. 의사라면 누구나 연회비만 납부하면 그런 단체에 가입할 수 있기 때문에, 심사를 거치는 것도 아니고 실력을 확인할 수도 없다.

의료과실로 조사를 받고 있는 의사들도 회원 자격을 박탈당하기 전까지는 그런 단체에 계속 남아 있을 수 있는데, 사실 자격 박탈은 매우 드문 일이다. 그러므로 의학협회나 정신의학협회의 추천 명단은 전화번호부에서 아무 의사 이름이나 고르는 일과 별 차이가 없다.

조현병을 치료할 수 있는 좋은 의사를 찾으려면 어떤 점을 봐야 할까? 기술적인 유능함과 조현병에 대한 관심, 그리고 병으로 고통받는 사람들에게 감정이입할 수 있는 마음을 모두 지닌 의사라면 이상적이다. 정신의학이나 신경학을 공부한 사람이라면 도움이 되겠지만, 필수는 아니다. 내과 전문의와 가정의학과 의사 중에서도 조현병에 관심이 있고 매우 유능하게 조현병을 치료할 수 있는 이들도 있다.+ 일반적으로는 더 젊은 의사일수록 조현병을 생물학적 질병으로 보는 교육을 받았을 가능성이 더 크다. 그러나 이 규칙에도 예외가 있을 수 있다. 나이

---

+      한국의 경우 정신건강의학과 수련을 마친 후에도 특별히 조현병에 관심을 갖고 지속적으로 공부하는 의사도 많다.

가 지긋한 의사 중에도 "나는 늘 조현병이 진짜 질병이라고 말해왔습니다"라고 하는 이들이 있고, 젊은 의사 중에도 아직 질병으로서 조현병에 대해 놀라울 정도로 모르는 이들도 있다.

조현병을 잘 치료하는 의사들이 갖추고 있는 또 하나의 중요한 자질은 환자와 환자 가족, 그리고 다른 치료 팀 구성원들과 협력할 줄 아는 능력이다. 심리학자, 정신의학과 간호사, 사회복지사, 사례 관리자, 재활 전문가 등 팀을 구성하는 모든 사람이 치료 과정에 참여한다. 환자 가족이나 치료 팀 구성원들과 협력하기를 꺼리는 의사는 정신약리학에 아무리 유능하더라도 조현병을 치료하기에는 알맞지 않다.

좋은 의사를 찾으려는 과정에서는 의사에게 "조현병의 원인이 뭐라고 생각하십니까?", "클로자핀이라는 약에 대해서는 어떤 경험이 있으신가요?", "리스페리돈(혹은 다른 약)에 대해 어떻게 생각하세요?", "조현병 치료에서 심리치료는 얼마나 중요한가요?" 같은 질문을 하는 것은 지극히 정당한 일이다. 이런 개방형 질문을 해보면 의사의 상대적인 생물학적 지향성뿐 아니라 새로운 치료법에 대한 정보를 얼마나 잘 따라가고 있는지 재빨리 알아볼 수 있다. 환자와 가족들은 시간이 갈수록 조현병 치료에 대해 점점 더 박식해지고 상세히 알게 되므로, 치료하는 의사만큼(혹은 그보다 더) 많이 아는 경우도 흔하다. 좋은 의사를 찾는 일의 최종 목표는 병에 관해 박식하면서 동시에 조현병에 걸린 사람을, 어느 정신과 의사의 표현을 빌리면 "난해하고 불가사의하며 결함 있는 정신과 신체의 부분들로 이루어진 피조물이 아니라, 고통을 겪고 있는 환자로서" 대하는 의사를 찾는 것이다.

의사가 자신의 전공과목에 대해 '수련 전문의 자격board eligible' 혹은

'공인 전문의 자격board certified'이 있는 것이 얼마나 중요할까? '수련 전문의'란 그 전공에서 승인된 수련 프로그램을 마쳤다는 의미다. '공인 전문의'란 의사가 그 전공 시험을 보아 통과했다는 뜻이다. 이런 시험은 순전히 선택 사항이고, 의사 면허나 전문가 단체 회원 자격을 얻는 데 필수가 아니다. 단지 의사가 그 시험을 치른 당시 해당 전공에서 유능한 의사가 되는 데 필요한 이론적 지식을 갖추고 있었음을 의미한다. 게다가 시험에 합격했다고 해서, 그 이후로도 최신 의학 정보를 지속적으로 파악하고 있는지 아닌지는 전혀 알 수 없고, 따라서 위원회의 공인과 유능함 사이에는 그리 큰 상관관계가 없다. 모든 전문의는 5년마다 시험을 쳐서 다시 공인을 받도록 규정해야 한다. 그런 규정이 생길 때까지는 환자 가족들은 다른 모든 면이 동등한 수준이라면 '수련 전문의'보다 '공인 전문의'를 우선적으로 선택하는 데 그리 무게를 두지 않아도 된다.+

해외 의대 졸업생은 어떨까? 미국 정신의학계는 다른 어느 의학 분야보다 해외 의대 졸업생을 많이 유치해왔고, 여러 주에서 해외 출신 정신과 의사가 정신보건 센터와 주립 병원에 있는 모든 정신과 의사의 대다수를 차지한다. 1996년의 한 설문조사는 해외 의대 졸업생이 미국 의대 졸업생에 비해 공공 정신의료 기관에서 일하게 될 가능성이 거의 2배(42퍼센트 대 22퍼센트)였고, 정신증 환자를 거의 2배 더 많이(20퍼센

+     한국에서는 의대를 졸업한 후 인턴 1년을 거쳐 전공의 4년을 수련한 후 정신건강의학
      과 전문의 시험에 합격하면 전문의 자격이 주어진다. 전문의 시험은 1차와 2차로 나
      누어지는데, 1차는 필기시험, 2차는 실제 진료에 필요한 자질과 능력을 평가하는 임
      상 실기 평가다. 이 과정에서 각종 정신질환의 진단, 약물 치료, 정신 치료, 인지행동
      치료 등에 대한 실질적인 능력을 평가한다. 전문의가 된 다음에도 각 개인이 더 깊은
      공부를 위해 연구 학회에 참여해 꾸준히 공부하는 정신건강의학과 의사가 많다.

트 대 11퍼센트) 진료했다고 보고했다.[2] 그러므로 해외 의대 졸업생들이 사실상 미국 공공 정신의료의 근간을 이루고 있고, 그들이 없었다면 탈원화가 가져온 재앙은 더욱더 악화되었을 것이다.

긍정적인 면을 보면 내가 보아온 정신과 의사 중 가장 배려를 잘하고 유능한 이들이 해외 의대 출신 중에 있었다. 부정적인 면을 보면 중간 정도 능력자부터 아주 무능한 이도 있다는 점이다. 미국 주립 병원의 정신과 의사 자리를 가장 많이 채워주는 해외의 두 의과대학은 해외 의대 졸업자 교육 위원회Education Council for Foreign Medical Graduates, ECFMG 시험 합격률이 매우 낮다. 기본 면허 시험을 통과하지 못한 해외 졸업자 일부에게는 주 당국이 주립 병원에서만 일할 수 있는 특례를 제공한다. 말하자면 주는 그들이 개업의로서 '건강하지만 건강을 염려하는' 이들을 치료할 만큼 유능하다고는 인정할 수 없지만, 주립 병원에 있는 진짜로 병든 사람들을 치료하겠다면 받아주겠다고 말하는 것이다.

수많은 해외 의대 출신 의사에게 조현병 환자 치료를 맡기는 일에서 가장 안타까운 부분은 어쩔 수 없이 의사소통이 어렵다는 점이다. 여기서 영어 말하기 능력은 일부분일 뿐이고, 여러 층위의 비언어적 의사소통, 이상과 가치관, 그리고 문화를 구성하는 기타 요소들까지 포함된다. 정신과 의사와 조현병 환자 사이의 의사소통은 같은 언어와 문화를 공유할 때도 이미 충분히 어려운데, 언어와 문화가 다른 경우라면 의사소통이 거의 불가능해진다. 망상은 반드시 환자가 속한 문화의 맥락 안에서 평가해야 한다. 한 문화의 맥락 안에서 적절해 보이는 감정이 다른 문화에서는 부적절해 보일 수도 있다. 미묘한 사고 장애를 평가하려면 그 언어의 관용적 표현들과 은유를 완전히 이해하고 있어야 한다. 예를 들어 한 정신과 의사는 환자가 "뱃속에 나비들이 있다(긴장되어 가슴이 두근거린다는 표현)"고 호소하자 의료진에게 그 환자의 약 용량을 늘려야 한다고 주장했다. 또 한 의사는 어느 여성 환자가 "아기들은 새들이 가져다준다"고 말한 것을 두고 망상의 증거라고 생각했다. 그 말을 들은 심리학자가 말했다. "황새 말하는 거예요?" 그러자 정신과 의사가 소리쳤다. "예! 바로 그 새요. 정말 미친 소리 아니에요?"* 또 한 명의 해외 출신 정신과 의사는 진단 면담 동안 환자에게 다음의 속담을 질문했다. "제때에 한 땀을 바느질하면 이끼가 끼지 않는다는 말은 무슨 뜻이죠?"**[3] 이런 질문으로는 조현병 환자에게 자신감을 주지도, 명확한 생각을 이끌어내지도 못한다.

의사가 아닌 사람에게 조현병 치료를 맡기는 것은 어떨까?+ 실제로 심리학자, 간호사, 사회복지사, 사례 관리자, 재활 전문가 등 의사가 아닌 인력들이 수시로 조현병 환자를 치료하는 일에 참여하며 치료 팀에서 일차 연락책을 맡는 경우도 많다. 의사는 약물 처방 관리자의 역할만 맡고 전체적인 치료 계획에서 상대적으로 작은 역할만 하는 경우도 드물지 않다.

의사 외의 사람에게 조현병 치료를 맡기는 또 한 가지 방식은 약 처

---

*     옛날 우리나라에서 아기는 삼신할머니가 점지해주는 거라고 말했듯이 서양 문화에서는 '아기는 황새가 물어다주는 것'이라고 말한다.

**    '제때에 한 땀 바느질하면 나중에 아홉 땀 바느질할 수고를 덜어준다A stitch in time saves nine'와 '구르는 돌에는 이끼가 끼지 않는다A rolling stone gathers no moss'라는 두 속담을 뒤섞어 놓은 말.

+     이 부분은 한국 상황과는 전혀 다른 내용으로. 미국 상황을 참고하는 정도로 살펴보기 바란다.

방을 맡기는 것이다. 여러 주에서 의사 보조사physician assistant 와 임상간
호사nurse practitioner 는 이미 약물 처방 면허를 갖고 있다. 하와이주와 뉴
멕시코주, 루이지애나주에서는 심리학자도 약물 처방 면허가 있으며
다른 주들에서도 비슷한 권리를 위한 로비가 계속되고 있는데, 당연
히 정신과 의사들은 이에 강력히 항의하고 있다. 약물 사용을 제대로
교육하고 적절하게 감독한다면 의사가 아닌 기타 의료 인력군들도 통
상적인 조현병 환자를 유능하게 치료할 수 있으며, 진단이나 치료 상
에 어려운 문제가 있을 경우에는 감독을 맡은 정신과 의사에게 의뢰하
면 된다. 정신과 의사들을 주립 병원이나 공공 진료소, 혹은 시골 지역
에서 일하도록 유도하는 일은 너무나도 어렵다. 의사가 아닌 의료진을
활용하는 것은 그런 의료기관들의 만성적인 정신과 의사 부족에 대처
하는 합리적인 한 가지 방법이다.

　조현병 치료를 잘 해줄 좋은 의사를 찾는 사람들에게 마지막으로
주의를 당부하고 싶다. 의사들도 인간이고, 따라서 다양한 성격 유형
이 있다. 의료계에도 정직하지 않거나 정신적 질병이 있거나 알코올
또는 마약 중독이거나 소시오패스이거나 이런 요소들이 여러 방식으
로 조합된 의사들이 일부 존재한다. 내가 느끼기에 정신의학계는 다른
영역보다 이런 부류의 의사들을 더 많이 끌어 들이는 속성이 있다. 그
리고 이는 의사 본인이 자신의 정신적 이상에 관심을 갖게 되었기 때
문인 경우도 많다. 그러니 조현병 환자를 치료하는 의사라고 해서 모
두 아무 문제가 없을 거라고 무조건 가정하는 것은 좋지 않다. 의사가
이상하게 느껴지거든 신속히 다른 의사로 바꿔라. 정신의학계라는 새
장에는 때때로 이상한 새들도 나타난다.

# 적절한 진단검사는 무엇인가

완전히 발병한 단계에서는 대부분의 조현병 환자를 진단하는 일은 어렵지 않다. 환청과 망상이 가장 흔하고 두드러진 증상이며, 4분의 3 이상에게 그중 적어도 한 가지 증상이 나타난다. 다양한 사고장애의 유형들은 간단한 대화만 나눠 봐도 드러나고(사고 차단 등) 속담의 의미를 물어봐도 알 수 있다(추상적 사고능력 상실). 둔하게 마비되거나 부적절한 감정을 보이고, 특이하거나 긴장증적이거나 괴상한 행동을 보인다.

처음으로 조현병 증상을 보이며 발병한 사람에게는 어떤 종류의 진단검사와 절차가 적절할까? 대부분의 공공 정신병원과 다수의 민간 정신병원에서는 겉핥기식의 진단검사를 실시하며, 3장에서 다룬 유사 질환들을 갖고 있는 사람 중에서 조현병 진단을 받는 이들도 분명히 존재한다. 이런 사실을 감안할 때, 잠재적으로 치료가 가능하지만 조현병처럼 착각할 수 있는 다른 병들을 모두 식별해낼 확률을 최대한 높이려면 진단 단계에서 어떤 일을 해야 할까? 만약 내 가족이 처음으로 조현병 증상이 나타나 병원에 입원할 경우 나라면 다음과 같은 진단검사들을 해주기를 바랄 것이다.

**병력과 정신상태 검사**　이 검사들은 정신병원에 입원할 때 정규적으로 하지만, 불완전하게 하는 경우가 많다. 환시, 두통, 최근의 두부외상에 관해서는 구체적으로 질문해야 한다. 중추신경계를 제외한 기관계들을 전체적으로 검사하면 조현병처럼 보이지만 조현병이 아닌 병들을 밝혀낼 수 있다(복통이 있다면 급성간헐포르피린증일 가능성이 있고, 요실금은 수두증일 가능성을 암시한다). 의사가 검사할 때 할 가장 중요한 질문을 하나만 꼽는다면 "어떤 약을 쓰고 있습니까?"일 것이다. 이 말은 마약 사용과 처방약 사용에 관한 두 가지 정보를 모두 얻기 위한 질문이다. 마약은 정신과적 증상을 유발하거나 악화할 수 있고, 처방약 중에도 부작용으로 정신과적 증상을 일으킬 수 있는 약이 있기 때문이다(3장 참고). 급성으로 정신증이 발병한 환자들은 일관된 병력을 제공하지 못하는 경우가 많으므로, 이때 가족이나 친구들이 필요한 정보를 제공하는 데 핵심 역할을 한다.

**신체검사와 신경학적 검사**      이 검사들도 피상적으로만 행해지는 경우가 많은데, 그러면 많은 신체적 질병과 신경학적 질병을 놓칠 수도 있다. 조현병 환자들을 대상으로 꼼꼼하게 신경학적 검사를 해보면 그중 상당수에게서 비정상적 소견들을 발견할 수 있다(5장 참고). 정신과 환자를 선별검사해야 하는 의사가 아닌 다른 의료진들에게 가르쳐줄 수 있는 유용한 신경학적 검사 방법은 종이에 문장 하나를 써보게 하거나 시계를 그려보게 하는 것이다. 로버트 테일러Robert Taylor 박사가 《심리학적 가장: 심리적 장애와 기질적 장애 구별하기Psychological Masquerade: Distinguishing Psychological from Organic Disorders》에서 이야기했듯이, 그런 검사를 통해 뇌종양이나 헌팅턴병처럼 처음에는 조현병 같은 증상이 나타날 수 있는 다른 뇌 질환 환자들을 가려낼 수 있다.

**기본 진단검사**      혈구 검사, 혈액 화학 선별검사, 소변검사. 이 검사들도 어디서나 일괄적으로 하는 검사이지만, 때때로 비정상적인 결과를 알아차리지 못하고 넘어가거나 그에 대한 후속 조치를 취하지 않는 경우가 있다. 혈구 검사에서는 예상치 못한 악성빈혈, 에이즈, 납중독 같은 질병의 신호를 발견할 수 있다. 널리 확산된 혈액 화학 선별검사는 한 가지 혈액 샘플로 여러 검사를 할 수 있다. 보통 여기에는 내분비나 대사의 불균형을 찾아낼 수 있는 검사들이 포함된다. 기본적인 혈액 화학 선별검사에 갑상샘기능검사가 포함되어 있지 않다면 따로 신청해서 받아보는 것이 좋고, 매독 검사도 일괄 검사에 포함시키는 것이 좋다. 소변검사에는 소변에서 마약을 감지해내는 선별검사도 포함시켜야 한다. 정신질환자의 신체질환을 감지해내는 유용하고 비용 효율 높은 진단 알고리즘으로 해럴드 삭스Harold Sox 박사와 그 동료들이 개발한 것이 있다.[4] 또한 이 시점에 기준선 심전도검사도 받아두면 유용하다. 조현병 치료에 쓰이는 몇몇 약들은 심장에도 영향을 미치므로, 약물 치료를 시작하기 전에 기준선이 될 심전도검사 결과를 확보해두면 이후에 약물 부작용을 평가하는 데 유용하다.

**심리검사**　어떤 심리검사를 선택하는지는 병원마다 심리학자마다 다르다. 이런 검사들은 초기 조현병 진단이나 유사증례 진단을 내리는 데 대단히 유용해 조현병이 아닌 다른 뇌 질환일 경우 검사자가 진단 방향을 바꾸도록 도와준다. 심적으로 극심하게 동요된 상태인 환자들은 심리검사를 받을 만큼 오랫동안 집중할 수 없는 경우도 많다.

**MRI 검사**　MRI 검사는 현재 널리 사용되고 있으며 검사 기술이 발전하는 것에 맞춰 비용도 갈수록 더 저렴해져야 한다. MRI 검사를 할 수 없는 상황이라면 CT 검사도 할 수 있지만, 대부분의 뇌 질병을 감지해내는 데는 MRI보다 감도가 많이 떨어진다. 정신과 의사가 모두 그런 건 아니지만, 대체로 처음으로 정신증이 발병한 환자는 모두 MRI 검사를 해야 한다고 생각한다. 조현병과 비슷해 보이는 질병 가운데 MRI 검사로 찾아낼 수 있는 것으로는 뇌종양과 헌팅턴병, 윌슨병, 이염성 백질형성장애, 사코이드증, 경막하혈종subdural hematoma, 쿠프스병Kufs disease, 바이러스성 뇌염, 수도관 협착증aqueductal stenosis 등이 있다. 여러 해 동안 조현병 증상이 있었던 환자에게는 진단을 위해 MRI 검사를 하지 않아도 된다. MRI로 찾아낼 수 있는 조현병의 질병 과정이라면 이미 수년에 걸쳐 다른 신호나 증상들로 분명히 드러난 상황일 것이기 때문이다.

**요추천자**    흔히 알려진 바와는 달리 요추천자(허리천자)는 혈액을 뽑는 것보다 조금 더 불편한 정도의 간단한 시술이다. 요추 사이에 있는 주머니에 바늘을 꽂아 뇌척수액을 뽑아내는 것인데, 그 주머니는 뇌에 있는 뇌척수액 통로들과 연결되어 있어 뇌척수액을 검사하면 대체로 뇌에서 일어나는 일에 관한 실마리(예를 들어 바이러스에 대한 항체 등)를 얻을 수 있다. 요추천자는 다발경화증 같은 뇌 질환 진단검사에 기본적으로 사용되는데, 아마 앞으로는 조현병 진단에도 기본적으로 사용될 것이다. 여러 질병, 특히 중추신경계의 바이러스성 질병도 요추천자로 탐지해낼 수 있다. 초발 조현병으로 입원한 환자에게서 다음과 같은 조짐이 있을 때는 요추천자를 실시하는 것이 좋다.

**표 6-1. 초발 조현병에서 요추천자를 해야 할 신호**

1. 환자가 두통을 호소하거나(20퍼센트는 그렇다) 구토나 열을 동반한 목경
   직이 있을 때.
2. 정신증 증상의 급속한 발병.
3. 환자의 방향감 변동(예를 들어 환자가 하루는 자기가 어디 있는지 알았다가 다
   음날은 모르는 경우).
4. 환시나 후각적 환각(환후).
5. 조현병 외 다른 중추신경계 질병임을 암시하는 신경학적 신호나 증상
   (예를 들어 시선이 재빨리 양옆으로 움직이는 안진眼震)이 있을 때.
6. 독감이나 열병을 동시에 앓고 있거나 최근에 앓았던 경우.

조현병 환자는 요추천자에서 부작용이 생기는 일이 상대적으로 드
물다. 조현병에 걸리지 않은 사람 중 대략 3분의 1은 요추천자 후 두통
이 생기지만, 조현병 환자는 그렇지 않다. 요추천자와 CT 검사를 기본
진단검사로 활용하는 것이 얼마나 유용한지는, 조현병 증상으로 처음
입원한 환자 130명을 대상으로 한 독일의 한 연구 결과가 잘 보여준다.
130명 중 에이즈 뇌염 3명, 다른 바이러스로 인한 뇌염이 2명, 뇌성매
독이 2명, 라임병Lyme disease 1명, 다발경화증 1명 등을 포함해 12명이 다
른 신경질환이 있다고 밝혀졌다.[5]

**뇌파**Electroencephalogram, EEG　　뇌파를 측정해야 한다는 신호는 요추천
자의 경우와 거의 동일하며, 실제로 동시에 두 검사를 모두 실시하는
경우가 많다. 나는 처음 정신증 증상이 나타난 젊은 환자를 진단할 때

는 요추천자와 뇌파검사를 기본적으로 포함시켜야 한다고 확신한다. 수막염이나 뇌염, 출생 시 합병증, 중증 두부외상 병력이 있다면 반드시 뇌파검사를 해야 하고, 갑작스럽게 발병해 정신증 삽화를 겪은 환자에게도 의무적으로 검사하도록 규정하는 것이 좋다. 뇌파는 때때로 조현병처럼 보이기도 하는 측두엽간질도 감지해낼 수 있다.

뇌파검사의 유용도를 최고로 높이려면, 두피에 붙이는 전극뿐 아니라 입으로 넣는 코인두 전극도 함께 사용해야 하고, 환자가 밤새 잠을 못잔 수면 박탈 상태에서 검사하는 것이 좋다. 이렇게 더욱 정교한 뇌파검사를 실시해서 얻는 진단상의 보상은 상당히 크다. 뇌파검사는 단순히 뇌 속 전기신호의 흐름을 측정하는 것으로, 완전히 무해하며 어떠한 부작용이나 해로운 영향도 없다.

**다른 검사들**　　특수한 소견이 있을 때 그에 따라 할 수 있는 다른 검사들도 있지만, 일괄적인 검사에는 포함되지 않는다. 더 새롭게 등장한 뇌 검사 기술들(기능성 MRI, 양전자방출단층촬영PET 등)도 다양하게 활용할 수 있지만, 아직 그런 기술들은 대부분 연구 용도로 사용된다.⁺ 덱사메타손억제검사dexamethasone suppression test, DST는 과거 한때 특정 유형의 환자들을 구별하는 데 유용하다고 여겨졌지만, 그렇지 않은 것으로 밝혀졌다. 기술이 발달할수록 조현병 진단검사는 점점 더 복잡하고 정교

---

⁺　　최근 활발한 뇌 MRI, 기능성 MRI, 양전자방출단층촬영PET 연구들이 진행되고 있어 질병 예후를 예측하거나, 어떤 약물에 더 반응할 것인지 등의 용도로 조만간 진료에 사용될 가능성이 높다. 즉 정신과 진료에서도 생물학적 표지자biotype를 이용한 개인 맞춤 치료가 가능해질 것이다.

해질 것이다.

**염증 표지**　가장 최근에 조현병 진단검사에 추가된 것이 염증 표지 검사다. 5장에서 이야기했듯이, 조현병 및 다른 유형의 정신증이 있는 많은 사람에게 혈액과 뇌척수액 속의 염증 표지들이 증가해 있다는 증거들이 쌓여왔다. 혈액은 다른 진단검사에서 이미 채취했으므로, 염증 평가에도 사용하는 것은 합리적이다. 현재 염증 정도를 평가하기가 가장 쉬운 염증 표지는 C반응성 단백질이다. 심장병과 다른 병들에 대해서도 염증을 평가할 때 C반응성 단백질로 검사하기 때문이다. 만약 C반응성 단백질이 유의미하게 증가해 있다면, 추가로 항염증약을 사용하는 것도 고려할 수 있다. 이는 7장에서 다시 이야기하겠다. 가까운 미래에 초발 정신증 환자들의 일괄 진단검사에서 몇몇 사이토카인들을 비롯한 일련의 염증 표지들을 측정하게 될 가능성이 큰데, 그중 가장 유용한 표지가 어떤 것인지는 아직 확실히 밝혀지지 않았다.

## 입원: 자의 입원과 비자의 입원⁺

**급성**으로 조현병이 발병한 사람은 대부분 입원해야 한다. 그런 경우 입원으로 얻는 장점이 몇 가지 있다. 가장 중요한 것은 정신건강 전

---

⁺　한국 상황과는 맞지 않지만, 비자의 입원에 대한 중요성 때문에 참고할 만한 자료다. 국내 상황에 대한 설명은 6장 끝에 따로 덧붙인다.

문가들이 통제된 환경에서 환자를 관찰할 수 있다는 점이다. 다른 의학적 질병이 조형병 증상을 초래했을 가능성을 확인하기 위해 진단검사를 할 수 있고, 심리검사도 할 수 있으며, 훈련된 의료진이 부작용을 감시할 수 있는 환경에서 약물 치료를 시작할 수 있다. 그뿐 아니라 입원은 병이 급성으로 발병한 시점까지 대개의 경우 괴로운 나날을 보냈을 가족들에게도 잠시 벗어나 숨을 돌릴 수 있는 시간을 제공한다.

또한 입원은 많은 경우 환자를 보호하기 위해서도 필요하다. 병의 증상 때문에(예를 들어 환청이 그렇게 하라고 시켜서) 자신이나 타인을 다치게 하려는 이들도 있기 때문이다. 급성 정신증 상태에서 런던동물원의 사자 우리에 뛰어들어가 거의 죽을 뻔했다가 살아난 젊은 조현병 환자 벤 실콕Ben Silcock은 다음과 같이 말했다. "나는 병원에 있는 것이 더 유리했다. 정신적으로 그렇게 심하게 왜곡된 상태일 때는 어느 정도 보호받을 수 있는 환경에 있는 것이 가장 중요하기 때문이다."[6] 이런 이유에서 대부분의 병원은 심하게 동요된 환자들을 위한 격리 병동이 있고, 이런 병동이 필요한 경우가 종종 있다. 심지어 격리 병동에서도 때때로 위험해져서 추가적 강박*이 필요할 수도 있다. 손목이나 발목에 (대개 가죽으로 된) 강박대를 채우거나, 팔을 몸 옆면에 붙여두게 하는 특수한 옷(흔히 구속복straitjacket이라 알려진)을 입히거나, 격리실에 격리하는 방법이 있다. 약물 치료가 제대로 이루어지고 있는 경우라면 이런 조치를 몇 시간 이상 지속하지는 않을 것이다. 사람들은 격리 병동과

---

\*    보건복지부 '격리 및 강박restraint 지침'에 따르면, 강박은 환자의 신체운동을 제한하는 행위를 말하며, 손목이나 발목을 강박대(끈 또는 가죽 등)로 고정하거나, 벨트를 사용하거나, 보호복을 착용시키거나, 의자에 고정시키는 방법 등을 사용한다.

강박 사용을 '야만적'이고 시대에 뒤떨어진 일이라고 비난하면 자기가 훌륭하다고 생각하는 것 같지만, 그런 말을 하는 사람 대부분은 급성 조현병 상태의 환자를 한 번도 보살펴본 적이 없다. 미래에 언젠가는 급성 정신증 상태에 빠진 환자에게 즉각 효과를 내는 약이 개발되어 더 이상 강박이 필요 없을 날이 오겠지만, 아직은 그런 이상적인 상태에 도달하지 못했다.

조현병 환자에게 입원이 주는 부수적인 혜택도 있다. 잘 작동되는 정신의료 기관들은 환자 모임을 실시한다. 이런 활동은 환자 각자가 자신의 경험이 혼자만 겪는 일이 아니라는 것을 직접 확인하게 해준다. 작업치료, 레크리에이션 활동, 그 밖의 여러 그룹 활동을 통해서도 종종 동일한 효과를 얻을 수 있다. 급성 정신증을 앓아 1장에서 묘사한 여러 가지 혼란들을 경험한 사람은 다른 사람들도 같은 경험을 했다는 사실을 알면 대체로 안도감을 느낀다. 그러나 이런 활동들도 환자가 제대로 된 약물 치료로 급성 증상들이 완화된 상태가 아니라면 별 도움이 되지 않을 가능성이 크다.

조현병 치료를 받을 수 있는 병원에는 몇 가지 유형이 있다. 과거에는 주립 정신병원을 가장 흔히 이용했지만, 이 사정은 판이하게 달라졌다. 14장에서 다시 다루겠지만, 주립 정신병원 이용이 점진적으로 줄어든 원인은 주립 의료시설에 대한 'IMD 메디케이드 배제법Institution for Mental Disease (IMD) Medicaid exclusion'*이다. 이 법에 의해 주 정부들은 대부분의 주립 정신병원 환자에 대한 의료급여 지급을 연방정부에 요구할 수 없게 됐다. 그러자 주 정부들은 주립 병원들을 폐쇄하고 환자들에게 일반 병원general hospital**이나 연방 메디케이드 의료급여를 받을 수 있는 기타 '준※의료기관'에 입원하도록 강요했다. 이런 조치는 재정 부담을 주 정부에서 연방정부로 효과적으로 떠넘겼다.⁺ 흡사 의자 뺏기 게임과도 같은 이러한 정신의료 기관의 재편은 주 정부에게는 경제적으로 이로울지 모르나, 환자들에게 임상적으로 반드시 이로운 것은 아니다. 많은 일반 병원에 급성 조현병 환자를 간호할 수 있는 직원들이 없기 때문에 예상 가능한 나쁜 결과들이 발생한다. 사립 병원의 진료도 아주 좋은 수준부터 참담한 수준까지 다양한데, 많은 사립 병원이 영리 병원 체인에 의해 운영되며, 이들은 보험금이 허용하는 만큼의 시간까지만 환자를 유지하고 있다가 그 기간이 끝나면 다 나았다고 선언하고 즉시 퇴원시키기로 악명이 높다. 2002년에 실시한 한 연구에서는 정신과 입원환자가 있는 영리와 비영리 의료기관들을 비교해, 정신의료의 거의 모든 측면에서 비영리기관이 더 우월하다는 결과를 얻었다.[7]

---

\*      메디케이드Medicaid는 미국 연방정부와 주 정부가 공동으로 재정을 담당하고 주 정부가 운영하는 의료 보조 제도다. IMD 배제법에서 말하는 정신질환 시설Institution for Mental Disease, IMD(이하 IMD)은 병상이 16개 이상인 병원, 요양원 등의 의료시설로 정신질환자의 진단, 치료, 간호 등의 서비스를 제공하는 곳이다. IMD 배제법은 이곳에서 치료를 받는 환자들은 메디케이드 급여 자격을 갖고 있더라도 연방의 의료급여를 지급받을 수 없게 한 법이다.

\*\*     다양한 임상증상이 있는 환자들에게 진단, 치료, 외과적 수술을 하는 병원으로, 한 가지 전문 영역에 특화된 특수 병원과 구별되는 개념이다. 비교적 단기간의 치료가 필요한 급성 환자들을 중심으로 치료하며, 대체로 응급실이나 외상 센터가 있어 급성 치료 병원acute-care hospital이라고도 한다.

\+     한국에서는 정신의료 기관을 종합병원 정신과, 병원 정신과, 정신병원, 정신과 의원으로 나눈다. 환자에게 적용하는 의료보장 형태 별로 보면 건강보험이 4만 6898명, 의료급여 1종 3만 806명, 2종 6328명 정도 된다. 의료급여의 지원은 1종인 경우 매 30일간 5만 원을 초과한 경우 초과 금액 전액, 2종인 경우 연간 80만 원을 초과한 경우 초과 금액 전액을 지원한다.

그러니 조현병 환자를 위한 병원을 찾을 때는 신중해야 한다. 무엇보다 가장 중요한 요소는 치료하는 정신과 의사의 유능함이다. 주립병원, 보훈 병원, 일반 병원, 대학 병원, 사립 병원은 모두 매우 훌륭한 수준에서 매우 나쁜 수준까지 다양하다. 대부분의 다른 병과 달리 조현병은 돈을 더 많이 낸다고 반드시 더 좋은 진료를 보장하지 않는다.

예전에는 의료기관 신임 평가 공동 위원회Joint Commission on Accreditation of Healthcare Organizations, JCAHO의 인증이 병원 수준을 알아보는 척도로 유용한 편이었다. 병원이 요청하면 JCAHO는 조사 팀을 보내 병원을 평가하고 자문과 교육도 제공한다. 환자 간호와 서비스를 중점적으로 보지만, 치료 환경, 환자 안전, 직원 수준, 병원 행정관리 같은 사안들도 살펴본다. 그런 다음 조사 팀은 3년간의 완전 승인이나, 조건부 완전 승인(조건에 맞게 교정되었는지 확인하기 위한 후속 검증이 필요할 수 있다), 혹은 비승인을 추천한다. 병원 전체에 대한 승인이어서 승인받은 병원의 개별 병동들도 그 기준에 부합한다는 보장은 없었지만, 그래도 한때는 JCAHO에서 완전 승인을 받는 것은 그 병원이 좋은 병원이라는 신호라고 여겨졌었다. 그러나 한 연방 보고서가 민간이 운영하는 JCAHO와 병원들의 "친밀한 유착관계"를 언급한 뒤로, 이제는 JCAHO의 승인 자체가 불신을 받는다.[8] 조사를 받는 데 수천 달러를 지불하는 병원들은 다들 승인받기를 기대한다. 그 결과 JCAHO는 환자 진료를 형편없이 하고 있다는 증거가 있는 병원도 승인을 해준다는 것이다. 그러니 이제 JCAHO의 승인은 병원의 질을 평가하는 척도로 더 이상 신뢰할 수 없게 되었다.[+]

근래에 눈에 띄게 달라진 입원의 한 양상은 바로 입원 기간이다.

과거에는 조현병으로 인한 입원은 대개 주나 심지어 달을 기준으로 이야기했다. 그러나 관리의료*와 보험사들의 압박 때문에 병원에 머무는 평균 기간은 급격히 줄어들었고, 지금은 일 단위로 이야기한다. 1993년에 급성 정신증 치료를 위한 평균 입원 기간은 13일이었지만, 2009년에는 9일로 줄었다. 결국 환자가 제대로 완화되기도 전에 일찍 병원에서 내보내지기 때문에 이는 환자와 가족 모두에게 막대한 문제를 초래한다.

　조현병에 걸린 사람이 자신에게 병이 생긴 것을 알아차리고 스스로 치료를 받으러 찾아간다면 이상적인 일이다. 1장에서도 말했듯이 불행히도 그렇지 못한 경우가 많다. 병이 들었다는 사실과 치료가 필요하다는 사실을 알아차려야 할 임무를 맡고 있는 신체기관이 바로 뇌인데, 조현병은 바로 그 뇌에 병이 생긴 상태이기 때문이다. 바로 이런 안타까운 사정 때문에 환자의 의지에 반해 정신과 치료를 위한 강제가 필요한 상황이 종종 발생한다. 여기서는 비자의 입원(입원 치료 명령

---

✛　한국에서는 보건복지부에서 정신의료 기관평가를 시행한다. 의료기관 인증은 보다 높은 수준의 의료서비스를 제공하고, 체계적이고 안전한 의료 시스템을 운영하며 의료사고 예방과 병원 환경 개선에 노력한다는 점을 공식 인정받는 것이다. 정신병원은 그동안 의무인증을 받아야 했는데 2021년 의료법 개정으로 자율인증으로 전환되었다.

✱　미국의 의료 체계는 민간 의료 체계인 관리의료managed care가 주도하고 있으며, 메디케어와 메디케이드를 비롯해 정부가 운영하는 의료보장제도가 제한적이고 보완적인 역할을 담당한다. 관리의료는 예방 활동을 통해 건강을 증진시켜, 의료서비스 수요를 줄임으로써 의료비 지출을 최소화하자는 취지에서 생겨났다. 그러나 관리의료의 주체가 민간 보험사들인 만큼 의료비와 보험료를 줄이기 위해 불필요한 의료 행위를 억제할 목적으로 보험사가 의료 내용을 관리하고, 환자와 의사, 의료기관은 그 제약 아래 놓인다.

제)inpatient commitment에 대해 이야기하고, 구속성이 덜한 지원 치료 형태인 외래환자 비자의 치료(외래 치료 명령제)outpatient commitment는 10장에서 이야기할 것이다.

정신과 환자를 대상으로 한 비자의 치료를 관리하는 모든 법은 연방법이 아닌 주법이다. 따라서 비자의 치료법은 주마다 다르며, 장기 비자의 치료에 관한 법률은 특히 더 차이가 크다. 1970년부터 1980년 사이 미국에서는 각 주의 법률이 정신질환자의 비자의 입원을 더욱 어렵게 만드는 쪽으로 크게 달라졌다. 여러 주가 이렇게 법률을 바꾸며 의도한 바는, 조현병 환자가 당장 자신 또는 타인을 해할 위험이 보이지 않을 경우에는 환자를 입원시키는 일을 사실상 불가능하게 만드는 것이었다. 이 까다로운 법률이 초래한 문제점들 때문에, 입원과 치료가 필요한 환자의 비자의 입원과 치료가 가능하도록 법률을 수정해야 한다는 견해가 확대되고 있다.

법적으로 정신과 환자의 비자의 치료에는 두 가지 근거가 있다. 첫째 근거는 **국가 부권**parens patriae으로, 국가가 장애가 있는 국민을 부모의 자격으로서 보호할 권리를 말한다. 이는 군주가 모든 백성의 아버지라는 신념에서 생겨난 개념이다. 질병의 증상 때문에 자신에게 치료가 필요하다는 사실을 인지하지 못하거나 기본적 욕구를 충족할 수 없을 만큼 심한 장애 상태가 되었을 때는 국가 부권을 발동할 수 있다. 비자의 치료에 대한 둘째 법적 근거는 위험한 국민으로부터 다른 국민을 보호해야 할 국가의 권리다. 이 권리는 환자가 정신질환 때문에 타인에게 위험한 상태가 되었을 때 사용된다.

또한 비자의 치료에는 응급과 장기 두 종류가 있다. 비자의 치료법

의 기본 목적은 정신질환자에게 필요한 진료를 제공하고 그들이 자신
이나 타인에게 해를 입히는 일을 방지하기 위해, 적절한 때에 강제로
치료를 받게 하는 것이다. 주마다 법이 다르지만 일반적으로는 다음과
같은 절차로 행해진다.

  1. 정신질환이 있다고 간주되는 사람의 응급 비자의 치료를 원하는
청원이 개시되어야 한다. 대부분의 주에서 다음에 해당하는 한 사람이
이 절차를 행할 수 있다. 예를 들어 테네시주에서 청원서를 작성해 제
출할 수 있는 사람은 "간호와 치료가 필요하다고 여겨지는 당사자의
부모, 법정 후견인, 법정 양육자, 보호자, 배우자 또는 책임 있는 친척,
[특정 요건을] 충족하는 면허가 있는 의사 또는 심리학자, 의료복지 혹은
공공복지 담당관, 해당 주에서 체포 권한이 있는 경찰관, 해당 환자가
속해 있는 시설의 책임자"다. 누구나 응급 비자의 치료 청원을 개시할
수 있는 주도 많다.

  2. 청원을 개시하는 사람은 의사(꼭 정신과 의사일 필요는 없다)에게
비자의 치료가 필요하다고 여겨지는 사람의 검사를 요청한다. 일부 주
에서는 검사자가 의사 두 명이어야 한다는 요건이 있고, 심리학자들에
게도 검사를 허용하는 주도 있다. 피검사자가 정신질환이 있고 비자의
치료에 대한 그 주의 기준에 부합한다고 검사자가 판단했다면, 검사
보고서를 작성해 청원서에 첨부한다. 해당 환자를 최근에 검사한 의사
의 진술서가 이러한 검사를 대체할 수 있는 주도 많다.

3. 검사는 개인 진료소, 정신의료 기관 또는 그 밖의 장소에서 할 수 있다.

4. 비자의 치료 신청 대상이 된 환자가 검사를 거부할 경우, 청원자가 선서하고 작성한 진술서 또는 청원서를 제출하도록 단서를 마련해 둔 주가 많다. 예를 들어 네바다주에서 그 단서는 "그 사람이 정신질환이 있으며, 그 병 때문에 자유롭게 방치할 경우 자신 또는 타인을 해할 가능성이 있다고 믿을 만한 개연성 있는 이유가" 존재하는 경우다.

5. 청원이 제출되면, 그 사람은 의사의 검사를 받으러 가야 한다. 거부할 경우 경찰관이 병원으로 데려가 검사를 진행할 수 있다.

6. 또는 그 사람이 정신질환이 있고 공공장소에서 이상하거나 위험하게 행동한다면, 경찰관이나 보안관, 정신건강 위기개입 팀 등이 그를 병원으로 데려가 의사의 검사를 받게 할 수 있다.

7. 병원에서 검사를 실시한 의사는 검사 결과에 근거해 그 사람이 그 주의 비자의 치료 기준에 부합하는지 판단한다. 부합할 경우 응급 비자의 치료가 실행되고 그를 병원에 남게 하며, 부합하지 않을 경우 병원에서 내보낸다.

8. 대부분의 주에서 응급 비자의 치료는 72시간 지속되며, 주말과 휴일은 72시간에서 제외한다. 그 기간이 끝나면 병원장 또는 환자 가

족이 법원에 더 장기적인 비자의 치료를 요청하는 청원을 하지 않을
경우 환자를 퇴원시켜야 한다. 청원할 경우 공청회가 열릴 때까지 계
속 병원에 있게 할 수 있다.

9. 장기 비자의 치료를 위한 공청회는 해당 병원 또는 법정의 한 방
에서 연다. 정신질환이 있다고 추정되는 사람은 공청회에 참석해야 한
다. 다만 공청회에 참석하는 일이 정신 상태에 해로운 영향을 준다고
의사가 증언하는 경우는 제외한다. 필요한 경우, 주에서 지정한 변호
사가 대리하며, 증거와 정당한 법 절차에 대해서는 통상적인 재판 규
칙이 적용되지만, 이런 공청회는 다른 법정 소송에 비해 형식에 덜 얽
매인다. 검사한 의사, 가족, 정신질환이 있다고 추정되는 사람이 모두
증언할 수 있다.

10. 공청회는 주에 따라 정신건강 위원회, 판사, 또는 유사한 법적
권위자 앞에서 열린다. 일부 주들에서는 당사자가 원할 경우 배심원
재판을 요청할 권리도 있다.

주마다 비자의 치료 절차가 차이를 보이는데 이는 비자의 치료를
주장하는 근거와 증거의 기준이 다르기 때문이다. 자신이나 타인에 대
한 위험만을 기준으로 삼고 그 위험을 매우 엄격하게 정의하는 주에서
는, 위험을 모호하게 정의하는(예를 들어 과거 텍사스주 법은 정신질환이 있
는 사람은 "자신의 복지와 보호, 또는 타인의 보호를 위해" 비자의 치료를 할 수
있다고 규정했다) 주보다 비자의 치료를 하기가 일반적으로 더 어렵다.

이와 유사하게, "장애가 심각"하거나 "치료가 필요한" 상태 그 자체가 비자의 치료의 근거가 되는 주에서는 중증 정신질환자가 비자의 치료를 받도록 하는 일이 더 쉽다.

앨라배마주와 메릴랜드주, 뉴욕주, 컬럼비아특별구를 제외하고 미국의 모든 주는 "장애가 심각한" 사람의 비자의 입원에 대한 규정이 있다. 알래스카주, 애리조나주, 아칸소주, 콜로라도주, 아이다호주, 일리노이주, 인디애나주, 미시간주, 미시시피주, 미주리주, 뉴햄프셔주, 노스캐롤라이나주, 노스다코타주, 오클라호마주, 사우스캐롤라이나주, 워싱턴주, 위스콘신주까지 17개 주에서는 "치료가 필요한" 사람에 대한 비자의 입원도 허용하고 있다.

정신질환에 걸린 사람이 치료를 받을 수 있도록 법에 의거한 비자의 입원 명령을 받아내기가 얼마나 쉬운지 혹은 어려운지를 결정하는 중요한 변수는 아마도 그 결정을 내리는 판사가 누구인지와 지역 공동체의 기준일 것이다. 법률가들이 잘 알고 있듯이 법은 한 방식으로 쓰여도 여러 방식으로 해석될 수 있으며, 정신과 비자의 입원과 관련한 법에 대해서는 특히 더 그렇다. 그러므로 같은 주에서도 어떤 판사가 다른 판사에 비해 위험을 더욱 엄격하게 해석할 수도 있다. 마찬가지로 한 판사에게는 '명확하고 설득력 있는 증거'가 다른 판사에게는 전혀 설득력이 없을 수도 있다. 지역사회에 따른 기준도 다양해서, 같은 주 안에서도 어떤 지역은 "미친 사람을 다 가두라"는 경향이 더 강하고 또 어떤 지역은 그들이 실제로 위험한 행동을 하지 않았다면 비자의 입원을 꺼린다. 또 하나 중요한 것이 현재 그 지역의 여론이다. 예를 들어 지역신문에서 정신질환자가 살인을 저질렀다는 보도가 나오면,

여론은 급성 증상이 있는 모든 사람을 비자의 입원시켜야 한다는 쪽으로 흐른다. 반면 주립 병원의 형편없는 환경을 폭로하는 기사가 나오면 절대적으로 필요한 경우가 아니면 아무도 비자의 입원을 시키지 말자는 쪽으로 의견이 쏠린다.

명백히 정신증을 앓고 있는 사람이 법 집행 당국과 법관들이 '자해 또는 타해의 위험'을 너무 엄격하게 해석한 탓에 비자의 치료를 받지 못해 벌어진 끔찍한 이야기가 너무도 많다. 나는 1984년에 컬럼비아특별구에서 너무나 요란하게 드러날 정도로 환각에 시달리며 도끼를 들고 도심을 돌아다니던 여성 노숙자를 검진한 적이 있다. 그때 경찰은 그 환자가 위험성을 증명할 어떤 행위도 **아직은 하지 않았기** 때문에 비자의 입원을 위해 병원에 데려가기를 거부했다. 위스콘신주에서는 "한 남자가 자기 집안에서 바리케이드를 치고 무릎에 소총을 올려놓고 앉아서 '죽인다! 죽인다! 죽인다!' 하는 소리를 내뱉고 있었다. 판사는 그 남자가 비자의 입원의 요건을 충족할 만큼 충분히 폭력적인 모습을 보이지 않았다고 판결했다."[9]

위스콘신주에서 열린 또 다른 공청회의 예다. 이미 말을 전혀 하지 않고 음식을 먹거나 몸을 씻는 것도 거부하며, 감옥에 수감되어 있는 동안 대변을 먹는 장면이 목격된 조현병 환자의 공청회였다. 그런 행동은 위험한 행동에 해당하지 않는다는 이유로 그는 석방되었다. 공청회에서는 다음과 같은 대화가 오고갔다.

> **국선변호인:** "의사 선생님, 어떤 사람이 대변을 한 번 먹는 것이 그 사람 자신에게 심각한 해를 입힐 만큼 위험한 일일까요?"

의사: "그건 분명 먹을 수 있는 것이 아닙니다. (…) 해롭거나 불필요하다고 여겨지는 성분들이 포함되어 있습니다."

국선변호인: "하지만 선생님, 그런 물질을 한 번 먹은 것이 반드시 그 사람에게 해를 입힐 거라고 말씀하실 수는 없지 않습니까?"

의사: "한 번으로는 분명 해가 안 되겠지요."

국선변호인은 환자가 물리적 상해나 사망에 임박한 위험에 처해 있지 않다는 근거를 들어 소송각하를 요청했고, 소송은 기각되었다.[10]

바로 이런 불합리하고 비인간적인 법적 판단들이, 비자의 치료에 대한 근거를 확장해야 한다는 지속적인 움직임을 촉발했다. 워싱턴주는 1979년에 제일 먼저 이 방향으로 옮겨갔고, 이후 몇몇 다른 주도 그 뒤를 따랐다. 현재 약 절반의 주가 법조문 자체는 조금씩 다르더라도 '치료 필요성'이나 '악화되는 임상 상태'를 비자의 치료 기준으로 삼고 있다.

1983년에 미국 정신의학회는 정신질환자의 행동이 그들의 정신의학적 상태가 '심각하게 악화'되어 치료가 필요한 상태임을 명백히 드러낼 때 치료를 받게 하는 법안을 비자의 치료 관련 법안의 모범적 예로 제안했다. 나는 그것이 주 법률들이 따라야 할 좋은 모범이라고 확신한다. 그 법안은 환자가 재발한 증세 때문에 위험을 실행에 옮기기 **전에** 그들을 치료할 수 있게 한다. 중증 정신질환 환자가 자해나 타해의 위험을 실행에 옮길 때까지 기다렸다가 그들을 치료하겠다는 태도는 많은 경우 정확히 그러한 위험이 반드시 실행되도록 하는 일이다.

법정도 이러한 기준의 중요성과 타당성을 인식했다. 1998년에 워싱턴주 대법원은 "정신질환 때문에 위험을 일으킬 수 있는 사람들에게서 지역사회를 보호하고, 스스로 자신을 보호할 능력이 없는 사람들을 보살피는 일"이 주의 합법적 이익에 부합한다고 밝혔다. 이와 유사하게 2002년에 위스콘신주는 '치료 필요성' 기준을 명시한 '제5기준Fifth Standard'에 대해 합헌 결정을 내렸다.

이 모든 것은 치료가 필요한데도 병원에 가기를 거부하는 사람이 있는 가족에게 무엇을 의미할까? 가족은 먼저 자신이 거주하는 주의 비자의 입원 절차와 기준을 알아봐야 한다. 가장 빠른 방법은 치료 옹호 센터 웹사이트로 가서 가장 가까운 정신병원의 입원부나, 대개 이 분야 전문가인 지역 법원 서기에게 연락하는 것이다. 이런 정보를 얻을 수 있는 또 다른 곳으로는 치료 옹호 센터, 전미 정신질환자 가족 연합의 지역이나 주 지부, 지역이나 주 정신건강부, 국선변호인 또는 경찰 등이 있다. 비자의 입원과 지원 치료에 대한 주별 기준을 요약 정리한 자료를 치료 옹호 센터 웹사이트에서 찾아볼 수 있다. 또한 가족은 위험성을 증명하기 위해 어떤 종류의 증거가 필요하고 인정되는지도 알아봐야 한다. 예를 들어, 타인에 대한 위협이 증거로서 충분한지 혹은 실제로 타인에게 부상을 입힌 적이 있어야 하는지 같은 기준들을 알아야 한다. 답은 주에 따라, 적용 방식에 따라 다르다. 대개의 경우 가족 중에 원하는 사람은 비자의 입원 공청회에서 증언할 수 있다. 필요한 증거가 무엇인지 가족이 아는지 모르는지에 따라 병에 걸린 가족이 필요한 치료를 받을지 못 받을지가 결정되는 경우가 많다. 가장 인간적이고 선진적인 치료 관련법이 있는 주에서도 가족들이 결연한 태도로 노력해서 주가 그들이 사랑하는 가족에게 제공할 수 있는 모든 보살핌을 받도록 요구해야 한다. 실제로 조현병 환자를 둔 많은 가족이 스스로 살아남기 위해서 결국에는 아마추어 법률가가 된다.

조현병 환자를 비자의 입원시키는 일이 가져오는 장기적인 결과는 꽤 다양하다. 스펙트럼의 한 끝에는 비자의 입원 후 가족과 관계 맺기를 거부하는 사람들이 있다. 어떤 사람들은 심지어 가출을 하기도 한다. 이른바 '정신의학 생존자들psychiatric survivors'이라는 더욱 급진적인 소비자단체는 주로 한때 비자의 입원을 했다가 나중에 그에 대한 분개를 직업으로 삼은 사람들로 이루어진 것 같다. 그들은 자신의 병을 자신의 정체성으로 받아들였다.

스펙트럼의 반대쪽 끝에는 나중에 돌이켜볼 때 비자의 입원이 자신에게 필요한 치료를 해주었기 때문에 비자의 입원을 매우 긍정적으로 평가하게 된 이들이 있다. 이 문제를 파고든 얼마 안 되는 연구 중 뉴욕의 존 케인John Kane 박사 팀의 연구가 있다. 그들은 비자의 입원한 환자 35명을 입원 직후에 한 번 인터뷰하고, 약 2달 후 퇴원 직전에 다시 인터뷰했다. 이를 통해 연구 팀은 대부분의 환자가 "원래 비자의 치료가 필요했다는 쪽으로 인식이 크게 바뀌었다"는 점을 발견했다.[11] 다른 연구들도 대부분 이와 유사한 결과를 보고한다. 나도 비자의 입원 공청회에 참석한 적이 있는데, 그때 조현병에 걸린 어머니는 강제 입원을 위해 증언하고 있는 딸에게 다시는 딸과 이야기하지 않겠다고 말했다. 그리고 1년 뒤, 약물 치료를 받고 증세가 완전히 완화된 어머니는 딸에게 가족 중 유일하게 자신에게 필요했던 치료를 받게 할 용기를 내어주어 깊이 감사한다고 말했다.

# 입원 외의 대안[+]

앞에서 이야기한 여러 이유 때문에 입원은 대개 처음으로 조현병 증상을 앓게 된 환자에게 반드시 필요하다. 이미 분명한 진단을 받았고 (주로 약물 치료를 중단한 탓에) 재발한 사람들은 때로 입원을 피할 수도 있다. 그들이 선택할 수 있는 몇 가지 가능한 대안이 있다.

하나는 응급실이나 진료소에서 주사로 놓는 약물을 사용하는 방법이다. 노련한 의사는 조현병 환자 중 약 절반을 6~8시간 만에 정신증 증상을 극적으로 줄임으로써 환자를 집으로 돌려보낼 수 있다. 그러나 이 방법에는 한 가지 문제가 있다. 가족들은 환자의 행동 때문에 너무 지쳐서 휴식이 필요한 경우가 많아 바로 귀가하는 환자를 받아들일 마음의 준비가 안 되어 있는 경우가 많다.[++]

점점 더 인기가 높아지는 또 하나의 대안은 환자가 사는 집을 방문해 상황을 평가하고 많은 경우 그 자리에서 바로 치료를 시작하는 이동 치료 팀을 활용하는 방법이다. 이는 입원을 효과적으로 줄일 수 있지만, 숙련되고 잘 조직화된 후속 치료가 더해질 때만 제대로 효과를 낼 수 있다.

근래에 생겨난 또 하나의 방법은 주와 카운티 들이 병원 외 다른 시설의 정신과 병상을 단기 입원용으로 점점 더 많이 활용하는 것인데,

---

[+]     응급실, 낮 병원을 제외하고는 한국 상황과 맞지 않는 부분이 많아 미국 상황을 참고하는 데 활용하길 권한다.

[++]    한국에서는 응급실 상황이 응급환자를 시간을 두고 처치하는 것이 쉽지 않아 그때그때 상황에 따라 적절한 처치를 한다.

주된 이유는 그런 병상이 더 저렴하기 때문이다. 이런 시설들은 14장에서 '준準병원'이라고 일컫는 곳으로, 정신질환 시설Institutions for Mental Diseases, IMDs이나 위기 쉼터crisis home처럼 장소마다 명칭은 다양하다. 캘리포니아주 정신질환 시설 중에는 병상이 200개 이상인 곳도 있는데, 명칭만 제외하면 모든 면에서 주립 정신병원과 비슷하다.

또 하나의 대안은 공중보건 간호사나 드물지만 의사에게 가정 방문을 요청해 집에서 환자를 치료하는 것이다. 이 방법은 잉글랜드에서 훨씬 많이 쓰는데, 아주 성공적으로 보인다. 이 방법은 또한 벤자민 파사매닉Benjamon Pasamanick 박사와 동료들이 1967년에 켄터키주 루이스빌에서 수행한 연구에서도 가능성이 증명되었다. 연구 팀은 "약물 치료와 공중보건 간호사의 가정 방문을 결합하면 입원해야 하는 상황을 효과적으로 예방할 수 있으며, 치료 방법으로서 가정 치료는 모든 기준에서 입원만큼 효과적이며, 대부분의 기준에서는 입원보다 더 낫다고도 볼 수 있다"고 결론지었다.[12] 나도 시골 마을에서 일할 때 가족이 환자를 가능하면 집에 두기를 바란다고 해서 이 방법을 사용한 적이 있다. 일주일 동안은 주사를 놓기 위해 하루 두 번 가정 방문을 해야 했지만, 그래도 성공적이었다.

부분 입원도 또 하나의 좋은 대안이다. 환자가 낮 동안 병원에 있다가 밤에는 집으로 돌아가는 주간병원과 병원에 가서 잠만 자는 야간병원⁺은 모두 각각에 적합한 환자에게 선별적으로 활용할 경우 좋은 효과를 낼 수 있다. 둘 다 완전 입원보다는 비용이 저렴하므로 그런 시

⁺    한국에서는 아직 야간병원은 운영되지 않는다.

설을 활용할 수 있는 지역사회에도 유용할 것이다. 이런 시설은 대개 24시간 의료시설과 제휴를 맺고 있다. 그러나 안타깝게도 미국에서는 두 시설 모두 필요에 비해 부족한 실정인데, 주된 이유는 연방이 메디케이드 자금을 운용하는 방식에 한계가 있기 때문이다.

## 치료비, 보험 동등성, 의료개혁[+]

입원과 후속 치료를 위한 최적의 장소 선택은 대개 비용이라는 현실 때문에 제한을 받는다. 천문학적 비용이 들어갈 수도 있어서 가장 부유한 사람조차 정신과 치료비 명세서를 펼쳐볼 때는 마음의 준비를 해야 할 정도다.

다른 미국인들과 마찬가지로 조현병 환자 중 상당수가 의료보험이 없다. 1998년에 정신증으로 처음 입원한 환자 525명을 조사한 결과에 따르면, 44퍼센트는 아무 보험도 없었고, 39퍼센트는 개인 보험이 있었으며, 15퍼센트는 메디케이드 또는 메디케어 대상이었고, 2퍼센트는 보훈국 지원을 받았다.[13] 개인 보험에 가입된 사람들의 경우, 다른 의학적 진단이나 외과적 진단에 비해 정신과 진단을 위한 입원 일수와 외래 방문 일수가 더욱 엄격하게 제한되는 경우가 많다. 이런 점은 정신과 급여에 대한 보험 동등성을 요구하는 큰 원동력이 되었고, 1990년 이후 대다수의 주에서 동등성을 의무화하는 법률을 통과시켰다.

[+]    한국 상황과 맞지 않는 부분이 많아 미국 상황을 참고하는 데 활용하길 권한다.

정신과 질환에 대한 보험 동등성에 저항하는 집단은 주로 보험금을
지급하는 보험사들이다. 이러한 저항은 정신과 의사들이 보험 체계를
활용해 비용을 부풀렸던 사실에 기인한다. 1985년의 한 연구는 사기와
남용으로 메디케이드와 메디케어 프로그램 적용 중단 처분을 받은 의
사 가운데 "정신과 의사가 과도하게 큰 부분을 차지한다"라고 보고했
다.[14] 그리고 정신과 의사들은 1990년대 초 사립 정신병원 보험 사기에
서도 큰 역할을 했다(이 일에 대한 자세한 내용은 조 샤키Joe Sharkey의 《베들럼:
미쳐버린 정신보건 체계의 탐욕, 부당이득, 사기Bedlam: Greed, Profiteering, and Fraud in a
Mental Health System Gone Crazy》에서 볼 수 있다).

또한 정신과 질환의 보험 동등성에 대한 저항은 미국 정신의학회
가 정의한 정신과 진단의 모호한 외적 한계 때문에도 생겨난다. 거의
누구나 뭐든 어느 진단 하나에는 해당할 수 있고 따라서 이론상으로는
누구나, 심리치료 혹은 입원에 대한 보험금 자격이 생기기 때문이다.
이 문제는 1999년 12월 〈월스트리트 저널〉의 사설이 잘 요약했다.

> '동등성'이 존재하지 않는 이유는, 명백한 장애를 치료하는 일을 제외하
> 면 '정신건강'이 매우 모호하고 개방적인 용어이기 때문이다. 문제는 명
> 백히 사소해 보이는 문제들에 대해 애매한 보험금을 끊임없이 지불하도
> 록 보험을 이용하며, 동시에 정신질환의 정의를 계속해서 확대해 보험
> 금 지불 범위를 넓히도록 로비를 펼쳐온 개인들과 '공급자 네트워크'가
> 정신건강보험을 악용해온 것이다.[15]

옹호자들이 수년간 노력해 보험 동등성을 명령하는 법안이 마침내

2008년에 의회를 통과했다. 이 법률 하에서는 메디케어와 개인 보험 모두 정신장애에 대해 공제금액과 공동 부담까지 포함해, 일반 의학 및 외과수술 서비스와 동등한 수준의 보험 혜택을 제공해야 한다. 조현병 환자는 대부분 개인 보험에 가입되어 있지 않기 때문에, 보험 동등법 자체가 이들에게 그리 큰 영향을 주지는 않는다.

　미국은 다른 어느 나라보다 보건의료에 많은 돈을 지출하지만 엄청난 지출에 비해 얻는 결과물은 그리 변변치 않다. 제도를 개선하려는 제안들은 언젠가 결국에는 조현병 환자에게 이롭게 작용할 것이다. 그때까지 개인 보험이 없는 조현병 환자에게는 메디케이드 급여에 대한 적격성을 입증해두는 것이 가장 중요한 일이다. 가장 쉬운 방법은 생활 보조금Supplemental Security Income, SSI을 신청해 자격을 확보하는 것이다. 생활 보조금 수령자는 자동으로 메디케이드 자격이 생기기 때문이다. 생활 보조금 신청은 8장에서 다룬다.

# 한국에서의 비자의 입원에 대한 현황과 논란

한국에서는 2017년 개정된 정신건강복지법이 국회를 통과해 현재 시행중이다. 하지만 이 법은 19대 국회 마지막 회기에 일괄 처리 하는 민생법안의 하나로 포함되어 보건복지 위원회(당시 위원장: 양승조 의원)에서 공청회 한번 없이 통과되었고, 이에 여러 문제점을 안고 있다.

비자의 입원의 기준을 (1) 치료 필요성이 있을 경우, (2) 자해나 타해 위험성이 있는 경우로 정하고 이 2가지 기준을 모두 만족해야 비자의 입원을 할 수 있다고 되어 있으나, 이는 세계보건기구에서 권장하는 a and/or b 기준을 잘못 해석한 것으로 풀이된다. 즉 and/or는 a나 b 중 하나가 있거나, 혹은 둘 다 있는 경우 모두 해당되는 법률적인 용어에 가까운데, 이를 국내에서는 잘못 해석해서 a and b로만 해석해 비자의 입원을 더 까다롭게 만들었다.

원래 취지인 비자의 입원을 까다롭게 해 결과적으로 필요 없는 장기입원을 줄이겠다는 정책이 잘못된 제도로 인해 실패하고 말았다. 2019년 국가 정신보건 현황 보고서에 의하면, 비자의 입원이 32.1퍼센트로 그 전에 비해 상당히 낮아진 것처럼 보이지만, 만성 환자의 비자의 입원을 자의 입원으로 바꾸는 경우나 입원 치료가 필요한 경우에도 입원을 잘 시키지 않는 경우 등을 포함해 입원 비율이 낮아진 것으로 파악되고 있다.

또한 탈원화의 일환으로 시작된 법 개정이지만, 실제 퇴원 환자는 별로 없는 것으로 파악되었다. 장기 입원을 줄이기 위해서는 더 이상 의학적인 입원 치료가 필요 없는 환자들이 지역사회에 나가서 생활할 수 있도록 하는 그룹홈, 재활시설, 낮 병원 등의 시설과 이를 돌봐줄 수 있는 정신의료 전문가, 즉 정신보건 사회사업가, 정신건강 간호사 등의 인력 확충이 더 중요한 정책이 되어야 하는데 아직도 이런 부분에 대한 투자는 거의 없다. 오히려 입원을 어렵게 해서 빨리 치료가 필요한 급성기 환자와 그 가족을 힘들게 만드는 정책적 오류가 된 셈이다. 하루빨리 현재의 정신건강복지법이 전면 개정되어 사법 혹은 준사법제도로 변화해 비자의 입원 판단을 법적 권한이 있는 곳에서 하는 이른바 '국가책임제'가 되어야 환자는 적절한 치료를 받을 수 있고, 가족들은 환자로 인한 고통에서 벗어날 수 있다.

## 한국의 의료보험과 의료급여 제도

한국의 의료보험은 모든 국민이 가입해야 하고, 진료를 받거나 입원을 하면 병원비는 본인부담금을 제외하고 정부에서 운영하는 보험공단에서 병원에 지불한다. 의료급여는 생활을 유지할

능력이 없거나 생활이 어려운 저소득층에게 국가가 세금으로 의
료서비스를 제공하는 사회보장제도다.

최근에는 2인실 병실까지 보험급여가 가능해져 미국에 비해
월등히 치료비가 저렴하다. 특히 의료급여 제도에서는 입원 정액
수가가 시행되어 기관 등급에 따라 일정 금액의 진료 비용을 국
가에서 부담한다. 그러나 약제 비용도 정액 수가에 포함되어 있
어 최근에 개발된 약물은 부작용이 적지만 값이 비싼 약물을 의
료급여 환자에게 사용하기 어려웠다. 2019년 6월부터는 약제 비
용을 별도로 산정하는 것으로 규정이 바뀌어 의료급여 환자에게
도 의료보험 환자에게 사용하는 약물을 사용할 수 있게 되었다.
현행 규정상 정신질환에 대한 정액 수가에는 진찰료, 입원료, 정
신요법료, 검사료 등 환자 진료에 필요한 모든 비용이 포함되어
있다. 의료급여에는 1종과 2종이 있는데, 1종은 매 30일마다 5만
원을 초과하는 금액, 2종인 경우 연 80만 원 이상을 초과하는 금
액을 의료급여 기금에서 부담한다.

+       이 부분은 감수자가 한국 상황에 대한 설명을 추가했다.

# 7

**조현병 치료: 약물 치료와 기타**

"정신이상은 마치 비처럼 선과 악을 가리지 않고 고루 뿌리며, 그것이 영원히 두려운 불행으로 남을 수밖에 없다 해도, 학질이나 열병에 죄나 수치가 없는 것처럼 정신이상에도 죄나 수치는 없을 것이다."

— 글래스고 로열 어사일럼 입원환자, 1860년[1]

약은 다른 많은 신체질병과 마찬가지로 조현병 치료에서도 가장 중요하다. 약이 조현병을 **완치**하지는 않지만 조현병 증상들을 **통제**한다. 당뇨병 약 역시 당뇨병을 완치하지 않고 통제하는 것처럼 말이다. 현재 우리가 조현병 치료에 사용하는 약들은 결코 완벽하지 않지만, 실제로 약을 복용하고 제대로 사용하면 대부분의 환자에게 효과가 있다.

조현병 치료에 쓰이는 약은 주로 항정신병약물antipsychotic이라고 한다. 신경 이완제neuroleptic 또는 주요 신경안정제major tranquilizer라고도 부르지만, 가장 좋은 용어는 항정신병약물이다. 약의 목적을 가장 잘 묘사

해주는 단어이기 때문이다. 최초의 항정신병약물은 일반명이 클로르프
로마진chlorpromazine이며 상품명으로는 소라진Thorazine, 라작틸Largactil 등
이 있다(이하 상품명은 괄호에 넣어 표기한다). 클로르프로마진은 1952년
프랑스에서 우연히 효능이 발견된 물질이다.


## 항정신병약물은 효과가 있을까

항정신병약물이 효과가 있다는 것은 잘 입증된 사실이다. 특히 조
현병의 양성 증상에 대해 효과적이지만 음성 증상이나 인지 증상에 대
해서는 효과가 적은 편이다. 평균적으로 처음 정신증 삽화를 경험한
환자 중 항정신병약물을 복용한 환자의 70퍼센트가 상당히 개선되었
고, 20퍼센트는 최소한으로 개선되었으며, 10퍼센트는 전혀 개선되지
않았다. 항정신병약물이 발견되기 전에는 많은 조현병 환자가 거의 평
생을 병원에서 보냈다는 사실을 기억하자. 항정신병약물을 규칙적으
로 복용한다면 재발과 재입원 확률이 현저히 감소한다. 예를 들어 이미
1975년에 존 데이비스John Davis 박사는 항정신병약물 복용 환자에 대한
연구 24건을 검토한 다음, 약을 규칙적으로 복용하는 사람은 그러지
않는 사람에 비해 재발 위험이 절반으로 줄었다고 밝혔다.[2] 2012년에
슈테판 로이흐트Stefan Leucht 연구 팀은 연구 65건을 검토한 후, 약물을
복용하기 시작해 1년이 지난 시점까지 항정신병약물을 복용한 조현
병 환자의 27퍼센트와 복용하지 않은 환자의 64퍼센트가 재발했다는
결과를 보고했다.[3] 이 결과가 의미하는 바는 약을 복용하면 절대 재발

하지 않는다거나 약을 복용하지 않으면 반드시 재발한다는 말은 아니지만, 약을 복용하면 재발할 확률이 현저히 줄어든다는 것이다. 항정신병약물 효능은 내과에서 사용하는 약 효능과 거의 동일하다. 게다가 5장에서 이야기했듯 항정신병약물이 조현병에 종종 동반되는 신경학적 증상들도 개선한다는 여러 증거가 있다.[4]

물론 항정신병약물이 효과를 내려면 환자가 약을 복용해야만 한다. 미국에서 진행한 여러 연구를 살펴보면 "조현병이 있는 응답자의 약 40퍼센트가 연구 시점에서 이전 6~12개월 동안 어떤 정신의료 치료도 받지 않았다"는 것을 알 수 있다.[5] 최근 유럽에서 실시한 2건의 대규모 연구에 따르면 항정신병약물을 쓰지 않은 조현병 환자가 약을 쓴 이들에 비해 더 일찍 사망한다.[6] 그러므로 환자가 제대로 약물 치료를 받지 못하는 것은 4장에서 살펴보았듯이 조현병의 조기사망률을 높이는 한 가지 이유로 볼 수 있다.

우리는 항정신병약물이 효과가 있다는 것은 알지만 그 약들이 정확히 어떻게 작용해서 효과를 내는지는 모른다. 항정신병약물이 기본적으로 뇌의 신경전달물질 수용체들, 특히 도파민 수용체를 표적으로 삼는다는 것은 안다. 그리고 이후에 밝혀졌듯이 세로토닌이나 글루탐산염, 가바, 노르에피네프린, 히스타민 같은 다른 신경전달물질의 수용체들을 표적으로 하는 약들도 있다. 그러나 여전히 우리는 신경전달물질들과 조현병 사이의 관계를 제대로 이해하지 못한다. 특정 항정신병약물이 어떤 수용체를 표적으로 삼는지 알면 어떤 부작용이 예상되는지는 알 수 있지만, 그 약의 효능에 대해서는 알 수 있는 게 별로 없다. 현재는 일부 항정신병약물이 감염원을 막아내는 효과도 있고 면역계에도 영향을 미친다는 사실이 알려져 있는데, 어쩌면 이것이 약이 효과를 내는 방식일지도 모른다. 어쨌든 우리는 아직 약의 작용 방식을 모른다. 그러나 생각해보면 우리는 아직 아스피린의 작용 방식도 알지 못한다.

## 누구의 정보를 신뢰할 수 있는가

항정신병약물은 거대한 산업을 이루고 있다. 복제약*들이 만들어지기 전까지 올란자핀(자이프렉사Zyprexa)은 한 해에 거의 30억 달러의 판매고를 올리던 제약 회사 일라이릴리의 베스트셀러였다. 2010년에 모든 항정신병약물의 매출액은 총 160억 달러에 이르렀다. 2014년에 아리피프라졸aripiprazole(아빌리파이Abilify)은 미국에서 가장 수익성이 높은 약품이었다. 조현병 치료 자체가 큰 산업이기 때문에 거대 제약 회사들은 지도적 조현병 연구자들에게 돈을 건네 그들의 영향력으로 저마다 자사 약품에 힘을 실으려 한다. 그러면 그 연구자들은 논문을 쓰고 임상가들에게 특정 약을 사용하라고 추천한다. 이런 이유로 정신건강 전문가들이 이런 약들에 대해 하는 말을 곧이곧대로 믿을 수가 없다.

---

\*      어떤 약물이 처음 발견 또는 발명되어 해당 관리 기관의 승인을 받으면 20년 동안 특허권 보호를 받는다. 특허 기간이 끝나면 다른 회사들도 같은 성분의 약품을 만들어 팔 수 있는데, 이런 약품을 복제약이라고 한다. 약 명칭에는 그 물질 자체를 가리키는 공식 명칭인 일반명과 상품명이 있는데, 예를 들어 올란자핀은 일반명, 자이프렉사는 상품명이다. 복제약의 경우 일반명은 그대로 쓸 수 있지만 같은 상품명은 쓸 수 없다.

게다가 제약업계는 대다수 항정신약 연구에 자금을 지원한다. 과거에 그들은 긍정적인 결과가 나온 연구만을 발표했지만, 근래에 들어서는 부정적인 결과까지 발표하는 회사들도 있다. 모든 연구를 대중에게 공개해야 한다는 규정이 필요하다.

　나는 제약 회사에서 돈을 받은 적이 한 번도 없으며, 이 장에서 추천하는 내용은 내가 알기로 제약 회사의 영향력에서 자유로운 동료들, 특히 존 데이비스와 그의 연구 동료들의 의견에 근거한다. 또한《최악의 약, 최고의 약 뉴스Worst Pills, Best Pills News》,《의학 서한》그리고 제약 회사들이 아니라 국립정신보건원이 자금을 대는 단체인 조현병 환자 성과 연구 팀Schizophrenia Patients Outcome Research Team, PORT[7]의 추천도 참고했다. 내가 보기에 이들의 추천이 가장 믿을 만하다. 텍사스 의약품 알고리즘 프로젝트Texas Medication Algorithm Project, TMAP를 비롯한 여러 지침은 대부분 제약 회사들이 자금을 대기 때문에 상당히 편향되어 있다.

## 어느 항정신병약물을 사용해야 하는가

　현재 미국에서 사용되는 항정신병약물은 경구투약용 알약 형태 20종과 장기 지속형 주사제 형태 6종이다(〈표 7-1〉, 〈표 7-2〉 참고).[+] 다른 나라에서 사용되는 약들도 있지만, 그중 아미설프리드amisulpride만이 높은 평가를 받아 추가할 만한 약이다. 안타깝게도 그 약을 만드는 프

----

+　　한국에서 아직 사용하지 못하는 약물들은 표에 별도로 표시했다.

랑스 회사 사노피Sanofi는 식품의약국FDA에 승인 신청을 하지 않았다. 또 예전에 미국에서 사용되다가 2010년에 철수된 몰리돈molindone(모반Moban)은 체중 증가 부작용이 가장 적은 약 중 하나였는데 이제 더 이상 구할 수 없어 아쉽다.

약 종류가 많아서 어느 약을 선택할지 갈피 잡기가 어려울 수 있다. 다음은 선택에 도움이 될 만한 일반적 사실들이다.

1. 클로자핀은 가장 효과가 좋은 단 하나의 항정신병약물로 꼽을 수 있으며, 다른 약들보다 훨씬 더 효과가 좋다. 폭력적 행동과 자살적 성향을 낮추는데 효과를 발휘한다고 증명된 유일한 약이기도 하다. 클로자핀도 몇 가지 부작용과 문제점이 있지만(아래 클로자핀 항목 참고), 일단 클로자핀 복용을 시도해보기 전에는 치료 저항성 조현병이라 단정해서는 안 된다.

2. 클로자핀을 제외한 나머지 모든 1세대(1990년 이전에 도입) 항정신병약물은 2세대(1990년 이후에 도입) 항정신병약물과 효과가 거의 같다. 1세대와 2세대는 부작용에서만 차이가 나고, 개별적인 약 사이에 차이는 있지만 전체적인 효능에는 차이가 없다. 미국과 유럽에서 실시된 대규모 연구들도 모두 효능이 동일함을 입증했다.

3. 항정신병약물의 효능을 비교한 가장 큰 규모의 연구는 15가지 약을 212번의 시험을 통해 평가한 것으로 그중 12가지는 미국에서 구할 수 있는 약이다.[8] 각 약은 효과 크기에 따라 우수한 약부터 위약 수

## 표 7-1. 미국에서 알약 형태로 구할 수 있는 항정신병약물

### 1세대[+]

| 항정신병약물 | 상품명 | 일반적 일일 용량(mg.) | 복제약 여부 |
|---|---|---|---|
| 클로르프로마진chlorpromazine | 소라진Thorazine | 400~600 | ○ |
| 플루페나진fluphenazine | 롤릭신Prolixin | 5~15 | ○ |
| 할로페리돌haloperidol | 할돌Haldol | 5~15 | ○ |
| 록사핀loxapine | 록시탄Loxitane | 60~100 | ○ |
| 페르페나진perhenazine | 트릴라폰Trilafon | 12~24 | ○ |
| 티오리다진thioridazine | 멜라릴Mellaril | 400~500 | ○ |
| 티오틱센thiothixene | 나반Navane | 15~30 | ○ |
| 트리플루오페라진trifluoperazine | 스텔라진Stelazine | 10~20 | ○ |

### 2세대[++]

| 항정신병약물 | 상품명 | 일반적 일일 용량(mg.) | 복제약 여부 |
|---|---|---|---|
| 아리피프라졸aripiprazole | 아빌리파이Abilify | 10~30 | ○ |
| 아세나핀asenapine[×] | 사프리스Saphris | 5~15 | × |
| 브렉스피프라졸brexpiprazole[×] | 렉설티Rexulti | 2~4 | × |
| 카리프라진cariprazine[×] | 브레일라Vraylar | 1.5~6 | × |
| 클로자핀clozapine | 클로자릴Clozaril | 400~800 | ○ |
| 일로페리돈iloperidone[×] | 파납트Fanapt | 12~24 | ○ |
| 루라시돈lurasidone[×] | 라투다Latuda | 40~80 | × |
| 올란자핀olanzapine | 자이프렉사Zyprexa | 15~20 | ○ |

| 팔리페리돈paliperiodone | 인베가Invega | 6~12 | ○ |
| 쿠에티아핀quetiapine | 세로퀠Seroquel | 400~800 | ○ |
| 리스페리돈risperidone | 리스페달Risperdal | 4~6 | ○ |
| 지프라시돈ziprasidone | 지오돈Geodon | 120~200 | ○ |

### 표 7-2. 미국에서 장기 지속형 주사제 형태로 구할 수 있는 항정신병약물[+]

| 항정신병약물 | 상품명 | 일반적 일일 용량(mg.) | 복제약 여부 |
| --- | --- | --- | --- |
| 플루페나진 데카노에이트[×]<br>fluphenazine decanoate | 프롤릭신Prolixin | 12.5~5mg,<br>2~3주에 한 번 근육주사 | ○ |
| 할로페리돌 데카노에이트<br>haloperidol decanoate | 할돌Haldol | 이전 일일 경구용량의<br>10~15배를 한 달에<br>한 번 근육주사 | ○ |
| 아리피프라졸<br>aripiprazole | 아빌리파이 메인테나<br>Abilify Maintena | 400mg,<br>한 달에 한 번 근육주사 | ○ |
| 아리피프라졸 라우록실[×]<br>aripiprazole lauroxil | 아리스타다<br>Aristada | 882mg,<br>6주에 한 번 근육주사 | ○ |
| 올란자핀 파모에이트[×]<br>olanzapine pamoate | 자이프렉사 렐프레브<br>Zyprexa Relprevv | 300~405mg,<br>한 달에 한 번 근육주사 | × |
| 리스페리돈<br>risperidone | 리스페달 콘스타<br>Risperdal Consta | 25~50mg,<br>2주에 한 번 근육주사 | 조만간 |
| 팔리페리돈 팔미테이트<br>paliperidone palmitate | 인베가 서스테나<br>Invega Sustenna | 117~405mg,<br>한 달에 한 번 근육주사 | × |
| 팔리페리돈 팔미테이트<br>paliperidone palmitate | 인베가 트린자<br>Invega Trinza | 410~819mg,<br>석 달에 한 번 근육주사 | × |

[+] 아래 × 표시로 된 약물은 현재 한국에서 허가되지 않은 약물로 사용할 수 없다.

**표 7-3. 12가지 항정신병약물의 효능 비교[+]**

| 항정신병약물 | 효능 점수 |
| --- | --- |
| 클로자핀 | 88 |
| 올란자핀 | 59 |
| 리스페리돈 | 56 |
| 팔리페리돈 | 50 |
| 할로페리돌 | 45 |
| 쿠에티아핀 | 44 |
| 아리피프라졸 | 43 |
| 지프라시돈 | 39 |
| 클로르프로마진 | 39 |
| 아세나핀[×] | 39 |
| 루라시돈[×] | 39 |
| 일로페리돈[×] | 39 |

준까지 점수를 매겼다(〈표 7-3〉 참고). 예상대로 클로자핀이 다른 모든 항정신병약물보다 훨씬 높은 점수를 받았고, 그 뒤를 올란자핀, 리스페리돈, 팔리페리돈이 잇고 있다. 마지막 둘은 화학적으로 매우 유사하다.

[+]         아래 × 표시로 된 약물은 현재 한국에서 허가되지 않은 약물로 사용할 수 없다.

4. 항정신병약물을 고를 때는 최근에 도입된 네 가지 약 루라시돈(라투다), 아세나핀(사프리스), 브렉스피프라졸(렉설티), 카리프라진(브레일라)은 안심하고 무시해도 된다. 넷 모두 특허 보호를 받는 중이어서 매우 비싸기도 하다. 예비 연구들에 따르면 네 약 모두 이전의 약들과 비슷한 모방 약물me-too drug일 뿐이며 추천할 만한 특별한 점도 없다. 브렉스피프라졸은 아리피프라졸에서 화학적으로 약간 변형된 약물일 뿐이다. 미국에서 항정신병약물로 판매할 약들에 대해 식품의약국이 요구하는 조건은, 기존 약들에 비해 효과가 비슷하거나 더 나아야 하는 것이 아니라, 위약보다 나은 효과를 내는 것임을 잊지 말아야 한다. 그러니 새로 나온 약 중에 예전 약들만큼 효과가 좋지 않은 것도 많다.

5. 이제는 항정신병약물을 고를 때 가장 먼저 부작용을 고려해야 한다는 것은 널리 인정된다. 주요 부작용은 종종 혈당 상승과 혈중 지질 증가까지 동반하는 체중증가이며, 이는 심장마비와 뇌졸중의 위험 요인이기도 하다. 혈당 상승은 이전에 혈당 문제가 전혀 없었던 사람에게도 일어날 수 있으며 아주 빠르게 혈당이 치솟을 수도 있는데, 단 이런 혈당 문제는 체중이 심하게 증가하지 않은 환자들에게는 흔치 않다. 혈당이 매우 높은 수치까지 상승하면 치명적일 수도 있는 케톤산증ketoacidosis이 생긴다. 이 문제에는 명백히 유전적 소인이 작용하며 아프리카계 미국인들 사이에 더 흔히 나타난다. 이 부작용들은 2세대 항정신병약물, 특히 클로자핀(클로자릴)과 올란자핀(자이프렉사)을 쓰는 환자가 더 많이 경험한다. 클로르마진(소라진), 티오리다진(멜라릴), 쿠에티아핀(세로퀠), 리스페리돈(리스페달), 팔리페리돈(인베가) 역시 체중

을 증가시킬 수 있다. 할로페리돌(할돌)과 플루페나진(플루릭신), 록사핀(록시탄), 페르페나진(트릴라폰), 티오틱센(나반), 트리플루오페라진(스텔라진), 지프라시돈(지오돈), 아리피프라졸(아빌리파이)은 이런 문제를 일으킬 가능성이 작은 편이지만, 1세대든 2세대든 항정신병약물은 이 문제를 유발할 수 있다. 그러므로 의사는 항정신병약물 치료를 시작할 때 모든 환자의 기준 체중을 측정해두는 것이 좋고, 또한 클로자핀(클로자릴)과 올란자핀(자이프렉사)을 복용하는 환자들에게는 기준 혈당과 A1c 혈색소hemoglobin A1c도 측정해두는 것이 좋다. 이 약들을 복용하는 첫 해 동안은 체중과 혈당을 주기적으로 점검해야 한다. 클로자핀을 쓰는 환자는 백혈구수를 검사(클로자핀 항목 참고)할 때 혈당도 확인하면 된다. 체중증가를 유발하는 약을 쓰는 환자에게는 식습관에 도움을 줄 영양사를 소개하고, 체중조절을 위해 운동량을 현저히 늘리는 것이 좋다. 체중증가는 약물 치료를 시작하고 처음 몇 달 동안 가장 급속하게 일어나는데, 바로 그 시기가 식이요법과 운동이 가장 중요한 때다.

6. 고려해야 할 또 다른 부작용은 다양한 운동장애로, 이를 흔히 추체외로증후군extrapyramidal syndrome, EPS이라고 한다. 여기에는 경직, 떨림, 느려진 움직임, 목과 눈 또는 둘 중 하나의 근육이 급격히 경직되는 것(급성 근육긴장이상반응-acute dystonic reaction), 끊임없이 걸음을 옮기게 만드는 좌불안석증akathisia 등이 포함된다. 이 증상들은 항정신병약물의 흔하고도 매우 불쾌한 부작용이다. 환자에게 특히 무서운 느낌을 주는 것은 급성 근육긴장이상반응이지만, 영구적 손상은 초래하지 않으며 벤즈

트로핀benztropine(코젠틴Cogentin) 같은 항콜린제 약물로 몇 분 안에 증상을 가라앉힐 수 있다. 이런 이유로 정신과 의사 중에는 추체외로증후군 부작용이 생길 수 있는 항정신병약물을 사용하는 환자에게는 예방 차원에서 항콜린제도 처방하는 이가 많다. 그런 항정신병약물들로는 할로페리돌(할돌), 플루페나진(프롤릭신), 티오틱센(나반)이 있고, 정도는 약하지만 리스페리돈(리스페달)과 팔리페리돈(인베가)도 그런 부작용이 생길 수 있다. 다른 항정신병약물들도 그 부작용이 생길 수는 있지만 앞에 언급한 약들에 비해서는 그럴 확률이 낮다. 클로자핀(클로자릴)과 쿠에티아핀(세로퀠), 올란자핀(자이프렉사), 티오리다진(멜라릴)이 추체외로증후군을 일으킬 확률이 가장 낮다. 덧붙여, 경직과 떨림은 조현병의 신경학적 증상으로서도 일어날 수 있고, 항정신병약물 치료를 한 번도 안 한 환자들에게서도 일부 발생하는 경우가 있다. 추체외로증후군은 항콜린제를 사용해 치료할 수 있다. 베타 차단제beta blocker와 벤조디아제핀benzodiazepine도 흔히 사용되지만 항콜린제보다 효과는 떨어지고, 당연히 이 약들에도 각자의 부작용이 있다.

　항정신병약물의 부작용으로 발생할 수 있는 가장 심각한 운동장애는 지연운동이상증tardive dyskinesia이다. 보통 이 증상은 약물 치료를 시작한 후 몇 달 혹은 몇 년이 지날 때까지는 나타나지 않는다. 혀와 입의 비자발적 움직임으로 씹는 동작, 빠는 동작, 혀로 뺨을 밀어내는 동작, 입술을 핥는 동작 등이 포함된다. 때로는 여기에 팔다리, 혹은 드물지만 전신이 이유 없이 급격히 움찔하는 동작이 더해지기도 한다. 지연운동이상증은 일반적으로 환자가 약을 사용하고 있는 중에 시작되지만, 약을 끊고 얼마 후에 시작되는 경우도 있다. 때로는 무한정 지속되기도 한다.

지연운동이상증 발병은 확실히 예측할 수 없는데 이는 조현병이 진행되는 과정의 일부로서 생길 수도 있고 약물 치료 부작용으로 생길 수도 있기 때문이다. 항정신병약물이 발견되기 전인 1845년부터 1890년까지 잉글랜드의 한 정신병원에 입원한 600명 이상의 환자 기록을 조사해보았더니 "비정상적인 동작과 자세가 기이할 정도로 많았고, (…) 조현병 환자의 거의 3분의 1에게서 지연운동이상증으로 보이는 운동장애가 나타났"음을 알 수 있었다.[9] 항정신병약물 치료를 전혀 하지 않은 조현병 환자들에게서 자연적으로 발생한 운동장애 연구에 따르면, 30세 이하 환자 중 12퍼센트, 30세부터 50세 사이 환자의 25퍼센트에서 지연운동이상증이 나타났다.[10] 지연운동이상증 발생률에 대한 대부분의 추정치는 모두 약물과 관련해 발생한다고 가정하지만, 사실 그중 상당 부분이 약물과는 무관하다는 말이다. 이 문제를 연구한 한 논문은 적절하게도 "움직이는 모든 것이 지연운동이상증은 아니다"라는 제목을 달고 있다. 이 논문 저자들은 약물 부작용으로 발생한 지연운동이상증의 실제 발생률은 20퍼센트 미만이라고 결론지었다.[11] 이 결과는 1980년에 이 주제에 관한 미국 정신의학회 태스크포스가 내놓은 추정치인 10~20퍼센트 범위 안에도 들어간다.

1세대 항정신병약물이 2세대 약보다 지연운동이상증을 더 많이 일으키는 것으로 보이지만, 어느 약에서나 그 부작용이 일어날 수는 있다. 지연운동이상증에는 남성보다 여성이 더 취약한 것으로 보인다. 환자, 가족, 정신건강 전문가 들은 지연운동이상증의 초기 징후가 보이는지 잘 살펴야 하는데, 특히 혀로 뺨을 미는 동작이 나타나는지 주

의해야 한다. 증상이 시작됐다면, 2세대 항정신병약물로 바꾸거나, 일부 사례에서 효과가 있었다고 보고된 다른 여러 치료법들, 요컨대 온단세트론ondansetron, 발베나진valbenazine, 테트라베나진tetrabenazine, 전기경련요법 등을 시도해볼 수 있다. 추가 치료를 하지 않는다고 해서 지연운동이상증이 반드시 악화되지는 않는다. 환자 44명을 10년간 추적 연구한 결과 30퍼센트는 더 악화되었고 50퍼센트는 같은 수준을 유지했으며, 20퍼센트는 항정신병약물을 계속 사용했음에도 실제로 증상이 호전되었다.[12]

7. 일부 항정신병약물은 프로락틴prolactin이라는 호르몬 분비를 증가시킴으로써 성적인 면의 부작용을 유발할 수도 있다. 프로락틴 양이 증가하는 현상은 조현병 질병 과정의 일부로서도 일어날 수 있다. 프로락틴 양이 증가하면 젖흐름증, 가슴이 다소 커지는 여성형유방증, 월경불순, 성기능장애를 일으킬 수 있다. 프로락틴 분비가 만성적으로 증가하면 골다공증을 유발할 수 있다는 견해도 있다. 프로락틴 분비를 증가시킬 가능성이 가장 큰 약은 리스페리돈과 팔리페리돈이다. 지프라시돈과 모든 1세대 약의 위험성은 중간 정도다. 아리피프라졸, 쿠에티아핀, 올란자핀, 클로자핀은 프로락틴 분비를 증가시킬 가능성이 가장 작다.

프로락틴 양이 증가하는 현상은 양날의 검이라는 점도 지적하고 넘어가야겠다. 원치 않는 부작용을 유발할 수도 있지만, 동시에 월경주기에 혼란을 일으켜 임신할 가능성을 현저히 줄이기도 한다. 그래서 1990년대에 프로락틴 분비가 늘어나는 데 영향을 미치는 1세대 항정신병약물에서 그럴 가능성이 작은 올란자핀이나 클로자핀 같은 2세대 약으로 바꾼 여성 조현병 환자 중에 예상치도 원하지도 않았던 임신을 한 사람이 많았다.

8. 과도한 진정sedation 역시 곤란한 부작용으로, 특히 직장이 있는 조현병 환자에게 더욱 문제다. 진정은 처음 항정신병약물 치료를 시작할 때 가장 심하고 갈수록 강도가 약해진다. 클로자핀(클로자릴)이 가장 심하게 진정을 유발하며, 쿠에티아핀(세로퀠), 지프라시돈(지오돈), 클로르프로마진(소라진), 티오리다진(멜라릴)도 진정을 유발할 수 있다. 진정 부작용이 가장 적은 약은 아리피프라졸(아빌리파이), 일로페리돈(파납트), 팔리페리돈(인베가)이다. 나머지 약은 진정 상태를 일으킬 위험성이 중간 정도다. 취침 시간에 약을 복용하면 진정을 최소화할 수 있다. 진정시키는 항정신병약물은 조현병 환자가 잠을 더 잘 자도록 돕는 데도 사용할 수 있다.

9. 부정맥 같은 특정 심장 전도 문제가 있는 환자라면 사용하지 말아야 할 항정신병약물도 있다. 특히 티오리다진과 지프라시돈은 쓰지 말아야 하고, 아세나핀과 클로르프로마진, 일로페리돈도 조심해야 한다. 2세대의 아리피프라졸과 팔리페리돈, 그리고 나머지 1세대 약은 안전한 편이다.

10. 항정신병약물 중 마약성 취기를 얻기 위해 남용되는 것으로 알려진 유일한 약은 쿠에티아핀(세로퀠)이다.[13] 빻아서 흡입하거나 정맥

주사로 맞을 수도 있고 거리에서 판매되기도 한다.

11. 약값을 다룬 부분에서도 이야기하겠지만 항정신병약물의 가격은 매우 범위가 넓다. 비용을 환자나 가족이 지불한다면 가능하면 덜 비싼 약 중 하나를 사용하기를 원할 것이다. 《의학 서한》(2016년 12월 19일 자)에 따르면 경구 항정신병약물 중 올란자핀과 리스페리돈 가격이 가장 저렴하다. 소매가는 다양하지만 도매가는 30일 분량, 즉 한 달 치가 20달러다. 할로페리돌, 록사핀, 쿠에티아핀, 티오리다진, 지프라시돈도 비교적 저렴한 편이다. 약값은 중증 정신질환이 있는 다수의 재소자에게 약물을 공급해야 하지만 재원이 상당히 빠듯한 구치소와 교도소 입장에서도 중요한 고려사항이다.[+]

12. 항정신병약물 선택을 돕는 데 유전자 검사가 어떤 역할을 할까? 유전학자들은 이른바 약물유전학이 널리 '개인화된 의료'를 불러올 것이라고 말해왔다. 그러나 약물유전학은 일부 희귀 유전질환이나 일부 암에 대해서는 전망이 밝을지 모르나 조현병에 대해서는 그렇지 않다. 미래에는 유전자 검사가 항정신병약물의 부작용을 예측하는 데 어느 정도 역할을 할 수 있을지도 모르지만, 현재로서는 조현병에 대한 유전자 검사의 역할을 운운하는 것은 대체로 부풀려진 말일 뿐이다.

[+]  항정신병약물의 가격은 나라에 따라 큰 차이가 난다. 한국의 약가는 일반적으로 미국에 비해 월등히 싼 편이다.

　　13. 여성 조현병 환자가 원치 않는 임신을 하는 상황은 문제가 될 수 있다. 일반적으로 항정신병약물은 태아에게는 비교적 안전하다고 여겨지며, 리튬이나 발프로에이트 같은 약에서 초래될 수 있는 태아 기형과는 무관하다. 한 연구는 올란자핀(자이프렉사)과 할로페리돌(할돌)이 다른 항정신병약물보다 더 쉽게 태반을 통과한다는 사실을 밝혀냈는데, 그래서 어떤 결과가 생기는지는 알려지지 않았다. 발표된 모든 관련 연구를 검토한 최근의 한 연구에서는 대사이상과 연관되는 2세대 항정신병약물을 쓰면 출생 당시 무거운 신생아를 낳는다고 보고했다.[14] 그러므로 이런 경우 1세대 약물을 쓰는 게 더 나을 수도 있겠다. 이 문제에 대한 더 자세한 논의는 10장에서 볼 수 있다.

## 초발 정신증 치료 계획

　　지금까지 기본적인 사항들을 살펴보았는데, 이제 이를 실제 환자 치료에는 어떻게 적용해야 할지 알아보자. 처음으로 정신증적 장애가 발생한 사람은 약을 어떻게 선택해야 할까? **약을 선택하는 일은 가능하기만 하다면 반드시 환자와 환자 가족이 정신과 의사와 함께해야 한다.** 이런 공동 결정은 환자를 존중하는 태도일 뿐 아니라, 환자가 치료에 더 잘 참여하게 하고 약을 더 잘 받아들이게 한다. 이 주제를 다룬 한 유용한 논문에서 잘 표현했듯이 공동 결정은 "심각한 정신장애 진단 이후 삶의 회복이라는 맥락에서 그 치료가 주는 장점과 단점을 평가할 수 있는 견본을 [환자와 가족에게] 제공한다."[15] 내가 치료한 환자 중에는 자신의 병을 잘 인식하고 있어서, 자신이 느끼는 병세에 따라 정해진 범위 안에서 복용량을 독립적으로 늘리거나 줄일 수 있는 이들도 있었다. 그러나 안타깝게도 공동 결정을 할 수 있는 조현병 환자는 전체의 약 절반에 지나지 않는다. 나머지 절반은 정도의 차이는 있지만 질병인식불능증이 있어서 자신에게 병이 생겼다는 것을 전혀 인정하지 않는다. 이런 환자들은 비자의 치료를 할 수밖에 없는데, 이는 10장에서 다룬다.

처음 정신증이 발병한 사람들을 위한 치료 계획의 한 예를 〈그림 7-1〉에서 볼 수 있다. 제일 먼저 고려할 사항은 환자가 폭력적이거나 자살 위험이 있는지 여부다. 이런 경우 클로자핀[+]이 가장 좋은 선택이지만, 이 약은 낮은 용량에서 시작해서 서서히 용량을 늘려가야 하기 때문에 즉각 사용할 수 없는 경우도 있다. 따라서 많은 경우 이런 환자들은 어쩔 수 없이 다른 항정신병약물로 안정시킨 뒤 몇 주 후에 클로자핀으로 바꿔야 한다. 또한 치료 계획 초기에 가격 문제를 알려, 환자 개인이나 가족이 비용을 책임져야 하는 경우라면 최대한 저렴한 항정신병약물로 시작하게 한다. 2016년 현재를 기준으로 약값은 복제약이 존재하는 올란자핀과 리스페리돈이 가장 저렴하지만, 할로페리돌, 록사핀, 쿠에티아핀, 티오리다진, 지프라시돈도 다른 항정신병약물에 비해 감당할 만한 편이다. 처음부터 환자가 감당할 수 없는 가격의 항정신병약물로 치료를 시작하는 것은 실패를 부르는 처방이다. 환자가 자발적으로 약을 복용하지 않을 확률이 높다면, 필요한 경우 장기 지속

---

[+] 일반적으로 클로자핀은 다른 약물이 잘 듣지 않는 환자에게 사용하는 가장 마지막 약물이었으나, 최근에는 비교적 질병 초기부터 사용하는 경향이 있다.

**그림 7-1. 초발 정신증 치료 계획**

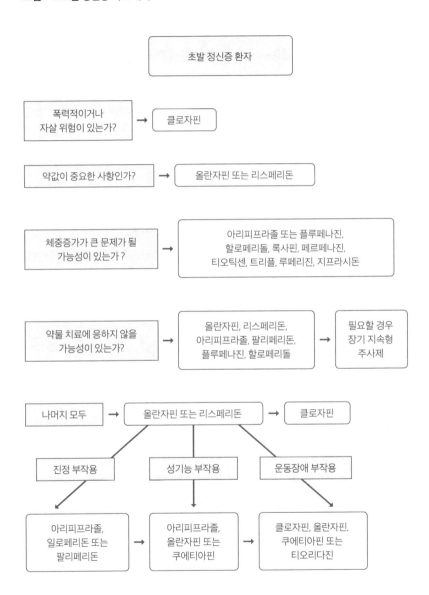

형 주사제로 투여할 수 있는 약 가운데 하나로 시작하는 것이 현명한 선택이다.

이어서 이 치료 계획은 체중증가 문제를 짚고 넘어가게 하는데, 이는 혈당과 혈내 지질 증가 문제까지 수반할 수 있고, 항정신병약물 치료에서 가장 골치 아픈 부작용으로 대두된 문제다. 환자가 이미 과체중이거나 당뇨 전 단계일 경우, 또는 환자 본인이 체중증가를 큰 재앙으로 여길 가능성이 있는 경우라면, 〈그림 7-1〉에 소개한 체중증가를 일으킬 가능성이 가장 적은 약들로 치료를 시작하는 것이 합리적이다.

다른 나머지 환자에게는 첫 치료에 올란자핀이나 리스페리돈을 사용할 것을 제안하는데, 앞에서도 이야기했듯 클로자핀을 제외하면 이 약들이 효과가 가장 좋다는 평가를 받고 있기 때문이다. 첫 시험 치료 기간 동안 진정이나 성적 부작용, 운동장애 부작용 등이 나타나면 해당 부작용에 따라 〈그림 7-1〉에서 소개한 다른 약으로 바꾸면 된다. 한 가지 표준적인 항정신병약물(즉, 올란자핀 또는 리스페리돈)을 적절한 방식으로 시도했는데도 치료 반응이 나타나지 않는다면 다른 약을 시도해볼 수도 있고, 클로자핀 복용을 실험적으로 시작해볼 수도 있다. 최근 유럽에서 실시한 한 연구에 따르면, 첫 번째 표준적 항정신병약물에 반응하지 않았다면 두 번째 약에 반응할 확률도 높지 않다고 한다. 그러므로 이때는 정신증 증상을 가능한 한 빨리 완화할 수 있도록 가장 효과적인 항정신병약물인 클로자핀을 시도해봐야 한다. 이 계획에서는 클로자핀 복용을 시작하기 전에 반드시 표준적인 항정신병약물 두 가지를 다 써봐야 한다고 제안하지는 않는다.

# 용량과 지속시간

항정신병약물의 최적 용량은 유전적 요인, 내장의 약 흡수 차이, 약이 혈뇌장벽을 넘어 뇌로 들어가는 능력의 차이, 그 밖의 밝혀지지 않는 여러 요인에 따라 사람마다 크게 차이가 난다. 〈표 7-1〉에서 제시한 각 약의 일반적 일일 용량은 평균값이다. 그보다 적은 양이 필요한 사람도 있고 더 많은 양이 필요한 사람도 있다. 항정신병약물 용량의 개인차를 보여준 연구가 있다. 이 연구에서는 한 무리의 환자에게 모두 플루페나진 20밀리그램을 투약한 후 혈액 내 약물 수치를 측정했는데, 환자에 따라 가장 낮은 혈중 수치와 가장 높은 수치는 무려 40배까지 차이가 났다.[16] 그러니 항정신병약물의 용량에 관해서는 모두에게 맞는 양이란 없으며, 융통성을 발휘해야 한다. 어떤 환자는 적은 용량에도 좋은 효과가 나지만, 동일한 효과를 얻기 위해 아주 많은 용량이 필요한 환자도 있다.

용량 차이의 다른 원인으로 성별과 인종도 있다. 일반적으로 여성이 남성에 비해 적은 용량으로 충분하다. 인종에 따라서 똑같은 효과를 내는 데 다른 인종보다 더 높은 용량이 필요한 경우도 있다. 이는 항정신병약물 대사에 필요한 효소들의 분포가 인종에 따라 차이 나기 때문이다.[17] 연구들에 따르면 백인과 아프리카계 미국인은 필요한 용량이 거의 비슷한 반면, 히스패닉 환자들은 필요 용량이 더 적고, 아시아 출신은 네 집단 중 필요 용량이 가장 적다고 한다. 물론 이는 통계적인 일반화일 뿐이며, 개인 간에도 효소 수치에는 차이가 있기 때문에 인종 차를 기준으로 개개인의 필요 용량을 예측할 수는 없다. 그리고 처음에는 낮은 용량으로 치료를 시작해 서서히 양을 늘리는 것이 가장 좋다는 점 역시 일반적으로 합의된 사실이다. 하지만 폭력적이거나 자살 위험이 있다면 처음부터 높은 용량으로 시작해야 할 수도 있다. 마찬가지로 약물 치료를 중단할 때도 서서히 용량을 줄이는 것이 좋다.

최초로 발병한 조현병 삽화 때문에 치료를 받는 환자의 경우, 항정신병약물 치료가 실패인지 아닌지 판단하기 전까지 얼마 동안이나 시도해야 할까? 동일한 약을 동일한 용량으로 복용해도 환자들 사이에서 혈중 약물 수치가 큰 폭으로 차이 난다는 점을 감안하면, 반응 속도 역시 매우 큰 차이가 나타난다는 것은 그리 놀라운 일이 아니다. 급성 조현증이 발병한 환자 중에는 사흘 만에 약에 반응하는 이들도 있고, 3주 혹은 심지어 3개월이 걸리는 사람들도 있다. 일반적으로는 2주가 지났는데도 증상이 전혀 개선되지 않는다면 다른 항정신병약물을 시도해볼 것을 추천한다.[18] 어느 정도 개선되었다면, 그 약을 최소한 8주는 계속 써보는 것이 좋다. 약의 개선 효과는 길게는 16주가 지나도록 계속 증가할 수도 있다. 한 연구에서 요약했듯이 "최초 삽화를 경험한 환자는 한 가지 항정신병약물로 치료한 지 8주에서 16주 사이에 치료 반응이 나타난다."[19]

첫 정신증 삽화 후에 일단 항정신병약물 치료를 시작했다면 얼마나 오랫동안 계속해야 할까? 이는 논쟁적인 질문으로 환자 본인과 가족, 치료하는 의사가 함께 답해야 한다. 한편으로 우리는 정신증 삽화를 경험한 사람 중 4분의 1은 다시 발병할 가능성이 적다는 사실은 알지만, 누가 그 4분의 1에 포함될지 확실히 예측하지는 못한다. 다른 한편으로 항정신병약물 치료를 더 오래한 사람들이 단기적으로도 장기적 (10년)으로도 더 좋은 결과를 보인다는 것을 보여준 최근의 연구들도 있다. 결정을 내릴 때는 결과의 예측 요인들(4장 참고)을 진지하게 고려해야 한다. 그 요인들이 꽤 괜찮고 약물 반응도 좋다고 가정하면, 아주 천천히 용량을 줄여가다가 몇 달 뒤에 마침내 약을 끊을 것을 제안한다. 증상이 어떤 식으로든 다시 나타난다면 즉시 약물 치료를 다시 시작해야 한다.

조현병이 재발할 때도 그 정도는 다양하다. 어떤 사람은 약을 끊고 며칠 만에 증상이 심각하게 증가하기도 하고, 여러 달 동안 증상 없는 상태를 유지하는 사람도 있다. 증상이 재발하는 것도 갑작스럽게 나타나기도 하고 매우 천천히 나타나기도 한다.

일단 조현병 삽화를 2회 이상 겪은 사람은 여러 해 동안 약 복용을 계속해야 할 가능성이 크다. 나는 그런 환자들에게 상대적으로 증상이 덜한 상태를 유지하기 위해 약을 먹어야 하는 당뇨병을 앓고 있는 것과 같다고 생각하라고 권한다. 때로는 용량을 더 늘여야 할 때도 있고 더 줄여도 될 때도 있다. 항상 증상이 다시 나타나는 것을 예방하면서도 가능한 한 용량을 낮게 유지하도록 노력해야 한다. 그러기에 적합한 용량은 환자마다 상당히 다르다. 과거에는 간헐적 투약으로 연구들을 진행했다. 환자에게 증상이 나타날 때만 항정신병약물을 주고 증상이 가라앉은 동안에는 약을 끊는 식이었다. 그런 연구들을 통해 간헐적인 투약이 대부분의 사람에게 효과가 없다는 사실이 드러났다. 조현병 환자들은 나이가 들수록 필요한 용량이 줄어드는 경우가 많고, 나이든 환자 중에는 약을 완전히 끊어도 괜찮은 이들도 있다.

항정신병약물 치료에 대한 반응이 사람마다 다르다는 점을 감안하면, **조현병 환자와 그 가족은 치료 과정을 계속 기록해두는 것이 좋다.** 이 기록에는 약과 용량, 반응, 부작용, 투약 기간이 포함되어야 한다. 이것을 기록해두면 이후에 치료할 때, 과거에 실패한 시도를 반복하지도 않고 시행착오로 치료 시간을 낭비하지 않아도 되니 정말 큰 도움이 된다. 치료 반응이 다른 것은 한 치료 팀을 지속적으로 유지하는 일이 중요한 또 하나의 이유다(9장 참고). 한 환자를 여러 해에 걸쳐 한 명의 정신과 의사와 치료 팀이 계속 담당하면 좋은 결과가 나올 가능성이 훨씬 높아진다.

## 클로자핀: 가장 효과적인 항정신병약물

클로자핀(클로자릴)은 조현병 치료의 모범이며, 여러 연구에서 다른 모든 항정신병약물보다 훨씬 효과가 좋다고 증명된 단 하나의 항정신병약물이다. 1993년에는 심지어 〈타임〉 표지에도 등장했다. 폭력적 행동과 자살 생각을 줄여주는 것으로 증명된 유일한 항정신병약물이며, 이런 용도에 대해 식품의약국의 승인도 받았다. 또한 연구들에 따르면 클로자핀은 조현병 환자의 체포율과 응급실 이용률도 줄이며, 무엇보다 때 이른 사망을 줄였다. 게다가 입원을 줄여 돈도 절약된다. 2016년의 한 연구는 보훈보건청이 클로자핀을 적절히 사용한다면 비용 지출 면에서 한 해에 8000만 달러를 줄일 수 있다고 보고했다.[20]

이렇게 혁혁한 기록에도 불구하고 클로자핀은 미국에서 자주 사용되지 않는다. 현재 미국에서 클로자핀을 처방받는 조현병 환자는 4퍼센트에 지나지 않는다. 이에 비해 독일에서는 20퍼센트, 오스트레일리아에서는 35퍼센트, 중국은 다양한 지역에 따라 25~60퍼센트를 처방받는다.[+] 미국에서는 클로자핀을 왜 적게 사용하는 것일까? 가장 중요한 이유는 아래에서 이야기하겠지만 클로자핀이 백혈구 감소를 유발한다는 평판 때문이다. 또 다른 이유는 클로자핀이 복제약이기 때문에 어느 제약 회사도 홍보하지 않는다는 점이다. 오히려 제약 회사들은 정신건강 전문가들에게 효과도 더 약하고 가격도 훨씬 더 비싼 최신 항정신병약물을 처방하도록 설득하는 데 수백만 달러를 쓴다.

클로자핀을 적게 처방하는 또 하나의 이유는 무시하지 못할 부작용들 때문이다. 진정은 큰 문제인데, 잠자리에 들 시간에 복용함으로써 어느 정도 진정의 심각성을 줄일 수 있다. 체중증가도 올란자핀(자이프렉사)과 함께 클로자핀이 갖고 있는 문제다. 또한 클로자핀을 복용하는 환자들은 과도한 침 분비, 변비, 이따금 요실금 문제를 겪을 수도 있다. 그러나 가장 심각한 부작용은 1000명 중 8명에게서 백혈구수치를 감소시키는 것으로, 이를 무과립구증agranulocytosis이라고 하며 계속 방치하면 목숨을 위협할 수도 있다. 이런 이유 때문에 클로자핀 복용을 시작한 후 첫 6개월 동안은 매주 혈액검사를 받아야 하며, 두 번째 6개월 동안은 2주에 한 번, 그 후로는 한 달에 한 번 혈액검사를 받아야 한다. 혈액검사를 통해 백혈구수가 3500mm³ 이하로 줄었는지 또는 절대호

---

[+]      한국에서는 약 5~8퍼센트 내외 처방되는 것으로 생각된다. 점차 그 사용률이 증가하고 있다.

중구수absolute neutrophil count, ANC가 2000mm$^3$ 이하인지 알 수 있다. 혈액 검사를 이대로 실시하면 클로자핀은 안전하다. 그런데 만약 혈액검사를 하지 않는다면 백혈구가 치명적인 수준으로 감소하는 것을 모르고 방치할 수도 있다. 현재는 이 혈액검사가 의무 사항이므로 클로자핀은 다른 항정신병약물과 같은 수준으로 안전하다고 보아도 된다. 2007년 에는 무과립구증 발생 가능성을 예측하는 데 도움이 되는 유전자 검사 법이 시장에 등장했다. 하지만 이 검사는 절대적인 답을 주는 것이 아니라 환자들을 저위험군과 고위험군으로 나눠줄 뿐이므로 그 유용성은 제한적이다.

　무과립구증의 위험 때문에 클로자핀은 보통 제일 먼저 사용하는 약물로는 선택되지 않는다. 그러나 **클로자핀을 시도해볼 때까지는 어떤 조현병 환자도 치료 저항성이 있다고 단정해서는 안 된다.** 클로자핀은 또한 공격성, 자살 생각, 지연운동이상증이 심각한 조현병 환자에게 적합하다. 클로자핀의 효과를 충분히 시험해보려면 하루 500~800밀리그램 용량으로 12주 동안은 계속 사용해야 한다. 물론 더 낮은 용량에서도 반응하는 환자도 있다. 많은 임상의가 혈중 클로자핀 수치를 측정해 치료 효과를 낼만한 수준인지를 판단하는데, 최소한 혈액 1밀리리터당 350나노그램(350ng/ml)이어야 한다고 말한다. 클로자핀의 혈중 수치가 높을수록 낮은 수치보다 치료 효과가 더 좋다는 증거가 있다. 그러나 클로자핀 대사 방식이 개인마다 차이가 나므로 환자 각자가 필요로 하는 용량에도 큰 차이가 있다. 2017년에 루이스 오플러Lewis Opler 등이 쓴 클로자핀에 관한 유용한 책 한 권이 출판되었다(7장 추천 참고 문헌 목록 참조). 클로자핀에서 도움을 받은 한 환자가 세운 큐어스 재단CURESZ Foundation<sup>*</sup>도 클로자핀의 사용을 권장한다(www.curesz.org).

## 모니터링: 환자가 항정신병약물을 잘 복용하고 있는가

조현병 환자에게 재발과 재입원이 발생하는 단 하나의 이유는 그 사람이 약물 치료를 받아들이지 않아서다. 이는 10장에서 더 자세히 이야기한다. 그들이 약을 거부하는 데는 여러 가지 이유가 있지만, 가장 흔한 이유는 자신이 병들지 않았다고 생각하는 것인데, 1장에서 이야기했듯 이는 질병인식불능증 때문이다.

조현병 환자가 항정신병약물을 실제로 복용하도록 확실히 해두는 데는 몇 가지 방법이 있다. 뺨이나 혀 밑에 알약을 숨겨두었다가 나중에 뱉어내는 환자들은 입안에 들어가면 금세 분해되어 흡수되는 형태의 약을 사용하면 된다. 이런 약들로는 리스페리돈(리스페달 M-탭Risperdal M-Tab)과 아리피프라졸(아빌리파이 디스크멜트Abilify Discmelt), 올란자핀(자이프렉사 자이디스Zyprexa Zydis), 클로자핀(클로자릴 파자클로Clozaril FazaClo)이 있다.

많은 항정신병약물이 물약 형태로도 나오는데, 이는 알약을 잘 삼키지 못하는 사람과 뺨에 알약을 숨기는 사람에게 유용하다. 물약으로 된 항정신병약물의 단점은 용량을 맞출 때 실수할 위험이 크다는 점과 약값이 상당히 비싸다는 점이다. 물약 항정신병약물은 보통 주스(자

---

\*      Comprehensive Understanding via Research and Education into Schizophrenia Foundation이라는 뜻의 단체로 연구와 교육을 통해 조현병의 포괄적 이해를 돕기 위해 설립되었다.

몽 주스는 제외)에 타서 복용하는데, 대개의 경우 커피나 차, 콜라와 함께 복용하는 것은 좋지 않다. 카페인은 약의 흡수 속도를 높여 혈청 내 약물 농도를 증가시킨다고 여겨지기 때문이다. 물약 제제로 구할 수 있는 약들은 클로르프로마진(소라진), 플루페나진(프로릭신), 할로페리돌(할돌), 록사핀(록시탄), 티오리다진(멜라릴), 트리플루오페라진(스텔라진), 아리피프라졸(아빌리파이), 리스페리돈(리스페달)이 있다.

환자가 항정신병약을 복용하고 있는지 확인하는 또 한 방법은 혈중 내 약물 수치를 점검하는 것이다. 클로자핀의 경우에는 정기적으로 혈액검사를 하는데 다른 약들도 혈액검사를 할 수 있다. 단, 다른 약의 경우에는 더 특별한 검사 시설이 필요할 수도 있다. 혈중 수치를 점검하는 것은 더 높은 용량을 시도해야 할지 여부를 결정하는 데도 유용하다. 예를 들어 어떤 사람들은 장에서 약물 흡수가 저조하거나 약물을 대사하는 비율이 높아 치료 효과를 내는 혈중 수치에 도달하려면 용량을 더 높여야 할 수도 있다.

2017년에 복용을 확실히 하는 또 한 가지 방법이 도입되었다. 센서가 내장된 알약 사용을 식품의약국이 승인한 것이다. 그 알약이 위장에 도달해 붕해하면 센서는 환자 몸에 부착된 반창고 모양의 기기에 신호를 보낸다. 그러면 이 기기는 프로그램된 대로 원격 컴퓨터나 모바일 기기에 약을 복용했다는 메시지를 보낸다. 그러므로 이 방법은 약을 먹어야 하는 사실을 잘 기억하지 못하는 환자들도 사용할 수 있고, 반드시 약을 챙겨먹어야 하는 상황에서도 사용할 수 있다. 이런 알약은 결핵 환자들에게 실험적으로 사용되어 복약순응도를 개선하는 결과를 보였다. 조현병의 경우 2017년에 아리피프라졸(아빌리파이)

이 이런 기능에 대해 식품의약국의 승인을 받았고, 아빌리파이 마이사이트Abilify MyCite라는 이름으로 판매된다. 2018년에는 한 달 치 비용이 1650달러였다.*

## 장기 지속형 항정신병약물 주사제

　항정신병약물을 확실히 복용하게 하는 방법 중에서 가장 확실한 것은 장기적으로 효과를 발휘하는 주사제로 약물을 투여하는 것이다. 〈표 7-2〉에서 주사제 형태로 쓸 수 있는 약 목록을 볼 수 있는데, 1세대 약 두 가지(플루페나진과 할로페리돌)와 2세대 약 네 가지(아리피프라졸, 올란자핀, 리스페리돈, 팔리페리돈)가 있다. 대부분 2~4주에 한 번 주사하지만, 아리피프라졸(아리스타다)은 6주에 한 번, 팔리페리돈(인베가 트린자)은 3달에 한 번 주사해도 된다. 주사는 상박(어깨세모근)이나 볼기(둔근) 어느 쪽에 놓아도 되며 효과는 동일하다. 먼저 해당 약의 알약을 써서 부작용을 확인한 후에 장기 지속형 주사제를 쓰는 것이 매우 중요하다.

　장기 지속형 항정신병약물의 효과는 아주 잘 입증되었다. 여러 연구가 밝힌 바에 따르면 장기 지속형 주사제는 경구용 항정신병약물에 비

*　　그러나 아빌리파이 마이사이트는 복약순응도가 개선되었다는 증거가 미약하고 패치를 장착해야 하는 번거로움도 있었으며, 같은 효과를 내는 복제약보다 10배나 높은 가격 때문에 결국 실패한 약물이 되었고, 이 약의 센서를 제공하는 프로테우스 디지털 헬스는 2020년 6월에 파산 신청을 했다.

해 재발을 30퍼센트나 줄였다고 한다.[21] 한 연구에서는 장기 지속형 주
사제가 조현병 환자의 폭력적 삽화도 유의미하게 감소시켰다는 결과
가 나왔다.[22] 2017년에 스웨덴에서 발표된 매우 흥미로운 연구는 "장
기 지속형 주사제를 사용할 경우 경구약에 비해 조현병 환자의 사망
위험성을 약 30퍼센트 낮추는 데 효과가 있다"고 보고했다.[23] 이러한
실적에도 불구하고 미국에서는 대부분의 유럽 국가에 비해 조현병 환
자에게 장기 지속형 주사제를 사용하는 비율이 절반 정도밖에 안 된다.

## 다른 모든 것이 실패할 때 시도해볼 약물들

조현병 환자 중에는 클로자핀(클로자릴)을 포함해 현존하는 항정신
병약물들에 부분적으로만 반응하는 사람이 많다. 이런 사람들이 선택
할 수 있는 치료법들은 무엇일까? 두 가지 이상의 항정신병약물을 조
합하거나 현재 사용하는 항정신병약물에 부가적인 약물을 추가하는
방법이 그중 하나다. 이런 방법을 다중 약물요법이라고 하며, 고혈압,
당뇨병, 간질 같은 다른 병을 치료하는 데도 흔히 쓰이는 방법인데, 조
현병에 대해서는 비교적 새로운 전략이다.

다중 약물요법은 일부 환자들에게는 시도해볼 가치가 있을 수 있지
만, 비용이 증가할 뿐 아니라 약물 간 상호작용의 위험성도 분명 존재
한다. 항정신병약물과 다른 약의 상호작용이 혈청 내 약물 수치를 낮
추거나(그럼으로써 약의 효과를 낮추고) 증가시켜(그럼으로써 부작용이 생길
가능성을 높여) 항정신병약물에 영향을 미칠 수 있다. 또 다른 종류의 상

호작용은 항정신병약물에는 영향이 매우 작거나 없는 대신 일반적인 영향(예를 들어 항정신병약물과 바르비투르산염의 조합은 심각한 진정 상태를 야기할 수 있다)을 초래한다. 그런가 하면 또 항정신병약물에는 아무 영향도 없지만 다른 약의 효과에 변화를 일으키는 상호작용도 있다. 예를 들면 어떤 항정신병약물들은 혈액 희석제 쿠마딘과 함께 복용하면 혈액응고 시간을 더욱 지연시킬 수 있다. 그러므로 조현병 환자와 그 가족은 정신과 의사에게 약들의 상호작용에 대해 물어보는 것이 좋다. 대부분의 약사도 약물에 관한 컴퓨터 데이터베이스에서 그 정보에 접근할 수 있다.

항정신병약물들을 병용하는 일도 흔하다. 연구 결과에 따르면 미국에서 "환자의 33퍼센트는 두 가지 항정신병약물을 처방받고 거의 10퍼센트는 세 가지를 처방받는다"고 한다.[24] 항정신병약물의 병용은 널리 쓰이는 방식이지만, 지금까지 병용 치료가 한 가지 약만 쓰는 것보다 더 효과가 있음을 밝혀낸 연구는 없다. 병용약물은 보통 1세대 항정신병약물 한 가지와 2세대 항정신병약물 한 가지, 혹은 2세대 두 가지로 구성된다. 치료하는 의사가 조합을 현명하게 선택할 수 있을 만큼 각 약을 충분히 잘 아는 것이 중요하다. 서로 아주 유사한 약을 병용하는 일은 무의미하다. 예를 들어 리스페리돈(리스페달)과 팔리페리돈(인베가)은 사실상 거의 동일하다. 플루페나진(프로릭신)과 페르페나진(트릴라폰), 트리플루오페라진(스텔라진)도 모두 피페라진 페노티아진piperazine phenothiazine이므로 이 약들을 병용해서는 아무런 이점도 얻을 수 없다.

항정신병약물에 보조적으로 사용할 용도로 여러 약이 시도되어

왔다. 가장 흔한 것은 뇌전증(간질) 치료에 사용되는 약물인 항경련 제인데, 그중 일부가 양극성장애 치료에 효과를 보이기 때문이다. 이런 약들로는 발프로산valproic acid(데파킨Depakene), 발프로에이트valproate(데파코트Depakote), 카르바마제핀carbamazepine(테그레톨Tegretol), 라모트리진lamotrigine(라믹탈Lamictal), 토피라메이트topiramate(토파맥스Topamax) 등이 있다. 이 중 카르바마제핀은 역시 백혈구수를 감소시킬 수 있는 위험이 있으므로 절대 클로자핀과 함께 병용해서는 안 된다. 많은 연구가 있었지만 이 약들이 조현병 치료에 효과가 있다는 증거는 없다. 단, 조현정동장애의 일부 사례에서 효과를 볼 수도 있다. 마찬가지로 양극성장애의 표준적 치료제인 리튬도 매우 드문 사례를 제외하고는 조현병에 거의 도움이 되지 않는다.

때때로 불안과 초조를 줄이거나 수면을 돕기 위해 디아제팜diazepam(발륨Valium)이나 로라제팜lorazepam(아티반Ativan), 클로나제팜clonazepam(클로노핀Klonopin) 같은 벤조디아제핀benzodiazepine 계통 약들을 조현병 보조 약물로 사용하기도 한다. 이 약들의 효과에 대한 증거는 그리 강력하지 않다. 벤조디아제핀 약들은 엄격한 의학적 감시가 있는 경우를 제외하고는 클로자핀과 동시에 처방해서는 안 된다. 그 약들과 클로자핀 간의 상호작용은 매우 위중하고 심지어 치명적인 결과를 불러올 위험이 있기 때문이다. 또한 벤조디아제핀은 여러 달에 걸쳐 복용할 경우 중독되고, 갑자기 복용을 중단할 경우 발작과 같은 금단증상이 나타나는 단점이 있다.

우울증이나 음성 증상이 우세한 조현병 환자에게는 보조 약물로 항우울제도 자주 사용한다. 가장 흔히 사용되는 것은 선택적 세로토닌

재흡수 억제제selective serotonin reuptake inhibitor, SSRI로 플루옥세틴fluoxetine(프로작Prozac), 세르트랄린sertraline(졸로프트Zoloft), 파록세틴paro-xetine(팍실Paxil), 플루복사민fluvoxamine(루복스Luvox), 시탈로프람citalopram(셀렉사Celexa) 등이 있다. 이 약들이 우울증 외에 다른 음성 증상들도 개선한다고 주장하는 임상의들이 있지만, 치료 시험 연구들에서는 일관된 결과가 나오지 않았다. 선택적 세로토닌 재흡수 억제제는 많은 항정신병약물의 혈중 수치를 증가시키는데, 이 역시 그 약들이 효과를 내는 기제일 수 있다. 트라조돈trazodone(데시렐Desyrel)과 미르타자핀mirtazapine(레메론Remeron) 같은 다른 항우울제들도 불면증이 있는 환자들을 돕기 위해 때때로 사용된다.

　항정신병약물과 다른 약을 함께 쓸 때는 해당 항정신병약물에서 문제가 되는 것과 같은 부작용이 있는 약을 추가하지 않도록 항상 조심해야 한다. 이때 가장 중요하게 고려해야 할 점은 체중증가나 다른 대사 부작용이 있는 2세대 항정신병약물에 이와 동일한 부작용이 있는 약을 추가하면 안 된다는 것이다. 발프로산(데파킨)과 발프로에이트(데파코트), 미르타자핀(레메론) 같은 약이 그렇다. 절대로 함께 써서는 안 된다는 말이 아니라(함께 쓰면 안 되는 경우가 많기는 하지만), 누적되는 부작용들을 잘 인지하고 있어야 한다는 뜻이다.

　근래에는 다른 병 치료에 유용한 약들을 조현병 보조약으로 점점 더 많이 시험해보고 있다. 그중 일부는 유망해 보이지만 효과를 검증하기 위한 추가 연구가 필요하다. 특히 흥미로운 것은 항염증약들이다. 염증이 조현병 질병 과정의 일부라는 사실이 밝혀졌기 때문이다(5장 참고). 아스피린과 셀레콕시브celecoxib, 미노사이클린minocycline에 대해서는 긍정적인 연구 결과들이 알려졌다. 여성 조현병 환자들에게는 에스트로

겐과 랄록시펜raloxifene도 보조 약품으로서 밝은 전망을 보여주었다. 조현병 초기 단계에 오메가3지방산(생선 지방, 어유)을 사용하는 것에 대한 관심도 높다. 천연 비타민B인 엽산도 엽산 수치가 낮은 조현병 환자들에게는 어느 정도 유망한 효과를 보였다. 이러한 잠재적인 보조 약품들에 대한 자세한 정보는 2012년에 나온《조현병과 양극성장애의 보조 치료: 아이디어가 바닥났을 때 시도해볼 것들Adjunct Treatments for Schizophrenia and Bipolar Disorder: What to Try When You Are Out of Ideas》에서 찾아볼 수 있다. 7장 추천 참고문헌 목록에 나와 있다.

## 약값과 복제약 사용

미국의 의료비는 스캔들감이다. 예를 들어 복제약으로 풀리기 전 올란자핀(자이프렉사)의 미국 내 가격은 스페인의 4배, 핀란드와 캐나다의 2배였다. 이렇게 엄청난 차이가 나는 이유는 단순하다. 다른 나라들은 제약 회사의 이익률에 상한을 두거나(잉글랜드는 20퍼센트까지 허용한다), 국가 의료 체계를 위해 대량으로 구입하면서 가격을 협상한다. 미국에서는 제약 회사가 약값을 얼마나 올리든 아무런 제한이 없다. 그 결과 1999년의 한 보고서에 따르면, "〈포천〉은 (…) 자기자본이익률, 매출, 자산을 기준으로 평가할 때 가장 수익성이 높은 산업으로 제약산업을 꼽았다".[25] 미국 제약 회사들은 새로운 약을 개발하는 데 필요하다고 주장하며 자신의 이윤을 합리화한다. 그러나 많은 항정신병약물은 주로 유럽에서 개발되었고, 미국 제약 회사들이 지출하는 돈의 상당 부분은 신약 개발이 아니라 광고에 쓰인다.

항정신병약물 비용을 통제하는 가장 유용한 방법은 복제약을 사용하는 것이다. 다행히 일반적으로 사용되는 항정신병약물들은 대부분 복제약으로 구입할 수 있어서(〈표 7-1〉) 그런 약들의 가격이 상당히 낮아졌다. 복제약들은 식품의약국의 규제를 받는다. 복제약의 효과 강도(생물학적 동등성*)는 법적으로 20퍼센트까지는 차이가 허용되지만, 대부분은 2~3퍼센트 정도만 차이 난다. 브랜드명을 달고 판매되는 원조약 제조사들은 환자와 가족 들이 복제약으로 바꾸는 것은 위험한 일이라고 믿기를 바란다. 이런 잘못된 정보가 그들에게는 경제적 이익을 주기 때문이다. 조현병 치료에 사용되는 복제약 중 효능 문제가 보고된 것은 카르바마제핀뿐인데, 사실 그와 유사한 효능 문제는 카르바마제핀의 원조 브랜드 약품인 테그레톨에 대해서도 제기되어 왔다.

원조 항정신병약물에서 복제약으로 바꿀 때 가장 큰 문제는 환자들이 헷갈려 할 수 있다는 점이다. 여러 달 동안 특정한 색깔과 모양의 알약을 복용해온 경우, 모양과 색깔은 다르지만 사실은 똑같은 약이라고 설명해주어야 한다.

또한 항정신병약물은 다른 나라에서 더 저렴하게 구입할 수도 있다. 비용을 절약하기 위해 캐나다에 있는 온라인 약국에서 약을 구매하는 미국인이 늘고 있다. 이런 구매는 의사 처방전을 받아 캐나다에 있는 약국에 메일이나 팩스로 처방전을 보내 약을 배송받는 방식으로

---

\* 기존에 시판되고 있는 원조약의 특허가 만료된 후 나온 복제약이 생물학적으로 원조약과 제형이 얼마나 동일한지를 나타내는 수치. 주성분 함량과 제형이 동일한 두 제제의 생체이용률을 비교하는 생체 내 시험을 통해 알아낸다.

이루어진다. 다른 나라의 온라인 약국에서 약을 구매하는 것은 가짜약이나 오염된 약물에 대한 보고들도 있었기 때문에 위험할 수 있다. 자신이 사는 도시에서 인터넷을 통해 더 저렴하게 구입하는 것도 유용한 방법이다. 가격은 때에 따라 큰 폭으로 차이가 날 수 있다.[+]

약값을 절약하는 또 한 가지 방법은 크기가 큰 알약을 사서 절반으로 쪼개 쓰는 것이다. 많은 약이 5밀리그램짜리나 10밀리그램짜리나 가격이 비슷하다. 매일 올란자핀 5밀리그램을 복용하는 사람은 10밀리그램짜리 알약을 사서 반으로 잘라 복용하면 상당한 절약 효과를 볼 수 있다. 대부분의 약국에서 플라스틱으로 된 그리 비싸지 않은 알약 절단기를 판매하며, 굳이 절단기가 없어도 날카로운 칼로 잘라서 쓰면 된다. 중간에 금이 새겨진 알약이라면 더 잘 잘리지만, 정확히 똑같은 크기로 나누지 못해도 걱정할 필요는 없다. 반으로 나눈 알약 두 개의 크기가 달라도 이틀에 걸쳐 두 개를 다 먹기만 하면 항정신병약물의 혈중 수치는 일정하게 유지되기 때문이다.[++]

## 항정신병약물에 대한 비판

여러 부작용과 여전히 사라지지 않는 증상을 생각하면, 항정신병

---

[+]    온라인 약국에서 처방약을 구입하는 일은 한국에서는 불가능하다.

[++]    개인적인 견해로 한국에서 용량이 큰 알약을 사서 쪼개는 방법은 권장하지 않는다. 대부분 약값이 다른 나라에 비해 싼 편이고, 약물의 혈중농도를 일정하게 유지하기 어려운 문제가 발생할 수 있다.

약물은 결코 완벽하지 않다. 그러나 이는 현재 우리가 가진 최선의 대책이며, 예를 들어 심장질환이나 류머티즘성관절염 치료에 쓸 수 있는 약들의 부작용과 효능과 비교해도 비슷한 정도일 것이다.

항정신병약물은 처음 도입되었을 때부터 비판을 받아왔다. 처음에는 조현병이 부모와의 잘못된 관계 때문에 생긴다고 믿었던 정신분석가들이 비판을 퍼부었다. 1980년대에 항정신병약물 비판을 주도한 세력은 정신의학을 자신들이 주장하는 치유 방법에 대한 경쟁자로 보고 맹렬하게 반대하는 사이언톨로지 교도들이었다. 오랫동안 사이언톨로지와 유사한 생각을 갖고 있는 사람들도 비판에 가세했는데, 그중에는 《해로운 정신의학과 정신의약품: 뇌에 가하는 위해Toxic Psychiatry and Psychiatric Drugs: Hazards to the Brain》 같은 책을 펴낸 피터 브레긴Peter Breggin 같은 이들이 있다.

이런 식의 비판들은 대체로 무시되어 왔다. 그러다 최근 존경받는 과학저술가 로버트 휘터커Robert Whitaker가 《어느 유행병의 해부: 마법의 탄환, 정신의약품, 그리고 미국 정신질환의 놀라운 부상Anatomy of an Epidemic: Magic Bullets, Psychiatric Drugs, and the Astonishing Rise of Mental Illness in America》이라는 책에서 이전의 많은 비판에 대해 자세한 이야기를 풀어냈다.[26] 그는 탐욕스러운 제약산업과 제약업계에 매수된 미국의 정신의학자들을 정확하게 지적하며 비판했다. 그러나 조현병에 관해 휘터커는 항정신병약물들이 상당 부분 조현병을 일으키며, 일시적으로만 치료를 받거나 전혀 치료받지 않는 환자들이 더 좋은 결과가 나온다는 터무니없는 주장을 했다.

이는 치료받지 않은 조현병 환자들과 함께 시간을 보내본 사람이라면 결코 할 수 없는 주장이다. 항정신병약물이 존재하기 전인 1800년대 초부터 1950년대까지 우리는 실제로 조현병 환자를 치료하지 않으면 어떤 일이 벌어지는지 목격했고, 그 결과는 참담했다. 그 세월 동안 조현병 환자 수는 급격히 증가했던 것으로 보이고(14장 참고), 인구가 증가함에 따라 평생을 주립 병원에서 보낸 환자 수도 지속적으로 증가했다. 휘터커는 발병률 증가가 치료 때문에 더 최근에 생겨난 결과라고 주장한다. 그가 인용하는 연구들은 항정신병약물 치료를 하지 않고도 잘 지내는 일부 조현병 환자들에 대한 연구다. 4장에서 자세히 이야기했듯이, 처음에 조현병과 유사한 다른 정신증으로 진단받은 사람 중 약 4분의 1은 저절로 회복하며 약물 치료를 할 필요가 없다. 마지막으로 휘터커는 제3세계 국가의 조현병 환자들, 특히 치료받지 않는 환자들이 서구 선진국인 제1세계 국가들의 환자들보다 더 나은 결과가 나온다는 주장에 상당히 많이 의존한다. 이는 처음에 세계보건기구가 제시했다가 이미 30년 전에 사실이 아닌 것으로 밝혀져 비판받았던 주장으로, 최근의 몇몇 연구가 그 주장이 허위임을 증명했다(4장의 개발도상국에 관한 부분 참고).[27]

항정신병약물의 작용 방식과 장기적 결과를 더 잘 이해하기 위해 더 많은 연구가 필요하다는 휘터커의 말은 옳다. 그런 연구는 국립정신보건원이 후원하는 것이 좋다. 제약업계가 그런 일을 할 리는 없으니 말이다. 휘터커는 초민감성 정신증[28]이라는 문제를 제기한다. 이는 항정신병약물이 뇌의 신경전달물질 수용체들을 민감하게 만들어서 복약을 중단했을 때, 특히 갑작스럽게 중단했을 때 정신증 증상을 악화시킬 수도 있다는 가능성 문제다. 이런 문제는 쥐 대상 실험에서 나타났지만, 사람에게서도 발생한다는 증거는 없다.

마지막으로 항정신병약물이 뇌에 변화를 일으킨다는 말을 듣고서 항정신병약물 사용을 비판하는 사람들도 있다. 물론 그 약들은 뇌에 변화를 일으킨다. 바로 그렇기 때문에 효과가 있는 것이다. 뇌전증과 파킨슨병을 치료하는 약물도 뇌에 변화를 일으킨다. 예를 들어 항정신병약물들은 전두엽의 신경교세포 밀도를 높이고, 뉴런 사이 시냅스의 연결을 증가시키는 것으로 알려져 있다. 또한 원숭이 실험에서는 항정신병약물이 회백질 부피를 줄인 것이 관찰되었다.[29] 항정신병약물과 이러한 뇌의 변화들 사이의 관계를 이해하기 위해 훨씬 더 많은 연구가 필요하다.

## 전기경련요법과 경두개자기자극술

전기경련요법Electroconvulsive therapy, ECT은 중증 우울증 치료에 가장 많이 사용되는 치료법으로, 부정적인 이미지로 알려진 것과는 달리 조현병 치료에서 그리 크지는 않지만 확실한 역할을 한다. 사이언톨로지교도들과 반정신의학 운동가들이 조현병 치료를 비판할 때 걸핏하면물고 늘어지는 희생양이었고, 심지어 1982년 캘리포니아주 버클리에서는 주민투표를 통해 사용이 금지되기도 했다. 유럽 국가들은 미국보다 조현병 치료에 전기경련요법을 더 널리 사용해왔다.

지금은 급성 조현병 치료에 전기경련요법을 사용하는 일이 드물다.《뉴잉글랜드 의학 저널New England Journal of Medicine》에서는 전기경련요법을 사용해야 할 때는 "급성으로 발병했고 혼란과 기분장애가 있을 때,

그리고 기저 원인이 무엇이든 긴장증이 있을 때"라고 간명하게 정리
했다.[30] 전기경련요법은 일부 치료 저항성 환자들, 특히 기분 증상이나
폭력적 생각이나 자살 생각이 있는 이들에게 유용하며, 클로자핀도 듣
지 않는 경우라면 분명히 시도해볼 가치가 있는 방법이다. 이 요법은
약 절반의 사례에서 어느 정도 증상을 개선한다. 현대의 전기경련요법
은 기억 소실을 최소화하기 위해 비우성 반구*쪽 뇌엽 위에 단측 전극
을 사용한다. 그래도 어느 정도 기억 소실이 생길 수도 있으며, 이것이
이 요법의 주요한 부작용이다. 사이언톨로지 교도들이 주장하는 것과
달리 전기경련요법이 뇌에 손상을 입힌다는 증거는 없다. 어떤 환자들
의 경우 전기경련요법을 12회만 받고도 치료 반응이 나오기도 하지만
20회 이상 해야 하는 이들도 있다. 전기경련요법에 좋은 반응을 보였
지만 이후 다시 빠른 속도로 재발하는 환자들의 경우 월 단위로 유지
치료를 하는 것도 가능하다. 이는 미국에서도 이따금 행하기는 하지만
몇몇 유럽 국가에서 더 흔히 사용되는 방법이다.

경두개자기자극술Transcranial magnetic stimulation, TMS은 1990년대에 우울
증 치료법으로 도입되었다. 이는 전자기 코일을 두개골 바깥쪽에 대고
자기장을 생성시켜 뇌를 자극하는 방법으로 통증도 없는 비침습적인
방법이다. 자석을 정확히 어디에 (예를 들어 전두엽인지 측두엽인지, 좌측
인지 우측인지) 대는가, 얼마나 자주 전자기 자극을 가하는가, 전자기의
강도가 어느 정도인가에 따라 시술 방식은 다양하다. 전자기파의 주파

---

\*    대뇌 양쪽 반구 중 신경학적 기능에서 중심 역할을 담당하는 쪽. 보통 언어와 손잡
     이를 관여하는 중추가 있는 쪽 대뇌 반구를 우성 반구라고 한다.

수가 1초당 1회 이상인 경우, 이를 반복 경두개자기자극술repetitive TMS
이라고 하고 보통 rTMS라고 표기한다.

경두개자기자극술은 조현병뿐 아니라 우울증과 양극성장애, 강박
장애, 불안장애, 외상 후 스트레스 장애 치료에도 사용되어 왔다.[31] 전
기경련요법과 마찬가지로 경두개자기자극술 역시 어떻게 해서 효과
를 내는지는 정확히 밝혀지지 않았다. 최초의 시도들에서 일부 환자들
에게서 환청을 일시적으로 감소시키는 어느 정도의 효과가 났고, 개선
효과는 길게는 12주까지 지속되었다. 약물 치료로 환청 증상이 개선되
지 않는 환자들은 반복 경두개자기자극술을 시도해볼 가치가 있다. 더
욱 흥미로운 결과는 반복 경두개자기자극술이 조현병의 음성 증상 일
부를 완화한다는 것인데, 현재까지 연구 결과들을 보면 그리 크지 않
지만 효과가 있는 것을 알 수 있다.[32]

## 약초 치료

최근 들어 미국에서는 약초 치료제(허브 치료제)의 인기가 점점 높
아지고 있다. 인터넷을 통한 신속한 정보 확산과 기존 약들에 대한 불
만이 이런 인기를 부채질했다. 많은 사람이 약초 치료제에 매력을 느
끼는 이유는 그것이 자연적이라고 생각하기 때문이다. 약초 치료제
를 옹호하는 사람들 역시, 디기탈리스와 모르핀을 비롯해 기존 약물의
4분의 1은 식물에서 추출한 것이라는 점을 지적한다. 약초 치료제는
건강식품점과 인터넷에서 광범위한 종류가 판매된다. 제품이 특정 질

환을 치료한다고 광고하지만 않는다면 사실상 그 화합물의 제조와 시험을 통제할 법률은 전혀 없는데, 많은 소비자가 이런 사실을 모르고 있다. 따라서 약초 치료제에 무엇이 들어 있는지 확인할 길이 없고, 실제로도 불순물을 섞는 사례들이 있었다.

조현병 환자에게 약초 치료제를 사용하는 일에 대한 연구는 거의 없다. 한 설문조사에 따르면 '조증이나 정신증'이 있는 환자 중 22퍼센트가 이전 12개월 사이에 약초 치료제를 포함해 어떤 종류든 대안 요법을 사용해왔다고 한다.[33] 조현병 환자가 복용했을 가능성이 가장 높은 약초 치료제는 오메가6지방산이 함유된 달맞이꽃 종자유인데, 월경전증후군이 있는 여성들도 사용한다.[34] 그 효능에 대한 과학적 연구는 실시되지 않았지만, 항정신병약물 페노티아진과 상호작용하면 부정적 효과를 내고, 때때로 조증을 악화시키는 것으로 여겨진다. 알츠하이머병 치료에 사용되는 은행나무는 조현병의 인지 증상을 치료하는 데도 사용되어왔다.

많은 약초 치료제가 심각한 부작용들이 있다고 밝혀졌는데, 약초 치료제를 복용하는 다수가 부작용을 인지하지 못하고 있다. 불안증에 널리 사용되는 카바Kava는 치명적인 간부전을 일으켜 캐나다와 몇몇 유럽 국가에서는 금지되었다. 일부 약초 치료제들은 정신증 증상을 악화시키거나, 이전에는 증상이 없었던 사람들에게 증상을 유발할 수도 있다. 요힘빈yohimbine, 에페드라ephedra(마황麻黄이라고도 한다) 등이 그 예다. 그 밖에 다른 약초 치료제들도 환자가 복용하고 있는 다른 정신의 약품의 기능을 방해할 수 있다. 예를 들어 리튬을 복용하고 있던 한 여성은 부종 때문에 약초 혼합 제제를 함께 복용하기 시작하자 심각한 리튬 독성(4.5mml/liter)을 경험했다.[35] 조현병 환자는 약초 치료에 신중해야 하고, 의사에게 자신이 무엇을 복용하고 있는지 알려야 한다.

## 심리치료와 인지행동치료

지지 심리치료supportive psychotherapy*는 항정신병약물 치료와 병행하기만 한다면 조현병 환자에게 큰 도움이 될 수 있다. 이는 물론 다른 만성질환이 있는 모든 사람도 마찬가지다. 지지 심리치료를 받으면 친구에게서 받는 것 같은 우정과 격려를 느낄 수 있고, 지역사회가 가진 자원에서 도움을 받는 방법 같은 실질적인 충고도 들을 수 있다. 더욱 적극적인 사회생활과 직업생활에 필요한 조언을 듣는 것은 물론 가족과의 마찰을 줄이는 방법도 제안받을 수 있고, 무엇보다 자신의 삶이 개선될 수 있다는 희망을 갖게 된다. 과거가 아닌 지금과 여기에 초점을 맞추고, 장애를 초래하는 뇌 질환을 갖고 있는 상태에서도 삶의 긴급한 요구들에 직면해 환자가 겪을 수밖에 없는 여러 문제를 상담한다. 나는 환자들을 처음 만날 때는 대체로 다음과 같은 방식으로 접근한다. "환자분이 이렇게 괴로운 병에 걸려서 나도 마음이 아픕니다. 그러나 이 병에 걸린 건 환자분 잘못이 아니에요. 그러니까 이 병을 안고서도 더 잘 살아갈 수 있도록 우리가 어떤 일을 할 수 있을지 알아봅시

---

\*      환자나 내담자가 호소하는 증상, 고통, 장애의 강도를 줄이고 심리적으로 지지해줌
       으로써 문제에 대처하도록 돕는 치료.

다."다발경화증이든 소아마비나 만성 신장병, 중증 당뇨병이든 만성 질환이 있는 모든 환자는 이와 똑같은 방식으로 대한다. 상담을 하거나 지지 심리치료를 하는 사람은 약물 치료를 감독하는 담당 의사일 수도 있고, 치료 팀에 소속된 다른 정신건강 전문가나 준전문가일 수도 있다.

지지 심리치료를 항정신병약물 치료와 병행해 실시하면 재입원률이 줄어든다는 것이 어느 정도 증명되었다. 한 연구에서는 조현병 환자들을 세 그룹으로 나누어 한 그룹에게는 지지 심리치료만을 제공하고, 또 한 그룹에게는 항정신병약물만을, 또 한 그룹에게는 두 가지를 다 제공했다.[36] 그로부터 1년 후 세 그룹의 재입원률은 각각 63퍼센트, 33퍼센트, 26퍼센트였다. 이 연구에서 사용한 지지 심리치료에는 사회복지서비스와 직업 상담도 포함되었다.

지지 심리치료와는 대조적으로, 정신분석과 통찰 지향 심리치료 insight-oriented psychotherapy*는 조현병 치료에서는 설 자리가 없다. 미국에서 정신분석이 흔히 행해지던 1960년대와 1970년대에 진행된 여러 연구는 유능한 치료사들이 2년이나 정신분석을 실시해도 조현병 증상에는 아무런 효과가 없었다고 보고했다. 더욱 걱정스러운 발견은 많은 경우 정신분석이 환자의 증상들을 악화시켰다는 것이었다.

현재 우리가 조현병 환자의 뇌에 관해 알고 있는 사실들을 감안하면, 통찰 지향 심리치료가 조현병 증상을 악화시킨다는 것은 전혀 놀

---

\*　　지지 심리치료가 외적인 면에 초점을 맞춘다면, 통찰 지향 심리치료는 상담을 통해 내담자가 자기 고통의 무의식적 뿌리를 통찰하게 함으로써 정신적 문제를 해결하게 하는 것을 목표로 한다.

라운 일이 아니다. 조현병 환자들은 외적 자극과 내적 자극들에 압도
되어 있으며, 그러한 혼란에 조금이라도 질서를 부여하려 애쓰고 있
다. 이런 와중에 통찰 지향 심리치료사는 환자들에게 무의식적 동기를
탐색하게 하는 질문들을 던진다. 이는 뇌가 완벽하게 기능하는 사람들
에게도 충분히 어려운 과제다. 그러니 이미 소용돌이치고 있는 내면의
혼란에 억압되어 있던 생각과 소망의 불협화음을 풀어놓는 결과를 피
할 수 없는 것이다. 조현병 환자에게 통찰 지향 심리치료를 한다는 것
은 비유하자면 토네이도로 폐허가 된 마을에 홍수까지 일으키려는 일
이다.

2007년에 출간된 엘릭 색스Elyn Saks의《중심이 버티지 못한다: 내 광
기의 여정 The Center Cannot Hold: My Journey through Madness》이 베스트셀러가 되
면서 조현병에 정신분석요법을 쓰는 일에 대한 관심이 어느 정도 되살
아났다. 조현정동장애 진단을 받았음에도 법률가와 학자로서 매우 성
공적인 경력을 이어간 색스는 자신이 받은 집중적인 정신분석에 그 공
을 돌렸다. 그러나 책을 꼼꼼히 읽어보면 색스가 정신분석에 의존하면
서 항정신병약물을 복용하지 않을 때마다 병이 재발했음을 알 수 있
다. 사실 이 책에서 가장 충격적인 점은 다른 모든 면에서는 놀랍도록
명석한 색스가 자신이 건강한 상태를 유지하고 고차원적인 지적 기능
을 행사할 수 있게 하는 데 항정신병약물 치료가 핵심이라는 것을 깨
닫기까지 그렇게 오랜 세월이 걸렸다는 사실이다.

인지행동치료Cognitive-behavioral therapy, CBT는 근래에 많은 관심을 받아
온 심리치료의 특수 형태다. 원래 우울증과 불안증 치료를 위해 개발
되었지만, 조현병의 양성 증상(망상과 환각)을 치료하는 방법으로 인기

를 얻었다. 인지행동치료사는 환자가 특정 증상들에 대한 대처 방법을 만들도록 돕는 역할을 한다. 치료사가 환자에게 망상적 믿음 뒤에 어떤 원인들이 있는지 탐색해보게 하거나, 환청의 근원에 관해 서로 토론할 수도 있다.

다수의 무작위 시험 결과들을 보면 인지행동치료가 조현병 환자들이 망상과 환각에 대처하도록 돕는 데 효과가 약간 있다는 점을 알 수 있다. 장기간 증상을 겪어왔지만 항정신병약물 치료에 잘 반응하지 않았고 자신의 증상을 매우 심란해하는 환자들에게 가장 크게 도움이 되는 것처럼 보인다. 물론 인지행동치료는 자신의 병을 인식하고 있어서, 여러 달에 걸친 상담 기간을 기꺼이 통과해낼 의지가 있는 환자에게만 사용할 수 있는 방법이다. 인지행동치료가 지지 심리치료보다 더 유용한지 여부는 확실하지 않다. 심리치료의 모든 형식이 그렇듯이 효과를 결정하는 가장 중요한 요소는 치료사와 환자 사이의 유대감이며, 이는 상당 부분 진정성, 감정이입, 따뜻함 같은 치료사의 성격특성에 따라 결정된다.

가족치료family therapy도 조현병 치료에서 중요한 요소다. 환자가 성공적으로 재활하고 기능을 이어가는 데 가장 결정적인 것이 바로 지지해주는 가족의 존재이기 때문이다. 가족들이 병의 증상들을 이해하고, 특히 '미친' 것으로 인식되는 면은 그 병의 부정적 증상이라는 점을 이해하는 태도가 중요하다. 환자가 약물 치료를 잘 수용하도록 뒷받침해주는 데서도 가족들이 큰 도움이 될 수 있다. 환자에게 자신이 가족의 지지를 필요로 한다는 걸 깨닫도록 북돋워주는 것이 좋다.

## 초발 조현병 삽화 이후 회복과 조기 치료

근래에 들어 조현병 치료에서 일어난 가장 두드러진 변화는 환자들을 가능한 한 일찍 치료하는 일에 관심이 커졌다는 점이다. 이런 추세는 치료 시작을 오래 미룰수록 병세가 더 중해지고 장기적으로 더 나쁜 결과로 이어진다는 다수의 연구 논문이 발표되었던 1990년대부터 시작되었다. 최근 연구들도 모두는 아니지만 대다수가 이 주장을 뒷받침한다. 예를 들어 아일랜드에서 실시한 한 연구는 "정신증을 치료하지 않는 기간이 길수록 4년 후 기능과 증상에서 유의미하게 더 나쁜 결과가 나온다"고 했다.[37] 이와 유사하게 노르웨이의 한 연구는 "정신증을 치료하지 않는 기간을 줄이는 것이 음성 증상을 포함해 증상과 기능의 경과에 영향을 미친다"고 주장했다.[38] 치료가 이를수록 더 좋다는 것이 상식에도 맞지만, 얼마나 중요한지는 아직 명확하지 않다.

그런 연구들이 나온 이후로 조현병이 발병한 후 가능한 한 빨리 치료하는 일에 대한 관심도 생겨났다. 그리하여 국립정신보건원에서 자금을 지원 받아, 34개 정신건강 센터에서 조기 치료의 효과를 측정하기 위한 연구가 실시되었다. 이것이 일부 조현병 환자들에게 약물 치료관리, 심리치료, 가족 교육, 사례 관리, 직업적 지원을 제공한 '초발 조현병 삽화 이후 회복Recovery After an Initial Schizophrenia Episode(이하 RAISE)' 프로젝트다. 그런 다음 이 환자들을 일반적인 치료만 받는 대조군 환자들과 비교했다. 전혀 놀라울 것 없는 결과지만, RAISE 참여 환자들이 단기적으로 더 나은 결과를 보였고, 프로그램은 비용 효율이 높다는 평가를 받았다. 그러나 RAISE 프로그램이 환자들의 장기적 경과에도 영향을 미칠 것인지 여부는 아직 판단할 수 있는 단계가 아니다.

조현병 조기 치료에서 논리적인 다음 단계는 한 걸음 뒤로 물러나, 환자에게 최초 증상들이 발생하는 바로 그 시점에 개입하려고 노력하는 것이다. 어떤 사람에게 조현병이 생길지 예측하려 시도했던 과거의 연구들은 그리 유망한 결과를 내놓지 못했다. 대학생들을 상대로 마술적 사고에 관한 설문을 실시한 한 연구는 조현병에 걸릴 가능성이 높은 학생을 찾아내려는 것이 사실상 헛된 노력임을 보여주었다. 또 한 건의 후향 연구에서는, 고등학교 교사들이 자신이 가르치는 학생 중 누가 이후 조현병에 걸릴 거라고 했던 예측은 "우연으로 맞출 확률을 간신히 넘어섰다".[39] 조현병에 걸릴 확률이 높은 사람을 식별해내는 일에서는 스코틀랜드에서 실시된 한 연구가 더욱 유망한 결과를 얻었다.[40] 이 연구 결과 이후에 조현병에 걸린 사람들은 위축, 사회적 불안, 기묘한 사고 같은 특성에서 높은 점수가 나왔던 사람들이었다. 그러나 사춘기 아이들을 길러본 사람이라면 누구나 알겠지만 그 연령대의 아이는 때때로 아주 이상해지기도 하는데, 아무런 생물학적 표지 없이 이러한 이상함만을 기준으로 초기 조현병과 임상적으로 구별하는 일은 너무나도 어렵다.[+]

조현병 발병 초기 단계에 있는 사람들을 식별해 개입하기 위한 가장 최근의 시도는 메인주의 윌리엄 맥팔레인William McFarlane 박사가 구축한 프로그램이다. '포틀랜드 식별과 조기 의뢰Portland Identification and Early

---

[+]    최근에는 조현병 고위험군을 대상으로 뇌 MRI, 사건 관련 전위ERP 등의 생물학적 검사를 통해 조현병 발병을 예측하는 확률을 높이고 있다. 향후 인공지능AI 등의 도입으로 조현병 발병을 예측하는 일이 가능할 것으로 예상된다.

Referral(이하 PIER)'라는 명칭의 이 프로그램은 조현병 발병 고위험군에 속하는 사람들을 식별한 다음 그들에게 적극적인 커뮤니티 치료와 가족 교육, 지원 교육 또는 고용, 그리고 필요한 경우에는 저용량의 약물 치료까지 제공한다. 그런 다음 2년에 걸쳐 여섯 군데 연구 현장에서 이 그룹과 저위험 대조군을 비교했다. 당연하게도 PIER 서비스를 받은 사람들은 증상이 더 적었고 학교와 직장에서 더 좋은 성적을 냈다. 이런 실험이 장기간에 걸쳐서도 임상적 차이를 만들어낼 수 있을지, 그리고 비용 효율성이 있는지는 아직 단언할 수 없다.

논리에 따른 다음 단계는 다시 한 걸음 더 뒤로 물러나 조현병이 예방할 수 있는 병인지를 질문하는 것이다. 오스트레일리아의 한 단체에서는 조현병 발병 위험이 높다고 여겨지는 사람들을 모아 3개월 동안 어유(오메가3)로 치료했다. 고위험 대조군에게는 어유를 제공하지 않았다. 처음의 연구에서 1년이 지난 시점에는 어유가 일부 조현병 발병을 예방하는 데 어느 정도 효과가 있었던 것처럼 보였다. 그러나 이 결과를 확인하기 위한 두 차례의 반복 실험에서는 그런 결과가 나오지 않았다.

그러니 현재 시점에서는 조현병이 예방되었다는 어떤 증거도 존재하지 않는다. 조현병 예방은 여전히 우리가 열렬한 소망을 품을 만한 매력적인 목표지만, 정말로 예방이 가능하려면 먼저 조현병의 원인부터 확실히 밝혀내야 할 것이다.

# 8

## 조현병의 재활

만성 정신질환을 앓고 있는 환자가 현행 정신의료 시스템을 활용할 거라 기
대하는 것은 하반신이 마비된 사람이 계단을 사용할 거라고 기대하는 것과
같다.

— J. 헬펀J. Halpern 등,《탈원화라는 병폐The Illness of Deinstitutionalization》, 1978년[1]

근래에 미국에서는 조현병의 '회복 모델recovery model'이란 것이 유행
하고 있다. 대부분의 조현병 환자가 대부분의 기능을 회복할 수 있다
고 암시한다는 점에서 정직하지 않은 모델이지만, 그래도 이 모델에는
중요한 진실이 하나 담겨 있다. 재활할 수 있는 좋은 기회가 주어질수
록 조현병 환자가 잘 살아갈 가능성도 커진다는 점이다.

조현병 환자의 재활에서 밑바탕이 되는 기본 개념을 명확하게 제시
한 사람은 40년 동안 사적 영역과 공적 영역 양쪽에서 조현병 환자들
을 치료해온 정신과 의사 워너 M. 멘델Werner M. Mendel이다. 그는《조현

병 치료Treating Schizophrenia》라는 책에서 조현병이 있는 사람을 신체장애가 있는 사람에 비유했다.

> 예를 들어 어떤 사람이 오른팔이 마비되었고 이를 고칠 수 없다면, 우리는 이 사람이 기능하도록 도울 수 있는 부목을 마련해줄 것이다. 이 사람의 차를 한 팔로도 운전하고 제어할 수 있도록 개조해줄 수도 있다. 오른손으로 하는 데 익숙해져 있던 모든 일을 왼손을 써서 하도록 다시 훈련시킬 수도 있을 것이다. 또한 결함이 있는 자신을 그대로 받아들일 수 있도록 심리적 지원을 제공해 자신이 할 수 없는 것보다는 할 수 있는 것에 초점을 맞추도록 도울 수도 있다.[2]

그렇다면 조현병이 있는 사람들을 약으로만 치료하는 것으로는 충분하지 않다. 재활도 포함해야 완전한 치료 프로그램이라 할 수 있다. 증상의 경중에 따라 환자들이 필요로 하는 재활의 범위는 매우 넓지만, 돈과 음식, 주거, 고용, 우정, 의료와 같은 기본적인 것들은 누구나 해결해야 하는 문제다.

이런 구체적인 문제들을 하나하나 다루기 전에 먼저 모든 재활 노력의 밑바탕을 이루는 개념이 바로 희망이라는 것을 언급해야겠다. 조현병에 걸린 사람이 희망을 품고 있다면 그 사람의 재활 노력은 성공할 가능성이 크다. 희망을 갖고 있지 않다면 그 노력들도 실패하기 쉽다. 이런 점은 최근 스위스에서 실시한 한 연구에서도 드러났다. 조현병 환자 46명을 대상으로 한 이 연구는 "결과에 대한 비관적 기대치들과 (…) 우울하고 체념적인 대처 전략들"을 보고, 한마디로 "환자가 이미 포기했는지 아닌지"를 보고 저조한 재활 결과를 예측할 수 있었다.[3] 그러므로 치료와 재활 프로그램은 환자에게 희망도 불어넣을 수 있는 경우에만 성공할 수 있다.

## 돈과 음식+

한 세기가 넘는 기간 동안 조현병에 걸린 사람들 대부분은 주립 정신병원에 갇혀 지냈고, 대개 한 번 입원하면 그 기간은 여러 해씩 이어졌다. 혹시라도 병원에서 나가게 되면 가족과 함께 살았다. 항정신병 약물이 등장하고 탈원화가 시작된 이후, 병원에서 내보내진 환자 수십만 명에게 가장 큰 문제는 돈과 음식, 주거 문제였다.

조현병 환자 중 일부는 시간제나 상근제로 일할 수 있고 스스로 생계를 꾸려갈 수 있다. 그러나 대다수는 음식과 주거를 위한 비용을 가족에게 의지하거나, 생활 보조금과 사회보장 장애 보험Social Security Disability Insurance, SSDI이라는 두 가지 정부 프로그램에 의지해야만 한다.

궁핍한 노인과 장애인 들을 위해 수입을 제공하는 생활 보조금 제도는 사회보장국이 관리한다. 이 제도는 장애disability를 "연속 12개월

+ 이 부분은 한국 상황과는 전혀 다른 내용으로, 미국 상황을 참고하는 정도로 살펴보기 바란다. 경제 활동과 관련해 한국에서는 정신장애인이 장애인복지법 제 15조에 의해 장애인으로서 당연히 보호받아야 할 복지서비스를 받지 못하고 있으며, 동법 제55조에 보장된 장애인활동지원 급여도 받지 못하고 있다. 따라서 국내에서 정신장애인의 경제적·사회적 지원이 다른 장애인과 동등하게 보장받아야 함은 물론이고 더 확대되어야 한다.

이상 지속되었거나 지속될 것으로 예상되는 (…) 의학적으로 확정할 수 있는 신체적 혹은 정신적 손상 때문에 실질적인 돈벌이 활동을 할 수 없는 것"이라고 정의한다.[4] 사회보장 장애 보험도 유사한 프로그램인데, 단 발병 전까지 일을 해서 사회보장제도 하에서 충분한 신용을 쌓아온 사람에게만 자격이 주어진다는 차이가 있다.

두 프로그램에서 받는 보조금은 서로 다르다. 사회보장 장애 보험은 발병 전까지 얼마나 오랫동안 일했는지에 따라 다르고, 생활 보조금은 각 주마다 연방 생활 보조금 지급에 얼마나 더해 보조금을 지급하는지에 따라 다르다. 약 절반의 주들에서는 어느 정도 보충분을 지급한다. 사회보장 장애 보험과 생활 보조금은 미국에서 조현병 환자들에 대한 재정 지원의 가장 중요한 원천이다.

장애 확인을 받아 생활 보조금과 사회보장 장애 보험금을 지급받으려면 지역의 사회보장국에 신청해야 한다. 환자의 재산과 기타 소득도 자격을 판단하기 위한 고려 대상이다. 2000달러 이상 저축해둔 돈이 있다면 지급 대상이 안 될 수도 있다. 재산을 고려할 때 집과 자동차, 기본 가재도구들은 그 2000달러에 포함시키지 않는다. 생활 보조금이나 사회보장 장애 보험 자격 신청서는 장애 심사관 1명과 의사 1명이 평가한다. 이들이 추가 의학적 정보를 요구할 수도 있고, 일부 경우에는 신청자의 검진을 요구할 수도 있다. 이들은 자격을 심사할 때 일상 활동과 관심사의 제한, 개인적 습관의 악화, 대인 관계 유지의 어려움, 직장을 유지하는 데 필요한 집중력과 지시대로 수행하는 능력의 상실 등을 보여주는 증거에 특별한 주의를 기울인다. 그러므로 신청서를 제출할 때 이러한 사항들을 입증할 수 있는 관련 의학 기록들을 모두 제출하는 것이 좋다. 생활 보조금과 사회보장 장애 보험 자격을 평가하는 일은 주관적이며, 여러 연구가 전하는 바에 따르면 심사관들 사이에 의견이 일치하지 않는 경우가 거의 절반이라고 한다. 처음 신청서를 제출하고 그에 대한 판단이 내려질 때까지 보통 3~6개월이 걸리며, 최초 신청자 가운데 약 절반은 거부된다.

신청 후 생활 보조금이나 사회보장 장애 보험 자격을 거부당했을 때는 항소할 권리가 있다. 항소는 신청이 거부된 지 60일 안에 해야 하며, 이때 장애에 대한 추가적 증거도 제출해야한다. 항소에 대한 첫 심사는 사회보장국 지역 사무소에서 하며, 15퍼센트만이 승인을 받는다. 신청자는 다시 한 번 항소할 수 있으며, 이번에는 보건복지부 심리 항소국Bureau of Hearings and Appeals에서 행정법 판사 앞에서 청문회가 열린다. 이 단계에서는 항소가 인정되는 비율이 더 높다. 그 다음에는 이의신청 심리 위원회Appeals Council Review Board에, 또 그 다음에는 연방 지방법원에 항소할 수 있다. 생활 보조금이나 사회보장 장애 보험 수급에 대한 적법한 요구는 끈질기게 할수록 성공할 가능성이 더 크다.

생활 보조금과 사회보장 장애 보험 자격을 인정받은 신청인들에게는 최초 신청일까지 소급해 금액이 지급된다. 항소 과정은 1년 이상도 걸릴 수 있기 때문에 보조금이나 장애 보험 수급자는 최초 지불액으로 수천 달러를 받는 일도 드물지 않다. 돈을 관리할 능력이 없는 사람들, 특히 동시에 물질 남용 증세까지 있는 환자들의 경우에는 보통 사회보장국이 가족이나 사례 관리자 또는 기타 인물을 대리 수령인으로 지정한다(10장 지원 치료 참고).

조현병 환자들은 대체로 생활 보조금과 사회보장 장애 보험을 신청할 때나, 이후 항소 과정에서도 도움이 필요하다. 정기적으로 이런 신청서들을 제출해주는 사회복지사가 큰 도움이 되며, 특히 환자의 장애 정도를 공정하게 평가받을 수 있도록 적합한 임상 정보를 확실히 포함시키는 일에 큰 힘이 되어준다. 생활 보조금이나 사회보장 장애 보험을 처음 신청하는 사람들은 이 분야의 일을 잘 아는 사회복지사에게 도움을 받는 것이 현명하다. 신청 서류들과 항소 과정은 뇌가 완벽하게 작동하는 사람들에게도 어렵고 혼란스러운데 조현병 환자들에게는 무슨 카프카 소설에 들어온 것 같은 느낌이 들 것이다. 사회보장 장애 보험은 아니지만 생활 보조금은 환자가 가족과 함께 살고 있는 경우 액수가 줄어든다. 이론적으로는 주거비와 식비를 절약할 수 있다는 점을 고려한 것이지만, 사실상 환자가 가족과 생활하는 것에 벌금을 부과하는 셈이다. 많은 가족이 생활 보조금 제도의 이러한 차별적 측면에 분개하며, 자신들 역시 하숙집 운영자들과 똑같이 비용을 지출한다고 강변한다. 또한 생활 보조금은 환자가 90일 이상 입원해 있을 때도 지급이 중단된다. 달마다 지급되는 생활 보조금의 일정 부분은 환자가 의복, 교통수단, 세탁, 여흥에 사용할 용돈으로 할당된 액수다. 용돈의 액수는 주마다 다르다.

조현병 환자들은 할 수만 있다면 생활 보조금이나 사회보장 장애 보험 자격을 확보해두는 것이 중요하다. 다른 소득이 있어서 월별 지급액이 아주 소액으로 줄어들더라도, 그래도 지급받는 편이 낫다. 생활 보조금이나 사회보장 장애 보험 자격은 지급액 자체가 주는 혜택보다 훨씬 더 가치 있는 다른 지원 프로그램들을 누릴 자격까지 확보해주기 때문이다. 요컨대 메디케이드와 메디케어, 직업재활 서비스, 식료품 할인 구매권, 주택도시 개발부의 주거 및 임차 지원 프로그램 등이다. 어떤 주에서는 생활 보조금과 사회보장 장애 보험 자격이 있으면 자동적으로 다른 프로그램들의 자격까지 생기지만, 따로 신청해야 하는 주도 있다.

2018년 1월에 연방 월간 생활 보조금 지급액은 개인에게 750달러, 부부에게 1125달러로 인상되었고, 약 절반의 주들은 여기에 더해 주 보조금도 제공하고 있다. 생활 보조금 수급자는 한 달에 65달러까지는 소득을 올려도 보조금이 줄지 않는다. 65달러 이상을 버는 사람들에 대해서는 추가 소득 2달러당 1달러씩 보조금 액수가 줄어든다. 또한 2000년에는 생활 보조금과 사회보장 장애 보험 수급자가 다시 상근직으로 취업하려고 해도 메디케이드와 메디케어 혜택을 유지할 수 있게 해주는 법이 통과되었다. 이전에는 취업과 동시에 자동적으로 그 혜택들이 사라져, 생활 보조금과 사회보장 장애 보험 수급자가 다시 취업하는 것을 막는 가장 큰 방해 요인으로 작용했다. 가족의 지원을 받지 못하거나 생활 보조금이나 사회보장 장애 보험의 혜택도 누리지 못하는 조현병 환자들은 다른 수입에 의존해야만 한다. 이 중 다수, 특히 공공 보호소에서 생활하는 사람들은 공적 지원이나 복지수당을 활용한다. 군 복무 당시 최초 발병한 사람은 많은 경우 보훈국에서 지급하는 장애수당을 받을 자격이 있다. 보훈 장애 수당은 대개 액수가 넉넉하며 모든 혜택을 포함하면 한 달 수령 총액이 2000달러를 넘기도 한다.

식료품 할인 구매권도 조현병 환자에게 도움이 되는 보조적 원천이지만 실제로 충분히 활용되지 않는다. 자격을 얻으려면 소득이 빈곤선 이하여야 하고 대부분의 조현병 환자가 이에 해당한다. 한 사람이 받

을 수 있는 식료품 할인 구매권의 액수는 주마다 다르고 소득에 따라
서도 다르다. 또한 식료품 가격에 따라서도 달라지므로, 식료품 가격
이 상승하면 할인 구매권 액수도 상승한다. 식료품 할인 구매권은 지
역 복지서비스나 사회서비스 사무실에서 받을 수 있다.

## 주거[+]

조현병이 있는 사람들을 위한 주거에는 다양한 정도의 감독을 받는
시설 거주와 독립 거주, 가정 거주가 있다.

**전문 감독 시설**　이 주거 유형에는 하루 대부분 또는 24시간 내내
활동하는 전문 교육을 받은 감독관이 있다. 위기 쉼터crisis house, 사회복
귀를 위해 거쳐 가는 중간 단계 거주지인 하프웨이 하우스halfway houses
와 쿼터웨이 하우스quarterway house 및 이와 유사한 시설들이 여기 포함된
다. 1994년에 출간된 마이클 위너립Michael Winerip의 책《9 하일랜드 로
드9 Highland Road》에 이런 시설들의 예가 잘 묘사되어 있다.

**비전문 감독 시설**　이런 시설들에는 시간제 또는 하루 종일 감독하
는 사람이 있지만 전문 교육을 받은 사람은 아니다. 위탁가정foster homes,

---

[+]　　한국은 가족과 같이 사는 경우 외에 그룹홈이 약간 있는 실정이다. 이 부분은 한국
　　　상황과는 다른 부분이 있어 미국 상황을 참고하는 정도로 살펴보기 바란다.

기숙 요양 가정board-and-care homes, 기숙 가정boardinghouses, 그룹홈group homes, 집단 요양 가정congregate care homes 등 지역마다 지칭하는 이름은 다르지만 유사한 시설들이다.

**간헐적 감독 시설**　이런 주거시설은 조현병이 있는 사람이 기본적으로 자기 힘으로 살아가도록 만들어진 아파트나 그룹홈 들이다. 보통 사례 관리자나 다른 정신건강 전문가가 정기적으로 (예를 들어 일주일에 한 번) 방문해 별문제가 없는지 확인한다.

감독이 있는 조현병 환자 거주 시설의 질은 천차만별이다. 스펙트럼의 한 끝에는 작은 위탁가정이 있다. 여기서는 환자마다 방 한 칸씩 배정되고 적당한 음식이 제공되며, 위탁가정의 보호자들은 자신이 돌보는 환자들을 마치 자기 자녀처럼 살피고 걱정한다. 개조한 호텔에서 관리자가 직원들을 고용해 거주자들을 위한 사교 활동을 조직하고, 약을 잘 챙겨먹는지 확인하며, 치과 진료 약속을 잊지 않았는지 상기시켜주고, 식료품 할인 구매권 신청서 작성을 도와주는 등의 일을 하는 곳들도 있는데, 이런 곳은 위탁가정을 좀 더 큰 규모로 확대한 시설이라고 볼 수 있다.

그러나 반대쪽 극단에는 환자들에게 난방과 침구, 음식을 충분히 제공하지 않고, 얼마 안 되는 돈을 착복하며, 그들을 값싼 노동력으로 이용하고, 때로는 성폭행을 하거나 매춘을 알선하는 위탁가정들도 있다. 오래된 호텔에서 낡은 방 외에 아무런 서비스도 제공하지 않으면서 앞에서 말한 것과 유사한 착취 행위들을 하는 곳도 규모만 더 클 뿐 같은 종류다.

퇴원한 정신과 환자를 위한 위탁가정들에서 감독은 서류상으로만 존재하는 경우도 많다. 24시간 감독하는 '퇴원 환자 독립생활 프로그램'으로 허가를 받은, 볼티모어에 있는 한 그룹홈에서는 당뇨병이 있는 젊은이가 자기 방에서 사망한 지 사흘이 지나서야 직원들에게 발견되었다.[5] 그리고 뉴욕시에서는 "6명 이상이 거주하는 한 위탁가정에서는 환자였던 한 사람의 시체가 아무도 건드리지 않고 방치된 채 썩어가고 있는 것을 경찰이 발견"했다.[6] 2002년에 〈뉴욕 타임스〉가 뉴욕의 그룹홈들을 다룬 시리즈 기사로 조현병 환자들이 거주하는 시설이 어디까지 추락할 수 있는지(불결함, 혼돈, 환자 착취, 불필요한 수술 등) 충격적인 내용을 알렸다.[7]

많은 주거시설이 너무나 열악하기 때문에 주립 병원에서 환자의 퇴원을 담당하는 전문가들은 종종 윤리적 딜레마에 빠진다. 이 환자가 정말로 병원보다 지역사회에서 더 잘 지낼까? 그러한 생활환경과 괴롭힘 당할 잠재적 위험에서 사는 것이 정말로 개선인 것일까? 나는 너무나 많은 환자가 지역사회에서 자신들이 생활하는 조건에 만족감을 표현하는 것을 볼 때마다 항상 놀라움을 금치 못한다. 실제로 그 생활조건이 얼마나 열악한지 잘 알기 때문이다. 로스앤젤레스의 기숙 요양가정에서 사는 환자들을 대상으로 한 연구에서는 40퍼센트의 환자가 만족한다거나 그럭저럭 만족한다고 말했다.[8] 나는 그들이 말하는 만족이 병원에 있던 시기나, 공공 보호시설이나 거리에서 살아야 하는 것에 비한 만족일 거라고 생각한다.

지역사회에서 생활하는 환자들을 위한 좋은 감독 주거시설의 공통

점은 무엇일까? 그 답으로는 4가지 특징을 꼽을 수 있다. 첫째, 그곳에 사는 사람들을 단순한 수입의 원천으로서가 아니라 존엄한 존재로서 따뜻하게 대하는 것이다. 둘째, 한 주거시설에서 생활하는 사람의 수를 최대 15~20명까지로 제한하는 것이 최선이다. 기숙 가정이나 집단 요양 가정에 50명이나 100명, 심지어 그보다 많은 퇴원환자를 수용한다면 이름만 다를 뿐 거의 정신병동과 다름없는 곳이 된다. 탈원화라기보다 병원 이동인 셈이다.

셋째, 정신과 환자들을 위한 좋은 지역사회 주거시설은 조정 가능한 연속 선상에 존재해야 한다. 즉, 환자 각자의 필요에 따라 감독이 더 철저하거나 더 느슨한 주거시설들을 유연하게 오고갈 수 있어야 한다는 말이다. 조현병은 완화와 재발이 번갈아 오는 병이기 때문에, 한 명의 환자가 한 종류의 시설에 무한정 머무를 수 있을 거라는 기대는 비현실적이다.

마지막으로 조현병 환자를 위한 지역사회 주거시설은 환자들이 하는 다른 활동들과 통합되어 있을 때 가장 유용하다. 이런 원칙을 잘 보여주는 훌륭한 예가, 환자들이 함께 생활하며 단체로 작업을 수주해 일하는 페어웨더 로지Fairweather Lodges다.[9] 이런 형식을 시도해본 곳들에서는 매우 성공적인 형식으로 평가되었으며, 8장 추천 참고문헌에 있는 존 트렙의《로지 매직Lodge Magic》이란 책에 잘 설명되어 있다.

환자가 어느 정도로 독립적인 생활을 할 수 있는지 예측할 수 있는 환자의 특징을 관찰한 연구도 있다.[10] 가장 중요한 특징들은 환자가 (추정컨대 그들이 생활을 유지하도록 도와주는) 가족과 자주 연락을 취하는 것, 좋은 위생 습관을 갖고 있는 것, 음성 증상이 비교적 적은 것, 사회적 활동에 참여할 수 있는 것이다.

조현병을 비롯한 중증 정신장애가 있는 사람들을 위한 훌륭한 주거 프로그램들도 있다. 그중 다수가 뉴욕의 파운틴하우스Fountain House나 시카고의 스레숄드Thresholds 같은 정신질환자의 자활을 돕는 단체들과 연계되어 있다. 예를 들어 스레숄드는 1000명 이상을 수용할 수 있는 단위 시설들을 갖고 있고, 각 주거 단위들의 감독 정도도 매우 다양해서 환자의 임상 상태가 개선되거나 악화됨에 따라 각자에게 적합한 수준의 감독이 이루어지는 곳으로 옮길 수 있다. 가족이 부유해 경제적 여유가 있는 조현병 환자를 위한 훌륭한 주거시설들도 있다. 매사추세츠주 몬터레이에 있는 굴드 팜Gould Farm, 버몬트주 커팅스빌에 있는 스프링 레이크 랜치Spring Lake Ranch, 메릴랜드주 프레더릭에 있는 클리어뷰 커뮤니티Clearview Communities, 노스캐롤라이나주 밀 스프링에 있는 쿠퍼리스CooperRiis, 애틀랜타에 있는 스카이랜드 트레일Skyland Trail, 오하이오주 메소포타미아에 있는 호프웰Hopewell, 미시건주 홀리에 있는 로즈힐Rose Hill, 캘리포니아주 라메사에 있는 핸블세야 샌디에이고Hanbleceya San Diego, 미네소타주 로체스터에 있는 존 허먼 하우스John Herman House 같은 곳이다. 이 중 다수는 일 년에 비용이 10만 달러 이상 드는 비싼 시설이지만, 어떤 가족들에게는 꼭 필요한 것을 제공해주는 곳이기도 하다. 그보다 좀 더 소박한 수준에서 모범이 될 만한 사회복귀 중간 시설로는 펜실베이니아주 해버포드에 있는 토리 하우스Torrey House와 오클라호마주 바틀스빌에 있는 훌륭한 독립 주거단지 토리 플레이스Torrey Place가 있다(내 이름이 들어간 곳들이라 나의 편파적 의견으로 보일 수도 있음을 인정한다).*

정신과 환자를 위한 지역사회 주거시설과 관련해 자주 제기되는 실질적인 문제는 건축규제와 지역사회의 반발이다.+ 환자들을 병원이 아닌 지역사회에 거주하게 하는 일에 관해서는 그 지역사회가 자기 동네가 아닌 한 모두가 찬성한다는 말까지 있다. 미국의 몇몇 지방과 도시들은 이 문제를 놓고 매우 격한 싸움을 벌이기도 했다. 정신질환자와 지적장애인을 위한 거주 시설들이 주변 지역에 미치는 영향에 관해 40건의 연구가 실시되었다. 이 연구들을 검토한 논문에 따르면 "연구 대상이 된 모든 지역에서 단체 거주 시설이 있다고 해서 부동산 가치가 떨어지거나 이사가 늘어나거나 범죄율이 높아지거나 동네의 성격이 달라진 일은 전혀 **없었다**."[11] 책임감 있는 정신건강 전문가가 환자들의 경과를 계속 지켜보고 약물 복용을 감독하기만 한다면, 실제로 조현병이 있는 사람은 아주 괜찮은 이웃이다.

**독립 주거** 독립적으로 살아가는 조현병 환자는 혼자 사는 사람이든 다른 사람들과 함께 생활하는 사람이든 아주 많으며 점점 더 많아지고 있다. 요즘에는 이를 지원 주거supported housing라고 말하는데, 여기에는 정신건강 전문가들이 환자의 주거 선택을 도와준다는 의미가 담겨 있다. 독립생활의 질도 허름한 원룸부터 시설이 잘 구비된 아파트

---

\* 토리 하우스와 토리 플레이스는 정신의학자로서 저자의 공을 기려 그의 이름을 붙인 곳.

+ 한국에서도 정신장애인 거주 시설이나 정신병원 설립에 지역사회 주민들의 반발이 종종 문제가 되고 있다. 아파트 가격 하락이나 지역 이미지가 나빠진다는 생각 때문이지만, 더불어 살아가는 성숙된 국민의식이 필요하다고 생각된다.

나 주택까지 다양하다. 독립 주거 조현병 환자들이 겪는 가장 큰 문제
는 사회적 고립이다. 최근 연구에 따르면 독립생활 환자들의 59퍼센트
와 그들의 가족 중 71퍼센트가 사회적 고립을 문제로 지적했다. 일부
조현병 환자들, 특히 자신의 병을 온전히 인식하지 못하는 이들은 독
립생활을 할 수 없고, 해서도 안 된다.

**가정 거주**    다수의 조현병 환자가 집에서 가족이나 친척과 산다. 어
떤 환자와 가족들에게는 이것이 완벽하게 만족스러운 방식이고 발생하
는 문제도 적을 수 있다. 그러나 집에서 생활하는 것이 상당히 불만스러
운 사람도 많고, 남성의 경우 특히 더 그렇다. 일반 성인도 집에서 생활
할 때 동일한 문제들에 직면하니, 그리 놀라운 일은 아니다. 집에서 사
는 사람들에게 추천할 만한 몇 가지 전략을 11장에서 소개한다.

## 취업

일에 관한 관심의 범위는 조현병이 있는 사람이나 없는 사람이나
똑같이 넓다. 스펙트럼의 한 끝에는 어떤 일이든 하고자 하고 때로 돈
을 받지 못하더라도 계속 일하려는 사람들이 있는 반면, 다른 쪽 끝에
는 무슨 수를 쓰든 일을 하지 않으려는 사람들이 있다. 조현병이 있는
사람과 없는 사람 사이에 일을 대하는 태도의 유일한 차이는 병이 있
는 사람이 다른 사람들과 밀접하게 협력하는 데 문제가 있기 때문에
일을 하기가 더 어렵다는 점뿐이다. 1990년에 통과된 미국 장애인법의

의도는 정신질환이 있는 노동자를 차별적 관행으로부터 보호하는 것이었으니, 이론상으로는 일하기를 원하는 사람들에게 취업 기회가 늘어났어야 한다.

조현병이 있는 사람 중에는 사고장애나 환청 같은 잔류 증상들이 있어서 상근직으로 일하기 불가능한 경우가 아주 많다. 그러나 시간제로 일할 수 있는 사람은 많다. 상근직으로 일할 수 있는 조현병 환자는 6퍼센트 정도로 낮게 추정되는데,[12] 내 경험에 근거해 판단할 때, 만약 제대로 된 약물 치료를 유지하고 재활 프로그램이 확보되고 취업 시 의료보험 혜택을 앗아가는 식으로 의욕을 꺾는 조건만 사라진다면, 약 10~15퍼센트가 상근직으로 일할 수 있고, 거기에 추가로 30~40퍼센트는 시간제로 일할 수 있을 거라고 추정한다. 조현병 환자에게는 과거의 취업이 미래의 취업을 예측할 수 있는 가장 좋은 요인이다. 직업이 있었다가 병에 걸린 사람은 일을 한 번도 안 해본 상태로 병에 걸린 사람보다 취업할 확률이 더 높다.

일은 사람에게 몇 가지 잠재적 혜택을 주는데, 그중 적잖이 중요한 것이 추가 수입이다. 자존감을 높여주는 것 역시 일의 중요한 측면이다. 직업을 갖는다는 것은 다른 사람들과 다르지 않다는 증거이기 때문이다. 조현병이 있는 사람들에게 일할 기회를 주기 위해 싸워온 소수의 정신건강 전문가 중 한 사람인 잉글랜드의 더글러스 베넷Douglas Bennett은 직업이 마법처럼 환자를 사람으로 바꿔놓는다고 말한다. 환자들은 일을 하는 상황에서는 자신의 정신증 증상들을 통제하려고 무척 노력한다. 자신에게 일이 그만큼 중요하기 때문이다. 예를 들어 "똑같은 사람이 오전에는 복지 센터에서 환자 역할을 수행하고 환자처럼 행동하며 증상들과 기이한 행동을 보이지만 오후에 일터에서 가서는 그런 증상과 행동을 전혀 보이지 않는" 것이 관찰되었다.[13] 또한 일은 사람들에게 하루의 짜임새와 아침에 침대에서 나올 이유, 정체성, 그리고 확장된 사회적 관계망을 제공한다.

수많은 환자를 정신병원에서 풀려나게 한 시민권 운동이 그 환자들을 위한 일자리를 급격히 감소시킨 결과를 가져왔다는 것은 참으로 역설적이다. 과거에는 많은 환자가 병원 농장과 구내에서 시설관리와 주방 일을 했다. 의심할 여지없이 이렇게 억류된 노동력에 대해 착취가 벌어졌고, 시민권 법률가들은 '노예노동'이라 주장하며 법정으로 몰려갔다. 그 상황을 바로잡기 위한 노력은 너무 멀리까지 나아갔고, 그 결과 병원들은 환자에게 최저임금과 기타 직원 혜택을 지불할 여력이 없었기 때문에 환자 고용을 꺼리게 되었다. 그리하여 병원과 지역사회에는 일을 할 수 있고 짧은 기간 동안은 일하는 걸 즐길 수도 있지만 상근직 취업은 할 수 없는 환자 수천 명이 남았다. 과거에 그들의 필요에 딱 맞춰졌던 시간제 일자리들이 이제 다 사라졌기 때문이다.

조현병 환자의 직업적 기회를 가로막는 가장 큰 장애물은 13장과 15장에서도 다룰 낙인이다. 고용주들은 우리 사회 대부분의 사람들과 마찬가지로 조현병이 어떤 병인지 이해하지 못하며, 조현병이 있는 사람을 고용하는 것을 고려하겠냐고 물으면 부정적으로 반응한다. "우리 사업체에서는 정신병자에게 일을 시킬 수 없어요"라는 것이 흔한 본능적 반응이다. 또 하나의 큰 장애물은 정부의 재활 프로그램들과 보호작업장sheltered workshop들이 전통적으로 신체장애가 있는 사람들을 선호하고 정신장애가 있는 사람들은 기피한다는 사실이다. 미국의 직업 재활은 아직도 소아마비 시대를 벗어나지 못했고, 눈에 보이는 신체장애가 없는 사람은 그런 프로그램에 참여 신청을 해도 소용이 없다. 전통적인 직업 재활이 조현병 환자들에게 전혀 도움을 주지 못하는 현실은 존 노블John Noble 등이 1997년에 발표한 《실패의 유산A Legacy of Failure》이라는 통렬한 보고서에 잘 기록되어 있다(8장 추천 참고문헌 참조). 다른 몇몇 국가들은 정신과 환자들에게 일할 기회를 훨씬 더 잘 제공한다. 스웨덴, 잉글랜드, 네덜란드에서는 장기간 근무할 수 있는 비상근 일자리를 훨씬 많이 구할 수 있다.

중증 정신질환이 있는 사람들을 위한 직업 재활 프로그램에는 몇 종류가 있다. 어느 접근법이 가장 좋은지에 관해 정신건강 전문가들 사이에 여전히 논쟁이 있지만, 실제로는 개인마다 필요한 것은 천차만별이기 때문에 활용할 수 있는 방식이 많이 존재하는 것이 이상적이다.

**보호 고용**Sheltered Employment    참가자들이 보호 작업장을 졸업했다고 해서 반드시 경쟁적 취업을 할 필요는 없다. 미국에서는 굿윌 인더스트리즈Goodwill Industries*가 다수의 보호 고용 프로그램을 운영하고 있다.

**과도적 고용**Transitional Employment    뉴욕시의 클럽하우스**인 파운틴하우스가 개발한 이 직업 재활 모델은 다른 많은 클럽하우스가 활용하고

---

\*        장애 때문에 직업을 구하기 어려운 사람들을 위해 직업교육, 취업 알선 등의 활동을 하는 비영리단체.

\*\*       클럽하우스란 회원들이 모여 사교와 교육적 활동을 함께하는, 항상 개방되어 있는 지역사회 시설이다. 9장 재활 참조.

있다. 참가자들에게 상업적 기관들이 실제 직업을 할당하고 재활 전문가가 이들과 동반한다. 일을 배워가는 동안 두 사람이 (각각 절반의 시간씩 일하는 등) 한 직무를 나눠서 하는 경우가 많다. 과도적 고용 형태를 졸업한 뒤 경쟁적 취업으로 옮겨가는 비율이 꽤 높다. 1991년의 한 연구는 과도적 고용이 매우 비용 효율이 높음을 보여주었다.

**지원 고용**Supported Employment   이 모델에서는 각 개인에게 스스로 원하는 직업을 선택하도록 격려하고, 그런 다음 그 일을 시작하기 전에 직업 및 관련 사회적 기술을 집중적으로 훈련한다. 지원 고용의 한 예는 보스턴대학교 정신과 재활센터와 연계한 액세스 프로그램Access program이다. 7주 동안 한 주에 15시간씩 취업 전 수업을 받고, 그런 다음 직업 코치가 배당되어 취업 후 첫 몇 달 동안 광범위한 지원을 받는다.

**직무 기술훈련**Job Skills Training   이 모델은 중증 정신질환이 있는 사람들에게 직무 기술을 훈련하기 위해 설립된 상업 기관들을 활용한다. 캘리포니아주 헤이워드에 있는 '이든 익스프레스Eden Express'라는 레스토랑이 인상적인 예인데 여기서는 환자들이 음식 준비, 음식 공급, 조리 보조, 식탁 정리, 손님맞이, 접대, 계산, 설거지, 잡역까지 모든 일을 했다. 1980년부터 1985년까지 훈련 과정에 등록한 사람 중 80퍼센트인 총 315명이 15주 훈련 과정을 완수했다. 항상 약 25명의 훈련생이 등록되어 있었고, 직업상담사 몇 명이 훈련 강사 역할을 했다. 이들은 훈련이 끝나면 취업 면접 방법도 가르쳤고, 졸업생의 94퍼센트가 직장을 구할 수 있었다. 이든 익스프레스는 대체로 자립적으로 운영되며

한 달에 4000명 이상의 손님에게 서비스를 제공했다. 직업상담사들의 봉급은 기본적으로 캘리포니아주 재활교육부에서 나오는 훈련 기금으로 충당했다. 다른 직무기술 프로그램들은 정신질환이 있는 사람들이 일단 고용된 후 그 직장을 유지하는 방법을 가르치는 특수 목적의 교육도 개발했다.

**경쟁적 고용**Competitive Employment   조현병 환자 중에서도 일부는 경쟁적 고용으로 돌아갈 수도 있지만, 병에 걸리지 않았을 경우 도달했을 만한 수준까지 꼭 회복할 수 있는 건 아니다. 경쟁적 고용의 매우 흥미로운 예는 조현병이 있는 사람들을 같은 병이 있는 다른 사람들의 사례 관리자로 활용하는 방법인데, 이는 11장에서 이야기한다.

## 친구 관계와 사회적 기술훈련

조현병이 있는 사람들도 조현병이 없는 사람들과 똑같이 친구가 필요하다. 그러나 조현병이 있는 사람들에게는 병으로 인한 증상과 뇌의 기능장애 등 친구 관계를 방해하는 요소가 여럿 있다.

내가 진료했던 한 젊은이는 대부분의 증상에서 회복해 집에서 살고 있었다. 그는 병에 걸리기 전처럼 친구들과 함께 술집에 가서 술을 마시며 또래들 속으로 돌아가려고 노력했다. 그러나 그렇게 하는 것이 아주 어렵다는 것을 깨달았고, "친구들의 말을 이해할 수가 없고, 나도 무슨 말을 해야 할지 알 수 없다"며 안타까움을 토로했다. 또 다른 환자는 사람을 사귀는 상황에서 "나는 문장들을 이루는 단어들 사이의 공간에서 길을 잃었다. 집중할 수가 없었고, 뭔가 다른 생각으로 빠져들었다"고 말했다.[14] 이런 어려움들을 생각해보면 조현병이 있는 많은 사람이 대인 관계 상황에서 종종 부적절한 반응을 보이고 그러다 결국에는 위축되어버리는 것도 놀라운 일이 아니다. 지역사회에서 생활하는 환자들을 대상으로 실시한 연구들에 따르면 약 25퍼센트가 고립된 채 살고 있고, 50퍼센트는 다소 고립되어 살고 있으며, 25퍼센트만이 적극적인 사회적 삶을 살고 있다고 한다. 거의 절반은 텔레비전을 보는 것 외에 어떤 오락 활동도 하지 않는다.

조현병 환자들은 사회적 관계를 방해하는 뇌 기능장애에 더해 조현병에 대한 낙인과도 싸워야 한다. 이는 13장과 15장에서도 이야기할 것이다. 병원 밖에서 너무나 만연한 낙인을 접하다 다시 병원으로 돌아간 한 노인 환자가 그에 대해 잘 표현했다.

> 나는 밖에서 도저히 살 수 없다. 나는 내가 누군지 알고 그들도 내가 누군지 안다. 바깥세상 사람들은 대부분 내게 거리를 두거나 내 눈에 대고 침을 뱉는다. 그들의 눈에 나는 나환자 같은 존재다. 그들은 우리 대부분을 나환자처럼 대한다. 편견에 사로잡혀 있는 것이다. 그들은 우리를 두려워하거나 혐오한다. 나는 그런 편견을 수천 번 보아왔다. 밖에서는 기분이 좋지 않다. 거긴 내가 속한 곳이 아니다. 그걸 그들도 알고 나도 안다.[15]

조현병 환자들의 우정에 대한 욕구를 해결할 수 있는 몇 가지 잠재적인 해결 방법이 있다. 그중 하나인 환자들의 자조단체self-help group에 대해서는 뒤에서 이야기할 것이다. 또 하나는 9장에서 이야기할 뉴욕의 파운틴하우스를 모범으로 만들어진 클럽하우스 프로그램들에 가입하는 것이다. 또 하나는 1981년에 뉴욕주 로체스터에서 시작되어 다른 여러 도시로 확산된 컴피어 프로그램Compeer Program이다. 컴피어에서는 정신질환이 없는 자원봉사자들을 조현병이나 다른 중증 정신질환이 있는 사람들과 일대일로 맞춰 연결해준다. 그러면 이 두 사람은 일주일에 한 번 함께 쇼핑을 하거나 영화를 보거나 식사를 하거나 게임을 하거나 공통의 관심사를 나눈다.(컴피어 웹사이트: www.compeer.org)

친구 관계에 대한 또 하나의 해결책은 전미 정신질환자 가족 연합 퀸스/나소NAMI Queens/Nassau 지부가 운영하는 뉴욕의 우정 네트워크 Friendship Network로, 구체적으로 조현병이나 양극성장애가 있는 사람들을 위해 만들어진 만남 주선 서비스다.(우정 네트워크 웹사이트: www.friend-shipnetwork.org) 나는 중증 정신질환이 있는 두 사람이 서로에게 얼마나 큰 힘이 되어 줄 수 있는지, 병을 공유하는 데서 생기는 유대감이 얼마나 강력한지 목격하고 깊은 감명을 받았다. 물론 그중에는 재앙으로 치닫는 관계들도 있지만, 그 관계가 당사자들의 인생에서 가장 중요한 일이 되는 경우도 있다. 사실상 관계 자체는 중증 정신질환이 없는 사람들 사이의 관계와 똑같이 다양한 범위를 포괄한다.

우정에 대한 또 다른 접근법은 수업과 감독하에 운영되는 그룹 상호작용을 통해 사회적 기술을 개선해주는 것이다. 직업 재활 프로그램에도 사회적 기술훈련이 포함된 경우가 많지만, 이 훈련만을 따로 진행할 수도 있다. 조현병 환자들을 위한 몇몇 사회적 기술훈련 프로그램들은 고도로 구조화된 프로그램을 통해 그들이 사회적 신호와 얼

굴 표정, 일반적인 사회적 상호작용의 미묘한 측면들을 더욱 잘 인
식할 수 있게 만든다(예를 들어 다른 사람과 이야기할 때는 눈을 마주치라
는 가르침을 받는다). 널리 사용되는 프로그램 중 하나로 로버트 리버먼
Robert Liberman 박사와 그 동료들이 만든 UCLA 기술훈련 과정UCLA Skills
Training Modules은 웨스트로스앤젤레스 보훈 의료 센터West Los Angeles Veterans
Administration Medical Center를 비롯한 많은 기관에 있는 정신질환자 3000여
명 이상에게 사회적 기술훈련을 제공해왔다. 모두 10가지 훈련 과정이
며, 각 교과과정마다 트레이너 안내서, 환자 워크북, 사용자 안내서, 비
디오테이프로 구성되어 있다. 이러한 교육 방법은 사회적으로 더 잘
기능하게 하고 그럼으로써 조현병을 지니고도 잘 살아내도록 돕는 데
아주 큰 도움이 될 수 있다. 사회적 기술훈련과 비슷하지만 조금 다른
것으로 인지 교정cognitive remediation이 있는데, 이는 인지 결손을 보충하
기 위한 노력이다. 이를 위한 컴퓨터 프로그램들도 개발되었고, 그 효
과에 대한 여러 주장이 있지만 아직 효과가 증명되지는 않았다.

　조현병 환자들이 우정을 누릴 수 있는 또 한 가지 방법은 반려동물
기르기다. 반려동물은 평범한 사람들뿐 아니라 그들에게도 훌륭한 동
반자가 되어주는 경우가 많다. 특히 개가 좋은 반려가 되어준다. 개들
은 아무 차별 없이 사랑을 주고, 그 사람의 사고장애나 환청을 불편해
하지도 않으며, 상황이 안 좋을 때도 잘 이해해주는 존재이기 때문이
다. 조현병 환자에게 반려동물을 키우게 하면 대체로 큰 기쁨을 줄 수
있다. 이는 환자의 가족들뿐 아니라, 환자들에게 반려동물을 키우도록
허용하거나 '방문 동물' 프로그램을 운영하는 일부 정신병원들도 잘
알고 있는 사실이다.

# 의료와 치아 관리

다른 모든 사람과 마찬가지로 조현병이 있는 사람도 다른 병에 걸리고 그에 맞는 의학적 치료가 필요하지만, 여러 이유로 의학적 치료를 받기가 어렵다. 아마 가장 중요한 이유는 대부분의 조현병 환자가 의료보험이 없고, 그래서 메디케이드와 메디케어를 활용해야만 한다는 점일 것이다. 메디케이드의 혜택은 주마다 차이가 크고, 메디케이드 환자를 받지 않는 의사도 많다.

의학적 치료를 받기 어려운 또 다른 이유들을 보자면, 조현병 환자 중 의료진에게 자신의 증상을 일관되게 설명하지 못하는 이들도 있고, (1장에서 보았듯이) 일부 환자들은 통증에 대한 역치가 너무 높아져서 진단이 지연되는 경우도 있으며, 치료에 대한 지시를 이해하고 따르는 데 어려움이 있는 이들도 있기 때문이다. 게다가 사용 중인 항정신병 약물의 부작용이 임상적 상황을 분명히 파악하는 일을 어렵게 만들 수도 있으며, 항정신병약물이 의학적 문제 때문에 처방받은 다른 약들과 상호작용을 일으킬 수도 있다.

이런 모든 이유 때문에 조현병 환자들에게는 치료받지 못한 의학적 문제가 있는 비율이 상대적으로 높다고 알려져 있으며, 여러 연구에 따르면 환자의 26~53퍼센트가 그런 문제를 갖고 있다고 한다.[16] 아들러와 그리피스는 "의학적 질병이 있는 조현병 환자의 치료는 의사가 맞닥뜨릴 수 있는 가장 어려운 과제 중 하나"라고 말했다.[17] 그리고 바로 그런 치료를 하지 못하는 것은 4장에서 이야기했듯 조현병 환자들의 사망률이 그렇게 높은 이유 중 하나다.

조현병 환자들의 신체건강이 방치되고 있다는 정신건강 전문가들의 염려 때문에 2002년 마운트시나이 의학 대학원에서는 이 문제에 대한 콘퍼런스가 이틀 동안 열렸다.[18] 참석자들은 콘퍼런스 결과 합의된 권고사항을 내놓았는데, 특히 2세대 항정신병약물의 알려진 부작용들에 중점을 두었다. 2세대 항정신병약물을 사용하는 환자들의 경우에는 체중(체질량)증가와 혈중 포도당 및 지질 수치, 심전도를 비롯한 심장 측정값들에 특별히 주의를 기울여야 한다.

의료와 마찬가지로 다수의 조현병 환자에게서 방치되는 또 하나가 치아 건강이다.[19] 스코틀랜드에서 실시한 한 연구에 따르면, 조현병 환자들은 전체 인구에 비해 매일 양치질을 하는 비율이 더 낮았고, 치과 문제가 더 많았으며, 남아 있는 치아 수도 더 적었다.

## 운동

규칙적인 신체운동은 조현병 환자의 재활에 아주 중요한 요소다. 근래에는 운동이 파킨슨병을 비롯한 많은 뇌 질환과 특히 우울증을 비롯한 정신과적 장애들을 개선한다는 것을 보여주는 연구들이 쏟아져 나왔다. 조현병이 있는 사람들에게도 운동은 체중조절에 도움을 주고 증상들을 완화해줄 수 있다.

2016년에 다우완Dauwan 연구 팀은 운동이 조현병 환자들에 미치는 영향을 검토한 연구 29건을 리뷰했다(8장 추천 참고문헌 참조). 총 641명을 대상으로 한 15건의 연구에서 운동이 양성 증상들을 유의미하게 감소시켰다는 결과가 나왔다. 여기에 더해 총 765명을 대상으로 한 18건의 연구에서는 운동으로 양성 증상보다 음성 증상이 더욱 현저하게 개선된 결과를 얻었다. 이 사실이 중요한 이유는 현존하는 항정신병약물들이 양성 증상에 비해 음성 증상에는 그리 강력한 효과를 내지 못하기 때문이다. 조현병의 음성 증상과 관련된 우울증도 상당히 개선되었다.

효과적인 운동 유형은 심박수를 증가시키는 모든 운동(유산소운동)이며, 요가도 효과적이다. 그러니 활기차게 걷기, 자전거 타기, 격렬한 춤, 한 번에 계단 3개씩 오르기 등도 도움이 된다. 증상을 감소시키는 효과를 낼 수 있으려면 최소한 한 주에 90~120분은 운동해야 한다.

## 동료 지원 단체, 단 환청 네트워크는 제외

조현병 환자의 재활에는 동료들의 지원이 매우 중요하다. 자신의 증상들과 약 부작용, 조현병이 있어서 생기는 문제점들을 같은 병으로 힘들어하는 다른 사람들과 솔직하게 이야기 나눌 수 있다는 것은 의지할 수 있는 아주 큰 힘의 원천이 될 수 있다. 이런 일은 (9장에서 이야기할) 클럽하우스 프로그램들에서처럼 비공식적으로 일어날 수도 있으며, 실제로 클럽하우스 프로그램들이 그렇게 성공적일 수 있었던 이유 중 하나가 바로 이런 비공식적인 동료의 지원 덕분이었다.

조현병 환자들을 위한 동료 지원은 정기 모임을 갖는 공식적인 동료 단체를 통해서도 가능하다. 보통 이런 단체를 이끄는 사람은 조현병이 있는 사람이며, 단체가 초기에 출범하도록 돕는 일에는 정신건강 전문가가 참여할 수도 있다. 공식적인 의제를 갖고 있는 단체도 있고 아닌 단체도 있으며, 가끔씩 강사들을 초빙하는 단체도 많다. 어떤 단체들은 단체여행이나 그 밖의 사교 행사들도 개체한다. 이런 단체들은 '우리의 힘으로On Our Own' 같은 다양한 명칭을 갖고 있다.

동료 지원 단체들의 가장 큰 문제점은 많은 경우 이런 단체의 지도적 위치를 공공연하게 정신의학과 항정신병약물을 반대하는 '소비자 생존자'들이 차지한다는 점이다. 그런 단체들은 자신이 뇌 질환을 갖고 있다는 사실에 적응하며 회복하기 위해 노력하고 있는 조현병 환자들에게는 매우 해로울 수 있다. 동료들에게서 자신에게는 사실 전혀 잘못된 것이 없으며, 항정신병약물을 복용하는 것은 착오라는 말을 듣는 일은 전혀 도움이 되지 않는다. 약물남용 및 정신건강 서비스청Substance Abuse and Mental Health Services Administration, SAMHSA(15장 참고)도 2017년에 지도부가 바뀌기 전까지는 반정신의학을 내세우는 동료 지원 단체 지도자들에게 자금을 지원했다. 우리가 연방에 낸 세금이 사실은 조현병 환자들의 회복을 더 어렵게 만드는 일에 사용되고 있었던 것이다.

최근에는 '환청 네트워크'라 불리는 사회적 운동의 기치를 따르는 동료 지원 단체들이 인기를 누리고 있다. 이 운동은 네덜란드에서 시작되어 잉글랜드로 전파되고, 지금은 캐나다와 미국에서도 널리 확산되고 있다. 3명의 미국인 환청네크워크 옹호자가 2017년에 발표한 논문에 따르면, 환청 네트워크 단체들은 "환청은 병에 걸렸다는 징후가 아니라, 트라우마적 경험과 정서적 방임의 결과로 생긴 기저의 곤란을 반영하는 것"이라는 믿음을 비롯한 "핵심 원칙들"을 기반으로 한다.[20] 환청 네트워크를 홍보하는 사람들은 환청을 듣는 것은 연속체 상의 한 부분이기 때문에 병이 아니라고 주장한다. 많은 사람이 목소리를 듣고, 문화권에 따라 죽은 조상들의 목소리가 들려올 것을 예상하기도 한다는 것이다. 심지어 그들은 환청을 듣는 것이 때로는 도움이 된다고까지 주장한다. 환청 네트워크의 한 지도자는 이렇게 선언했다. "내가 환청을 듣는 사람이라는 것이 자랑스럽다. 그것은 너무나도 특별하고 독특한 경험이다."[21]

2장에서 언급했듯이 목소리가 들리는 것은 특히 일부 특정 문화에서는 그렇게 이례적인 일이 아니다. 하지만 그렇다고 해서 환청이 들리는 것이 절대 뇌 질환의 증상이 아니라는 의미는 아니다. 예를 들어 기침을 생각해보자. 누구나 때때로 기침을 하지만, 어떤 사람이 기침을 하다가 피를 토한다면 우리는 병 때문이라는 것을 안다. 기침할 때 피가 나는 사람 중에 "나는 기침할 때 피가 나서 자랑스럽다"라고 말하는 이는 없을 것이다.

나아가 환청 네트워크 지원 단체들의 큰 문제 하나는 환청이 "트라우마 경험과 정서적 방임" 때문에 일어난다고 믿는 것이다. 그러므로 환청 네트워크는 아동기 트라우마와 스트레스가 조현병의 원인이라고 보는 이론(5장 참고)을 확산하는 것이며, 그 운동의 지도자 다수가 트라우마 이론을 홍보해왔다. 환청 네트워크의 지원 단체에 참가하는 사람들은 자신에게 환청이 들리도록 영향을 미친 트라우마 경험들을 찾아내려고 노력하라는 부추김을 받는다. 당연히 이는 곧바로 '정서적 방임' 같은 경험들에 대해 가족을 비난하는 일로 이어진다. 이는 20세기에 가족을 비난하던 이론들로 돌아가는 일이다.

환청 네트워크 단체들의 또 하나 큰 문제는 참가자들에게 약 복용을 중단하도록 부추긴다는 점이다. 환청이 병의 징후가 아니라 단순히 정상적 경험 스펙트럼의 한 부분일 뿐이라면, 왜 약을 먹어야 하느냐는 것이다. 잉글랜드의 환청 네트워크 단체에 속한 참가자 29퍼센트가 단체에서 약 중단을 고려하도록 유도했다고 말한 것도 놀라운 일이 아니다.[22]

요약하자면 동료 지원 단체는 환청 네트워크의 스폰서를 받는 단체만 아니라면 조현병 환자들에게 큰 도움이 될 수 있다.

# 9

## 좋은 서비스란 어떠해야 하는가

일부 몰지각한 사람들의 의견과는 반대로, 정신이상은 똑같은 정도로 가혹하
고 고치기 힘든 다른 많은 질병과 마찬가지로 관리할 수 있는 병이다.
— 윌리엄 배티William Battie, 1758년[1]

전반적으로 볼 때 미국이 조현병 및 다른 중증 정신질환이 있는 사
람들에게 제공하는 서비스는 미흡한 수준부터 참담한 수준까지 고루
걸쳐 있다. 유능한 전문가와 정신과 입원 병상수는 충분하지 않으며,
외래환자 후속 치료 수준도 고르지 않고, 주거는 완전히 미흡하고, 재
활서비스는 최소한의 수준이거나 아예 존재하지 않는다. 가장 암울한
사실은 2019년에는 이런 서비스들의 질이 20년 전보다 더 나빠졌다는
것이다. 다른 주들보다 좀 나은 주들도 있기는 하지만, 좋은 서비스, 아
니 심지어 최소한의 적절한 서비스를 제공하고 있다고 말할 수 있는
주는 단 한 군데도 없다. 거의 모든 서유럽 국가, 특히 네덜란드와 스칸

디나비아 국가들은 조현병이 있는 사람들에게 훨씬 더 나은 서비스를 제공한다.

꼭 이래야만 하는 건 아니다. 우리는 무엇을 해야 하는지, 어떻게 해야 좋은 서비스를 제공할 수 있는지 알고 있다. 하지만 그렇게 하지 않는다. 여기에는 여러 이유가 있지만, 마치 사고장애에 걸린 것 같은 당국의 공공 정신의료 서비스 자금 투입 방식이 많은 부분을 차지한다. 이런 문제들에도 불구하고 제대로 서비스를 제공하고 있는 몇몇 개별 프로그램들이 전국에 산재해 있다. 이 장에서는 조현병 환자들을 위한 모범적인 서비스란 어떠한 것일 수 있는지, 아니 **어떠해야 하는지** 간단하게 개요를 그려보면서 사이사이 좋은 서비스를 제공하는 예들을 소개할 것이다.

## 정신과 입원 병상

급성 조현병 증상이 생긴 사람들을 적절히 진단하고 약으로 안정화시키려면 정신과 입원 병상수가 충분해야 한다. 입원 병상수가 부족하면 치료가 필요한 사람이 병원에 입원할 수 없고, 입원하더라도 제대로 치료하기도 전에 일찍 병원에서 내보내진다. 그 결과 마치 회전문을 통과하듯 입원과 재입원을 반복하게 되고, 복잡한 응급실은 병상이 날 때까지 며칠이고 몇 주고 기다리는 환자들로 가득 차게 된다.

1955년에 미국에는 55만 8000개의 공공(주와 카운티 운영) 정신과 병상이 있었다. 당시 인구를 기준으로 보면 10만 명당 340개의 병상이

있었던 셈이다. 탈원화(14장 참고) 이후인 2018년에는 공공병원 정신
과 병상이 3만 5000개뿐이다. 2018년 인구를 기준으로 보면 10만 명
당 병상이 11개인 꼴이다. 조현병 및 기타 중증 정신질환 환자들의 입
원에 사용되던 공공병원 병상의 97퍼센트가 없어진 것이다. 2008년
에 치료 옹호 센터에서 실시한 조사에 따르면, 적절한 정신과 서비스
를 제공하는 데 필요한 최소 병상수는 인구 10만 명당 50개인데, 이는
현재 미국이 필요한 병상수의 4분의 1도 제공하지 못한다는 의미다.[2]
2016년 데이터를 기준으로 인구수당 병상수가 가장 적은 주는 애리조
나주, 아이오와주, 미네소타주, 버몬트주다.[3] +

　일단 처음에 진단을 받고 약으로 안정화되고 나면, 재발했을 때 입
원 치료 외에 다른 대안을 사용하는 일이 가능한 경우도 있다. 예를 들
어 1960년대에 루이스빌 홈케어 프로젝트Louisville Homecare Project가 증명
했듯이, 과거에는 증세가 악화된 조현병 환자 대다수가 집에 머물며
매일 가정 방문하는 공중보건 간호사에 의해 안정화되거나 약물 치료
를 할 수 있었다. 이와 유사하게 1970년대에 사우스웨스트 덴버 정신
건강 서비스Southwest Denver Mental Health Services는 사설 위탁가정 6곳과 계
약을 맺고 각 가정에 한 번에 3주까지 급성 정신질환자 1~2명을 맡겼
다. 위탁가정 주인들은 정신건강 팀과 정기적으로 만났고, 항상 전화
를 받을 수 있는 정신의학과 간호사가 대기하고 있었다. 루이스빌과

---

+　한국에는 2019년 기준 정신 의료 기관 정신 병상수는 7만 8739개이며 개방 병상수
　는 1만 6608개, 정신요양시설에 1만 3145개가 있다. 진단별 입원 현황을 살펴보면
　조현병이 5만 3952명, 물질 관련 및 중독 질환이 3만 6230명, 제1형 및 제2형 양극
　성장애가 1만 3563명으로 나타났다.

덴버의 실험은 모두 입원에 대한 성공적인 대안으로 간주되었지만, 연방의 메디케이드 자금 지원 조건을 충족하지 못해 사라지고 말았다.

대부분의 주가 미래의 정신과 입원환자의 수요를 전혀 고려하지 않고 주립 정신병원들을 폐쇄했지만, 소수의 몇몇 주는 그보다 현명한 판단을 내렸다. 예를 들어 2012년에 매사추세츠주는 문을 닫는 두 주립 병원을 대체하기 위해 320개의 새 병상과 최첨단 시설을 갖춘 우스터 회복 센터와 병원Worcester Recovery Center and Hospital을 열었다. 매사추세츠주의 공공 정신병원의 병상수는 여전히 참담할 정도로 부족하지만, 적어도 새로 병원을 열었다는 것은 병상의 필요를 어느 정도 인정한 결과라 볼 수 있다.

## 환자를 보호하는 정신병원의 필요성

중증 정신과 환자들의 탈원화가 시작된 1960년대 초에는 대부분의 사람이 일부 환자는 지역사회로 옮길 수 있지만 다수의 환자는 여전히 장기 입원이 필요할 거라고 생각했다. 1980년대 초에 이르자 그런 생각은 꾸준히 무너져 캘리포니아주나 버몬트주 등 몇몇 주에서는 주립 병원을 완전히 폐쇄하는 것에 대한 진지한 논의가 오갔다. 그로부터 20년이 지나 우리는 둥근 원을 멀리 돌아 출발점으로 돌아왔고, 중증 정신질환자를 치료해온 정신건강 전문가 대부분이 일부 환자들에게는 주립 병원 혹은 그에 필적하는 다른 병원들이 필요하며 앞으로도 계속 필요할 것이라는 확신을 갖게 되었다.

계속해서 주립 병원이 필요한 환자들은 증세가 매우 심각하거나, 행동 증상들 때문에 지역사회에서 생활하기가 대단히 어려운 상태, 혹은 둘 다에 해당한다. 이 중에는 중증 정신질환자 중 항정신병약물에 최소한만 반응하거나 전혀 반응하지 않는 10~20퍼센트, 공격적이거나 폭력적인 행동 성향이 나타나는 이들, 불을 지르거나 공공장소에서 옷을 벗는 등 부적절한 행동을 하는 사람들, 너무나 막막하고 의존적이어서 시설의 보호가 필요한 사람들이 있다. 그런 환자들이 없다면 좋은 일이겠지만, 실제로 그런 사람들은 존재하고, (우리가 조현병을 비롯한 뇌 질환들의 원인을 알게 될 때까지는) 계속해서 존재할 것이다. 병원을 폐쇄하라는 압력 때문에, 환자들을 "덜 제약하는 환경"인 지역사회에 배치하라는 법적 결정들 때문에, 지역사회로 돌아가면 안 되는 많은 환자가 그리로 돌려보내지고 있다.

이런 환자들의 집단은 규모가 얼마나 될까? 그 답은 상당 부분 외래환자 정신과 서비스와 재활 서비스의 질에 달려 있다. 좋은 프로그램을 갖추고 있는 카운티나 주라면 아마도 5~10퍼센트를 제외한 조현병 환자들을 성공적으로 관리할 수 있을 것이다. 어느 시스템에서든 어려운 질문들을 던져야만 하는 시점이 온다. 이 환자들이 장기적인 보호 환경에 남아 있는 것보다 지역사회에서 사는 것이 정말로 더 나을까? 그들의 삶의 질이 정말로 더 나아질까? 지역사회가 그들을 진정 "덜 제약하는 환경"일까? 모두를 지역사회로 돌려보내려고 서두르는 와중에 우리는 이런 질문들을 회피해왔고, 많은 조현병 환자가 그들이 떠나온 병원의 정신병동보다 더 열악한 요양원, 기숙 가정, 공공 보호소에 가게 되었다. 내가 8년 동안 세인트 엘리자베스 병원에서 워싱턴

D. C. 지역사회로 환자들을 돌려보내는 일을 했던 경험에 근거해 추산해보자면, 최소한 4분의 1은 병원에 있을 때보다 삶의 질이 더 **나빠졌다**. 그리고 그런 환자들은 내게 기회만 된다면 기쁜 마음으로 병원으로 돌아가고 싶다고 종종 말했다.

그러니 우리는 중증 환자들을 위한 정신과의 장기 병상이 어느 정도 필요하다는 것을 인정해야만 한다. 이는 어사일럼asylum*의 개념에서 원래 그 단어가 지닌 자선적 의미, 즉 자신을 보호하지 못하는 사람들을 보호하는 곳이라는 의미를 되살리는 일이기도 하다. 우리는 소아마비에 걸린 사람이 반드시 다시 걸을 거라고 기대하지 않으며, 그들이 스스로 돌볼 수 없다는 것이 명백할 때 그들을 지역사회의 기숙 가정으로 보내지 않는다. 우리는 다발경화증이나 알츠하이머병 같은 다른 중증 뇌 질환 환자 중 스스로 보살필 수 없는 사람들의 장기 병원 병상은 유지한다. 조현병 환자에 대해서도 똑같이 해야 하지 않을까?

## 외래환자 서비스

조현병을 비롯한 중증 정신질환자들을 위한 정신과 외래환자 서비스의 표준은 1972년에 위스콘신주 매디슨에서 개발된 프로그램을 기반으로 한 적극적 지역사회 치료Assertive Community Treatment, ACT 모델이다.

---

\*    정신병원을 지칭하는 명칭으로 사용되는 asylum이라는 단어는 원래 보호가 필요한 사람들을 거두어 지켜주는 '성역'이나 '피난처'의 의미를 지니고 있다.

적극적 지역사회 치료 프로그램(이하 ACT 프로그램)은 약 100~150명의
중증 정신질환자를 전적으로 책임지는 약 8~10명의 정신질환 전문가
및 준전문가로 구성된 팀이 담당한다. 전적인 책임이란 매일 24시간
최소한 1명의 팀원이 항시 대기하며 임상, 주거, 재활에 필요한 부분들
을 보살피는 것을 뜻한다. 치료 팀 구성원과 환자들이 만나는 장소는
상당 부분이 진료실이 아니라 환자의 집이나 직장, 혹은 지역사회 내
에서 그들이 있는 다른 장소다. 약은 많은 경우 환자에게 진료실에 와
서 받아가라고 요구하는 것이 아니라 환자에게 가져다준다. 이 치료
프로그램에 '적극적'이라는 말을 붙일 수 있는 것은 치료 팀이 후속 치
료를 위해 담당 환자들을 적극적으로 찾아다니기 때문이다.[+]

　　ACT 프로그램들은 임상과 비용 두 가지 면에서 모두 효과가 증명되
었다. 미국뿐 아니라 잉글랜드와 오스트레일리아에서 실시된 ACT 프로
그램 모델의 무작위 시험 결과를 보면, 이 모델로 치료를 받은 사람들
은 입원률이 훨씬 낮아졌고, 환자와 가족 모두 높은 만족도를 보였다.
이 모델의 주요한 성공 요인은 환자들이 어디에 있든 여러 해에 걸쳐
동일한 환자를 동일한 팀이 계속해서 치료한다는 점이다. 만약 환자
가 입원하거나 교도소에 수감된다면, ACT 팀이 그곳으로 환자를 찾아
가고 그곳에서 그들을 책임지는 사람들에게 상담을 해준다. 치료 팀은
환자의 가족들과도 알고 지내는 사이가 된다. 중요한 것은 치료 팀 중

---

[+]　　한국에서는 일부 지역 정신건강센터에서 ACT 프로그램을 운영하고 있지만 예산
　　　이나 인력 문제로 난항을 겪고 있다. 한국의 정신건강 분야에 투자되는 예산은 전체
　　　보건의료 분야 예산 가운데 1.5퍼센트 정도로 OECD 평균 5퍼센트에 턱없이 부족
　　　한 실정이다.

한 사람이 은퇴하거나 다른 이유로 팀을 떠나게 되더라도, 환자를 잘
아는 다른 팀원들은 여전히 남아 있다는 점이다. 그러므로 ACT 팀은
치료의 연속성뿐 아니라 **치료자의 연속성**까지 제공하는 셈인데, 이것이
바로 이 프로그램이 효과를 내는 핵심이다.

ACT 팀은 특정 유형의 문제를 다루는 전문 팀이 될 수도 있다. 예
를 들어 대도시 지역의 어느 ACT 팀은 주요 약물남용 문제들도 갖고
있는 중증 정신질환자들만을 담당한다. 그 밖에도 형사고발을 당한 중
증 정신질환자들에게만 초점을 맞추는 ACT 팀도 대단히 도움이 된
다는 것이 증명되었다. 이들은 '적극적 지역사회 사법 치료 팀forensic
ACT(FACT) team'이라 불리며 팀원에 교정 인력도 포함된다.[4] FACT 팀이
가장 먼저 생긴 곳 중 하나가 뉴욕주 먼로 카운티(로체스터)다. 이 프
로그램은 참가자들의 재검거, 수감 일수, 입원을 유의미하게 줄였고,
1989년에는 미국 정신의학회가 주는 혁신 금상을 받았다. 또 하나의
성공적인 FACT 프로그램은 워싱턴주 킹 카운티(시애틀)에서 운영된
다. 이 프로그램이 시행된 첫 해의 결과를 담은 2012년 보고서에 따르
면, 프로그램 참가자들은 구치소나 교도소 수감이 45퍼센트 감소하고,
수감 일수는 38퍼센트, 정신과 입원도 38퍼센트 감소했다. 이런 외래
환자 사법치료 프로그램은 확실히 비용 효율이 높다.

중증 정신질환도 있고 형사고발도 당한 사람들을 위한 또 하나의
효과적인 외래환자 프로그램으로 정신과 안전 검토 위원회Psychiatric
Security Review Board, PSRB가 있다.[5] 이런 위원회들은 형사고발을 당한 정신
질환자가 언제 풀려날 수 있는지, 지역사회에서 생활하기 위한 조건들
은 무엇인지, 병원으로 돌아갈 필요가 있는지 여부를 결정하는 법적

권위가 있다. 1977년에 오리건주에서 처음으로 정신과 안전 검토 위원회를 만들었고, 매우 성공적이었다고 여겨진다. 코네티컷주도 1985년에 유사한 위원회를 만들었고, 2015년까지 이루어진 연구들은 이 위원회가 재검거율을 매우 낮추었다고 보고했다.

조현병 환자를 위한 정신과 외래환자 프로그램들에서 결정적인 점은 환자들이 자신의 증상을 통제하는 데 필요한 약을 계속해서 복용하게끔 할 수 있는지 여부다. 1장에서 말했듯이 조현병 환자의 약 절반은 질병인식불능증이 있고, 따라서 자신이 병들었다는 사실을 인식하지 못한다. 환자들이 꼭 약을 복용하도록 만드는 다양한 방법이 있고, 7장에서 그에 대해 이야기했다. 질병인식불능증이 있는 사람들에게는 많은 경우 지역사회에서 생활하기 위한 조건으로 지속적으로 약을 복용하는 것을 법적 의무로 만들어놓아야 한다. 10장 '지원 치료' 부분에서 살펴보겠지만, 보통 외래환자 지원 치료제Assisted Outpatient Treatment, AOT라 불리는 외래환자 비자의 치료 제도를 활용하는 것이 널리 확산되고 있고, 매사추세츠주, 코네티컷주, 메릴랜드주, 테네시주를 제외한 모든 주에서 법적으로 보장된다. 특히 훌륭한 외래환자 지원 치료 프로그램을 운영하는 지역들로는 뉴저지주 에식스 카운티, 오하이오주 버틀러 카운티와 서밋 카운티, 플로리다주 세미놀 카운티, 텍사스주 벡사 카운티, 캘리포니아주 네바다 카운티를 들 수 있다. 이처럼 좋은 평가를 받는 프로그램들은 참가자들에게 질 좋은 서비스를 제공하고, 복약순응의 중요성을 강조하며, 담당 판사들은 시간을 들여 참가자들과 친밀감을 형성하고 주최측은 참가자들이 이룬 성공을 축하하고, 치료 결정을 내리는 일에도 참가자들을 가능한 한 참여시킨다.

ACT 팀 외에도 조현병 환자를 위한 좋은 외래 서비스에는 두 가지 주요한 문제, 바로 범죄와 노숙 문제를 처리하는 특별 팀이 포함되어야 한다. 특수 훈련을 받은 경찰관들로 이루어진 위기개입 팀Crisis Intervention Teams, CIT은 멤피스에서 만들어져서 널리 확산되었는데, 이들의 목표는 정신질환자를 체포하는 일을 피하고 치료를 받게 하는 것이다. 일단 체포된 경우에는 정신보건 법정mental health court이 환자들을 수감이 아닌 정신건강 치료를 받게 하는 데 효과적이라는 것이 증명되었다. 정신보건 법정은 1997년 플로리다주 브로워드 카운티에서 처음 도입되었다. 현재 미국에는 400여 곳의 정신보건 법정이 있다. 물론 위기개입 팀이나 정신보건 법정이 존재한다는 사실 자체가 입원과 외래 모두를 포함해 정신건강 체계가 실패했다는 신호라고 볼 수도 있다. 만약 선행적으로 중증 정신질환자들을 제대로 보살피고 있다면, 그런 프로그램들이 필요할 일도 없을 것이다.

미국 곳곳에는 조현병 환자를 위한 프로그램들에서 모범적인 요소들을 취합해서 만든 흥미로운 외래 치료 프로그램이 몇 가지 있다. 그 한 예는 오하이오주 북동부에서 실시되는 프로그램으로 서밋 카운티(애크론)와 노스이스트오하이오 의과대학(이하 NEOMED)의 정신의학부가 주축을 이룬다. 서밋 카운티는 정신증적 장애를 지닌 환자들을 위한 모범적인 외래환자 지원 치료 프로그램을 갖고 있는데, 이 프로그램은 뉴데이 법정New Day Court으로 진화했다. 뉴데이 법정은 정신보건 법정들의 공통 모델을 사용하는데, 중증 정신질환이 있는 사람들이 치료를 받고 지역사회 내에서 성공적으로 생활하도록 돕기 위해 판사들이 민사법원의 명령 하에 적극적으로 환자들을 정기적으로 만나 상태를 점검한다. NEOMED 정신의학부는 지역 정신건강 전문가들을 위한 교육 및 상담 역할을 담당한다. 구체적으로 말하자면 '최선의 조현병 치료 실무 센터Best Practices in Schizophrenia Treatment(BeST) Center'를 세워 클로자핀, 장기 지속 주사제형 항정신병약물, 가족 교육, 인지 교정, 인지행동치료 등의 개입법을 장려한다. 2018년에는 전국 최초로 조현병 치료 개선에 초점을 맞춘 지역사회 의료 성과 확장Extension for Community Healthcare Outcomes, ECHO 원격 멘토링 프로그램도 시작했다.[6] 지역의 의료 제공자들은 매주 열리는 NEOMED의 영상 콘퍼런스 프로그램에 접속해 치료 정보를 얻고 구체적 병례에 대한 상담도 받을 수 있다. 이렇게 여러 조현병 치료 서비스를 독특하게 조합할 수 있었던 것은, 지역 정신건강 전문가들의 남다른 리더십과 지역 판사들의 협조, 펙 재단Peg's Foundation이라는 지역 재단의 재정 지원이 조화를 이룬 결과다.

애리조나주 남부의 피마 카운티에서 약 100만 명을 대상으로 실시하는 외래 치료 프로그램은 조현병을 비롯한 중증 정신질환자들을 위한 또 하나 주목할 만한 외래 치료 접근법이다. 피마 카운티와 지역 법 집행 당국, 지역 행동보건국Regional Behavioral Health Authority(센파티코 통합 케어Cenpatico Integrated Care), 그리고 다수의 정신건강 제공 단체들이 강력한 협업 관계를 구축해 범죄를 저지르는 정신질환자 수를 최소화하기 위한 여러 가지 혁신적인 프로그램을 개발했다. 지역 정신건강 시스템은 외래환자 지원 치료 프로그램과 적극적 정신보건 법정, 경찰의 집중적인 위기개입 훈련 등을 충분히 활용한다. 또한 피마 카운티 보안관청과 투손 경찰국 두 곳 다, 특수 정신건강 지원 팀Mental Health Support Team을 만들었다. 매일 24시간 운영하는 상담전화, 십여 개의 기동 위기 대응 팀,

위기 대응 센터가 포함된 강력한 위기 대응체계가 이들의 업무를 지원한다.

정신건강 지원 팀은 특수 선발된 경찰관들과 수사관 10~12명으로 구성되며(이 중에는 중증 정신질환이 있는 친지가 있는 사람이 많다), 이들의 유일한 업무는 정신질환과 관련해 경찰에 걸려오는 전화에 응대하는 것이다. 팀 구성원들은 자신들의 출동에 따를 낙인효과를 최소화하기 위해 사복을 입고 경찰 표시가 없는 차를 사용한다. 정신건강 지원 팀이 활동하기 시작하면서 의법 비자의 치료civil commitment와 환자 이송 명령을 수행할 때 무력 사용이 현저히 감소했다. 주요 정신질환 관련 위기 상황에서 항상 동일한 팀 구성원들이 대응하기 때문에 이들은 경찰 서비스를 연속해서 이용하는 환자와 고위험군 환자가 누군지 잘 알게 되고, 이 환자들이 정신건강 서비스에 더 쉽게 접근할 수 있는 방법들을 찾아내려 노력한다. 최근에는 수사관과 기동 위기 대응 임상의가 짝을 지어 팀을 구성한 새로운 대응 팀도 만들어졌다.

위기 대응 센터는 교도소나 응급실로 가는 정신질환자 수를 줄이기 위해 카운티의 채권 자금으로 만들어졌다. 배너대학교 메디컬 센터 사우스 캠퍼스에 위치하고, 커넥션 헬스 솔루션Connections Health Solutions이 운영하는 위기 대응 센터는 매년 1만 2000명의 성인과 2400명의 청소년에게 서비스를 제공한다. 위기 대응 센터의 임상의들은 정신과 상담을 제공하고, 정신건강 지원 팀을 매일 24시간 지원하며, 또한 정신과 환자의 중증도 분류와 긴급 치료를 실시하고, 최고 23시간까지 환자를 관찰한다. 위기 대응 센터는 의법 비자의 치료 법정civil commitment court, 병원 응급실, 정신과 입원 시설과 인접한 곳에 위치해 있다. 경찰은 대부분의 정신질환 관련 사건들을 곧바로 위기 대응 센터로 가져가는데, 이때 경찰관들의 평균 업무 처리 시간은 10분 이하다. 피마 카운티 프로그램에서 가장 강력한 특징은, 프로그램의 모든 국면에 걸쳐 임상과 비용 양 측면의 데이터가 광범위하게 수집되고 공유된다는 점이다. 이 프로그램의 성공은 정신건강 분야와 형사사법 분야 양쪽의 비범한 리더십의 산물이다. 맥아더 재단도 이 프로그램을 지원한다.

1980년대부터 조현병 및 중증 정신질환이 있는 사람 중 집이 없는 사람들을 위한 외래환자 특수 봉사 프로그램이 여러 도시에서 생겨났다. 예를 들어 로스앤젤레스의 LAMPLos Angeles Men's Place 프로그램은 1985년부터 로스앤젤레스의 집 없는 정신질환자들에게 정신과 진료, 의료, 주거를 비롯한 여러 서비스를 제공해왔다. 뉴욕시는 수년에 걸쳐 다양한 프로그램을 시도해왔는데, 가장 최근에 실행하고 있는 프로그램은 헌터칼리지를 통해 정신건강 분야의 신참 전문가들과 수련생들을 활용하는 정신건강 서비스단Mental Health Services Corps이다. 또 하나의 예로 거의 20년 동안 집이 없는 정신질환자들을 위해 봉사해온 잭슨빌 소재 I. M. 설즈바커 노숙자 센터I.M. Sulzbacher Center for the homeless가 있다. 모두 대단히 칭찬할 만한 노력들이며, 학생들에게는 이 문제의 본질을 배울 수 있는 매우 유용한 기회이기도 하다. 그러나 중증 정신질환이 있는 노숙자 수를 줄이는 일의 관점에서는 이런 프로그램들도 별 효과가 없었다. 중증 정신질환이 있는 노숙자들은 대부분 자신의 병에 대한 질병인식불능증이 있고, 따라서 자기에게 없다고 확신하는 병을 치료하는 약을 복용하는 일에 결코 동의하지 않기 때문이다. 그래서 대부분의 지원 프로그램들도 치료를 강제하는 현행 치료법 사용을 꺼린다.

## 재활

------------------------------------------------------------

적극적 지역사회 치료 프로그램이 조현병 외래환자 서비스의 모범적 표준이라면, 클럽하우스는 재활 서비스의 모범적 표준이다. 최초의 클럽하우스는 1948년에 주립 병원에서 나온 환자들이 뉴욕에 세운 파운틴하우스다. 클럽하우스란 회원들이 모여 사교와 교육적 활동을 함께하는, 항상 개방되어 있는 지역사회 시설이다. 클럽하우스에서는 보통 약을 주지 않지만, 회원들에게 처방받은 대로 복용할 것을 강력히 권한다.

모든 회원이 정신질환이 있으므로 정신질환자라는 사실에 어떤 낙인도 따라붙지 않는다. 직업 재활도 클럽하우스의 필수 요소 중 하나여서, 모든 회원은 점심을 준비하거나 청소를 하거나 전화를 받는 등 클럽하우스를 운영하는 작업 팀들에 참여하는 것이 당연시되며, 정식 직업 훈련 프로그램에 참여하는 회원들도 많다. 그리하여 클럽하우스는 직업 재활에서 가장 성공적인 모델 중 하나로 꼽힌다. 또한 대부분의 클럽하우스가 회원들끼리 아파트나 집을 공유하는 주거 프로그램과도 연계되어 있다. 8장에서 말했듯이, 시카고의 스레숄드 클럽하우스 프로그램은 1000명 이상의 회원을 수용하는 주거 프로그램을 갖고 있다.

클럽하우스는 또한 회원들의 재입원률도 감소시키기 때문에 비용효율이 높은 것으로 밝혀졌다. 예를 들어 스레숄드에서 실시한 연구에 따르면, 9개월 동안 회원이 아닌 대조군의 재입원률이 43퍼센트였던 것에 비해 스레숄드 회원의 재입원률은 14퍼센트였다. 이렇게 클럽하우스들이 여러 이점을 갖고 있음에도 불구하고, 미국 내 클럽하우스는 모두 약 160개에 지나지 않는다. 그 이유는 대부분 메디케이드나 그 밖의 공적 자금으로 클럽하우스를 지원하는 데 제약이 있기 때문이다. 현재 운영 중인 가장 좋은 클럽하우스들을 꼽아보자면, 매사추세츠주 우스터의 제너시스 클럽, 사우스캐롤라이나주 그린빌에 있는 게이트웨이 하우스, 클리블랜드의 매그놀리아 하우스, 밀워키의 그랜드 애비뉴 클럽, 세인트루이스의 인디펜던스 하우스 등이 있다.

## 삶의 질이라는 척도

1990년대 들어, 조현병 환자들의 치료와 재활 성과를 평가하는 일에 대한 관심이 높아졌다. 그러한 성과 척도 중 하나가 환자 본인의 삶의 질이다. 삶의 질을 측정하는 척도는 오리건대학교 건강 과학 센터의 더글러스 A. 비글로우Douglas A. Bigelow 박사 연구 팀과 메릴랜드대학교 정신건강 서비스 연구 센터의 앤서니 F. 레만Anthony F. Lehman 박사 연구 팀 등이 함께 개발했다. 이 척도에는 생활 상황, 가족관계, 사회적 관계, 취업, 건강, 재정, 안정, 법적 문제 같은 사안들이 포함된다. 어떤 삶의 질 설문에는 기쁨이나 자립, 자기성취감 같은 내적 경험이 포함되기도 한다.

현재까지는 정신건강 전문가들이 이 삶의 질 척도를 별로 활용하지 않았다. 그러나 삶의 질 척도는 미래의 흐름이 될 것이다. 삶의 질에 대한 척도가 재활의 정규적인 부분으로 포함된다면 정신질환자들에 대한 서비스가 얼마나 달라질지 상상해보라. 나아가 재활 성과의 척도들이 정신질환 전문가들을 평가하고 보상 정도를 결정하는 데 사용된다면 정신건강 서비스 시스템이 얼마나 달라질지도 상상해보라.

삶의 질은 (당사자에게 질문함으로써) 주관적으로 측정할 수도 있고 (다른 사람에게 그 사람의 삶의 질을 평가하게 함으로써) 객관적으로 측정할 수도 있다. 주관적 척도와 객관적 척도 모두 조현병 치료와 재활에 대한 성과 척도에 필수적으로 포함시켜야 한다. 당사자의 관점, 프로그램의 관점, 그리고 가족과 지역사회의 관점까지 셋 중 어느 관점에서든 측정할 수 있다. 이를 다음 표에 요약 정리했다.

이런 척도들이 널리 사용되기 시작하고, 서비스 제공자들에 대한 보상이 삶의 질 측면의 성과와 연계될 때가 오면, 조현병 및 기타 중증 정신장애가 있는 사람들에 대한 정신건강 서비스도 신속하게 개선될 것이다.

**표 9-1. 조현병 환자의 치료와 재활 성과 측정 방법**

|  | 주관적 척도 | 객관적 척도 |
|---|---|---|
| 당사자 | 삶의 질에 대한 자가 평가 | 환자의 삶의 질과 증상의 경중에 대한 인터뷰어의 평가 |
| 프로그램 | 입원, 외래, 재활, 주거, 기타 서비스에 대한 환자의 평가 | 환자 진료 지표, 의료기관 신임 평가 공동 위원회JCAHO나 기타 조사 기관의 방문 조사(불시 방문이 좋음) |
| 가족 및 지역사회 | 가족 만족도 조사, 경찰 및 교도소 인력, 공공 보호소와 무료 급식소 관리자에 대한 설문 | 가족 설문에 대한 수량적 정보, 무료 급식소를 이용하거나 공원에서 잠자는 정신질환자 수, 정신질환 관련 경찰 호출 회수 |

# 10

# 10대 주요 문제

정신질환은 누구나 걸릴 수 있는 병인데도, 정신질환을 대하는 지배적 감정은 대부분의 질병에 대한 감정과 너무나 다르다. 그 병은 너무나 많은 능력을 앗아가고, 사람을 완전히 의존적으로 만들며, 한 사람이 시민으로서 사회에서 차지하는 위치에 대해 너무나 극명한 영향을 미치는 데다, 많은 사람에게 염려와 두려움을 일으키므로 그 병에 대해 고찰할 때는, 특히 병의 치료를 기대한다면 병 자체를 독특한 방식으로 생각해야 한다.

—《미국 정신의학 저널American Journal of Insanity》, 1868년[1]

조현병에 걸리는 불행은 병에 걸린 사람과 가족 모두에게 많은 문제를 안긴다. 그 모든 문제 중에서도 가장 흔하고, 가장 끈질기며, 가장 당황스러워 유독 두드러지는 10가지 문제가 있다.

**표 10-1. 조현병에서 두드러지는 10대 주요 문제**

- 담배와 커피
- 지원 치료
- 괴롭힘
- 자살
- 복약 비순응
- 성관계, 임신, 에이즈
- 체포와 수감
- 술과 마약
- 공격적 폭력적 행동
- 비밀 유지

# 담배와 커피

조현병 환자의 일상생활에서 담배와 커피는 너무나도 중요하다. 이 둘은 사회적 상호작용, 지출, 부채 누적, 호의를 주고받는 일에서 핵심을 차지한다. 일부 조현병 환자는 담배와 커피를 확보하는 일에 너무 집착해 일상 활동이 그 일에 장악당한 것처럼 보일 정도다.

연구들에 의하면 일반 인구 중 흡연자가 18퍼센트 정도인 것과 내조적으로 조현병 환자 중 65~85퍼센트가 흡연자라고 한다. 요즘은 금연 캠페인에 힘입어 일반 인구의 흡연율은 상당히 감소했지만, 최근 한 연구로 1999년부터 2016년까지 조현병 환자들의 흡연율에는 비슷한 감소세가 나타나지 않았음이 드러났다.[2] 대신 하루에 피우는 담배 수는 감소했는데, 아마도 인상된 담뱃값 때문일 것이다. 담배를 피우는 조현병 환자들은 니코틴 함량이 더 높은 담배를 사고 한 개비에서 더 많은 니코틴과 일산화탄소를 뽑아내는 경향이 있다.

조현병 환자에게 흡연이 가져오는 결과는 가혹하다. 4장에서 말했듯이 조현병 환자들은 일반 인구에 비해 25년 정도 기대수명이 짧은데, 이런 격차를 만드는 데 큰 역할을 하는 것이 흡연과 관련된 사망이다. 심장질환과 폐질환으로 인한 사망이 특히 흔한데, 여기서 폐암은 제외된다. 이유는 알려지지 않았지만 조현병 환자들에게서 폐암은 증가하지 않는다. 다음의 사실은 흡연이 기대수명과 관련해 얼마나 중요한지를 잘 보여준다. 25~34세 사이에 담배를 끊으면 기대수명이 평균 10년 늘어나고, 35~44세 사이에 끊으면 평균 9년, 55~64세 사이에 끊으면 평균 4년이 늘어난다.[3] 정신증이 있거나 정신적으로 혼란스러운 상태의 사람이 담배를 피우는 것은 위험한 일이기도 하다. 많은 정신질환자가 함께 사는 그룹홈에서는 화재가 발생하는 일이 드물지 않다.

조현병 환자에게 흡연이 가져오는 또 한 가지 결과는 그들이 복용한 항정신병약물의 혈중 농도를 떨어뜨려 약 효과도 떨어뜨리는 것이다. 이는 간이 항정신병약물을 더 신속하게 제거하도록 만드는 특정 시토크롬 효소를 흡연이 활성화하기 때문이다. 특히 할로페리돌, 플루페나진, 아세나핀, 올란자핀, 클로자핀이 이런 경우에 해당한다. 그러므로 이런 약들을 복용하는 사람이 담배를 끊으면 약의 혈중 농도가 올라갈 것이고 더불어 부작용을 겪게 될 수도 있다. 반대로 나중에 다시 담배를 피우기 시작한다면 약의 혈중 농도가 감소해 약 효과도 떨어질 것이다. 임상의는 환자가 담배를 끊으려 노력하고 있을 때는 그에 따라 약의 용량을 조절하는 것이 좋다.

조현병 환자가 니코틴에 심하게 중독되는 이유가 무엇인지는 밝혀지지 않았다. 니코틴이 주의력 같은 일부 인지기능을 일시적으로 향상시키는 것으로 알려져 있었기 때문에 환자들이 니코틴을 자가투약하는 것이라는 생각이 오랫동안 이어졌었다. 그러나 최근의 연구들은 이런 자가투약 가설에 의혹을 던지며, 실제로는 만성적 흡연이 인지기능을 감퇴시킨다는 사실도 밝혀졌다.[4] 니코틴은 많은 뇌 신경전달물질에 영향을 미치며 뇌에는 니코틴 수용체도 존재한다고 알려져 있어 조현병 환자들의 강한 니코틴 중독은 아직 밝혀지지는 않았지만 생물학적으로 설명할 수 있을 것이라 여겨진다.

흡연으로 생기는 문제들을 감안할 때, 모든 조현병 환자에게 금연 프로그램을 통해 담배를 끊을 수 있는 기회를 제공하는 것이 좋다. 행동치료나 심리치료만으로는 효과가 없다는 점이 밝혀졌다. 금연보조약물의 사용은, 특히 니코틴 패치 같은 니코틴 대체 요법과 함께할 때 상당히 효과가 좋다. 2016년에 금연보조약물에 관한 대규모 연구 결과가 발표되었는데, 정신과 환자가 담배를 끊게 도와주는 효과는 바레니클린varenicline(챈틱스Chantix, 챔픽스Champix)이 부프로피온bupropion(웰부트린Wellbutrin, 자이반Zyban)보다 우수하고, 부프로피온은 위약보다 우수하다고 한다. 이 약들은 복용 중단 시 재발률이 높으므로 계속 복용하는 것이 중요하다. 조현병 환자가 담배를 끊게 하는 또 하나의 방법은 복용하던 약을 클로자핀으로 바꾸는 것이다. 클로자핀은 모두는 아니지만 일부 환자에게서 니코틴 갈망을 감소시킨 유일한 항정신병약물이다.

조현병 환자의 카페인 섭취량도 매우 많은데, 아직 흡연만큼 정확하게 수량화되지는 않았다. 환자들은 하루에 커피를 30잔 이상 마시고 거기에 역시나 카페인이 함유된 콜라까지 많이 마시는 것으로 알려져 있다. 커피 한 잔에는 약 80밀리그램의 카페인이 들어있고, 콜라에는 약 35밀리그램이 들어 있다. 게다가 조현병 환자 중에는 병에 든 인스턴트 분말 커피를 숟가락으로 바로 떠먹는 이들도 있다.[5] 니코틴처럼 카페인 역시 조현병 환자들이 왜 그렇게 강력하게 중독되는지는 밝혀지지 않았다. 하지만 카페인은 뇌의 아데노신수용체에 영향을 미치고, 그럼으로써 도파민, 세로토닌, 가바, 글루탐산염, 노르에피네프린의 대사에도 영향을 미친다고 알려져 있다.[6] 또 한 연구는 카페인이 경직이나 떨림 같은 파킨슨병 증상들도 감소시킬 수 있다는 의견을 제시한다.[7]

누구든 카페인을 과다하게 섭취하면 신경질, 안절부절, 불안증, 흥분, 안면홍조, 빠른 심박동, 근육의 움찔수축 등 카페인 중독 증상이 생길 수 있음은 잘 알려진 사실이다. 카페인을 다량 섭취하는 조현병 환자들에 관한 연구들은 카페인이 일부 환자들의 증상을 더 악화시킨다는 것을 밝혀냈다.[8] 예전에는 커피, 그리고 특히 차가 항정신병약물의 흡수를 방해할 수도 있다고 짐작했지만, 이는 현재 확실하지 않다.[9]

일부 항정신병약물이 니코틴과 상호작용해 혈중 농도가 떨어지고 따라서 약효도 떨어지는데, 그 약들은 카페인과 상호작용할 때는 혈중 농도가 높아진다. 한 연구에서는 클로자핀을 복용하는 환자들이 카페인을 섭취하는 동안 그들의 혈청 내 농도를 한 번 측정하고, 닷새 동안 카페인을 끊은 뒤 다시 한 번 측정했다. 카페인을 섭취하는 동안의 클로자핀 농도는 카페인을 끊은 동안보다 약 2배 높았다. 그러니 카페인 섭취 변화는 약의 효과와 부작용 모두에 현저하게 영향을 미칠 수 있다. 카페인의 이런 영향은 다른 2세대 항정신병약물에는 해당하지 않는다. 그 약들은 다른 간 효소로 대사되기 때문이다.

조현병 환자들의 흡연과 카페인 섭취에 관해 분명한 사실 하나는 그 행동들이 가져올 결과들을 더욱 명확히 밝히기 위해 더 많은 연구가 필요하다는 것이다. 그때까지는 다음과 같은 내용들을 제안하는 바다.

1. 조현병 환자의 담배와 커피 중독의 강도를 파악하라. 예를 들어 하루에 담배 한 갑과 커피나 콜라 네 잔이라는 식으로 적절한 최대한도를 당연히 설정해야 한다. 단 한계를 설정하는 것은 그 행동을 완전히 금지하는 것과는 다르다.

2. 담배를 끊고 싶다는 마음을 표현하는 조현병 환자에게는 금연보조약과 대체요법으로 담배를 끊을 수 있는 기회를 제공해야 한다.

3. 흡연하는 조현병 환자에게는 흡연을 해도 안전한 방식으로(예를 들어 침대에서는 담배를 피우지 않는다) 하고 정해진 장소에서만 하도록 요구하라. 비흡연자는 간접흡연의 위험한 영향에 노출되지 않을 권리가 있다. 그런 규칙을 지키지 않는 것에 대해서는 명확한 벌칙을 징하고 실행한다.

## 술과 마약

조현병 환자들 사이에서 술과 마약 문제는 점점 더 커지고 있다. 한 지역사회에서 실시된 연구는 조현병 환자의 34퍼센트가 알코올남용 문제가 있고 26퍼센트가 마약 남용 문제가 있으며, 둘 중 하나 혹은 둘 다를 남용하는 비율은 47퍼센트라고 보고했다.[10] 2002년에 실시한 전국 조사에서는 중증 정신질환이 있는 사람들은 그런 병이 없는 사람들에 비해 약물과 알코올남용을 할 가능성이 2배라는 결과가 나왔다.[11] 이 문제의 심각도는 사람에 따라 이따금 남용 사례가 발생하는 정도부터 지속적인 남용까지 상당히 큰 차이가 있을 수 있다.

조현병 환자가 술과 마약을 남용하는 이유는 여러 가지다. 아마도 가장 중요한 이유는 조현병이 **없는** 사람이 술과 마약을 남용하는 것과 같은 이유, 바로 기분을 좋게 만들어주기 때문일 것이다. 물질 남용은 일반인에게도 흔한 일이니 조현병 환자라고 예외일 이유는 없다. 그러니 술과 마약을 남용하는 조현병 환자 중 다수는 조현병에 걸리지 않았더라도 술과 마약을 남용했을 것임을 인정하는 태도가 중요하다.

그런가 하면 조현병에만 특유하게 존재하는 술과 마약 남용의 이유들도 있다. 물질 남용은 대체로 사회적으로 고립되고 지루함을 느끼는 조현병 환자들에게 사회적 연결망과 뭔가 할 거리를 제공한다. 일부 조현병 환자들이 술이나 마약으로 자가투약을 해 불안을 가라앉히고 우울증을 완화하고 활력을 높인다는 증거도 있다. 한 연구에 따르면 알코올은 조현병 환자들의 우울증을 줄이고 수면을 개선하지만 한편으로 환청과 편집 망상을 증가시킨다고 한다.[12] 최근 유전학 연구들에서 조현병과 알코올중독 사이에 일부 공통된 소인 유전자들이 발견된 만큼, 조현병 소인과 알코올중독 소인 사이에 유전적 관계가 존재할 가능성도 있다.

조현병 환자가 알코올 및 마약 남용으로 맞이하게 되는 결과 중 많은 수는 일반인과 동일하다. 요컨대 가족관계와 대인 관계의 손상, 실

직, 주거 상실, 부채, 의학적 문제, 체포와 수감 등을 겪게 된다. 여기
에 더해 조현병 환자가 물질 남용에 빠질 경우 그렇지 않은 환자에 비
해 증상이 더 많아지고, 폭력적 삽화가 더 잦아지며, 응급 정신의료 서
비스를 더 많이 이용하게 되며, 항정신병약물 복약순응도가 더 낮아지
고, 재입원률이 훨씬 높아진다는 것이 밝혀졌다(11장 참고).[13] 그리고 그
중 다수가 결국에는 노숙자 신세가 되고 만다.

　　조현병 환자이면서 중증 물질 남용자이기도 한 사람들의 치료는 만
족스럽게 이뤄지기가 상당히 어렵다. 그중 많은 이가 정신질환 치료 체
계와 물질 남용 치료 체계 사이를 탁구공처럼 오고가며, 양쪽 모두에서
거부당한다. 아무도 원치 않는 환자들인 셈이다. 예비 연구들에 따르면
클로자핀이 음주량을 줄여줄 수도 있다고 하니, 알코올의존증이 있는
조현병 환자라면 클로자핀 복용을 시도해볼 가치가 있을 듯하다.

　　조현병과 물질 남용을 둘 다 진단받은 사람들을 위한 가장 효과적
인 치료 프로그램은 정신건강 전문가들로 이루어진 하나의 팀이 두 가
지를 모두 치료하는 통합 훈련 프로그램이다. 뉴햄프셔주 다트머스정
신의학연구센터의 로버트 드레이크Robert Drake 박사 연구 팀이 그러한
통합 치료의 효율을 잘 증명해주었다. 그들은 2015년에 시골과 도심
양쪽의 환자 대다수에게 치료 프로그램이 보여준 비교적 좋은 결과를
담은 데이터를 발표했다(10장 추천 참고문헌 참조). 그러나 동시에 그들
은 소수의 환자가 치료에 반응하지 않고 물질 남용을 이어갔다는 점도
강조한다.

　　다양한 치료 접근법이 시도되어 왔다. 익명의 알코올중독자들 모임
Alcoholics Anonymous, AA과 익명의 마약중독자들 모임Narcotics Anonymous, NA에

서 사용하는 스스로 대처하는 12단계 방법이 소수의 조현병 환자에게
서 효과를 냈는데, 한편 좀 더 간단하게 6단계로 수정한 방법으로도 더
좋은 결과를 내는 환자들도 있다. 이런 모임들의 단점은 모든 약을 완
전히 끊도록 부추기는 것인데, 때로 이를 항정신병약물까지도 끊어야
한다는 뜻으로 해석하는 이들도 있다. 또한 조현병 환자는 일부 AA와
NA 지부에서 중시하는 대면 그룹 치료에서는 그리 좋은 효과를 내지
못한다. 개인적 심리치료도 조현병과 물질 남용을 모두 가진 이들에게
는 효과가 제한적이며, 잉글랜드에서 대규모로 실시한 인지행동치료
실험도 효과가 없었다. 이와 대조적으로 주거 프로그램과 직업 프로그
램을 포함하고 있는 통합 프로그램들은 더 큰 성공을 거두었다.

일부 경우에는 조현병 환자의 알코올과 마약 남용을 줄이기 위해
불가피하게 강제적인 모니터링 기술을 활용해야만 할 때도 있다. 이
는 특히 술이나 마약을 남용할 때 폭력적으로 돌변하거나 어떤 식으로
든 문제를 일으키는 환자들에게 해당한다. 소변검사로 마약 사용 여부
를 확인할 수 있고, 피부에 붙여두면 알코올을 섭취했을 때 색깔이 변
하는 접착 패치도 개발 중이다. 두발 분석도 암페타민, 바르비투르산
염, 코카인, 헤로인 사용을 향후 3개월까지 탐지해낼 수 있기 때문에
(대마초는 제외) 유용하다.[14] 알코올남용은 때로 디설피람disulfiram(안타뷰
즈Antabuse)을 써서도 통제할 수 있다. 이 약을 매일 복용하는 환자의 경
우, 복용 후 24시간 사이에 알코올을 섭취하면 몸이 아파진다. 조현병
환자들에게도 디설피람을 사용할 수는 있는데, 이 약은 항정신병약물
의 혈중 농도를 떨어뜨리는 경향이 있으므로 디설피람을 사용하는 동
안에는 항정신병약물 용량을 높여야 할 수도 있다. 알코올이나 마약을

남용하는 조현병 환자의 가족은 그것이 얼마나 흔한 문제인지 알아야 하고 자기 가족에게 그런 문제가 있는지 파악하고 있어야 한다. 설명할 수 없는 이유로 큰 액수의 돈이 사라졌다면 그것이 실마리가 될 수 있다. 물질 남용을 하는 사람이 자신의 행위가 가져올 영향과 결과를 인식하게 만들고, 명확하게 정의된 한계를 설정해 지키게 하고, (대개 기소된 상태에 있는 이들에 대해 일반 법정이나 마약 법정, 또는 정신보건 법정이 명령하는) 강제적인 치료 방식들을 활용하는 것은 모두 포괄적인 치료 계획의 중요한 부분이다.

조현병이 있는 사람에게 음주 자체를 허용해도 될까? 많은 임상의가 허용하면 안 된다고 말한다. 폭력적 행동을 한 전력이 있거나 알코올이 그 사람의 증세를 악화하는 것처럼 보인다면 나 역시 그들의 의견에 동의한다. 하지만 그런 측면이 없고 알코올을 남용하는 경향이 보이지 않는 사람이라면 조현병 환자라도 자신이 음주를 즐기고 음주가 그가 속한 문화의 일부인 경우 이따금 하는 사교적 음주까지 막아야 할 이유는 없다. 하루를 마감하며 친구들과 맥주 한 잔을 나누거나 저녁식사에 와인 한 잔을 곁들이는 것은 많은 사람에게 생활의 즐거운 한 부분이다. 조현병에 걸리는 불행을 겪은 사람들에게서 다른 사람들이 다 누리는 작은 즐거움마저 박탈하는 것은 좋지 않다. 반드시 그래야 할 뚜렷한 이유가 있는 경우가 아니라면 말이다. 동시에 나는 환자와 가족들에게 어떤 식으로든 알코올을 섭취할 때는 분명한 한계치(예를 들어 하루에 맥주 두 캔 또는 와인 두 잔 등)를 설정해두고, 혹시라도 알코올남용의 조짐이 보이지 않는지 항상 유의하라고 말한다.

조현병 환자의 마약 사용은 '안 된다'라는 단 한 마디로 요약할 수 있다. 많은 경우 대마초만으로도 정신증 증상들이 예상치 못한 방식으로 촉발될 수 있고, 그런 증상에서 완전히 회복하려면 여러 날이 걸릴 수도 있다. 내가 치료했던 한 젊은이는 약을 복용하며 거의 증상 없는 상태를 유지했는데, 대마초를 피울 때만은 예외여서 며칠 동안이나 매우 심한 정신증 상태에 빠져 문제를 일으켰다. 물론 모든 조현병 환자가 그렇게 극적으로 반응하는 것은 아니지만, 누가 그렇게 될지는 예측할 수 없다. 어떤 연구자들은 조현병 환자 중에 소수지만 대마초로 증세가 **개선**되는 이들이 있다고 주장하기도 했다.[15] PCP나 암페타민 같은 더욱 강력한 마약들은 조현병 환자에게 독과 같다. 환자 가족들은 애당초 그런 마약을 하지 않도록 가능한 모든 방법을 동원해 설득해야 하고, 마약 사용이 의심된다면 결코 집에 있게 해서는 안 된다. 만약 그 사람이 공격적이거나 폭력 행동을 한 전력이 있다면 이 규칙은 절대적으로 지켜야 한다. 조현병 환자가 저지른 살인의 다수가 마약 사용 후에 일어난 일로 보인다. 마약 사용을 막는 엄격한 조치들은 전적으로 정당하다. 조현병 환자가 집에서 생활하거나, 가족에게서 지원을 받거나, 병원 밖에 머물기 위한 조건으로서 정기적으로 소변검사나 두발 분석 검사를 받게 하는 것도 그런 조치 가운데 하나다.

## 성관계, 임신, 에이즈

성관계는 대부분의 사람에게 중요한 문제인데, 조현병이 있는 사람이라고 해서 다를 것은 없다. 사람들은 보통 정신질환이 있는 사람들은 성관계와 무관한 상태로 살아갈 거라고 생각하지만 그것은 착각이다. 조현병 환자들도 조현병이 없는 사람들과 똑같이 성관계에 전혀 관심이 없는 사람부터 집착하는 사람까지 그 범위가 매우 넓다.

여러 연구에 따르면, 어느 시점에서나 조현병 환자의 3분의 2는 성적 활동을 한다고 한다. 여성 외래환자들을 대상으로 실시한 한 연구에서는 73퍼센트가 성적 활동을 하는 것으로 드러났고,[16] 남녀 외래환자를 대상으로 한 다른 연구에서는 62퍼센트가 성적 활동을 하며, 남성의 42퍼센트와 여성의 19퍼센트가 이전 한 해 동안 여러 명의 성관계 파트너가 있었던 것으로 밝혀졌다.[17] 정신과 입원 병동의 환자들에 대한 또 다른 연구에서도 유사하게 이전 6개월 동안 성적 활동을 한 이들이 66퍼센트였음을 알 수 있었는데,[18] 어느 주립 병원의 장기 입원환자들에 대한 조사에서는 "병원에서의 성적 활동이 대규모이며 광범위하다"고 표현했다.[19] 반대쪽에는 전혀 성적 활동을 하지 않는 집단이 존재하는데, 잉글랜드에서 실시한 한 연구에서는 조현병이 있는 성인 중 3분의 1 이상이 "한 번도 성관계를 해본 적이 없다"고 보고했다.[20]

그러나 조현병 환자의 성적 활동은 조현병이 없는 사람보다 훨씬 더 어렵다. 상대가 당신을 해치려 한다는 망상이 있거나 계속해서 환청이 들린다면 성행위를 한다는 것이 얼마나 복잡한 일일지 상상해보라. M. B. 로젠바움M. B. Rosenbaum은 조현병 환자의 성 문제를 다룬 민감한 논문에서 성행위를 하고 있는 동안 "침실에서 그에게 무엇을 해라, 무엇을 하지 말라고 말하는 모든 천사와 악마를 생생하게 묘사한" 어느 환자의 이야기를 들려주었다.[21] 로제바움 박사는 이렇게 결론지었다. "우리 대부분에게도 성행위를 '제대로 하는' 것은 어려운 일이다. 실질적으로 아주 많은 제약이 있는 조현병 환자들에게는 얼마나 더 어려운 일이겠는가!"

항정신병약물 역시 조현병 환자의 성생활을 방해할 수 있다. 이는 1세대 약이나 2세대 약이나 마찬가지인 것 같다. 한 연구에 따르면 항정신병약물을 복용하는 사람 중 30~60퍼센트가 성기능에 영향을 미치는 부작용을 겪는다고 한다.[22] 그런 부작용에는 성욕 감소, 남성의 발기부전, 절정감 장애, 여성의 월경불순 등이 포함된다. 대개 말로 표현하지는 않지만 일부 환자가 약 복용을 중단하는 큰 이유 중 하나가 바로 이런 부작용들이다. 그러나 항정신병약물의 성기능 부작용을 평가할 때 반드시 기억해야 하는 것은 그러한 부작용이 있다고 말하는 환자 중에는 조현병이 발병하기 전이나 약 복용을 시작하기 전에도 성기능장애가 있었다는 사실이다. 성기능장애란 일반인에게도 드물지 않기 때문이다.[23] 예를 들어 최근의 한 연구는 항정신병약물을 복용하는 조현병 환자 중 45퍼센트가 성기능 부작용이 있지만, 일반 대조군에서도 17퍼센트가 성기능장애가 있다고 보고했다. 그러므로 약으로 인한 성기능 부작용의 진짜 비율은 28퍼센트인 셈이다. 소수이지만 항정신병약물에 의해 성생활이 개선된 이들도 있다. 예를 들어 한 보고서에는 "적절하게 조절된 용량으로 약을 복용하는 동안 늘 2~6시간 동안 계속해서 성행위를 했다는" 이성애자 남성 2명에 관한 내용이었다.[24]

또 하나의 문제는 환자가 성인으로서 자기 의지로 동의한 것인지, 아니면 성적인 상황에서 이용당하는 것인지를 어떻게 평가할 것인가이다. 이는 주로 여성에게 적용되는 문제지만, 때로는 남성도 다른 남성에게 이용당하기도 한다. 가족은 다음과 같은 질문들을 해봐야 한

다. 그는 성과 무관한 상황에서 상대에게 싫다는 의사표현을 할 수 있
는가? 다른 일상적인 기능 영역들에서 그럭저럭 괜찮은 판단력을 갖
고 있는가? 성적인 만남에서 좋은 판단력과 분별력이 있는가? 남자를
피하려고 하는가 아니면 찾고 있는가? 그녀가 성관계에 동의하는 것
은 기본적으로 특정한 무엇, 대개는 담배나 음식에 쓸 돈을 얻기 위한
것인가?

가족 입장에서는 환자를 잘 알고 있는 그룹홈이나 정신병동의 의사
나 간호사 들과 상담해보면 동의에 관한 부분을 분명히 알 수 있는 경
우가 많다. 예를 들어 한 여성의 가족은 중간 시설*에서 정기적으로 성
행위를 하고 있다는 사실을 알게 되었는데, 환자는 부모에게 자신이
이용당하고 있다고 말했다. 그곳의 직원들과 이야기를 나누어보니 그
환자가 성적인 만남을 찾고 있었고, 이용당하고 있다는 주장은 부모의
비난을 무마하기 위한 것이었음이 밝혀졌다. 그러나 만약 여성이 정말
이용당하고 있다면, 감시를 강화하거나 활동 범위에 제약을 두어야 할
수도 있다. 단순히 담배나 음식을 구하기 위해 성관계에 동의하는 여
성이라면 가족과 정신과 직원이 그것들을 충분히 공급할 수 있는 계획
을 세워 환자가 성매매를 할 필요를 느끼지 않도록 해야 한다.

조현병 환자에게는 피임 역시 문제다. 미리 계획을 세우는 것이 어
려운 이가 많기 때문이다. 한 연구에 따르면 "정신증이 있는 여성이 낳
은 자녀수는 미국에서 탈원화가 처음 시작된 이후로 3배나 증가한 것

---

\*　　halfway house. 전문적인 감독과 보살핌이 필요하지만 항상 수용해야 할 필요는 없
　　는 사람들을 위한 과도적 주거시설.

으로 추산된다."[25] 여성 조현병 환자들은 계획에 없던 임신을 하게 되는 경우가 많은데, 이런 경우 31퍼센트가 유도 낙태를 했다는 연구결과가 있다.[26] 7장에서도 말했듯이, 1세대 항정신병약물에서 2세대 약으로 바꾼 여성들은 임신할 위험이 증가한다는 사실도 알려져 있다. 물론 피임약을 사용하지 않는 경우 말이다. 1세대 항정신병약물은 프로락틴을 증가시켜 배란 가능성을 낮추는 데 반해, 2세대 항정신병약물은 리스페리돈과 팔리페리돈을 제외하면 프로락틴을 증가시키지 않기 때문이다.

피임하는 가장 좋은 방법은 콘돔 사용이다. 임신을 막아줄 뿐 아니라 에이즈를 비롯하여 성적으로 감염되는 병들도 예방하기 때문이다. 하지만 콘돔을 쓰지 않으려는 남자가 많다. 식품의약국 승인을 받아 현재 여성들이 사용할 수 있는 장기 피임 방법은 네 가지가 있다. 하나는 피부에 붙이는 패치(오소 에브라Ortho Evra)로 효과는 일주일간 지속되고 이후에는 새로 붙여야 한다. 또 한 방법은 메드록시프로게스테론 아세테이트medroxyprogesterone acetate(데포-프로베라Depo-Provera)를 주사하는 것인데, 이는 석 달에 한 번씩만 주사하면 된다. 셋째 방법은 프로제스틴progestin을 피부 밑에 이식하는 것(노어플랜트Norplant)으로 5년 동안 효과가 지속된다. 넷째 방법은 자궁 내에 피임기구를 장착하는 것이다. 이 방법들은 모두 어느 정도 월경불순을 초래할 수 있지만 많은 여성에게 매우 효과적이고 만족스러운 피임법들이다.

조현병 여성의 피임에서 윤리적 측면도 큰 문제가 될 수 있다. 종교적 이유에서 피임을 바라지 않는 여성들도 있다. 또는 임신을 원하기 때문에 피임하지 않으려는 이들도 있다. 서른여섯 살의 비혼인 여성 조현병 환자가 너무 늦기 전에 아기를 갖고 싶어 하는 마음은 충분히 이해가 간다. 한편 그런 상황에서 태어나 양육을 전적으로 어머니에게 의지해야 하는 아기의 처지도 충분히 헤아려진다. 두 조현병 환자 사이에서 태어난 아기는 가혹한 유전적 현실을 맞닥뜨린다. 이런 아이들의 약 36퍼센트가 결국에는 조현병이 생기는 것으로 추정되기 때문이다(12장 참고). 또한 대부분의 조현병 환자에게는 자신에게 의존하는 아기라는 부담이 없어도 자신을 건사하는 일만으로도 충분히 버겁다. 한 연구 논문에서는 "조현병은 부적절한 양육을 하게 될 위험을 현저하게 높이는 요소"라고 밝혔다.[27] 여성 '만성 정신과 외래환자' 80명을 대상으로 한 또 다른 연구는 그들이 낳은 아이 75명 중 3분의 1만이 어머니가 양육하고 있다고 보고했다.[28] 실제로 조현병이 있는 어머니 중 상당수가 아이를 보살필 수 없기 때문에 양육권을 상실하는 일이 매우 흔하다. 주요 정신의학적 질환이 있는 여성들의 자녀양육에 관한 한 연구에 따르면, 당연한 말이겠지만 자신의 병을 잘 인식하고 있는 여성일수록 그런 인식이 없는 이들에 비해 어머니로서 양육을 더 잘 한다고 한다.[29] 조현병 여성 환자의 피임과 관련한 윤리적 문제들을 생각할 때 도움이 될 만한 내용은 베일러 의과대학Baylor College of Medicine의 윤리, 의학, 공적 문제 센터Center for Ethics, Medicine and Public Issues의 맥컬로 연구 팀이 제안한 지침에서 찾아볼 수 있다(10장 추천 참고문헌 참조).

일단 임신을 하면 부부와 가족들은 대체로 이러지도 저러지도 못하는 진퇴양난에 빠진다. 낙태와 입양을 모두 고려해야 하고, 많은 경우 책임 있는 결정을 내리려면 정신과 의사와 가족 주치의, 변호사, 종교적 조언자, 사회복지사와 상담을 해야 한다. 존 H. 커버데일John H Coverdale

을 비롯한 학자들이 이러한 결정과 관련한 지침을 제공한다(10장 추천 참고문헌 참조). 이러한 상담 등을 통해 가장 좋은 행동 방침에 대한 합의가 도출되는 경우가 많으며, 이렇게 공동으로 의사결정을 내리면 환자와 가족 모두의 부담을 조금이라도 덜어줄 수 있다. 과거에는 이런 아이들을 입양시키는 일이 흔했고, 그 부모 중 한 사람 혹은 두 사람 모두가 조현병 환자라는 말을 듣지 못한 채 아이를 입양하는 가족도 많았다.

조현병이 있는 여성은 산전 진료를 받거나 그에 대한 지시사항을 따르지 않을 가능성이 크다는 사실도 알려져 있다. 어떤 연구들은 조현병 여성 환자들에게 임신과 출산 관련 합병증이 유난히 많이 생긴다고 보고하는가 하면, 또 다른 연구들은 그렇지 않다고 결론 내린다. 덴마크에서 실시된 한 연구에서는 조현병 여성 환자들이 조기분만을 하거나 저체중 아기를 낳는 비율이 예상보다 높다는 결과가 나왔다.[30] 오스트레일리아에서 나온 예비 연구의 보고서는 특히 심란하다. 조현병 여성 환자가 낳은 아이가 지적장애가 있거나 1세 이전에 사망하는 수가 많다는 내용이었다.[31]

조현병 여성 환자가 임신했을 때 처하는 큰 딜레마 하나가 임신 기간 동안 항정신병약물을 복용할지 말지 여부다. 모든 임신부의 약물 복용에 관한 가장 안전한 조언은 어떤 약도 복용하지 말라는 것이지만, 조현병 환자에게는 불가능한 일일 수도 있다. 여성 조현병 환자 수천 명이 임신 중에도 항정신병약물들을 써왔는데 이 약들은 다른 많은 의약품에 비해 상대적으로 안전해 보인다. 그러나 최근의 연구들은 이 약들이 성장 중인 태아에게 때때로 기형이나 선천적 이상들을 일으킬 수 있음을 보여주었고, 따라서 이 약들이 완전히 안전하다고 여겨서는 안 되며 절대적으로 필요한 경우에만 쓰는 것이 좋다. 그러한 손상이 일어날 수 있는 가장 결정적인 시기는 임신 초기 세 달 동안인 것으로 보인다.

모유수유 중에는 항정신병약물을 복용해서는 안 된다.[32] 항정신병 약물들은 모유를 통해 소량이 아기에게 전해질 수 있고, 아기의 간과 신장은 아직 온전히 성장하지 않았으므로 아기의 체내에 약이 축적될 수 있다. 약이 필요한 여성은 분유로 수유하면 되므로, 모유수유는 불필요한 위험을 불러오는 일이다.

한편 에이즈는 조현병 환자의 건강을 위협하는 매우 위중한 병이다. 주립 정신병원 입원환자 중 인체면역결핍바이러스HIV에 감염된 비율은 텍사스주의 1.6퍼센트[33]부터 뉴욕주의 5.5퍼센트[34]까지의 범위에 걸쳐 있지만, 이는 조현병 환자만을 특정한 조사 결과가 아니다. 지금까지 조현병만을 특정해 정신과 입원환자의 HIV 감염 비율을 조사한 유일한 연구 결과는 뉴욕시의 한 대학 병원에서 나온 3.4퍼센트 비율이다.[35] 이 모든 연구가 예측했듯이 정신질환에 물질 남용까지 더해질 경우 HIV에 감염될 확률이 높아진다는 점도 줄곧 강조되어 왔다. 집이 없는 중증 정신질환자 중 마약과 알코올남용을 하는 이들을 대상으로 한 연구 결과 6.2퍼센트가 HIV에 감염된 것으로 밝혀졌다.[36]

조현병 환자들을 대상으로 에이즈와 그 위험 요소들에 대한 지식 수준을 조사한 연구들을 보면 이해도가 매우 저조하다는 것을 알 수 있다. 한 연구에서는 악수를 통해서도 에이즈가 전염될 수 있다고 생각하는 이들이 36퍼센트였고, 화장실 변기를 통해서도 옮길 수 있다

**표 10-2. 약물과 임신**

현재 알려진 바를 감안해 조현병 환자 임신부를 위해 세운 합리적 계획은 다음과 같다.

1. 약을 끊어도 심각한 재발을 유발하지 않을 수 있는 경우라면 임신 첫 석 달 동안은 항정신병약물 복용을 중단한다.

2. 첫 석 달 이후로도 증상이 다시 나타나지 않는다면 가능한 한 약을 끊은 상태를 유지한다.

3. 복용을 다시 시작해야 한다면 과거에 자신이 잘 반응했던 항정신병약물 을 쓴다. 아직은 임신 중 어느 항정신병약물이 다른 항정신병약물보다 더 위험한지 알려주는 충분한 데이터가 없다.

4. 그러나 때때로 조현병 치료에 보조 약물로 쓰는 리튬, 카르바마제핀(테 그레톨), 발프로산(데파킨), 디발프로엑스 소듐divalproex sodium(데파코트)은 임신 중에는 피하는 것이 좋다는 판단의 근거가 되는 데이터들은 존재 한다.

5. 어떤 대가를 치르더라도 약을 피하겠다는 무모한 행동은 하지 말아야 한다. 임신부 환자에게 약이 필요한 경우에는 약을 써야 한다. 임신한 환 자가 급성 정신증 상태에 빠지는 것은 그 자체로 임신부와 태아 모두에 게 위험한 일이다.

6. 임신 이전 또는 임신 직후 가능한 한 일찍 복약 문제를 상세하게 논의하 라. 임신한 환자의 가족 및 관련된 모든 사람이 선택할 수 있는 사항들에 대해 확실히 이해하게 하라. 복약 중단 결정을 내린다면 의사가 복약 재 개가 타당하다고 여길 경우 다시 약을 복용하기로 구체적으로 규정하는 합의서를 작성하라. 이 합의서는 (정신증 증상 때문에 환자가 마음을 바꾸더 라도) 필요하다면 강제 복약을 실시할 수 있도록 환자에 대한 법적 구속 력을 갖춘 것이어야 한다.

고 한 이들이 58퍼센트, 콘돔이 에이즈 예방에 도움이 된다는 것을 모르는 이들이 53퍼센트였다.[37] 1993년에 조현병 환자들의 콘돔 사용에 관해 알아본 연구에 따르면, 이전 6개월 동안 성관계 상대가 한 명인 사람들은 8명 중 2명만이, 성관계 상대가 여러 명인 사람들은 15명 중 1명만이 콘돔을 지속적으로 사용했다고 한다.[38] 또 다른 연구에서는 중증 정신질환자 3분의 1이 성병 치료를 받은 것으로 드러났는데, 성병은 HIV 전염의 큰 위험 요인이다.[39]

에이즈 관련 문제들에 대해 환자와 가족이 할 수 있는 일은 무엇일까? 솔직한 논의와 교육, 그리고 콘돔 사용은 확실히 필요한 일들로 우선순위에 두어야 한다. 중증 정신질환자들을 위한 에이즈 교육 프로그램들로는 매사추세츠 정신건강 센터의 로버트 M. 고이즈먼Robert M. Goisman 박사와 그 동료들, 그리고 위스콘신 의과대학의 제프리 A. 켈리 Jeffrey A. Kelly 박사와 그 동료들이 개발한 프로그램들이 있다.

## 괴롭힘

조현병 환자들이 착취와 괴롭힘을 당하는 것은 아주 흔한 일이지만 그런 사건들이 보도되는 일은 아주 드물다. 많은 조현병 환자가 사고 과정에 결함이 생기고 정신적으로 혼란한 상태이기 때문에 돈이나 개인 소유물의 행방을 지속적으로 파악하기가 어렵다. 또한 그로 인해 상황을 정확하게 파악하지도 못하므로 자신을 위험한 상황으로 몰아넣는 결과가 종종 발생한다. 조현병과 물질 남용 둘 다에 해당하는 사람들은 특히 더 그렇다. 코네티컷주에서 실시한 한 연구는 이렇게 결론지었다. "중증 정신질환자들이 마약중개상들에게 당하기 쉬운 것은 사회적 고립과 인지 결손으로 인해 누가 신뢰할 수 있는 사람인지 잘 판단하지 못하기 때문이다."[40] 그래서 범죄자들은 조현병 환자들을 '손쉬운 먹잇감'으로 여기며, 환자들을 범죄자들이 모여 있는 쇠락한 동네의 그룹홈에 배치하는 관행은 이런 상황을 더욱 악화한다. 그것은 마치 여우들이 득시글거리는 숲 한가운데에 문을 잠그지 않은 토끼장을 놓아두는 것과 비슷하다.

조현병 환자를 대상으로 한 가장 흔한 범죄는 절도와 폭행이다. 로스앤젤레스의 한 기숙 요양 가정에서 생활하는 거주자 278명을 대상으로 한 연구 결과, 그중 3분의 1이 전해에 절도나 폭행을 당했다고 밝혔다. 총 거주자 278명 중 3분의 2가 조현병 환자였다.[41] 노스캐롤라이나주의 한 정신병원에 입원한 조현병 환자 185명을 대상으로 한 연구에서는 입원 전 4개월 동안 비폭력 범죄를 당한 사람이 20퍼센트였고, 폭력 범죄를 당한 사람이 7퍼센트였다.[42] 공공 보호소에서 생활하는 조현병 환자들의 경우 특히 더 큰 위험에 처한다. 예를 들어 뉴욕의 한 보호소에서는 "교도소에서 출소해 바로 보호소로 온 범죄자들이 정신질환자를 종종 먹잇감으로 삼는다. 사회보장 장애 보험 급여를 받는 이들은 강도의 표적이 된다."[43]

여성 조현병 환자에게는 항상 강간의 위험이 따라다닌다. 뉴욕에서 여성 조현병 환자 20명을 대상으로 진행한 연구에서는 10명이 강간을 당했고 그중 절반은 2번 이상 당했다고 밝혔다.[44] 워싱턴 D. C.에서는 중증 정신질환이 있고 간헐적으로 노숙 생활을 한 여성 44명 중

30퍼센트가 신체 폭행을 당한 적이 있고 34퍼센트가 성폭행을 당한 적이 있었다.[45] 프랑스에서는 여성 조현병 환자 64명 중 14명이 강간을 당한 적이 있고, 이 중 9명은 여러 차례 당했다고 한다.[46] 샌프란시스코에 있는 여성을 위한 공공 보호소의 운영자는 거리의 난폭함에 대해 이렇게 묘사했다. "내가 아는 한 여성은 17번이나 강간을 당했어요. (…) 그녀가 신고를 하지 않은 건 그게 그냥 거기서 늘 일어나는 일이기 때문이죠."[47]

조현병 환자 중에서 폭행, 도둑질, 강간 같은 범죄를 경찰에 신고하는 이들은 절반도 안 된다. 중증 정신질환자들의 범죄 신고에 대해 알아본 한 연구에 따르면, 대략 절반의 경우 경찰이 그들의 말을 믿지 않거나, 무례하게 대하거나, 화를 내거나, 도와주지 않으려 한다는 것이다.[48] 또한 많은 조현병 환자가 사고장애 때문에 해당 범죄에 관해 일관된 진술을 구성하기가 어렵다. 그 때문에 경찰은 범인을 법정에 세우더라도 환자가 설득력 있는 증인이 될 수 없을 거라고 생각한다.

조현병 환자의 안전을 개선하기 위해 취할 수 있는 몇 가지 조치가 있다. 가장 중요한 것은 범죄율이 높은 동네에 있는 그룹홈이나 기타 주거시설에 그들을 두지 않는 것이다. 독립생활을 하는 조현병 환자에게는 부분적으로 보조금이 지급되는 주거가 필요하다. 여러 도시의 경우 생활 보조금이나 사회보장 장애 보험금으로 감당할 수 있는 주택은 모두 범죄율이 높은 지역에 있기 때문이다. 이는 대도시보다 소도시에 사는 조현병 환자의 삶의 질이 더 높은 주요 이유 중 하나이기도 하다.

조현병 환자의 안전을 강화할 수 있는 또 하나의 조치는 자기방어 방법과 괴롭힘을 피하는 방법, 경찰에 범죄 신고하는 법 등을 교육하

는 것이다. 그룹홈이나 주간 프로그램, 클럽하우스 혹은 기타 모임 장
소에 지역 경찰관들을 초빙해 교육을 진행하면 더욱 효과적일 뿐 아니
라, 경찰과 환자 들이 서로를 더 편하게 받아들일 기회도 만들 수 있다.


## 비밀 유지

비밀 유지는 조현병 환자 가족과 친지 들이 직면하는 사안 중 가
장 흔하면서 가장 짜증스러울 정도로 불합리한 문제다.[+] 이러한 상황
은 2002년에 흔히 HIPAA라고 부르는 건강보험 양도 및 책임에 관한
법률의 사생활 보호법이 통과된 이후로 더욱 악화되었다. 의사와 환자
사이의 비밀 유지는 주의 법률이 관장하며, 법 내용은 주마다 차이가
난다. 이 법은 의사와 환자의 관계를 보호하기 위해 만들어졌으며, 다
른 정신질환 전문가들에게까지 확장되었다. 그러나 이 법들은 절대적
이지 않으며 바뀔 수 있다. 또한 환자나 공공의 이익이 명백히 우선할
때는 위반하는 것이 정당할 수도 있다. 예를 들어 조현병(또는 다른 정신
질환)이 있는 사람이 어느 정신질환 전문가에게 다른 누군가를 해하고
싶다는 바람이나 계획을 털어놓았을 경우가 그렇다. 한때는 이러한 대
화가 비밀로 간주되었고, 의사와 환자 사이의 비밀 유지라는 미명하에
밝혀야 할 의무를 법적으로 면제받았다. 그러나 1976년에 캘리포니아

---

[+] 　한국에서는 비밀 유지에 대한 제도가 없다. 이는 가족이 환자를 책임지는 사회 제도
　　와 미국처럼 성인이 되면 모든 결정을 본인이 하는 문화 차이로 보인다.

주 법정은 이런 상황에서 정신질환 전문가들이 잠재적 피해자에게 경고해야 할 의무가 있다고 판결했다. 보통 타라소프Tarasoff 판결이라고 부르는 이 판결은 다른 여러 주로도 확대되었다.

비밀 유지 법률을 남용하는 일은 현재 환자 가족뿐 아니라 공공 정신의료 체계 전반에도 많은 문제를 일으키고 있다. 많은 경우 정신질환 전문가들도 어떤 정보가 밝혀도 되는 정보인지 확신하지 못한다. 한 연구에 따르면 전문가들의 54퍼센트가 "비밀에 해당하는 정보의 유형을 확실히 모르"며, 95퍼센트는 "비밀 유지 정책을 보수적으로 해석"한다. 즉 환자의 동의 없이는 비밀을 누설하지 않는 것을 기본으로 생각한다.[49] 이러니 가족과 친족이 환자를 적절히 보살피기 위해 필요한 정보도 얻지 못한다. 게다가 정신의료 체계의 한 부문(예를 들어 카운티 구치소의 정신과 담당 부서)이 다른 부문(예를 들어 커뮤니티 정신건강 센터)에 있는 환자의 정신과 기록을 볼 수 없는 경우도 많다.

물론 비밀을 유지하는 것이 합당한 경우들도 있다. 이런 경우는 대개 환자가 자신의 병을 잘 인식하고 있으면서 정신건강 전문가에게 자신의 정보를 친족들에게 알리지 말라는 뜻을 명확히 밝힌 경우다. 알리지 않으려는 이유는 다양하다. 예를 들어 친족에게 화가 나 있거나, 그들이 자신을 과도하게 통제하려 한다고 생각하거나, 낙태한 사실이 밝혀지지 않기를 바라는 마음 등이 있다.

그러나 그보다는 환자가 자신의 병을 거의 혹은 전혀 인식하지 못하며, 정보를 공개하는 것이 자신에게 도움이 될지 안 될지 올바른 판단을 내릴 능력이 명백히 없는 경우에 비밀 유지를 요구하는 일이 훨씬 더 많다. 그야말로 진퇴양난인 상황인데, 환자가 하는 말은 한마디로 이런 것이다. "나는 병들지 않았어요. 그러니까 당신은 존재하지도 않는 병을 내 친족에게 말할 수 없어요."

이런 상황일 때 정신건강 전문가들은 가족의 전화를 받고 대개는 이렇게 대답한다. "죄송합니다만 비밀 유지 의무 문제 때문에 귀하의 그 질문에 답해드릴 수 없습니다." 전화를 건 사람이 그것이 논리적으로 얼마나 불합리한 상황인지 지적하면, 전문가는 방어적 태도를 취할 수도 있다. 비밀 유지 문제를 풀 때 가장 어려운 것 중 하나는 "죄송합니다만 기밀 유지 문제 때문에 그 질문에 답할 수 없습니다"라는 말의 의미를 해석하는 것이다. 똑같은 단어를 사용했더라도 이 말은 화자에 따라 몇 가지 다른 의미로 해석할 수 있다. 그 말을 적절히 해석할 수 있다면 문제를 푸는 한 단계를 해결한 셈이다. 가장 흔한 해석들은 다음과 같다. (나는 편의상 남성 화자를 선택했지만 이런 말은 남녀를 가리지 않고 누구나 할 수 있다.)

**닥터 프로이트**: 나는 개인적으로 당신이 당신 친족에게 조현병이 생긴 원인의 일부라고 생각하며, 당신이 그/그녀에게 상관하지 않을수록 더 좋다고 생각하오. 그러니 다시는 나를 귀찮게 하지 마시오.

**미스터 소심**: 당신에게 무슨 말이든 하려면 나는 내 상관에게 허가를 얻어야 합니다. 게다가 이 조직에 고용된 한 사람으로서, 나는 상대가 누구든 내가 적게 얘기할수록 더 낫다는 것을 깨닫게 되었습니다.

**미스터 책임자**: 나는 당신이 원하고 필요로 하는 정보를 갖고 있지만, 당

신에게 알려주지는 않을 거요. 적어도 지금은 그렇소. 당
신이 좀 더 굽실거리며 나의 우월함을 인정할 때까지는 말
이오.

**미스터 법률가:** 내가 당신에게 얘기를 적게 해줄수록 그만큼 내게 더 유리
합니다. 그래야 당신이 나/나의 병원을 고소할 가능성이
더 작아지니까요. 게다가 내가 당신에게 너무 많은 걸 얘
기하면 당신은 우리가 당신 친척의 치료를 얼마나 엉망으
로 망쳐놓았는지도 알게 될 것 아닙니까.

조현병이 있는 젊은이의 어머니가 한 다음 말은 비밀 유지 문제가
초래하는 부조리가 어디까지 치달을 수 있는지를 잘 보여준다. 이 어
머니는 아들이 보스턴의 한 정신병원에 입원해 있는 여섯 달 동안 아
들의 상태에 관한 정보를 얻기 위해 어떻게 노력했는지 묘사했다.

나는 내 아들이 어떻게 지내고 있는지 한 번도 듣지 못했어요. 예후에 대
해 전혀 몰랐고, 예후가 긍정적인지 부정적인지조차 알지 못했죠. 내가
아들의 사례를 담당하는 사회복지사에게 거의 매일 물어봤는데 그때마
다 그 사람은 이렇게 대답했어요. "오늘 대니가 자신의 상태에 대해 어
머니에게 말해도 된다고 우리에게 허락하지 않았습니다."
이게 처음 한 달 내내 들었던 대답이었어요. 그러던 어느 날, 내가 너무
나 불안해하는 게 불쌍해 보였는지 내 질문에 이렇게 대답하더군요. "오
늘 대니는 자신의 상태에 대해 어머니에게 말해도 된다고 우리에게 허
락하지 않았지만, 오늘 병동의 환자들은 모두 상태가 좋습니다."

나는 그 암호 같은 메시지를 부여잡고 크게 안도했어요. 그러나 그 암호
같은 메시지를, 오직 그 메시지만을 남은 입원 기간 내내 들은 후로는 그
시스템이 내 아들 못지않게 병들어 있고 많은 도움을 필요로 한다는 확
신이 생겼습니다.[50]

비밀 유지 문제를 해결하는 핵심은 많은 조현병 환자에게 가족은
**단순히** 가족인 것만이 아니라 치료 팀의 핵심 구성원이기도 하다는 사
실을 인정하는 것이다. 조현병 환자들은 이제 더 이상 오랜 기간 동안
입원해 있지 않는다. 그보다는 지역사회 안에서, 많은 경우 가족과 집
에서 지내며 치료를 받는다. 가족들은 점점 더 조현병과 그 치료에 대
해 수준 높은 지식을 갖추게 되고, 이제는 최소한 정신질환 전문가들
만큼 잘 알게 되는 경우도 드물지 않다. 가족들을 정당한 돌봄 제공자
로 인정할 때, 비밀 유지 문제는 더 쉽게 풀릴 것이다.

캘리포니아주 리버사이드 카운티의 정신건강부가 선구적으로 나
서 개발한 정보공개 서식과 비밀 유지 문제 지침 프로토콜, 비밀 유지
스태프 훈련 프로그램 등을 다른 곳에서도 채택했다.[51] 그 프로토콜은
가족의 개입이 주는 이점들과 정신질환 전문가들이 언제라도 가족들
**에게서** 정보를 받을 수 있(고 받아야 한)다는 사실을 강조한다. 만약 조
현병 환자 본인이 일체의 정보 공개에 동의하지 않을 경우, 그래도 정
신질환 전문가들은 특정 환자 개인보다는 가설적 상황들에 관해 이야
기함으로써 우회적으로 가족에게 많은 정보를 제공할 수 있다.

가족들은 또한 자신이 거주하는 주에서 정보 공개를 관장하는 비
밀 관련 법률들에 대해서도 잘 알고 있어야 한다. 닥터 프로이트나 미

스터 소심, 미스터 책임자, 미스터 법률가 같은 비협조적인 전문가들과 맞닥뜨렸다면, 먼저 그 사람의 상관에게, 그리고 필요하다면 그 상관의 상관에게 호소해야 한다. 요청을 서면으로 작성해 등기 우편으로 발송하라. 당신이 주의 법률을 잘 알고 있음을 보여주고, 그 법률이 이 사례에 적용되지 않는다는 사실을 진술하라.

이 방법으로도 안 된다면, 변호사를 통해 로펌의 공식 편지지에 당신이 가족을 적절히 보살피기 위해 필요한 정보를 재차 요구하는 편지를 작성해 보내게 하라. 정신질환 전문가나 정신건강 센터가 필요한 정보를 당신에게 제공하지 않아 발생한 결과에 대해서는 그들에게 법적인 책임을 물을 것임을 분명히 진술하라. 가장 중요한 것은, 만약 당신의 가족이나 친척에게 다발경화증이나 알츠하이머병 같은 다른 뇌 질환까지 있다면, 전문가들이 보낸 정보가 당신이 예상한 정보량에 조금이라도 못 미쳤을 때 그것을 받아들여서는 안 된다는 점이다.

근래에는 현행 건강보험 양도 및 책임에 관한 법률HIPAA(이하 HIPAA)이 조현병과 다른 중증 정신질환자들의 치료를 방해하고 있다는 것이 누가 봐도 명백해졌다. 2016년에 의회가 법률 개정안을 마련했는데 아직은 통과되지 않았지만 가까운 미래에는 통과될 것이다. 또한 HIPAA가 환자보다는 공직자들을 보호하고 있다는 것도 분명해졌다. 정신질환자가 범인으로 여겨지는 살인사건이 화제가 될 때마다 공직자들은 아무 정보도 제공하지 않는 것을 정당화하기 위해 HIPAA를 들먹이는데, 그 정보에는 그들이 환자에게 어떻게 제대로 된 치료를 제공하지 않았는지에 대한 정보도 포함된다. 실로 지금까지 HIPAA가 보여준 가장 큰 쓸모는 공직자들의 이면을 보호하는 일이다.

# 복약 비순응

조현병 환자가 처방된 약물을 복용하지 않는 것은 가족들에게 좌절감을 안기는 큰 원인이자 재발과 재입원을 초래하는 가장 큰 원인이다. 이는 너무나도 흔한 현상으로 여러 연구 결과를 보면 입원했던 해를 기준으로 이후 2년째 되는 해가 끝나갈 무렵이면 환자의 약 70퍼센트가 복약 비순응을 보인다고 한다.[52] 게다가 이는 극도로 비용이 많이 들어가는 일이기도 하다. 한 연구단이 추정한 바에 따르면 조현병의 복약 비순응 때문에 발생하는 경비가 한 해에 약 1억 3600만 달러라고 한다.[53] 복약 비순응은 고혈압과 심장병, 류머티즘성관절염, 결핵의 경우에도 일어나지만, 조현병에서는 그 규모가 훨씬 크다.

조현병 환자가 약 복용에 순응하지 않는 이유는 기본적으로 8가지다. 가장 중요한 이유는 질병인식불능증, 즉 자신이 병에 걸렸음을 인식하지 못하는 것이다. 2장에서 말했듯이 이러한 병식 결여는 생물학적 원인에 의해 발생하며, 전두엽과 대상피질, 우뇌 반구의 영역들에 손상이 일어난 결과다. 병식이 없어서 발생하는 결과가 무엇인지는 아주 명백하다. 자신이 병에 걸렸다는 것을 믿지 못하는 사람이라면 왜 약을 복용하겠는가? 예를 들어 한 조현병 연구에서는 자기 병을 인식하는 사람들이 인식하지 못하는 이들에 비해 복약에 순응하는 비율이 2배였다.[54] 그러므로 몇몇 연구에서 병식과 재입원율 사이에 역의 상관관계가 있음이 밝혀진 것은 전혀 놀라운 일이 아니다. 병식 결여는 복약 비순응을 낳고 이는 다시 재발과 재입원으로 이어진다.

질병인식불능증, 즉 병식이 없는 것과 병을 부인하는 것은 구별해

**표 10-3. 복약 비순응의 이유**

1. 질병인식불능증: 환자가 자기 병을 인식하지 못함(생물학적 이유)
2. 부인: 환자가 자기 병을 인식하지만 병이 아니기를 바람(심리적 이유)
3. 약의 부작용
4. 바람직하지 않은 의사 – 환자 관계
5. 복약에 대한 망상적 믿음(예를 들어 독약이라는 망상)
6. 인지 결손, 혼돈, 와해
7. 약물에 의존하거나 중독되리라는 두려움, 또는 남성성이 무너지리라는 위기감
8. 자신이 중요한 존재라는 느낌이 사라짐

야 한다. 부인은 자신이 병들었다는 것을 인식하기는 하지만 병들지 않았기를 소망하는 태도다. 약을 복용하는 것은 매일 자신의 병을 상기시키는 행위다. 따라서 약을 복용하지 않는 것은 병의 존재를 부인하려는 시도다. 부인은 대개 병의 증상이 재발하기 전까지 일시적으로는 효과가 있다. 질병인식불능증의 원인은 생물학적인 반면 부인의 원인은 심리적이다. 다음의 중증 정신질환이 있는 환자가 부인의 예를 잘 보여준다.

> 나는 내가 병에 걸렸다는 걸 믿고 싶지 않아서 약 복용에 대한 잘못된 논리에 매달렸어요. "나는 병이 들었어. 그러니 내겐 약이 필요해"라고 생각하는 게 아니라, "나는 약을 먹고 있어. 그러니 난 병이 든 거야. 만약 약을 끊는다면 내 병은 나을 거야"라고 생각한 거죠.[55]

부인의 양상을 아주 잘 보여주는 또 다른 예는 블로거인 피트 얼리 Pete Earley의 중증 정신질환이 있는 아들 마이크 얼리Mike Earley가 쓴 글이다. 이 글은 2010년 3월 12일에 처음 게시되었고, 2016년 8월 24일에 다시 게시되었다.

> 부인은 나의 이해를 구성하는 아주 강력한 한 요소였다. 나의 정신은 내 정신이상의 증거가 눈앞에 뻔히 제시될 때도 그 상황에서 교묘하게 빠져나갈 길을 찾아냈고, 나의 자존심을 지켜줄 서투른 논리를 어떻게든 만들어냈다. 언제나 진실보다 두 걸음 앞서 가던 나의 뇌는 마치 탭댄스를 추듯이 내게 아무 문제도 없는 공간, 잘못된 건 내가 아니라 다른 모든 사람인 공간, 나는 일종의 예언자나 특별한 영매로서 환각이 아니라 비전을 보고, 피해자가 아니라 중요한 존재인 공간 속으로 찾아들었다. 자기 자신의 신빙성이 무너졌다는 걸 이해하기란 몹시 어렵다. 온전한 정신에 대한 자신의 이해가 더 이상 사회의 이해와 궤를 같이하지 않는다는 것을 깨달으면, 자신에 대한 엄청난 수치심을 느끼게 된다. 그 깨달음은 자신의 본능을 의심하게 하고 자기가 하는 동작과 결정 들까지 재고하게 만든다. 자신감과 능력의 베일이 갑자기 훅 벗겨지고, 이제 그는 부서진 자기 이미지의 파편들을 그러모아 어떻게든 다시 붙여보려고 애쓰는 난파된 존재가 된다.

조현병 환자가 복약에 비순응하는 셋째로 큰 이유는 항정신병약물의 부작용이다. 조현병 환자인 에소 리트는 다음과 같이 표현했다.

불행히도 항정신병약물의 부작용은 그 병 자체보다 더 큰 장애를 초래할 수도 있다. 나는 항정신병약물의 부작용을 통제하기 위해 먹은 알약의 부작용까지 경험했다.[56]

추체외로계 부작용이 줄어든 2세대 항정신병약물이 도입되면서 복약순응도가 개선될 거라는 기대가 있었다. 그러나 안타깝게도 2세대 약을 복용하는 환자들의 복약순응도도 1세대 약을 복용하는 환자들보다 더 나을 게 없다는 사실이 근래의 연구들로 드러났다.[57] 또한 많은 정신과 의사가 임상에서 예리하게 부작용을 진단하지 못한다는 것도 여러 연구를 통해 드러났다. 예를 들어 정신과 의사들을 대상으로 한 한 연구에 따르면 "가장 주된 발견은 임상에서 모든 주요 추체외로계 증상을 제대로 인지하지 못하는 비율이 아주 높다는 것이었다."[58] 또 다른 연구는 "정신과 의사들이 부작용의 24퍼센트와 증상의 20퍼센트에 대해 환자들이 거기서 느끼는 성가심의 정도를 오판했다"고 보고했다.[59] 항정신병약물의 가장 괴로운 부작용들로는 좌불안석증(가만히 있지 못함), 무동증akinesia(자발성 감소), 성기능장애 등이 있다. 조현병 환자의 복약 거부에 대한 초기 연구에서는 "항정신병약물 복용을 꺼리는 것은 추체외로 증상들, 그중에서도 미묘한 좌불안석증과 유의미한 관련이 있음"이 밝혀졌다.[60] 해당 논문 저자들은 좌불안석증이 시간이 지남에 따라 변할 수 있다는 점도 지적한다. "환자가 한 번의 방문에서 페노티아진 약물 치료로 최선의 결과를 얻었더라도, 2주 후에는 같은 약을 같은 용량으로 써도 좌불안석증이나 기타 추체외로 증상들을 경험할 수도 있다." 이런 경우 그 환자에게 필요에 따라 항파킨슨병약을 추가로 투약하는 해결책을 추천한다. 무동증도 기본적으로 주관적인 경험이어서 임상의들이 판단하기가 특히 어려운 증상이며 우울증과 혼동되기도 한다.

조현병 환자의 복약 비순응이 나타나는 또 하나의 주요한 원인은 의사와 환자 사이의 관계가 순조롭지 못한 것이다. 가장 적합한 항정신병약물과 그 약의 알맞은 용량을 결정하는 일은 의사와 환자가 함께 해야 한다. 로널드 다이아몬드Ronald Diamond 박사는 이 주제를 다룬 훌륭한 논문에서 "환자 이야기를 듣고 그가 그 약을 복용하며 겪은 일을 진지하게 받아들이는 것이 여전히 중요하다"고 말했다.[61] 환자의 관점에서 글을 쓴 베티 블라스카Betty Blaska도 같은 요점을 강조한다. "앞에서 이야기한 [정신과 의사들의] 모든 실수는 단 한 가지로 요약된다. 그건 바로 소비자를 자신의 병에 대한 전문가로 보지 않겠다는 고집이다. 조현병에 걸린 사람은 **자신의** 조현병에 대한 **최종** 권위자다."[62]

미국 정신의학계의 일반적인 의사–환자 관계의 모습은 다음과 같은 불만스러운 말에 고스란히 담겨 있다. "나한테는 이런 부작용이 있는데, 담당 의사는 내 말을 듣지도 않고 진지하게 생각하지도 않아." 의사와 환자의 관계에서 이런 문제가 생기는 이유 하나는 미국의 공공 의료 체계에서 일하는 정신과 의사 중 많은 수가 의사는 권위자고 환자는 의사의 충고나 판단에 의문을 제기하면 안 된다고 생각하는 다른 나라들에서 교육받았기 때문이다. 또 다른 이유는 지역사회의 정신건강 프로그램 대다수가 기본적으로 의사가 두세 달에 한 번 15분 동안 환자를 만나 그의 복약을 점검하는 식으로 이루어지기 때문이다. 이 정도의 시간으로는 아주 심각한 부작용 외에 다른 이야기를 하는 것이 불가능하다.

게다가 망상 때문에 투약을 거부하는 환자들도 있다. 이 경우에는 대개 과대망상(예를 들어 자신은 전능하기 때문에 어떤 약도 필요 없다는 믿음) 아니면 편집 망상(예를 들어 사람들이 그 약을 이용해 자신에게 독을 먹이려 한다는 믿음)이다. 또 다른 환자들은 혼돈이나 와해를 비롯한 인지 결손 때문에 약을 복용하지 않는다. 그리고 소수지만 약에 의존하게 되거나 중독될까 두려워 처방을 따르지 않는 사람들도 있다. 이런 두려움은 남자들에게서 더 자주 나타나는데, 이런 사람들은 약을 먹는 것이 자신의 남성성에 타격을 입히는 일이라 여기기도 한다.

마지막으로 조현병 환자 중에는 약이 자신의 망상적 체계를 제거하고 그 결과 자신을 덜 중요한 존재로 느껴지게 만들기 때문에 복용을 그만두는 이들도 소수 존재한다. 특히 편집 망상이 있는 사람들, 망상 상태에서는 흔히 자신이 정부 관료 등의 주목의 대상이라고 믿는 사람들이 이런 경우에 해당한다. 리처드 맥린Richard McLean은 이를《완치가 아닌 회복Recovered, Not Cured》에서 다음과 같이 묘사했다.

> 약물 치료를 시작하고 몇 달이 지나자 여러 증상이 사라졌다. 나는 더 이상 차량번호를 확인하기 위해 차 뒤를 쫓아 달려가지도 않았고 메시지를 찾으려고 라디오에 귀를 기울이지도 않았다. 다시 라디오를 즐기며 들을 수 있게 됐다. 그에 따른 결점은 삶이 훨씬 무미건조해졌다는 것이다. 비록 불쾌한 일일지언정 내가 항상 어떤 일의 중심에 있다는 느낌이 사라지자, 따분한 무채색 현실이 나를 에워쌌다. (…) 내가 정신증 상태를 그리워했다는 건 아니다. 아무튼 그것은 마치 내가 해변에 몰려오는

파도에서 모래 한 알로 바뀐 것 같은 차이였다.[63]

복약 비순응에 대한 해답은 무엇일까? 복약 비순응이 얼마나 흔한 일인지, 그리고 남들은 환자가 약을 복용하고 있다고 생각해도 환자 본인은 남몰래 복약을 거부하고 있는 빈도가 얼마나 높은지를 가족과 정신질환 전문가들이 제대로 아는 것이 중요하다. 또한 비순응의 이유가 무엇인지 정확히 아는 것도 중요하다. 병식 결여나 부인, 약 부작용, 잘 소통되지 않는 의사와 환자 관계, 망상적 사고 등 각각의 이유에 따라 어느 정도 문제 해결 방법도 다르기 때문이다.

대부분의 경우 환자를 더 잘 교육하는 것이 도움이 된다. 정신과 환자들이 퇴원 당시 자신의 약 복용을 얼마나 이해하고 있는지 조사한 결과, 37퍼센트는 왜 그 약을 복용해야 하는지 모르고 있었고, 47퍼센트는 언제 복용해야 하는지 모르고 있었다.[64] 부분적으로 이는 명백히 조현병에 따르는 인지 결손 때문이다. 칸막이가 있어 하루 복용량만큼씩 나눠 담을 수 있는 약 용기를 사용하고, 하루 한 번 복용하는 방식으로 하면 복약을 간편하게 할 수 있다. 언제 어떤 알약을 먹어야 하는지 상기시켜주고, 컴퓨터나 전화선에 연결하면 알람이나 메시지를 받을 수도 있고, 의사나 진료소에 피드백을 보낼 수도 있는 다양한 자동화 시스템도 개발 중이다(예를 들면 메디-모니터 시스템Medi-Monitor System). 7장에서 소개한 장기 지속형 주사제 약물들을 사용하면 2~4주에 한 번만 투약하면 되니 그런 약에 잘 반응하는 환자들에게는 큰 도움이 될 수 있다.

의사가 환자를 자기 명령을 수행하는 아랫사람이 아닌 파트너로 기꺼이 받아들인다면 의사와 환자의 관계는 개선될 수 있다. 약의 종류나 용량을 바꾸는 것과 부작용에 주의를 기울이는 것도 필수적이다. 환자에게 부작용에 관한 일기를 작성하게 하고, 필요한 경우 약 용량을 늘리거나 줄이는 일에 관해 어느 정도의 자율성을 부여하는 것도 도움이 될 수 있다. 약물 치료는 의사와 환자가 함께 위험성과 이점을 저울질하며 맞춰가야 하는 일로 여기는 것이 좋다. 복약 비순응에 따르는 위험들로는 재입원, 폭력, 구치소, 오갈 데 없는 신세, 자살 등이 있고, 이점은 약으로 인한 부작용이 없다는 것이다. 복약순응에는 부작용이라는 위험이 따르지만, 더 정상적인 삶을 살 수 있고 원래 갖고 있던 삶의 목표들을 어느 정도 수정한 형태로나마 성취할 수 있다는 이점이 있다.

병식이 없는 환자에게 약을 먹도록 설득하는 데는 앞의 어떤 방법도 아마 효과가 없을 것이다. 시도해볼 가치가 있는 한 가지 전략은 정신증 상태에 빠져 있는 시기에 그 환자의 모습을 촬영해두었다가 나중에 본인에게 그 비디오를 보여주는 것이다. 한 가족은 이 방법을 써서 효과를 보았다고 한다(10장 추천 참고문헌 목록에 있는 '익명' 저자의 글). 긍정적 강화는 언제나 시도해볼 가치가 있고, 때로는 커피와 담배로도 충분하다. 더욱 모험적인 긍정적 강화의 방법으로는 진료소나 사례 관리자를 환자의 생활 보조금이나 기타 지원금의 대리 수령자로 지정해두는 것이다. 이 방법은 다음에 나올 '지원 치료'의 한 부분에서 다룰 것이다.

복약 비순응에 관한 추가 정보는 치료 옹호 센터 웹사이트(www.treatmentadvocacycenter.org)의 브리핑 자료에서 찾아볼 수 있다.

**표 10-4. 복약 비순응을 개선할 수 있는 잠재적 해결책**

1. 복약의 이점과 복약 비순응의 위험성을 환자에게 교육한다.
2. 의사 – 환자 관계를 개선하거나 더 나은 의사를 찾는다.
3. 약 바꾸기나 용량 줄이기, 부작용 치료하기.
4. 복용 방식 단순화하기(예: 1일 1회 복용, 칸막이가 있는 약통 사용, 자동 복용 알림 시스템 등).
5. 장기 지속형 주사제 사용.
6. 긍정적 강화로 동기부여(예: 담배, 커피, 돈, 여행).
7. 치료자를 환자의 생활 보조금이나 기타 지원금의 수령인으로 지정하고, 복약순응을 그 돈을 받기 위한 조건으로 만든다.
8. 지원 치료 활용(예: 적극적 사례 관리, 조건부 퇴원, 강제 외래 치료, 후견인제도).

# 지원 치료⁺

지원 치료assisted treatment는 자기 병을 인식하지 못하며, 약물 치료를 하지 않을 경우 기본적인 자기 부양이 불가능하거나, 자해나 타해의 위험이 있는 다수의 조현병 환자에게 필수다. 지원 치료는 결핵 환자가 약물 치료를 거부하고, 그 때문에 자신과 타인에게 위험을 초래할 수 있을 때도 사용된다. 그러나 조현병의 경우 지원 치료는 온갖 비난

---

+    한국에서도 정신건강복지법이 개정된 다음 입원이 어려워져 이런 방면의 노력이 많이 진행되고 있다. 외래 치료 명령제, 병원 기반 사례 관리 등 다양한 제도가 시행중이거나 시범 사업중이다.

의 표적이 되어 시민적 자유 지상주의자들과 사이언톨로지 교도 같은 반정신의학 단체들, 그리고 다른 이유로 정신의료 체계에 불만을 품은 사람들의 열화와 같은 반대에 직면해왔다.

지원 치료는 탈원화 시대에 접어든 이후 그 필요성이 더욱더 커졌다. 대부분의 조현병 환자가 병원에 입원해 있던 과거에는 복약 비순응 같은 문제는 전혀 불거지지 않았다. 그러나 현재는 이전에 병원에 있던 조현병 환자 대부분이 지역사회에서 생활하고 있고, 1장에서 말했듯이 그중 거의 절반에게 질병인식불능증이 있어 자신이 병에 걸렸음을 인식하지 못한다. 이들 다수에게는 지원 치료가, 혹은 지원 치료에 대한 **위협**이 필요하다. 이것은 실제로 중요한 차이다. 지원 치료 프로그램을 운영한 경험을 통해 조현병 환자 대다수가 지원 치료에 대한 **위협**만으로도 복약에 순응하며, 지원 치료 프로그램을 실제로 시행해야만 하는 경우는 매우 적다는 사실이 명백히 증명되었기 때문이다. 지원 치료의 가능한 선택지로는 다음과 같은 것들이 있다.

**1. 사전 의향서** advance directives　　환자들이 건강한 상태인 시기에 다시 병세가 나타날 때 행하기 원하는 치료 방식을 미리 서류로 작성하는 것으로, 의료의 모든 영역에서 점점 더 많이 사용되고 있다. 몇몇 주에서는 중증 정신질환이 있는 환자들이 완화기에, 이후 다시 병세가 나타날 때 치료를 해 달라(이 경우에는 일종의 지원 치료 형식을 띠게 된다)거나 치료를 하지 말라는 의향서에 서명을 할 수 있다. 사전 의향서는 치명적인 유혹을 발산하는 사이렌들의 섬을 지날 때, 선원들에게 자신을 돛대에 묶고 섬을 다 지나갈 때까지 "자신이 뭐라고 말하건 무슨 짓을

하건 절대로 자신을 풀어주지 말라고 명령"했던 그리스 영웅의 이름을 따 '율리시스(오딧세우스) 계약'이라고도 한다.

지원 치료로서 사전 의향서의 효율에 대해서는 아직 연구된 바 없다. 잠재적인 한 가지 문제는 환자가 자신의 질병을 인식하지 못한 상태에서 사전 의향서에 서명할 수도 있다는 점이다. 사전 의향서가 정신과 의사의 보증을 받아야 하는 주에서는, 지원 치료를 일방적으로 반대하는 정신과 의사가 그 보증을 담당할 수도 있다. 이런 경우 사전 의향서는 지원 치료의 한 형식이기보다는 꼭 필요한 치료를 막는 방해물이 된다. 실제로 캐나다 온타리오주에서 이런 사례들이 발생했다.

**2. 적극적 사례 관리**assertive case management    적극적 사례 관리에서는 집이나 지역사회의 기타 시설에 거주하는 환자들이 예약한 진료에 나타나지 않으면 사례 관리자가 능동적으로 그들을 찾아낸다. 적극적 지역사회 치료(적극적 지역사회 치료 프로그램PACT 또는 적극적 지역사회 치료 팀ACT 팀)가 적극적 사례 관리의 가장 잘 알려진 예다. 여러 연구가 적극적 지역사회 치료 프로그램이 재입원 일수를 줄였음을 증명했다. 볼티모어에서 실시한 한 연구[65]에서는 중증 정신장애가 있는 노숙자들을 대상으로 77명은 PACT 팀에, 75명은 전통적인 외래 치료에 배당했다. 이후 이어진 1년 동안 PACT 팀의 치료를 받은 사람들은 입원 일(35일 대 67일), 노숙 생활을 한 날(10일 대 24일), 구치소 수감 일(9일 대 19일)이 더 적었다. 또한 그들은 복약순응도(간헐적 순응 또는 전적 순응)도 처음의 29퍼센트에서 1년 뒤 55퍼센트로 증가했다. 그러나 "대상자의 약 3분의 1은 어느 시점에도 복약에 순응하지 않았다."[66] 따라서 적극적

사례 관리는 일부 환자에게는 효과적인 지원 치료의 방법이지만 모든 환자에게 그런 것은 아니다.

**3. 대리 수령인**representative payee　환자의 돈 관리를 돕기 위해, 환자의 생활 보조금이나 사회복지 장애 보험, 보훈 장애 지원금 등을 환자의 가족이나 사례 관리자, 정신과 진료소를 대리 수령인으로 지정할 수 있다. 여러 연구를 통해 대리 수령인을 활용하면 입원 일수,[67] 물질 남용,[68] 노숙 일수[69]를 줄일 수 있음이 증명되었다. 대리 수령인을 활용해 복약순응이 개선되는 효과를 확인하는 연구는 아직 실시되지 않았다. 그러나 개인적인 진술에 기초한 정보들을 살펴보면, 예를 들어 매달 항정신병약물 주사를 맞는 조건으로 지원금을 주는 식으로 복약순응 개선에 활용하는 경우가 드물지 않음을 알 수 있다. 연방 제3항소법원은 뇌전증과 경계선 지적장애가 있는 사람은 항뇌전증약 복용에 순응한다는 것을 보여주지 않으면 사회복지 장애 보험금 수령 자격이 없다는 판결을 내렸다.[70]

**4. 조건부 퇴원**　법에 의해 강제로 입원한 환자는 복약에 순응하는 조건으로 퇴원할 수 있다. 그 조건을 어기면 다시 입원한다. 대부분의 주에서는 병원장에게 법원에 허가를 구하지 않고도 조건부 퇴원을 실시할 수 있는 권한이 있다. 조건부 퇴원을 허가하는 법이 있는 주는 40개다. 과거에는 이런 형태의 지원 치료가 일반 환자 비자의 입원과 사법(범죄자) 환자 비자의 입원에 두루 널리 사용되었지만 현재는 대부분 사법 환자의 비자의 입원에만 사용된다.

　　뉴햄프셔주는 일반 비자의 입원 환자에게 조건부 퇴원을 활용하는 주도적인 주였다. 1998년에 뉴햄프셔 주립 병원에서 퇴원한 환자 중 27퍼센트가 조건부 퇴원을 한 이들이었다.[71] 현재까지 유일하게 복약 순응 조건부 퇴원의 효율을 조사 발표한 연구에서는 뉴햄프셔 주립 병원에서 조건부 퇴원을 한 중증 정신질환자 26명에 대해 다양한 척도들을 활용해 입원 이전의 1년과 조건부 퇴원 이후의 2년 동안을 평가했다.[72] 다음 표에 그 결과가 나와 있다.

**표 10-5. 조건부 퇴원의 효율**

|  | 입원 전 1년 | 조건부 퇴원 이후 1년 | 조건부 퇴원 후 2년 |
| --- | --- | --- | --- |
| 복약순응 개월수 | 2.9 | 10.4 | 10.7 |
| 폭력 삽화(0~7점 범위) | 5.6 | 2.4 | 1.1 |

　　이렇게 조건부 퇴원 환자들은 현저하게 복약순응이 개선되고 폭력 삽화가 감소했다. 사법(범죄를 저질러 입원된) 정신과 환자들에게는 조건부 퇴원이 훨씬 더 널리 사용된다. 가장 잘 알려진 예는 연구를 통해 미래의 범죄 행동을 감소시키는 데 매우 효율이 높다고 밝혀진 오리건주의 정신과 안전 검토 위원회Psychiatric Security Review Board다.[73] 메릴랜드주와 일리노이주, 캘리포니아주, 뉴욕주, 워싱턴 D. C.에서도 정신이상 항변으로 무죄를 받은 환자들을 조건부 퇴원시키는 일의 효율에 관한 추가 연구들을 실시했다.[74] 범죄를 저지른 주민에 대해 인구당 가장 많은 수의 조건부 퇴원을 실시하는 주들은 아칸소주, 메릴랜드주, 미주리주다. 이와 대조적으로 아이다호주, 인디애나주, 매사추세츠주, 뉴멕

시코주, 노스캐롤라이나주, 펜실베이니아주, 텍사스주까지 7개 주에서
는 사법환자에 대해 조건부 퇴원을 허용하는 법 자체가 존재하지 않는
다. 이 사안에 관한 더 자세한 정보는 치료 옹호 센터 웹사이트에 있는
2017년 보고서 《치료하거나 반복하거나: 중증 정신질환, 주요 범죄와
지역사회 치료에 대한 주 조사Treat or Repeat: A State Survey of Serious Mental Illness,
Major Crimes and Community Treatment》에서 볼 수 있다.

**5. 외래환자 비자의 치료**outpatient commitment　　외래환자 비자의 치료는
법원이 환자가 지역사회에 남아 있을 수 있는 조건으로 (대개 복약을 포
함한) 치료에 순응할 것을 명령하는 것이다. 이 조건을 위반하면 다시
입원된다. 코네티컷주, 메릴랜드주, 매사추세츠주, 테네시주를 제외한
모든 주에 어떤 형태로든 외래환자 비자의 치료가 존재하지만 이를 실
제로 활용하는 주는 극소수다.[75]

외래환자 비자의 치료가 병원 입원을 줄이는 효과가 있다는 것은
명백하게 증명되었다. 워싱턴 D. C.에서는 외래환자 비자의 치료 이전
에 한 해 1.81회이던 입원 횟수가 0.95회로 줄었다.[76] 오하이오주에서
도 1.5회에서 0.4회로 줄었고,[77] 아이오와주에서는 1.3회에서 0.3회로
줄었다.[78] 노스캐롤라이나주에서 실시한 한 연구에서는 외래환자 비자
의 치료를 통해 1000일 동안 입원 횟수가 3.7회에서 0.7회로 줄었다.[79]
같은 주의 또 다른 연구에서는 "처음에 법원에서 명령한 기간 이후로
도 외래환자 비자의 치료를 이어간 연구 대상자들은 그렇지 않은 대조
군에 비해 재입원이 약 57퍼센트, 입원 일수가 20일 적었다."[80]

지원 치료의 한 형태로서 외래환자 비자의 치료는 치료 순응을 개

선하는 효과도 큰 것으로 드러났다. 노스캐롤라이나주에서는 6개월 동안 비자의 치료 대상자가 아닌 환자들은 66퍼센트가 복약을 거부한 데 비해, 외래환자 비자의 치료 대상자들은 30퍼센트만이 복약을 거부했다.[81] 오하이오주에서는 외래환자 비자의 치료가 한 해 동안 외래환자의 정신과 진료 약속 이행을 5.7회에서 13.0회로, 주간 치료 세션 참석을 23회에서 60회로 증가시켰다.[82] 애리조나주에서는 외래환자 비자의 치료 대상자 중 "71퍼센트가 법원 명령 기간이 끝난 뒤 6개월까지 자발적으로 치료 접촉을 유지했"는데, 이에 비해 비자의 치료 대상이 아닌 경우 치료 접촉을 유지한 이들이 "거의 없었다."[83] 아이오와주에서는 "외래환자 비자의 치료 중인 환자 중 약 80퍼센트에게서 치료 순응이 개선되었다. 비자의 치료 기간이 만료한 후에도 4분의 3은 자발적으로 계속 치료를 받았다."[84]

가장 중요한 점은 외래환자 비자의 치료가 조현병 및 기타 중증 정신질환 환자들의 폭력적인 행동을 감소시킨다는 사실이다. 노스캐롤라이나주에서 법원 명령으로 6개월 이상 비자의 치료를 받은 262명에 대해 무작위 시험을 실시한 연구진은 "그 결과가 충격적"이었다고 표현했다.[85] 구체적으로 "모든 종류의 폭력적 행동에 대한 예측 확률이 48퍼센트에서 24퍼센트로 절반이 줄었는데, 이는 연장된 외래환자 비자의 치료와 정규 외래환자 서비스를 제공한 덕분이었다." 이와 유사하게 뉴욕주에서는 외래환자 지원 치료로 첫 해 동안 '심각한 폭력 행동'이 66퍼센트 감소했다.[86]

외래환자 비자의 치료의 가장 인상적인 결과는 뉴욕주에서 나왔다. 1999년에 뉴욕주는 치료를 받지 않은 남성 조현병 환자에게 살해당한 젊은 여성의 이름을 기려 켄드라 법Kendra's Law이라 불리는 외래환자 비자의 치료법을 시행했다.[87] 2003년에 실시된 켄드라 법의 효과에 관한 연구 논문은 그 법의 적용을 받은 사람들에게서 입원(87퍼센트에서 20퍼센트로)과 복약 비순응(67퍼센트에서 22퍼센트로)이 극적으로 감소했고, 노숙 상태(21퍼센트에서 3퍼센트로)와 체포(30퍼센트에서 5퍼센트로), 수감(21퍼센트에서 3퍼센트로)은 더욱 극적으로 감소했다고 밝혔다. 캘리포니아주에서는 역시 치료받지 않은 남성 조현병 환자에게 살해당한 젊은 여성의 이름을 기려 로라 법Laura's Law이라 불리는 외래환자 비자의 치료법을 시행했다. 그 후 한 카운티를 대상으로 실시한 연구에서 정신질환자들의 입원과 노숙 상태, 체포, 수감이 모두 감소하고, 궁극적으로 카운티의 돈이 절약되었음이 밝혀졌다.

**6. 관리인 제도**　　　관리인 제도conservatorship와 후견인제도guardianship는 법원이 정신적 무능력자로 여기는 개인을 대신해 치료 결정을 내릴 사람을 지정해두는 것이다. 지적장애나 알츠하이머병 같은 중증 신경질환자들에게 가장 흔히 사용되며, 중증 정신질환자들에게 적용하는 빈도는 훨씬 낮다. 캘리포니아주에서 실시된 한 연구에서는 "관리인 제도의 적용을 받은 35명의 환자 중 29명(83퍼센트)이 관리인 제도가 지속되는 동안 안정된 상태를 유지했고, 관리인 적용 기간이 끝난 21명의 환자 중 그 기간 이후로도 안정된 상태를 유지한 이들은 9명(43퍼센트)뿐이었다"고 밝혔다.

**7. 대리 판단**substituted judgment　　　이는 외래환자 비자의 치료 및 관리

인 제도와 밀접한 연관이 있다. 외래환자 비자의 치료법이 없는 매사추세츠주에서는 중증 정신질환이 있는 환자가 약물 치료를 거부할 권리가 있다. 정신건강 전문가는 그런 환자를 법정에 데려갈 수 있고, 만약 법정에서 그 환자가 무능력자라고 판단한다면 대리 판단 기준을 사용해 후견인을 지정하고 환자에게 약물 복용을 명령할 수 있다. 이런 절차를 따라야 했던 환자들을 대상으로 6개월간 실시된 어느 연구에 따르면, 입원이 1.6회에서 0.6회로 줄고, 입원 일수가 113일에서 44일로 줄었다.[88] 제프리 겔러Jeffrey Geller 박사는 대리 판단을 두고 이렇게 말했다. "지난 20년 동안 정신건강법이 가져온 가장 역설적인 결과 중 하나는, 매사추세츠주에서 법원의 치료 명령을 거부할 권리가 지역사회 비자의 치료 명령을 따를 기반이 된 것이다."[89]

**8. "선의의 강요benevolent coercion"**　이는 치료에 순응하지 않는 환자에게 치료를 강요하기 위한 법적 절차를 시행하겠다는 위협을 가리키는 겔러 박사의 표현이다. 그는 자신의 환자들에게 "혈액 내 리튬 수치가 0.5mEq./liter(밀리그램당량/리터)이하로 떨어지면 주립 병원에 비자의 입원을 하게 될 것"이라고 통보했다고 한다.[90] 겔러에 따르면 그러한 '선의의 강요'는 지원 치료의 효과적인 방법 중 하나다. 개인의 진술들을 살펴보면 선의의 강요가 널리 사용되지만 공개적으로 논의되는 일은 드물다는 걸 알 수 있다.

**9. 정신보건 법정**　지난 20년 동안 정신보건 법정은 조현병 및 기타 중증 정신질환자들에게 치료를 강제하는 대중적인 수단이 되었다. 플

로리다주 브로워드 카운티의 한 법정이 1997년에 처음으로 정신보건 법정이 된 것으로 자주 거론되지만, 이전에도 인디애나주 메리언 카운티와 뉴욕주 북부의 한 카운티 같은 다른 여러 장소에도 비슷한 법정이 있어서, 여러 해 동안 그 분야에 해박한 재판관이 경범죄를 저지른 정신질환자들에게 정신보건 센터의 치료를 따르거나 그러지 않겠다면 교도소에 가도록 판결을 내려왔다. 현재는 전국적으로 정신보건 법정이 400군데 이상 존재하며 계속 증가하는 추세다.

정신보건 법정은 한마디로 정신과 의사 대신 재판관이 있는 정신과 외래환자 진료소라고 할 수 있다. 흰 의사 가운 대신 검은 판사 가운으로 대체된 것이다. 이런 법정에 불려오는 모든 정신질환자는 경범죄 혹은 중범죄 혐의로 기소되었기 때문에 판사들은 이들에게 치료 계획을 따르는 것과 감옥에 가는 것 중 선택권을 준다. 당연히 대부분의 환자는 전자를 선택하고, 그 선택은 좋은 결과를 가져온다. 근래의 연구들이 밝힌 바에 따르면 정신보건 법정은 정신질환자들이 다시 체포되는 일을 3분의 1로 줄이고 수감 일수를 절반으로 줄였다고 한다.[91] 여러 연구가 정신보건 법정을 통해 풀려난 후에도 이 법정의 긍정적 효과는 최소한 2년 동안 지속된다는 점을 밝혀냈다. 지속적인 '검은 가운 효과'인 것이다. 한 연구자는 이렇게 요약했다. "정신보건 법정은 폭력과 재범을 줄이는 막강한 힘의 주체가 될 수 있다. 치료 법학의 원칙들을 적용함으로써 사회를 보호하고, 폭력적 행동을 보인 적 있는 정신질환 범법자들의 삶을 개선할 수 있기 때문이다."[92]

우리는 정신보건 법정을 칭송하면서도 동시에 그 본질을 똑바로 인식해야 한다. 구치소와 교도소가 미국의 정신과 입원환자의 수용시설이 된 것처럼(14장 참고), 정신보건 법정들 역시 미국의 정신과 외래환자를 위한 시스템이 되어가고 있다. 미국에서 정신질환자를 보살피는 일이 사실상 의료 부문에서 교정 부분으로 넘어간 것이다. 의료계 관료들이 자기가 할 일을 제대로 하고, 외래환자 비자의 치료와 조건부 퇴원, 관리인 제도 등 적합한 지원 치료 수단들을 제대로 활용한다면 정신보건 법정은 필요하지 않을 것이다.

이렇듯 조현병 환자를 위한 지원 치료는 여러 가지 다른 방법을 선택해 실행할 수 있다. 이런 절차들을 설명하는 출판물들을 보면 대개 한 가지 방법만 사용되는 것처럼 나와 있는데, 사실은 보통 동시에 두 가지 이상이 사용된다. 예를 들어 위스콘신주에서는 적극적 사례 관리인 적극적 지역사회 치료 프로그램PACT을 때로 관리인 제도와 결합해 사용한다. 또한 볼티모어의 PACT에 참여하는 환자 대다수에게는 적극적 사례 관리자와 대리 수령자가 모두 지정된다.[93]

모든 형식의 지원 치료가 일부 조현병 환자들에게 효과가 있는 것처럼 보이기는 하지만, 치료 순응에 대한 유효성이 명확히 입증된 것은 오직 외래환자 비자의 치료뿐이다. 지원 치료의 중요성을 감안할 때 지원 치료의 다양한 형식들에 대한 연구는 놀라울 정도로 적다.

지원 치료를 받는 조현병 환자를 감독하는 사람들이 공통적으로 겪는 문제는 환자가 약을 복용하고 있는지 어떻게 알 수 있냐는 것이다. 7장에서 소개한 장기 지속형 주사제형 항정신병약물이 듣는 환자들에게는 주사제 사용이 효율적이다.

피하에 이식해 몇 달에 걸쳐 약이 서서히 방출되며 의사가 언제든 다시 제거할 수 있는 항정신병약물 캡슐을 개발하기 위한 연구도 진행되고 있다. 또한 주스 등에 타서 복용할 수 있도록 액상으로 된 항정신 병약물도 많으며, 이럴 때 환자가 약을 다 삼키는지 곁에서 지켜볼 수도 있다. 리튬 알약을 복용하는 환자라면 혈액검사로 리튬 수치를 체크해 추적 관찰할 수 있다. 다른 알약이나 캡슐을 복용하는 환자들에게는 리보플라빈riboflavin[94]이나 이소니아지드isoniazid[95] 등을 섞은 약을 처방해, 소변검사를 통해 환자가 약을 복용하고 있는지 확인할 수 있다. 이런 조치들은 결핵 같은 다른 병들에서도 복약순응을 평가하는 데 사용되어왔지만, 아직까지는 조현병 환자의 복약순응을 추적 감시하는 데는 정규적으로 사용되지 않았다.

자신의 병을 인식하지 못하는 조현병 환자들에게 강제 복약은 어떤 영향을 미칠까? 지원 치료를 반대하는 사람들은 그 영향이 너무나 파괴적이어서 환자들에게 영원히 반감을 줄 거라고 주장해왔다. 그러나 여러 연구는 실제로 지원 치료가 대부분의 경우 놀랍도록 순하다는 걸 보여준다. 한 연구에서는 "전해에 약을 복용하는 데 압박감을 느끼거나 강요당하는 느낌을 받았던" 외래환자 27명에게 강제 치료에 대한 감정을 표현해 달라고 요청했다.[96] 27명 가운데 9명은 긍정적 감정, 9명은 복합적 감정을 표현했고, 6명은 아무 느낌이 없다고 말했으며, 3명만 부정적 감정을 나타냈다. 또 다른 연구에서는 정신과 입원 중 강제로 약을 복용했던 환자 30명에게 퇴원 후 그 경험에 관해 질문했다.[97] 돌이켜볼 때 18명은 강제로라도 약을 복용한 것이 잘한 일이었다고 말했고, 9명은 그 의견에 반대했으며, 3명은 잘 모르겠다고 답했다.

그러나 몇몇 정신질환 전문가를 비롯한 일부 사람들은 조현병 환자를 강제로 치료하는 것을 저주받을 짓이라 여긴다. 그들에게 강제 치료는 시민의 자유, 사생활에 대한 개인의 권리, 말과 생각의 자유를 위배하는 일이다. 미국 시민자유연맹American Civil Liberties Union과 워싱턴 D. C.에 있는 베즐런 정신보건법 센터Bazelon Center for Mental Health Law는 비자의 치료를 허용하는 법들을 강경히 반대하며, 몇몇 주에서는 비자의 치료를 실질적으로 불가능하게 만드는 판결들을 이끌어냈다.

의도는 좋지만 오판에 빠진 이 옹호자들이 이해하지 못하는 것은 조현병 환자의 약 절반이 자신의 병을 거의 인식하지 못한다는 사실이다. 그런 환자들이 약물 치료를 거부하는 행위는 비논리적 혹은 비이성적 사고 과정의 한 부분이다. 사생활에 대한 개인의 권리와 뇌 질환의 증상들로부터 자유로울 권리를 반드시 저울질해봐야 한다. 물론 비자의 치료의 남용을 예방하기 위한 안전장치들은 제도 안에 마련해두어야 하며, 이는 국선변호인들과 본인이 정신질환을 겪어본 사람들에게 제도를 감시하게 하는 방식으로 가능하다. 어느 연구자가 명확히 표현한 대로 "병들고 막막해지고 고립될 자유는 자유가 아니다."[98] 환자 개인의 권리는 또한 그들의 가족과 사회 전체의 필요와도 견주어야 한다. 약물 치료를 하지 않을 때는 공격적이거나 폭력적으로 변하는 환자의 경우는 특히 더 그렇다.

조현병 및 기타 중증 정신장애가 있는 다수의 사람을 치료하지 못해서 생기는 결과들에 주의를 집중시키려는 일환으로 1998년 버지니아주 알링턴에 전국적 비영리 단체인 치료 옹호 센터가 설립됐다. 치료 옹호 센터는 개인 기부자와 재단 들의 자금을 지원받아 필요한 경우 지원 치료 이용을 적극 권장하고, 여러 주와 협력해 시대에 뒤떨어진 법률들을 고치고 기존 법률을 더 잘 활용하도록 관료들을 교육하고 있다. 지원 치료라는 사안에만 초점을 맞추는 전국적 단체로는 치료 옹호 센터가 유일하다. 인터넷에서는 www.treatmentadvocacycenter.org에서 접속할 수 있다.

## 공격 및 폭력 행동

공격 행동과 폭력 행동은 조현병 환자의 주요한 문제다. 대부분의 조현병 환자는 위험하지 않고, 조현병 환자들의 폭력 행위는 사회에서 발생하는 전체 폭력 행위에서 아주 작은 부분만을 차지하는 것 역시 사실이다. 그래도 아주 소수지만 위험하며 폭력 행동을 하는 환자들이 있고, 그들은 종종 그 수에 비해 과도할 정도로 높은 비율로 큰 화제가 된다.[+]

이런 사실을 뒷받침하는 증거들이 제시된 것은 약 반세기 전으로 거슬러 올라간다. 전미 정신질환자 가족 연합 소속 가족들을 대상으로 한 2건의 연구는 공격 행동과 폭력 행동의 높은 발생률을 보여주었다. 1986년 조사에서는 38퍼센트의 가족이 "환자인 가족이 집에서 때

---

[+]  아직까지 조현병과 폭력, 범죄율의 관계를 다룬 연구 결과의 일관성은 없다. 일부 연구에서는 범죄율이 낮다고 하고, 일부 연구에서는 높다고 보고한다. 한국에서는 조현병 환자의 범죄율은 낮지만, 강력범죄율은 높다고 보고되어 있다. 과거보다 최근 보고에서 점점 더 조현병 환자의 범죄율이 높아지고 있을 것으로 예상된다. 비자의 입원이 어려워짐에 따라 지역사회에서 생활하는 환자가 많고, 특히 약물 비순응이 관리되지 않기 때문이다. 특히 폭력과의 관계는 조현병 자체보다 알코올이나 마약이 직접적으로 영향을 미친다고 알려져 있다. 가족 내 폭력은 조현병 환자에게서 많이 발생하는데 환자와 밀접하게 접촉하는 사람 대부분이 가족이기 때문이다.

때로 혹은 자주 공격적이거나 파괴적인 모습을 보였다"고 보고했다.[99] 1990년에 1401가족을 대상으로 실시한 전미 정신질환자 가족 연합 조사 결과, 이전 1년 동안 중증 정신질환자의 10.6퍼센트가 다른 사람에게 신체적 해를 입혔고, 12.2퍼센트는 해를 입히겠다고 위협했다.[100]

이런 결과들은 중증 정신질환자들의 공격 및 폭력 행동에 대한 다른 연구들과도 일치한다. 임상심리학자 주디스 G. 랩킨Judith G. Rabkin은 1960년대와 1970년대에 실시한 연구들을 검토해 공공 정신병원에서 퇴원한 환자들의 경우 "그들을 조사한 모든 연구에서 폭력 범죄로 체포되고 유죄판결을 받은 비율이 일반인보다 높은 비율로 나타났다"고 밝혔다.[101] 또 다른 연구에서는 뉴욕시 지하철 선로 앞에서 사람들을 밀어뜨리려 시도하다가 체포된 사람 20명 중 15명이 조현병 환자로 밝혀졌다.[102] 헨리 스테드먼Henry J. Steadman 연구 팀도 정신병원을 퇴원한 환자들을 추적 조사해 "퇴원한 남녀 환자들의 27퍼센트가 퇴원 후 평균 4개월 안에 최소한 한 차례의 폭력 행위를 했다"고 보고했다.[103]

지역사회에 거주하는 정신질환자들에 대한 다른 조사들도 비슷한 결과를 보고해왔다. 브루스 G. 링크Bruce G. Link 연구 팀이 매우 탁월한 방법을 동원해 뉴욕시에서 실시한 한 연구는 이전에 정신과 진료를 받았던 환자가 다른 주민들에 비해 무기를 사용하거나 누군가를 심하게 다치게 하는 비율이 2~3배 높으며, 과도한 폭력을 저지르는 사람은 대부분 정신질환 병세가 가장 심한데도 약물 치료를 하지 않고 있음을 발견했다.[104] 이와 유사하게 국립정신보건원이 5군데를 대상으로 실시한 역학적 집적 영역Epidemiologic Catchment Area, ECA 연구에서는 조현병이 있는 사람들이 정신질환이 없는 사람들에 비해 싸울 때 무기를 사용했다고 답한 비율이 20배 이상이었다.[105] 또한 조현병 환자의 폭력적 행동과 알코올 또는 마약 남용 사이에도 높은 상관관계가 나타났다.

존 모나한John Monahan 교수는 1992년에 이런 연구 다수를 검토한 후 이렇게 결론을 내렸다. "최근에 공개된 데이터들을 충분히 읽어본 결과, 그 데이터는 내가 결코 도달하고 싶지 않았던 한 가지 결론을 제시하고 있었다. 그것은 정신질환자들에게서 나타나는 폭력의 발생률 또는 폭력적인 사람들에게서 나타나는 정신질환의 유병률을 어떤 척도로 측정하든 간에, 또한 그 표본이 수감자나 의료기관에 입원한 환자 중에서 선별한 치료 대상이든 아니면 지역사회에서 무작위로 선별한 사람들이든 간에, 통계에서 얼마나 많은 사회적 요인과 인구학적 요인을 고려했든 간에, 어쨌든 정신질환과 폭력적 행동은 서로 어떤 식으로든 관계가 있어 보인다는 점이다."[106] 피터 마저크Peter Marzuk 박사는 1996년에 그 연구들을 검토하는 사설에서 이렇게 덧붙였다. "지난 10년 동안 폭력과 범죄, 정신질환의 연결성을 보여주는 증거들이 쌓여왔다. 이는 모르는 척 넘어갈 수 없다. 그런 증거는 무시하지 않는 것이 좋다."[107]

근래에도 조현병과 폭력 행동의 관계를 검토한 연구들이 더 추가되었다. 2015년에 그러한 연구들을 요약 정리한 논문은 이렇게 결론지었다. "다양한 진료소와 지역사회 환경에서 조현병 스펙트럼 장애가 있는 환자들의 폭력을 검토한 연구가 최소한 20건이다. 이 연구 문헌들에 대한 한 메타분석 논문은 폭력 위험성의 경우 전체 인구 중 조현병이 없는 사람들에 비해 남성 조현병 환자는 3~5배 더 크고, 여성 조현병 환자는 4~13배 더 크다고 보고했다. 폭력에 살인까지 포함시킬 경우 비율은 상당히 더 높아지며, 초발 정신증 환자들과 대조군 사이의 모든 폭력을 비교한 경우에도 그러하다.”[108]

조현병 및 기타 중증 정신질환이 있는 사람들은 특정 종류의 살인에 대해 과도하게 큰 비율로 책임이 있다. 미국에서 일어나는 모든 살인에 대해서는 약 10퍼센트가 그들의 책임이지만, 모든 대량살상의 약 3분의 1이 그들의 책임이다. 투손의 제러드 로프너Jared Loughner, 빙엄턴의 지벌리 웡Jiverly Wong, 시애틀의 아이작 자모라Issac Zamora, 오로라의 제임스 홈스James Holmes, 워싱턴 네이비 야드의 아론 알렉시스Aaron Alexis, 산타바바라의 엘리엇 로저스Elliot Rodgers 같은 사례처럼 말이다. 중증 정신질환자들이 과도하게 많이 연루된 또 다른 유형의 살인은 가족 살인이다. 2016년에 치료 옹호 센터가 발표한 연구논문 〈카인 기르기: 가족 살인에서 중증 정신질환의 역할Raising Cain: The Role of Serious Mental Illness in Family Homicides〉에 따르면 자녀를 살해한 부모의 50퍼센트, 부모를 살해한 자녀의 67퍼센트가 중증 정신질환, 특히 대부분이 조현병이 있는 사람이다. 이 연구는 치료 옹호 센터 웹사이트에서 찾아볼 수 있다.

미국이 폭력적인 사회라는 점은 강조해야 한다. 그리고 이 넓은 맥락 안에서는 조현병 환자들이 전체 폭력에서 차지하는 부분이 아주 작다. 또한 대부분의 조현병 환자는 공격적이거나 폭력적이지 않다는 점도 다시 한 번 강조한다. 그래도 소수의 조현병 환자들이 공격적이거나 폭력적인 것은 사실이며, 그렇지 않다고 우기는 옛 방식으로는 문제가 사라지지 않을 것이다.

조현병 환자의 공격 및 폭력 행동을 가장 잘 예측할 수 있는 3가지 요인은 알코올 또는 마약 남용, 복약 비순응, 그리고 공격적이거나 폭력적이었던 전력이다. 이런 문제에 직면한 가족들은 임박한 폭력 신호들을 알아차리는 법을 터득하고 그 신호들에 주의를 기울여야 한다. 조현병 환자기 공격적이나 폭력적인 상태가 될 때 가장 좋은 대처법은 침착함을 유지하고(대개는 그냥 듣고, 대답은 침착하고 공감적인 태도로 한다), 물리적 거리를 유지하며, 필요하면 도움을 요청하거나 경찰을 부르는 것이다.

대부분의 공격 및 폭력 행동은 계획을 통해 예방할 수 있다. 과거에 그런 일이 한 번 이상 있었다면, 가족들은 집을 안전한 상태로 만들기 위해 위험 요소를 없애야 하며(예를 들어 날카로운 칼들은 꺼낼 수 없는 곳에 넣고 잠가 둔다), 환자가 복용하고 있는 약이 적합한지 점검을 받아보고, 복약순응을 개선할 수 있는 방법들(예를 들어 외래환자 비자의 치료)을 알아보고, 환자의 자금을 통제함으로써 알코올이나 마약 남용을 줄이도록 노력해야 하고, 공격이나 폭력 행동을 다시 할 경우 정확히 어떤 결과를 맞이하게 될지(예를 들어 더 이상 집에서 사는 것을 허용하지 않겠다는 등) 아주 명확하게 전달해야 한다. 만약 그런 일이 재발한다면 그때는 반드시 계획대로 이행해야 한다.

환자가 공격 또는 폭력 행동을 한 적이 있는 가족은 몹시 통렬한 고통을 느끼며 아주 특별한 종류의 지옥에서 살고 있는 셈이다. 가족 구성원들은 종종 환자를 두려워하는 동시에 그에 대한 안타까움과 연민을 느끼며 그 행동이 비정상적인 뇌 기능의 산물임을 인지하고 있다. 가족들이 필연적으로 느끼는 이런 양가감정은 무시무시할 정도다. 공포와 사랑, 회피와 다가감이 불안정한 채로 나란히 자리 잡고 있다. 나중에 환자가 아무리 다시 좋아지더라도, 아무리 많은 시간이 흐르더라도, 과거의 공격이나 폭력의 기억은 결코 완전히 사라지지 않는다.

**표 10-6. 폭력적으로 변할 가능성이 있는 조현병 환자를 대하는 방법**

- 폭력 전력, 알코올 또는 마약 남용의 병존, 항정신병약물을 복용하지 않는 것이 폭력의 가장 중요한 예측 요인들임을 인식하라.
- 환자의 치료 팀에게 당신의 우려와 환자의 폭력 전력을 알려야 한다. 글로 써서 전달하는 것이 더 효과적이다.
- 환자가 과거에 폭력 행동을 한 적이 있다면, 치료 팀에게 폭력 행동을 줄여주는 것으로 알려진 클로자핀이나 아르바마제핀, 발프로에이트, 베타차단제 등으로 바꾸는 것을 고려하도록 제안하라.
- 잠재적으로 무기가 될 수 있는 모든 것을 없애 집을 철저히 안전한 장소로 만들라. 필요할 때 피난처로 쓸 수 있는 방에 튼튼한 열쇠를 설치하라. 그 방으로 피신할 때는 반드시 전화기를 가지고 있어야 한다.
- 위협을 느낄 때는 침착한 상태와 물리적 거리를 유지하고(환자에게 넓은 공간을 준다), 눈을 똑바로 마주 보지 말고, 공감해주고, 둘 다 동의할 수 있는 무언가를 찾아내라.
- 당신의 위치는 환자와 열린 문 사이에 있어야 하고, 당신이 갇히게 되는 상황을 허용하지 말라.
- 위급할 때 응급 전화를 걸 번호를 저장해두고, 경찰에 전화하는 것을 주저하지 말라. 미심쩍은 상황이라면 전화하라.
- 그런 응급 상황에 대비해 위기 시에 필요한 정보를 담은 문서를 미리 작성해두고 경찰이 도착하면 바로 전달한다. 그 문서에는 환자의 이름, 연령, 진단명, 담당 정신과 의사 또는 진료소와 그 전화번호, 현재 복용 중인 약품, 과거의 폭력 행동에 대한 요약이 포함되어야 한다.

# 체포와 수감

체포되고 수감되는 것은 많은 조현병 환자가 흔히 하는 경험이 되었지만 논의되는 일은 아주 적다. 그것은 정신질환 치료 체계의 실패를 보여주는 또 하나의 서글픈 척도다. 1990년에 무작위로 선별된 전미 정신질환자 가족 연합 회원 1401명을 대상으로 한 연구에서 중증 정신질환이 있는 가족이 이전 5년 사이에 체포된 적이 있는 경우가 20퍼센트, 언제였든 체포된 적이 있는 경우가 40퍼센트라는 결과가 나왔다.[109] 1985년에 로스앤젤레스에서 이전에 정신과 입원환자였던 노숙자들을 대상으로 한 연구는 76퍼센트가 체포된 경험이 있음을 알아냈다. 조현병 환자가 구치소에 가는 것은 정신과 병원에 가는 것만큼이나 거의 그들 삶의 일부가 된 듯하다.

지난 30년 동안 체포된 경험이 있는 조현병 환자 수는 계속해서 증가했다. 2014년에 치료 옹호 센터가 실시한 한 연구는 구치소 재소자의 약 20퍼센트와 주립 교도소 재소자의 15퍼센트가 중증 정신질환이 있다고 보고했다. 구치소와 주립 교도소의 총 재소자 수를 기준으로 계산해보면 이는 미국의 구치소와 주립 교도소에 약 35만 6000명의 중증 정신질환자가 있다는 뜻이다. 또한 이는 주립 정신병원에 남아 있는 정신질환자 수의 10배다.

현재의 상황은 온전한 상태를 유지하기 위해 반드시 필요한 약물 치료와 요양 치료를 받도록 확실히 해두지도 않은 상태에서 수십만 명의 정신질환자를 탈원화한 일의 필연적인 결과다. 이미 1972년에 캘리포니아에서는 정신의학자 마크 에이브럼슨Marc Abramson이 탈원화가 진

행되면서 교도소에 수감된 정신질환자 수가 증가하고 있음을 보여주
는 데이터를 발표했다. 에이브럼슨은 '정신질환의 범죄화'라는 표현을
쓰면서, 상황이 훨씬 더 나빠질 것임을 정확히 예견했다.

1980년대가 되자 정신병원에서 곧바로 교도소로 옮겨간 정신질환
자들의 경로를 추적할 수 있게 되었다. 예를 들어 오하이오주의 콜럼
버스 주립 병원에서 퇴원한 환자 132명에 대한 존 벨처John Belcher의 연
구에서는 조현병, 조울증 또는 중증 우울증이 있는 퇴원 환자의 32퍼
센트가 6개월 안에 체포되었다. 대부분의 경우 체포 이유는 그들이 약
물 치료를 하지 않았기 때문에 병이 재발한 결과 나타난 행동들(예를
들어 "옷을 입지 않고 동네를 돌아다니는 것")이었다.

조현병 환자 대다수는 경범죄 혐의로 체포되며, 그런 경범죄에 해
당하는 행동은 대체로 병을 치료하지 않고 방치한 결과다. 앞에서 말
한 전미 정신질환자 가족 연합 조사에서 체포되었다고 한 20퍼센트 중
에서 "심각한 폭력 행위 또는 기타 중범죄"로 체포된 이들은 2.6퍼센
트에 불과했다. 대부분은 불법침입, 평온 해치기, 재물 손괴, 상점 물건
훔치기, 술에 취해 무질서한 행동하기 등의 혐의로 체포되었다.

대부분의 조현병 환자에게 수감 경험은 '불쾌한' 정도에서 '살아있
는 지옥'까지 그 범위가 넓다. 교도관이나 다른 재소자들에게 놀림을
당하는 것은 문제 중에서도 가장 작은 문제다. 어떤 구치소들은 '정신
질환 재소자'들에게 다른 색깔 수의를 입히기 때문에 쉽게 식별된다.
더욱 심각한 문제로는 폭행, 강간, 자살, 심지어 살인까지 있는데, 이런
모든 사례가 잘 연구되고 기록되어 있다. 구치소는 재소자들에게 규칙
을 따를 것을 요구하지만, 규칙을 따른다는 것은 뇌가 논리적 사고를

할 수 있음을 전제한다. 약을 복용하지 않는 많은 조현병 환자에게 논리적 사고는 불가능한 일이다. 그런 사람들은 모든 사람에게 문제를 일으키는 괴상한 행동들을 한다. 캘리포니아주의 한 신문 기사에 따르면 어느 구치소의 정신질환자 재소자들은 "자기 몸에 대변을 묻힌 다음 변기에서 자기 몸을 물로 내려보내는 방법으로 탈출하려 시도했다."

정신질환이 있는 가족이 체포되고 수감되는 모습을 속수무책으로 지켜봐야 하는 것은 다른 가족들에게도 고통스러운 일이다. 물론 그런 일에는 낙인도 따르지만, 병든 가족이 학대나 폭행을 당할 수도 있음을 아는 것은 더욱 고통스럽다.

그러나 소수지만 그와 정반대에 해당하는 환자들도 있다. 자신의 병을 인식하지 못해서 자발적 치료를 거부하는 조현병 환자에게 정신과 치료를 받게 하는 것은 너무나 어려운 일이지만, 기소된 정신질환자에게는 많은 경우 비자의 치료를 할 수 있기 때문에 공직자나 가족들이 **오직 치료를 받게 만들 수단으로** 환자가 체포당하게 하는 일도 점점 늘어나고 있다. 예를 들어 매사추세츠주에 사는 한 어머니는 이렇게 말했다. "환자가 정신증 상태가 되어 재앙이 일어날 때까지 기다리기보다는 위협이나 재물 손괴를 들어 환자를 고소하는 가족이 많다." 조현병에 걸린 환자를 치료받게 하려고 가족이 그를 고발한다는 것은 우리의 정신의료 시스템이 얼마나 한심한지를 잘 보여주는 현실이다.

# 자살

자살은 미국에서 주요한 죽음의 원인 중 하나이며 근래에 들어 더욱 증가하는 추세다. 국가보건통계청National Center for Health Statistics에 따르면 2016년에는 총 4만 4965명, 즉 하루에 123명이 자살했다. 조현병 환자 중 자살하는 이들의 비율은 5퍼센트로 추산되며, 이는 4장에서 말했듯 조현병 환자의 사망률을 지나치게 높게 만드는 주요 원인이다.[110]+

조현병 환자의 자살 원인 가운데 중요한 것은 우울증인데, 이는 조현병이 없는 사람도 마찬가지다. 대다수 조현병 환자가 병의 과정에서 어느 시점엔가는 심각한 우울증을 경험한다. 정신과 의사들은 이런 사실을 잘 알아서 조현병 환자의 우울증을 경계하고 우울증이 생길 경우 항우울증약으로 적극 치료한다. 우울증은 조현병의 질병 과정 자체에서 생길 수도(즉, 조현병이 뇌 화학에 영향을 미쳐 우울증을 초래할 수도) 있고, 자기 병세의 위중함에 대한 환자의 자각 때문에(즉, 병에 대한 반응으로서) 생길 수도 있으며, 때로는 조현병 치료에 사용하는 약의 부작용으로 생기기도 한다. 또한 조현병 환자의 경우 우울증은 조현병 증상으로 나타날 수 있는 느린 동작(무동증) 및 느린 사고 과정과는 반드시 구별해야 한다.

---

+     국립정신건강센터에서 발간한 《국가 정신건강현황 보고서 2019》에 의하면 2019년 한국은 10만 명당 26.6명, 하루에 37명, 39분마다 1명씩 자살한다. 조현병 환자 중에서는 약 4.9퍼센트 정도가 자살 시도를 한다. 또한 국내 조현병 환자들의 자살과 질병 기간과의 관련성을 본 연구에서는 10년 이상 환자들은 6분의 1, 10년 이하는 4분의 1이 평가 바로 전달에 자살 행동을 한 것으로 나타났다.(류승형 등, 조현병의 질환 단계에 따른 자살 경향성과 정신병리와의 관계, 《대한조현병학회지 2020》:23(1):8-14)

조현병 환자 중 자살하는 이들은 대부분 병에 걸리고 처음 10년 안에 자살한다.[111] 예상할 수 있듯이 그중 약 4분의 3이 남성이다. 자살 위험이 가장 높은 이들은 완화와 재발을 반복하고, 명확한 병식을 갖고 (즉, 자기가 병에 걸렸음을 알) 있으며, 약이 잘 듣지 않고, 사회적으로 고립되어 있으며, 미래에 대한 희망이 전혀 없고, 이전에 삶에서 이룬 성취와 현재의 기능 수준 사이에 크나큰 괴리가 있다. 이런 특징들을 갖고 있으며 **동시에** 우울증 성향도 있는 환자는 자살할 위험이 매우 높다고 생각해야 한다. 가장 흔히 선택되는 자살 시점은 재발 직후에 다시 완화된 기간이다.

또한 조현병 환자들을 적절히 치료하지 못하는 것이 자살 위험성을 높인다는 사실도 데이터를 통해 드러났다. 핀란드에서 자살한 조현병 환자 92명을 대상으로 실시한 한 연구에서는 "피해자의 대다수(78퍼센트)가 질병 활성기에 있었지만, 그중 절반 이상(57퍼센트)이 적합한 신경이완제[항정신병약물] 처방을 받지 않았거나 복용하지 않고" 있었음이 드러났다.[112] 이와 유사하게 자살한 조현병 환자 63명을 대상으로 실시한 벨기에의 한 연구는 "자살군은 대조군에 비해 치료에 응하지 않은 수가 7배였다"고 보고했다.[113]

때로는 조현병 환자가 급성 정신증 단계에서 뜻하지 않게 사고로 자살하는 경우도 있다(예를 들어 자신이 날 수 있다고 생각하거나 환청의 목소리가 시켜서 건물에서 뛰어내릴 수도 있다). 하지만 조현병 환자의 자살은 대부분 의도한 것이며, 많은 경우 당사자가 신중하게 계획한 결과다. 많은 조현병 환자를 치료해본 모든 임상의와 마찬가지로 나 역시 결국 자살을 감행한 환자를 여러 명 보아왔는데, 그런 죽음은 크나큰 슬픔을 안긴다.

그런데 슬픔뿐 아니라 분노까지 일으키는 자살도 있다. 바로 예방할 수 있었던 자살이다. 환자에게 적합하고 충분한 약물 치료를 해주지 않았고, 그런 다음 더 이상 할 수 있는 게 없다고 말한 경우가 이에 해당한다. 또한 환자가 약을 복용하고 약효가 잘 나고 있었는데, 갑자기 다른 의사가 나타나 약 용량을 줄이고, 통찰 지향의 심리치료를 시작해버린 경우도 그렇다. 나도 이렇게 해서 벌어진 자살이 드문 일이라고 말할 수 있으면 좋겠지만, 사실 그렇지 않다. 조현병 환자의 높은 자살률은 부분적으로는 우리의 미흡한, 그러나 환자들로서는 거기에 의지할 수밖에 없는 의료 체계(더 정확히 말해서 무無 체계) 때문이다.

조현병 환자의 가족과 친구 들이 자살 위험을 최소화하기 위해 할 수 있는 일은 무엇일까? 가장 중요한 것은 자살 조짐을 늘 경계해야 한다는 점이며, 우울증이 있고 최근에 재발했다가 회복한 사람은 특히 잘 살펴야 한다. 과거에 자살 시도를 했거나 자살할 것 같은 모습을 보였다면 이는 미래에 다시 시도할 수 있다는 중요한 예측 요인이다. 죄책감이나 무가치함, 미래에 대한 암담함을 표현하거나, 미래를 위한 계획을 세우지 않으려는 태도, 자신의 주변을 정리하는 일(예를 들어 소중히 여기던 물건을 남에게 주거나 유언장을 작성하는 일)은 모두 심각한 자살 의도를 암시하는 경보 신호다.

그럴 때 가족과 친구 들은 **질문해야** 하고 **행동해야** 한다. 그 사람에게 자살할 계획을 세우고 있는지 물어보라(예를 들어 "요즘 네가 계속 우울해하는 것 같아 무척 걱정이 되는구나. 너 혹시 자신을 해할 생각을 하고 있는 거니?"). 어떤 사람들은 자살에 관해 질문하면 그 사람의 머릿속에 자살 생각을 심어줄까봐 질문하기를 꺼린다. 이는 사실이 아니며, 오히려 그 사람은 마침내 자살 생각과 계획에 관해 이야기할 수 있게 되어 안도감을 느끼는 경우가 많다. 자살을 계획하는 사람 대부분은 자살에 복합적인 감정을 느낀다. 자살하는 것에 관해 직접적으로 반박하기보다는 자살하지 말아야 할 이유들을 짚어주는 것이 좋다. 현재 시점에 제시할 수 있는 아주 좋은 이유 하나는 앞으로 몇 년 안에 부작용도 적고 훨씬 잘 듣는 약이 나오리라는 전망이다.

즉각 행동에 나서라. 조현병 환자가 자살에 사용할 수 있는 도구들(예를 들어 총이나 알약)과 무기가 될 만한 것들을 가까운 환경 안에서 치워버려라. 또한 담당 정신과 의사에게 환자의 자살 의도를 반드시 알리고, 우울증을 적극적으로 치료하도록 촉구하라. 구체적으로 의사에게 클로자핀을 써볼 생각인지 물어보라. 클로자핀은 자살 생각을 줄여주는 효과가 있다는 강력한 증거들이 있다. 의사가 행동하기를 내켜하지 않는다면 의사에게 당신의 충고와 권고를 담은 편지를 써서 보내고, 필요하다면 당신이 이 사례에 관해 변호사와 상담했다는 점도 덧붙여라. 그러면 의사도 당신의 의도를 파악할 것이다. 어떤 경우에는 항우울증약의 효과가 나올 때까지 환자의 안전 확보를 위해 비자의 입원이 필요할 수도 있다.

그러나 가족과 친구 들이 최선을 다해 노력해도 기어이 자살을 실행하는 환자들이 있다. 돕기 위해 할 수 있는 최선을 다했다면, 가족과 친구 들은 죄책감을 느끼거나 자신을 비난하지 않는 것이 좋다. 자살은 조현병이 얼마나 큰 비극인지를 알려주는 최종적이고 궁극적인 척도다.

# 11

**환자와 가족은 어떻게 해야
조현병을 이겨낼 수 있을까**

정신이상자의 간병과 관리를 떠맡게 된 가족들이 겪는 비참함은 몸소 지켜보아 그 정도를 충분히 알게 된 사람만이 짐작이라도 할 수 있다. 불행한 한 가족에게 온전한 정신을 되찾아주려고 노력하느라 그들의 평화는 중단되고, 걱정은 몇 배로 늘어나며, 시간은 모조리 녹아들어가고, 재산은 줄어들거나 다 흩어져버린다. (…) 그들이 견뎌야 하는 고통은 친구들을 통해 넓은 범위로 알려지고, 그리하여 한 사람의 병이 간접적으로 마을 전체를 심란하게 만든다.

— 새뮤얼 B. 우드워드Samuel B. Woodward, 1821년[1]

조현병은 엄청나게 많은 실질적 문제를 몰고 온다. 소아마비나 신장병, 암 같은 다른 병들은 환자와 가족에게 감정적 힘과 육체적 힘, 때로는 경제적 힘까지 소진시킬 수 있다. 하지만 뇌에 영향을 미치는 병을 관리하는 데는 보통 사람으로서는 이겨내기 힘든 고통과 노력이 들어간다. 어떤 일을 하든 얼마나 힘들게 노력했든, 그것으로는 충분하지 않다는 느낌이 언제나 남아 있다.

조현병이 그렇게 많은 문제를 초래하는 큰 이유 중 하나는 대부분의 사람이 조현병을 잘 이해하지 못하기 때문이다. 아들 둘을 둔 한 어머니는 이 점을 매우 통렬하게 지적했다. 근육위축증에 걸린 큰아들은 "가는 곳마다 정서적 응원을 받는다. 눈에 보이는 명백한 장애여서 지역사회와 가족, 친구 모두가 마음을 열고 그 아이의 삶이 나아지도록 하기 위해 애를 써준다." 이와 대조적으로 조현병에 걸린 작은 아들은 "모든 이에게 오해를 받는다. 그 아이도 끔찍한 장애가 있지만 그 장애는 눈에 보이지 않는다. 그 애는 건강하고 힘센 젊은이처럼 보인다. (…) 이웃들은 그 아이를 못 본 척한다. (…) 그들은 이해하지 못한다. 모두가 한결같이 그 아이가 사라지기만을 바란다."[2]

## 올바른 태도

조현병 환자와 가족이 조현병에서 살아남기 위해 할 수 있는 가장 중요한 단 하나를 꼽는다면 올바른 태도를 갖는 것이라 말하겠다. 조현병이 몰고 오는 두 개의 괴물, 바로 비난과 수치라는 괴물을 해결하고 나면 올바른 태도는 자연스럽게 생겨난다. 이 두 괴물은 많은 환자 가족 안에서 표면 바로 아래 도사린 채 가족들이 앞으로 나아가는 것을 막고, 가족 간의 관계를 틀어지게 만들고, 책임 전가와 비난, 맞비난이라는 격한 상황으로 몰아넣는다. 비난과 수치는 모든 가족의 발목을 잡고 위협하는 가장 위험한 괴물이다.

5장에서도 분명히 이야기했듯이, 비난과 수치의 감정은 전적으로 불합리한 감정이다. 유년기나 성인기에 대우 받은 방식 때문에 조현병이 발생한다는 것은 전혀 근거 없는 말이다. 조현병은 뇌에 생물학적으로 생기는 병이며, 아동기나 성인기의 인간관계에서 생긴 사건들과는 전혀 무관하다. 그러나 아직도 그런 연관관계가 있다고 믿는 사람이 많으며, 대개 이런 감정은 어떤 정신의료 전문가가 그들에게 했던 (최소한 암시했던) 말에 근거한다. 루이즈 윌슨의《낯선 사람, 나의 아들》에 이 과정이 잘 묘사되어 있다.[3]

> **어머니:** "그러니까 우리가 토니를 저렇게 만들었다는 건가요?"
>
> **정신과 의사:** "이렇게 표현해보죠. 모든 아이, 모든 정신은 태어날 때 빈 서판, 백지입니다. 그 위에 적힌 것은", (여기서 짧고 굵은 손가락을 나를 향해 찌를 듯 뻗는다) "당신들이 거기에 쓴 겁니다."

어떤 결과가 생길지는 충분히 예측할 수 있다. 어머니는 밤마다 조현병을 유발했을 만한 자신의 모든 행동을 떠올리며 뜬 눈으로 지샌다.

당연히 세상 그 어떤 어머니, 아버지, 형제, 자매도 과거에 다른 가족들과의 관계에 대해 아무 후회도 없는 사람은 없다. 결국 우리는 모두 불완전한 인간일 뿐이며, 이따금 질투나 분노, 자기애, 또는 피로 때문에 충동적으로 말하거나 행동할 때가 있다. 그러나 다행히 우리의 정신에는 회복탄력성이 있어서 무작위로 들어오는 타격에도 무너지거나 영원한 손상을 입지 않고 충격을 흡수할 수 있다. 사람들이 조현병을 초래하는 것이 아니다. 단지 조현병을 초래했다며 서로를 비난할 뿐이다.

심지어 환자의 가족들 사이에서만 집안에 조현병을 불러들였다며 서로를 비난하는 것은 아니다. 조현병에 걸린 당사자가 그런 비난을 하는 일도 있다. 제임스 웩슬러James Wechsler의 책《어둠 속에서In a Darkness》를 보면, 웩슬러의 아들이 한 번은 그를 향해 돌아서며 분노에 차서 이렇게 소리친다. "저기요, 아버지. 내가 태어날 때부터 이랬던 건 아니잖아요."[4] 윌슨도《낯선 사람, 나의 아들》에서 아들이 했던 다음의 말을 전해준다.

> "며칠 전 책 한 권을 읽었는데요." 토니가 말했다. "약국에 있던 책이었어요. 거기 서서 처음부터 끝까지 읽었어요."
>
> 우리는 토니의 신랄한 표정에 놀란 채 다음 말을 기다렸다.
>
> "그 책에는 좋은 부모란 어떠해야 하는지 쓰여 있더라고요. 사람들이 (…) 나처럼 되는 건 (…) 그들의 부모가 부모 자격이 없기 때문이라더군요."[5]

병을 두고 서로를 비난하는 것은 조현병의 비극을 몇 배나 더 증폭시킨다. 조현병은 그 자체로 뇌의 만성질환이며, 개인과 가족에게는 불가항력으로 닥쳐온 불행이지만 그래도 대개는 관리할 수 있는 규모의 불행이다. 하지만 가족 구성원들이 그 병의 무게에 비난까지 더한다면, 조현병은 가족 전체를 이루는 구조보다 더 밑으로까지 뿌리를 뻗으며 무한한 규모의 재앙으로 확대된다. 그런 상황에서 비난이 얼마나 큰 고통을 초래하는지는 직접 보지 않고서는 상상도 할 수 없을 정도다.

부모와 가족이 조현병을 일으킨다는 생각이 얼마나 큰 해를 입혔는지 깊이 생각해본 정신의료 전문가는 거의 없다. 특히 의료계의 일원인 정신과 의사들은 자신이 남들에게 해를 입힐 리 없는 존재라고 생각한다. 지금 우리는 그것이 사실이 아님을 알고 있고, 하나의 집단으로서 20세기의 정신과 의사들은 조현병 환자에게 득보다는 해를 더 많이 입혔을지도 모른다. 물론 악의를 갖고 해를 입힌 것은 아니다. 내가 알기로도 실제로 악의가 있다고 표현할 수 있는 정신과 의사는 거의 없다. 오히려 그 해는 조현병에 대해 지배적이었던 정신역학 이론과 가족관계 이론 때문에 의도치 않게 가해진 것이다(5장 참고). 그렇더라도 해를 입혔다는 사실에는 변함이 없다. 이에 관한 글을 쓴 몇 안 되는 전문가인 윌리엄 S. 애플턴William S. Appleton은 전문가들이 발병의 원인을 가족에게 돌리고 비난하는 일에 따르는 바람직하지 못한 결과를 분석했다.

> 나쁜 대우를 받은 가족들은 환자에게 해로운 방식으로 보복한다. 그들은 환자가 일으키는 문제들을 참아줄 의지가 줄어들고, 그를 대하는 행동을 바꾸라는 충고에 잘 협조하지 않으며, 면담할 때 많은 정보를 제공하지 않고, 병원에 잘 찾아오지 않는다.[6]

때때로 자신들이 느끼는 죄책감과 자기비난을 놓지 않으려는 가족들도 있다. 예를 들어 아직 어린아이가 있는 가족에서도 이런 일이 일어날 수 있다. 부모가 자기들의 잘못된 행동 때문에 큰 아이에게 조현병이 발병했다고 믿는다면, 이론상 그 행동을 하지 않으면 작은 아이의 조현병은 예방할 수 있다는 말이 된다. 반면에 모든 증거가 암시하는 대로 조현병이 생물학적으로 발생하는 무작위적 사건이라고 믿는 다면 그들로서는 조현병을 예방할 가망이 전혀 없는 것이다. 이런 가족들에게는 죄책감을 갖는 것이 상황을 통제할 수 있다는 환상을 제공한다. 죄책감을 놓지 않으려는 가족의 또 다른 유형은, 죄책감이 그 가족의 삶의 방식이 된 경우다. 이런 가족에서는 대개 한 명 이상이 장기간 심리치료를 받고 있고, 이들은 죄책감을 낙으로 삼고 있으며, 죄책감에서 허우적거리며 서로를 비난하는 것이 가장 중요한 여가 활동이다. 어느 환자의 어머니가 내게 설명한 것처럼 이런 가족에게서 "죄책감은 끊임없이 솟아나는 화수분이다." 나는 이런 가족에 속한 조현병 환자에게는 가족과 보내는 시간을 최소화하라고 권한다. 그들과 함께하는 것은 병의 경과에도 해롭고, 장애를 딛고 삶을 이어나가는 일에도 해롭기 때문이다.

수치는 비난의 이면이다. 가족들이 어떤 식으로든 자신이 조현병을 초래했다고 믿는다면, 필연적으로 이런 가족은 병에 걸린 가족을 감추고, 이웃들에게 병을 부인하고, 다양한 방식으로 환자와 자신들을 분리하려 한다. 병에 걸린 당사자는 이를 감지하고 그 어느 때보다 더 고립되었다고 느낀다. 이럴 때 환자가 가족에게 분노의 반응을 보이고, 기이한 행동을 통제하려는 노력을 하지 않음으로써 보복하는 것도 드문 일이 아니다. 그런 행동은 가족에게 더 큰 수치심을 안기고, 그 결과 환자가 느끼는 고립과 분노는 더욱 커지며, 수치와 분노의 하강나선이 계속되는 것이다.

뒤에서도 이야기하겠지만 비난과 수치의 문제는 교육으로 해결할 수도 있다. 자신이 병을 초래한 것이 아님을 이해하면 가족들이 느끼던 수치와 비난은 현저히 줄어들고 조현병에 걸린 환자의 삶의 상황도 개선된다. 병에 대한 책임이 누구에게 있다고 생각하는지 모든 가족에게 물어보아야 하고, 병에 걸린 당사자도 가능하면 이 논의에 참가시키는 게 좋다. 이 문제를 솔직히 터놓고 이야기하다 보면 때때로 얼마나 이상한 믿음과 두려움이 묻혀 있었는지 드러난다. 그리고 일단 비난과 수치의 문제를 해결하고 나면, 조현병을 수용하기가 한결 더 쉬워진다. 한 환자는 그것을 이렇게 표현했다.

> 선의의 전문가들이 당신에게 떠안겼던 죄책감을 일단 털어내고 나면 다음 단계는 더 쉬워집니다. 당신이 잘못된 일을 하지 않았고 할 수 있는 최선을 다해왔다면, 전혀 부끄러워할 필요가 없어요. 감추고 있던 사실을 솔직히 밝혀도 됩니다. 이렇게 공개하는 행동이 안겨주는 안도감은 당신에게 계속 나아갈 힘을 줄 것이고, 보이지 않던 곳에 있던 응원해주는 사람들이 나타나기 시작할 거예요.[7]

일단 비난과 수치를 떨치고 나면 올바른 태도는 자연스럽게 생겨난다. 올바른 태도는 조금 떨어져 전체를 볼 줄 아는 감각, 병에 대한 수용, 가족 간의 균형, 현실적인 기대라는 네 요소로 이루어지며 영문 머

**표 11-1. 올바른 태도**

| | |
|---|---|
| • 전체를 볼 줄 아는 감각Sense of perspective | • 병에 대한 수용Acceptance of the illness |
| • 가족 간의 균형Family balance | • 현실적인 기대Expectations that are realistic |

리글자를 따서 SAFE 태도라고 부를 수 있다.

• **전체를 볼 줄 아는 감각**    언뜻 생각하면 조금 떨어져서 전체를 본다는 것은 조현병에 대해서는 할 수 없는 일처럼 여겨진다. 인류가 아는 가장 비극적인 병에 대해 어떻게 전체적 시야를 가질 수 있다는 말인가? 하지만 거리를 두고 전체적으로 볼 줄 아는 감각이 반드시 필요한 이유는 조현병이 그토록 비극적인 병이라는 바로 그 사실 때문이다. 전체적 시야가 없으면 가족들은 금세 완전히 지쳐 떨어져 조현병에 필연적으로 내재한 오르내림에 대처할 회복탄력성을 잃어버린다. 내가 보아왔던 조현병에 가장 성공적으로 대처한 사람들은 전체적인 시야와 부조리함에 대한 이해를 유지한 이들이었다.

전체를 보는 감각이란 무엇을 의미할까? 조현병에 걸린 사람을 보고도 웃어넘기는 것을 뜻하는 건 물론 아니다. 그보다는 그들과 함께 웃는 것이다. 예를 들어 아들이 가을마다 재발해 재입원을 해야 하는 가족이 있는데, 이 가족은 아들이 해마다 핼러윈 호박 장식을 병원에서 만든다는 농담을 주고받는다. 또 어느 가족의 한 여성은 조현병 치료제 부작용에 쓰는 알약인 코젠틴처럼 꾸민 의상을 입고 핼러윈 파티에 갔다.[8] 우리 가족에게 있었던 일을 이야기하면, 언젠가 내가 조현병이 있는 여동생에게 새 정장을 선물로 보냈더니 동생은 이런 답장을 보내왔다. "그 옷은 내가 입었더니 섬뜩하게 보여서 누구 줘버렸어." 조현병 환자에게서는 이런 식의 꾸밈없는 대답을 자주 들을 수 있다. 우리가 익숙해져 있는 사회적 체면치레를 모두 제거해버린 대답, 우리 모두 가끔은 말해버리고 싶지만 대개는 입 밖에 내지 않는 그런 대답

말이다. 이럴 때 조현병에 걸린 사람과 함께 웃을 수 있으면 모두에게 치유가 된다. 그럴 때 화를 내는 건 물론 더 상처가 되지만.

헨리 B. M. 머피Henry B. M. Murphy라는 연구자가 캐나다의 어느 작은 마을에서 조현병 환자들을 대상으로 설문을 실시할 때의 일은 조현병에서 그토록 절실히 필요한 전체를 보는 감각의 가장 좋은 예다.

> 우리의 정보원 중 한 사람은 수치심이나 부끄러움이 더더욱 느껴지지 않는 방식으로 또 다른 환자의 존재를 알게 되었다. 그의 말을 빌리면, 그 일은 내 아내가 그들을 방문했을 때 일어났다. 아내는 거실 소파가 담요로 덮여 있는 것을 보았다. 마치 그 밑에 있는 뭔가를 감추려고 덮어둔 것처럼 말이다. 잠시 후 그들이 함께 차를 마시고 있을 때 담요가 움직였다. 아내가 놀란 것처럼 보였는지 그들은 이렇게 말했다. "아, 그건 그냥 헥터예요. 헥터는 항상 저렇게 자신을 숨긴답니다." 그러고는 아무렇지도 않게 계속 차를 마셨다는 것이다![9]

• **병에 대한 수용** 환자와 가족 모두에게 이것은 올바른 태도를 구성하는 둘째로 중요한 요소다. 수용은 포기를 의미하지 않는다. 오히려 병이 실제로 존재한다는 사실, 병이 그냥 사라지지는 않을 것이라는 사실, 그리고 병이 환자가 할 수 있는 일들에 어느 정도 제약이 되리라는 사실을 인정하는 것이다. 그것은 당신이 바라는 대로가 아니라 있는 그대로 상황을 인정하는 것이다.

표현력이 뛰어난 조현병 환자 에소 리트Esso Leete는 자신의 병을 받아들이는 데서 느꼈던 문제를 다음과 같이 묘사했다. "나의 인생이 될 수도 있었을 어떤 인생, 내가 될 수도 있었을 어떤 존재, 내가 성취했을지도 모를 어떤 일들의 잡힐 듯 잡히지 않는 모습이 늘 유령처럼 나를 따라다녔다."[10] 그러나 일단 수용이 이루어지면 정신질환을 앓던 주디스 봄Judith Baum이 묘사한 것처럼 거대한 짐에서 해방된다. "맑은 햇살이 밝게 빛나고 공기는 쌀쌀한 어느 아침, 마침내 나에게 정신질환이 있다는 사실을 내가 받아들이는 시간이 찾아왔다. 격렬한 혼란과 분노와 눈물로 가득한 시기였다. 그러나 수용과 함께 나는 그 모든 것에서 풀려났다."[11]

어떤 부모들은 자녀의 조현병을 맞닥뜨리면 아주 오랫동안 비탄에 빠져 현실을 받아들이는 것을 매우 어려워한다. 로잘린 카터Rosalynn Carter는 《정신질환이 있는 사람을 돕는다는 것Helping Someone with Mental Illness》이라는 책에서 그런 어머니가 보낸 편지를 인용했다.

> "저는 거의 매일 밤 울다가 잠들었고, 길에서 사람들을 볼 때도 울었어요. 심지어 '기적'의 약이 만들어진다고 해도 스테파니는 여전히 자기 삶의 일부를 잃어버린 뒤일 거라는 생각이 들 때도 울음을 터뜨렸지요. 그 애가 남자아이와 댄스파티에 한 번도 가보지 못할 거라고, 결코 결혼하지도, 엄마가 되지도 못할 것이고, 다른 사람들처럼 삶을 경험하지도 못할 거라고 생각하면서도 울었어요.
> 큰 딸이 자기가 속한 법률회사를 대표해 외국으로 출장을 가게 되었을 때, 침대에 앉아 몸을 앞뒤로 흔들고 있는 스테파니를 보면서도 울었어요. 둘째 딸이 우리 지역 신문에 글을 실었을 때 담배를 피우며 자신의 '목소리'에 귀 기울이고 있는 스테파니를 보면서도 울었습니다."[12]

조현병 환자와 그 가족 중에는 끝까지 병을 받아들이지 못하는 이도 많다. 그들은 해가 가고 또 가도 계속해서 병을 부인하며 병이 존재하지 않는 척하며 산다. 받아들이는 일을 해낼 수 있다면, 모든 이에게 모든 게 훨씬 더 쉬워진다. 한 어머니는 병에 걸린 딸이 자신의 진단을 온전히 인지하고 자신이 그 병에 걸리는 100명 중 바로 그 한 명이라는 것을 깨달았을 때 보였던 반응에 관해 썼다. 딸은 이렇게 말했다. "뭐, 비율이 그렇다면 내가 그 한 명인 모양이네요. 내게는 나의 손을 잡아 주는 너무나 좋은 가족이 있어요. 이 병이 달라붙은 뒤로 내게서 달아나버린 사람들도 있는데 말이죠." 이렇게 비범한 태도는 목표로 삼아야 하지만 실제로 이루기는 너무나 어려운 이상이다. 이런 통찰과 다정한 마음은 정말 흔치 않기 때문이다.[13]

안타깝게도 환자와 가족 모두에게서 더 흔한 것은 분노다. 조현병이 존재하는 세상을 창조한 신을 향한 분노일 수도 있고, 나쁜 패를 돌린 운명에 대한 분노, 병에 걸린 환자에 대한 분노, 병을 유발한 서로에 대한 분노일 수도 있다. 조현병에 걸린 사람 때문에 사회적 활동을 줄일 수밖에 없을 때 표면으로 끓어오르는 희미한 원망부터 마치 금속을 부식시키는 산酸처럼 일상 활동의 표면 아래에서 좀 더 매섭게 흐르는 신랄함까지 분노의 정도는 다양하다. 때로 이런 분노가 밖으로 표현되지 못하고 안으로 방향을 돌리기도 하는데, 그럴 때 겉으로는 우울증처럼 보인다.

이런 가족들을 만날 때마다 나는 그들을 한 달 동안 절에 머물게 하고 싶다는 생각이 든다. 거기서는 삶을 있는 그대로 받아들이는 동양식 수용을 배울 수 있는데, 이는 조현병을 이겨내고 살아남는 데 아주 귀중한 태도. 그러한 받아들임은 조현병을 삶의 커다란 비극들이 자리 잡은 전체 그림 속의 한 요소로 보게 해주고, 그 병이 곪아 들어가며 삶의 가장 중심에 있는 고갱이를 갉아먹는 것을 막아준다. 어느 환자의 어머니가 내게 말했듯이 "슬픔의 새가 당신 머리 위로 날아가는 것을 막을 수는 없지만, 그 새가 당신의 머리칼을 헝클어놓는 것은 막을 수 있다."

• **가족 간의 균형**　조현병을 이겨내기 위한 올바른 태도의 또 하나 중요한 요소는 병든 가족의 필요와 나머지 가족들의 필요를 견주어 경중을 판단할 줄 아는 능력이다. 조현병에 걸린 가족을 위해 이타적으로 모든 것을 희생하는 가족들은 보통 자신이 그 병을 유발했을지도 모른다는 비합리적인 죄책감을 느끼기 때문에 그렇게 한다. 심각한 정신적 장애가 생긴 가족을 집에서 간병하는 것은 하루 24시간을 쏟아야 하는 일인데, 심지어 그 일로 돈을 받는 것도 아니고 인사도 별로 듣지 못한다. 간병인 역할은 대개 어머니가 맡는데, 간병인은 누가 돌볼 것인가? 다른 자녀들의 필요는 어떻게 저울질해야 할까? 때때로 모든 부담에서 벗어나고픈 부모의 욕구는? 조현병 환자를 둔 가족은 환자만을 항상 제일 먼저 생각하지 않아도 괜찮다는 점을 깨닫고, 다른 가족들의 모든 욕구를 침착하고 합리적으로 저울질하는 것이 중요하다. 예를 들어 때로는 환자의 필요가 아니라 가족의 필요 때문에 재입원시켜야 할 때도 있다. 통찰력 있는 정신질환 전문가라면 그러한 가족의 딜레마를 알아차리고 그런 결정을 내리는 가족을 지지해준다.

• **현실적 기대**    한 사람의 미래에 대한 예상을 수정하는 건 쉽지 않지만 반드시 해야 하는 아주 중요한 일이다. 전부터 갖고 있던 예상을 수정하면 많은 경우 곧 이어서 병을 수용하는 일도 가능해지기 때문이다. 환자가 병에 걸리기 전에 비범할 정도로 장래가 촉망되던 사람일수록 그러한 예상을 수정하는 것은 더욱 어렵다. 그런 가족들일수록 그 사람이 언젠가 다시 정상으로 돌아와 예전의 경력을 이어갈 거라는 희망을 해가 가고 또 바뀌어도 계속해서 붙들고 있는 경향이 강하다. 지나치게 비현실적인 계획들을 세우고, 대학이나 성대한 결혼을 위한 돈을 저축하면서 '그 애가 다시 건강해질 때'에 대한 거대한 착각을 가족끼리 공유하며 함께 서로를 속이는 것이다.

이런 착각의 문제는 병든 당사자가 그것이 착각임을 알고 있고, 따라서 자기로서는 불가능한 일을 해내야 하는 상황에 갇혀 버린다는 점이다. 환자가 가족을 만족시키기 위해 할 수 있는 일은 완치되는 것밖에 없는데, 그것은 그가 통제할 수 없는 일이기 때문이다. 몇몇 연구자들은 이런 문제를 감지하고 가족들에게 환자에 대한 기대를 낮추라고 권고해왔다.[14] 그렇게 하면 가족들 자신도 더 행복해진다. 정신의학자 클레어 크리어Clare Creer와 존 윙John Wing은 그런 가족들과 면담을 나누며 다음과 같은 사실을 깨달았다.

몇몇 가족들은 희망을 포기한 것이 역설적으로 자신들의 불행에 대처하는 전환점이 되었다고 했다. 한 어머니는 이렇게 말했다. "일단 희망을 포기하면 그때부터 기운을 차리기 시작합니다. 그 애가 절대 완치되지 않을 것임을 일단 깨닫고 나서야 긴장을 풀 수 있었어요." 이런 가족들은 환자에 대해 갖고 있던 기대와 포부를 낮춘 뒤, 그렇게 한 것이 문제를 처리 가능한 크기로 쪼개는 첫 걸음이었음을 깨달았다.[15]

또 다른 부모는 이렇게 말했다. "가장 밑바닥을 치고 우울의 끝을 겪어 보고 난 뒤에야 할 수 없이 현실을 인정하게 되고 그 문제가 얼마나 거대한 것인지 받아들이게 됩니다. 그러고 나면 너무 높은 희망을 품는 것은 자제하게 되고, 그 희망이 이뤄지지 않아 자신이 실망할 수 있다는 가능성도 열어둘 수 있게 되지요."[16]

그렇다고 가족들이 병든 이에게 아무 기대도 해서는 안 된다는 뜻은 아니다. 조현병 환자의 재활을 위해 부지런히 노력해온 얼마 안 되는 정신과 의사 중 한 사람인 H. 리처드 램H. Richard Lamb이 말했듯, "어떤 사람이 지닌 능력들이 제한적이라는 걸 인정한다고 해서 그에게 아무 기대도 하지 말아야 하는 것은 아니다."[17] 하지만 기대는 현실적이어야 하고 환자의 능력에 부합해야 한다. 소아마비에 걸린 이의 가족이 그 사람의 다리가 완전히 정상으로 돌아올 거라고 기대하지 않는 것처럼, 조현병 환자의 가족도 그의 뇌가 완전히 정상으로 돌아올 거라는 기대는 하지 않는 게 좋다. 정신의학자 윙은 이렇게 썼다.

> **달성할 수 있는** 기준에 맞는 중립적인 (지나치게 감정적이지 않은) 기대가 이상적이다. 이런 원칙은 전문가가 채택하기에도 어려울지 모르지만, 가족과 친척의 입장에서는 그보다 1000배는 더 어렵다. 그래도 우리는 그들의 상당수가 전문가들의 도움 없이도 시행착오를 겪으며 그런 원칙을 받아들이게 된다는 것을 겸허히 인정해야 한다.[18]

기대를 낮추고 나면 병에 걸린 가족과 몇 년 만에 처음으로 많은 걸 공유하고 함께 즐길 수 있게 되는 경우가 많다. 예를 들어 병에 걸리기 전에 뛰어난 플루트 연주자였던 환자가 다시 플루트를 잡고 단순한 곡을 연주하기 시작한다면, 환자와 가족 모두 그 정도의 성취도 크게 기뻐할 수 있게 된다. 이제는 이런 일을, 은연중으로든 노골적으로든 '다시 건강해지면 연주회도 열 수 있어'라는 관점에서 바라보지 않는다. 또는 환자가 처음으로 다시 혼자서 버스를 타거나, 상점에 가거나, 자전거를 탈 수 있게 되었다면 있는 그대로 축하할 수 있다. 뇌가 제대로 기능하지 않는 사람에게는 이런 일도 크나큰 성취다. 소아마비 환자가 걷는 법을 다시 배우는 데서 기쁨을 찾듯이, 조현병 환자와 가족들도 이러한 성취에서 기쁨을 느끼는 법을 배울 필요가 있다. 신경학자 올리버 색스Oliver Sacks는 《아내를 모자로 착각한 남자》에서 뇌가 손상되었고 기형이지만 여전히 삶에서 아름다움을 볼 줄 알았던 리베카의 이야기로 그러한 태도를 잘 표현했다.

> 겉으로 보기에 리베카는 핸디캡과 무능력의 덩어리**였지만** (…) 더 깊은 어느 수준에서는 핸디캡이나 무능력에 대한 감각은 전혀 존재하지 않고, 평온과 완결, 온전한 살아있음의 느낌, 다른 모두와 동등한 깊고 높은 한 영혼만이 존재했다. (…) 리베카가 처음으로 내게 알려준 것처럼 우리는 우리 환자들의 결함에만 너무 많은 주의를 기울이고, 온전하게 남아 있거나 보존되어 있는 것에는 너무 주의를 기울이지 않았다.[19]

# 교육의 중요성

조현병에 대해 더 많이 알게 될수록 조현병에 대한 올바른 태도를 갖기가 더욱더 쉬워진다. 공공보건 분석가 에드 프란셸Ed Francell이 이를 간단명료하게 표현했다. "소비자와 가족 들에게 내가 충고하는 것은 무엇이든 닥치는 대로 알아보라는 것이다. (…) 알고 있는 정보가 많을수록 그 병을 전체적 맥락에서 더 잘 파악할 수 있다."[20]+

조현병에 관한 교육은 환자와 가족 들을 위한 지역의 지원 단체들에서 많이 이루어진다. 전미 정신질환자 가족 연합이 후원하고 전국에서 매월 또는 격월로 모임을 여는 지역 단체들, 그리고 캐나다 조현병 협회Schizophrenia Society of Canada가 후원하는 캐나다의 유사 단체들이 대표적이다. 이런 단체는 조현병 환자와 가족 들이 조현병에 관해 배우고 조현병을 이겨내는 방법을 서로에게서 배울 수 있는 장을 제공한다.

더 공식적인 수준에서는 심리학자 조이스 벌랜드Joyce Burland와 전미 정신질환자 가족 연합 버몬트 지부가 개발한 12주 동안의 '가족 대 가족' 교육과정이 성공적으로 진행되어왔다.[21] 전미 정신질환자 가족 연합의 후원을 받은 이 과정에는 49개 주에서 300명 이상의 가족이 참여해 교육을 받았다. 커리큘럼은 스페인어와 이탈리아어, 표준 중국어, 베트남어, 아랍어로 번역되었고, 해마다 업데이트되는 250쪽짜리 교재로 구성된다. 가족 대 가족 교육과정은 가족들의 스트레스를 줄이고 문제해결력을 향상시키는 것으로 평가되었다.

+     한국에도 국립정신건강센터에서 만든 패밀리링크FamilyLink라는 교육 프로그램이 있다.

# 환자의 생존 전략

조현병 환자에게 병을 이기고 살아남는다는 것은 대체로 아주 힘겨운 과제다. 그러나 최근에는 직접 겪어본 환자와 정신질환 전문가 들이 많은 방법을 제안하고 있고, 이런 제안들이 병을 더 쉽게 이겨내는 데 도움이 될 것이다.

대부분의 조현병 환자는 매일 정해진 일과와 예측할 수 있는 스케줄이 있을 때 지내기가 더 수월하다. 스트레스를 예상하고 놀랄 일은 최소화할 수 있기 때문이다. 조현병 환자 에소 리트는 이렇게 썼다. "나에게는 통제된 환경이 아주 중요한데, 아마도 내 뇌가 항상 모든 걸 처리할 수 있는 상태는 아니기 때문인 것 같다. 목록을 작성하면 내 생각을 정리할 수 있다."[22]

자신의 병을 성공적으로 관리하는 환자들은 대부분 특정한 계획을 세워두고 있다. 구체적인 스트레스 요인들이 나타나면 그것을 알아차리고 대처하는 방법도 미리 계획해둔다. 예를 들어 리트는 "내가 스트레스 받을 때 알아차리기, 스트레스 원인 밝혀내기, 같거나 비슷한 상황에서 어떤 행동이 도움이 되었는지 과거 경험에서 기억해내기, 그 행동을 실행하기"의 4단계로 된 접근법을 마련해두었다.[23] 스트레스를 받을 때 해야 할 일을 목록으로 작성하고 그 종이를 항상 지갑이나 가방에 넣어두는 것도 유용한 방법이다.

조현병 환자들의 전반적인 대처 전략은 운동, 좋은 식습관, 취미생활로 구성된다. 조현병 환자의 운동에 관한 한 연구에 따르면 운동은 환자의 수면 패턴을 개선하고 자존감을 향상시키며 환청을 감소시킨다.[24] 환청에 대처하는 또 다른 방법으로 7장에서 다룬 인지행동치료가 있고, 환자 스스로 고안해낸 다양한 방법이 있는데 11장 참고문헌 목록에 있는 도로시 카터Dorothy Carter 연구 팀의 논문 〈환청에 대처하는 환자들의 전략Patients' Strategies for Coping with Auditory Hallucinations〉에 잘 요약되어 있다.

다른 특정 증상에 대처하는 다양하고 창의적인 전략들도 있다. 리트는 항상 "문을 정면으로 볼 수 있으며, 가능하면 내 등을 다른 사람들에게 보이지 않고 벽 쪽으로 둘 수 있는 자리"를 선택하고, "내가 동행하는 사람들에게 누구를 방문하는지, 어디로 가는지 등의 질문을 함으로써" 편집증 증상을 최소화한다.[25] 2017년에는 〈조현병 진단을 받았지만 직업적으로 높은 성취를 이룬 사람들이 증상을 관리하는 방식How Occupationally High-Achieving Individuals with a Diagnosis of Schizophrenia Manage Their Symptoms〉이라는 유용한 논문이 발표되었다(11장 추천 참고문헌 참조). 이 논문에 실린 환자 16명의 대처전략 중에는 스트레스 심한 상황 피하기, 사회적 지지 네트워크 만들기, 약물 치료, 구체적 대처전략 실행하기, 영적인 활동에 참여하기, 일이나 교육에서 의미 찾기 등이 있다.

조현병 환자가 병을 이겨내기 위해 할 수 있는 아주 중요한 일 하나는 자조단체에 가입하는 것이다. 단, 환청 네트워크와 연계된 단체들은 안 된다(8장 참고). 그런 단체들로는 회복 법인Recovery Inc., 그로우GROW, 익명의 조현병 환자들Schizophrenics Anonymous, 우리 힘으로On Our Own, 정신증에서 해방되기Psychosis Free 등이 있다. 이런 단체들은 지지와 교육, 그리고 한 환자가 표현했듯이 "그냥 나 자신이 될 수 있는" 장소를 제공한다. 예를 들어 1985년에 미시간주에서 조앤 버배닉Joanne

Verbanic이 세운 단체인 '익명의 조현병 환자들'은 "조현병과 그와 관련된 장애에서 회복하려고 노력하는 사람들을 위해 동료애를 느끼게 하고 교육하며 존엄과 목적의식을 되찾는 걸 돕기" 위해 만들어졌다.[26] 이 단체의 지부는 현재 160군데가 넘는다(www.sardaa.org).

최근에 조현병 환자들과 관련해 전개된 가장 흥미진진한 일은 그들이 정신의료 서비스에서 역할을 담당하는 일이 점점 늘어나고 있는 점이다. 그들은 여러 지역사회에서 정신질환자들을 위한 쉼터의 일종인 드롭인 센터drop-in center를 운영하고 있다. 샌프란시스코에서는 그들이 교육을 받은 뒤 고용되어 입원환자 병동에서 '동료 상담사'로 활동한다.[27] 캘리포니아주 샌머테이오 카운티에서는 고용된 '동료 상담사들'이 에이즈에 관한 교육을 하고, 정신병원에서 나와 아파트에서 거주하는 다른 환자들을 지원하는 일을 한다. 덴버에서는 6개월 과정의 사례 관리자 교육을 받은 조현병 환자들이 주의 지역 정신건강센터에서 사례 관리자로서 중요한 역할을 담당하고 있다.[28] 덴버의 소비자 제공자 프로그램은 텍사스주와 워싱턴주, 매사추세츠주에서도 따라하고 있으며, 정신의료 서비스의 미래를 향한 하나의 조류를 대표한다고 볼 수 있다.

그러나 안타깝게도 자조단체와 동료 상담사, 소비자 제공자 프로그램의 확산은 필요한 수준에 비해 너무 느리게 진행되고 있다. 큰 이유 중 하나는 15장에서 다룰 '소비자 생존자' 운동 때문이다. 규모는 작지만 매우 강력한 목소리를 내는 이 '소비자 생존자' 단체들은 조현병 환자들에게 약 복용을 그만두라고 부추기고, 일부는 심지어 뇌 질환의 하나로서 조현병이 존재한다는 사실 자체도 부인한다. 이 단체는 많은 환자 가족과 정신의료 서비스 제공 기관에게서 훨씬 큰 존경을 받는 다른 더 큰 규모의 운동에 대한 신뢰를 무너뜨리는 활동을 해왔다.

환자에게 매우 중요한 생존 전략 중 하나는 약에 관해 정통한 지식을 갖추는 것이다. 자신이 사용하고 있는 약들에 관해 최대한 잘 알 수 있을 때까지, 혹은 담당 의사보다 더 잘 알 때까지 그 약을 공부하라. 실제로 약에 정통한 환자가 되려는 목적 중 하나는 담당 의사가 모르는 무언가를 (정중하게) 말해주기 위한 것이다. 약에 정통한 환자가 되는 둘째 단계는 자신이 사용한 모든 약과 복용 기간, 용량, 부작용을 목록으로 만들어 항상 기록하는 것이다. 지속적으로 업데이트되는 이 목록을 질병 과정에서 새로운 담당 정신과 의사를 만나게 될 때마다 그들에게 제공하는 것이 좋다. 정신과 의사를 3개월에 한 번 겨우 15분 동안만 만나는 경우라면, 환자가 사용하는 약물과 부작용 목록을 제공하는 것이 의사에게도 도움이 된다. 그들이 제한된 시간 안에 중요한 사안들에 초점을 맞추는 데 도움을 주기 때문이다. 특정한 약을 복용할 때 매우 나쁜 결과가 생기는 환자들이나, 잠재적으로 심각한 상호 작용을 일으킬 수 있는 약물들(예를 들어 클로자핀과 벤조디아제핀)을 함께 복용하는 환자들은, 만약 의식을 잃거나 정신증 상태에 빠졌을 때 안 맞는 약을 투약 받지 않도록 항상 손목에 '의료 경계Medical Alert' 팔찌를 착용하고 있는 것이 좋다.

약에 정통한 환자가 되는 마지막 단계는 환자가 할 수 있기를 바라지만 병 때문에 하지 못하는 일들의 목록을 만드는 것이다. 한 마디로 약을 복용하고 기타 회복과 재활 활동에 참여함으로써 환자가 이루고 싶은 목표들을 적어두는 것이다. 이 목록은 환자가 약을 복용하는 **이유**

가 무엇이고, 증상을 완화해줄 수도 있을 새로운 약이 나왔을 때 그 신약을 기꺼이 시도해보려는 **이유**가 무엇인지를 상기시켜준다. 물론 병에 걸리기 전 환자가 지니고 있는 능력들에 부합하는 현실적인 일들의 목록이어야 한다(예를 들어 책을 읽을 수 있게 되는 것, 사람이 많은 방에 들어가도 공황에 사로잡히지 않는 것, 최소한 시간제로라도 직업을 갖는 것, 남자친구를 사귀는 것 등). 피아노를 한 번도 연주해본 일 없는 사람이 '콘서트 피아니스트'가 되는 것 같은 항목을 써서는 안 된다는 말이다.

## 가족의 생존 전략

근래에는 조현병에 걸린 이와 함께 생활하는 가족들이 겪는 부담에 관한 연구들이 쏟아져 나왔다. 한 리뷰 논문은 1990년대에 발표된 17건을 포함해 이러한 연구 28건을 검토했다.[29] 이 연구들은 가족 구성원들에게 개인 시간이 사라지고, 가까운 인간관계가 감소하며, 건강이 나빠지고, 집에 있기 위해 일을 그만둬야 해서 재정이 악화되는 상황들을 기술했다. 가족에게는 환자의 사례 관리자이자 심리치료사, 간호사, 집주인, 요리사, 청소부, 금융 담당자, 규율 담당자, 가장 친한 친구의 역할이 요구된다. 이렇게 다 감당하지 못할 정도로 다양한 임무가 가족에게 떨어진 것은 비교적 새롭게 일어난 현상이다. 1960년대 이전에는 대부분의 조현병 환자가 최소한 간헐적으로라도 병원에 입원해 있었기 때문이다. 이런 상황에서 가족들이 필연적으로 느끼는 좌절감을 한 어머니가 다음과 같이 표현했다.

때로는 내가 사회 생활 관리자인 것처럼 느껴진다. 딸이 하면 고무될 만한 일들과 딸이 방문할 장소들을 생각해내는 것은 나의 임무다. 외출을 계획하고 차로 태워다주고 붙임성 있는 길동무가 되어준다. 캐리의 삶에서 내가 맡은 역할이 싫다는 건 아니지만 솔직히 답답하고 좌절감이 드는 게 사실이다. 나에게도 되찾고 싶은 나의 인생이 있고, 캐리가 스스로 자신을 책임질 수 있다면 나는 기꺼이 그 애에게 맡길 준비가 되어 있다.[30]

2018년 조현병과 조현정동장애 환자들을 보살피는 간병인 1142명을 대상으로 실시한 온라인 설문으로 그들이 간병인으로서 매우 강도 높은 괴로움과 부담을 느끼고 있음이 확인되었고, 특히 약물 복용을 모니터링하는 일과 사회적 지원의 부족과 관련된 문제들이 부각되었다.[31] 이런 가족들에게는 간병 활동에 관한 정신의료 전문가 지원이 필요하지만, 대개는 받지 못한다. 환자 가족과 전문가 들로 이루어진 오스트레일리아의 한 단체는 이런 지원을 개선하기 위한 노력의 일환으로 전문가 훈련 프로그램을 만들었다.[32] 미국에서는 캘리포니아주 리버사이드 카운티 정신보건국이 가족들을 지원하고 전문가들을 훈련하기 위한 '가족 옹호자family advocate'라는 직위를 만들었고, 이 아이디어는 주 내 다른 카운티들로도 확산되었다.

조현병에 걸린 가족이 집에서 살고 있든 아니든, 환자의 가족은 몇 가지 기본 질문에 직면하게 된다. 자주 받는 질문은 조현병에 걸린 가족에게 나머지 가족이 어떻게 행동해야 하느냐는 것이다. 일반적으로 환자와 가장 잘 지내는 가족은 그들을 가장 자연스럽게 대하는 사람이다. 이는 정신병원에서 간호를 담당하는 직원들만 보아도 확인할 수 있다. 전문가와 환자 모두에게서 가장 존경받는 직원은 환자를 뇌 질환이 있어도 여전히 존엄한 존재로 대하는 사람이다. 가장 존경받지 못하는 직원은 환자를 내려다보는 태도로 대하며 그들의 열등한 위치를 자주 상기시키는 사람이다. 이러는 이유는 대개 그 직원들이 조현병을 이해하지 못하거나 그 병을 두려워하기 때문이다. 그렇다면 "조현병에 걸린 사람에게 어떻게 행동해야 하나요?"라는 질문에 대한 답은 간단하다. 바로 '친절하게'다.

그러나 이 외에도 조현병이 지닌 어떤 양상들 때문에 환자를 대하는 태도를 어느 정도 수정해야 할 때도 있다. 이런 수정은 1장에서 이야기한 뇌 손상의 성격과 조현병 증상들을 생각해보면 곧바로 예측할 수 있다. 조현병 환자에게는 모든 종류의 감각 입력을 처리하는 일이 매우 어렵고, 특히 감각 자극이 동시에 두 가지 이상 생겼을 때는 더욱 그렇다. 이런 점을 항상 염두에 둔다면 환자에게 어떻게 행동해야 할지 더 쉽게 판단할 수 있다.

이를테면 의사전달을 더 간략하고 간명하고 명확하게 하는 것이다. 어느 환자 가족은 이렇게 설명했다. "그 사람을 쳐다보고, 짧고 명료하게 어른스럽게 말하세요. (…) 분명하고 실질적이어야 합니다. (…) 한 번에 한 가지 지시사항만 말하고 선택해야 할 거리는 덧붙이지 마세요."[33]

또 다른 어머니는 자신이 조현병 환자인 성인 아들과 의사소통하는 방식을 이렇게 묘사했다.

우리 아들은 자기 주변의 모든 자극을 처리하는 일을 어려워하는 것 같았어요. 대답도 천천히 했고, "내게 다가오는 모든 것"이 처리하기가 어렵다고 말하더군요. 그럴 때 아들에게 단순한 문장으로 천천히 말하는 일이 중요했어요. 요구할 게 있으면 한 번에 한 가지만 말했어요. 복잡하지 않게 하는 것이 아주 중요해요. 강렬한 감정이 끼어들면 아들은 내가 하는 말을 처리하는 걸 더욱 어려워했어요. 내가 아무리 조급한 마음이 들더라도 절대로 아들을 성급하게 몰아대면 안 되었어요. 인내가 절대적으로 필요한 일이죠.

때로 요청을 할 때는 메모를 남기거나 전화로 말하는 것이 얼굴을 보고 말하는 것보다 더 잘 통할 때가 있어요. 이유는 나도 모르겠어요. 어떤 때는 나의 존재 자체가 아들에게 과도한 자극을 안기는 것 같기도 했고요.

조현병이 있는 사람에게는 한 번에 한 가지만 질문하세요. "얘야, 좋은 시간 보냈니? 누구랑 함께 갔었어?" 이런 질문은 정상적인 사람에게는 두 가지라도 단순명료한 질문으로 여겨지지만, 조현병 환자에게는 압도당하는 느낌을 줄 수 있어요.[34]

또한 조현병 환자를 망상적 믿음에서 벗어나게 하려고 언쟁을 벌이는 일 역시 역효과만 일으킨다. 그런 시도는 정신의학자 윙의 다음 설명처럼 오해와 분노로 끝나는 경우가 많다.

환자들에게는 갑작스럽게 비합리적인 공포가 생겨나기도 한다. 예를 들어 집안의 어느 방을 두려워하게 될 수 있다. 가족들에게 공포의 이유를 말해줄지도 모른다. '그 방에서는 독가스가 새어 나온다'거나 '그 방 침대 밑에 뱀들이 있다'고 말이다. 처음에 이런 말을 들은 가족은 황당해 한다. 어떤 가족들은 아무리 논리적으로 설득하려 해도 환자가 그 생각을 절대로 놓지 않아서 너무 답답해하다가 결국에는 화를 터뜨리고 말았다고 털어놓기도 했다. 그러나 그런 행동은 환자를 몹시 화나게 만들 뿐이었고, 그러든 말든 그 생각은 여전히 가장 굳건한 확신으로 이어졌다.[35]

환자와 언쟁을 벌이기보다는 그냥 동의하지 않는다는 말만 하라. 환자에게 이의를 제기하거나 자극하지 않으면서도 그렇게 할 수 있다. 그러니까 "그 방 침대 밑에 뱀들이 있다"는 말에 대한 분별 있는 반응은 단정적으로 "그 방에는 뱀이 없어"가 아니라 "네가 거기 뱀이 있다고 믿는다는 건 알지만, 내 눈에는 뱀이 한 마리도 보이지 않고 거기 뱀이 있다는 생각도 들지 않아"라고 대답하는 것이다. 환자는 그럴 이유가 있기 때문에 거기 뱀이 있다고 믿는다. 아마도 소리를 들었거나 보았기 때문일 것이다. 대개는 가족들이 환자의 감각적 경험의 유효성을 인정해주는 것이 도움이 된다. 그 경험에 대한 그들의 해석은 받아들이지 않더라도 말이다. 이를테면 이런 식으로 말할 수 있다. "너는 거기 뱀이 있다고 믿을 만한 이유가 있어서 그렇게 믿는 걸 거야. 하지만 나는 그 이유가 병 때문에 네 뇌가 너에게 장난을 치고 있어서라고 생각해."

환자의 가족과 친구 들은 종종 빈정대거나 농담하는 투로 환자의 망상적 믿음을 바로잡아주고 싶어 한다. 예를 들어 뱀에 관한 말에 이렇게 대답하는 것이다. "아, 맞아, 나도 거기서 뱀 봤는데. 그런데 부엌에 있는 방울뱀도 봤어?" 이런 식의 말은 전혀 유용하지도 않고 오히려 환자를 몹시 혼란스럽게 만들 뿐이며, 나아가 그들의 망상적 믿음을 더욱 강화하고 그들이 자신의 경험과 현실을 구분하는 일을 더욱더 어렵게 만든다. 한 환자는 자기 목구멍 안에 쥐가 있다고 믿고서 의사들에게 목구멍 안을 봐달라고 했는데, 의사들은 빈정대면서 쥐가 너무 깊숙한 곳에 있어서 보이지 않는다고 대답했다. 그는 나중에 회복한 뒤 그 일을 회상하면서 이렇게 말했다. "내 목구멍 안에 쥐가 있다는 말을 믿지 않는다고 있는 그대로 말해주었더라면 더 고마웠을 텐데."[36] 새겨들어야 할 좋은 충고다.

조현병 환자의 망상적 사고에 대처하는 또 하나의 유익한 방식은 그런 생각은 사적인 자리에서만 표현하도록 권하는 것이다. 침대 밑에 뱀이 있다는 이야기는 가족, 친구 들과 있는 자리에서는 별 해가 없을 수 있지만, 사람들로 복잡한 엘리베이터 안에서 말하거나 상점 판매원에게 가서 말한다면 그 자리에 있는 모든 사람을 난처하게 만들 수 있다. 이런 문제를 솔직하고 단도직입적으로 이야기하면 대개는 환자들도 잘 알아듣는다. 크리어와 윙이 지적했듯이 "현실적인 목표는 그런 생각들이 환자가 공공장소에서 하는 행동에 미치는 영향을 최소화하려고 노력하는 것이다. 많은 환자가 이를 이해할 수 있고, 혼잣말 같은 이상한 행동이나 생각을 표현하는 것은 사적인 관계의 범위 안에서만 하기로 제한할 수 있다."[37]

조현병 환자와 의사소통하는 일이 어려워지는 이유 중 하나는 그들이 종종 정상적 대화를 주고받지 못하는 상태가 되기 때문이다. "한 환자는 매일 저녁 데이센터*에서 집으로 돌아오면, 이모가 차려준 식사를 말 한 마디 없이 다 먹고 곧바로 자기 방으로 가버린다. (…) 늙고 외로운 이모는 저녁에 잡담이라도 나눌 수 있다면 정말 기뻤을 것이다. 이모는 조카가 의사소통을 전혀 하지 않는 것을 어리둥절하게 여겼다."[38] 이런 환자들은 보통 자기 주변에서 오고가는 대화를 의식하기는 하지만 대화에 참여하지는 못한다. "한 젊은이는 부모가 가족의 일에 관해 대화를 나누는 동안 보통은 아무 말 없이 앉아 있거나 혼잣말만 했다. 그러나 나중에 그의 부모는 아들이 병원 간호사에게 집에서 오고간 대화 내용을 상당히 자주 이야기했다는 사실과 겉보기와는 반대로 오고간 이야기들을 뚜렷이 파악한다는 점을 알게 되었다."[39] 이런 환자들은 대부분 다른 사람이 자기 주변에 있기를 원하면서도 그들과 직접적으로 상호작용하고 싶어 하지는 않는다. "어떤 부인은 조현병 환자인 조카가 자신의 집을 방문하는 걸 좋아한다는 말을 친구에게서 전해 듣고 깜짝 놀랐다. '조카는 우리 집에 오면 의자에 가만히 앉아만 있고 한 마디도 하지 않았기 때문에 우리 집에 오는 걸 좋아할 거라고는 짐작도 못했습니다.'"[40]

조현병이 있는 가족과 소통하려 할 때 겪는 유사한 또 하나의 문제는 감정을 표현하는 능력이 손상되었다는 점이다. 환자들은 가까운 가족에게도 냉담하고 거리감이 느껴지는 방식으로 대하는 경우가 많다. 이러한 감정적 냉담함은 다수의 조현병 환자에게는 상당히 평범한 일

---

\*    한국에서는 데이케어센터라는 이름으로 운영되고 있다. 낮 병원 혹은 지역 정신건강복지 센터로서 낮 시간 동안에 대인 관계 훈련, 인지행동치료 등을 통해 사회복귀를 위한 재활치료를 한다.

이며 그대로 존중해야 한다. 이런 냉담함이 받아들이기 어려울 수는 있겠지만 개인적으로 받아들여 마음까지 상하지는 말아야 한다. 환자가 집에서 기르는 반려동물에게는 더 쉽게 감정을 표현하거나 말로 애정을 표현할 수도 있는데, 때로는 이런 목적에서 개나 고양이를 기르는 것도 좋은 생각이다.

가족들이 공통적으로 겪는 또 하나의 문제는 조현병 환자가 위축되어 있는 상태일 때 그에게 어떻게 행동해야 하느냐는 것이다. 이럴 때는 환자가 사회적 관계를 회피하고 혼자 있고자 하는 욕구를 인정해주는 것이 중요하다. 한 어머니가 나에게 보낸 편지에는 이런 이야기가 적혀 있었다. 병에 걸린 딸과 함께 설거지를 하면서 이런 저런 말을 건네고 있었는데, 딸이 엄마를 쳐다보면서 이렇게 말하더라는 것이다. "엄마, 지금 나 좀 혼자 내버려둬요. 내가 나만의 세계를 즐길 수 있게요."[41] 때로는 위축 상태를 확고한 태도로 고수할 때도 있다. 언젠가 내가 치료하던 한 환자는 한 번에 몇 주씩 연달아 자기 방에만 머물러 있으면서, 밤에만 식사를 하러 나왔다.

이러한 사회적인 위축 상황에서는 어떻게 해야 할지 곤혹스러울 수 있다. 침실에서 나와 사회적인 상호작용을 하라고 고집스럽게 권해야 할까, 아니면 그냥 혼자 내버려둬야 할까? 일반적으로는 그냥 놔두는 게 답이다. 위축이 너무 과도하거나 너무 집요하다면 더욱 심각한 증상의 재발을 예고하는 것일 수도 있으니 담당 정신과 의사에게 진료를 받아보아야 할 것이다. 그러나 대부분의 경우 위축은 환자의 뇌에서 벌어지는 내적인 혼돈에 대처하기 위한 수단이자 적절한 반응이다. 가족들이 잊지 말아야 할 점은 그러한 위축을 자기 개인에 대한 거부로 받아들이지 말아야 한다는 것, 그리고 동시에 환자가 찾을 때는 언제든 곁에 있어야 한다는 것이다. 한 어머니가 한 다음의 말은 이럴 때 유익한 조언이다. "우리 아들의 병세가 급격히 심해질 때 우리가 가장 잘 대처할 수 있는 방식은 심하게 간섭하지 않는 것, 그 애를 자신의 세계에서 빼내 우리의 세계로 데려오려고 너무 노력하지 않는 것, 하지만 그 애가 우리의 도움을 필요로 하고 의사소통을 하려고 시도할 때는 언제나 나서서 그렇게 해주는 것이에요."[42]

사람들과 만나 함께 어울리는 상황에서는 조현병 환자에게서 너무 많은 것을 기대하지 않아야 한다. 그들이 감각 입력들을 온전히 소화하거나 사람들이 말한 내용을 이해하는 데 문제가 있을 수 있음을 기억하자. 집에 손님을 초대하는 일은 가능한 한 횟수와 규모를 줄여 환자에게 가하는 압력을 줄이자. 환자는 대개 한 번에 한 명의 손님에게는 대처할 수 있지만 여러 명이 오면 보통 압도당하는 느낌을 받는다. 마찬가지로 집 밖에서 열리는 단체 모임이나 파티에 데려가는 것도 환자에게는 힘겹고 혼란스러운 경험인 경우가 많다.

즐길 수 있는 여가 활동을 찾기 위한 실험을 해보라. 보통 한 가지 감각 입력 (혹은 한 가지 감각 입력이 위주가 되는) 활동이 가장 성공적이다. 그래서 조현병 환자는 만화영화나 여행 프로그램은 즐기지만 플롯이 있는 드라마는 잘 이해하지 못한다. 야구 경기보다는 권투 경기를 더 선호한다. 서커스나 아이스쇼 같은 시각적으로 화려한 것은 아주 즐겁게 볼 수 있지만 연극은 완전 실패일 가능성이 높다. 물론 이런 면에서도 개인차는 있으니 다양한 가능성들을 탐색해야 한다. 병에 걸리기 전에 좋아했던 일이라고 해서 병에 걸린 후에도 꼭 좋아하는 것은 아니다.

환자 가족들이 공통적으로 자주 빠지는 함정 하나는 환자의 바람직하지 않거나 달갑지 않은 모든 행동의 이유를 모두 병으로 돌리는 것이다. '병의 함정'이라고 부를 만하다. 더러운 양말을 아무데나 던져놓거나 치약 뚜껑을 닫지 않는 일 같은 모든 사소한 결점을 조현병 때문이라고 보는 것이다. 가족들은 모든 인간이 원래 작은 결점들을 갖고 있으며 완벽한 사람은 없다는 점을 상기해야 한다. 모든 것에 대해 조현병을 탓하고 싶은 마음을 내려놓고 지난주에 **자신이** 한 실수가 몇 가지인지 자문해보라. 조현병이 없는 우리도 때때로 상태가 나쁜 날들이 있음을 인정하듯이, 마찬가지 관점에서 조현병이 있는 사람에게도 때때로 상태가 더 나쁜 날이 있음을 인정하라. 우리의 신경화학적, 신경생리학적 시스템이 항상 완벽하게 작동하는 것은 아니므로 우리 모두 그런 날들을 겪을 수밖에 없다. 조현병 환자들에게도 그런 날들을 누릴 특권을 인정하는 것은 상식일 뿐 아니라 당연한 예의다.

무엇보다 동요하지 않는 기술을 쌓아라. 병든 가족이 아무리 기괴한 생각을 꺼내 놓더라도 어떤 생각에도 흔들리지 않을 수 있다는 조용한 확신의 분위기를 발산하라. 그 사람의 환청이 그날 아침 더 악화되었다면, 마치 그의 관절염이 더 악화된 것을 알아차렸을 때와 마찬가지로 그냥 객관적인 사실만을 언급하라. "목소리들이 오늘 너를 더 많이 괴롭히는 걸 보니 안타깝구나." 어느 어머니는 이렇게 말했다. "집에 있는 조현병 환자를 대하면서 배운 교훈 중 가장 언급할 만한 것은 가능한 한 침착한 상태를 유지하려고 노력해야 한다는 것입니다. 동요와 망상을 초래한 건 내가 아니에요. 내가 침착을 유지해야 내 아들도 침착해질 수 있어요. 나는 내면이 크게 요동치고 있을 때도 겉으로는 잘 통제되어 있는 것처럼 행동해요."[43] 19세기 미국의 가장 유명한 정신의학자 중 한 사람인 플리니 얼은 동요하지 않는 태도의 가장 완벽한 예를 제시했다. 얼은 환자 한 사람과 함께 병원 건물 꼭대기에 올라갔던 어느 정신병원장에 관한 이야기를 들려준다.

> 두 사람 앞에 펼쳐진 광활하고 아름다운 광경을 감탄스럽게 바라보다가 잔뜩 흥분한 환자는 갑자기 병원장의 팔을 붙잡고 옥상 가장자리로 그를 밀어가더니 이렇게 소리쳤다. "뛰어내립시다. 그렇게 우리 자신을 불멸의 존재로 만듭시다!" 병원장은 아주 차분하게 대답하며 환자의 주의를 끌었다. "뛰어내리자고요! 그거야 바보도 할 수 있는 일이죠. 우리는 내려가서 뛰어오릅시다!" 이 제안은 환자의 마음에 쏙 들었고, 그렇게 두 사람은 임박한 위험에서 벗어날 수 있었다.[44]

조현병이 있는 가족이 집에서 살고 있는 경우 두 가지가 필수다. 바로 혼자만의 공간과 정해진 구조다. 조현병 환자에게는 자기만의 공간, 위축되었을 때 은신처로 사용할 조용한 장소가 필요하다. 가족들은 여러 가지 방법으로 이 문제를 해결하는데, 뒷마당에 작은 이동주택(트레일러)을 놓아두는 것도 한 방법이다. 정해진 구조는 대부분의 조현병 환자에게 도움이 된다. 요컨대 그들은 규칙적인 식사시간과 집안일, 예측 가능한 하루와 한 주의 반복적 일과가 정해져 있으면 훨씬 더 잘 기능한다. 한 어머니는 이렇게 말했다.

유난히 상태가 나쁜 시기일수록 정해진 구조가 있는 것이 아주 중요하다는 걸 알게 됐어요. 매일 비슷한 일을 정해진 시간에 했고, 요일마다 최대한 일관적으로 유지하는 특징을 만들어두었죠. 이렇게 하는 것이 아들에게 삶이 예측 가능하다는 질서 감각을 부여하고 시간 감각도 확립해주는 것 같았어요.[45]

반복적 일과를 확립하는 일이 중요하지만 동시에 조현병 환자가 때로는 분명한 이유 없이 일과에서 벗어나기도 한다는 점도 알아야 한다. 이는 특히 수면과 식사 일과에 해당한다. 한 아버지는 아들에 대해 이런 불만을 토로했다. "아내가 식사를 준비하면, 갑자기 아들이 먹기 싫다고 하는 겁니다. 그러다 두 시간이 지나서 갑자기 밥을 먹겠다고 하죠."[46] 이런 문제를 해소하는 감탄스러운 해결책은 어느 어머니가 한 다음의 말에서 찾을 수 있다.

다음으로 해줄 실질적인 조언은 갑작스럽게 솟아나는 음식 섭취에 대한 환자의 욕구 부분입니다. 적어도 내 아들의 경우에는 건강한 간식거리를 갖춰두는 것이 아주 중요했어요. 나는 냉장고에 요거트와 치즈, 식은 고기 요리 등을 넣어두고, 식탁 위에 과일을 두고, 선반에 통조림 식품을 갖춰두는 습관이 생겼죠. 이런 것들이 규칙적인 식사보다 더 중요한 것 같더군요. 물론 하루 세 끼 건강한 식사를 하는 것도 도움이 되지만요. 엄격하게 정해진 시간을 지키는 건 중요하지 않아요. 짐이 오후 4시에 통조림 스튜를 데워 먹었다면, 나는 짐이 먹을 준비가 될 때 언제든 데워 먹을 수 있게 식탁 위에 식사를 차려놓아요.[47]

환자가 집에서 살고 있든 아니면 그냥 방문을 했을 때든 가족들에게 필요한 또 한 가지는 용납되는 행동에 대한 분명한 한계를 설정하는 것이다. 여러 주 동안 목욕을 하지 않으면 이는 모든 가족에게 영향을 미친다. (10장에서도 이야기했듯이) 어떤 가족도 공격적 행동이나 위험한 행동(침대에서 담배 피우기 등)을 허용해서는 안 되며, 이런 의사는 명확하고 단호하게 전해야 한다. 그런 행동을 할 때 어떤 응분의 결과를 치러야 하는지 미리 분명히 말해주어야 하고, 그 결과를 실행에 옮겨야 할 필요가 생겼을 때 가족들은 반드시 그 말대로 해야 한다.

많은 가족이 판단하기 어려워하는 또 하나의 문제는 조현병 환자에게 어느 만큼의 독립성과 자율성을 허용해도 되는가다. 이는 청소년기 자녀를 둔 부모들이 직면하는 문제와 유사하다. 일반적인 원칙은 환자 본인이 감당할 수 있는 정도에서 최대한 자율성과 독립을 부여해야 하며, 이는 일련의 점진적 단계를 거쳐야 한다. 예를 들어 자기 혼자서 콘서트장에 갈 수 있다거나 밤늦게까지 밖에서 시간을 보내도 된다고 생각하는 환자에게는 자신이 그럴 준비가 되었음을 증명할 기회를 준다. 정기적으로 상점에 물건을 사러 갔다 오는 일을 제대로 해내고, 낮 동안 가 있는 중간 시설에 혼자서 다닐 수 있고, 마약을 하지 않으며, 공공장소에서 기이한 행동으로 문제를 일으키지 않는다는 점을 환자가 보여주는 것이다. 내가 아는 신중한 가족들은 병든 가족이 지역사회 내에서 처음 혼자서 외출을 시도할 때 어떤 해도 생기지 않도록 보호하기 위해 몰래 뒤를 따르며 지켜보았다. 환자가 더 많은 자율성을 요구할 때는 그 요구를 들어주기 전에 충족해야 할 조건을 가족들이 정해두어야 한다. 예를 들어 환자가 중간 시설에서 집까지 혼자서 가게 해달라고 요청하면, 버스 노선들을 잘 알고 있다는 것을 증명하고, 2주 동안 문 잠그는 일을 잊지 않고 무사히 다녀온 뒤에는 그런 시도를 해볼 수도 있다고 말해주는 것이다.

집안일도 조현병 환자가 더 많은 독립성을 누릴 준비가 되었음을 증명하는 또 하나의 수단이다. 청소, 설거지, 쓰레기 내다버리기, 개에게 먹이 주기, 잡초 제거 등은 모두 환자에게 맡기기 적합한 집안일이다. 어떤 식으로든 스트레스를 주면 증상이 재발할까 두려워 일을 맡기기를 꺼리는 가족들도 있다. 게으른 환자들은 해야 할 일이 있을 때는 항상 병 핑계를 대며 일부러 그런 두려움을 부추기기도 한다. 한 어머니는 이런 상황에서 당연히 치미는 화에 대해 이렇게 말했다. "해야 할 집안일은 산더미 같은데, 사지 멀쩡한 젊은 녀석이 손 하나 까딱하지 않고서 그냥 **앉아** 있는 걸 보면 정말 짜증이 나요."[48] 집안일을 한다고 해서 환자의 병세가 심해지는 것도 아니며, 오히려 중간 시설이나 클럽하우스 프로그램에서는 그런 일들을 많이 하게 만든다. 그런 일은 환자가 더 많은 독립성을 확보하는 이상적인 방법이며, 동시에 당사자의 자존감도 높여준다. 나는 극도로 심각한 정신증 상태의 환자들이 그런 잡다한 일거리들을 아주 훌륭하게 처리하고 일을 해냄으로써 기분 좋아하는 모습을 여러 번 보아왔다.

환자의 돈을 관리하는 것이 가장 어려운 일이 될 수도 있다. 대부분의 환자는 생활 보조금의 일부가 자신들이 개인적으로 쓸 돈으로 할당되어 있다는 사실을 알고 있고, 따라서 그 돈은 자기가 원하는 대로 쓸 권리가 있다고 생각한다. 그러나 그 돈은 의복이나 담배, 음료수 같은 필수품에 쓰는 것임을 상기시켜주어야 한다. 물론 자신의 돈에 대해 전적으로 책임을 지고 별 어려움 없이 돈 관리를 할 수 있는 환자도 있다. 예를 들어 내가 아는 한 환자는 심한 편집형 조현병에 걸려 대부분의 시간을 망상에 시달리고 있었음에도 매달 직접 은행에 가서 일을 처리하고 재산을 관리했다. 예상할 수 있겠지만 그 환자는 의사나 간호사에게 자기에게 돈이 얼마나 있는지 말해주지 않았다. 그러나 돈을 전혀 관리하지 못하는 환자가 훨씬 더 흔하다. 예를 들어 어떤 환자는 누구든 돈을 달라고 요구하기만 하면 갖고 있는 돈을 모조리 다 줘버리는 일을 반복한다. 이런 환자에게는 돈 관리에 대한 자율성을 독립에 필요한 다른 행동들과 연결하면 유용하다. 예를 들어 개인위생과 몸단장을 어려워하는 환자라면, 시키지 않아도 알아서 샤워를 잘하면 매주 원하는 만큼 돈을 더 주겠다고 약속하는 것이다. 집안일을 제대로 해내는 것 역시 환자가 더 큰 재정적 책임을 질 준비가 되었음을 증명하는 또 하나의 방법이 될 수 있다.

독립과 돈 관리 문제가 가족들에게는 또 다른 문제를 일으킬 소지도 있는데, 이는 가족들이 환자가 나아지고 있어도 그 사실을 이해하지 못하기 때문이다. 옷을 입는 것조차 도와줘야 하는 중증 정신증 환자인 가족과 함께 생활해왔다면, 몇 주 뒤에 환자가 혼자서 버스를 타고 외출할 수도 있고 일주일 용돈을 스스로 관리할 수 있게 되었다고 해도 그 사실을 잘 알아차리지 못하는 경우가 많다. 가족들은 두려움을 느끼고 상처를 입기도 하는 과정에서 때로는 변화하는 상황에 대응하고 적응하는 능력이 떨어지기도 하기 때문이다.

앞에서도 이야기했듯이 환자 가족들이 조현병을 이겨내도록 돕는 데는 가족 교육이 대단히 중요하다. 전미 정신질환자 가족 연합이 조직한 지지 모임들이 큰 도움이 된다.

가족들을 위한 마지막 생존 전략은 병에 걸린 가족을 위한 강력한 옹호자가 되는 것이다. 공격적으로 정신의료 체계와 맞붙어 그 체계가 당신의 가족을 위해 제대로 작동하도록 만들라. 대부분의 주에서 정신의료 체계는 완전한 기능장애에 빠져 있어 이 전략은 소심한 사람들에게는 적합하지 않겠지만, 자신의 대담함을 발휘하는 일은 놀랄 만큼 큰 치유 효과를 낼 수도 있다. 2012년에 도리스 풀러Doris Fuller가 딸이 제대로 치료를 받을 수 있도록 해온 자신의 노력에 관한 글을 치료 옹호 센터 웹사이트에 올렸는데, 그 이야기에서 이 전략에 대한 훌륭한 예를 볼 수 있다. 글 제목은 〈뻔뻔한 것이 득이 된다〉다.

> 스물다섯 살인 내 소중한 딸은 주립 병원에 비자의 입원한 지 3개월이 지나, 정신증 상태가 되면 나타나는 악마들에게서 마침내 해방되었고, 3년 사이 세 번째였던 비자의 입원에서 벗어날 준비가 되었어요.
>
> 딸은 이번 재발을 통해 약을 끊는 것이 정말로 위험하다는 사실을 깨달았다고 말했어요. 중증 정신질환이 있는 자녀가 회복 단계에 접어들었을 때 모든 부모가 그렇듯이 나 역시 그 말이 진심이기를 기도하고 있습니다.
>
> 최근의 이 후퇴에서 내가 배운 건 뻔뻔해지는 것이 득이 된다는 사실이에요. 우리 어머니는 늘 내게 남들에게 주제넘게 요구하지 마라, 너무 많은 걸 요구하지 마라, 너무 고집부리지 말라고 훈계하셨죠. 책임자를 찾는 게 맞는 일이냐고요? 당연하죠. 언제나요. 딸이 내게 자기 상태가 어떤지 말하지도 못할 만큼 병세가 심했을 때, 나는 딸의 상태를 알아보려

고 병원에 전화할 때마다 뻔뻔스럽게 근무 중인 사람 중 가장 높은 사람을 연결해달라고 요구했어요. 가장 완전한 답을 갖고 있고, 뭔가 불충분한 것이 있을 때 시정명령을 내릴 위치에 있는 사람은 수간호사라는 걸 알고 있었거든요.

당신이 사는 지역사회에 어떤 서비스들이 있는지 알아두세요. 절대적으로 그래야 합니다. 나는 딸이 입원한 며칠 뒤부터 퇴원 후 주거시설들을 탐색하기 시작했고, 내가 찾은 가장 좋은 시설에 뻔뻔스럽게 주기적으로 전화를 걸고 이메일을 보내 그곳에 관한 정보를 지속적으로 파악하고 나중에 내 딸을 돌보게 될 수도 있을 사람들을 알아가기 시작했죠.

의료 체계를 벗어나서도 뻔뻔한 것이 득이 된다는 걸 알게 됐어요. 우리 딸은 크리스마스와 새해, 밸런타인데이까지 모두 정신병원에서, 그것도 홀로 고립된 채 보냈어요. 완벽한 친절함과 참을성을 갖춘 직원들이 주위에 있어도 그 안에 있는 건 외로운 일이지요. 그래서 나는 페이스북에 딸이 명절 때 우편물 받는 걸 얼마나 좋아하는지 모른다는, 의도가 빤히 보이는 메시지를 올렸답니다. 그러자 딸에게 카드와 편지가 쏟아졌고 그 애는 매우 기뻐했지요. 가족들이 딸에게 무슨 말을 해야 할지 몰라서 한 번도 전화하지 않았다고 하기에 내가 이렇게 말했어요. 그 애의 부분 중 당신이 알아보지 못하는 부분은 무시하고 당신이 알아보는 부분만을 향해 말하라고. 그 부분은 여전히 그 자리에 그대로 있다고. 그랬더니 몇 사람은 전화를 했어요. 내면의 목소리가 너무 괴롭혀서 딸애가 나하고 대화도 나눌 수 없는 지경이었을 때 난 이렇게 말했어요. "그러면 내가 책을 읽어줄게." 전화기를 들고 딸에게 동화책을 읽어주는 내 모습은 한심하게 보였을지도 모르지만, 그래도 우리 두 사람 모두에게 위로가 되어준 일이었어요.

어렸을 때 우리 어머니는 항상 내게 남들에게 주제넘게 요구하지 마라, 너무 많은 걸 요구하지 마라, 고집부리지 말라고 훈계하셨어요. 내가 그럴 때마다 부끄러운 줄 알아야 한다며 꾸짖으셨죠. 내 딸의 안녕이 걸려 있는 일에서 나는 어머니가 하지 말라고 한 일은 다 했어요. 그러면서도 전혀 부끄러워하지 않았답니다. 그렇게 한 것이 효과가 있었으니까요.

## 조현병이 형제자매, 자녀, 배우자에게 미치는 영향

조현병에 관한 대부분의 이야기가 환자의 어머니와 아버지에게 미치는 영향에 초점을 맞추지만, 조현병은 다른 가족에게도 문제가 된다. 형제, 자매, 아들, 딸, 남편, 아내, 숙부, 이모와 고모, 할아버지, 할머니까지 누구든 조현병에 걸린 가족을 돌보는 일에 깊이 관여할 수 있다. 이들 역시 부모와 똑같은 문제를 겪는다. 하지만 부모 외 다른 가족들이 자주 직면하는 문제들도 있다.

**수치심과 부끄러움**     병든 가족이 정신증 증상으로 보이는 행동들은 다른 가족을 몹시 부끄럽게 만들 수 있다. 어머니가 조현병 환자였던 록샌 랜퀘토트Roxanne Lanquetot는 "차라리 고아인 게 나을 거라고 확신하고, 어머니를 감추고 어머니가 존재하지 않는 척하며 어머니의 존재를 부인하려 애썼다."[49] 캐슬린 고든Kathleen Gordon의 병든 어머니는 자녀들을 데리고 "혼잡한 도로가로 가서 우리를 옆에 앉혀 두고 몇 시간 동안이나 지나가는 트럭 수를 세고, 지나간 모든 트럭의 이름을 적었다."[50] 내가 아는 한 젊은 여성은 대학으로 돌아가던 공항에서 정신증 상태에서 노숙을 하고 있던 자기 어머니에게 말 그대로 걸려서 넘어질 뻔했다. 그리고 메그 리버굿Meg Livergood은 마이애미에서 빨간 신호등에 걸려 차를 멈췄다가 조현병 환자이자 노숙자인 언니가 자기 차 앞을 터덜터덜 지나가는 모습을 보았지만 너무 부끄러워서 언니를 부르지도 못했다고 한다.[51] 이런 수치심과 부끄러움을 느낄 때 나타나는 공통 반응 한 가지는 가족의 집에서 가능한 한 멀리 이사하는 것이다.

**분노, 질투, 원망**    조현병에 걸린 사람은 가족에게서 지나치게 많은 양의 에너지와 시간을 앗아가기 때문에 다른 가족 구성원들에게 돌아갈 에너지와 시간이 남지 않는 경우가 많다. 웬디 켈리Wendy Kelly는 언니가 조현병에 걸렸을 때 "남동생과 나는 갑자기 우리를 위한 시간은 하나도 남지 않았다는 걸 느꼈고, 모든 가족이 언니에게 벌어지는 일에 붙들려 있었다"고 회상했다.[52] 아버지가 조현병 환자였던 조디 모잠Jody Mozham은 "친구들이 자기 아버지와 종종 대화를 나누는 것을 지켜보며 부러움을 느꼈다. (…) 내게도 아버지가 있었지만 나는 아버지와 대화를 나누지 못했다."[53] 대학 학자금 같은 가족 자금의 상당량을 아픈 가족의 치료비에 써야만 할 때는 분노와 원망이 더 악화되기도 한다.

**우울과 죄책감**    한 사람이 조현병에 걸리면 다른 가족들은 소중한 관계를 잃을 수도 있다. 애미 브로도프Ami Brodoff는 그러한 상실감을 절절하게 표현했다.

그날, 그리고 그 이전과 이후의 여러 날, 나는 보통은 죽음으로 떠나보낸 가족에게나 느낄 법한 떨쳐지지 않는 상심과 그리움으로 동생의 빈자리를 아파했다. 죽은 사람을 애도하는 것은 고통스러운 일이지만 결국에는 받아들이고 평온을 되찾는 일이 가능하다. 하지만 살아 있는, 바로 눈앞에 있는데도 중요한 여러 측면에서 전혀 닿을 수 없는 존재가 된 가족을 애도하는 일에는 보통의 고통을 뛰어넘는 외롭고 비현실적인 측면이 있다.[54]

아내가 조현병에 걸린 한 남자는 관계의 상실을 이렇게 묘사했다.

나는 25년 동안 내 아내였던 사람을 향한 크나큰 슬픔을 느낀다. 내가 알았던 그 사람은 1985년에 죽었다. 나는 애도하려고 애쓰지만 아내의 몸이 계속해서 내 눈앞에 나타나니 그것도 쉽지 않았다. 그 몸은 아내처럼 보이기는 하지만 아내가 아니다.[55]

그리고 남편이 조현병에 걸린 한 여성은 이렇게 말했다.

내 남편의 조현병은 우리 결혼 생활에서 제3의 구성원이 되었다. 그것은 언제나 우리 곁에 있다. 약을 쓰고 있는데도 우리는 여전히 남편의 편집증과 고립, 매일 같이 나의 전적인 주의를 요하는 그의 필요들을 상대해야 한다.[56]

또한 조현병 환자의 가족들에게는 비행기 사고나 기타 무작위로 닥치는 비극들에서 흔히 볼 수 있는 생존자의 죄책감도 생길 수 있다. 조현병에 걸린 형에게 결혼한다는 소식을 알렸을 때 폴 아로노위츠Paul Aronowitz도 그런 감정을 느꼈다. 형은 사무적인 말투로 이렇게 말했다. "우스워. 너는 결혼을 하는데, 나는 여자친구 한 번 사귀어 본 적 없으니."[57]

**성공에 대한 압박감**　조현병 환자의 형제자매나 자녀들은 최대한 완벽한 존재가 됨으로써 아픈 가족을 벌충하려는 경우가 많다. 정신질환자 부모를 둔 아이들에 대한 연구에서 캐롤 코프먼Caroll Kauffman 연구팀은 환자들의 극도로 유능한 자녀들을 "슈퍼키즈superkids"라고 표현했다.[58]

**병에 걸릴지도 모른다는 공포**　조현병 환자의 형제자매와 자녀들은 본인도 조현병에 걸릴 수 있다는 공포에 늘 시달린다. 어머니가 조현병 환자였던 랜퀘토트의 말처럼 "정신질환에 걸린 어머니와 함께 살며 자라는 일은 내게 큰 압박감과 걱정을 안겼고, 내 자아의식의 발전을 방해했다. 나는 내가 어머니와 비슷하다는 생각, 그러므로 내게도 뭔가 문제가 있으리라는 생각으로 공포에 사로잡혔다."[59]

**원하지 않는 역할을 강제로 맡아야 함**　조현병은 가족의 관계를 바꿔놓으며, 그것도 종종 아주 심층적인 변화를 일으키기도 한다. 마거릿 무어먼Margaret Moorman은《내 언니의 보호자My Sister's Keeper》에서 동생이었던 자신이 언니에게 어머니 같은 존재가 되어야 했던 것이 얼마나 어려운 일이었는지 묘사했다.[60] 배우자가 조현병에 걸린 남편과 아내 들은 많은 경우 환자의 부모 같은 존재가 된다. 모잠은 아버지의 조현병이 어머니에게 입힌 영향에 대해 이렇게 표현했다. "언젠가 어머니는 그 꿈처럼 완벽하던 남자가 아무것도 할 수 없는 병자가 되었음을 깨달았다. 이제 어머니는 더 이상 아내의 역할을 하지 않았고, 대신 아버지의 보호자가 되었다."[61] 부모 모두 조현병 환자였던 고든은 4세 때에 이미 "부모님이 내게 하는 말이나 그들이 하는 행동을 신뢰할 수 없다는 것을 깨달았고" 9세 무렵부터 "집안의 실질적 가장"이었다."[62]

가족 중에 조현병 환자가 있어서 생기는 부담을 조금이라도 덜기 위해 가족들이 할 수 있는 일이 여러 가지 있다. 가장 중요한 것은 교육인데, 언제나 어린아이들에 대한 교육도 포함시켜야 한다. 어린아이들은 어른들이 짐작하는 것보다 훨씬 높은 이해력을 갖고 있다.

조현병 환자 가족이 겪는 문제들을 중점적으로 다룬 여러 논문과 책을 11장 추천 참고문헌 목록에 정리해두었다. 지지 모임들도 큰 도움이 될 수 있으며, 가족과 친지들만을 위한 지지 모임도 있다. 오빠가 조현병 환자인 줄리 존슨Julie Johnson은 환자의 형제자매들을 위한 8단계 치유과정을 만들어 《감춰진 피해자 - 감춰진 치유자Hidden Victims -Hidden Healers》라는 책에서 소개했다.[63] 불가피한 역할 변화를 받아들이는 일은 천천히 이루어지지만 그래도 반드시 필요한 일이다. 형제자매는 언젠가 부모가 세상을 떠난 후에는 병든 형제나 자매에 대한 책임을 어느 정도라도 떠맡게 되는 일이 많기 때문이다.

마지막으로 많은 형제자매, 남편과 아내, 아들과 딸은 가족의 조현병에 대처하는 방법을 배워나가는 과정에서 의료서비스 개선과 더 많은 연구를 촉구하는 옹호자가 되어 전미 정신질환자 가족 연합이나 치료 옹호 센터 같은 단체들과 협력하기도 한다. 옹호 활동은 사실상 병에 걸리지 않은 가족 구성원들이 조현병에 대처하는 가장 유효하고 치유적인 수단 중 하나다. 이에 관한 여러 제안을 15장에서 소개한다. 그래서인지 나를 포함해 조현병 연구자 중에는 가족 중 조현병 환자가 있는 것이 이 분야에서 일하게 된 일차적 이유인 사람이 많다. 또한 내가 아는 정신과 의사, 심리학자, 정신건강 사회복지사, 정신과 간호사 중에도 조현병에 걸린 가족이 있다는 점에서 동기를 얻어 그 일을 하게 된 사람이 많다. 훌륭한 전문가 중에는 이런 사람이 많은 편이다. 마찬가지로 주 입법자 중에서도 가족 중에 조현병 환자가 있는 의원들이 환자 처우에 관한 주의 법률을 개선하기 위한 노력을 주도하고 있다.

## 재발을 최소화하기

　　조현병을 이겨내기 위한 핵심 중 하나는 바로 재발을 최소한으로 줄이는 것이다. 병이 재발할 수 있다는 위협적인 가능성은 조현병 환자와 가족의 머리 위에 항상 그림자처럼 드리워 있다. 평소 행동과 조금만 다른 행동을 보여도 늘 재발을 의심하게 된다. 그 질문은 항상 공중에 떠 있으면서 대개 말로는 표현되지 않고 곁눈질로 의심의 눈초리를 던지게 한다. "이거 또 한 번의 삽화가 시작되고 있는 건가?" "약을 더 복용해야 하는 거 아닐까?" "내가 뭐라도 말을 해야 하는 게 아닐까?" 앞서 〈뻔뻔한 것이 득이 된다〉라는 글을 쓴 풀러는 언젠가 딸을 괴롭히는 악마들이 돌아오기를 기다리는 과정을 이렇게 묘사했다. "내 마음 속에는 나의 희망이 낙관으로 변하는 걸 막는 괴물 같은 보초들 이 계속 도사리고 있다."

10장에서도 이야기했듯이 복약순응도는 조현병 환자가 재발을 최 소화하기 위해 할 수 있는 단 하나의 가장 중요한 일이다. 약을 규칙적 으로 복용하는 환자들은 복약에 간헐적으로만 순응하거나 전혀 순응 하지 않는 이들보다 재발률이 훨씬 더 낮다. 물질 남용 역시 강력한 재 발 예측 요인이다. 장기 지속형 주사제 항정신병약물을 쓰고 있는 조 현병 환자 37명을 대상으로 실시한 연구에서 그중 알코올이나 마약 남 용자들은 다른 이들보다 재발 빈도가 4배나 높았다.[64]

가장 큰 규모의 조현병 재발 연구에서는 환자 145명에게 재발 초기 단계에서 어떤 증상들이 생기는지 물었다.[65] 그들이 가장 많이 보고한 증상은 신경이 바짝 곤두서고 불안해짐, 식이와 수면 문제, 집중하기 어려움, 즐거움 감소, 초조함이었다. 논문 저자 중 한 사람인 마빈 허 츠Marvin Herz는 재발을 예고하는 증상과 신호에 관해 "환자와 가족 모두 를 잘 교육하는 것이 너무나도 중요"하며 "조현병 치료에서는 가족의 참여가 결정적인 요소"라고 결론지었다.[66]

잉글랜드의 막스 버치우드Max Birchwood와 그 동료들은 재발이 임박 했음을 가장 정확히 예측하게 해주는 증상들을 확인하기 위한 여러 연구를 진행했다.[67] 이런 연구들의 결과로 '경고 신호 척도Warning Signals Scale'[68]가 만들어졌는데, 모든 조현병 환자와 가족은 이 척도를 알고 있 어야 한다. 경고 신호 척도는 8개의 질문으로 되어 있으며, 각 질문에 대해 긍정의 답이 나온다면 재발이 임박했음을 의미한다. 많은 경우 환자와 가족 들은 시간이 지나면서 재발을 예고하는 증상과 신호가 무엇인지 알게 된다. 수차례 조현병 삽화를 겪은 한 환자는 자신이 주목하는 신호들이 무엇인지 내게 말해주었다. "주된 전구 증상은 순식간에 짜증과 화가 치솟는 것이고, 밖에 나갔을 때는 보이는 모든 사람이 **누구**를 닮은 건지도 모르면서 아무튼 모두 아는 사람처럼 보이는 거예요." 또 한 환자는 재발의 과정을 4단계에 걸쳐 일어나는 일로 묘사했다.

첫째 단계에서는 내가 나 자신에게도 약간 낯선 존재가 되는 느낌이 든다. 세상이 더 밝고 윤곽선들이 더 예리하고 정확하게 보이며, 내 목소리는 약간 메아리처럼 들린다. 사람들 곁에 있는 것, 그리고 나의 변화하는 느낌들을 사람들에게 알리는 것도 불편해지기 시작한다.

둘째 단계에서는 모든 것이 좀 흐릿하게 보인다. 혼란과 공포, 특히 내게 벌어지고 있는 일을 사람들에게 알리는 것에 대한 공포가 커질수록 그 흐릿함도 더 심해진다. 나는 논리적인 핑계거리를 만들어내려 하고 생활의 세세한 디테일들에 대해 통제력을 발휘하려고 노력하며, 종종 모든 것을 청소하고 정리하고 분류하는 일에 미친 듯이 매달린다. 라디오에서 나오는 노래들이 더 큰 의미를 띠기 시작하고, 사람들이 나를 이상하게 쳐다보고 웃으며 나로서는 이해할 수 없는 미묘한 메시지들을 전달하는 것처럼 느껴진다. 사람들이 내게 하는 행동들을 잘못 해석하기 시작하고, 이 때문에 통제를 상실하고 있다는 공포감이 더 커진다.

셋째 단계에서는 왜 내게 끔찍한 일들이 벌어지고 있는지 이제야 이해할 수 있다고 믿게 된다. 이런 믿음과 함께 시력이 맑아지고 소리의 음량

이 증가하며 다른 사람들의 눈빛에 점점 더 예민해진다. 다음과 같은 생
각들이 사실인지 아닌지 나 자신과 논쟁을 벌인다. "이걸 초래하는 게
FBI인가, 아니면 악마인가? (⋯) 아냐, 그건 미친 생각이야. 사람들은 왜
나를 미치게 만드는 걸까?"

넷째이자 마지막 단계에서 나는 완전한 혼란 상태에 빠져 각양각색의
것들을 보고 듣고 믿게 된다. 더 이상 나의 믿음들을 의심하지 않고, 그
믿음에 따라 행동한다.[69]

조현병 환자마다 재발할 때 각자만의 특정한 패턴을 따르고, 그 패
턴은 재발 때마다 비슷한 편이다. 나는 경험상 환자의 수면 패턴 변화
가 특히 유용한 신호라는 것을 알게 되었고, 그래서 환자들에게 수면
패턴에 관해 자주 질문한다.

어떻게 하면 재발을 최소화할 수 있을까? 첫째로, 모든 조현병 환
자는 자신의 재발 증상을 목록으로 만들어두고, 가족과 친구 들에게
도 알려주는 것이 좋다. 조현병이 있는 사람은 자신에게 재발을 초래
할 수 있는 것들(예를 들어 사회적 상황이 주는 스트레스)이 무엇인지 알아
보려 노력해야 하고, 필요할 때는 그런 것들을 피해야 한다. 예를 들어
상태가 좋을 때는 친구의 결혼식에 참석할 수 있겠지만, 재발의 초기
단계에 있다는 판단이 들면 전화해서 갈 수 없다고 알리는 것이 최선
이다. 혼자 보내는 시간을 더 많이 갖고, 일하는 시간을 줄이며, 운동을
더 많이 하는 것은 모두 조현병 환자가 스트레스를 줄이기 위해 사용
하는 전략들이다.

재발의 가장 흔한 원인 하나는 약을 충분히 복용하지 않는 것임을

**표 11-1. 경고 신호 척도**

이 설문은 지난 2주 동안 당신이 경험한 **새롭거나 악화된** 문제들과 불만들에 관한 것입니다.

| | 예 | 아니오 |
|---|---|---|
| 1. 잠을 편히 잘 수 없고 수면이 불안정하다. | ☐ | ☐ |
| 2. 신경이 곤두서거나 두렵거나 불안정한 느낌이다. | ☐ | ☐ |
| 3. 집중하기가 어렵다. | ☐ | ☐ |
| 4. 짜증스럽고 벌컥 화가 난다. | ☐ | ☐ |
| 5. 일상적 일들과 관심사를 처리하기가 어렵고 대처할 수 없다는 느낌이 든다. | ☐ | ☐ |
| 6. 피곤하거나 기력이 없다. | ☐ | ☐ |
| 7. 우울하거나 기분이 가라앉는다. | ☐ | ☐ |
| 8. 혼란스럽고 어리둥절한 느낌이 든다. | ☐ | ☐ |

항상 명심하자. 그것은 약 복용을 중단했거나 의사가 용량을 줄였기 때문일 수도 있고, 아니면 단지 더 많은 약이 필요한 시점이 되었기 때문일 수도 있다. 재발 초기에 약을 더 쓰면 많은 경우 재발을 막아내고 다시 안정화된 상태로 돌아갈 수 있다. 그렇기 때문에 나는 많은 환자에게 약을 추가로 더 주고 스스로 더 필요하다고 느낄 때 용량을 늘릴 수 있게 한다. 의사들도 어떤 날은 인슐린이 더 많이 필요하고 어떤 날은 덜 필요한 당뇨병 환자들에게 항상 그런 식으로 약을 주는데, 나는 그 원칙이 조현병에서도 유용하다고 생각한다.

물론 이는 모두 조현병 환자가 자신의 병을 잘 인식하고 있어서 재발의 경고 신호들도 잘 파악할 수 있다는 최선의 시나리오를 전제로 할 때의 이야기다. 1장과 10장에서 말했듯이 조현병 환자의 약 절반은 병을 온전히 인식하지 못한다. 이런 경우 재발을 최소화할 수 있는 한 가지 전략은 환자가 심한 정신증 상태에 빠졌을 때의 모습을 비디오로 촬영해 두었다가 병세가 완화되었을 때 본인에게 보여주는 것이다.[70]

마지막으로 조현병은 명백한 이유 없이 재발하거나 완화된다는 점도 기억하자. 이는 다발경화증이나 파킨슨병의 경우도 마찬가지이며, 대부분의 사람은 아무리 피하려고 열심히 노력해도 때때로 재발한다. 이는 조현병의 질병 과정 자체의 한 부분이니 그냥 받아들이는 수밖에 없다. 그러므로 대부분의 조현병 환자는 재발을 줄일 수는 있지만 완전히 예방할 수는 없다.

**12**

# 자주 묻는 질문들

정신병보다 더 큰 두려움을 자아내는 병은 없다. 사람에게 닥칠 수 있는 불행 가운데 이성과 이해력을 박탈당하는 것보다 더 큰 불행이 있겠는가.

— 리처드 미드Richard Mead,《의학의 수칙과 주의할 점들Medical Precepts and Cautions》, 1751년[1]

조현병은 결코 끝나지 않는 영화와 같다. 더욱 나쁜 점은 당신이 그 영화 속 등장인물이라는 것이다. 이제 영화가 끝났다고 생각하는 바로 그 순간 새로운 장면이 새로운 의문들을 몰고 나타난다.

여기 환자와 가족 들이 자주 묻는 질문 몇 가지를 모았다. 그중 많은 질문에는 단순명료한 답이 존재하지 않는다. 조현병 환자마다, 환자의 가족들마다 서로 조금씩 다르기 때문이다.

## 조현병은 기본 성격을 변화시키는가

여러 해 동안 내 여동생을 지켜보고 또 수백 명의 조현병 환자를 치료해온 경험을 바탕으로 나는 조현병 때문에 성격이 변하는 것은 아니라고 생각하는데, 이런 나의 짐작을 확증해줄 과학적 연구는 아직 발견하지 못했다. 언젠가 나는 조현병에 걸린 한 젊은 환자의 증상을 통제하기 위해 몇 가지 항정신병약물을 조합해 사용한 적이 있다. 그런데 환자 가족이 그가 아무리 깨워도 아침에 일어나지 않는다고 불평하면서 다른 약들을 써보라고 강하게 요구했다. 몇 달 동안 그런 시도를 하면서 성공하지 못하다가, 가족에게 환자가 병에 걸리기 전에도 아침에 일어나는 걸 힘들어했냐고 물었다. 그들은 "아, 그럼요" 하고 대답했다. "그때도 꼭 지금처럼 절대로 아침 일찍 일어나지 않았지요." 그 말을 듣고서 나는 약물 시험을 그만두었고, 아주 중요한 교훈 하나를 얻었다.

1990년대 초에 조현병이 기본 성격을 바꾸는지 여부를 확인해볼 수 있는 기회가 생겼다. 우리는 둘 중 한 명은 조현병에 걸리고 한 명은 걸리지 않은 일란성쌍둥이 연구를 진행했다.[2] 일란성쌍둥이의 성격특성들은 놀랍도록 유사하므로, 둘 중 한 명만 조현병에 걸린 쌍둥이들의 성격특성을 시험해보면 이론상 조현병이 성격을 얼마나 변화시키는지 파악할 수 있을 터였다. 우리는 둘 중 한 명만 조현병에 걸린 일란성쌍둥이 총 27쌍을 시험했다.

결과는 명확하고도 확고했다. 행복, 느긋함, 사회적 관계에 대한 만족 같은 특성들을 측정하는 성격 척도에서 조현병에 걸린 쌍둥이들은 그 병의 특성에서 예상할 수 있듯이 유의미하게 낮은 점수가 나왔다. 그러나 나머지 성격특성들에 대한 척도에서는 차이가 매우 적었고, 전통적 가치 고수, 위험 감수 행동에 대한 흥미 같은 또 다른 척도들에서는 사실상 아무 차이도 없었다. 조용하고 신실한 두 여성은 둘 중 한 사람이 조현병에 걸렸음에도 불구하고 여전히 조용하고 신실했다. 말썽을 잘 부리고 위험한 행동을 감행하는 한 쌍의 젊은이들은 한 사람이 조현병에 걸렸음에도 여전히 말썽꾼에 위험한 행동을 좋아했다. 조현병에 걸린 사람도 핵심 성격은 최소한으로만 변한다.

조현병이 기본 성격에 비교적 작은 변화만을 일으킨다는 사실에 주목한 관찰자들은 우리만이 아니다. 내가 담당했던 증세가 매우 심각한 여성 환자의 어머니는 이렇게 말했다. "이 사악한 병만 아니었다면 내 딸이었을 존재는 지금 내 딸의 배아 속에만 존재합니다."[3] 병과 사람은 동일하지 않으며, 그 둘은 분리할 수 있고 또 분리해야 한다. 조현병은 가장 이기적이고 자기도취적인 성격부터 가장 관대하고 이타적인 성격까지 모든 유형의 성격에 무차별적으로 영향을 미치는 아주 평등한 병이다. 조현병에 걸린 뒤 망상과 환각, 사고장애, 변화한 정동 속에서도 여전히 그 사람의 기저에 깔린 성격특성들은 눈에 보인다.

물론 그 사람에게서 보이는 바람직하지 않은 성격특성을 모두 조현병 탓으로 돌리고 싶은 마음은 언제든 든다. 나는 환자 가족들이 실상과는 아주 다르게, 병든 가족이 조현병에 걸리기 전에는 아주 이상적인 성격이었던 것처럼 회상하는 경우를 많이 보았다. 또한 병에 걸리기 전에도 갖고 있던 모든 결점과 약점을 병 때문이라고 핑계를 대는 환자도 많이 보았다.

조현병에 걸렸다고 해서 환자의 부모나 형제자매의 기본 성격이 바뀌지 않는 것도 당연하다. 가족 구성원들은 각자 성격 유형이 다양하며, 가족 중 다른 누군가가 조현병에 걸렸다고 해서 근본적으로 그 성격이 달라지지는 않는다. 부모와 형제자매는 간섭이 심한 사람일 수도 있고 잘 도와주는 사람이거나 밀어내는 사람이거나 사랑을 많이 베풀어주는 사람일 수도 있다. 하지만 그런 성격특성들은 가족 중 한 명이 조현병에 걸리기 전에도 똑같이 있었다. 5장에서 이야기했던 가족 상호작용 이론이 생겨나게 된 것도, 조현병 환자의 부모 중에 바람직하지 못한 성격을 지닌 이들이 존재한다는 사실을 바탕으로 한 것이었다. 그런 이론을 주장하던 연구자들이 지적하지 않았던 사실은, 그런 가족들에게서 보이는 바람직하지 않은 성격특성들이 조현병 환자가 없는 다른 모든 가족에게서도 꼭 그만큼의 비율로 발견된다는 점이다. 조현병은 환자 개인에게도 그 가족에게도 아주 평등한 병이다.


## 조현병 환자에게 그들의 행동에 대한 책임을 물을 수 있는가

조현병 환자와 가족, 정신질환 전문가, 재판관과 배심원 들이 직면하는 문제 중 유난히 어려운 한 가지는 조현병 환자가 자신의 증상과 행동을 어느 정도나 통제할 수 있는가 하는 점이다. 대부분의 환자는 어느 정도 통제할 수 있으므로 최소한 부분적으로는 책임을 물을 수 있지만, 그 통제 가능성 정도는 개인마다 차이가 크며, 같은 사람이라도 한 주 만에 달라질 수도 있다. 예를 들어 많은 환자가 큰 노력을 기울이면 환청이나 기이한 행동을 짧은 기간 동안 억제할 수 있지만 오랜 기간 동안 억제하지는 못한다. 잉글랜드의 대표적인 조현병 연구자인 존 윙 박사가 이러한 책임의 딜레마를 잘 표현했다.

> 조현병을 관리할 때 유독 어려운 점 중에 이런 것이 있다. 조현병은 예를 들어 실명처럼 심각한 장애를 초래하기는 하지만 자신의 미래에 관해 독립적 판단을 내릴 수 있는 능력을 훼손하지는 않는 상태와 초고도 지적장애처럼 명백히 그런 독립적 판단이 불가능한 상태 사이 어딘가에 위치한다는 점이다. 조현병의 이해력과 병세 정도는 그 사이에서 수시로 오르락내리락한다.[4]

예를 들어 조현병에 걸린 당신의 아들이 오랜만에 방문한 애거사 이모 앞에서 갑자기 옷을 벗겠다고 우겨댄다면 어떻게 해야 할까? 어쩌면 그는 만약 그렇게 하지 않는다면 세상에 종말이 찾아올 것이고, 따라서 그의 잘못으로 세상이 끝날 거라고 위협하는 환청의 명령을 따르는 것일지도 모른다. 또는 애거사 이모를 닮은 누군가에게 실제로 혹은 상상 속에서 모욕을 당한 데 대한 원한과 혼란한 사고가 복잡하게 뒤섞인 결과일 수도 있다. 또 어떤 경우에는 애거사 이모나 자기 가족에 대해 의식적으로 적대적인 제스처를 취하는 것일 가능성도 있다. 조현병이 없는 사람 중에도 그런 사람들이 있듯이 조현병에 걸린 사람 중에도 자신이 원하는 것을 얻기 위해 주변 사람들을 조종하는 데 자신의 증상을 매우 잘 이용하는 이들이 있다. 예를 들어 자기가 살고 싶지 않은 곳에 배정되었을 때 병원이나 이전에 살던 곳으로 다시 보내지려면 어떤 식으로 행동하면 되는지 정확히 안다. 내가 맡았던 환자 중에도 병세가 개선되었을 때 내게 "선생님, 내 상태가 좀 좋아지기는 했지만, 일을 해도 될 만큼 충분히 좋아진 건 아닙니다"라고 의도가 뻔히 보이는 말을 하는 사람이 많았다.

조현병 환자가 자신의 행동에 대해 얼마만큼 책임이 있는지 우리는 어떻게 판단할 수 있을까? 그런 판단은 가족과 친구, 그리고 그를 오랫동안 알고 지낸 정신질환 전문가 들이 가장 잘 내릴 수 있다. 환자가 가진 기저의 성격특성들을 잘 아는 사람들이기 때문이다. 앞의 예에서 가족들은 애거사 이모가 돌아가고 난 후 그와 함께 앉아서 차분히 상황을 점검해보는 것이 좋다. 무슨 일이 일어났으며 왜 일어났는지, 앞으로 그런 일을 예방하려면 어떻게 해야 하는지, 집에서 살면서 그런 행동을 하면 어떤 결과를 감수해야 하는지, 또한 공공장소에서 옷을 벗을 때 법적으로 어떤 결과에 처해질 것인지 등을 이야기하는 것이다. 이런 논의를 할 때 대개는 정신과 담당의나 상담사, 사회복지사, 사례 관리자 등과 함께 하면 더 효과적이다.

조현병 환자의 행동에 대한 책임 문제는 그 환자가 범죄 혐의로 기소되었을 때 한층 더 복잡해진다. 그런 경우 환자는 재판받을 능력이 없다고 선언되고 정신병원에 비자의 입원될 수도 있고 재판정에 세워질 수도 있다. 재판을 받는 경우에는 정신이상 항변이 제기되는 경우가 많다.

정신이상 항변은 13세기부터 존재했는데 당시에는 '야수성 기준'(야수로 간주될 정도의 사람에게는 책임을 물을 수 없다)이라고 불렸다. 이것이 19세기 잉글랜드의 맥노튼 재판에서 '시비 기준'(잘잘못을 구별할 줄 모르는 사람에게는 책임을 물을 수 없다)으로 바뀌었다. 이후 미국의 여러 주에서는 시비 기준이 '결과 기준'(정신질환의 결과로서 나온 행위라면 책임을 물을 수 없다)으로 대체되거나, 시비 기준과 결과 기준의 타협안이나 다양한 수정 기준이 도입되었다. 대부분 이런 기준에는 '저항할 수 없는 충동'에 따라 행동한 것인지 판단하는 의지의 기준이 포함된다.

범죄로 기소된 환자에 대한 정신이상 항변을 지지하는 논거는, 정신이상 항변이 마치 그 환자들이 전적으로 책임을 질 수 있는 상태인 것처럼 유죄판결하고 처벌하는 일에서 환자를 보호한다는 것이다. 그러므로 열쇠가 꽂힌 차가 자기 차라고 생각해서 혹은 목소리가 그렇게 하라고 시켜서 차를 훔친 조현병 환자와 차를 훔쳐 남에게 팔아버린 차 도둑을 법적으로 똑같이 처우하지는 않는다.

정신이상 항변을 반대하는 논거들 역시 인상적이며, 정신이상 항변을 철폐해야 한다고 주장해온 사람도 많다. 어떤 사람의 행동이 정신이상의 '결과'인지 아닌지 판단하는 것은 너무나도 어렵고 주관적인 일이다. 누군가 지적했듯이 "그 말의 정의상 거의 모든 범죄가 정신이상이라고 표현할 만한 사회규범의 위반들로 이루어진다."[5] 그리고 '저항할 수 없는 충동'에 대해서는 "저항할 수 없는 충동과 저항하지 않은 충동을 구분하는 선은 아마도 황혼과 땅거미를 구분하는 선만큼 모호할 것"이라는 지적도 있다.[6] 게다가 그런 판단은 지나간 시점에 회고적으로 내려진다는 사실도 어려움을 한층 더한다. 재판정에 불려오기 몇 달 전, 범죄행위가 일어난 그 시점에 그 사람의 머릿속에 무엇이 들어 있었을지 누가 정확히 알 수 있겠는가.

정신이상 항변에 대한 여러 수정 제안 중에는 범죄에 대한 유죄 여부와 (정신이상을 포함한) 정상참작 사유들을 분리해 두 단계로 재판을 진행해야 한다는 의견이 있다. 첫 단계 재판에서는 피고인이 실제로 그 범죄를 저질렀는지 여부만을 밝힌다. 만약 유죄 판결이 나온다면, **그 다음에** 정신과 의사나 기타 증인 들을 불러 환자의 정신 상태나 기타 정상참작할 수 있는 정황들에 대한 증언을 듣고, 이 증언을 참고해 그 사람을 (교도소나 정신병원 중) 어디로, 얼마나 오랫동안 보낼지를 결정하자는 것이다.

재판의 둘째 단계에서 앞에서 이야기한 바로 그 책임성의 문제를 다룬다면, 현재 정신이상 항변으로 인한 법적 난국보다는 확실히 개선된 체계를 갖추게 될 것이다. 현재의 정신이상 항변에서는 피고인이 자기 행위에 대한 책임이 있거나 없거나 양단간에 하나를 전제하고 들어간다. 정신이상이 아닌 사람은 책임이 있고, 정신이상인 사람은 책임이 없다고 간주되는 것이다. 무 자르듯 이것 아니면 저것 둘 중 하나라는 것이다. 그러나 이렇게 단순한 이분법은 조현병 환자와 함께 생활해본 적 있는 모든 사람의 경험에 전혀 부합하지 않는다. 대다수의 경우 진실은 이것과 저것 둘 사이 어디쯤엔가 있다.

## 조현병은 지능지수에 영향을 미칠까

5장에서도 이야기했듯 조현병 환자에게는 신경심리학적 이상들이 흔히 발생한다. 그러나 신경심리학적 기능 중에서 환자와 가족 모두가 특히 관심을 갖는 한 가지를 꼽자면 바로 지능이다. 결국 우리 사회는 지능지수IQ에 집착하니 말이다.

지능지수와 조현병에 관해 논할 때, 기억해야 할 중요한 것은 지능지수가 무엇을 측정한 값이냐다. 대부분의 지능지수 검사가 측정하는 것은 독해와 추론, 수학적 기술 등 뇌 기능의 특수한 유형들이다. 지능지수 검사는 경험이나 상식, 지혜를 측정하지는 않는다. 또한 사람이 일상적으로 자신의 지능을 얼마나 사용하는지도 지능지수 검사는 말해주지 않는다. 나의 '정상인' 친척 중에 지능지수가 160인 이가 있었는데, 그는 자기 지능지수의 절반 정도밖에 사용하지 않는 것 같아 보였고 상식이나 지혜는 전혀 없었다.

지능지수와 조현병에 관한 최근의 연구들로 다음과 같은 사실이 확인되었다.

1. 일반적으로 모두는 아니지만 다수의 조현병 환자는 지능지수가 조금(약 8~10점) 줄어드는데, 이는 조현병이 발병하기 여러 해 전인 삶의 초반기에 일어난다.[7] 이는 유럽에서 많은 수의 어린이를 대상으로 지능지수를 측정한 다음 이후에 어떤 아이들이 조현병에 걸리는지를 확인한 연구들을 통해 증명되었다. 이러한 지능지수 감소는 아마도 조현병을 초래한 것과 동일한 뇌 손상 때문일 것이다.

2. 이 법칙에는 큰 예외들이 있다. 예를 들어 핀란드에서 실시한 한 연구에서는 학교 성적이 빼어난 소년 중 이례적으로 높은 비율이 이후에 조현병에 걸렸다.[8] 20대 초반에 놀라운 수학적 성취를 거두어 이후 그에 대한 공로로 노벨상까지 받았지만 20대 후반에 조현병에 걸렸던 존 내시의 예도 있다.

3. 아동기에 조현병이 발병한 환자도 지능지수가 다소 낮다고 볼 수 있다. 조현병이 학습을 방해하고 새로운 정보를 획득하는 능력을 훼손하기 때문이다.⁹

4. 일단 성인기에 조현병이 발병한 후에도 추가로 지능지수가 줄어드는지 여부에 관해서는 아직 결정적인 연구 결과가 없다. 그것은 아마도 병세의 강도에 따라 다를 것이다. 그러나 평균적으로 성인기의 추가적 지능지수 감소는 매우 미미하다.


## 조현병 환자가 운전을 해도 괜찮을까

조현병 환자가 운전하는 일은 환자와 가족, 보험사까지 계속해서 부딪히는 문제인데도 이를 다룬 글은 이상할 정도로 적다. 1989년에 실시한 연구에 따르면, 정신질환이 없는 대조군의 99퍼센트가 운전을 하는 데 비해 조현병 외래환자 중에는 68퍼센트만이 운전을 한다고 보고했다.¹⁰ 운전을 하는 환자들도 대조군에 비하면 운전하는 시간이 훨씬 적었다. 가장 중요한 것은 운전 거리를 기준으로 조현병 환자 운전자들이 대조군보다 사고율이 2배였다는 점이다. 그보다 후에 실시된 두 연구에서는 조현병 환자 운전자의 사고율이 더 높다는 사실이 발견되지 않았다.¹¹

조현병 환자가 자동차 운전을 해도 될까? 우선 운전에는 세 가지 다른 기술이 사용된다. (1) 경로 계획 및 복잡한 도로나 어둠과 관련된 의사결정 (2) 다른 차를 추월해도 되는 때를 판단하는 것 같은, 판단이나 주의에 관한 전술적 결정 (3) 재빨리 브레이크를 밟는 것 같은 조작 협응이다. 항정신병약물 부작용 중에 어느 정도 동작이 느려지는 현상이 있기는 하지만, 조현병 환자가 조작 협응에서 문제가 생길 가능성은 극히 적다. 그러나 일부 조현병 환자는 계획 세우기나 전술적 결정 능력이 명백히 손상되며, 이 손상 여부는 생활의 다른 영역에서 그들의 계획, 판단, 주의력을 보면 분명히 알 수 있다.

요약하자면 대다수 조현병 환자는 운전을 할 수 있고 또 하고 있다. 그러나 계획 세우기나 전술적 결정 기능이 명백히 손상된 환자는 운전을 해서는 안 된다. 조현병 환자 중 운전을 해도 되는 이들과 하면 안 되는 이들을 평가하는 일은 노인을 대상으로 그런 평가를 하는 일과 유사하다. 운전 능력이 항정신병약물 복용 여부에 달려 있는 환자에 대해서는 일부 뇌전증 환자와 마찬가지로 복약을 조건으로 운전면허를 허용하는 것이 합리적이다.*

## 종교적 문제는 조현병 환자에게 어떤 영향을 미칠까

조현병인 사람도 다른 사람과 마찬가지로 더욱 큰 맥락 속에 자기 자신과 자신의 삶을 자리 잡게 해주는 신과의 연결이나 철학적 세계관

---

\+    한국에서는 조현병이 있다고 해서 무조건 운전을 금지하지 않는다. 운동기능, 판단 능력 등 전반적인 상태를 전문가가 평가하고, 운전이 가능하다는 진단서를 제출하면 운전면허 취득에는 별 영향이 없다.

에 대한 욕구가 있다. 조현병 환자에게는 여러 가지 이유에서 이런 일들이 유난히 많은 문제를 초래할 수 있다. 우선 대체로 조현병이 발병하는 시기가 각종 종교적 믿음과 철학적 신념들이 흘러넘치는 시기와 일치하므로, 이러한 문제의 해결은 극도로 어려워진다. 상황을 복잡하게 만드는 또 하나의 요인은 많은 조현병 환자가 병의 초기 단계에서 강렬하게 고양된 의식을 경험하고, 다시 말해 1장에서 이야기한 '절정 경험'을 하고서 자신이 신에게 특별히 선택된 존재라는 결론을 내린다는 점이다. 환청까지 경험하면 그런 믿음은 더욱 강화된다. 은유와 상징적 사고가 불가능해지는 것 또한 종교적 문제를 해결하는 일을 방해하는 또 한 가지 요소다. 대부분의 공식화된 종교적 신앙 체계에서는 은유와 상징적 사고가 요구되기 때문이다. 그러므로 다수의 조현병 환자가 이 병을 앓는 과정 내내 종교적 문제들을 매우 중요시한다는 것은 그리 놀라운 일도 아니다. 실제로 최근의 한 연구에서는 조현병 환자의 30퍼센트가 "발병 이후 신앙심이 더욱 깊어졌다"고 보고했다.[12]

종교적 성격을 띤 망상은 너무나 흔하며, 모든 조현병 환자 중 거의 절반에게서 나타난다. 성직자들이 조현병 환자들에게 자주 상담을 요청받는다는 것도 잘 알려진 사실이다. 한 연구에서는 "중증 정신질환이 있는 사람들이 정신건강 전문가만큼 많이 찾는 이가 성직자"임이 드러났다.[13] 그런 상황에 관해 아는 것도 많고 도움이 되는 성직자도 많다. 그러나 안타깝게도 중증 정신질환에 관한 현대적 지식을 갖추지 못한 채 환자나 가족에게 지은 죄 때문에 그런 병에 걸렸다는 잘못된 사실을 전달하는 성직자도 많다. 그러한 메시지는 당연히 매우 파괴적 영향을 미치며 이미 충분히 나쁜 상황을 더욱 악화시킨다.

조현병 환자들이 사이비 종교 집단에 가담해 종교적 문제를 해결하려는 일도 종종 벌어진다.[14] 광신적 사이비 종교 집단의 종류는 매우 다양한데, 통일교, 하레 크리슈나교, 신성한 빛의 사명, 예수의 사람들, 사이언톨로지, 그리고 더 규모가 작은 수많은 집단이 있다. 한 연구에 따르면 통일교도 중 6퍼센트, 신성한 빛의 사명 회원들의 9퍼센트가 이전에 정신과적 문제로 입원한 적 있는 사람들이라고 한다. 그러나 그 집단들을 연구한 정신의학자들은 이 입원 경험이 있는 사람 중 대부분이 정신증이 아닌 중증 신경증으로 입원했던 것이라고 판단했다. 그 집단들 자체가 정신이 심각하게 와해된 사람들을 배제하는 경향이 있는데, 그런 사람들은 긴밀하게 모여 협동 생활과 협동 작업을 하는 집단의 활동 방식에 큰 방해가 되기 때문이다.

조현병이 있으면서 그런 사이비 종교 집단에 받아들여진 사람들에게는 몇 가지 이점이 있을 수 있다.[15] 이 집단들은 고도로 구조화된 신앙 체계와 생활 방식뿐 아니라 소속감과 공동체의식도 갖추고 있는데, 이런 것들이 구성원들의 자존감을 높여주는 결과로 이어진다. 또 이 중 일부 집단들은 기이한 종교적 경험에 큰 가치를 두는데, 이런 환경에서 조현병 환자는 자신의 '절정경험'이나 환청을 더 편안하게 받아들일 수 있다.

하지만 사이비 종교 집단은 잠재적 위험도 품고 있다. 이런 집단들 다수가 어떤 약도 쓰지 않는 것이 바람직하다고 강조한다. 유지 약물을 잘 복용하고 있던 환자들은 약을 끊으라는 부추김 때문에 다시 재발한다. 또한 그런 집단들은 망상적 사고나 환청 같은 문제를 뇌 질환의 산물로서 인정하기보다는 영적인 결점으로 규정해 환자가 자기 병의 현실을 부인하도록 부추긴다. 또 어떤 집단들은 이미 편집증적 방향으로 치우쳐 있는 사람들에게 편집증적 사고를 더욱 조장한다. 이런 종교 집단은 세상이 자신들을 박해하려 혈안이 되어 있다는 '우리 대 그들'의 대결 구조를 상정하고서 자신들은 포위된 존재들이라 여기는 정서를 갖고 있는 경우가 많기 때문이다. 마지막으로 이 종교 집단 중에는 구성원들의 돈이나 재산을 착취하는 집단들이 있고 이는 조현병이 있는 구성원들에게도 해당한다.

## 조현병이라고 사람들에게 말하는 것이 좋을까

조현병에 걸렸다는 사실을 사람들에게 말해야 하느냐 마느냐는 아주 어려운 질문이다. 특히 그 상대가 앞으로 데이트 상대가 될지도 모를 사람이거나 고용주일 때는 특히 더 그렇다. 그러나 점점 더 그 답은 '말하는 게 좋다'는 쪽으로 가는 추세다. 이럴 때 고려해야 할 사안이 몇 가지 있다. 그 사람이 어차피 언젠가는 알게 될 가능성이 있는가? 그 사람은 정신질환에 대해 얼마나 세심한 태도를 취할 수 있는 사람인가? 내가 이 정보를 그에게 알리지 않았을 때, 그 사람은 다른 문제들에 대해 나를 신뢰할 수 있는가? 그 사람에게 말하지 않은 채로 그를 상대하는 것을 나는 얼마나 어려워할까?

1980년대 초 이후로 환자와 가족 모두 조현병을 솔직히 이야기하는 일이 급격히 증가했다. 미국장애인법은 이론상으로는 고용주의 차별에 대한 보호책을 마련했지만 실제로 그게 얼마나 효과가 있는지는 분명하지 않다. 그러나 조현병이 있다는 사실을 밝히지 않는 게 좋은 경우들도 분명히 있다. 그런 경우에 대해 조현병을 앓았던 심리학자 프레더릭 프리즈 박사는 이렇게 제안한다. "당신이 어떻게 시간을 보내고 있는가에 따라 작가나 화가, (정신건강) 상담가 또는 프리랜서라고 대답하라. 이런 답변은 그 자체로 거짓말이 아니지만, 상당히 넓은 해석의 여지를 주며 구체적인 고용주나 직장을 언급해야 할 필요도 없애준다."[16]

## 유전적으로 조현병에 걸릴 확률은 얼마인가

조현병이 있는 사람의 형제, 자매, 아들, 딸, 조카라면 누구나 자신 혹은 자기 자녀가 조현병에 걸릴 확률이 얼마나 될지 궁금해한 적이 있을 것이다. 게다가 요즘은 조현병이 있으면서 자녀를 갖는 사람의 수가 점점 증가하고 있으므로 유전상담이 점점 더 중요해지고 있다.

사람들은 조현병 환자의 친족이 조현병에 걸릴 위험성에 대한 정보가 정확하고, 널리 쉽게 구할 수 있으며, 전반적으로 전문가들의 동의를 얻고 있다고 생각할지도 모르겠다. 그렇게 생각한다면 틀렸다. 5장에서 이야기했듯이 조현병 발병에서 유전적 요인의 중요성에 관한 의견은 천차만별이고, 유전상담은 필연적으로 그렇게 차이 나는 의견들에 따라 달라질 수밖에 없다. 유전으로 보이지만 사실은 유전이 아니라 어떤 감염원이 가족들 간에 전파된 것일 수도 있다. 유전적 요인이 조현병의 가장 중요한 선행요인이라고 믿는 연구자라면 환자의 친척들에게 자녀를 갖는 것에 대해 상대적으로 보수적인 충고를 할 것이고, 유전 요인이 그리 중요하다고 여기지 않는 연구자라면 그보다는 덜 보수적인 충고를 할 것이다.

자신이 조현병에 걸릴 확률을 생각해볼 때는 다음의 일반적 견해를 염두에 두면 유용하다.

1. 유전자가 어느 정도 역할을 하는 것은 분명하지만, 대부분의 유전학자가 장담하는 것과 달리 그 역할의 크기가 어느 정도인지는 확실히 밝혀지지 않았다.

2. 조현병에 걸린 대다수(63퍼센트)는 1차 친족(부모와 형제자매)이나 2차 친족(조부모, 부모의 형제자매) 중 조현병 병력이 전혀 없다.

3. 조현병에 걸린 친족 수가 많을수록 당신이 조현병에 걸릴 위험성도 높아진다. 실질적인 측면에서 이 말이 뜻하는 바는, 당신의 언니나 누나가 조현병에 걸린 유일한 친족이라면 당신 자신이 조현병에 걸릴 위험성은 매우 낮다는 것이다. 반면, 당신의 삼촌과 누이가 둘 다 조현병에 걸렸다면 당신이 걸릴 위험성도 더 높아진다. 만약 당신이 조현병이 만연한 (예를 들어 어머니와 이모, 할아버지, 형제자매 중 두 명이 걸린) 상대적으로 매우 드문 가족에 속해 있다면, 당신이 걸릴 위험도 상당히 높아지며, 자녀를 갖는 일을 심각하게 고민하는 것이 좋다.

4. 정신의학 교과서에 나오는 많은 위험성 수치는 최악의 시나리오

**표 12-1. 유전적으로 조현병에 걸릴 확률에 대한 일반적 견해**

| | |
|---|---|
| 우리 가족(1차 친족과 2차 친족) 중에 조현병 환자가 아무도 없다. | 1퍼센트 |
| 이복 혹은 이부 형제자매가 조현병이다. | 4퍼센트 |
| 형제자매가 조현병이다. | 9퍼센트 |
| 어머니나 아버지가 조현병이다. | 13퍼센트 |
| 어머니와 아버지 모두 조현병이다. | 36퍼센트 |
| 일란성쌍둥이가 조현병이다. | 28퍼센트 |
| 이모나 고모, 삼촌이나 외삼촌이 조현병이다. | 3퍼센트 |
| 할아버지나 할머니가 조현병이다. | 4퍼센트 |

를 말하는 것이며, 또한 미심쩍은 연구 방법을 사용한 옛 연구들을 근 거로 한 것이다. 예를 들어 부모가 모두 조현병일 경우 자녀가 조현병 에 걸릴 확률은 일반적으로 46퍼센트라고 말한다. 그러나 2건의 연구 에서는 그 확률을 28퍼센트와 29퍼센트라고 보고했고[17] 전반적인 합 의는 대략 36퍼센트의 위험률로 보는 것 같다. 이와 유사하게 한 명이 조현병에 걸린 일란성쌍둥이 가운데 나머지 한 명도 조현병에 걸릴 확 률은 전통적으로 48퍼센트라고 했으나, 이 수치는 선별 쌍둥이 표본과 가중 일치율이라는 이중 계산 유형을 따른 것이었다. 비선별 표본과 단일 계산율(일반 일치율)을 사용하면, 나머지 쌍둥이가 조현병에 걸릴 확률은 28퍼센트로 나타나며[18], 가장 최근(2018년)의 연구에서는 15퍼 센트로 나타났다.

5. 조현병이 발병할 위험은 잔에 물이 반이 비어 있느냐 반이 차 있

느냐의 문제로 볼 수 있다. 조현병 환자의 형제나 자매가 조현병에 걸릴 확률은 9퍼센트이지만, 걸리지 **않을** 확률은 91퍼센트이기 때문이다. 부모 중 한 명이 조현병에 걸렸을 때 자녀가 조현병에 걸릴 확률은 13퍼센트이지만, 걸리지 **않을** 확률은 87퍼센트다. 일란성쌍둥이 중 나머지 한 명이 조현병에 걸리지 **않을** 확률도 72퍼센트다. (참고: 여기 제시된 위험률 추정 수치가 5장의 수치와 약간 다른 것은 서로 다른 연구에서 인용했기 때문이다.)

6. 조현병은 유전적 위험성이 일부 존재하는 여러 병 중 하나일 뿐이다. 생명의 창조는 유전적 제비뽑기이며 언제나 그래왔다. 게임의 확률을 아는 것이 당신이 할 결정을 대신해주지는 않지만, 더 똑똑한 선택을 할 수 있게는 해줄 것이다.

## 일부 입양아가 조현병에 걸리는 이유는 무엇인가

조현병 환자가 있는 가족들이 한자리에 모이면, 병에 걸린 사람이 입양아라는 점을 의식하게 되는 경우가 놀라울 정도로 많다. 입양아들은 왜 그렇게 조현병에 걸리는 사례가 많은 것일까?

물론 그 이유는 입양되는 아이 중에 어머니가, 혹은 많은 경우 아버지까지도 조현병이나 양극성장애가 있는 아이들의 비율이 높기 때문이다. 그런 부모들은 아이를 양육할 능력이 없어서 입양을 보낸다. 잘못된 양육이 조현병의 주된 원인이라고 생각했던 과거에는 양부모에게 그러한 배경 설명을 해주는 것이 중요한 일이 아니라고 여겼고 따라서 입양 기관들은 그런 사실을 알리지 않았다.

지금은 아이가 입양되든 안 되든 유전자에 위험이 담겨 있다는 사실이 잘 알려져 있다. 어머니와 아버지 모두 조현병이 있는 아이는 입양이 되든 안 되든 조현병에 걸릴 위험률은 약 3분의 1정도다. 최근에는 입양 기관들이 미래의 부모에게 아이에 관한 더욱 완전하고 진실한 배경 이야기를 들려주는 일이 훨씬 더 흔해졌다.

입양한 아이가 조현병에 걸리자 아이의 배경에 관한 정보를 제공하지 않은 입양 기관을 고소했던 부부의 이야기가 1999년에 보도되었다 (12장 추천 참고문헌 목록 참조). 그 기사는 놀랍도록 흔하지만 거의 논의되지 않았던 현상을 거의 처음으로 널리 알렸다.

## 부모가 사망한 후에는 어떻게 되는가

조현병 환자를 둔 가족들이 가장 염려하는 문제 중 하나가 환자를 돌보던 가족이 사망한 후에는 어떻게 될까 하는 부분이다. 어머니와 아버지가 병에 걸린 딸이나 아들을 보살피는 경우가 일반적이지만, 나이 들고 병든 사람이 조현병에 걸린 형제나 자매를 돌보는 경우에도 같은 문제가 발생한다. 과거에 이런 돌봄의 역할은 대가족이나 주립 병원에게 넘어갔다. 그러나 지금은 대가족이 사라졌고 주립 병원은 조현병 환자들을 지역사회에서 생활하도록 그냥 내보내려 한다. 이 때문에 병든 가족이 결국 공공 보호소나 길거리에서 살아가게 될 거라는 예상으로 많은 가족이 괴로워한다.

후견인제도는 건강한 가족들이 사망한 후에도 환자가 보살핌을 받고 재산을 안전하게 지킬 수 있도록 보장하기 위해 가족들이 사용하는 방법 중 하나다. 후견인은 환자의 친척이나 친구일 수도 있지만, 그중 적합한 사람이 없을 경우 판사가 다른 사람을 선택해 지정하기도 한다. 후견인 지명을 하게 되는 가장 많은 경우는 환자가 많은 돈이나 재산을 소유하고 있거나 상속받게 될 경우다. 후견인제도는 한 사람에게 다른 사람을 대신해 결정을 내릴 수 있는 권한을 부여하는 법적 관계로, 잉글랜드 법에서 비자의 입원을 허용하는 근거이기도 한 국가 부권에 기반을 두고 있다. 후견인이 환자의 재산에 대한 권한만을 갖고 있을 때 이를 흔히 관리인conservator이라 부른다. 재산에 관한 결정과 일신상의 결정 모두를 담당할 때는 후견인이라고 한다.✛

대부분의 주에서 후견인(과 관리인) 법은 놀라울 정도로 시대에 뒤떨어져 있다. 많은 경우 일신상의 결정과 재산에 관한 결정을 구별하지도 않으며, 후견인에게 자동적으로 두 가지 모두에 대한 권한이 부여된다. 후견인제도가 관여하는 일신상의 결정들로는 환자가 거주할 곳, 자유롭게 여행할 권리, 의학적 또는 정신의학적 치료에 동의할 권리 등이 포함되며, 재산에 관한 결정에는 수표에 서명하거나 은행계좌에서 돈을 인출할 권리가 포함된다. 대부분의 후견인 법은 전부 아니

---

✛    한국에도 후견인제도가 있으나 아직까지는 활발하게 이용되지 않고 있다. 특히 치매나 판단 능력이 감소되어 있는 환자, 발달장애 등의 경우 후견인제도를 활발히 이용하는 것이 좋다. 후견인제도에서 가장 중요한 것은 후견인이 진정으로 환자를 위해 객관적이고 공정한 결정을 하는가다.

면 무라는 식으로 되어 있어서, 자기 생활의 일부 영역을 관리할 수 있는 환자의 능력은 고려하지 않는다. 이 법들은 대개의 경우 극도로 모호하게 되어 있다. 최근 들어 개정되기 전까지 캘리포니아주에서는 "정신이상이든 아니든 (⋯) 음모를 품은 교활한 자에게 기만당하거나 이용당할 가능성이 있는 (⋯) 무능력한 사람" 모두에 대해 후견인을 지명할 수 있다고 규정하고 있었다. 이런 정의라면 거의 모든 사람에게 해당할 수 있는 것 아닌가! 실제로 후견인을 지명하는 일도 대개 대상이 되는 환자가 없는 자리에서 적법한 법 절차도 없이 이루어지며, 후견인제도가 여전히 필요한지 여부를 결정하기 위한 주기적인 검토 과정조차 없다.

일부 가족이 미래를 위한 계획으로 활용하는 또 한 가지 방법은 환자 가족 단체들이 세운 비영리 단체에 의지하는 것이다. 이런 단체들은 건강한 가족들이 사망한 후 병이 있는 가족에 대한 책임을 떠맡아준다. 오랫동안 지적장애인의 가족들이 주로 이런 단체들을 활용해왔지만, 더 최근에는 전미 정신질환자 가족 연합에 소속된 지역 단체들도 생겨났다. 예를 들어 버지니아주와 메릴랜드주를 비롯한 몇몇 주에는 가족들이 이사회를 구성하고 있는 평생 계획 지원 네트워크Planned Lifetime Assistance Network, PLAN(이하 PLAN)가 있다. 여기에 가입하는 사람은 가입비와 연회비를 내고, 가족들이 사망한 후 실행될 조현병 환자를 위한 돌봄 계획을 세워둔다. 가족들이 세상을 떠난 시점부터는 이전까지 가족이 맡고 있던 책임을 PLAN의 전문가 직원과 자원봉사자 들이 떠맡는다. 이를테면 환자를 정기적으로 방문하고, 환자의 담당 의사나 사례 관리자와 연락을 유지하며, 공과금을 납부하고, 생활 보조금을 대리 수령하며, 그 밖의 필요한 재정적 기능이나 감독 기능을 수행하는 것이다.

조현병이 있는 친족의 미래 계획을 세워두는 일은 그들의 안녕과 가족의 마음의 평화 모두를 위해 필수다. 그러나 각종 혜택, 자산, 유언장, 신탁, 상속세 등을 이해하는 것은 법률가가 아닌 사람에게는 아주 어려운 일이다. 몇몇 주의 전미 정신질환자 가족 연합 단체들은 그와 관련된 자료를 마련해두었다(예를 들어 1991년 전미 정신질환자 가족 연합 뉴욕주 지부는 진 리틀Jean Little이 쓴《나를 당신의 변호사에게 데려다주세요Take Me to Your Lawyer》라는 소책자를 발간했다). L. 마크 러셀L. Mark Russsell 변호사 등이 쓴《미래를 위한 계획: 당신이 사망한 뒤에도 장애가 있는 자녀가 의미 있는 삶을 살 수 있도록Planning for the Future: Providing a Meaningful Life for a Child with a Disability after Your Death》이라는 책도 큰 도움이 된다.

**13**

**대중의 눈에 비친 조현병**

그러나 광기의 그 총명함, 그 다재다능함은 제방을 넘나들고 스며드는 물의
지략을 닮았다. 거기에 맞서려면 많은 사람이 연합전선을 형성해야 한다.

— F. 스콧 피츠제럴드F. Scott Fitzgerald, 《밤은 부드러워라》, 1934년[1]

조현병은 숨어 있던 벽장에서 밖으로 나왔다. 처음에는 천천히, 내
키지 않는 듯이, 수줍게 차츰 공적인 장으로 들어섰다. 1960년에는 많
은 환자가 '신경이 날카로워진 것'일 뿐 자기는 아무 문제도 없다고 주
장했다. 1980년에 조현병 환자들은 자기가 신뢰하는 사람에게는 실제
로 조현병 진단을 받았다고 조심스레 털어놓았다. 2000년이 되자 조현
병 환자들은 공적인 모임과 전국 텔레비전 방송에서 정기적으로, 심지
어 자랑스러운 태도로 자신이 조현병 환자라고 밝혔다. 지난 반세기에
걸쳐 이루어진 놀라운 변화다.

조현병이 공적인 영역으로 뚫고 들어온 주요한 일들은 1980년대

초에 시작되었다. 공영 텔레비전 방송 시리즈 〈더 브레인The Brain〉 중
에 드위트 세이지DeWitt Sage가 제작한 조현병에 관한 훌륭한 부분이 있
었다. 이어서 〈필 도나휴 쇼The Phil Donahue Show〉도 3회에 걸쳐 조현병을
다루었는데, 대부분의 사람이 메이저 방송에서 '조현병'이라는 단어가
나오는 것을 듣거나 조현병에 걸린 사람들이 직접 그 병에 관해 이야기
하는 모습을 본 것은 이때가 처음이었다. 이제 조현병은 텔레비전 방송
의 아주 흔한 소재가 되었으며, 1998년에 오프라 윈프리Oprah Winfrey는
조현병을 다룬 월리 램Wally Lamb의 《이만큼은 진실임을 나는 안다I Know
This Much Is True》라는 책을 자신의 토크쇼에서 소개했다. 2000년 3월에는
어느 정신과 응급실에 있는 조현병 환자들을 다룬 시리즈물 〈원더랜
드Wonderland〉가 상당한 논쟁을 불러일으키며 방송되었지만, 시청률이
낮아 겨우 2회 방송에 그쳤다.

　영화계에서도 텔레비전 방송에서 일어난 것과 비슷한 발전이 있었
다. 잉마르 베리만 감독의 탁월한 영화 《창문을 통해 어렴풋이》(1961)
를 제외하면, 1990년대까지 조현병을 진지하게 다룬 영화는 나오지 않
았다. 하지만 그 이후로는 많은 작품이 나왔고 뒤에서 그중 몇 편을 살
펴볼 것이다.

　문학에서는 지난 2세기 동안 거물 작가들이 때때로 '정신이상'을
묘사해왔지만, 그것을 현대의 조현병 개념과 연관 지은 사람은 거의
없었다. 이러한 과거의 묘사들은 더 널리 알려질 자격이 있어서 뒤에
서 요약해서 소개할 것이다. 소설가 커트 보니것Kurt Vonnegut의 아들인
마크 보니것Mark Vonnegut의 1975년 작 《에덴 익스프레스The Eden Express》
같은 드문 예외를 제외하고 1980년대까지 조현병 환자 본인이나 가족

이 쓴 책은 거의 없었다. 물론 지금은 그런 책이 아주 많이 나와 있다.

## 영화 속 조현병

영화에서 조현병을 진지하게 묘사하는 것은 최근에 생겨난 현상이다. 물론 영화가 만들어지기 시작한 이래 광인 캐릭터는 늘 존재했지만 상투적 묘사에 지나지 않았고 유머(예를 들어 1906년 작 〈닥터 디피의 요양소Dr. Dippy's Sanitarium〉)나 공포(예를 들어 1902년 작 〈미치광이 이발사Maniac Barber〉)를 위한 소재로만 사용되었다. 20세기 이후 할리우드가 프로이트주의 정신분석의 영향을 더 많이 받으면서 광인 캐릭터는 〈데이비드와 리사David and Lisa〉(1962)에서처럼 모든 것을 알고 있는 지혜로운 정신과 의사들의 재능을 드러내기 위한 소품처럼 사용되었다. 할리우드 영화 속 정신과 의사들의 위신이 추락하게 된 것은 〈드레스드 투 킬Dressed to Kill〉(1980)과 〈여배우 프랜시스Frances〉(1982) 같은 영화들에 이르러서였다.

1960~1970년대 영화에서 정신이 온전치 않은 사람을 표현하던 또 하나의 흔한 방식은, 주변의 정상적이라 주장하는 사람들보다 오히려 더 제정신인 존재로 묘사하는 것이었다. 엄청난 인기를 끌었던 영화 〈왕이 된 사나이Le Roi de cœur〉(1966)에서는 정신병원 입원환자들이 병원을 떠나 전쟁 통에 모두가 버리고 떠난 마을을 차지한다. 그들이 보이는 정상적인 행동은 계속되는 전쟁의 광기와 대조되고, 앨런 베이츠Alan Bates가 연기한 플럼픽 일병은 결국 군대를 떠나 그 환자들의 무

리에 합류하기로 결정한다.

〈뻐꾸기 둥지 위로 날아간 새One Flew over the Cuckoo's Nest〉(1975)도 비슷한 주제로, 정신병원의 입원환자들을 래치드 간호사와 병원 직원들보다 더 정상적인 사람으로 그린다. 랜들 맥머피 역의 잭 니콜슨Jack Nicholson은 결국 뇌엽절제술을 당하며 패배하지만, 그것은 이미 그가 동료 환자들에게 자유로 향하는 길을 보여준 뒤의 일이었다. 한 리뷰어의 말에 따르면 그 영화는 "반문화의 정수와 같은 작품으로, 정신병원을 권위의 남용에 대한 은유로 사용했다."[2]

조현병 환자를 그리고자 하는 진지한 시도는 1961년에 잉마르 베리만의 영화 〈창문을 통해 어렴풋이〉로 시작되었지만, 그러한 시도는 얼마 전까지만 해도 그리 흔한 일이 아니었다. 아래는 그러한 영화 몇 편의 시놉시스다. 대부분 대여하거나 인터넷을 통해서 볼 수 있는 작품이다. 내 생각에 그중 가장 훌륭한 작품들은 〈창문을 통해 어렴풋이〉, 〈깨끗하게, 밀어버린Clean, Shaven〉, 〈엔젤 베이비Angel Baby〉, 〈사람들은 내가 미쳤다고 말한다People Say I'm Crazy〉이다.

**〈창문을 통해 어렴풋이〉**　　1961년, 잉마르 베리만 감독. 스웨덴어로 되어 있으며 베리만의 최고 명작 중 하나로 꼽을 수 있는 탁월한 영화다. 카린(하리에트 안데르손Harriet Anderson)은 의사(막스 본 쉬도브Max von Sydow)의 아내로, 병원에서 전기경련요법으로 치료받고 병세가 완화되어 퇴원한다. 그러나 청각의 예민함과 환청 등의 증상이 서서히 되돌아온다. 환청이 카린을 위층의 한 방으로 이끌어 가고, 그곳에서 벽지 뒤로 들어가 신이 오기를 기다리라고 말하는 장면, 카린이 십 대인 남동생

에게 자신의 환각을 묘사하는 장면은 보는 사람의 마음을 깊이 뒤흔
든다. 카린은 그 목소리가 꿈이 아니라 실제라고 말하며, 목소리에 맞
서 저항하다가 탈진한다. 가족들은 카린이 서서히 악화되어가는 모습
을 속수무책으로 지켜보고, 카린이 다시 병원으로 가는 것으로 영화는
끝난다. 쓸쓸한 해변에서 황량한 흑백으로 촬영된 이 영화는 1961년에
아카데미 외국어영화상을 수상했다.

　　**<반항Repulsion>**　　1965년, 로만 폴란스키Roman Polanski 감독. 흑백. 〈로
즈메리의 아기Rosemary's Baby〉의 감독이 만든 또 한 편의 공포영화로 한
젊은 여성이 서서히 조현병으로 빠져드는 과정을 빼어나게 묘사했다.
카트린 드뇌브Catherine Deneuve는 아름답지만 위축되어 있는 미용사 역
할로 산만함, 청각의 예민함, 충동적 특징 등의 정신증 초기 증상을 정
확하게 표현하며 초기 경력에서 가장 훌륭한 연기를 선보였다. 증상이
서서히 악화되면서 환각이 그녀의 삶을 완전히 장악하고 결국 살인에
이르게 한다. 종종 알프레드 히치콕Alfred Hitchcock의 〈싸이코〉에 비견되
기도 하는 이 영화는 겁이 많은 사람에게는 적합하지 않다. 그러나 카
트린 드뇌브의 연기만으로도 충분히 볼 가치가 있는 영화다.

　　**<깨끗하게, 밀어버린>**　　1993년, 로지 케리건Lodge Kerrigan 감독. 황량
하고 불친절한 이 영화는 마음 약한 사람들이 볼 영화는 아니다. 영화
평론가 로저 에버트Roser Ebert는 조현병에 대한 진지한 관심이 있는 사
람이라면 "꼭 봐야 할 영화"라고 말했는데,[3] 실제로 이 작품은 지금까
지 만들어진 영화 중 환자의 '내면에서 바라본 풍경'을 가장 생생하게

묘사한 영화다. 갓 정신병원에서 퇴원한 피터 윈터(피터 그린Peter Green)는 자신이 병원에 갇혀 있는 동안 어머니가 입양 보내버린 자신의 딸을 필사적으로 찾으러 다닌다. ("자기 아들이 망가져가는 모습을 보는 게 어떤 기분인지 아세요?" 그의 어머니는 입양의 이유를 이렇게 설명한다. "자랄 때 피터는 조용했지만 행복한 아이였어요. 그러다 갑자기 변해버렸죠. 난 손녀에게도 똑같은 일이 벌어지게 내버려두지는 않을 거예요.") 관객도 피부로 느낄 수 있을 만큼 선명한 환청과 공포로 괴로워하는 피터는 자신의 모습을 비추거나 남들이 자기를 들여다볼 수 있게 하는 유리(차의 백미러와 옆 차창까지 포함)를 모두 깨버리거나 가려버린다. 가짜 기억에 고통스럽게 쫓기며 실제로는 나타나지도 않는 경찰차의 사이렌 소리를 피해 미친 듯이 달아난다. 자기 뒤통수에는 수신기가 손가락에는 송신기가 심어져 있다고 믿고, 그것들을 제거하기 위해 가위로 두피를 도려내고 손톱을 뜯어낸다. 송신기를 빼냈다고 확신하면서 그는 이렇게 말한다. "기분이 나아졌다. 이제 사고가 더 명료해졌어. 아직 머리에서 수신기를 빼내는 일이 남아 있지만. 잠시 속도를 늦추고 생각해보면 해결책을 떠올릴 수 있을 거야." 영화는 80분의 상영시간으로는 다 대답하지 못한 심란한 질문들을 남긴다. 피터의 병의 과정은 어떤 것이며 그는 어떤 치료를 받았는가? 그가 돌아왔을 때 어머니가 거리를 둔 행동을 어떻게 해석해야 하는가? 소음을 내는 전선들, 무선 잡음, 욕설을 뱉어내는 환청 등의 불협화음과 혼란스러운 이미지 들은 뭐가 뭔지 모르겠다는 느낌을 더욱 증폭시키지만, 동시에 우리가 피터의 뇌 속에서 벌어지는 소요를 더 잘 이해하게 해준다. 영화는 1993년 시카고국제영화제에서 신인 감독상을 수상했고, 1994년 칸영화제에 출품되었다.

**<베니와 준**Benny and Joon**>**    1993년, 제레미아 체칙Jeremiah S. Chechik 감독. 조현병에 걸린 여동생의 유일한 보호자인 오빠에 관한 아름답지만 비현실적인 이야기. 오빠 베니(에이단 퀸Aidan Quinn)는 자동차정비소를 운영하고 있고 여동생 준(메리 스튜어트 매스터슨Mary Stuart Masterson)은 집에서 그림을 그리며 보내는데, 충동이 일면 어딘가에 불을 지르고 스쿠버 장비를 착용하고 교통정리를 한다. 그러다 준이 포커 내기에서 지면서 내기 상대의 기이한 사촌 샘(조니 뎁Johnny Depp)을 떠맡게 된다. 준은 버스터 키튼과 찰리 채플린을 연상시키는 샘의 희한한 팬터마임에 매력을 느낀다. 영화는 복약 비순응 같은 사안들을 거론하고, 독립 거주 방식에 관한 논평도 하지만, 상태가 나쁜 시간은 그리 심각하지도 오래가지도 않는다. 영화평론가 믹 마틴Mick Martin과 마샤 포터Marsha Porter가 지적했듯이 "대부분의 관객은 달콤하면서도 씁쓸한 이 코미디를 재미있게 보겠지만, (…) 실제 삶에서 정신질환에 시달리며 사는 사람들은 문제를 단순화하고 사소하게 만든 또 한편의 영화에 모욕을 느낄 것이다."[4]

**<세인트 오브 뉴욕**The Saint of Fort Washington**>**    1994년, 팀 헌터Tim Hunter 감독. 조현병 자체보다는 노숙 생활에 관한 영화지만 그래도 증상 때문에 가족 및 사회와 단절되어 지내는 사람들에게 중요한 주제를 다룬다. 조현병에 시달리는 젊은이 매튜(맷 딜런Matt Dillon)는 머물고 있던 싸구려 호텔 건물이 철거되면서 그곳을 나오게 된다. 사회복지국은 그를 포트워싱턴 보호소로 보내고, 매튜는 그곳에 있는 범죄자들에게 무방비로 노출된다. 베트남전 참전 용사로 사업도, 집도, 가족도 차례로 잃

어버린 제리(대니 글로버Danny Glover)가 매튜를 도와주고, 둘은 길거리에서 고생하며 일거리와 음식, 은신처를 찾아 헤맨다. 영화는 매튜의 조현병에 대한 묘사가 너무 빈약하고, 성공의 너무 많은 부분을 매튜가 환각에서 벗어나도록 설득하는 제리의 노력 덕분으로 돌린다. 게다가 맷 딜런은 조현병에 걸린 사람이 어떻게 행동하는지 전혀 모르는 것 같다. 그래도 영화는 집 없는 사람들에게 도움을 주지 못하는 정신의료 체계의 변덕스러움을 포함해, 정신질환이 있는 노숙자들에게 특수한 몇 가지 문제들을 건드렸다.

<엔젤 베이비> 1995년, 마이클 라이머Michael Rymer 감독. 1995년에 오스트레일리아영화협회상 7개 부문을 수상한 이 영화는 조현병이 있는 두 사람의 사랑을 세심하고 현실적으로 그렸다. 어느 클럽하우스의 단골인 해리(존 린치John Lynch)는 케이트(재클린 메켄지Jacqueline Mckenzie)를 보고 첫눈에 반한다. 해리가 다가가자 케이트도 그를 받아들인다. 해리는 가족에게 걱정을 안기며 형의 집을 나오고 케이트는 머물던 중간 시설을 떠나 둘은 한 아파트에서 함께 살기 시작한다. 해리는 컴퓨터 프로그래머로 일자리를 구하고, 케이트는 이웃의 빨래를 해주면서 두 사람은 그럭저럭 성공적인 생활을 이어간다. 그러다가 케이트가 임신을 하면서 둘 다 약 복용을 그만둔다. 미국에는 대체로 잘 알려지지 않은 이 영화는 성관계, 독립 거주 방식, 가족과의 관계, 복약 비순응, 임신, 낙인, 자살까지 중증 정신질환을 앓는 사람들에게 영향을 미치는 여러 가지 중요한 문제를 솔직하게 다룬다. 이 영화의 한 장면에는 이 책《조현병의 모든 것》의 모습이 나오는데, 이 점도 내가 매우 높은 점

수를 주게 한 요소 중 하나다!

　　**<샤인Shine>**　　1996년, 스콧 힉스Scott Hicks 감독. 아카데미 7개 부문 후보에 오르며 대단한 성공을 거둔 이 영화는 심한 정신질환을 앓고 있는 오스트레일리아의 피아니스트 데이비드 헬프갓David Helfgott에 관한 영화다. 영화에서는 정확한 병명을 말하지 않지만 명백히 조현병으로 보인다. 헬프갓을 연기한 제프리 러시Geoffrey Rush는 계속되는 증상에 시달리는 재능 있는 예술가를 훌륭하게 연기했고, 영화는 그의 연기 하나만으로도 볼 가치가 있다. 그러나 안타깝게도 영화를 만든 사람들의 조현병에 관한 지식은 30년은 뒤처져 있어서, 어린 시절 헬프갓을 잔인하게 대한 아버지(아만드 뮐러 스탈Amand Muller-Stahl) 때문에 병이 생긴 것처럼 암시하고 있다. 헬프갓의 누나도 그러한 주장에 강력히 반박했다. 영화가 성공하면서 헬프갓은 미국 순회공연을 했는데, 비판자들은 이를 순전한 착취라고 느꼈다. 일례로 〈뉴욕 데일리 뉴스〉의 테리 티치아웃Terry Teachout은 이렇게 썼다. "2세기 전에는 점잖은 사람들이 일요일마다 정신병원을 찾아가 얼을 빼고 환자들을 구경했다. 하지만 이제 시대가 변했다. 오늘날 우리는 환자들을 정신병원에서 나오게 하고는 그들에게 '정상적인' 삶을 살라고 부추긴다. 어떤 이들은 길모퉁이에서 기괴한 종교를 전파하고, 어떤 이들은 애버리피셔홀에서 콘서트를 열고 점잖은 사람들은 그들을 보기 위해 1인당 50달러를 지불하는데, 그러고는 이런 걸 진보라고 부른다."[5]

　　**<파이Pi>**　　1998년, 대런 아로노프스키Darren Aronofsky 감독. 이 혼란

스러운 흑백영화는 정신이상과 천재성의 복잡한 관계를 다룬다. 맥스 코헨(숀 걸릿Sean Gullette)은 20세에 박사학위를 받은 명석하지만 은둔적인 수학자다. 그는 자연의 모든 것은 수학적 패턴으로써 설명할 수 있다고 확신하고서, 자신이 자연의 비밀을 품고 있다고 믿는 파이(π)의 216자리 수에 집착한다. 그러나 컴퓨터 충돌로 데이터가 날아가고, 지독한 두통이 벗어날 수 없는 환각과 환청으로 치달으면서 그의 연구는 더 진행되지 못한다. 〈깨끗하게, 밀어버린〉처럼 이 영화도 내면에서 바라본 정신증의 모습을 묘사하려고 애쓰면서, 관객들이 맥스의 편집증과 현실의 경계가 어디인지 구분할 수 없게 만든다. 맥스는 자물쇠 세 개와 데드볼트 하나로 잠근 아파트 안에 숨어 있는데도, 그가 주식시장의 패턴을 발견했다고 확신하는 월가의 주식중개인들과 그가 신의 진짜 이름을 말해줄 수 있다고 믿는 유대교 신비주의자들, 지하철 역 계단에 놓인 자기 뇌의 환영에게 계속 쫓긴다. 1998년 선댄스영화제 감독상을 수상했다.

**<뷰티풀 마인드A Beautiful Mind>** 2001년, 론 하워드Ron Howard 감독. 실비아 네이사가 쓴 동명의 책을 기반으로 한 이 영화는 발병 전에 이룩한 업적으로 노벨상을 수상한 수학자 존 내시의 삶을 묘사한다. 러셀 크로우Russell Crowe는 내시가 겪는 정신질환의 고통을 탁월하게 표현했고, 내시의 아내를 연기해 오스카상을 받은 제니퍼 코널리Jennifer Connelly의 연기는 조현병이 가족을 얼마나 힘들게 하는지를 절절하게 보여주었다. 회복에 복약이 얼마나 중요한지도 적절히 잘 강조되었다. 그리고 가장 훌륭한 점은 내시의 어머니나 그의 아동기에 관한 어떠한 언

급도 없다는 점이다. 이것만으로도 이 영화는 60년 동안 정신분석 이론에 절어 있던 영화계에서 실로 하나의 돌파구를 만들어냈다. 아카데미상을 받은 각본가, 감독, 제작자는 다른 모든 이유를 생략하더라도 정신분석을 무시한 점 하나만으로도 그 상을 받을 자격이 충분하다.

**<레볼루션 #9Revolution #9>**   2002년, 팀 맥칸Tim McCann 감독. 젊은이의 조현병 최초 발병을 훌륭하게 그려낸 영화다. 마이클 리슬리Michael Risley는 점점 더 확연히 드러나는 망상 체계에 서서히 잠식되는 젊은이의 모습을 설득력 있게 표현했다. 에이드리엔 셸리Adrienne Shelly가 연기한 그의 약혼녀는 그가 치료를 받게 하려 애쓰지만, 정신의료 체계가 그들이 도와야 할 환자들보다 더 심한 기능 이상에 빠져 있음을 깨닫는다. 조연 배우들도 주인공의 병에 대한 반응을 현실감 있게 연기했다. 영화는 <뷰티풀 마인드>에 대한 현실적 해독제로서, 노벨상을 받는 것보다는 자살로 죽는 일이 조현병의 훨씬 흔한 결과라는 점을 우리에게 상기시킨다. 뉴욕과 시카고, 로스앤젤레스에서 짧은 기간 상영되었지만 매우 호의적인 평가를 받았고, 토론토영화제와 텔루라이드영화제에서도 찬사를 받았으며, 2003년 미국 신경정신약리학회에서 수여하는 미디어상을 받았다.

**<스파이더Spider>**   2002년. 레이프 파인스Ralph Fiennes는 20년 만에 정신병원에서 나와 런던의 허름한 중간 시설에서 살게 된다. 파인스의 연기는 너무나 훌륭한데 대사가 거의 없다는 점을 감안하면 더욱 그렇다. 그는 니코틴 얼룩에 찌든 손가락과 자기만의 비밀 언어를 가지고

있고, 셔츠를 네 벌씩 껴입는다. 그러나 이건 〈사운드 오브 뮤직〉 같은 영화가 아니다. 한 리뷰는 이 영화를 "뼛속까지 오싹하게 만들 만큼 황량하며 (…) 상업영화가 그려낸 한 남자의 고통스러운 고립 중 가장 비참하다"고 표현했다.[6] 그러나 그건 이 영화의 좋은 점이다. 나쁜 점은 이 영화가 조현병의 원인에 관해 전통적인 프로이트주의 관점을 담아내고 있다는 것이다. 오이디푸스가 눈에 보이지는 않지만 주요 등장인물이나 다름없는 이 영화는 마치 1960년대에 만들어진 것처럼 보인다. 그렇게 훌륭한 연기를 그렇게 시대에 뒤떨어진 스토리라인에 낭비하다니 참으로 딱한 일이다.

**〈사람들은 내가 미쳤다고 말한다〉**    2003년. 조현병이 있는 화가 존 캐디건John Cadigan과 그의 누이 케이티 캐디건Katie Cadigan이 감독한 아주 특별한 영화다. 존은 "내 뇌 속에서 일어나는 일이 어떤 것인지 세상 사람들에게 보여주는 것"이 영화의 목표라고 설명한다. 그는 조현병에 걸린 탓에 생겨나는 자신의 편집증적 생각들과 불안, 우울, 명확한 사고의 어려움, 전반적인 정신적 고통을 놀랍도록 명료하게 보여준다. 존의 모습 대부분은 존 자신이 촬영한 것이며, 이는 영화가 성공한 주된 이유다. 관객은 정말로 존의 관점에서 세상을 바라보게 된다. 시카고영화제와 밴쿠버영화제를 비롯해 여러 곳에서 상을 받았고, 2004년 전미 정신질환자 가족 연합에서 탁월한 미디어상을 받았다. 고등학생과 대학생 들에게 조현병을 알리기에 가장 좋은 교육용 영화 한 편을 꼽는다면 나는 바로 이 영화를 고를 것이다. http://peoplesayimcrazythemovie.com

**&lt;그림자에서 벗어나 Out of the Shadow&gt;**   2004년. 수전 스마일리Susan Smiley 가 제작하고 감독한 이 다큐멘터리 영화는 강력하게 추천하는 작품 이다. 편집형 조현병 환자인 어머니가 기른 두 딸인 수전 자매에 관 한 강렬한 이야기를 담고 있다. 어린 시절의 사진들과 홈비디오 장면 들, 두 자매, 어머니, 그들을 떠난 아버지와의 인터뷰가 섞여 있는 형 식이다. 중심 스토리는 어머니인 밀리가 재발을 겪으면서 17번째로 입원을 하고, 이후 그룹홈에서 안정화되는 과정을 따라간다. 밀리의 한 마디는 자신의 뇌에 대한 가장 정확한 묘사다. "회로의 어딘가에 서 연결이 끊어진 것 같아." 밴쿠버영화제, 듀랭고영화제, 록키마운 틴 여성영화제, 디스커버리채널 다큐멘터리페스티벌 등 다양한 곳에 서 찬사를 받았고, PBS에서 방영되었다. 바인스트리트픽처스Vine Street Pictures(주소: P.O. Box 662120, Los Angeles, CA 90066)에서 구할 수 있고 www.outoftheshadow.com에서 온라인으로도 구할 수 있다.

**&lt;솔로이스트 The Soloist&gt;**   2009년. 이 영화는 〈LA 타임스〉 기자 스티 브 로페즈(로버트 다우니 주니어Robert Downey Jr.)가 너새니얼 에이어스(제이 미 폭스Jamie Foxx)라는 노숙자 조현병 환자와 친구가 된 실화를 담고 있다. 어느 날 로페즈는 길에서 바이올린을 연주하는 에이어스를 발견하면 서 그와 친구가 되고, 그가 음악 신동이었으며 줄리어드 음대를 2년 동 안 다니다가 병이 발병했음을 알게 된다. 로페즈는 에이어스를 아파트 에 들어가 살게 하려고, 또 가족들과 다시 연결해주려고 노력해 결국 둘 다 성공한다. 영화는 허술한 스토리라인 때문에 비판을 받았지만 호평도 있었다. 환청과 혼란한 사고에 대해서는 현실적으로 묘사했지

만, 치료 문제는 방치했다. 아니나 다를까 에이어스는 치료를 거부하고, 로페즈는 거부 의사를 존중한다. 관객에게는 "에이어스가 치료를 받았다면 어떻게 되었을까?" 하는 불편한 질문이 남는다.


# 문학 속 조현병

지금은 조현병에 대한 묘사를 의학 문헌뿐 아니라 대중문학에서도 많이 볼 수 있다. 《조현병 회보Schizophrenia Bulletin》나 《정신의학 서비스Psychiatric Services》 같은 의학 저널은 조현병에 걸린 사람들이 쓴 경험담을 정기적으로 싣는다. 대중 언론도 마찬가지다. 수전 시한Susan Sheehan이 쓴 조현병에 대한 탁월한 묘사는 〈뉴요커〉에 실렸다가 《지구상에 나를 위한 장소는 없나요?Is There No Place on Earth for Me?》라는 책으로 출간되었다. 이 책을 비롯해 조현병을 다룬 많은 책을 추려 〈부록 1〉에 수록했다. 현재는 조현병에 관한 문헌이 아주 방대해, 그 병에 대해 알고 싶은 사람들에게는 넓은 선택의 폭이 열려 있다.

그러나 항상 그랬던 것은 아니다. 1980년 즈음까지 조현병이라는 주제는 대체로 정신의학 교과서 안에만 국한되어 있었다. 하지만 문학 전반을 보면 조현병 증상을 보이는 '미친' 사람이나 '정신이 이상한' 사람에 관한 묘사는 간간이 등장했다. 그중 재미도 있고 배울 점도 있는 작품들을 골라 소개한다. 대부분 영어로 되어 있지만 다른 언어로 된 작품들도 있다. 그런 이야기들은 조현병에 대한 우리의 이해를 더욱 풍성하게 해준다. 그중 초기의 예가 오노레 드 발자크가 1832년에

쓴 단편소설《루이 랑베르》다. 1장 끝부분에 실은 발췌문에서 알 수 있
듯이 매우 비범한 이야기다. 다음은 1950년 이전의 문학 가운데 조현
병 증상이 있는 사람들을 묘사한 작품들이다.

〈**광인 일기**Diary of a Madman〉    니콜라이 고골Nikolai Gogol, 1834년. 고골
의 초기 단편 중 하나로 "조현병에 관한 가장 오래되고 가장 완전한 묘
사 중 하나"[7]라고 평가받는 작품이다. 러시아의 공무원인 주인공에게
자신이 스페인의 왕이라는 망상이 생긴다. 이야기가 전개되면서 그는
관계망상적 사고와 혼란한 사고, 기이한 행동을 하고, 두 마리 개가 서
로 러시아어로 대화를 나누는 환청도 듣는다. 말년에 고골 본인도 극
도의 우울증을 앓았고 종교에 집착했다.

〈**베레니스**Berenice〉[8]    에드거 앨런 포, 1835년. 포는 사실적인 묘사
로 널리 찬사를 받아왔다. 이 단편소설에서 화자인 에게우스는 예전에
단일편집광monomania이라 불렸던 집착적 망상을 특징으로 하는 조현병
환자다. 사촌인 베레니스와 약혼하면서 그녀의 치아에 집착하게 되고,
자신이 그 치아들을 소유하면 이성을 되찾을 수 있을 거라고 믿는다.
"그러다 나의 단일편집광이 전력을 다해 무지막지하게 닥쳐왔고, 나는
그 기이하고 저항할 수 없는 힘에 맞서려고 헛된 몸부림을 쳤다. 외부
세계에는 수많은 대상이 있지만 나는 그녀의 치아들 외에 다른 것은
아무것도 생각할 수 없었다. 광란과도 같은 욕망으로 나는 그 치아들
을 갈망했다." 결국 에게우스는 베레니스가 간질 발작으로 숨을 거두
었다고 믿고는 그녀의 치아를 모두 뽑아 상자 안에 넣어두었는데, 마

치 악몽 속에서 있었던 일처럼 그 사실을 잘 기억하지도 못한다.

### 《픽윅 클럽 여행기 The Pickwick Papers》 중 〈광인의 원고 Madman's Manuscript〉

찰스 디킨스, 1837년. 찰스 디킨스는 정신이상에 매혹을 느꼈고, 유명한 정신과 의사 몇 명과 친한 친구 사이이기도 했으며, 개인 서재에 정신이상에 관한 의학 서적도 많이 갖추고 있었고, 기회가 닿을 때마다 정신병원을 방문했다고 한다. 〈광인의 원고〉는 자신의 감방을 들여다보는 방문객들에게 조롱당하던 정신병원의 한 입원환자가 일인칭으로 써내려간 기이한 이야기다. 그는 모욕을 느끼기는커녕 그러한 자신의 처지를 오히려 즐긴다.

> 그렇다! 이건 광인의 원고다! 여러 해 전이었다면 광인이라는 단어는 내 심장에 큰 타격을 입혔을 테지. (…) 하지만 지금은 그 단어가 마음에 든다. 괜찮은 이름이다. 화가 난 왕이 제 아무리 험악한 표정을 지어도 광인의 이글거리는 눈빛만큼 두렵지는 않을 터, 그만큼 두려움을 자아내는 왕의 얼굴이 있다면, 움켜쥐는 광인의 악력의 절반만큼이라도 튼튼한 밧줄과 도끼를 지닌 왕이 있다면 내게도 보여 달라. 하! 하! 미친 사람이라는 것은 근사하다. 야생의 사자처럼 쇠창살 너머로 흘끔거리는 시선을 받고, 길고 조용한 밤 무거운 쇠사슬이 절그렁거리는 소리에 맞춰 이를 갈며 포효하며, 그렇게 용감한 음악으로 무아경에 빠져 짚더미 위에서 구르고 몸을 뒤트는 것은 말이다. 정신병원 만세! 오, 정말로 희귀한 장소라네![9]

《**제인 에어** Jane Eyre》　　샬롯 브론테Charlotte Bronte, 1847년. 제인 에어는 손필드 저택에 가정교사로 들어갔을 때, 다락방에서 들려오는 소음에 두려움과 흥미를 동시에 느낀다. 그러나 제인은 자신의 결혼식 당일이 되어서야 그 소리의 주인공인 버사 로체스터를 보게 되는데, 남편인 로체스터가 그녀의 존재와 정신이상을 10년 동안 비밀로 감춰왔기 때문이었다. 브론테는 로체스터 부인을 위험한 야생동물처럼 묘사했다.

> 깊은 어둠 속, 그 방의 가장 먼 끝자락에서 하나의 형상이 앞으로 갔다 뒤로 갔다 뛰어다녔다. 그것이 무엇인지, 짐승인지 사람인지 첫눈에는 구별이 가지 않았다. 언뜻 보기에 네 발로 기고 있었고, 기이한 야생동물처럼 으르렁거리며 달려들었다. 그러나 그것은 옷으로 감싸여 있었고, 동물의 갈기처럼 제멋대로 헝클어진 짙은 회색의 숱 많은 머리카락이 머리와 얼굴을 감추고 있었다.[10]

로체스터 부인을 짐승처럼 묘사한 것에 대해 비판을 받자 브론테는 "선하고 인간적인 모든 것이 정신에서 사라지고 대신 악마 같은 본성이 그 자리를 채운 것처럼 보이는" 몇몇 광기의 사례가 보여준 현실을 반영한 것뿐이라고 대답했다.[11]

《**데이비드 코퍼필드** David Copperfield》　　찰스 디킨스, 1850년. 데이비드가 런던에서 달아나 피난처를 찾아 도버에 있는 벳치 이모할머니 댁에 갔을 때, 그는 그 집의 영원한 식객이며 명백한 조현병 증상을 보이는 미스터 딕을 소개받는다. 그의 주요 증상은 자신의 머릿속으로 생각들이 주입된다고 믿는 것인데, 이는 많은 정신의학자가 조현병의 거의 확실한 신호라고 여기는 증상이다. 미스터 딕은 찰스 1세의 머리에 있던 생각들이 1649년에 그 왕이 참수되던 때에 자신의 머릿속으로 옮겨 왔다고 믿는다. 그는 자신에게 그 생각들을 심은 자들의 동기보다 찰스 1세가 그렇게 먼 과거에 사망했다는 사실에 더욱 혼란스러워하는 듯하다. "'그러니까 그게……' 미스터 딕이 펜으로 귀를 긁으며, 미심쩍은 눈초리로 나를 보며 말했다. '(…) 나도 어떻게 그 일이 가능한지는 모르겠단 말이지. 그게 그렇게 오래 전 일이라면, 어쩌다 그 주변 사람들은 수고롭게 **그의** 머릿속에서 뭔가를 꺼내고 그런 다음 그걸 **내** 머릿속에 집어넣는 실수를 한 걸까?'"[12]

〈**필경사 바틀비**Bartleby the Scrivener〉　허먼 멜빌Herman Melville, 1853년[13]. 바틀비의 병은 음성 증상이 우세한 조현병의 전형적인 예로, 과거에는 '단순' 조현병이라 불리던 병이다. 화자가 지적하듯이 "그의 기벽들은 의도한 것이 아니며" 그는 "내재적인 불치의 장애에 희생된 사람이었다." 바틀비를 필경사로 고용하고, 그를 도우려 노력하지만 실패한 화자는 마침내 "그는 약간 정상에서 벗어났다"고 결론 내린다. 이야기가 전개되면서 바틀비의 행동은 서서히 퇴화하다가 완전히 냉담한 상태가 되고 아무런 행동도 할 수 없게 된다. 그의 정동은 완전히 둔하게 마비된 상태로, 모든 도움의 제안을 거부하고 예의바르지만 단호하게 "어떤 변화도 행하지 않는 쪽이 좋겠습니다"라는 말을 반복한다. 마지막에 바틀비는 부랑자로 떠돌다가 감옥에 수감되고, "무릎을 끌어올리고 옆으로 누운 채 머리는" 감방 벽의 "차가운 돌에 댄 채" 감옥에서

숨을 거둔다.

**〈6호 병실〉**　안톤 체호프, 1892년. 작가 겸 의사로서 체호프의 재능은 편집형 조현병을 앓는 이반 드미트리치 그로모프에 대한 이 감동적인 묘사에서 빛을 발한다. 이반 드미트리치는 가족도 친구도 없는 외로운 교사로, 동료와 학생 들과 어울리는 것을 힘들어한다. 어느 가을 날, 그는 길에서 죄수들을 본다. 예전에는 연민을 느꼈지만 이제는 편집적인 생각이 시작된다. "그는 집에 돌아와서도 그 죄수들과 소총을 맨 군인들을 머리에서 지울 수가 없었다. (…) 밤에는 잠을 자지 못하고, 계속해서 자신이 체포되어 족쇄를 차고 감방에 갇힐지도 모른다는 생각을 했다. (…) 창가를 지나거나 마당으로 들어오는 모든 사람이 그에게는 스파이나 탐정처럼 보였다."[14] 봄이 오고 눈이 녹자 어느 노부인과 소년이 죽은 채 발견된다. 이반은 다른 사람들이 자신을 의심할 것이라고 걱정해 주인집 지하실에 숨지만, 일꾼들이 오자 그들이 위장한 경찰관이라 생각해 달아난다. 사람들이 그를 붙잡아 집으로 데려오자 집주인이 의사를 불러오게 사람을 보낸다. 이반은 병원으로 옮겨지고 성병 환자들이 있는 병실에 들어간다. 그러다 이반이 그곳 환자들을 성가시게 하자 정신 병실인 6호실로 옮겨진다.

**《댤러웨이 부인 Mrs. Dalloway》**　버지니아 울프 Virginia Woolf, 1925년. 버지니아 울프 본인도 조울증을 앓았다. 《댤러웨이 부인》의 등장인물 셉티머스 워런 스미스는 감각의 과도한 예민화, 신체 경계의 변화, 편집적 망상 등 전형적인 조현병 증상을 보이는 것으로 묘사된다.

그러나 그것들이 신호를 보내왔다. 잎들은 살아 있었고, 나무들도 살아 있었다. 그리고 그 잎들은 거기 앉아 있는 그 자신의 몸에 수백만 가닥의 섬유로 연결된 채 아래위로 부채질을 해댔다. 가지가 쭉 뻗으면 그 역시 그런 모습을 보였다. 날개를 파닥이며 날아올랐다가 울퉁불퉁한 바위로 둘러싸인 샘으로 내려가는 참새들도, 검은 줄무늬가 있는 희고 푸른 가지들도 패턴의 일부였다. 소리들은 미리 준비된 계획과 조화를 이루고, 소리들 사이의 공간 역시 그 소리들만큼 의미심장했다. 아이 하나가 울었다. 때맞춰 저 멀리서 경적이 울렸다. 이 모든 것을 합치면 그것은 새로운 종교의 탄생을 의미했다.[15]

아내와 떨어져 요양소에 가야하는 현실에 직면하자 그는 하숙집 창으로 올라가 창틀에 서서 잠시 주저한 뒤 몸을 던지고, 그 아래 뾰족한 철책에 찔려 사망한다.

《파도The Waves》　버지니아 울프, 1931년. 버지니아 울프의 가장 실험적 작품 중 하나인 이 소설은 여섯 명의 등장인물이 각자 독백을 통해 자신을 드러낸다. 그중 로다는 많은 조현병 환자가 그렇듯이 들어오는 자극을 분류하고 해석하지 못하며 자주 부적절하게 반응한다. 또한 역시나 사회에서도 잘 지내지 못한다. "다른 사람들에게는 얼굴이 있다. (…) 그들은 여기 있다. (…) 그들이 들어 올리는 것들은 무겁다. (…) 그들은 정말로 웃고, 정말로 화내는데, 나는 먼저 관찰한 다음 다른 사람들이 뭔가를 하면 그들이 한 대로 따라해야 한다. (…) 나는 이름들과 얼굴들에만 애착을 갖고, 그것들을 재앙을 막아내는 부적처럼 수집한다. (…) 혼자 있을 때 나는 종종 무無 속으로 추락한다. (…) 한 달 또 한 달이 지날수록 사물들은 단단함을 잃어가고, 심지어 내 몸도 빛을 통과시키고, 내 척추는 촛불 가까이 있는 밀랍처럼 말랑말랑하다. (…) 문이 열릴 때마다 나는 방해를 받는다. 나는 아직 스물한 살이 안 됐다. 나는 부서질 것이다. 나는 평생 조롱당할 것이다."[16]

〈소리 없는 눈, 비밀스러운 눈〉     콘래드 에이큰, 1932년. 콘래드 에이큰의 아버지와 누이 두 사람 다 정신증에 걸렸고, 에이큰은 평생 자신도 같은 운명에 처할지 모른다는 두려움을 안고 살았다. 〈소리 없는 눈, 비밀스러운 눈〉은 12세 소년의 조현병 발병 과정을 보여주는데, 환청과 환각이 소년으로 하여금 주변 세계를 멀리하고 위축되도록 이끈다. 폴의 증상은 소리가 둔하고 먹먹해지는 것으로 시작된다. "마치 그의 주변으로 눈이 내리는 것 같은 느낌, 그와 세계 사이에 눈의 비밀스럽고 새로운 장막이 생긴 느낌"이다.[17] 나중에 소년의 병에는 편집증적 측면이 더해지고 환각은 더 생생해진다. 어머니가 자기 방으로 들어오는 모습은 무언가 낯설고 적대적인 일로 보이며, 눈은 웃으면서 소년에게 소리친다. "누워라. 이제 눈을 감아. 더 이상 별로 보이는 게 없을 거야. 이 하얀 어둠 속에서 누가 볼 수 있고, 보기를 원하겠니? 우리가 다른 모든 것의 자리를 차지할 거야."[18]

《왈츠는 나와 함께Save Me the Waltz》     젤다 피츠제럴드Zelda Fitzgerald, 1932년. 남편인 스콧 피츠제럴드의 《밤은 부드러워라Tenders Is the Night》처럼 젤다의 《왈츠는 나와 함께》는 자신의 조현병 경험과 그 병에 대한 가족의 반응을 꾸밈없이 묘사한 작품이다. 1932년, 두 번째 발병 후에 쓴 이 소설은 한 젊은 여성이 패혈증이라는 병명으로 입원한 뒤 경험하는 섬 망을 이렇게 묘사한다.

> 병실의 벽이 조용히 미끄러지듯 물러나면서 마치 무거운 사진첩의 페이 지들처럼 차례로 포개지며 무너졌다. 벽은 모두 회색과 장미색, 연한 자 줏빛 색조가 섞여 있었다. 벽은 무너지면서도 아무 소리도 내지 않았다. (…)
>
> 간호사들은 의미심장하게 함께 웃으며 그녀의 병실에서 나갔다. 벽이 또 시작이다. 결혼식 부케에서 떼어낸 꽃봉오리 하나처럼 자신들의 페 이지 사이에 그녀를 끼워 넣고 눌러 납작하게 만들 수 있다고 생각하는 거라면, 자기가 거기 누운 채 벽의 계획을 좌절시키겠다고 그녀는 마음 먹었다.[19]

**《밤은 부드러워라》**  F. 스콧 피츠제럴드, 1934년. 《위대한 개츠비》 의 성공 후, 피츠제럴드는 자신의 편집자에게 새로운 아이디어를 제안 했다. 그러나 그가 새 프로젝트를 시작한 후 젤다가 병의 징후를 보이 기 시작했고 1930년 봄에 본격적으로 발병했다. 스콧은 프로젝트를 다 시 시작했고, 그 결과물이 《밤은 부드러워라》다. 이 소설은 주인공들의 삶(니콜 다이버의 병과 남편 딕의 반응)이 피츠제럴드 부부의 경험과 너무 흡사해서 종종 허구와 실제를 구별하기가 어려울 정도다. 스콧은 젤다 의 의사에게 이런 편지를 써 보냈다. "(…) 제 큰 걱정은 시간이 흘러가 고 있고, 삶이 흘러가고 있다는 것입니다. (…) 만약 그녀가 삶을 직면하고 자신의 몫을 살아내는 걸 원하지 않는 반사회적인 사람이라면 얘기가 다르겠지만, 그녀는 삶을 열정적으로 사랑하는데도 그 삶을 결코 만날 수 없으니 이는 도저히 견딜 수 없을 만큼 비극적인 상황이지요."[20] 소설에서 딕은 니콜의 병을 제어해보려 노력하지만 실패한다. 그는 이렇게 말한다. "능동적이고 적극적인 집요함으로 현실로 돌아갈 길을 언제나 열어두고, 그 길을 벗어나는 걸 더 어렵게 만드는 치료가 필요했다. 그러나 광기의 그 총명함, 그 다재다능함은 제방을 넘나들고 스며드는 물의 지략을 닮았다. 거기 맞서려면 많은 사람이 연합전선을 형성해야 한다."[21]

〈**나는 나사로다**I Am Lazarus〉[22]     애너 카반Anna Kavan, 1940년. 애너 카반은 스위스와 잉글랜드에서 두 차례 정신병원에 감금되었다. 〈나는 나사로다〉에서 25세 토머스 바우는 어느 병원에 갇힌 채 '진행 조발성 치매advanced dementia praecox'에 대한 인슐린충격 치료를 받아왔다. 어느 방문 의사는 그가 얼핏 보기에 치료된 것 같지만 "얼굴은 무표정하고 (…) 눈빛은 기이할 정도로 밋밋하다"고 판단한다. 토머스는 주변 사람들을 전혀 의식하지 못한다. "그에게 대화는 어떤 것이었을까? 탁자 주위로 각자 다른 색깔의 형태들이 둘러 앉아 있었고, 그 형태들의 입이 열렸다 닫혔다 하면서 그에게는 아무런 의미도 없는 소리들을 뱉어내고 있었다."

〈**머리 없는 매**The Headless Hawk〉[23]     트루먼 카포티Truman Capote, 1946년. 조현병에 걸린 젊은 여성에 관한 이 단편을 썼을 때 트루먼 카포티

는 겨우 22살이었다. 빈센트가 D. J.를 처음 만난 것은 그녀가 자신의
자화상을 그에게 팔려고 했을 때다. 수도복 같은 옷을 입은 몸이 커다
란 여행용 트렁크 위에 누워 있고, 그 발치에 그녀의 잘린 머리가 피를
흘리고 있는 그림이었다. 빈센트는 떨리는 입술로 "마치 말하는 능력
에 결함이라도 생긴 것처럼 단어를 실체로 만들어내지 못하며" "황량
한 방안에서 푸른 공간을 비추는 거울" 같은 정신을 지닌 D. J.를 기이
하다고 느끼면서도 그녀에게 끌린다. 그러나 마지막에 그는 한 남자에
대한 그녀의 편집적 망상에 압도된다. **"어떤 때는 그는 사람이 아니야.
그녀가 그에게 말했다. (…) 어떤 때는 전혀 다른 무언가야. 매, 아이, 나비
(…) 나는 그가 나를 살해하려 한다는 걸 알고 있었어. 그는 그럴 거야. 그럴
거야."**

## 조현병, 창조성, 유명인

　　창조성과 조현병 사이에 어떤 관계가 있는지는 토론에 자주 등장하
는 주제다. "탁월한 지력의 소유자들은 광인들과 가까이 연결되어 있
다." 300년 전 시인 존 드라이든John Dryden이 쓴 이 말에는 많은 사람의
견해가 반영되어 있다. 그때 이후로 우리는 이 질문에 대한 결정적 대
답에 아주 조금만 더 가까이 다가섰을 뿐이다.

　　창조적인 사람과 조현병이 있는 사람이 인지 측면에서 여러 특징을
공유한다는 것은 잘 알려져 있다. 두 부류 모두 단어와 언어를 비범한
방식으로 사용하며(위대한 시인이나 소설가의 대표적 특징), 현실에 대해

비범한 시각을 갖고 있고(위대한 화가의 특징), 또한 깊은 사고를 할 때 비범한 사고 과정을 자주 사용하며, 다른 사람들과 어울리기보다 홀로 있기를 더 좋아하는 편이다. 창조적인 사람은 전통적인 심리 검사에서 창조적이지 않은 사람에 비해 정신병리적 측면이 더 많이 드러나며, 친구들에게 기이한 사람으로 여겨지는 일도 많다. 편집형 조현병을 제외한 다른 유형의 조현병이 있는 사람들도 전통적인 창조성 검사에서 높은 점수를 받는다(편집형 조현병 환자는 그렇지 않다). 최근 뇌 영상 연구에 따르면 창조적인 사람과 조현병 환자 모두 뇌 시상에 도파민-2 수용체가 더 적다고 보고되었는데, 아마도 이 점이 유사성에 대한 생물학적 기반일 것이다.[24]

여러 연구가 밝혀낸 바, 대단히 창조적인 사람이라고 해서 조현병에 더 취약한 것은 아니다. 하지만 한 연구는 창조적인 사람들의 직계 친족은 조현병에 더 취약할 수도 있다는 의견을 제시했다.[25] 이 의견을 뒷받침하는 대표적인 예로는 고모와 아들, 어쩌면 딸까지 모두 조현병에 걸렸던 시인 로버트 프로스트Robert Lee Frost를 들 수 있다. 또한 과학자 알베르트 아인슈타인Albert Einstein의 아들과 작가 빅토르 위고Victor Hugo, 철학자 버트런드 러셀Bertrand Russell, 소설가 제임스 조이스James Joyce의 딸들도 모두 조현병에 걸렸다.

제임스 조이스는 정신병리학에서 특히 흥미로운 연구 대상이다. 한 전기는 조이스가 "소리에서 예리한 기쁨"을 느꼈으며, 주기적으로 알코올남용에 빠졌고, 조증 삽화를 최소한 한 번은 겪으면서 "6일인가 7일 밤 동안 잠을 자지 못했고, (…) 자신이 잔뜩 긴장하고 있다가 갑자기 물 밖으로 뛰쳐나간 물고기 같다고 느꼈으며, 낮에는 환청에 시

달렸다"고 지적했다.[26] 조이스의 글을 연구한 한 정신의학자는 편집
증적 특징이 있는 조현성 성격이었다고 결론내리고 《피네간의 경
야Finnegans Wake》는 궁극적으로 정신증적이라고 진단해야 한다"고 주장
했다.[27] 조이스의 하나뿐인 딸 루시아는 22세 때 전형적인 조현병 진단
을 받고 융에게 치료를 받았으며, 남은 생애를 정신병원에서 보냈다.
"루시아 조이스는 다른 사람들을 완전히 당황하게 만드는 재빠른 사고
의 도약을 쫓아갈 수 있는 놀라운 능력이 있었다"고 한다.[28]

　　그러나 창조적인 사람과 조현병 환자 사이에는 근본적인 차이가 하
나 있다. 창조적인 사람은 자신의 비범한 사고 과정을 통제할 수 있고
작품을 창조하는 데 그러한 사고를 활용할 수 있다. 반면 조현병 환자
는 불협화음 같은 무질서 속에서 아무렇게나 나뒹구는 연결되지 않은
생각들과 이완된 연상에 아무 힘도 못 쓰고 끌려 다닌다. 창조적인 사
람에게는 선택이 가능하지만 조현병 환자에게는 그렇지 않은 것이다.

　　조현병이나 조현정동장애를 앓았다고 여겨지는 창조적인 사람들
은 매우 드물다. 사고장애가 작품 활동에 얼마나 방해가 되는지 생각
해보면 이는 놀라운 일이 아니다. 명백히 조현병을 앓았던 것으로 보
이는 인물 중에는 재즈의 창시자로 알려진 버디 볼든Buddy Bolden, 유명
한 재즈 연주가이자 작곡가인 톰 하렐Tom Harrell, 록밴드 핑크 플로이드
의 창단 멤버인 로저 키스 '시드' 배럿Roger Keith "Syd" Barrett, 플리트우드
맥의 기타리스트이자 창단 멤버인 피터 그린Peter Green, 잡지 〈파리 리
뷰The Paris Review〉를 창간했고 병에 걸리기 전까지 전도유망한 젊은 작가
로 여겨졌던 해럴드 흄즈Harold Humes 등이 있다. 그러나 조현병에 걸렸
다는 사실이 가장 잘 알려진 창작자들은 다음의 다섯 명이다.

**앙토냉 아르토**Antonin Artaud    작가이자 배우로, 1924년부터 1927년까지 프랑스 초현실주의 운동의 주요 인물이었다. 이 시기에도 그는 때때로 조현병 증상들을 보였지만, 41세인 1937년에 입원한 후로는 남은 생의 상당 부분을 파리와 루앙, 호데에서 있는 병원에 갇혀 보냈다. 그가 호데에서 쓴 편지들에는 자신의 병을 묘사한 내용이 담겨 있는데, 일례로 1943년에 한 친구에게 보낸 편지를 보자.

> (…) 이 병은 나를 피해자로 만든 끔찍한 음모의 추문과 관련이 있네. 자네도 거기서 끔찍한 고통을 받았으니 자네의 영혼과 양심이 잘 알고 있는 그 음모 말일세. 자네도 밤낮으로 나를 괴롭히는 그 악마 떼를, 나를 보는 것만큼 뚜렷이 보아왔지. 그것들이 끊임없이 나에게 가하는 더럽고 에로틱한 수작을 자네도 보아왔어.[29]

1993년에 아르토의 말년을 다룬 영화가 나왔다(《아토냉 아르토와 함께한 나의 삶과 시간En compagnie d'Antonin Artaud》). 영화는 그의 편집증 증상을 묘사하지만 대부분은 마약 남용에 주로 초점을 맞추고 있어, 그의 병을 이해하는 데는 별 도움이 되지 않는다.

**랠프 블레이크록**Ralph Blakelock    미국의 유명한 풍경화가로, 1차 세계 대전 직전 그의 그림들은 살아있는 미국 화가의 그림 중 역대 가장 높은 가격에 팔렸다. 그러나 그 무렵 블레이크록은 조발성 치매 진단을 받고 뉴욕주 미들타운에 있는 주립 정신병원에서 10년 이상을 보내고 있던 터였다.

이전에도 가족과 친구 들이 그를 매우 이상하게 여기기는 했지만, 명백한 증상이 시작된 것은 40대 초였다. 편집 망상과 과대망상이 있었고(예를 들어 자신이 요크 공작이라고 주장했다), 기분 변동과 조증 삽화도 있었다. 오늘날의 진단 체계에서는 아마 조현정동장애로 진단될 법하다. 자신의 병에 관해 블레이크록은 (구두점 표시 없이) 이렇게 썼다. "만약 내가 정신이상이라면 나는 그것을 의식하지 못하는 것이다 나는 편집광이 아니다 나는 노망도 아니고 망령이 나지도 않았다 나는 휘파람을 불고 노래할 수 있기 때문이다"[30]

1919년 사망 당시 블레이크록은 미국에서 가장 유명한 화가로, 제임스 휘슬러James Whistler나 윈즐러 호머Winslow Homer, 존 싱어 사전트John Singer Sargent보다 더 유명했으며 우드로 윌슨 대통령에게서 애도의 메시지를 받았다. 2003년에 블레이크록에 대한 훌륭한 전기가 출판되었다. 글린 빈센트Glyn Vincent가 쓴《미지의 밤: 미국 화가 R. A. 블레이크록의 광기와 천재성The Unknown Night: The Madness and Genius of R. A. Blakelock, An American Painter》이라는 책이다. 블레이크록과 그의 가족이 그의 예술로 번 돈 대부분을 어떻게 사기로 빼앗겼는지를 포함해 그의 병이 가져온 서글픈 결과들이 시간 순서로 기술되어 있다.

**이보르 거니** Ivor Gurney　　잉글랜드의 작곡가이자 시인으로 장래가 촉망되던 시절 이후로는 대부분의 거니 연구자들이 조현병이라고 말한 병에 시달렸다. 최근의 한 전기는 그러한 진단에 의심을 제기하며 그의 문제는 양극성장애였을지도 모른다는 의견을 냈다. 거니는 작곡가 랠프 본 윌리엄스Ralph Vaughan Williams에게 사사했지만, 이미 23세에 "뇌가 자기 뜻대로 움직여주지 않는다"[31]고 불만을 토로하기 시작했다. 27세이던 1917년에 첫 정신증 발병을 경험했고, 그동안 베토벤이 자신을 찾아왔다고 믿었다. "나는 현명하고 친절한 영혼이 거기 있는 것을 느꼈다. 말할 것도 없이 우리의 루트비히였다. (…) 바흐도 거기 있었지만 내게 신경을 써주지는 않았다." 병은 점점 악화되어 자신에 대한 "전기적electric 계략"이 진행되고 있다고 확신할 지경이 됐다. "그는 무선[라디오]에서 나오는 전파에서 머리를 보호하기 위해 머리에 쿠션을 대고 앉아 있고는 했다. (…) 두통이 너무 지독해서 차라리 죽는 것이 더 낫겠다고 느꼈다." 결국 32세의 나이에 켄트에 있는 런던 정신병원에 입원했고 그것이 영원한 입원이 되었다. 그곳에서 15년을 보내며 계속 시를 썼다. 다음은 〈신에게〉라는 시의 구절이다.[32]

왜 당신은 삶을 이토록 견딜 수 없게 만들었는지,

기도 없는 식사를 피해 달아날 수도 없는

네 개의 벽 사이에 나를 두셨는지.

그것은 조무사를 화나게 만들어야만 가능한 일.

그리고 오늘밤은 관능적인 지옥이

나를 덮쳐, 모든 것이 나를 버렸고

나는 죽음을 향해 그저 울며 심장을 떨고 있어,

하지만 죽음을 잡을 수는 없다네,

그리고 밖으로 나가버린 건, 온전한 정신의

한 부분, 내 안에는 무시무시한 지옥이 있지.

그는 여전히 입원 중이던 47세에 결핵으로 사망했다.

**존 내시**　21세 때 만든 수학적 게임이론으로 1994년에 노벨경제학상을 받았다. 〈포천〉은 당시 그를 "미국의 젊은 별"이라고 불렀다. 그러나 20대 후반 그에게는 편집증과 과대망상을 특징으로 하는 유형의 조현병이 생겼다. 그는 "외계인들에 의해 자신의 경력이 파괴되고" 있으며, 새로운 세계 정부의 한 구성원으로서 "자신이 남극대륙의 황제가 될 예정"이라고 믿었다.[33] 20년 이상 그는 주로 아내의 도움을 받아 병원 생활과 가족과의 생활 사이를 오고가며 지냈다. 그러다 50대가 되자 내시의 증세가 완화됐다. 노벨상을 받았을 때 대통령은 그를 백악관으로 초대했다. 내시의 삶과 병에 관한 이야기는 실비아 네이사의 《뷰티풀 마인드》(〈부록 1〉 참조)에 연대순으로 잘 정리되어 있다.

**바슬라프 니진스키**|Vaslav Nijinsky　1차 세계대전을 앞둔 시기에 가장 유명한 무용가였고, 어떤 사람들은 세상에 존재했던 무용가 가운데 가장 훌륭한 무용가라고도 말했다. 공중에 떠 있는 동안 발을 앞뒤로 10번이나 교차시킬 수 있는 유일한 무용가라고 할 만큼 경이로운 도약을 보여준 이였다. 니진스키는 29세에 조현병을 진단받았고, 남은 인생 내내 입원과 퇴원을 반복하며 살았다. 망상과 긴장증 증상이 두드러졌고, 때로는 단어 샐러드 사고장애*도 보였다. 알프레트 아들러Alfred Adler와 만프레트 블로일러가 그를 치료했고 니진스키의 아내는 프로이트

---

*　사고에 혼란이 일어나 단어들을 일관성 없이 단편적으로 나열하는 것.

와 융에게도 조언을 구했다. 또한 니진스키는 현재는 더 이상 사용되지 않은 치료법인 인슐린혼수치료를 초창기에 받기도 했다. 그는 일기장에 이렇게 썼다.

> 나는 인생을 사랑하며, 살고 싶고 울고 싶지만 그럴 수가 없다 — 내 영혼 속에서 깊은 고통이, 나를 두렵게 하는 고통이 느껴진다. 나의 영혼은 병들었다. 나의 정신이 아니라 나의 영혼이. 의사들은 내 병을 이해하지 못한다.[34]

파리에서 그의 경력이 정점에 있을 때 신문들은 니진스키에게 '춤의 신'이라는 별명을 붙였다. 니진스키는 자신의 일기장 첫 장에 "신과 니진스키"라고 서명했다.

조현병이 있었던 사람이라고 간혹 거론되는 또 한 명의 예술가는 빈센트 반 고흐다. 의학 사학자들은 고흐의 삶을 돌아보며 그에게 조울증, 뇌성 매독, 포르피린증, 물감에서 연유한 중금속중독 등 다양한 진단을 내렸다. 그의 증상들로는 편집 망상, 환청과 환각, 함구증, 우울증 등이 있고 때때로 엄청난 활력이 넘치는 시기를 보내기도 했다. 고흐의 정신증을 낭만화하고 그의 위대한 예술이 부분적으로는 정신증 때문이라고 보는 시각이 있기는 하지만, 그가 쓴 편지들은 정신증이 얼마나 고통스럽고 불쾌한 것이었는지를 분명히 보여준다. 생레미 정신병원에서 동생 테오에게 보낸 편지에 그는 이렇게 썼다. "아아, 만약 내가 이 저주 받은 병 없이 작업할 수 있었다면 나는 어떤 일들을 해낼 수 있었을까?"[35]

　조현병과는 대조적으로 조울증은 창조성에 도움이 된다. 조울증이 있는 사람들이 경험하는 높은 활력과 신속한 사고 과정 때문이다. 조울증이 있었다고 짐작되는 사람들로는 음악 쪽은 헨델, 루이 엑토르 베를리오즈Louis Hector Berlioz, 베토벤, 가에타노 도니제티Gaetano Donizetti, 크리스토퍼 글루크Christoph Gluck, 문학 쪽은 바이런, 메리 셸리Mary Shelly, 새뮤얼 테일러 코울리지Samuel Tayler Coleridge, 포, 발자크, 헤밍웨이, 피츠제럴드, 유진 오닐Eugene O'Neill, 버니지아 울프 등이 있다.

# 낙인 문제

　조현병 환자와 그 가족들은 엄청나게 지독한 낙인을 짊어진 채 살아야 한다. 조현병에는 현대판 나병이라 할 만큼 심한 낙인이 따라붙으며, 일반 대중은 조현병에 대해 경악스러울 정도로 무지하다. 1987년에 대학 신입생들을 대상으로 한 설문조사 결과, 거의 3분의 2가 '다중인격'을 조현병의 흔한 증상이라고 믿고 있었던 반면, 환각이 흔한 증상이라는 것을 아는 사람은 절반 이하였다.[36] 1986년의 한 설문조사에 따르면 대중의 55퍼센트가 정신질환이 존재한다는 사실을 믿지 않았고, 정신질환을 주요한 건강 문제로 인식하고 있는 사람은 1퍼센트밖에 되지 않았다. 다른 조사들에서도 여전히 조현병 및 기타 중증 정신과적 장애들이 죄나 인격의 결함 때문에 생긴다는 믿음을 고수하는 사람이 많았다.

　　낙인에 관해서는 좋은 소식과 나쁜 소식이 있다. 좋은 소식은 조현병이 대중의 시야 속으로 들어옴에 따라 병에 대한 대중의 이해도가 눈에 띄게 높아졌다는 것이다. 과거와 달리 이제 대다수 미국인은 조현병이 뇌의 질병이지 신이 내린 벌이 아니라는 점을 인정한다. 그만큼 이해가 높아졌다는 이야기를 들으면 조현병에 대한 낙인도 유의미하게 줄었다고 짐작할 것이다.

　　나쁜 소식은 조현병 환자에 대한 낙인은 지난 몇 십 년 동안 감소하기는커녕 오히려 더 악화되었다는 것이다. 이런 현실은 1996년의 한 조사에 잘 반영되어 있다. 이 조사는 1950년과 1996년의 대중의 태도를 비교해, 1996년의 대중이 과거보다 조현병 환자를 훨씬 더 폭력적인 사람으로 생각하고 있음을 보여주었다.[37] 구체적으로 응답자 중 "정신질환자를 난폭한 사람으로 묘사한 사람의 비율은 1950년부터 1996년 사이에 거의 2.5배 증가"했다고 한다. 이러한 점은 1999년 미국공중보건국장의 정신보건에 관한 보고서에서도 지적하고 있다.

> 정신질환에 대한 대중의 이해가 높아졌음에도 불구하고 낙인이 그토록 강고한 이유는 무엇일까? 그 답은 폭력에 대한 공포 때문으로 보인다. 정신질환이 있는 사람들, 그중에서도 특히 정신증이 있는 사람들은 과거보다 더 폭력적인 사람들로 인식된다. (⋯) 다시 말해서 정신증 환자는 위험한 존재라는 인식이 과거보다 오늘날 더욱 강력해졌다.[38]

　　1999년 공중보건국장의 보고서 이후로도 조현병이 뇌의 질병이라는 것을 이해하는 일반 대중이 증가함과 동시에 조현병 환자에 대한 낙인이 강화되는 흐름도 계속 이어져왔다. 앞에서 본 1996년 조사 이후 2006년에 실시한 후속 조사는 11년 동안 정신질환자에 대한 낙인이 더욱 증가했다고 보고했다.[39] 더 구체적으로 살펴보면 "1996년 응답자들에 비해 2006년 설문 응답자 중 조현병 환자를 이웃으로 원치 않는다고 밝힌 사람이 유의미하게 증가했다. (…) 우리에게 가장 충격적이었던 결과는 기대한 대로 조현병에 대한 대중의 지식이 높아졌다는 사실에도 불구하고 대중 사이에 존재하는 낙인이 이상할 정도로 강고하다는 것이다." 이와 유사하게 2016년의 한 연구에서는 1995년부터 2004년까지, 그리고 2005년부터 2014년까지 정신질환을 다룬 뉴스 기사들을 비교한 결과, 낙인이나 차별이라는 단어가 언급된 것이 23퍼센트에서 28퍼센트로 증가했음을 발견했다.[40] 이제는 과거에 우리가 품었던 바람, 그러니까 조현병에 대한 교육이 대중적 낙인을 감소시킬 거라던 생각이 헛된 바람이었음이 분명해졌다.

낙인이 계속되는 것은 교육이 부족해서가 아니라, 소수의 조현병 환자가 저지른 폭력적 행위들이 아주 큰 화제로 다뤄지기 때문이다. 이런 사건들은 대부분 그들이 치료를 받지 않고 있을 때 벌어진다. 예를 들어 대학생 자원 참가자들을 대상으로 한 연구에서는, 정신질환자가 저지른 폭력 범죄를 보도하는 기사를 읽으면 "정신질환자들에 대한 부정적 태도"가 증가한다는 것이 증명되었다.[41] 독일에서는 중증 정신질환자들이 유명 공직자들을 공격해 크게 보도된 이후, "이 폭력 사건들 직후 정신질환자들과 사회적으로 거리두기를 원하는 마음이 확연히 증가한" 것으로 측정되었다.[42] 벌어진 사회적 거리와 그에 따른 낙인은 시간이 지나면서 서서히 줄어들었지만 2년이 지나도 처음의 기준치로 돌아가지는 않았다.

2012년에는 미국인 1797명을 대상으로 "중증 정신질환 병력이 있는 사람의 총기난사 사건"에 관한 기사가 대중의 태도에 미치는 영향을 알아보는 연구가 실시되었다.[43] 기사는 정신질환자에 대한 부정적 태도와 낙인을 유의미하게 증가시켰고, 연구자들은 그런 기사들이 "중증 정신질환이 있는 사람들에 대한 부정적 태도에 결정적 영향력을 행사하는 것 같다"고 결론지었다. 1995~2004년, 2005~2014년 두 시기의 뉴스 기사들을 비교했던 2016년 연구에 따르면 "정신질환과 관련해 발생한 폭력을 다룬 기사가 신문 1면에 실린 비율은 앞 10년 동안 1퍼센트였던 것이 뒤 10년 동안 18퍼센트로 증가했다."[44] 물론 뒤의 10년은 버지니아공대, 투손, 오로라, 뉴타운의 총기난사 사건이 모두 일어났던 시기이기도 하다. 그 결과 이제 대중의 정신에는 투손에서 6명을 살해한 자레드 로프너Jared Loughner가 오싹하도록 환하게 미소 짓고 있는 얼굴과 오로라에서 12명을 살해한 제임스 홈스James Holmes의 주황색 머리카락과 전형적인 정신증 환자처럼 보이는 얼굴이 조현병의 얼굴로 굳건히 각인되었다.

이렇게 악화되는 낙인 때문에 고통받는 사람들은 물론 정신질환이 있는 모든 사람들, 특히 조현병과 기타 중증 정신질환을 앓는 사람들이다. 정신질환이 있는 어떤 사람이 초래한 비극적인 사건들 하나하나는 정신질환이 있는 다른 모든 사람의 삶을 더욱 힘들게 만든다. 예를 들어 조현병에 걸린 한 남자가 1999년 솔트레이크시티의 한 교회 도서실에서 두 사람을 살해했을 때 "몇 시간이 지나자 밸리 정신건강Valley Mental Health 진료소에는 겁먹은 환자들에게서 계속 전화가 걸려오기 시

작했다. 그들은 그저 흐느껴 울기만 했다."[45] "그들은 대중이 자신에게
보복할까 봐 두려웠다." 그런 사건들은 대중의 의식에서 정신질환에
대한 낙인을 없애고자 해왔던 "몇 년간의 노력을 수포로 만든다."

    그러한 낙인을 효과적으로 줄일 수 있는 방법은 15장에서 이야기
한다.

14

조현병이라는 재앙의 규모

정신의학에서 조현병은 의학에서 암과 같다. 진단이면서 또한 선고다.

— W. 홀W. Hall, G. 앤드류스G. Andrews, G. 골드스타인G. Goldstein, 《오스
트레일리아와 뉴질랜드 정신의학 저널Australian and New Zealand Journal of
Psychiatry》, 1985년[1]

조현병schizophrenia은 "언어에서 가장 사악한 단어 중 하나다."[2] 그
단어에는 통렬한 아픔이 있고, 광기와 수용소의 이미지를 연상시키
는 귀를 긁는 날카로운 소리가 있다. 치매dementia라는 단어를 파생시
킨 démence(발광)처럼 발음이 부드럽지도 않고, 이상해진 정신을 금
이 간 항아리에 비유하는 표현인 'cracked(금이 간, 정신 나간)'의 어원
인 écrasé처럼 시각적인 의미를 담고 있지도 않다. 정신이 이상해지는
것은 달의 영향 아래 놓였기 때문이라고 생각해 라틴어의 달luna을 가
져와 만든 'lunatic(정신이 이상한)'이란 단어처럼 낭만적이지도 않다.

'schizophrenia'라는 단어는 그것이 지시하는 병과 꼭 같이 잔인하며 모순적인 단어다.

우리가 이 병을 가진 사람들을 치료해온 방식도, 너무나 자주, 잔인하며 모순적이었다. 사실 그 방식은 현대 미국의 의료와 사회서비스의 표면에 생긴 가장 커다란 오점이다. 우리 시대의 사회사가 쓰일 날이 오면 조현병 환자들이 겪은 곤경은 전국적인 추문으로 기록될 것이다. 이제 그 재앙의 규모를 생각해보자.

**1. 조현병 환자 중 노숙 생활을 하는 수는 공공 정신병원 병상에 있는 환자의 최소 4배다.** 미국의 노숙자들을 연구한 여러 자료에 따르면 집이 없는 조현병 환자는 25만~55만 명으로 추정된다.[3] 대부분의 연구에서 나온 데이터들과 일관되는 중앙값 추정치는 40만 명이다. 또한 이 연구들은 노숙자의 약 3분의 1이 중증 정신질환자이며 그중 대다수가 조현병 환자라는 점도 밝혔다. 어느 하루를 기준으로 보더라도 공공 보호소나 거리에서 살고 있는 조현병 환자가 최소한 10만 명인 셈이다. 이 수와 대조적으로 미국의 주와 카운티의 공공 정신병원에 남아 있는 병상은 3만 5000개 정도밖에 안 된다. 어느 하루를 기준으로 보더라도 이 병상 중 약 2만 5000개를 조현병 환자가 차지하고 있다. 따라서 집이 없는 조현병 환자는 공공 정신병원 병상에 있는 조현병 환자보다 최소한 4배다.

**2. 구치소와 교도소에 있는 조현병 환자 수는 공공 정신병원에 있는 환자 수의 10배다.** 2012년에 미국의 구치소와 교도소에 있는 사람은 230만 명 이

상이었다. 미 법무부가 실시한 연구에 따르면 주립 교도소 수감자의
15퍼센트와 연방 교도소 수감자의 10퍼센트, 구치소 수감자의 24퍼센
트가 정신증적 장애가 있는 사람들로 모두 더하면 약 38만 3400명에
이른다.[4] 정신증적 장애에는 다른 원인들도 있지만, 연구 결과들이 보
여주는 바 이 수감자 중 최소한 25만 명은 조현병 환자다. 그러므로 구
치소와 교도소에 있는 조현병 환자 수는 공공 정신병원에 있는 조현병
환자 수의 10배다.

  **3. 치료받지 않는 조현병 환자가 폭력을 저지르는 사례가 증가하고 있다.** 약
물 치료를 하고 있는 조현병 환자는 일반인과 폭력성에서 차이가 없
다. 그러나 10장에서도 이야기했듯 약을 쓰지 않고 있는 조현병 환자
중에는 더 난폭한 이들이 있다. 한 연구에 따르면 지역사회에서 생활
하는 조현병 환자 중 9퍼센트가 앞선 1년 동안 싸울 때 무기를 사용한
적이 있었다. 또 다른 연구에서는 "퇴원한 남녀 환자 중 7퍼센트는 퇴
원한 지 평균 4개월 안에 최소한 한 번의 폭력적 행위를 한 적이 있다
고 보고했다." 조현병 환자가 가족에게 가하는 폭력 행위도 급증했다.
1991년에 전미 정신질환 가족 연합 회원들을 대상으로 한 조사에서는,
응답자의 11퍼센트가 앞선 한 해 동안 중증 정신질환이 있는 가족이
다른 가족에게 신체적 해를 가한 일이 있다고 답했다.[5] 법무부의 연구
에 따르면 '정신질환 병력'이 있는 사람이 한 해에 저지르는 살인은 거
의 1000건이며[6], 언론 기사들을 살펴보면 대다수가 조현병 진단을 받
았다. 이 인구 집단에서 폭력적 행동을 증가시키는 중요한 요인은 마
약 및 알코올남용과 복약 비순응이다.

**4. 조현병 환자가 타인에게 괴롭힘을 당하는 일이 증가하고 있다.** 조현병 환자를 대상으로 한 대부분의 범죄는 고발되지 않고 넘어가며, 고발한 범죄도 법 집행관들에게 무시당하는 일이 많다. 소매치기와 장애 보조금 절도가 흔하지만, 강간과 심지어 살인도 드물지 않다. 로스앤젤레스에서 조현병 환자가 다수를 차지하는 기숙 요양 가정 거주자들을 대상으로 조사를 실시했는데, 그중 3분의 1이 앞선 1년 동안 절도나 폭행을 당한 적 있다고 말했다.[7] 뉴욕에서 여성 조현병 환자 20명을 대상으로 한 조사에서는 절반이 최소한 한 번 강간을 당했고, 5명은 2번 이상 당했다고 밝혔다.[8] 아이오와주 디모인에서는 밴 밀이라는 집 없는 조현병 환자를 세 남자가 구타해 죽이고 시체를 어린이용 풀장에 던져놓은 사건이 있었다.[9] (10장 참고)

**5. 조현병 환자 다수가 참담한 환경에서 거주하고 있다.** 주 정신의료 담당 기관들이 주립 병원들에게 환자들을 내보내라고 압박하기 때문에 중증 정신질환자들은 그 누구라도 거주하기 부적합한 상태의 거주지에 배치되는 일이 많다. 예를 들어 뉴욕시에서는 경찰이 기숙 요양 가정에 있던 정신질환자 21명의 시체를 치웠다. 그 집은 "배관이 고장 나고, 썩은 음식과 바퀴벌레가 들끓고 있었다. (…) 경찰은 또 6명이 더 거주하고 있는 한 기숙 요양 가정에서 퇴원환자 한 명의 시체가 가만히 바닥에 놓인 채 썩어가고 있는 것을 발견했다."[10] 1990년에 〈뉴욕 타임스〉의 한 머리기사는 이랬다. "직원, '정신질환자 거주소는 비참한 곳'"[11] 미시시피주에서는 "화장실도 없고 수돗물도 나오지 않으며" 그들이 도망가지 못하게 "사나운 개 두 마리가 지키

고 있는" 허술한 창고에서 정신질환자였던 두 사람의 시체가 발견되었다.[12]

**6. 많은 조현병 환자가 병원과 감옥, 보호소를 맴돈다.** 정신의료 전문가들이 퇴원 환자들에게 치료약과 후속 돌봄을 확실히 제공하지 못하는 현실 때문에, 조현병 환자 중 많은 이가 병원과 감옥, 공공 보호소를 계속해서 들락날락하고 있다. 일리노이주에서는 주립 정신병원에서 퇴원한 환자 중 30퍼센트가 30일 안에 재입원된다.[13] 뉴욕주에서는 퇴원 환자 중 60퍼센트가 1년 안에 재입원된다.[14] 주립 정신병원의 재입원에 관한 연구를 보면 조현병 환자 중 121번이나 재입원한 환자도 있었다.[15] 감옥 연구에서는 80번까지 수감된 조현병 환자들도 발견되었다. 이 사람들이 입원과 수감 사이를 오가는 동안 경찰과 복지 서비스의 과도한 시간과 자원이 소모된다. 1990년대에 오하이오주와 캘리포니아주에서 실시된 연구들에 따르면 법 집행관들은 절도 신고 전화보다 '정신건강 위기' 관련 전화를 더 많이 받는다고 한다. 1976년에 뉴욕시 경찰은 '정서적으로 동요된 사람들'과 관련된 전화를 약 1000통 받았는데, 1998년에는 2만 4787통을 받았다.[16]

**7. 정신의료 전문가들은 이상할 정도로 조현병에 소홀하다.** 의사, 심리학자, 정신건강 사회복지사의 총 수는 1940년에 약 9000명에서 1998년에 20만 명 이상으로 증가했음에도, 유독 조현병은 이상하게 등한시되어 왔다. 예를 들어 1994년에 발표된 한 연구에 따르면, 개인 정신과 진료소에서 진료를 받은 환자 중 약 3퍼센트만이 조현병 진단을 받았다고

한다.[17] 정신의료 전문가들이 조현병 환자 치료를 잘 하지 못하는 주된 이유 중 하나는 교육과정에서 조현병 치료에 대한 준비가 충격적일 정도로 허술하게 이루어지기 때문이다. 주립 정신병원들은 제대로 훈련받지 못했거나 실력이 떨어지는 전문가들로 자리를 채워야만 할 때가 많다. 실제로 1980년대에 와이오밍 주립 병원은 정신과 의사가 한 명도 없이 거의 1년을 지내기도 했다. 많은 지역 정신건강 센터Community Mental Health Center, CMHC는 원래 정신병원에서 퇴원한 중증 정신질환자들을 보살피기 위한 용도로 구상하고 자금을 모았지만, '건강한데도 걱정이 많은' 사람들을 위한 성격 상담실로 쓰이고 있다. 일부 지역사회 정신건강 센터들은 연방 자금으로 수영장까지 짓고 관리자들에게 상당한 액수의 보수를 지급한다. 1989년에 유타주의 한 지역사회 정신건강 센터에서 일하던 세 명의 관리자는 5년에 걸쳐 360만 달러의 보수를 자기들 몫으로 챙겨 117건의 중범죄 죄목으로 기소되었다. 1990년에 포트워스의 한 지역사회 정신건강 센터의 이사는 4가지 중범죄 절도 건으로 기소되었다. 이렇게 착복된 돈들은 원래 조현병 같은 중증 정신질환 환자들을 위해 쓰도록 되어있던 것이 합법으로든 불법으로든 다른 용도로 전용된 재원의 일부분에 지나지 않는다.

**8. 어느 시점에서든 조현병 환자의 최소한 40퍼센트는 어떤 치료도 받고 있지 않다.** 국립정신보건원의 역학적 집적 영역 연구 보고서에 따르면, 조현병 환자 중 1년 동안 정신과 치료든 의학적 치료든 치료를 받은 적이 있는 이들은 60퍼센트에 지나지 않았다.[18] 따라서 어느 시기를 꼽든, 아무 치료도 받고 있지 않는 환자들이 최소한 40퍼센트라는 것이

다. 볼티모어에서 실시한 지역사회 조사에서는 모든 조현병 환자 중 절반이 치료를 전혀 받고 있지 않았다는 것이 드러났다.[19] 치료율이 이렇게 낮은 주된 이유는 뇌의 기능장애로 치료 필요성을 전혀 인식하지 못하는 환자에게 비자의 입원과 치료를 실시하는 일을 더욱 어렵게 만드는 법률 때문이다. 통탄할 정도로 잘못된 생각에 빠진 민권변호사와 '환자 옹호자' 들은 '정신증 상태로 있을 개인의 권리'를 줄기차게 옹호한다. 그런 변호사와 옹호자 들의 사고는 그들이 옹호하는 사람들보다 더 깊은 사고장애에 빠져 있다. 예를 들어 위스콘신의 한 국선변호인은 말을 하지 않고 자신의 대변을 먹는 조현병 환자가 본인에게 위험한 일을 하는 건 아니라고 주장했고, 판사는 변론을 받아들여 환자를 풀어주었다.[20]

조현병 환자에 대한 보살핌과 치료가 재앙적 수준인 것은 미국만의 현상은 아니지만, 대부분의 다른 선진국보다 아마 미국이 더 나쁠 것이다. 캐나다의 여러 지방은 미국이 주도한 것과 동일한 선상에서 탈원화를 진행하고 있고, 온타리오주의 상태는 유독 더 악화되었다. 잉글랜드에서는 치료를 받지 않고 있던 퇴원 환자들이 일련의 살인사건을 일으켰고, 오스트레일리아와 프랑스에서는 정신질환이 있는 노숙자 수가 현저히 증가하고 있다. 1978년 이탈리아에서는 지역사회 치료시설이 잘 되어 있는 베로나와 트리에스테를 제외하고, 정신병원의 신규 입원을 금지하는 법을 통과시켰고, 이 '이탈리아의 실험'은 실패로 돌아갔다. 일본은 조현병 환자를 주로 의사들이 소유하고 있는 사립병원에 넣고, 환자 가족이 창피해하지 않도록 계속 그곳에 두었다. 이런 식의 의료 남용은 1986년에 한 국제 위원회가 수사를 실시할 정도

**표 14-1. 조현병에 관한 팩트 정리**

- 어느 해든 미국인 중 조현병에 걸린 사람은 약 260만 명이다. 이는 1000명 당 8명꼴이다.
- 어느 시기든 그중 최소 40퍼센트는 치료를 전혀 받지 않고 있다. 따라서 치료를 받지 않고 있는 조현병 환자는 100만 명 이상이다.
- 조현병 환자 중 거리나 보호소에서 살아가는 집 없는 사람의 수는 공공 정신병원에 있는 수의 최소 4배다.
- 조현병 환자 중 구치소나 교소도에 있는 사람의 수는 공공 정신병원에 있는 수의 10배다.
- 치료받지 않는 조현병 환자가 저지르는 폭력 사건이 증가하고 있다. 이 는 조현병 진단을 받은 사람들에게 낙인을 찍는 단 하나의 가장 큰 원인 이다.
- 조현병 환자가 절도, 폭행, 강간, 살인 등 범죄의 피해자가 되는 사례가 증가하고 있다.
- 조현병 환자에 대한 공공 정신의료 서비스, 주거 및 재활 서비스는 대단 히 미흡할 뿐 아니라 대부분의 주에서 더욱 악화되고 있다.
- 2013년에 미국에서 조현병에 대한 직접 및 간접 총비용은 최소 1550억 달러였다.

로 대단히 만연해 있었다. 조현병 치료가 큰 문제없이 이루어지는 곳 은 세계 어디에도 없지만, 스칸디나비아 국가들과 네덜란드는 그나마 합리적인 보살핌의 수준 가까이에 이르렀다고 볼 수 있다.

# 미국 내 조현병 환자 수는 얼마인가[+]

-------------------------------------------------------------------------------

국립정신보건원이 생긴 지 반세기가 넘었다는 사실을 감안하면 이 기본 질문에 대한 답은 잘 밝혀져 있다고 짐작할 것이다. 그러나 그렇지 않다. 조현병에 걸린 미국인 수는 늘 논쟁 대상이다. 정신질환 환자를 옹호하는 사람들은 더 큰 숫자를 대고, 서비스를 제공할 책임이 있는 사람들은 더 작은 숫자를 댄다.

이 문제의 상당 부분은 국립정신보건원이 자금을 지원해 1980년부터 1985년까지 진행한 역학적 집적 영역 연구에서 생겨났다. 이 연구는 비전문가 면접조사관을 채용해 5개 주에서 뽑은 표본 집단을 대상으로 정신질환 증상 확인용 설문지를 사용하는 방식으로 진행되었다. 역학적 집적 영역 연구는 1년을 기준으로 18세 이상 미국 인구의 1.5퍼센트와 9세부터 17세까지 인구의 1.2퍼센트가 조현병을 앓는다고 보고했다.[21] 이 결과를 2000년의 미국 인구에 대입하면, 1년의 기간 안에 조현병을 앓고 있는 사람의 수가 350만 명이라는 말이며, 이는 과거의 연구들이 제시했던 유병률의 약 2배에 해당한다.

그러나 역학적 집적 영역 연구의 방법론은 정신질환을 과잉 진단한다는 심한 비판을 받아왔다. 볼티모어에서 실시한 한 연구에서는 역학적 집적 영역 연구에서 조현병으로 진단된 사람을 정신과 의사가 면담했는데 그 진단과는 현저히 일치하지 않는 결과가 나왔다.[22] 이전에

-------------------------------------------------------------------------------

[+]     한국의 경우 5년마다 전국적으로 정신질환실태조사를 실시하는데 2016년 조사에 따르면 조현병 스펙트럼장애의 평생 유병률은 0.5퍼센트로 나타났다.

미국에서 실시된 유병률 연구 데이터, 사회보장국에서 중증 정신질환 보조금을 받는 사람 수(2002년에 약 320만 명), 그리고 18세부터 45세까지 모든 사람 중 1.3퍼센트가 조현병이 있다고 밝힌 공중보건국장의 1999년 정신의료 보고서까지 모든 데이터를 따져볼 때 350만 명이라는 추정치는 너무 높다. 이러한 비판을 고려해 국립정신보건원은 추정치를 수정해 조현병은 어느 해를 보더라도 성인(18세 이상) 인구의 약 1.1퍼센트에게 영향을 미친다고 말했다.[23] 2010년 인구조사 데이터를 기반으로 할 때 이는 어느 때든 미국인 260만 명이 조현병을 앓고 있다는 말이 된다.

하지만 260만 명도 아주 많은 수다. 볼티모어나 덴버, 피츠버그, 탬파 같은 대도시 지역에서 살고 있는 사람들과 대략 동일한 수다. 이 중 어느 한 도시에 사는 모든 사람이 조현병에 걸렸다고 상상해보면 그 문제의 규모가 어느 정도인지 감이 잡힐 것이다. 유병률을 표현하는 또 다른 방법은 1000명당 환자 수로 표현하는 것이다. 어느 시점에든 1000명당 8.4명의 조현병 환자가 있다. 5000명이 사는 마을에는 42명의 환자가 있고, 50만 명이 사는 도시에는 4200명의 환자가 있으며, 500만 명이 사는 도시나 주에는 4만 2000명의 환자가 있는 셈이다. 이 수는 조현병 환자만을 포함한 것으로, 국립정신보건원의 추산에 따르면 성인 인구의 2.2퍼센트에게 영향을 미친다고 하는 양극성장애는 포함되지 않았다.

정부가 추산한 260만 명의 조현병 환자는 다 어디에 있을까? 많은 수가 요양원이나 기숙 요양 가정, 또는 주마다 다양한 명칭으로 불리는 유사 기관들에서 살고 있다. 또 하나 규모가 큰 부류는 구치소와 교도소에 수감된 환자들로, 우리가 그들을 치료하지 못한 탓에 벌어진 경범죄로 기소된 이가 대다수다. 가족과 살고 있거나 독립생활을 하는 이들이 또 하나의 큰 부류를 형성하고 있다. 규모는 더 작지만 또 하나의 중요한 집단은 공공 보호소나 거리, 다리 밑 같은 곳에서 사는 집 없는 환자들이다. 가장 규모가 작은 부류는 주립 병원이나 보훈 병원, 민영 병원, 또는 일반 병원의 정신과에 입원한 환자들이다.

## 다른 집단에 비해 조현병에 더 많이 걸리는 집단이 있는가

미국에서든 다른 어느 곳에서든, 서로 다른 지리적 영역이나 민족 집단에 따른 조현병 분포의 차이는 거의 2세기 동안 연구자들의 관심을 자극해왔다. 대부분의 교과서는 조현병 발생률(처음 조현병 진단을 받은 환자 수)과 유병률(현재 조현병이 있는 모든 환자 수)이 세계 어디서나 거의 동일하다고 주장하지만 이는 명백히 사실과 다르다. 2005년에 존 맥그래스John McGrath 연구 팀이 발표한 연구 결과는 세계의 다양한 지역에서 조현병 발생률과 유병률은 약 5배까지 차이가 난다는 것을 보여준다.

가장 잘 연구 기록된 지리적 차이는 5장에서 이야기한 도시의 위험 요인이다. 도시 지역에서 나거나 자란 사람들은 시골에서 나거나 자란 사람들보다 이후 조현병 진단을 받을 위험성이 약 2배다. 교외지역과 소도시는 위험의 측면에서 그 두 극단 사이 어딘가에 해당한다.

그만큼 잘 연구 기록된 것은 아니지만, 미국에서는 북쪽 주가 남쪽

주보다 유병률이 더 높음을 시사하는 강력한 의견들이 있다. 그 차이 중 어느 정도를 도시의 위험 요인으로 돌릴 수 있는지는 밝혀지지 않았다.

아프리카계 미국인 인구의 상당 부분이 큰 도시에 살고 있으므로, 하나의 집단으로서 아프리카계 미국인들이 백인들보다 조현병 비율이 더 높다는 것은 그리 놀라운 일은 아니다. 5건의 개별 연구가 뉴욕과 메릴랜드, 오하이오처럼 고도로 도시화된 주들에서 그것이 사실임을 확인했다.[24] 아프리카계 미국인들의 조현병 비율이 더 높은 현상은 인구의 연령 분포를 감안해 수정한 후에도 그대로 유지됐다. 예를 들어 뉴욕주 로체스터에서 매우 꼼꼼하게 실시한 한 연구에서도 아프리카계 미국인들의 조현병 비율은 백인의 조현병 비율의 1.5배였다.[25]

그러나 시골에 사는 아프리카계 미국인들과 백인들을 비교하자 다른 결과가 나왔다. 텍사스주와 루이지애나주에서 실시한 연구들에서는 두 집단 사이에 차이가 전혀 발견되지 않았다.[26] 이는 인종이 차이의 원인이라는 설명에 대한 강력한 반증이다. 오히려 아프리카계 미국인은 도심에 사는 비율이 더 높기 때문에 조현병 비율도 더 높다는 것을 암시한다. 또 다른 사람들은 아프리카계 미국인의 조현병 비율이 더 높아 보이는 것은 정신과 의사 대부분이 백인이고 따라서 무의식적으로 (혹은 의식적으로) 인종차별적 시각을 갖고 있어서 백인 환자보다 흑인 환자에게 조현병이라는 꼬리표를 더 기꺼이 달기 때문이라고 주장한다. 이 주장이 사실일 수도 있지만 이를 측정하기는 불가능하다. 만약 측정이 가능하더라도 그것으로는 차이의 아주 작은 부분만을 설명할 수 있을 뿐이며, 여전히 우리에게 남는 사실은 어느 인종이든 도심에 사는 사람들에게서 조현병이 과도하게 높은 비율로 나타난다는 것이다.

반면 히스패닉계 미국인의 조현병 유병율은 전체 인구보다도 더 낮아 보인다. 앞에서 이야기한 역학적 집적 영역 연구에서 로스앤젤레스에 거주하는 히스패닉 주민들의 조현병 유병률은 비히스패닉계 주민들에 비해 절반도 되지 않아,[27] 이전에 텍사스주에서 멕시코계 미국인 주민들을 대상으로 한 연구에서 나온 비교적 낮은 유병률을 다시 한번 확인해주었다.[28]

미국에서 조현병 유병률이 낮은 집단은 또 있다. 1955년에 출판된 시골에서 집단생활을 하는 후터파 사람들을 연구한 결과에 따르면 그들의 조현병 유병률은 1000명 당 1.1퍼센트밖에 안 되었고,[29] 그보다 최근에 나온 후속 연구들도 후터파 사람들이 계속해서 매우 낮은 비율을 이어왔음을 확인해주었다. 시골생활을 하는 암만파 사람들을 연구한 여러 자료에 따르면 그들에게는 조현병은 매우 적게 발생하지만 양극성장애의 비율은 더 높다고 한다.* 또한 아메리카 원주민의 조현병 유병률이 비교적 낮은 것 같다는 말도 백 년 넘게 전해져왔는데, 아직 꼼꼼한 연구로 검증된 이야기는 아니다.

얼마 전까지만 해도 세계 다른 지역들의 유병률을 비교한 연구들이 연구자들 사이에 활발한 논쟁을 촉발했다.[30] 한쪽에서는 보고된 차이 대부분이 연구에 사용된 방법의 문제로 발생했거나 매우 미미한 결과

---

\*     후터파hutterites와 암만파amish는 종교개혁 시기에 등장한 급진 종교개혁 계통인 재세례파의 분파들이다.

라고 믿었다. 다른 쪽에는 그 차이가 실재하며, 조현병의 원인에 관한 중요한 실마리를 제공해줄 수도 있다고 믿는 (나를 포함한) 사람들이 있었다. 이 논쟁을 정리한 것은 맥그래스와 그 동료들의 연구였다.[31] 그들은 전 세계의 유병률과 발생률 연구들을 분석해 세계의 서로 다른 지역들 사이에 유병률과 발생률이 실제로 최소 **5배 차이가 난다**고 결론지었다.[32] 유전적 요인과 비유전적 요인이 둘 다 영향을 미치는 주요 질환들 모두 지리적 분포에 따라 유의미한 차이가 난다. 심장병은 약 6배, 류머티즘성관절염은 10배, 인슐린 의존성 당뇨병은 30배, 다발경화증은 50배 차이가 나며, 어떤 암들은 그보다 더 큰 차이가 나기도 한다. 조현병의 유병률이 전 세계 모든 곳에서 대략 동일한 유병률을 보인다면, 그야말로 독특한 병일 것이다. 그러니까 그런 차이들이 존재한다는 것이 아니라, 차이가 존재하지 않는다는 결과가 나왔다면 더욱 놀라운 발견이었을 것이다.

세계 기준으로 볼 때 1000명 당 8명이라는 미국의 조현병 유병률은 상대적으로 높은 편에 속한다. 스펙트럼의 가장 낮은 쪽에는 1000명 당 2명 이하의 유병률이 나온 가나, 보츠와나, 파푸아뉴기니, 대만 등지에서 실시된 연구들이 자리 잡고 있다. 캐나다와 대부분의 유럽과 아시아 국가 들에서는 1000명 당 3~6명의 범위에 들어간다. 미국 외에도 1000명 당 7명 이상의 조현병 유병률이 나타난 나라로는 아일랜드, 핀란드, 스웨덴이 있으며, 북부 스웨덴에서 실시한 한 연구에서 1000명 당 17명이라는 가장 높은 비율이 나왔다.

조현병 유병률에 대한 몇몇 연구에서는 특별히 흥미로운 결과가 나왔다. 예를 들어 크로아티아에서 꼼꼼하게 실시한 연구들에 따르면 이스트리아 반도에 있는 마을들에서는 1000명 당 7.3명의 유병률이 나온 데 비해, 거기서 160킬로미터 떨어진 마을들의 유병률은 1000명 당 2.9명밖에 되지 않았다. 미크로네시아에서 실시된 두 건의 조사는 여러 다양한 섬 사이에 차이가 4배까지 난다는 사실을 발견했다. 유병률이 가장 낮은 마셜제도에서는 1000명 당 4.2명이었고 가장 높은 팔라우에서는 1000명 당 16.7명이었다.[33] 인도에서 개별적으로 실시한 9건의 연구는 높은 카스트에 속한 사람들의 유병률이 낮은 카스트에 속한 사람들보다 유의미하게 높다고 보고했다.

아일랜드는 조현병에 관한 연구가 집중적으로 이루어진 나라다. 다른 나라로 이주한 아일랜드인들과 아일랜드에 남았던 사람들 양쪽 모두 조현병 유병률이 매우 높다는 보고들이 19세기부터 있어왔기 때문이다. 이미 1808년에도 아일랜드는 "유럽의 다른 어느 나라보다 정신이상이라는 병이 자주 발생하는 나라"라는 주장이 있었다.[34] 1960년대와 1970년대에 실시한 연구들로 아일랜드는 인구와 조현병 입원 환자 수의 비율이 세계 어느 나라보다 높다는 사실이 확인되었고, 3개 주의 지역 환자 명부에 따르면 서쪽 주 중 한 곳은 1000명 당 7.1명의 조현병 유병률을 보였다. 1982년에 나는 아일랜드 서부에서 유난히 조현병 유병률이 높다고 여겨지던 어느 작은 지역을 연구하면서 여섯 달을 보냈다. 그 지역의 유병률은 1000명 당 12.6명이었고, 이는 주변 지역들의 2배를 넘는 수치였다. 이 1982년 연구에서 또 한 가지 알 수 있었던 점은 아일랜드의 높은 조현병 유병률이 나이가 더 많은 사람들에게서만 나타나고 더 젊은 사람들에게서는 나타나지 않는다는 것이었다. 이후 다른 연구들을 통해서도 1940년 이후에 아일랜드에서 태어난 사람들에게서는 조현병 유병률이 더 낮아진 사실이 확인되었다. 이는 1940년 무렵에 밝혀지지 않은 어떤 이유로 조현병 유병률에 변화가 일어났음을 암시한다.

근래에는 잉글랜드로 이주한 카리브해 지역 사람들의 조현병에 관한 연구가 큰 관심을 끌고 있다.[35] 이 이민자들은 조현병 유병률이 높은 것으로 밝혀졌는데, 이민자 본인뿐 아니라 잉글랜드에서 태어난 후손들 역시 그렇다. 카리브인 이민자가 많이 살고 있는 런던 남부에서 진행한 한 연구에서는 아마도 전 세계에서 가장 높은 조현병 유병률이라고 할 수 있을 결과가 나왔다. 아프리카계 카리브인 이민자 유병률이 영국 백인의 9배였던 것이다. 카리브인 이민자 중 가장 많은 이들의 출신국인 자메이카에서 실시한 연구 결과, 자메이카의 조현병 유병률은 특별히 높지 않았다. 네덜란드와 스웨덴에서 실시한 연구들에서도, 모든 이민자는 아니지만 일부 이민자 집단의 조현병 유병률이 이례적으로 높았다. 이 연구들을 요약하면 이민자 본인은 조현병이 생길 위험이 2배 이상이고, 그들의 1세대 후손은 위험이 4배 이상이라는 결과가 나왔다.[36] 이민자들의 높은 유병률은 스트레스 때문인 것으로는 보이지 않는다.

이 모두 흥미로운 결과들이며, 내가 보기에는 조현병의 원인에 관한 중요한 실마리를 제공해줄 결과들이기도 하다. 만약 우리가 카리브인 이민자들이나 서부 아일랜드 사람들, 또는 크로아티아 사람들이 조현병에 걸리는 비율이 유난히 높은 이유, 또는 후터파 사람들이 유난히 적게 걸리는 이유를 이해할 수 있다면, 조현병의 원인에 대해서도 더 잘 이해하게 될지도 모른다. 그러나 애석하게도 이 연구 분야는 상대적으로 등한시되어왔으며 미국에서 특히 더 그렇다.

## 조현병은 증가하는 추세인가, 감소하는 추세인가

앞에서도 언급했듯이 아일랜드에서 지난 수십 년 사이 조현병 유병률이 감소했다는 증거가 있다. 1985년 이후로 스코틀랜드, 잉글랜드, 덴마크, 오스트레일리아, 뉴질랜드에서 실시된 연구들에서도 비슷한 결과가 나왔다.[37] 이 연구들에서 나타난 평균 감소율은 10~20년 동안 35퍼센트다. 그러나 이 연구들은 정의와 진단 기준의 변화 때문에 비교에 문제가 있어 비판을 받아왔다. 따라서 현재 시점에 말할 수 있는 것은 그 나라들에서 조현병 유병률이 줄어들고 있다는 **의견**이 있지만, 방법론적으로 꼼꼼한 연구들을 통해 그 의견들을 확인하는 과정은 남아 있다는 점이다.

미국에서 진행된 연구들은 증가 추세를 암시한다. 과거의 연구 중에서 1980~1984년에 다섯 곳을 대상으로 진행된 역학적 집적 영역 연구와 비교할 만한 연구는 없지만, 그래도 그 다섯 곳 중 두 곳을 대상으로 실시한 독립 연구들이 있었다. 1936년에 볼티모어에서 실시한 한 연구에서는 1년간 1000명당 2.9명의 조현병 유병률이 나왔다.[38] 그런데 볼티모어의 같은 지역에서 1980~1984년에 실시한 역학적 집적 영역 연구에서는 6개월 동안 3배 이상의 유병률이 나왔다. 마찬가지로 1958년에 뉴헤이븐에서 아우구스트 홀링스헤드August B. Hollingshead와 프레드릭 레드리치Fredrick C. Redlich가 실시한 연구에서는 6개월 유병률이

1000명당 3.6명이었던[39] 반면, 역학적 집적 영역 연구에서 나온 6개월 유병률은 그 두 배 이상이었다. 역학적 집적 영역 연구는 무작위 표본 기법을 사용했기 때문에 환자를 더 완전하게 찾아낼 수 있었고, 이런 점이 역학적 집적 영역 연구의 높은 유병률에 어느 정도 기여했을 것이다. 하지만 역학적 집적 영역 연구에서는 조현병에 대한 더욱 엄밀한 정의를 사용했으니 이 점은 또 이전의 두 연구에 비해 유병률을 낮추는 경향이 있었을 것이다. 이런 두 차이는 최소한 부분적으로는 서로 상쇄했을 것이다.

앞에서 언급한 연구들에 방법론적으로 여러 문제가 있지만, 어쨌든 지난 몇 십 년 동안 미국에서 조현병의 유병률이 높아졌다는 인상을 준다. 역학적 집적 영역 연구 대상 지역들에서 **새로운** 조현병 발생률이 매우 높았다는 사실 또한 그런 인상을 더욱 강화한다.[40] 요약하자면 미국에서는 최근 조현병의 유병률이 증가했을 수 있고, 여전히 증가하고 있을 수도 있다. 이는 조현병 유병률이 감소하는 듯한 가능성을 보인 몇몇 다른 나라와 대조적이다.

## 조현병은 근래에 처음 등장한 것인가

조현병의 역사는 상당한 궁금증을 자아내며 학자들 사이에 활발한 논쟁을 일으켰다. 한쪽에서는 "조현병은 전 역사를 통틀어 존재해왔으며 (…) 조현병이 태고부터 있었던 병이라는 관점을 뒷받침하는 결정적인 증거가 있다"고 주장하는 사람들이 있다.[41] 이 관점을 지지하는 사람들은 (7년 동안 '황소처럼 풀'을 먹었던) 네부카드네자르Nebuchadnezzar 와 (환각을 보고 환청을 들었던) 에제키엘Ezekiel 같은 옛 산스크리트나 바 빌로니아의 성경 속 인물들을 들어 자신들의 주장을 뒷받침한다. 또한 그들은 조현병에 걸린 사람은 집에만 있어야 했거나 신의 계시를 받 은 존재로 여겨졌으므로 병든 존재로 정의되지는 않았다고도 주장한 다. 다른 편에는 정신증적 증상들을 초래했을 수도 있는 뇌 손상(예를 들어 출산 외상)이나 뇌 질환(예를 들어 뇌전증, 매독, 바이러스 뇌염)이 생긴 사람들이 있었을 거라고는 인정하지만, 전형적인 환청 증상이 있고 성 인기 초기에 발병하는 조현병은 사실상 한 번도 묘사된 일이 없었다고 주장하는 이들이 있다(나도 여기 속한다).[42]

중세 말기부터 때때로 조현병 환자가 나타나기 시작했다는 데 대해 서는 더 강력한 논거를 댈 수 있다. 그 시기에 (베들럼bedlam*이라는 용어 를 탄생시킨) 런던의 베슬럼Bethlam 병원 같은 몇몇 작은 정신병원들이 문 을 열었다. 1421년부터 1471년까지 살았던 헨리 6세도 조현병과 유사 한 병이 있었던 것으로 보인다. 셰익스피어는 1591년에 쓴 그의 첫 희 곡의 소재로 헨리 6세를 골랐다. 〈햄릿〉(1601년)에서는 햄릿이 미친 척 행동하고, 오필리어는 자기가 사랑한 남자에게 아버지가 살해당했다 는 사실을 알고 미쳐버린다. 정신의학자 나이젤 바크Nigel Bark는 〈리어

---

\*     13세기 런던 비숍스게이트 근처에 세워진 '베슬리헴의 성모마리아 소수도원Priory of St. Mary of Bethlehem'은 1400년경부터 (현대적 의미의 병원과는 다른) 정신질환자들을 수 용하기 시작했다. 세월이 흐르면서 '베슬리헴'이 정신질환자 수용소를 대표하는 보 통명사처럼 쓰이게 되었고, 철자는 '베슬리헴Bethlehem'에서 '베슬럼Bethlem'으로, 다시 '베들럼Bedlam'으로 바뀌었다. 오늘날에도 정신병원을 뜻하는 일종의 방언처럼 사용 된다.

왕〉(1605년)의 '가련한 미친 톰'은 조현병이 있었던 거라는 매우 설득력
있는 주장을 하지만, 그가 단순히 미친 척한 것일 가능성도 있다고 인
정한다.[43] 한 조현병 전문가는 청년 시절인 1656년에 망상과 환청을 겪
고 긴장증적 행동을 보였던 영국 목사 조지 트로스George Trosse의 자서전
이 조현병을 묘사한 글이라고 주장했고 또 다른 사람은 트로스가 보인
증상들의 원인은 알코올중독으로 인한 정신증일 가능성이 더 크다고
주장했다.[44]

　　1700년대 초에는 조현병으로 볼 수도 있을 사례들이 간헐적으로
등장하기는 했지만 그 숫자는 대단히 적었다. 그러다 1700년대 후반
에 그 수가 증가하더니, 19세기로 넘어가는 즈음 갑자기 누가 봐도 확
실한 형태의 조현병이 등장했다. 1800년대 초에는 동시에 (그리고 아마
도 서로 독립적으로) 잉글랜드 의사 존 해슬럼과 프랑스 의사 필리프 피
넬Philippe Pinel이 각자가 정리한 확실한 조현병 사례들을 묘사했다. 그
후 조현병에 대한 묘사가 19세기 내내 계속해서 그야말로 쏟아져 나
왔고, 또한 조현병의 발병 빈도가 증가하고 있다는 증거들도 이어졌
다. 하나의 질병으로서는 아주 극적인 등장이었다. 1809년에 나온 해
슬럼의 책은 1798년에 발표한《정신이상에 대한 관찰》의 증보판이었
다. 망상과 환각, 사고장애, 심지어 부검 후 일부 환자의 뇌에서 발견한
이상들에 대한 이야기도 담겨 있는 대단한 책이다. 해슬럼이 환자를 묘
사한 것을 보면 그가 지금 우리가 조현병이라 부르는 병을 묘사하고 있
다는 데 한 치의 의심도 들지 않는다. 해슬럼은 1810년에 한 조현병 환
자를 집중적으로 묘사한 〈광기의 실례: 어느 독특한 정신이상의 사
례Illustrations of Madness: Exhibiting a Singular Case of Insanity〉라는 글을 발표했는데,

제목을 보면 그러한 사례들이 당시에는 매우 특이한 것이었음을 알 수 있다.

　해슬럼과 피넬의 관찰에서 시작해 19세기가 끝날 때까지 유럽에서는 정신이상이 증가하고 있는지 아닌지, 만약 증가하고 있다면 그 이유는 무엇인지를 둘러싼 논쟁이 계속 이어졌다.[45] 이미 1829년에 앤드류 할리데이Andrew Halliday 경은 "정신이상에 걸린 사람들의 수는 지난 20년 동안 3배 이상 증가했다"고 경고했고, 1835년에 J. C. 프리처드J. C. Prichard는 "증가세가 어디서나 충격적일 정도로 명백하며 (⋯) 정신이상 환자들은 예전보다 훨씬 더 많아졌다"고 덧붙였다. 1856년에 프랑스에서는 E. 르노당E. Renaudin이 특히 젊은이들과 도시지역에서 많이 나타나는 정신이상의 증거를 보여주는 광범위한 데이터를 발표했고, 이듬해 잉글랜드에서는 존 호크스John Hawkes가 "나는 세계의 역사가, 혹은 과거 시대의 경험들이 오늘날만큼 많은 양의 정신이상을 보여주었을 거라는 데 회의적이다"라고 썼다. 1873년에 이르자 해링턴 튜크Harrington Tuke는 "정신이상의 거대한 파도가 서서히 앞으로 나아가고 있다"고 경고했고, 3년 뒤 로버트 제이미슨Robert Jamieson은 "우리 시대의 가장 두드러진 현상은 정신이상의 경악스러운 증가"라고 말했다.

　정신이상이 실제로 증가하고 있다고 믿었던 사람들은 여러 가지 개연성 있는 설명들을 제시했는데, 유전학(예를 들어 혈족결혼의 증가)부터 문명의 복잡성 증가, 수음, 알코올 사용, 기차 여행의 증가까지 다양했다. 실제로는 정신이상이 증가하는 것이 아니라고 반박했던 사람들은 정신질환자의 기대수명 증가, 성가신 사람들을 시설에 가두는 사회적 움직임, 산업화가 진전되면서 가족들이 집을 떠나 일하러 가고 따라서

**그림 14-1. 1830~1950년 미국 인구 10만 명당 공공 정신병원 입원환자 수**

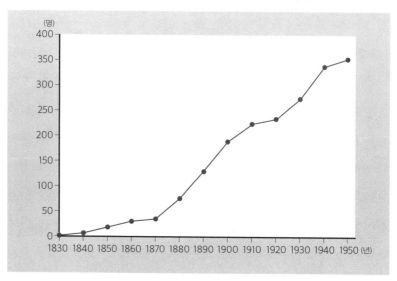

더 이상 병든 친족을 집에 둘 수 없어서 생기는 통계상의 수치일 뿐이라고 주장했다. 영국의 에드워드 헤어Edward Hare 박사는 이러한 주장들을 세세하게 분석해 19세기에 실제로 정신이상이 증가했을 가능성이 거의 확실하다는 결론을 내렸다. 나 역시 이 주제에 관해 공저한《보이지 않는 역병The Invisible Plague》에서 정신이상이 실제로 증가했다고 결론지었다.

미국에서는 정신이상이 증가하고 있는 것 같다는 인식이 유럽에서보다 좀 더 늦게 나타났던 것으로 보인다. 미국에서 정신질환자들만을 위한 최초의 병원이 문을 연 것은 1773년이다. 버지니아주 윌리엄스버그에 있던 이 병원은 침상이 24개 있었지만, 30년 넘게 그 침상이 다 찼던 적은 한 번도 없었다. 1773년부터 1816년까지 43년 동안은 그런 병원이 단 한 곳도 더 생기지 않았지만, 1816년부터 1846년까지는 22곳이 더 생겼다.

〈그림 14-1〉[46]은 1830년부터 1950년까지 미국에서 공공 정신병원의 인구당 환자 수 증가를 표시한 것이다. 미국에서 정신이상이 증가하고 있다는 최초의 경보가 울린 때는 미국 정신의학회 설립자 중 한 사람인 플리니 얼이 "정신이상은 증가 추세에 있는 질병"이라고 경고한 1852년이었다.[47] 1854년에 정신의학자 에드워드 자비스Edward Jarvis는 매사추세츠주의 정신이상 인구에 대한 광범위한 조사를 실시하고 그 수가 증가하고 있다는 확신을 가졌다. 1871년에 자비스는 "정보 확득의 출처나 수단이 무엇이든, 잇따른 보고서들은 모두 정신이상자의 수가 증가하고 있음을 보여준다"고 썼다.[48] 1894년에 매사추세츠 주립 정신병원 한 곳의 병원장은 이렇게 덧붙였다. "정신이상자 수가 전체 인구보다 2배 빠른 속도로 증가했다. (⋯) 우리는 50년 전에도 이 정도로 빠른 속도로 정신이상자 수가 증가해왔음을 발견했다."[49]

## 탈원화가 낳은 재앙[50]

20세기 전반기 동안 미국의 공공 정신병원 입원환자 수는 3.5배 증가했다. 1903년에 14만 4653명에서 1950년에 51만 2501명이 된 것이다. 인구 증가에 대한 환자 수 증가 비율은 거의 2배였다. 그중 가장 많은 수를 차지하는 진단명은 조현병이었다. 그러나 2차 세계대전 때까지는 조현병 환자 수가 증가하고 있다는 문제가 대중의 주목을 거의 끌지 못했다. 그러다가 두 가지 사건이 함께 정신질환을 무대 중앙으로 데려다놓았다.

첫째 사건은 정신질환 때문에 입대 거부를 당하는 젊은이 수가 이례적으로 많았던 것이다. 루이스 B. 허시Lewis B. Hershey 장군은 전쟁 후 하원과 상원의 청문회에서 모든 징집가능자 중 18퍼센트에 해당하는 85만 6000명이 정신질환 때문에 입대를 거부당했다고 말했다. 둘째 사건은 무기를 드는 것을 거부한 양심적 병역 거부자 약 3000명을 주립 정신병원에서 대체복무하도록 배치한 일이었다. 이 양심적 병역 거부자 중에는 퀘이커교도, 메노파교도, 감리교도의 젊은 이상주의자가 많았는데, 주립 정신병원에서 목도한 비인간적 상태는 그들을 경악케 했다. 그들은 이런 상태를 알리기 위해 언론을 찾아가고, 보고서를 만들고, 의회에서 증언했다. 예를 들어 켄터키주는 **1년에** 정신과 입원환자 한 명당 146달러 11센트만을 지출했다고 하고, 워싱턴 D. C.의 세인트엘리자베스병원에서는 12년 동안 병원 직원들에 의해 20명의 환자가 살해되었으나 "이 사건들과 관련해 어떤 유죄판결도 내려지지 않았다"고 했다.[51]

1946년 5월 6일, 잡지 〈라이프〉는 〈베들럼 1946: 미국 정신병원은 대부분 수치이자 치욕Bedlam 1946: Most U.S. Mental Hospitals Are a Shame and a Disgrace〉이라는 제목으로 주립 정신병원들의 상태에 대한 13쪽짜리 폭로 기사를 냈다. 양심적 병역 거부자들의 보고를 바탕으로 기사가 작성되었고 불결한 환경에서 벌거벗은 채 생활하는 환자들의 사진도 포함되어 있었다. 같은 달 〈리더스 다이제스트〉에는 메리 제인 워드Mary Jane Ward의 신작 소설 《뱀 구덩이The Snake Pit》(지저분하고 낙후된 정신병원을 가리키는 표현)를 요약한 내용이 실렸다. 정신병원에 갇힌 한 여성의 끔찍한 경험을 상세히 묘사한 소설이었다. 1946년 9월에 〈데일리 오클라호만Daily Oklahoman〉의 젊은 기자 마이크 고먼Mike Gorman은 오클라호마 주립 정신병원들에 관한 신랄한 연재 기사(예를 들어 "그 병원 식당은 단테의 지옥을 컨트리클럽처럼 보이게 만든다")를 냈고, 이를 묶어 다음 해에 책으로 출간했다. 1948년에는 앨버트 도이치Albert Deutsch가 12개 주의 정신병원들을 방문한 경험을 바탕으로《미국의 수치The Shame of the States》를 출간했다. 도이치는 "일부 병동들에서는 나치 집단수용소의 끔찍함에 뒤지지 않을 만한 광경들이 펼쳐졌다. 벌거벗은 수백 명의 정신질환자가 불결하기 짝이 없는 거대한 헛간 같은 병동에 몰려 있었다"고 썼다.[52] 그리고 자기 주장을 증명한 사진들도 함께 실었다. 미국 정신질환자들의 문제는 과거 그 무엇과도 달리 전 국민의 의식과 양심에 강렬히 새겨졌다.

이렇게 탈원화를 위한 무대가 마련되었고, 1950년대에 최초의 효과 있는 항정신병약물인 클로르프로마진과 레세르핀이 도입되면서 탈원화 실행은 더욱 용이해졌다. 1960년에 존 F. 케네디가 대통령으로 선출되면서 병원을 비우는 일에 대한 동력과 자원도 충분히 제공되었다. 3장에서 이야기했듯이 케네디의 여동생은 공개적으로 지적장애로 알려져 있었지만, 조현병도 생겼고 뇌엽절제술도 받았다.[53] 따라서 케네디는 지적장애인과 정신질환자 들을 옹호했고, 연방에서 자금을 지원하는 지역 정신건강 센터를 세우는 일련의 법안을 제안했다. 지역 정신건강 센터들은 주립 정신병원의 대안으로 기능하게 될 것이라고 했다. 그 법안을 제안하면서 케네디는 "미국의 정신질환자 중 가장 큰 범

**그림 14-2. 탈원화의 규모: 1950~2005년 공공 정신병원 환자 수**

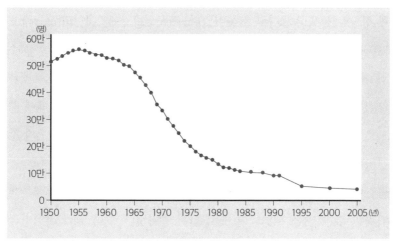

주를 차지하는 조현병 환자 3명 중 2명은 6개월 안에 치료하고 나갈 수 있음이 증명되었다"고 구체적으로 단언했다.[54] 그 법안은 정신의학의 **타이타닉**호였고, 20세기 미국에서 가장 큰 실패를 몰고 올 사회적 실험이었다.

탈원화의 규모를 파악하는 일은 쉽지 않다. 1955년에 주립 정신병원들에는 중증 정신질환자 55만 9000명이 있었다. 2015년에는 약 3만 5000명이었다. 1955년부터 2010년까지 미국 인구가 1억 6600만 명에서 3억 900만 명으로 증가했으니, 만약 오늘날에도 1955년과 인구당 입원환자 수의 비율이 동일하다면 오늘날 입원환자 수는 104만 명이 되었을 것이다. 이 말은 곧 1955년이라면 주립 정신병원에 있었을 환자 약 100만 명이 오늘날에는 지역사회 안에 있다는 뜻이다. 또한 이는 **50년 전이라면 병원에 입원해 있어야 할 사람 중 96퍼센트 이상이 오늘날**

**에는 병원에 있지 않다**는 말이기도 하다.

이 중 상당수는 약물 치료와 후속 돌봄 서비스만 제대로 제공된다면 병원 밖에서도 잘 살아갈 수 있다. 이런 의미에서 보면 과거에도 지금도 탈원화는 인간적이고 합리적인 개념이다. 그렇다면 탈원화는 어째서 그렇게 큰 재앙이 된 것일까? 거기에는 여섯 가지 주된 이유가 있다.

**1. 중증 정신질환의 원인에 대한 오해**    탈원화가 진행되던 1960년대 초, 토머스 사즈의 《정신질환이라는 신화》(1961)와 켄 키지Ken Kesey의 소설 《뻐꾸기 둥지 위로 날아간 새》(1962)가 막강한 영향력을 행사했다. 정신병원이 정신질환을 초래한다는 믿음, 환자를 병원에서 내보내기만 하면 그때부터 그들은 영원히 행복하게 살아갈 거라는 믿음이 만연했다. 낭만적인 생각이지만 돌이켜보면 틀린 생각일 뿐 아니라 놀랍도록 순진한 생각이었다.

**2. 병원에서 지역사회 프로그램으로 자원을 이동하지 못한 것**    환자를 대대적으로 병원에서 지역사회로 옮겼음에도 인적 자원과 재정적 자원은 그 이동을 따라가지 못했다. 예를 들어 뉴욕주에서는 25년 동안 주립 병원 환자가 9만 3000명에서 2만 4000명으로 줄었지만, 같은 기간 동안 문을 닫은 병원은 단 한 군데도 없었고, 주립 병원의 총 직원 수는 2만 3800명에서 3만 7000명으로 증가했다. 자원 이동을 막는 가장 큰 방해꾼은 주립 병원에서 가장 많은 일자리를 제공받은 시골 지역의 막강한 주 의회와 노동조합 들이다.

**3. 지역 정신건강 센터의 실패**    30억 달러가 들어간 연방의 지역 정신 건강 센터 프로그램은 시작부터 실패였다.[55] 국립정신보건원은 모호한 지침만 제시하고 감독은 거의 하지 않았으며 각 주의 정신보건 당국 과 협력하지 않음으로써 결과적으로 주립 병원들과 지역 정신건강 센 터 간의 협조가 전혀 이루어질 수 없도록 만들어놓았다. 연방의 지원 을 받는 789개 지역 정신건강 센터 중 약 5퍼센트는 병원에서 내보내 진 환자들을 맡았지만, 나머지는 모두 가족문제나 개인적 문제에 대한 상담 센터나 심리치료 센터로 변해갔다. 일부 지역 정신건강 센터들은 연방의 자금으로 수영장과 테니스코트를 만들었고, 심지어 플로리다 주의 한 지역 정신건강 센터는 연방의 인사 지원금으로 수영 강사까지 채용했다.

**4. 변호사라는 파괴적 세력**    탈원화가 진행되던 1965년부터 1990년 까지 미국 변호사 수는 29만 6000명에서 80만 명으로 증가했고, 이는 인구 증가보다 4배 빠른 속도였다.[56] 그 변호사 중 일부는 사즈의《정신 질환이라는 신화》를 읽고서 정신질환자들을 주립 병원에서 빼내기 위 한 주와의 법정 소송에 자신의 경력을 바침으로써, 그들을 위한 비자 의 치료를 더욱 어렵게 만들고 탈원화를 효과적으로 가속화하기 위한 주 법률들을 통과시켰다. 이들은 미국시민자유연맹과 (과거에는 정신건 강법 프로젝트라고 불리던) 베즐런 정신보건법 센터 같은 단체들을 통해 자신들의 목표를 달성해나갔다. 영원히 정신증 상태로 있을 자유를 누 리며 노숙 생활을 하는 정신질환자 수는 그 변호사들의 성공을 보여주 는 산 증거다.

**5. 활용할 수 없는 정신건강 전문가들** 정신과 의사, 심리학자, 정신건강 사회복지사 들의 교육에 사용하는 연방 보조금 제도는 1948년에 시작되어 20년 뒤에는 한 해에 1억 1900만 달러에 이르는 자금을 지원했다. 주 보조금은 그보다 더 후하다. 하지만 이 전문가들이 받은 교육은 '정신질환' 전문가가 아니라 '정신건강' 전문가가 되기 위한 것이었다. 공적 보조금으로 교육을 받지만 서비스로 그 지원에 대한 대가를 갚아야 할 의무는 없으므로, 대다수는 곧바로 개인 심리치료 영업을 시작한다. 1980년에 개인 진료자들을 대상으로 실시한 조사에 따르면, 정신과 의사에게 진료를 받은 환자 중 6퍼센트, 그리고 심리학자의 진료를 받은 환자 중 3퍼센트만이 정신질환으로 병원에 입원했다.[57] 조현병 및 기타 중증 정신질환이 있으면서 탈원화된 환자 대부분에게 그런 전문가들의 서비스는 그림의 떡이다.

**6. 병원을 비우는 데 대한 연방의 인센티브와 정신질환 시설IMD 배제법** 연방의 지역 정신건강 센터 법이 통과되면서, 병원에서 내보내진 중증 정신질환자들은 연방의 메디케이드, 메디케어, 생활 보조금, 사회보장장애 보험, 식료품 할인 구매권, 특수 주거 및 기타 프로그램의 적용 대상이 되었다. 쉽게 말해서, 환자들이 주립 정신병원에 있는 한 그들에 대한 재정적 책임은 각 주에 있었지만, 일단 주립 병원에서 나오면 그들을 보살피는 재정적 책임의 대부분은 연방정부로 넘어간다. 말했듯이 주립 병원들을 비우게 하기 위한 연방의 가장 큰 유인책은 정신질환 시설 배제법이다. 이 법에 따라 연방의 메디케이드는 주립 병원에 있는 환자 의료비는 주에 환급해주지 않지만, 그 환자들을 주가 운영하지 않

는 '준병원들'로 옮기면 환자를 보살피는 비용을 지급해준다.

　정신질환 시설 배제법은 이렇게 작동한다. 2000년에 오리건주 포틀랜드에서 한 조현병 환자가 오리건 주립 병원에 입원했다고 하자.[58] 비용은 하루 315달러, 또는 한 해에 11만 4975달러였다. 연방정부는 정신질환 시설 배제법 때문에 그 비용을 한 푼도 환급해주지 않았을 것이고, 따라서 전체 비용을 주가 지불했을 것이다. 그러나 만약 오리건주가 그 조현병 환자에게 주립 병원에 입원하는 것을 허락하지 않고 대신 하루에 229달러 하는 '준병원'에 입원시켰다면, 연방정부는 오리건주에 하루 93달러를 환급해주었을 것이고, 이는 주립 병원 입원에 비해 주 정부에게 한 해에 6만 5335달러를 절약해주는 셈이 된다. 그리고 만약 오리건주가 하루에 126달러 비용이 드는 주거시설에 그 환자를 보냈다면, 연방정부는 오리건주에 하루 76달러를 환급해주었을 것이고, 그러면 주는 주립 병원 입원에 비해 한 해에 9만 6725달러를 절약하게 된다. 주 입장에서는 과거부터 지금까지 계속, 주립 병원을 폐쇄하고, 환자의 임상적 필요가 무엇이든 상관없이 조현병 환자를 주립 병원이 아닌 다른 곳에 입원시켜야 할 큰 재정적 인센티브가 있는 것이다. 전적으로 그 재정적 인센티브는 집중적인 입원 치료를 거절하고 주립 병원을 텅 비우는 데서 나온다. 후속 돌봄을 제공하는 일에 대해서는 그 어떤 재정적 인센티브도 없다. 주들이 이 시스템을 유리하게 활용하는 방법을 익히는 데는 오랜 시간이 걸리지 않았고, 이런 상황은 탈원화의 실패에 큰 역할을 해왔다.

　이런 착오들을 감안하면 탈원화가 엄청나게 실패한 것도 전혀 놀랍지 않다. 노숙 생활, 수감, 폭력, 괴롭힘, 비참한 주거, 해결책 없는 쳇바퀴 돌기, 부족한 전문가, 최소한의 치료. 이는 모두 완벽하게 예측되던 결과다. 만약 사고장애가 가장 심각한 조현병 환자에게 탈원화를 위한 계획을 세워달라고 요청했더라도, 지금 우리가 처해 있는 것보다는 나은 결과가 나왔을 것이다.

누구를 탓해야 할까? 정신건강 전문가들은 흔히 보수적 정치가들, 특히 레이건 전 대통령을 비난하는 것이 정치적으로 올바른 답이라고 생각하는 것 같지만 사실을 따져보면 정확하지는 않은 답이다. 사실 탈원화의 대실패는 5명의 민주당 대통령(케네디, 존슨, 카터, 클린턴, 오바마)과 6명의 공화당 대통령(닉슨, 포드, 레이건, 부시, 부시, 트럼프) 아래에서 일어났고 일어나고 있다. 탈원화 실패의 책임은 과거에도 지금도 오롯이 정신과 의사, 심리학자, 정신건강 사회복지사, 법률가, 연방과 주 관료 들에게 있다.

## 조현병의 비용은 얼마인가

조현병의 비용에 관해 질문하는 것은 어떤 의미에서 무의미하다. 조현병을 잘 아는 사람이라면 누구나 그 병의 강도와 비극성은 도저히 돈으로 환산할 수 없음을 알 것이다. 동시에 우리 사회의 자원은 유한하고, 좋든 싫든 비용과 편익을 판단하는 것은 그 자원을 할당하는 과정의 일부다. 의사결정 과정은 노골적으로나 암묵적으로나 다음과 같은 질문들을 던지는 정치적 과정이다. 그 병의 비용은 얼마인가? 더 나은 치료법을 찾으면 비용을 얼마나 절약할 수 있는가? 이 병에 연구 자금을 더 많이 쓰는 일의 비용-편익 비율은 얼마인가? 이런 질문들이 제기되기 때문에 조현병의 비용은 확실히 해두는 것이 중요하다.

어느 병이나 다 그렇지만 조현병의 비용은 여러 가지 방식으로 계산할 수 있다. 조현병 환자 한 명을 치료하는 데 들어가는 경제적 비용을 계산할 수도 있다. 또는 알려진 모든 환자를 치료하는 비용을 합산할 수도 있다. 조현병 때문에 상실된 임금과 여러 해에 걸쳐 환자가 제대로 기능하도록 돕는 데 필요한 사회적 지원(예를 들어 주거 및 재활 프로그램)의 비용도 더할 수 있다. 조현병 치료 비용을 심장병 등 다른 질병을 치료하는 비용과 비교할 수도 있을 것이다. 마지막으로는 가장 계산하기 어려운 조현병의 비경제적 비용도 고려해볼 수 있다.

환자가 완전히 회복하는 경우, 조현병을 치료하는 비용은 다른 심각한 질병들과 비교할 때 그리 터무니없는 것은 아니다. 환자는 보통 몇 주 동안 입원해야 하고 이어서 몇 달 동안 약물 치료를 해야 한다. 그러나 그 사람이 완전히 회복하는 운 좋은 4분의 1(4장 참고)에 속하지 않는다면, 그 비용은 순식간에 여러 배로 뛴다.

사람들은 환자 한 명을 치료하는 직접적인 의료비를 추산하기도 한다. 예를 들어 수전 시한의 《지구상에 나를 위한 장소는 없나요?》에 등장하는 실비아 프럼킨Sylvia Frumkin의 경우를 생각해보자. 프럼킨은 조현병으로 18년 이상 스물일곱 차례 여러 병원에 입원했다. 1984년에 그녀에게 들어간 총 비용은 63만 6000달러로 추산되었는데, 이는 입원과 중간 시설, 위탁가정에 대한 비용만 포함한 것이다.[59] 외래환자 약품비, 응급실 사용, 일반 의료, 사회복지서비스, 그녀를 병원으로 데려가는 데 필요했던 법 집행 서비스, 법률 서비스, 법정 비용, 상실된 임금, 심지어 프럼킨의 가족에게 발생한 직접 돌봄 비용까지도 포함되지 않았다. 나는 53년 이상 조현병을 앓아왔고 오랜 기간 입원해 있어야 했던 내 여동생의 직접 돌봄 비용도 비슷하게 추산해보았다. 뉴욕주의 몇몇 주립 정신병원에 입원했을 때 발생한 직접 돌봄 비용만도 300만 달러가 넘었다. 단언컨대 이 정도의 비용은 중증 조현병이 있는 사람에게 그리 이례적인 것이 아니다.

미국의 모든 조현병 환자의 직접 비용(예를 들어 입원비와 약값)과 간접 비용(예를 들어 상실된 임금)을 계산한 두 연구가 있다. 캘리포니아대학교 도로시 라이스Dorothy Rice 박사와 레너드 밀러Leonard Miller 박사가 실시한 연구에서는 1990년에 조현병에 들어간 총 비용이 325억 달러로 계산됐다.[60] 국립정신보건원의 리처드 와이어트Richard Wyatt 박사와 동료들은 1991년의 비용을 650억 달러로 계산했다.[61] 두 연구에서 직접 비용의 추정치는 비슷하게 나왔지만(각각 195억 달러와 186억 달러), 가족의 돌봄, 상실된 임금, 자살로 인한 손실 같은 간접 비용의 추정치에서 상당한 차이가 벌어졌다. 뜻밖에도 간접 비용을 추산할 때 기준으로 삼을 만한 확실한 데이터가 거의 없다.

좀 더 최근에 나온 미국의 조현병 비용 추산치는 2002년 데이터를 사용한 것이다.[62] 입원환자와 외래환자의 서비스 비용을 포함한 직접적인 의료 비용은 227억 달러로 추산되었다. 법 집행 비용과 공공 보호소 비용을 포함한 직접적인 비의료 비용은 93억 달러, 상실된 임금 등의 간접 비용은 324억 달러로 추산되었다. 따라서 총 비용은 한 해에 644억 달러라고 했는데, 놀랍게도 이는 와이어트 연구 팀이 냈던

1991년의 추산치와 매우 비슷하다. 그러나 2002년 연구는 대단히 과소 추산한 것이 거의 확실하다. 조현병 유병률을 현재 널리 통용되는 1.1퍼센트 유병률의 절반도 안 되는 인구의 0.5퍼센트로 잡은 것이기 때문이다.

조현병의 경제적 부담에 대한 가장 최근의 추정치는 클루티어 등이 제시한 2013년 데이터(14장 추천 참고문헌 참조)를 기반으로 한 것이다. 그들은 연간 총 비용을 1557억 달러로 잡았는데, 이는 2002년 추정치의 2배를 넘는 액수다. 직접 의료 비용(예를 들어 입원, 외래환자 서비스) 초과분은 2002년의 227억 달러에 비해 377억 달러로 추산되었다. 직접 비의료 돌봄 비용(예를 들어 감옥이나 노숙자 쉼터)은 2002년과 정확히 동일하게 93억 달러로 추산되었다. 2002년과 비교해 2013년의 가장 큰 차이는 간접 비용(예를 들어 생산성 감소, 간호, 때 이른 사망 등)이 2002년의 324억 달러에 비해 1173억 달러로 추산된 점이다.

조현병에 이렇게 많은 비용이 들어가는 이유는 대개 초기 성인기에 발병해 많은 경우 50년 혹은 그 이상이 지나 사망할 때까지 지속되기 때문이다. 조현병에 걸린 사람들도 유년기와 청소년기에는 양육과 교육을 받으며 관련 비용을 소비했지만, 사회에 경제적으로 기여하는 구성원 역할을 하기로 되어 있는 바로 그 시기에 그럴 수 없는 장애가 생기는 것이다. 조현병에 걸린 260만 명 중 대부분은 계속해서 입원이나 위탁가정, 보조금, 법정 비용, 사회복지서비스, 외래환자 서비스 등을 필요로 한다. 조현병 발병 시점의 환자 연령대는 알츠하이머병 환자들과 달리 경제적으로 가장 생산적인 시기를 아직 지나지 않았다. 또한 많은 암환자의 경우처럼 비교적 사망 시기가 이른 것도 아니다. 만약 외계에서 온 어느 사악한 경제학자가 우리 지구에 최대한의 비용을 발생시키는 병을 고안하려 한다면, 조현병보다 그 목적에 더 잘 부합하는 병은 찾지 못할 것이다. 조현병은 경제적으로 삼중의 패배를 안긴다. 사회는 나중에 조현병에 걸릴 사람을 양육하고 교육해야 하고, 이 병에 걸린 대부분의 사람은 사회에 경제적으로 기여할 수 없으며, 동시에 그중 다수에게는 남은 인생 동안 비용이 많이 드는 사회복지서비스가 필요하기 때문이다.

조현병과 다른 병들을 치료하는 비용을 비교한 자료도 있다. 오스트레일리아에서는 조현병의 직접 비용과 간접 비용을 심장마비 치료 비용과 비교하는 연구를 실시했다.[63] 오스트레일리아에서는 심장마비가 조현병보다 12배 많이 발생하는데도 불구하고, 조현병 환자 한 명에게 드는 직간접 비용 총액은 심장마비 환자에게 드는 비용의 6배다. 이는 연금이나 사회보장 비용은 포함하지 않은 수치다. 조현병 환자는 심장마비 환자보다 훨씬 오래 살기 때문에 그 비용들을 포함시킨다면 비용의 격차는 훨씬 더 커질 것이다.

조현병의 어마어마한 경제적 비용을 보면 조현병 연구를 통해 얻을 수 있는 경제적 혜택에 대한 질문이 곧바로 따라 나온다. 조현병은 서구 세계에서 가장 연구가 덜 된 질병 중 하나다. 예를 들어 앞에서 말한 오스트레일리아 연구에서 밝혀진 바에 따르면, 조현병 연구에 지원된 자금은 심장마비 연구가 받은 지원금의 14분의 1밖에 안 된다. 이 두 병이 사회에 끼치는 상대적 비용을 고려할 때 이러한 연구 자금의 배분은 경제적 관점에서만 봐도 정말로 어리석은 일이다. 1984년에 미국 연구자들이 계산한 결과, 1998년까지 조현병 연구를 통해 조현병에 들어가는 비용을 10퍼센트만 줄일 수 있다면, 이후 10년 동안 그로 인해 절약할 수 있는 액수는 총 1800억 달러일 것이라고 했다.[64]

그러므로 공공정책 관점에서 볼 때, 조현병의 원인과 치료에 관한 연구에 자금을 더 많이 투입하는 것이 현명하다. 조현병이 납세자들에게 가하는 부담은 상당히 크다. 이는 이미 1855년에 매사추세츠주 정신이상 위원회도 언급했던 사실이다.

> 어떤 관점에서 보더라도 이 정신이상자들은 국가에 짐을 지운다. 치료가 가능한 자들은 그 병에 걸린 일정 기간 동안, 치료가 불가능한 자들은 남은 생애 내내 더 이상 생산을 하지 않을 뿐 아니라, 자신이 벌지 않은 빵을 먹어야만 하고, 자신이 만들지 않은 물건들을 소비해야만 하며, 국가의 재산으로 생계를 이어간다.[65]

그러나 뭐니 뭐니 해도 조현병의 가장 큰 비용은 환자와 가족에게 입히는 비경제적 비용이다. 이 비용은 계산조차 할 수 없다. 그것은 초기 성인기에 이르기 전까지는 정상적으로 성장한 다음, 남은 평생 지속될 수도 있는 뇌 질환 진단을 받는 일이 미치는 결과다. 희망, 계획, 기대, 꿈 들이 갑자기 모두 보류된다. 뇌성마비와 다운증후군은 신생아 가족에게 발생하는 비극이고, 암과 알츠하이머병은 나이든 사람의 가족에게 발생하는 비극이다. 하지만 지금까지 알려진 병 가운데 조현병만큼 어마어마한 비경제적 비용을 발생시키는 병은 존재하지 않는다. 조현병은 모든 병 중 가장 큰 비용이 드는 병이다.

# 15

## 옹호를 위해 알아야 할 것들

다시 한 번 말하지만, 우리에게는 이 사람들을 변호해야 할 이유가 있다. 그들 스스로 자신을 변호할 수 없기 때문이다. 정신이상의 해악 중 하나는 사람들이 그들의 말을 공정하게 들어주지 않는다는 것, 또는 사람들에게 자신이 원하는 것을 알릴 수 없다는 점이다. 그들은 머리 위에 불타는 숯이 놓여 있어도 무시무시하게 웃어댄다. 자신이 만들어낸 환영 앞에서 몸을 웅크리고 벌벌 떤다. 병이 자기 생명을 갉아먹고 있는데도 음울한 침묵 속에 가만히 앉아 있다. 정신이상자들은 자신을 위해 변호하지 않는다. 인심 있는 사람이라면 그들의 비참한 상태를 생각하며 그들에게 더 큰 동정을 느끼지 않겠는가?

— 로버트 워터스턴Robert Waterston, 1843년[1]


그들은 말한다. "여기서는 할 수 있는 일이 아무것도 없습니다!"
나는 대답한다. "내 사전에 아무것도 없다는 말은 없습니다!"

— 도로시아 딕스Dorothea Dix, 1848년[2]

　　도로시아 딕스는 중증 정신질환자들을 위한 너무나도 유능한 옹
호자였다. 그는 구빈원과 감옥 들을 찾아다니며 극악한 상태를 목격
했다. 정신질환자가 아무 희망도 없는 환자가 아니라 알맞은 보살핌
과 인간적 생활 조건만 주어진다면 훨씬 잘 기능할 수 있는 사람이라
는 것을 딕스는 강조했다. 주 의회와 조사 위원회에 나가 무수히 증언
했고, 제대로 된 정신의료가 없을 때 어떤 결과들이 생기는지를 항상
강조했다. 지방의 서기부터 주지사 들까지 온갖 관료에 맞서 대항하고
그들을 부끄럽게 만들었으며, 그들이 제 할 일을 하지 않는다고 공개
적으로 비난했다. 무엇보다 딕스는 '안 된다'는 대답을 절대 받아들이
지 않았다.

　　오늘날 우리는 딕스에게서 배울 것이 아주 많다. 모든 환자와 가족
이 옹호자로서 딕스만 한 위치에 오를 수는 없지만, 우리는 누구나 조
현병에 걸린 사람들의 삶을 개선하기 위해 할 수 있는 일이 있다. 그런
일을 하려한다면 다음의 4가지 일반 원칙을 기억하라.

**표 15-1. 옹호의 4원칙**

1. 상황에 관한 사실들을 완벽히 숙지한다. 신뢰성은 감정만이 아닌 사실
   에서 온다.
2. 많은 조현병 환자가 서비스 개선 노력을 위한 훌륭한 옹호자가 될 수 있
   다. 조현병이나 다른 중증 정신질환을 갖고 있는 장본인이라는 사실에
   서 오는 신뢰성은 그 무엇으로도 대신할 수 없다.
3. 관료들과의 만남을 요약하는 일까지 포함해 모든 것을 기록한다. 관련
   된 모든 사람에게 그 기록의 사본을 보낸다. 관료들은 당신이 한 어떤

말을 들었다는 사실조차 부인할 수 있지만, 당신이 보낸 편지의 사본을 갖고 있다면 그 편지를 받았다는 사실을 부인하는 것은 훨씬 어렵다.
4. 이용당하지 않도록 조심하라. 정치인들은 말로는 동의해놓고 아무것도 하지 않는 데 선수다. 공직자들은 말이 아니라 행동을 보고 판단하라. 7가지 코스 요리가 필요할 때 빵부스러기를 받아들이지 말라.

## 옹호 단체들

조현병 환자를 위한 서비스 개선과 연구를 위해서는 그 시스템이 작동하는 방식을 반드시 이해해야 한다. 1960년대까지 정신질환자를 위한 공공서비스에 대한 거의 모든 결정은 주 단계에서 이루어졌다. 그 이후로는 의사결정이 훨씬 더 복잡해졌다. 14장에서 언급했듯이 자금 지원 서비스는 주로 메디케이드 환급을 통해 연방정부가 주도하고 있다. 그동안 많은 주가 자신들에게 남아 있던 서비스에 대한 책임들도 카운티나 시로 떠넘기려 시도해왔지만, 여전히 최종 책임은 주 정부에 있다. 그러므로 옹호 노력들이 실효를 거두려면 많은 경우 연방과 주, 지방까지 세 단계 모두에서 수행해야 한다.

조현병 환자를 위한 실질적인 옹호 활동은 1980년대 전까지는 시작되지 않았다. 그 이전에는 조현병 환자들을 이끄는 역할을 할 것이라 기대되었던 단체들은 그들을 방치하기만 했다.

현재는 다음과 같은 옹호 단체들이 있다.

**치료 옹호 센터**Treatment Advocacy Center, TAC　　모든 것을 완전히 밝히기 위해 말하자면, 치료 옹호 센터는 1998년에 내가 설립했고 여전히 적극적인 회원으로 활동하고 있다. 또한 이 책 판매로 얻은 모든 인세는 치료 옹호 센터로 들어간다. 버지니아주 알링턴에 본부를 둔 치료 옹호 센터는 중증 정신질환이 있는 사람들, 요컨대 조현병, 양극성장애, 정신증적 특징이 나타나는 중증 우울증이 있는 사람들만을 옹호하는 단체다. 치료 옹호 센터는 수감되었거나, 노숙 생활을 하거나, 괴롭힘을 당하거나, 치료를 받지 않아 자살을 기도했거나 폭력적 행위를 한 적 있는 정신질환자들이 겪는 문제에 초점을 맞추어왔다. 또한 병에 걸린 사람들이 치료받지 않아서 발생하는 결과들 때문에 고통받기 전에 그들을 치료할 수 있도록 각 주의 법을 바꾸려는 노력도 해왔다. 치료 옹호 센터는 뉴욕주의 켄드라 법과 캘리포니아주의 로라 법을 통과시키는 데 핵심적 역할을 했으며, 그 외 35개 주에서 정신질환자 치료에 관한 법률들을 개선해왔다. 또한 2016년에 21세기 치료 법령21st Century Cures Act을 통과시키는 데 중요한 역할을 했다. 이 법령에는 보건복지부에 정신건강 차관보 직책의 신설도 포함되었다. 외래환자 지원 치료(10장 참고)는 치료 옹호 센터의 옹호 활동의 중심으로, 정신질환자들의 입원과 수감, 노숙, 폭력 행위를 유의미하게 감소시키고 돈을 절약할 수 있다는 점을 증명해왔다. 최근에는 공공 정신병원의 병상 공급 증가, 건강보험 양도 및 책임에 관한 법률Health Insurance Portability and Accountability Act의 개정, 정신질환 시설 배제법의 철폐를 위한 옹호 활동에 집중한다. 치료 옹호 센터는 전적으로 재단과 개인의 기부에 의지하며 제약 회사의 기부는 받지 않는다. www.treatmentadvocacycenter.org.

**정신질환 정책 기구**Mental Illness Policy ORG, MIPO　　이 단체는 치료 옹호 센터의 창립자 중 한 사람이기도 한 D. J. 재피D. J. Jaffe가 2011년에 발족했다. 정신질환 정책 기구 역시 21세기 치료 법령이 통과되는 데 중요한 역할을 했다. 뉴욕시에 본부를 둔 정신질환 정책 기구는 뉴욕시와 뉴욕주의 정신질환 치료 서비스 개선을 위한 옹호 활동에 초점을 맞추어 왔다. 특별히 언급할 것은 재피가 2017년에 출간한《미친 결과들: 정신건강 업계는 어떻게 정신질환자들을 저버렸는가Insane Consequences: How the Mental Health Industry Fails the Mentally Ill》라는 책으로 정신질환 옹호자가 되려는 모든 사람이 필수적으로 읽어봐야 할 안내서다. 정신질환 정책 기구는 전적으로 개인 기부로만 운영된다. www.mentalillnesspolicy.org

**전미 정신질환자 가족 연합**National Alliance for the Mentally Ill, NAMI　　버지니아주 알링턴에 본부를 둔 전미 정신질환자 가족 연합은 캘리포니아주 샌머테이오 카운티와 위스콘신주 매디슨에서 중증 정신질환을 가진 친족들을 위한 서비스 개선 옹호 활동을 펼치던 환자 가족 모임이 점점 커져서 1979년에 공식 발족한 단체다. 처음에는 가장 심각한 중증 정신질환에 대한 노력에만 집중했지만, 이후 의제를 확장해 외상후스트레스장애PTSD, 불안장애, 몇몇 성격장애까지 포함했다. 전미 정신질환자 가족 연합의 힘은 수백 군데에 달하는 전국 각지의 지부에서 나오며, 이들은 정신질환자와 그 가족들에게 교육과 지원을 제공한다. 가족 대 가족 교육 프로그램(11장 참고)은 정신질환에 대한 대중의 이해를 개선하는 데 크게 기여했다. 전국적인 수준에서는 각 주에 대한 평가, 주 정부의 정신건강 예산에 대한 보고서 같은 중요한 연구 결과들도 내놓았고, 적극적 지역사회 치료 프로그램PACT(9장 참고)도 홍보했다. 그러나 안타깝게도 옹호 단체로서 전미 정신질환자 가족 연합의 효율성과 신뢰성은 전국적으로는 제약 회사의 자금 지원에, 주 단위에서는 주 정신보건 기구들의 자금 지원에 크게 의존함으로써 갈수록 더 훼손되고 있다. www.nami.org.

**멘탈 헬스 아메리카**Mental Health America, MHA　　과거에는 전국 정신건강 협회National Mental Health Association라고 불렸던 멘탈 헬스 아메리카는 버지니아주 알렉산드리아에 위치하며, 1909년에 조울증(양극성장애)이 있던 클리포드 비어스Clifford Beers가 주립 정신병원을 개혁하기 위해 창립한 단체다. 아쉽게도 이 단체는 처음에는 정신분석가들에게, 나중에는 정신건강 옹호자들에게 장악되었고, 그 사명은 모든 것을 포괄함과 동시에 너무나도 막연한 것이 되었다. 멘탈 헬스 아메리카 포스터에는 이런 질문이 적혀 있다. "오늘 당신의 아이를 안아주었나요?" 아이들에게는 좋은 말이겠지만, 중증 정신질환이 있는 환자들에게는 아무 의미도 없다. 지역에서는 피츠버그, 필라델피아, 댈러스, 로스앤젤레스, 호놀룰루 등 몇몇 멘탈 헬스 아메리카 지부가 조현병 환자를 위한 옹호에 중요한 기여를 했다. 그러나 전국적 수준에서는 조현병과 관련된 옹호 활동은 거의 하지 않는다. www.mentalhealthamerica.net

**미국 조현병 및 관련 질환 연합**Schizophrenia and Related Disorders Alliance of America, SARDAA　　미국 조현병 및 관련 질환 연합은 고故 조앤 버배닉Joanne Verbanic이 미시간주에서 창립한 '익명의 조현병 환자 모임Schizophrenics Anonymous'을 확장 계승한 단체다. 조현병 환자들을 위한 지원 제공과 대중 교육과 옹호 활동에 초점을 맞춘다. 이들은 조현병 및 조현병과 관련된 정신증에만 관심을 둔다. www.sardaa.org.

## 국립정신보건원과 약물남용 및 정신건강 서비스국[+]

연방기구 중에도 조현병 환자에게 직접적인 영향을 미치는 프로그램을 운영하는 기구들이 있다. 예를 들어 사회보장국은 사회보장장애 보험과 생활 보조금 프로그램을 운영하며(8장 참고), 메디케이드 및 메디케어 서비스 센터는 메디케이드와 메디케어를 운영한다. 이론상으로는 조현병 환자를 위한 옹호 활동을 하는 연방정부 프로그램이 둘 있는데, 국립정신보건원과 약물남용 및 정신건강 서비스국이 바로 그 둘이다.

**국립정신보건원**      국립정신보건원은 2차 세계대전 당시 징집 과정을 통해 드러난 중증 정신질환자의 증가와 주립 정신병원의 악화되는 상태에 대응해 1946년에 의회가 만든 기구다. 처음에는 국립신경정신 연구소라는 명칭이었지만, 마지막 순간에 정신건강 옹호자들이 명칭을 바꾸었다. 원래 이들의 사명은 중증 정신질환에 대한 연구를 지원

---

[+]      한국에는 국립정신건강센터가 있다. 1961년 문을 연 정신질환 치료 공립 기관인 국립정신병원이 2016년부터 국립정신건강센터로 바뀌면서, 미국의 국립정신보건원과 비슷하게 정신건강에 대한 연구, 기획 기능을 강화하며 명실공히 정신건강의 컨트롤 타워 역할을 시작했다.

하고 정신건강 전문가들의 훈련을 지원하는 것이었다. 서비스 시범 프로젝트들을 제외하면, 정신질환자를 위한 서비스는 1세기 넘도록 그래왔던 대로 명백히 주와 지방정부 들의 책임으로 남아 있다.

많은 정부기구가 그렇듯이 국립정신보건원 역시 시간이 지나면서 그 사명을 잃어버렸다. 연구 측면에서는 모든 행동과학 문제에 대한 책임을 맡고 있고, 서비스 측면에서는 연방이 자금을 지원하는 지역 정신건강 센터 프로그램을 개발해 정신질환자에 대한 책임을 주 정부에서 연방정부로 넘기는 작업을 했다. 2003년의 한 보고서에 따르면 국립정신보건원이 지원하는 연구 자금 중에서 중증 정신질환과 조금이라도 관련이 있는 것은 29퍼센트도 안 되며, 중증 정신질환에 "현재 영향을 받고 있는 사람들의 치료와 삶의 질 개선에 그럭저럭 도움이 될 수 있는"것은 6퍼센트밖에 안 된다고 한다.[3] 당시 국립정신보건원은 비둘기들이 어떻게 사고하는지에 관한 18건의 연구와 산후정신증에 관한 단 한 건의 연구에 보조금을 지원하고 있었다. 토머스 인셀Thomas Insel 박사가 연구소장에 임명된 2002년에 국립정신보건원은 조현병과 기타 중증 정신질환에 대해 상당히 높은 관심을 기울이기 시작했고, 조현병의 조기 치료를 권장하는 프로그램(초발 조현병 삽화 이후 회복Recovery After an Initial Schizophrenia Episode, RAISE)에도 자금을 지원했다. 그러나 2016년에 연구소장이 된 조슈아 고든Joshua Gordon 박사는 그때부터 지금까지 조현병 연구와 치료에 대해서는 최소한의 노력만을 기울이고 있다.

**약물남용 및 정신건강 서비스국**Substance Abuse and Mental Health Services Administration, SAMHSA[4]   1991년에 "약물남용과 정신질환이 미국 사회에 미치

는 영향을" 줄이겠다는 공식 사명을 갖고 출범했다. 그러나 그중 '정신질환' 부분은 거의 무시해왔다. 예를 들어《약물남용 및 정신건강 서비스국의 역할과 활동 2011~2014 SAMHSA's Roles and Actions 2011-2014》이라는 4만 1804단어로 이루어진 문서를 보면 조현병이나 조울증(양극성 장애)이라는 단어는 단 한 번도 등장하지 않는다. 약물남용 및 정신건강 서비스국이 출간한 수백 권의 출판물 중에서 알코올남용에 관한 책이 194권, 동료 압박에 관한 책이 5권, "허리케인 회복 안내"와 "석유유출 대응"에 관한 책이 1권 있지만, 조현병에 관한 책은 단 한 권도 없다. 그러므로 약물남용 및 정신건강 서비스국은 2016년까지 전형적인 실패한 연방 기관이었다. 펜실베이니아주 팀 머피 Tim Murphy 의원 주도하에 21세기 치료 법령이 의회를 통과했는데, 여기에는 보건복지부에 정신건강 차관보를 신설해 약물남용 및 정신건강 서비스국을 감독하게 하는 규정도 포함되어 있다. 오랫동안 필요했던 약물남용 및 정신건강 서비스국의 개혁이 이제야 시작된 것이다.

## 대중을 대상으로 한 교육

조현병에 대한 서비스와 연구가 이렇게 등한시되어온 큰 이유 중 하나는 대부분의 사람이 조현병을 오해하고 있기 때문이다. 예를 들어 아직도 조현병을 '인격분열'이라고 믿는 사람이 충격적일 정도로 많다. 우리가 나서서 그들의 교육을 도우려 하지 않는다면, 입법자들이나 일반 대중이 서비스의 개선과 연구를 지원해줄 거라는 기대는 하지 않는 것이 좋다. 그러므로 교육은 우리 모두에게 가장 중요한 과제 중 하나이며, 교육해야 할 집단은 아주 다양하다.

옹호자로서 당신이 할 수 있는 일은 다음과 같다.

• 강사단을 조직하고 지역사회 봉사 단체(키와니스, 라이언스, 로터리 등), 학교 전교생 모임, 지역 기업 등에 강연을 제안한다. 델라웨어주 윌밍턴의 론 노리스Ron Norris 부부는 듀폰Du pont을 설득해 그런 발표에 사용할 영화의 제작비를 투자받았다. 〈음악이 끝날 때When the Music Stops〉라는 제목의 20분짜리 영화다.

• 교육 캠페인을 조직하라. 일례로 어느 환자 가족 모임은 〈숨길 것은 없다: 가족 내의 정신질환〉이라는 제목으로 중증 정신질환자가 있는 스무 가족의 사진과 인터뷰 내용을 전시했다.

• 학교는 교육하기에 특히 적합한 곳이다. 몇몇 전미 정신질환자 가족 연합 지부는 학교를 타깃으로 하는 작업 그룹을 만들었다. 예를 들어 1993년에 전미 정신질환자 가족 연합 뉴욕주 지부는 4~6학년, 7~8학년, 9~12학년을 대상으로 한 정신질환에 관한 수업안을 만들어 주 내 모든 학구의 보건조정관에게 보내고, 지역 회원들로 하여금 보건조정관이 그 수업안을 사용하게 만들도록 촉구했다.

• 미국에는 34만 4000개의 교회, 유대교 예배당, 모스크가 있다. 많은 경우 조현병 환자와 그 가족들이 가장 먼저 상담하는 사람이 성직

자이므로 그들은 자연스럽게 환자와 가족의 협력자가 될 수 있다. 신도 모임 때 조현병에 관한 이야기를 하겠다고 제안해보라. 정신질환 인식 주간이 그런 일을 하기에 딱 좋은 시기다. 전미 정신질환자 가족 연합 메인주 지부는 주 내의 모든 성직자를 교육하기 위한 '종교 봉사위원회'를 발족했다. 전미 정신질환자 가족 연합 세인트루이스 지부의 한 부분으로 출발한 '약속으로 가는 길Pathways to Promise'은 전국적으로 성직자들을 교육하는 일에 노력해왔다. 종교 단체들은 대부분의 공공 보호소를 운영하며 집 없는 정신질환자들을 돌보는 핵심 역할을 한다. 따라서 그들은 치료받지 않는 조현병 환자 수가 얼마나 많은지 잘 알고 있어서, 잠재적으로 옹호 활동에서 강력한 협력자가 되어줄 수 있다.

• 지역신문, 라디오와 텔레비전 방송국 사람 들과 친분을 쌓아라. 그들이 중증 정신질환 문제를 다루도록(예를 들어 쇠락한 기숙 가정에 대한 폭로) 권하라. 그들에게 조현병과 양극성장애에 관해 가르쳐주라. 그들에게 당신의 옹호 단체 모임에서 연설해달라고 요청하라.

• 지역 간호학교, 사회복지학교, 대학 심리학과, 의과대학, 정신과 레지던트 교육 프로그램 등에서 프레젠테이션을 하겠다고 제안해 장래의 정신건강 전문가들을 교육하라.

• 당신의 단체와 지역 정신의학회 간에 대화의 물꼬를 터라. 그들에게 당신의 단체에서 프레젠테이션을 해달라고 요청하고, 당신들도 그들의 단체에게 프레젠테이션을 하겠다고 제안하라. 그러면 양쪽 모

두 서로의 문제를 더 잘 이해하게 되고 서로 도울 수 있는 방법에 관한 아이디어를 얻게 될 것이다. 클리블랜드의 '노스이스트 오하이오 정신 질환자를 위한 연합'은 이런 일을 아주 효과적으로 해왔다. 지역이나 주의 미국 정신의학회 소식지에 글을 싣겠다고 제안하고, 그들의 지원이 필요한 사안에 관한 당신의 관점을 소개하는 글을 써보라.

• 변호사와 판사 들에게 조현병을 교육한다. 지역 법률가 협회 월례 모임에서 프레젠테이션할 시간을 달라고 요청하거나, 로스쿨 수업 시간에 강연을 제안해보라.

• 경찰학교 학생들에게 강연을 제안해보라. 경찰관은 길에서 조현병 환자들과 자주 접촉하는 사람들이다. 그들이 조현병에 관한 교육을 더 많이 받을수록, 그들이 제공하는 서비스는 더 인간적이 될 것이다.

• 교육을 위한 모든 시도를 할 때 가능한 경우라면 조현병에 관해 잘 아는 환자들을 활용하라. 정신질환에 대해 잘 모르는 일반인들은 환자 가족이나 전문가보다 환자 본인을 더 신뢰한다. 당연한 일이다. 그들은 직접 겪은 사람들이니까.

## 낙인 줄이기

조현병 및 기타 정신질환에 대한 낙인을 줄이는 일은 시시포스의 과제와도 같다. 바위를 산 위로 밀어 올리다 어느 정도 진척이 이뤄지기 시작하는 바로 그 시점에 바위가 언덕 아래로 굴러 내려가 처음부터 다시 바위를 밀어 올려야 하는 것이다. 바위를 계속해서 다시 굴러 내려가게 하는 것은 조현병이나 다른 중증 정신질환이 있는 사람이 저지른 폭력 사건들이다.

13장에서 이야기했듯이, 미국과 유럽에서 행한 모든 연구가 정신질환자에 대한 낙인을 만드는 가장 큰 단 하나의 이유는 폭력 사건이라고 증명했다. 연구들은 폭력 사건이 줄어들기 전까지는 정신질환자에 대한 낙인을 줄이기는 극도로 어려울 것이라는 의견을 냈다. 이는 차라리 폭력 사건들이 존재한다는 사실을 부인하고 싶어 하거나 언론이 그 사건들을 보도하지 말아야 한다고 주장하는 일부 옹호 단체들은 제대로 인지하지 못하고 있던 사실이었다. 이는 모래에 머리를 파묻고 현실은 직시하지 않는 전형적인 타조의 태도다. 그러나 그 타조는 사실 문제를 시야에서 없애버리는 것이 아니라, 머리 외 다른 중요한 신체부위들을 노출하고 있는 것이다.

따라서 옹호자들이 낙인을 줄이기 위해 할 수 있는 가장 중요한 일은 폭력을 줄이기 위한 노력을 지원하는 것이다. 이 노력의 중요한 부분은 질병인식불능증이 있으면서 폭력 성향을 보인 중증 정신질환자들에게 지원 치료를 하는 것이다. 리처드 램 박사는 한 사설에서 그 요점을 분명히 밝혔다. "우리는 낙인을 줄일 수 있다. 그 방법은 치료에 저항하는 중증 정신질환자들에게 너무나 명백히 필요한 치료를 받게 하기 위해 우리가 해야 할 일을 하는 것이다."[5] 만약 당신이 낙인을 줄이기 위해 노력하고 있다고 주장하면서 모든 지원 치료에 반대한다면,

당신은 그냥 시시포스의 숭배자임을 자처하고 있는 것이다.

조현병에 대한 낙인을 줄이는 또 하나의 전략은 일본에서 행해진 것이다. 일본 정신의학 및 신경학 협회는 조현병의 공식 명칭을 '정신이 분열된 병'이라는 의미의 정신분열병에서 '통합 장애'라는 의미의 통합 실조증으로 바꾸었다.

2009년의 한 연구에 따르면 과거의 용어가 일본인 마음속에서 '범죄'를 연상시켰다면, 새로운 용어는 그런 연상이 유의미하게 감소했다고 한다.[6] 그러나 2015년과 2016년에 실시한 명칭 변경의 효과에 대한 후속 연구들은 조현병와 위험성의 연상 관계에 대해 매우 미미한 효과를 냈을 뿐이고 신문기사에는 전반적으로 효과를 미치지 못했다고 보고했다.[7] 미국에서도 조현병의 명칭을 해슬럼병이나 피넬병 같은 식으로 바꾸자는 제안이 있었다. 해슬럼과 피넬은 19세기 초에 최초로 조현병을 명확히 기술한 사람들이니 말이다.(14장 참고) 지금까지 그런 노력은 아무 성과도 거두지 못했다.+

---

+ 한국은 2007년부터 병명 개정 작업이 진행되어 2011년 말 국회를 통과해 그동안 사용되었던 '정신분열병'에서 '조현병調絃病'으로 공식 명칭을 바꾸었다. 조현병은 '현악기의 줄을 고르다'라는 뜻으로 병으로 인한 정신의 부조화를 치료를 통해 조화롭게 하면 현악기가 좋은 소리를 내듯 정상적인 생활이 가능하다는 의미를 담고 있다. 또한 조현병이 뇌신경망 이상에서 발병한다는 점에서 뇌신경망이 느슨하거나 단단하지 않고 적절하게 조율돼야 한다는 뜻이 담겨 그동안 정신분열병이라는 병명이 주던 잘못된 편견을 바로잡고 인식을 개선하는 시금석이 되었다고 평가받고 있다.

## 옹호 단체를 조직하는 법

잘 조직된 군건한 단체가 있다면 옹호 활동의 효과는 더욱 높아질 것이다. 회원 수가 많으면 도움이 되지만, 사실 대부분의 조직에서 효과적인 옹호 활동은 대체로 소수의 회원들이 이뤄내는 경우가 많다. 조현병 환자, 정신질환자의 형제자매와 자녀, 배우자, 부모, 조부모, 친구, 정신질환 전문가가 모두 중요한 역할을 할 수 있다. 현재 미국에 조현병 환자가 260만 명이 있다는 사실을 고려하면, 그들과 그 가족, 친구가 연합한다면 이론상 이뤄내지 못할 일이 없을 것이다. 그러나 그렇게 하려면 감추고 숨어 있는 더 많은 사람을 거리로 이끌어내는 일이 필요하다. 그런 일을 하는 방법 몇 가지를 아래에 제안한다.

• 지역 지원 단체의 회원 수를 늘린다. 지역의 모든 정신질환 전문가에게 당신의 지원 단체를 안내하는 책자를 보낸다. 의사를 방문하는 제약 회사 영업 사원들에게 안내 책자를 준다. 주립 병원 방문객 주차장에 주차된 차들의 차창에 안내 책자를 놓아둔다. 지역사회 게시판이나 교회 게시판, 회사, 지역 신문에 안내문을 남긴다. 전미 정신질환자 가족 연합의 한 지부는 어느 식료품 체인을 설득해 그들의 우유 포장팩에 자신들의 명칭과 전화번호를 프린트했다. 또 다른 지부는 전화 회사를 설득해 전화요금 고지서에 단체에 관한 정보를 포함시켰다.

• 정신질환자의 형제자매와 자녀, 아내와 남편, 중증 정신질환이 있는 자녀를 둔 부모, 보훈 체계에서 치료를 받고 있는 환자들을 위한

특수 지원 단체를 조직한다. 전미 정신질환자 가족 연합의 몇몇 주와 지역 지부에서 이런 특수 지원 단체들을 출범했다.

• 지역의 노숙자 보호소를 운영하는 사람들과 경찰관, 보안관, 교도관, 가석방 관리자 등 지역의 법 집행관들에게 도움을 구한다. 이 사람들은 중증 정신질환자에 대한 공공서비스가 얼마나 실패했는지 잘 인지하고 있으며, 따라서 훌륭한 동맹군이 되어줄 잠재력이 있다.

• 지역 시민단체 중 중증 정신질환자 문제에도 관심을 갖고 있는 단체들에게 도움을 구한다. 예를 들어 일부 키와니스 클럽도 도움을 주었고, 일리노이주 여성 유권자 동맹도 정신질환자들을 위한 서비스에 대해 대대적인 설문조사를 실시해주었다.

• 〈부록 2〉에 실린 웹사이트들에 나와 있는 옹호 아이디어들을 활용한다.

• D. J. 재피의 훌륭한 책《미친 결과들: 정신건강 업계는 어떻게 정신질환자들을 저버렸는가》에서 제안하는 여러 가지 옹호 방법을 활용한다.

• 위에서 제안한 것 중 당신의 적성이나 능력에 맞는 것이 하나도 없지만, 그래도 여전히 돕고 싶다면 당신이 할 수 있는 한 가지가 남아 있다. 영화 〈네트워크〉에서처럼 현재 상황에 진절머리가 났을 때는 창

밖으로 머리를 내밀고 큰소리로 고함을 질러야 한다. "나는 폭발할 만큼 화가 났고, 더 이상은 참지 않겠다!"라고. 이런 말을 하고 나면 사람들은 왜 그런 말을 했는지 당신에게 설명해달라고 이야기할 것이고, 그러면 조현병에 관해 조금은 더 배운 사람들이 늘어날 것이다.

　충분히 많은 사람이 분노하고 조직하기 전까지는 조현병 및 기타 중증 정신질환 환자들을 위한 서비스가 개선될 가능성은 별로 없다. 조현병 환자들은 계속해서 4등 시민으로 남아 자주 기피되고 무시되고 등한시된 채 어둑어둑한 삶을 살아갈 것이다. 카터 대통령이 대통령 직속 정신보건 위원회에 한 말처럼, 그들은 계속해서 "소수집단들 안의 소수집단으로서" 존재할 것이다. "그들은 정신질환자 중에서도 가장 지독한 낙인을 짊어진 사람들이며 정치적으로도 경제적으로도 무력하고 여간해서는 스스로 변호할 수도 없다. (…) 그들은 우리들 틈에서 완전히 권리를 박탈당했다."[8] 정신질환에 걸린 사람들은 그 병에 걸리지 않을 만큼 운이 좋았던 우리가 얼마나 분노했는지 보여줄 때에만 진정으로 자유를 얻게 될 것이다.

　책을 마무리하는 이 시점에 나는 정신의학자 R. 월터 하인릭스R. Walter Heinrichs의 흥미진진한 책《광기를 찾아서: 조현병과 신경과학In Search of Madness: Schizophrenia and Neuroscience》의 마지막 문장들을 인용하는 것보다 더 나은 문장을 쓸 자신이 없다. 하인릭스는 용감하게도 최근의 모든 조현병 연구 데이터를 붙들고 씨름한 끝에, 그 문제가 다 해결될 때까지 우리에게는 이 병으로 고통받는 모든 사람에게 가능한 한 최선의 돌봄을 제공해야 할 의무가 있다고 결론지었다.

조현병은 한 아이의 삶을 이루는 구조 속으로 얽혀 들어간 하나의 결함이다. 그것은 마음의 비밀스러운 몸에 별안간 생긴 상처이며, 지혜로 위장한 의미의 출혈이다. 그것은 영리한 목소리, 노래하는 거짓말이다. 상상을 초월한, 기억의 위안을 초월한, 인간적 온화함의 범위와 안전의 희망을 초월한, 상상력에 생긴 질병이다. 사랑에 맞서 음모를 꾸미는 질병이다. 친밀한 것과 낯선 것을 기이하게 합체시키는 질병이다. 화학의 조류를 타고 왔다 갔다 하면서 그 뒤로 난폭한 슬픔을, 어둠의 기쁨에 대한 갈망을 남기는 질병이다. 과거에 잡히지 않았던 답들을, 원인과 치료로 이끌어 줄 답들을 내일이 데려다줄지도 모른다. 그날이 올 때까지 그 병은 여전히 우리 세상 안에 있을 것이고, 그 병을 견디고 있는 사람들에게 우리가 마음을 쓰는 딱 그만큼만 그 병은 줄어들 것이다.[9]

# 감사의 말

나는 35년 동안 하퍼콜린스 출판사와 함께 일하는 즐거움을 누려 왔다. 캐롤 코헨과 루 애브러틱이 초판을 낸 1983년부터 에밀리 테일러와 게일 윈스턴이 최신 개정판을 이끌어준 지금까지 하퍼콜린스 사람들은 늘 친절하고 유능하게 내게 도움을 주었다. 그들 덕분에 훨씬 쉽게 일할 수 있었다.

또한 존 데이비스와 페이스 디커슨, 밥 드레이크, 피트 얼리, 제프리 겔러, 마이크 크네이블, 딕 램, 캠 퀸벡, 브라이언 스테틴, 마리 웹스터, 마크 웨이저, 밥 욜큰을 비롯해 이번 개정판에 여러 아이디어를 보태주고 실수를 바로잡아준 사람들에게도 큰 덕을 입었다.

셰넌 플린과 대니얼 라이트먼, 고故 프레드 프리즈는 너그럽게도 '성공적 조현병'의 예로 자신의 인생 이야기를 공유해주었다. 〈부록 2〉에서 조현병과 관련된 혼란스러우면서도 끊임없이 변화하는 웹사이트들을 정리해준 D. J. 재피에게도 큰 신세를 졌다. 나의 연구 보조원인 웬디

시몬스는 책의 모든 부분을 파악해 서로 잘 맞물리도록 체계를 잡는 작업을 훌륭하게 해주었다.

가장 중요한 사람, 말로 다 표현할 수 없는 여러 측면에서 책 쓰는 일을 가능하게 해준 나의 아내 바바라에게는 늘 큰 은혜를 입고 있다. 덧붙여 다음 분들에게도 깊은 감사를 드린다.

《이보르 거니 시선집Collected Poems of Ivor Gurney》에서 문장들을 인용하도록 허락해준 P. J. 캐버너.

《메리 반스: 광기의 여정에 관한 두 가지 이야기Mary Barnes: Two Accounts of a Journey Through Madness》에서 일부 내용을 싣도록 허락해준 조지프 H. 버크.

《온전한 정신으로부터의 후퇴Retreat from Sanity: The Structure of Emerging Psychosis》에서 일부 내용을 싣도록 허락해준 맬컴 B. 바워서와 사이언스 프레스.

《영국 의학심리학 저널British Journal of Medical Psychology》의 일부 내용을 싣도록 허락해준 앤드류 맥기와 영국심리학회.

제임스 채프먼이 쓴 글의 일부 내용을 싣도록 허락해준 영국심리학회.

익명의 저자가 쓴 한 논문의 일부 내용을 싣도록 허락해준《이상사회심리학 저널Journal of Abnormal and Social Psychology》.

라라 제퍼슨의《내 자매들These Are My Sisters》에서 일부 내용을 싣도록 허락해준 앵커프레스와 더블데이.

마그리트 세셰이예의《르네의 일기Autobiography of a Schizophrenic Girl》에서 일부 내용을 싣도록 허락해준 프랑스 대학 출판.

제임스 A. 웩슬러의《어둠 속에서》에서 일부 내용을 싣도록 허락해준 W. W. 노턴 앤드 컴퍼니.

H. R. 롤린의《조현병에 대처하기》에서 일부 내용을 싣도록 허락해준 영국 국립 조현병 협회National Schizophrenia Fellowship.

루이즈 윌슨의《낯선 사람, 나의 아들》에서 일부 내용을 싣도록 허락해준 G. P. 퍼트넘 애드 선즈Putnam and Sons.

토머스 헨넬의《목격자The Witnesses》에서 일부 내용을 싣도록 허락해준 유니버시티 북스.

한 논문에서 발췌한 부분을 싣도록 허락해준 J. G. 홀과 랜싯.

1986년 앨버타 조현병 학회에서 발표한 발표문 일부 내용을 인용하도록 허락해준 낸시 J. 허몬과 콜린 M. 스미스.

여러 논문에서 인용문을 싣도록 허락해준《심리학회보Psychological Bulletin》와《조현병 학회보Schizophrenia Bulletin》.

**부록 1**

# 조현병에 관한
# 최고의 책과 최악의 책 목록


## 최고의 책

-------------------------------------------------------------------

저자 이름을 가나다 순으로 배열한 다음의 책들은 조현병의 모든 국면을 잘 알아보는 데 유용하다. 절판된 일부 책들은 인터넷에서 헌책으로 구하거나 도서관에서 찾아볼 수 있다. 내가 특히 유용하다고 생각하는 책들에는 * 표시를 했다. 드물게 예외가 있기는 하지만 픽션은 대체로 포함시키지 않았다.

여기에 소개한 책들 외에 더 깊이 있는 독서를 원하는 사람들을 위한 훌륭한 전문서들도 있다. 제프리 리버먼과 로빈 머리Robin M. Murray가 엮은 《조현병의 포괄적 진료Comprehensive Care of Schizophrenia》(London: Martin Dunitz, 2000), 피터 버클리Peter F. Buckley와 존 와딩턴John L. Waddington이 엮은 《조현병과 정신의 장애Schizophrenia and Mind Disorders》(Boston: Butterworth Heinmann, 2000), 스티븐 히르슈Steven R. Hirsch와 다니엘 와인버거Daniel R.

Weinberger의 《조현병Schizophrenia》(Oxford: Blackwell Science, 2001), 피터 존스Peter B. Jones와 피터 버클리의 《조현병Schizophrenia》(London: Mosby, 2003), 마이클 포스터 그린Michael Foster Green의 《폭로된 조현병: 뉴런에서 사회적 상호작용까지Schizophrenia Revealed: From Neurons to Social Interaction》(New York, Norton, 2003), 제프리 리버먼, T. 스콧 스트로프T. Scott Stroup, 디아나 퍼킨즈Diana O. Perkins가 엮은 《조현병의 핵심Essentials of Schizophrenia》(Washington, D. C.: American Psychiatric Press, 2012), 라빈데르 레디Ravinder Reddy와 마트체리 케샤반Matcheri S. Keshavan의 《조현병: 실용적 초급 안내서Schizophrenia: A Practical Primer》(Abingdon, England: Informa Healthcare, 2006), 킴 뮤저Kim T. Mueser와 딜립 제스트Dilip V. Jeste의 《조현병 임상 안내서Clinical Handbook of Schizophrenia》(New York: Guilford Press, 2008), 로버트 프리드만Robert Freedman의 《우리 안의 광기: 뉴런의 과정으로서 조현병The Madness Within Us: Schizophrenia as a Neuronal Process》(New York: Oxford University Press, 2010)이 있다.

**너새니얼 라켄메이어**Nathaniel Lachenmeyer, **《아웃사이더: 내 아버지의 광기와의 분투 속으로 떠나는 여행**The Outsider: A Journey into My Father's Struggle with Madness》 (New York: Broadway Books, 2000)　찰스 라켄메이어는 편집형 조현병에 걸리고 결국 노숙자가 되지만, 원래는 사회학 박사학위를 받은 사람이었다. 이 책은 그의 아들이 재구성한 아버지의 삶에 관한 고통스럽고 쓰라린 이야기다. 아버지가 짧은 기간이나마 약을 복용했을 때 약효가 있었기 때문에 더더욱 통렬하다. 아버지가 대학시절 어느 주립 병원에서 조무사로 일했다는 사실과 조현병의 이중구속 이론에 관한 논문을 썼었다는 사실을 포함해 이 책에는 아이러니도 많이 담겨 있다.

**다이앤 마시**Diane T. Marsh, **《중증 정신질환과 가족: 실무자를 위한 안내서**Serious Mental Illness and the Family: The Practitioner's Guide》(New York: John Wiley, 1998)

중증 정신질환자를 돌보는 직업을 갖고 있는 정신질환 전문가들이 찾아볼 수 있는 최고의 책이다. 저자는 중증 정신질환자와 그 가족을 보살피는 일을 전문으로 하고 있는 심리학자로 1992년에는《가족과 정신질환: 전문적 실무의 새로운 방향Families and Mental Illness: New Directions in Professional Practice》이라는 유용한 책도 펴냈다. 저자가 언급하듯이《중증 정신질환과 가족》은 "실무자들이 가족들을 상대로 일할 때 필수적인 능력을 기르도록 돕기 위해" 쓴 책이다. 정신건강 전문가를 대상으로 쓴 책이기는 하지만 중증 정신질환자의 형제자매, 배우자, 자녀에 관한 부분은 가족에게도 큰 도움이 된다.

**다이앤 마시·렉스 디킨스**Rex Dickens, **《가족의 정신질환에 대처하는 법: 형제자매, 자녀, 부모를 위한 자기 돌봄 안내서**How to Cope with Mental Illness in Your Family: A Self-Care Guide for Siblings, Offspring, and Parents》(New York: Putnam, 1997)     중증 정신질환이 다른 가족들에게 어떤 영향을 미치는지, 그리고 더 중요한, 어떻게 대처해야 하는지를 다룬 훌륭한 책이다. 저자 다이앤 마시는 중증 정신질환을 전문으로 하는 심리학자이고 렉스 디킨스는 어머니와 세 형제자매가 모두 중증 정신질환자인 당사자 가족으로 수년간 전미 정신질환자 가족 연합 회원으로 활발히 활동해왔다. 그들의 책은 수백 명의 가족에게 들은 이야기들을 종합한 것으로, 그들의 이전 책인《괴로운 목소리들Anguished Voices》에 실었던 개개인들의 이야기도 포함되어 있다. 이 책에서 강조하는 것은 자조와 대처 기술이다. 또한 저

자들은 중증 정신질환이 있는 이가 전체 가족에게 미칠 수 있는 영향
이 어마어마하게 다양하다는 점을 가장 중요하게 강조한다. 한쪽 끝에
는 파괴적 패배감, 이혼, '영원히 끝나지 않는 장례식'이 있다. 다른 쪽
끝에는 이렇게 말한 젊은 여성이 있다. "2학년 때 '쇼 앤 텔' 발표 시간
에 오빠의 정신 상태에 관해 이야기했다. 나는 오빠의 일이 내 삶에서
가장 독특한 일이며, 다른 애들이 들려주는 햄스터 이야기보다는 확실
히 더 낫다고 생각했다."

**데이비드 카프**David Karp, **《동정의 짐: 가족들은 정신질환에 어떻게 대처하는
가**Burden of Sympathy: How Families Cope with Mental Illness》(New York: Oxford University
Press, 2000)     보스턴대학교 사회학 교수로 본인도 심한 우울증에 시달
렸던 카프는 조현병과 양극성장애, 중증 우울증 환자들의 가족을 60차
례 집중 인터뷰했고, 그 결과를 가지고 "마음의 병에 걸린 사람들과 그
들을 도우려는 사람들이 함께 추는 사회적 탱고"에 관한 훌륭한 책을
썼다. 저자는 환자 가족들의 삶을 하나하나 검토하면서 "정신질환이
있는 자녀, 부모, 형제자매, 배우자에게 적절한 수준의 개입을 유지한
다는 것은 너무나도 어려운 일"임을 보여준다. 카프는 좋은 글을 썼고,
본인의 우울증 경험 때문인지 보살핌과 보살피는 사람들의 본질을 잘
포착해냈다.

**\*D. J. 재피, 《미친 결과들: 정신건강 업계는 어떻게 정신질환자들을 저버렸는
가**Insane Consequences: How the Mental Health Industry Fails the Mentally Ill》(Amherst, New
York: Prometheus Books, 2017)     정신질환자들의 옹호자가 되고자 하고

정신질환 치료 시스템을 개선하기를 바라는 사람이라면 반드시 읽어야 할 단 한 권의 책이다. 옹호자가 되기 전에 광고업계에서 일했던 D. J. 재피는 변화의 지렛대가 무엇인지 잘 이해하고 있으며 이를 명확한 산문으로 독자들에게 알려준다. 원래 정신질환자를 돕기 위해 시행된 정부 프로그램들이 어떻게 부패하게 되는지, 해결책으로 의도한 것들이 어쩌다 문제의 일부가 되어버리는지를 특히 명쾌하게 설명해준다. 재피는 또한 이 책의 〈부록 2〉를 맡아서 정리해준 장본인이기도 하다.

**\*라엘 아이작**Rael Jean Isaac · **버지니아 아마트**Virginia C. Armat, **《거리의 광기**Madness in the Streets**》**(New York: Free Press, 1990; paperback published by the Treatment Advocacy Center, 2000)　　이 책은 '정신건강' 운동과 어떻게 그렇게 많은 중증 정신질환자가 노숙자가 되어 길 위로 나앉게 되었는지에 관한 중요한 역사를 들려준다. '정신건강' 부문과 관련된 거의 모든 사람을 골고루 비난하지만, 가장 큰 비난은 미국시민자유연맹과 베즐런 정신보건법 센터의 변호사들에게 (마땅히) 돌아간다. 아주 잘 쓰인 이 책에 담긴 건 우울한 역사지만 상황의 개선을 바란다면 반드시 이해해야 할 역사이기도 하다.

**로리 실러**Lori Schiller · **아만다 베넷**Amanda Bennett, **《조용한 방: 광기의 고문에서 빠져나온 여정** The Quiet Room: A Journey Out of the Torment of Madness**》**(New York: Warner Books, 1994)　　17세에 환청 증상만으로 조현정동장애를 앓기 시작한 여성이 쓴 용감한 책이다. 저자는 여러 해 동안 환청 말고 다른 증상은 없었으므로 대학을 마치고 일을 시작할 수 있었다. 이런 점에서 저자의 비전형적 과정은《반갑다, 침묵이여》의 캐롤 노스의 과정과 비슷하다. 로리 실러는 자신의 이야기를 자신의 시점만이 아니라 어머니, 아버지, 오빠 등 다른 사람들의 시점에서도 서술한다.

**로버트 테일러**Robert Taylor,《**심리적 장애와 기질적 장애 구별하기: 심리학적 가장 가려내기**Distinguishing Psychological from Organic Disorders: Screening for Psychological Masquerade》( 2nd ed. New York: Springer, 2000)　　매우 훌륭한 책의 개정판이다. 저자는 정신질환 전문가를 비롯한 사람들이 기질적 뇌장애(예를 들어 뇌종양)를 조현병, 조울증 등 기타 정신의학적 질환과 구별하는 데 사용하는 방법들을 소개한다. 테일러의 방법은 매우 명쾌하고 대단히 실용적이며 놀라울 정도로 실행하기 쉬우니, 이 책을 읽은 사람들은 더 좋은 임상의가 될 것이다.

**\*론 파워스**Ron Powers,《**내 아들은 조현병입니다**No One Cares About Crazy People》( New York: Hachette, 2017); **정지인 옮김, 심심, 2019**　　퓰리처상 수상자인 저자는 조현병에 걸린 두 아들에게 어떤 일이 벌어졌는지 들려준다. 한 아들은 스물한 번째 생일을 앞두고 자살했고, 또 다른 아들은 입원과 복약 거부를 반복하다가 마침내 약물 치료로 안정화되었다. 파워스는 뛰어난 저술가답게 체계라는 것이 존재하지 않는 정신질환 치료 체계의 불합리함과 세부들을 예리하게 전달한다. 이 책을 읽기 시작할 때 분노를 느끼지 않았더라도, 책이 끝날 때는 반드시 분노하게 될 것이다.

리베카 울리스Rebecca Woolis, 《사랑하는 사람이 정신질환을 앓고 있을 때When Someone You Love Has a Mental Illness: A Handbook for Family, Friends, and Caregivers》(New York: Perigee Books, 1992); 강병철 옮김, 서울의학서적, 2020 　"병에 걸린 가족의 분노 처리하기", "기이한 행동에 대처하기", "자살 예방하기", "집에서 생활할 때나 방문 시의 규칙" 등 여러 가지 급할 때 찾아볼 수 있는 지침이 가득해 언제나 곁에 두고 참고하기 좋다. 다양한 주제에 관한 긴 논의를 제공하지는 않지만 대신 해야 할 일이 무엇인지를 바로 알려준다. 정신질환에 관한 실용서로서 가장 탁월한 책이다.

리처드 맥린, 《완치가 아닌 회복: 조현병을 지나온 여정Recovered, Not Cured: A Journey through Schizophrenia》(Crows Nest, Australia: Allen and Unwin, 2003) 　조현병 증상을 묘사한 부분에서 최고인 책이다. 저자는 마약을 하는 젊은 오스트레일리아 사람으로 몇 년 동안 서서히 늘어나는 증상들을 안고 살다가 결국 치료를 받고자 결심한다. 그는 일기장에 적힌 내용을 바탕으로 난폭할 정도로 솔직한 회상을 들려주고, 증상들을 설명하는 그림들도 포함되어 있다. 이 책은 저자가 자기 병을 부인하던 일을 특히 잘 묘사하고 있다.

린 드리시Lynn E. DeLisi, 《조현병에 관한 100가지 문답: 고통스러운 정신100 Questions and Answers about Schizophrenia: Painful Minds》(Sudbury, Mass.: Jones and Bartlett, 2016) 　중견 조현병 연구가가 100가지 질문과 답으로 구성한 조현병에 관한 유용한 입문서다. 이런 구성 덕분에 독자는 궁금한 정보를 곧바로 찾아 읽을 수 있다.

**마거릿 무어먼**Margaret Moorman, 《**내 언니의 보호자**My Sister's Keeper》(New York: Norton, 1992)　중증 정신질환자의 형제자매가 입게 되는 영향에 관한 연구나 글은 매우 드물다. 언니의 조현병에 관해 무어먼이 들려주는 이야기는 그 공백을 메우는 데 큰 역할을 한다. 저자는 특히 언니에게 언니 같은 존재가 되어야 하는 동생의 뒤집힌 역할에서 파생된 문제들을 잘 표현했다. 책 내용의 일부는 원래 〈뉴욕 타임스〉에 실렸으며, 저자는 〈오프라 윈프리 쇼〉에 출연해 자신의 경험을 들려주기도 했다.

**마고 버튼**Margo Button, 《**날개를 떼어내다** The Unhinging of Wings》( Lantzville, British Columbia, Canada: Oolichan Books, 1996)　조현병에 걸려 27세에 자살한 아들에 관해 마고 버튼이 쓴 66편의 시를 담은 주목할 만한 시집이다. 그중 문학 저널에 발표된 시도 많다. 여기 모인 시들은 아들에 대한 통렬하고 감동적인 기념비다.

> 이제 나는 알지,
>
> 비난 받을 존재는
>
> 뇌를 향해 유탄들을 쏘아댄
>
> 저 냉담한 신뿐이라는 걸

시집의 서문은 1993년 노벨화학상을 수상하고 받은 상금을 조현병 연구에 기부한 마이클 스미스Michael Smith 박사가 썼다.

**마빈 로스**Marvin Ross, 《**조현병: 의학의 수수께끼, 사회의 수치**Schizoph-renia:

Medicine's Mystery, Society's Shame》( Dundas, Ontario: Bridgeross Communications, 2008)   캐나다에서 중증 정신질환자들을 옹호하는 대표적 인물이자 저널리스트인 마빈 로스가 쓴 짧은 책으로 조현병의 신경생물학과 치료에 관해 잘 요약하고 있다. 6장 '치료 전략'이 특히 좋다.

**마이클 위너립**Michael Winerip, 《**9 하일랜드 로드** 9Highland Road》( New York: Pantheon Books, 1994)   〈뉴욕 타임스〉의 존경받는 기자 마이클 위너립 은 롱아일랜드의 어느 그룹홈에서 2년을 보냈다. 조현병과 기타 중증 정신질환이 있는 거주자들의 분투와 기쁨을 비롯해 그곳의 분위기를 잘 포착해낸 이 흥미롭고 생생한 이야기가 바로 그 결과물이다. 그는 "조현병은 모든 정신질환 중 가장 괴물 같은 병이다"라고 썼다. 어쩌면 이 책의 가장 큰 기여는 조현병 환자들이 자기 인생을 되찾기 위해 약 보다 더 필요한 것이 있음을 보여준 점이 아닐까 한다. 그들에게는 친구도 필요하고, 안내와 지지도, 그들을 믿어주는 사람들도 필요하다.

**맥신 클레이어**Maxene Kleier, 《**사로잡힌 정신**Possessed Mentalities》( New York: iUniverse, 2005)   저자의 두 딸이 조현병에 걸렸고, 그 후 둘 중 한 명이 다른 한 명을 죽였다. 이 책은 다소 두서없는 구석이 있지만 그 비극에 관한 솔직한 이야기로 조현병이 얼마나 잔인한 병일 수 있는지를 우리에게 상기시켜준다. 책의 말미에 실린 살아남은 딸이 쓴 이야기는 정신증 상태의 비정상적 사고 때문에 살인을 저지른 사람의 정신을 들여다볼 수 있는 기회를 제공한다.

메리 베스 파이퍼Mary Beth Pfeiffer, 《미국에서 미친 사람으로 산다는 것: 우리
의 범죄화된 정신질환자들의 감춰진 비극 Crazy in America: The Hidden Tragedy of Our
Criminalized Mentally Ill》(New York: Carroll and Graf, 2007)　이 책은 제목과 내
용 모두 피트 얼리의 《크레이지》와 비슷하다. 두 책 다 수감자가 된 정
신질환자들의 비극적인 곤경을 집중적으로 다룬 책이기 때문이다. 탐
사 기자인 저자는 그 비극의 세세한 내용을 독자들에게 남김없이 전달
한다. 한 정신질환자는 경찰이 쏜 총에 맞아 죽었고, 또 한 사람은 감옥
안에서 목을 매달아 자살했으며, 또 한 여성 환자는 독방에 감금되었
을 때 자신의 두 눈을 뽑아버렸다. 암울하지만 오늘날의 암울한 현실
을 정확히 반영하는 이야기다.

*모나 와소Mona Wasow, 《물수제비: 가족 내 정신질환이 미치는 파급효과The
Skipping Stone: Ripple Effects of Mental Illness on the Family》(Palo Alto, Calif.: Science and
Behavioral Books, 1995)　중증 정신질환자들의 가족과 나눈 100편의 인
터뷰를 서정적으로 요약한 책이다. 모나 와소는 사회복지사이자 조현
병에 걸린 아들을 둔 어머니로 "정신질환이 가족 전체에 미치는 파급
효과는 어마어마하다"고 단언한다. 이어서 형제자매, 배우자, 조부모,
자녀에게 미치는 그 파급효과들의 실례를 하나하나 펼쳐 보인다. 애
도, 대처, 희망을 다루는 장들은 특히 탁월하다. (예를 들어 "애도의 본질
을 포착하려 하는 것은 상자 안에 바람을 잡아두고 유리잔에 바다를 담아내려는
것과 같다.") 정신질환에 관한 저자의 이해는 아름다우면서도 잔인할 정
도로 솔직하다. "그래도 우리 솔직하게 받아들이자. 중증 정신질환자
들에게 그들이 겪는 환각의 고문, 사람들과 관계 맺지 못함, 불안, 절망

적인 고립, 외로움은 너무나도 파괴적인 타격을 입힌다는 것을." 최고
의 책 중 하나다.

**＊미라 버르토크**Mira Bartók, 《**기억의 궁전: 회고록** The Memory Palace: A Memoir》
**(New York: Free Press, 2011)**　　어린이 책 작가인 저자가 조현병이 있는 어
머니 밑에서 자란 자신의 이야기를 담아냈다. 무시무시한 동시에 마음
을 깊이 움직이는 책으로, 그런 아이들이 얼마나 어려운 일을 겪는지,
그리고 우리가 그들을 보호하는 일을 얼마나 등한시하고 있는지를 다
시금 되새겨주는 책이다. 미라는 결국 이름을 바꾸고 17년 동안 어머
니와 모든 연락을 끊고 지내야 했고, 노숙자가 된 어머니가 죽어갈 때
가 되어서야 어머니와 화해한다. 그때조차도 저자는 "내 마음 속에서
어머니는 여전히, 골목까지 나를 쫓아와 성냥으로 내 머리에 불을 붙
이던 그 거리 위의 미친 여자였다"고 털어놓는다.

**미셸 셔먼**Michelle D. Sherman · **디앤 셔먼**DeAnne M. Sherman, 《**나는 혼자가 아니다:
정신질환이 있는 부모와 사는 십 대를 위한 안내서**I'm Not Alone: A Teen's Guide to Living
with a Parent Who Has a Mental Illness》**(Edina, Minn.: Beaver Pond Press, 2006)**　　부모
가 중증 정신질환이 있는 아이들을 위한 간단하면서도 유용한 책. "내
이런 감정이 모두 정상인 걸까?" "이 모든 일을 내가 어떻게 헤쳐 나가
야 하지?" "사람들한테 뭐라고 말해야 하나?" 같은 질문들을 하나하나
짚어가면서 들려주는 실용적인 조언과 일화 들이 섞여 있다. 이런 아
이들을 위한 책들이 너무 적기 때문에 이 책은 그 공백을 채워주는 아
주 중요한 책이다.

**버지니아 홀먼**Virginia Holman, 《**패티 허스트 구출하기**Rescuing Patty Hearst》(New York: Simon & Schuster, 2003)    버지니아 홀먼이 여덟 살이었을 때, 서른 두 살이던 어머니에게 편집형 조현병이 생겼다. 이 책은 간헐적으로 정신증 상태에 빠지던 어머니, 특히 책 속에 담긴 "비밀 메시지" 때문에 책을 많이 읽는 걸 허락하지 않았고 버니지아의 동생에게 "개미들이 우글대는 시리얼 사발"을 건넨 어머니와 함께 성장한 시절에 대한 회고담이다. 일련의 회상을 오고가며 시간 순서가 뒤섞여 있는데, 사촌들과 한 놀이 이야기는 줄이고 어머니에 관해 이야기하는 부분을 더 늘렸더라면 더욱 강력한 책이 될 수 있었을 것이다.

**\*사트남 상게라**Sathnam Sanghera, 《**상투를 튼 소년**The Boy with the Topknot》(New York: Penguin, 2009)    원래 2008년에 《이제는 당신이 나를 모른다면If You Don't Know Me by Now》이라는 제목으로 출간되었던 책이다. 저자는 〈런던 타임스〉의 필진으로, 잉글랜드로 이민한 인도인 가족을 찾아온 조현병에 관한 이야기를 들려준다. 저자 상게라는 아버지가 조현병이라는 사실을 서서히 깨닫고 그 사실이 자신의 가족, 특히 자신에게 미치는 영향을 상세히 들려준다. 비애와 유머, 솔직함이 매우 특별하게 조합된 매우 훌륭한 책이다. 2017년에 영화로도 만들어졌다.

**\*수전 시한,** 《**지구상에 나를 위한 장소는 없나요?**Is There No Place on Earth for Me?》(Boston: Houghton, Mifflin, 1982. Paperback published by Random House, 1983)    원래 〈뉴요커〉에 실렸던 수전 시한의 탁월한 글을 책으로 엮어냈다. 만성 조현병의 과정과 조현병 환자가 맞닥뜨리는 어려움, 가

족의 좌절감, 주립 병원에서 받을 수 있는 그저 그런 치료를 묘사한 책 중 최고의 책이다. 조현병의 비극을 이해하고자 하는 사람이라면 이 따끔할 정도로 정확한 책을 꼭 읽어봐야 한다. 책에서 묘사된 인물은 조현정동장애 환자다.

**수전 인먼**Susan Inman, 《**딸의 뇌가 고장 난 후: 내 딸이 온전한 정신을 되찾도록 도우며**After Her Brain Broke: Helping My Daughter Recover Her Sanity》(Dundas, Ontario: Bridgeross Communications, 2010)  어머니가 조현정동장애 진단을 받은 딸에 관한 이야기를 아주 잘 풀어낸 책이다. 딸이 경험한 캐나다 정신 의료 시스템의 간혹 드러나는 장점과 훨씬 흔한 결점들을 묘사한다. 치료의 미로에서 길을 찾기 위해 독학하는 저자의 노력은 다른 사람들에게 모범이 된다.

**실비아 네이사** Sylvia Nasar, 《**뷰티풀 마인드: 1994년 노벨경제학상 수상자 존 포브스 내시 주니어 전기**A Beautiful Mind: A Biography of John Forbes Nash, Jr, Winner of the Nobel Prize in Economics, 1994》(New York: Simon & Schuster, 1998. Paperback published by Touchstone Books, 1999); **신현용, 이종인, 승영조 옮김, 승산, 2002**  존 내시에 관한 잘 쓰인 책이다. 내시는 명석한 수학자였던 20대에 조현병이 발병했고, 50대 후반에 부분적으로 회복했으며, 1994년에 이전의 업적에 대해 노벨경제학상을 받았다. 책은 조현병 환자의 대략 3분의 1에게 나타나는 발병 전의 비사교성 및 기타 전조 증상들을 명확하게 묘사한다. 또한 조현병이 내시의 아내, 아들, 어머니, 친구들에게 미친 파괴적인 영향에 대해서도 절절하게 잘 이야기하고 있으며, 병의 원인에 대해 잘 알지 못했던 1960년대 초의 분위기도 잘 묘사한다.

**애그니스 햇필드**Agnes B. Hatfield · **해리엇 리플리** Harriet P. Lefley, 《**정신질환에서 살아남기: 스트레스, 대처, 적응**Surviving Mental Illness: Stress, Coping and Adaptation》 (New York: Guilford Press, 1993)　이 책은 아주 실용적으로 잘 쓰여서, 가족이 중증 정신질환에 걸렸을 때 직면하는 수많은 문제를 해결하려 노력 중인 가족들에게 매우 유용하다. 병에 걸린 사람이 어떤 일을 경험하고 있는지 이해하는 것이 얼마나 중요한지 강조하면서, 프레더릭 프리즈 박사와 에소 리트, 대니얼 링크 등이 직접 들려주는 아주 도움이 될 만한 이야기들도 수록하고 있다.

***앤 드비슨**Anne Deveson, 《**내가 여기 있다고 말해줘**Tell Me I'm Here》(New York: Penguin Books, 1992)　어머니의 눈으로 본 아들의 조현병을 강렬하게 들려주는 이야기. 저자는 오스트레일리아에서 잘 알려진 방송인이자 영화감독으로, 아들의 병에 관한 그의 이야기는 중증 정신질환자가 있는 가족들이 사실을 밝히고 나설 수 있게 하는 데 큰 힘이 되었다. 이 이야기는 실화라는 점에서 최악의 공포소설보다 더 무시무시한 데가 있다. 저자는 우리가 조현병이라 부르는 비극의 다양한 음영과 뉘앙스를 능숙하게 포착해냈다. 최고의 책 중 하나다.

***엘리자베스 스와도스**Elizabeth Swados, 《**우리 넷: 어느 가족의 회고록**The Four of Us: A Family Memoir》( New York: Farrar, Straus and Giroux, 1991. Paperback published by Penguin Books, 1993)　중증 정신질환이 한 가족 전체를 어떻게 파괴

하는지에 관한 매우 비범한 이야기. 아들은 공식적으로 조현병 진단을 받았지만, 조현정동장애나 심지어 양극성장애인 것처럼 보이기도 한다. 이 병이 미치는 지독한 여파는 정신이 아득할 정도다. 하강나선을 따라 추락하던 그 청년은 지하철 선로에 몸을 던져 자살을 시도하지만 실패하고 결국 노숙자가 된다. 아름답게 쓰였지만 잔인할 정도로 솔직하고 너무나도 우울한 이야기다. 화창한 날 기분 좋은 정원에서 읽기를 권한다.

**L. 마크 러셀**L. Mark Russell·**아놀드 그랜트**Arnold E. Grant, 《**미래를 위한 계획: 당신이 사망한 뒤에도 장애가 있는 자녀가 의미 있는 삶을 살 수 있도록**Planning for the Future: Providing a Meaningful Life for a Child with a Disability After Your Death》(5th Palatine, Ill: Planning for the Future Inc., 2005)    정신질환을 앓고 있는 가족을 위해 미래의 계획을 세워두려는 사람이라면 반드시 읽어야 할 책. 저자들은 생활 보조금, 사회보장 장애 보험, 메디케이드, 메디케어, 기타 정부 보조금부터 유언장, 신탁, 상속 계획, 위임장, 요양원 비용까지 모든 걸 다룬다. 상세한 예와 의향서 견본 들도 풍부하게 담겨 있다. 자신이 사망한 뒤 정신질환이 있는 자녀가 어떻게 될지 걱정하는 부모들에게 특히 인기 있는 책이다.

**웬델 윌리엄슨**Wendell J. Williamson, 《**악몽: 조현병 이야기**Nightmare: A Schizo-phrenia Narrative》(Durham, N.C.: The Mental Health Communication Network, 2001)    1995년 1월 26일, 웬델 윌리엄슨은 노스캐롤라이나주 채플힐에서 모르는 사람 두 명을 총으로 쏘아 죽였고, 이 사건은 대대적으로

보도되었다. 중무장을 하고 있던 그는 더 많은 사람을 죽일 계획이었지만 그 전에 총을 맞고 진압되었다. 윌리엄슨은 이글 스카우트였고, 고등학교 학생회장이었으며, 노스캐롤라이나대학교 우등 졸업생이었다. 총격 당시 그는 로스쿨 학생이었다. 이 책의 큰 유용성은 세 가지 이야기를 들려주는 데서 나온다. 첫째, 이 책은 윌리엄슨이 편집형 조현병으로 빠져드는 과정과 자신이 텔레파시 능력을 지녀 백악관에 있는 대통령부터 술집에서 만난 모르는 사람까지 모든 사람과 생각을 주고받을 수 있다는 믿음을 자세히 묘사한다. 둘째 이야기는 윌리엄슨이 범행을 저지르기 전에 그를 치료하지 못한 지역 정신보건 체계의 철저한 실패에 관한 이야기다. 셋째 이야기이자, 이 책의 가장 중요한 측면은 윌리엄슨이 자신이 정말로 텔레파시 능력이 있는지 그냥 정신질환의 증상인지 고민하는 그의 내면의 대화다. 이 부분은 자기 병을 인식하지 못하는 환자 본인이 직접 들려주는 질병인식불능증의 미묘한 뉘앙스들을 관찰할 수 있는 매우 드문 기회다. 책을 편집하고 출간되게 한 에이미 마틴의 공도 인정해야 마땅하다.

**제롬 레빈**Jerome Levine · **아이린 레빈**Irene Levine, **《아무것도 모르는 사람을 위한 조현병 안내서**Schizophrenia for Dummies**》**(New York: Wiley, 2009)    조현병에 대한 경험과 지식이 풍부한 정신과 의사와 심리학자 부부가 함께 쓴 이 책은 읽기도 쉽고 내용도 확실하다. 대부분의 '아무것도 모르는' 사람들을 위한 책답게 세세한 내용을 자세히 다루지는 않지만, 이 책을 특히 유용하게 만들어주는 대처 요령들이 잔뜩 담겨 있다.

\*제프리 리버먼,《정신과 의사: 정신의학에 관한 알려지지 않은 이야기Shrinks: The Untold Story of Psychiatry》(New York: Little, Brown and Co., 2015) 미국 정신의학계를 이해하고자 하는(이는 결코 쉬운 일이 아니다) 모든 사람에게 가장 좋은 책이다. 조현병 환자와 가족 들에게는 특히 현대 치료법의 역사적 발전 과정이 흥미로운 내용일 것이다. 저자는 미국에서 가장 앞서가는 정신과 의사 중 한 명으로 자기가 다루는 주제를 아주 잘 아는 사람이다.

**조슬린 라일리**Jocelyn Riley, 《**크레이지 퀼트**Crazy Quilt》(New York: Morrow, 1984) 이 책은 어린이 책으로는 아주 드물게 엄마가 조현병에 걸린 13세 소녀에 관한 픽션이다. 조현병이 가족들에게 어떤 영향을 미치는지 가슴 아프게 상기시킬 뿐 아니라, 환자의 형제자매와 부모뿐 아니라 어린 자녀들에게도 조현병에 관한 교육이 필요하다는 사실도 되새겨준다. 아이들도 이해할 수 있게 하는 이런 책들이 더 많이 필요하다. 저자가 쓴 전작《내 입만 미소 짓고 있어요Only My Mouth Is Smiling》(1982)도 좋은 책이다. 그 밖에 좋은 어린이 책으로는 오빠의 조현병 발병에 맞닥뜨린 16세 소녀의 이야기를 담은 베티 하일랜드Betty Hyland의《미친 오빠가 있는 소녀The Girl with the Crazy Brother》(New York: Watts, 1987)와 게일 글래스Gayle Glass의《떨어지는 별을 잡아Catch a Falling Star》(iristhedragon@hotmail.com), 레지나 핸슨Regina Hanson의《창가의 얼굴The Face at the Window》(New York: Clarion Books, 1997), 마리 데이Marie Day의《미친 사람 에드워드Edward the Crazy Man》(SANE Australia, admin@sane.org)가 있다.

**존 커팅**John Cutting · **앤 찰리쉬**Anne Charlish, 《**조현병: 이해와 대처**Schizophrenia: Understanding and Coping with the Illness》(London: Thorsons, 1995)　존경받는 조현병 연구자와 저널리스트가 함께 쓴 이 책은 잉글랜드에서 조현병 환자 가족들에게 인기를 얻었다. 환자들이 직접 증상을 묘사한 부분이 특히 주목할 만하다(예를 들어 "나는 내면이 텅 빈 것 같다. 그 무엇도 더 이상 내 마음을 건드리지 못한다. 마치 내가 감정도 어떤 행동의 열망도 없는 물체가 된 것 같다"). 조현병의 진단에 관한 부분도 아주 잘 쓰였다.

**캐럴린 도빈스**Carolyn Dobbins, 《**삶은 어떻게 변할 수 있는가: 어느 치료사가 들려주는 조현정동장애**What a Life Can Be: One Therapist's Take on Schizo-Affective Disorder》(Dundas, Ontario: Bridgeross Communications, 2011)　조현정동장애가 있는 치료사가 쓴 괜찮은 회고록. 저자는 제대로 기능한다는 것은 "거의 평생 동안 매일 24시간 풀타임으로 해내야 하는" 매우 어려운 "직업"이라고 표현한다. 또한 "우리가 정신질환에 시달릴 때도, 우리 존재의 모든 가닥들이 미친 것은 아니다. 정신의 일부는 영향을 받지 않고 자유롭게 남아 있다"는 점도 강조한다. 병에도 불구하고 자신의 삶을 온전히 지켜낸 사람에 관한 희망적인 이야기.

**캐롤 노스**Carol North, 《**반갑다, 침묵이여: 내가 이겨낸 조현병**Welcome, Silence: My Triumph over Schizophrenia》( New York: Simon & Schuster, 1987)　이 책은 조현병의 증상들과 싸워나가는 한 젊은 여성이 들려주는 자신의 이야기다. 저자의 사례가 여러 면에서 매우 비전형적이기는 하지만, 이 책에는 환청을 경험하는 것과 증상에 맞서 싸우는 것이 어떤 일인지에 관한 탁월한 묘사가 담겨 있다. 저자는 실험적 치료로 실시한 신장투석에서 극적으로 좋은 효과가 나타난 매우 드문 환자 중 한 명이었고, 현재는 교육과정을 완전히 마치고 중증 정신질환을 전문으로 하는 정신과 의사로 활동하고 있다.

**케일라 베른하임**Kayla F. Bernheim · **리처드 르와인**Richard R. J. Lewine · **캐롤라인 빌** Caroline T. Beale, 《**보살피는 가족: 만성 정신질환과 함께 살아가기**The Caring Family: Living with Chronic Mental Illness》(New York: Random House, 1982)　　이 책은 중증 정신질환자가 있는 가족 구성원들을 위해 쓰인 최초의 책 중 하나지만, 처음 출간되었을 때 못지않게 오늘날에도 유용한 메시지를 담고 있다. 저자들은 죄책감, 수치, 공포, 분노, 절망 등 가족이 보이는 공통적인 반응을 이야기하고, 그 감정들을 해결할 방법들을 제안한다. 책은 '만성 정신질환' 전체에 관해 이야기하며 구체적으로 조현병에 초점을 맞추지는 않지만, 병의 결과로 환자와 가족 사이에 발생하는 역학에 관한 논의는 분명 조현병 환자와 가족에게도 유효하게 적용할 수 있다.

**크리스티나 알렉산드라**Christina Alexandra, 《**잃어버린 5년: 조현병을 탐험한 개인적 경험**Five Lost Years: A Personal Exploration of Schizophrenia》(Roseville, Calif.: Day Bones Press, 2000)　　이 책은 몇 차례 정신증 삽화와 뒤이은 입원(그중 한 번은 18개월 동안)을 경험한 젊은 여성이 일인칭으로 들려주는 이야기로 저자의 내적 경험을 독자에게 잘 전달할 수 있는 일련의 일화들이 스타카토처럼 배치되어 있다. 마지막에 저자는 회복하고 기독교인으로 다시 태어난다.

**크리스틴 애더멕**Christine Adamec, 《**정신질환자와 함께 사는 법: 일상적 전략 안내서**How to Live with a Mentally Ill Person: A Handbook of Day-to-Day Strategies》(New York: John Wiley, 1996)　딸이 조현병에 걸린 전문 저술가가 쓴 구체적이고 실질적인 안내서다. 이 책은 "당신에게 필요한 힘과 희망을 북돋워주기 위해" 긍정적이고 "응원하는" 접근법을 사용한다. 응급 입원시 또는 경찰에 전화를 걸어야 할 경우를 대비해 미리 준비해야 할 '위기 정보 서식' 견본 같은 실용적인 제안이 가득 담겨 있다. 저자는 "발병 이전의 그 사람에 대한 신화 혹은 과거 그 사람의 망령"에 붙들려 옴짝달싹 못하게 되지 않으려면, 병을 받아들이고 다음 단계로 넘어가는 일이 얼마나 중요한지 강조한다.

**\*클리 사이먼**Clea Simon, 《**광기의 가정: 정신질환이 있는 형제자매의 그늘 속에서 자란다는 것**Mad House: Growing Up in the Shadow of Mentally Ill Siblings》(New York: Doubleday, 1997)　오빠와 언니가 모두 조현병에 걸린 상태는 여덟 살 소녀에게 어떤 느낌일까? 클리 사이먼은 그런 삶을 살았고, 그 삶을 유려하게 묘사해냈다. 저자는 공포와 죄책감 사이에 끼어 있는 느낌, 조현병 환자의 친족이 느끼는 전형적인 진퇴양난의 상황을 특히 명료하게 잘 표현했다. 〈보스턴 글로브〉의 필진이자 훌륭한 작가인 사이먼은 아주 잔인한 질병에 관한 사랑스러운 책을 창조해냈다.

**킴 뮤저**Kim T. Mueser · **수전 깅거리치**Susan Gingerich, 《**조현병에 대한 완전한 가족**

안내서The Complete Family Guide to Schizophrenia》(New York: Guilford Press, 2006)

심리학자와 사회복지사가 함께 쓴 이 책은 그들이 이전에 냈던《조현병에 대처하기: 가족을 위한 안내서》(1994)를 업데이트한 책이다. 480쪽에 30장으로 된 분량은 다소 부담스럽지만, 유용한 서식들과 자료가 풍부한 아주 잘 쓰인 책이다.

E. 풀러 토리,《미국의 정신증: 연방정부는 어떻게 정신질환 치료 체계를 파괴했나American Psychosis: How the Federal Government Destroyed the Mental Illness Treatment System》(New York: Oxford, 2014)　자기가 쓴 책을 추천하는 것이 꼴사납게 보일 수도 있겠지만, 실제로 이 책은 좋은 평가를 받아왔다. 이 책은《정신이상 범죄The Insanity Offense》(2012),《갈 곳 없는 사람들Nowhere to Go》(1988),《그림자에서 벗어나Out of the Shadows》(1997)의 속편이다. 이 네 권은 모두 미국의 정신질환 치료 체계가 어떻게 못 쓰게 되었는지를, 그 때문에 중증 정신질환자들에게 어떤 결과(수감, 괴롭힘 당함, 노숙자 신세, 살인)가 생겼는지를 이야기한다. 이 책들이 들려주는 이야기는 슬프고 비극적이지만, 상황이 개선되기를 희망한다면 반드시 알아야 할 이야기다.

E. 풀러 토리·앤 볼러Ann E. Bowler·에드워드 테일러Edward H. Taylor·어빙 고츠먼Irving I. Gottesman,《조현병과 조울장애: 일란성쌍둥이에 대한 획기적 연구로 드러난 정신질환의 생물학적 뿌리Manic-Depressive Disorder: The Biological Roots of Mental Illness as Revealed by a Landmark Study of Identical Twins》(New York: Basic Books, 1994. Paperback edition, 1996)　이 책은 일란성쌍둥이 66쌍을 연구한 보고서

다. 그중 27쌍은 한 명은 조현병이 있고 한 명은 건강했으며, 13쌍은 둘 다 조현병에 걸린 이들이었다. 어느 쌍둥이 연구자가 말했듯이, 일란성쌍둥이들은 "자연이 우리를 대신해 실행해준, 서로 똑같은 유전자 세트를 가지고 시작해 서로 다른 환경적 요인을 더한 '실험'이다." 그리고 그들은 '실험들'로서 정말로 흥미로운 동시에 유용한 존재다.

**패트릭 트레이시**Patrick Tracey, **《아일랜드의 광기를 추적하다: 내 가족의 조현병 뿌리를 찾아서**Stalking Irish Madness: Searching for the Roots of My Family's Schizophrenia**》(New York: Bantam, 2008)**　　저널리스트였던 저자는 가족 중 할머니와 삼촌, 두 누이가 모두 조현병을 앓고 있었다. 그는 자기 가족의 역사와 병의 원인을 찾기 위한 실제적이자 영적인 여행을 떠나고, 그 여행에 관한 이야기를 들려준다. 여행은 그를 과거에 조현병 유병률이 유난히 높았던 아일랜드의 지역으로 데려간다. 아주 잘 쓰인 책이다.

**\*패멀라 스피로 와그너**Pamela Spiro Wagner · **캐럴린 스피로**Carolyn S. Spiro, **《분리된 정신: 쌍둥이 자매와 그들의 조현병 여정**Divided Minds: Twin Sisters and Their Journey through Schizophrenia**》(New York: St. Martin' Press, 2005)**　　일란성쌍둥이로 사는 것이 어떤지 상상하는 일은 아주 어렵다. 하물며 둘 중 한 명이 조현병에 걸린 일란성쌍둥이로 산다는 걸 상상하기는 더욱 어렵다. 《분리된 정신》은 바로 이런 상황을 이야기하는 책이다. 처음에 쌍둥이 중 더 앞서 나가는 것 같던 팸은 6학년 때부터 희미한 환청을 듣기 시작하고, 대학 1학년 때 처음 입원하게 된다. 캐롤린은 쌍둥이 자매의 병을 겪으며 의사이자 정신과 의사가 된다. 둘 다 훌륭한 작가인 자매가 한 부분

씩 번갈아가며 쓴 매우 훌륭한 책이다. 자신의 증상에 대한 팸의 묘사와 자매를 보살피는 역할에 대한 캐롤린의 양가감정이 꾸밈없이 솔직하게 전달된다. 특별히 주의를 기울여 보아야 할 부분은, 1970년대 생물학적 정신의학이 자리를 잡기 전, 예일대학교 메디컬 센터를 비롯한 정신병원들이 제공하던 중세 수준의 치료에 대한 묘사다. 또한 이 자매의 이야기는 조현병이 한 가족 전체에게 얼마나 파괴적인 영향을 미치는지도 다시 한 번 상기시킨다. 조현병을 달콤한 말로 꾸미는 게 불가능하듯 이 역시 달콤하게 꾸밀 수 없는 이야기다.

**패트릭 콕번**Patrick Cockburn · **헨리 콕번**Henry Cockburn, 《**헨리의 악령들: 조현병과 함께 사는 아버지와 아들의 이야기**Henry's Demons: Living with Schizophrenia, a Father and Son's Story》(New York: Scribner's, 2011)  패트릭 콕번은 아들의 조현병에 관한 이야기를 써온 영국 언론인이다. 아버지와 아들이 한 장씩 번갈아가며 썼다. 아버지와 아들 모두에게 깊은 영향을 미친 조현병이라는 병에 대해 각자 어떻게 대처하려 노력해왔는지를 잘 담아냈다.

**퍼트리샤 바클라**Patricia Backlar, 《**조현병을 겪는 가족의 얼굴: 미국의 주도적 전문가들이 들려주는 실질적 조언**The Family Face of Schizophrenia: Practical Counsel from America's Leading Experts》(Los Angeles: Tarcher, 1994)  "조현병이 있는 사람의 가족으로 산다는 것은 어려운 일이다. 지원해서 그 자리를 얻게 된 사람은 아무도 없고 표준적인 업무 설명서 같은 것도 존재하지 않는다." 이 말에 책의 핵심이 잘 담겨 있다. 조현병과 관련된 7편의 실화를 들려주고, 각 이야기에 이어 전문가들(정신의학자와 심리학자 각 두 사람, 정신의학과 간호사, 사회복지사, 변호사가 각 한 사람)이 각자 한 사람씩 해설을 붙였다. 특이하지만 놀라울 정도로 효과적인 구성이다.

**피터 와이든**Peter Wyden, **《조현병 정복하기: 아버지, 아들, 그리고 의학적 돌파구**Conquering Schizophrenia: A Father, His Son, and a Medical Breakthrough》**(New York: Knopf, 1998)**  한 헌신적인 아버지가 아들이 앓고 있던 조현병에 대한 효과적인 치료를 찾아 헤매는 이야기인데, 그 아버지는 책이 출간되고 얼마 지나지 않아 세상을 떠났다. 항정신병약물 개발에 관한 역사가 잘 정리되어 있고 특히 그의 아들에게 효과가 있었던 약인 올란자핀(자이프렉사)에 초점을 맞추고 있다. 전문 저술가가 쓴 글이라 잘 읽힌다. 저자의 또 다른 아들은 현재 오리건주 연방 상원의원이다.

**\*피트 얼리, 《크레이지: 정신 나간 미국 정신 보건에 대한 한 아버지의 추적**Crazy: A Father's Search Through America' Mental Health Madness》**(New York: G. P. Putnam's Sons, 2006)**  피트 얼리의 아들은 조현정동장애 진단을 받았고, 이후 어느 집에 침입했다가 중범죄로 기소됐다. 기자인 얼리는 중증 정신질환을 앓는 사람들이 어떻게 해서 결국 미국 형사 사법체계 안에 붙들리게 되는지에 관한 이야기를 탁월하게, 그리고 당연히 암울하게 들려준다. 그는 아들의 경험뿐 아니라, 마이애미 데이트 카운티 구치소에 수감된 정신질환자들의 이야기를 함께 들려준다. 우리의 정신질환치료 체계의 실패가 불러온 가장 심각하지만 상대적으로 잘 드러나지 않았던 결과이자, 점점 더 흔하게 발생하는 이 현상에 대해 지금까지 가장 잘 풀어낸 책이다. 정신질환을 앓던 자녀가 형사 사법 체계에 끌려

들어가는 과정을 지켜봐왔던 부모들이라면 얼리가 느낀 좌절감과 개혁 요구에 쉽게 공감할 것이다.

*하비어 아마도르Xavier Amador, 《난 멀쩡해, 도움 따윈 필요 없어!》(Peconic, N.Y.: Vida Press, 2011); 최주언 옮김, 한국심리치료연구소, 2013    아주 중요한 책으로, 조현병 환자가 있는 가족들에게 너무나도 큰 괴로움을 안기는 거대한 문제에 대처하기 위한 최초의 시도다. 그 문제는 바로 환자가 왜 약을 복용하지 않으려 하는가다. 조현병에 걸린 형이 있는 심리학자인 아마도르는 병식, 즉 질병에 대한 인식이 없는 질병인식불능증에 관한 연구를 선구적으로 주도해왔다. 그는 임상적 일화들과 자신의 학식을 능숙하게 결합해 큰 가르침을 주는 결과물을 만들어냈다. 무엇보다 중요한 점은 아마도르가 환자 가족과 정신질환 전문가 들에게 조현병 환자의 병식을 개선할 수 있는 구체적인 단계별 계획을 알려준다는 것이다. 항상 효과가 있는 건 아니겠지만, 어쩔 수 없이 비자의 입원과 다양한 형식의 지원 치료를 활용해야 하는 단계까지 가기 전에 충분히 시도해볼 가치가 있다.

해리엇 리플리, 《중증 정신질환에 대한 가족 심리 교육Family Psychoeducation for Serious Mental Illness》(New York: Oxford University Press, 2009)    마이애미대학교 교수이자 심리학자인 저자의 최근작. 이 책에서 저자는 가족의 심리 교육에 초점을 맞추고 있지만, 동시에 이전의 저서들, 그중에서도 특히 데일 존슨Dale Johnson과 함께 엮은 《정신질환 치료의 협력자로서 가족Families as Allies in Treatment of the Mentally Ill》(1990), 《가족들이 정신질환에 대처하도록 돕는 일Helping Families Cope with Mental Illness》(1994), 《정신질환에
서 가족의 보살핌Family Caregiving in Mental Illness》(1996) 등에 담긴 유용한 자
료들도 함께 담아 소개하고 있다. 이 책들은 정신건강과 정신질환 전
문가가 되기 위해 교육받고 있는 사람들에게 특히 도움이 된다.

**헤더 셀러스Heather Sellers, 《당신은 내가 아는 사람이 아닌 것 같은데요You Don't**
**Look Like Anyone I Know》(New York: Riverhead Books, 2010)**       당신은 험한 유년
기를 보냈다고 생각하는가? 편집형 조현병이 있는 어머니는 한밤중에
자고 있는 헤더를 깨워 차에 태워나가서는 자신을 미행하고 있다는 확
신이 드는 모든 트럭의 번호판 숫자를 받아 적게 했다. 이런 생활에 지
치면 헤더는 시내 건너편에 있는 크로스드레서*이자 알코올중독자인
아버지의 집에 가서 살았다. 게다가 헤더에게는 안면인식장애도 있는
데, 이건 헤더의 문제 중 가장 작은 문제다. 제목을 잘못 붙인 것 같다.
대학에서 문학을 가르치는 저자는 놀라운 이야기를 들려주는 뛰어난
작가다.

## 최악의 책

다음은 조현병을 다룬 책 중 최악의 책들을 일부 소개한다. 이 중에
서 당신이 갖고 있는 책이 있다면 내다버리지는 마시라. 언젠가는 지성

----

\*       자신의 성별과 다른 옷을 입는 사람.

사의 희귀물로 높은 가치를 지닐지도 모르니 말이다. 당신의 손자들은 어이가 없다는 듯 물을 것이다. "그때는 정말 저런 말을 믿었다고요?"

**다니엘 도먼**Daniel Dorman, **《단테의 치료: 광기에서 벗어나는 여정**Dante's Cure: A Journey Out of Madness》(New York: Other Press, 2003)　《난 너에게 장미 정원을 약속하지 않았어》와 같은 부류에 속하는 책으로, 중증 우울증, 환청, 거식증에 시달리는 젊은 여성을 치료하는, 짐작컨대 친절하고 배려하는 성격의 정신분석가를 다룬다. 그 치료는 8년 동안의 전통적인 정신분석과 4년 동안의 정신과 입원으로 이루어진다. 상담 세션의 많은 시간 동안 정신분석가와 환자는 완전히 침묵을 지키며 앉아 있다. 환자는 때때로 약을 요청하지만, 정신분석가는 약을 주는 대신 환자에게 자기 자아의 무력함과 어머니와의 소원한 관계를 이해하려고 노력하라고 고집한다. 이 책과 관련해 가장 희망적인 이야기는 28년 동안 레지던트들에게 정신분석 심리치료를 가르쳐온 저자에게 UCLA가 마침내 더 이상 그가 필요 없다고 통보했다는 점이다.

**다비 페니**Darby Penney · **피터 스타스니**Peter Stasney, **《그들이 남기고 간 삶**The Lives They Left Behind》(New York: Bellevue Literary Press, 2008)　저자들은 가치 있는 개념에서 출발하지만 곧 이어서 그 개념을 파괴해버린다. 그들은 뉴욕의 윌러드 주립 병원에서 사망한 환자들의 여행가방과 소지품을 검토해 그들에게 인간의 얼굴을 되찾아주려 노력한 점에서는 성공했다. 그러나 저자들은 그 여행가방들을 자신의 급진적 의제를 홍보하기 위한 구실로 활용한다. 그들의 표현을 빌리면 "소위 조현병이란 것"

은 스트레스에 대한 반응이지 생물학적 질병이 아니란다. 그들이 묘사한 환자들은 병을 치료 받기 위해서가 아니라, "정신건강 체계의 수감자들"로서 병원에 있었다는 것이다. 〈뉴욕 타임스〉(2008년 3월 25일)에 실린 리뷰가 정확히 지적했다. "저자들의 집요하게 독선적인 문장들은 (…) 읽기가 거의 불가능하다."

**데이비드 쿠퍼**David Cooper, **《정신의학과 반정신의학**Psychiatry and Anti-Psychiatry**》**
**(New York: Ballantine Books, 1967)** 혼란에 빠진 또 한 명의 로널드 랭 제자인 쿠퍼는 이 책에서 조현병에 걸린 사람들은 단순히 가족의 병폐를 표현하고 있다고 낭만화한다. 구체적으로 그는 "'정신증적' 가족 안에서 정신증 삽화를 통해 조현병 환자로 식별된 사람은 소외된 시스템에서 탈출하려고 노력하고 있는 것이며, 따라서 어떤 의미에서는 다른 가족들보다 덜 '병든' 것이거나, 최소한 '정상적' 가족들의 '정상적' 자녀들보다는 덜 소외된 것이다." 그야말로 순전한 허풍이다.

**로버트 휘터커**Robert Whitaker, **《어느 유행병의 해부: 마법의 탄환, 정신의약품, 그리고 미국에서 정신의학의 경이로운 부상**Anatomy of an Epidemic: Magic Bullets, Psychiatric Drugs, and the Astonishing Rise of Mental Illness in America**》**(New York: Crown, **2010)** 예전에 저자는 미국 정신의학계(예를 들어 진단 기준의 확대)와 제약업계(예를 들어 어린이의 약물 사용 홍보)에 중요한 비판을 해왔던 존경받는 언론인이었다. 그러나 조현병과 항정신병약물이라는 주제에 관해서는 거의 모든 점에서 틀렸다. 휘터커는 심지어 조현병이 병인지 아닌지도 확신하지 못하는 듯하며, 조현병의 증상 대부분이 그 증상을 치료하는 데 사용하는 항정신병약물 때문에 초래된다고 주장한다. 그는 개발도상국에서는 조현병의 결과가 더 순하다는 주장 같이 잘못된 결과임이 밝혀진 과거의 연구들을 근거로 대면서 그런 나라들에는 항정신병약물이 덜 흔해서 결과가 더 양호한 거라고 말한다. 가장 특기할 점은 그가 약물 치료를 하지 않는다면 환자들의 상태가 나아질 거라고 믿고 있다는 것이다. 이런 생각을 전파하는 걸 보면 그는 놀라울 정도로 역사에 무지한 것 같다. 1800년부터 1950년까지는 (항정신병약물이 존재하지 않았으니 불가피하게) 말 그대로 수십만 명의 환자에게 이런 접근법을 취할 수밖에 없었고 그 '실험'은 참담한 결과를 가져왔다.

**마이클 로빈스**Michael Robbins, **《조현병의 경험**Experiences of Schizophrenia**》**( New York: Guilford Press, 1993)　이 책은 정신분석과 기타 통찰 지향 심리치료들을 조현병의 좋은 치료법이라고 권장하는 마지막 책 중 하나라는 점에서 수집가들이 탐낼 만하다. 그러니 L. 브라이스 보이어L. Bryce Boyer와 피터 조바키니Peter L. Giovacchini의《조현병, 경계선 장애 및 성격장애의 정신분석치료Psychoanalytic Treatment of Schizophrenic, Borderline and Characterological Disorders》(1980)와 버트람 카론Bertram P. Karon과 게리 반덴보스Gary R. Vandenbos 의《조현병의 심리치료: 엄선된 치료법Psychotherapy of Schizophrenia: Treatment of Choice》(1981)의 전통을 이어가는 책이다. 저자는 자신이 길게는 7년까지 정신분석으로 치료했던 조현병 환자 몇 명에 대한 이야기를 들려준다. 대부분의 정신분석가처럼 그 역시 조현병을 초래한 원인으로 가족을 탓하고, 그들을 "은근하게 전체주의적이고 통제적이며, 자율을 억압하고, 개별 구성원들을 갈라놓을 잠재력을 가지고 있다"고 묘사한다.

**메리 보일**Mary Boyle, **《조현병: 과학적 망상?**Schizophrenia: A Scientific Delusion?**》**
(New York: Routledge, 1990)     저자는 런던에서 임상심리학자들을 교육
하는 프로그램을 이끄는 사람인데, 조현병이 존재한다는 사실 자체에
의혹을 제기한다. 토머스 사즈처럼 저자 역시 환청, 연결되지 않는 사
고 과정, 기이한 행동 같은 증상들이 존재한다는 것은 인정하지만, 그
것들은 "사회적 맥락" 속에서 봐야 한다고 믿는다. 1990년에 출판되었
지만 대부분의 내용이 그보다 10년 전에 쓰인 것처럼 보인다. 그간 쌓
인 조현병이 뇌 질환이라는 생물학적 증거들을 전혀 감안하지 않은 것
을 보면 말이다. 밤에 잠들지 못하는 문제로 고생하고 있다면 이 책이
확실히 재워줄 것이다!

**메리 반스**Mary Barnes · **조셉 버크**Joseph Berke, **《메리 반스: 광기의 여정에 관
한 두 가지 이야기**Mary Barnes: Two Accounts of a Journey through Madness**》**(New York:
Ballantine Books, 1973)     정신분석가 로널드 랭의 조현병에 대한 접근법
을 널리 알린 책이다. 이 책에 따르면 조현병은 "직계가족의 도움과 격
려에 힘입어 시작한 (…) 경력"이며, 조현병에 걸린 사람은 "전체 가족
중 정신이 가장 덜 혼란한 구성원"인 경우가 많다고 한다. 이런 주장은
어느 맥락 속에 넣어도 얼토당토않은 말이지만 랭 본인의 딸이 조현병
진단을 받았다는 사실을 알고 보면 애처로움까지 느껴진다. 게다가 저
자들은 조현병을 앓는 것이 성장 경험이 될 수 있다고도 주장한다. "정
신증은 순환적 본성을 지닌 현실의 한 상태이며, 자아는 정신증을 통
해 갱신된다." 이 책에서는 이런 말도 안 되는 헛소리가 끝도 없이 이

어진다.

**시어도어 루빈**Theodore I. Rubin, **《리사와 데이비드**Lisa and David》(New York: Macmillan, 1961)　이 책을 이 목록에 포함시킨 이유는 〈데이비드와 리사〉라는 영화로 만들어져 조현병에 관한 한 세대 전체의 생각에 영향을 주었기 때문이다. 리사는 "파과형 조현병hebephrenic schizophrenia"이 있는 13세 소녀이며, 데이비드는 "가성신경증 조현병"이 있는 15세 소년이다. 책은 1959년과 1960년 어느 거주 치료 센터에서 머무는 두 사람의 일상을 묘사한다. 안타깝게도 정신분석가인 저자가 세운 리사와 데이비드에 대한 유일한 치료 계획은 그들이 "신경증적 방어, 섹슈얼리티, 가족관계(…)라는 문제들을 해결하는 일에 뛰어들" 때까지 심리치료를 계속하는 것뿐이다. 두 환자의 병력을 보면 명백히 항정신병약물 치료가 필요해 보이며, 1959년과 1960년이면 그 약들이 존재했던 시기인데도 약 이야기는 어디에도 보이지 않는다. 이후 리사와 데이비드의 가족들이 그 시대착오적인 치료 시설에서 그들을 데리고 가 더 현대적인 치료를 받게 했기를 희망해볼 뿐이다.

**시어도어 리즈**, **《정신분석 이론에 대한 가족의 관련성**The Relevance of the Family to Psychoanalytic Theory》(Madison, Conn.: International Universities Press, 1992)　이 책은 예일대학교 정신의학과 교수였던 고故 리즈 박사가 45년 동안 펴낸 바보 같은 책 중 마지막 책이다. 그의 경력은 갑상샘기능항진증 환자들은 "아동기에 다른 형제자매보다 덜 사랑받는다고 느꼈다"고 주장한 〈갑상샘 클리닉의 정신의학적 문제들Psychiatric Problems in the Thyroid

Clinic〉(1949)이라는 논문과 함께 시작되었다. 이어서 그는 조현병 환자 한 명씩이 포함된 열여섯 가족에 대한 연구를 진행했다. "각 가족에는 최소한 부모 중 한 명이 심각하고 장애를 안기는 정신병리에 시달리고 있었고, 부모가 둘 다 현저히 혼란에 빠져 있는 가족들도 많았다. (…) 아버지는 어머니만큼 자주 심한 혼란에 빠져 있는 것처럼 보였다." 의 학의 역사에서 그렇게 적은 수의 환자를 대상으로 한, 그렇게 과학적 가치가 적은 연구들에 관해 그렇게 많은 논문과 책이 나온 경우가 또 있을 것 같지는 않다.

**어빙 고프먼**Erving Goffman, **《수용소-정신병 환자와 그 외 재소자들의 사회 적 상황에 대한 에세이**Asylums: Essays on the Social Situation of Mental Patients and Other Inmates》(Garden City, N.Y.: Anchor Books, 1961); **심보선 옮김, 문학과지성사, 2018**   사회학자 어빙 고프먼은 국립정신보건원의 지원금을 받아 워 싱턴 D. C.에 있는 세인트엘리자베스 병원에서 환자들을 관찰하며 1년을 보냈다. 그는 환자들의 행동 대부분이 자신이 입원했다는 사실 에 대한 반응이지, 그들의 병의 결과가 아니라고 결론 내린다. 이 결론 에 따른 그의 논리적인 의견은 병원의 문을 열고 아무 조건 없이(그러 니까 아무 약 없이) 환자들을 풀어주기만 하면 그들은 앞으로 영원히 행 복하게 살아갈 거라는 것이다.

**J. 마이클 마호니**J. Michael Mahoney, **《조현병: 수염 난 숙녀병**Schizophrenia: The Bearded Lady Disease》(Authorhouse, 2002)   저자가 스스로 돈을 대어 출판 하고 대대적으로 광고한 이 책은 누구나 돈만 충분히 있으면 바보 같

은 생각을 퍼트릴 수 있다는 실례다. 저자는 조현병이 "심각한 양성애적 갈등"에 의해 초래되며 장기적인 정신분석을 통해서만 성공적으로 치료될 수 있다고 주장한다. 저자는 억압된 동성애가 편집형 조현병의 원인이라는 프로이트의 이론을 모범으로 삼아 활용하고, 프로이트가 실제로 만나본 적도 없는 독일의 법관 다니엘 파울 슈레버Daniel Paul Schreber에 대해 실시한 프로이트의 분석 내용을 바탕으로 삼는다. 자신의 "심각한 양성애적 갈등" 이론을 증명하는 데 저자가 사용한 방법은 639개의 인용문을 모아놓고 거기에 자기 의견을 덧붙이는 것이다. 제목만큼 본문도 아주 이상한 책이다.

**존 리드**John Read · **로런 모셔**Loren R. Mosher · **리처드 벤탈**Richard P. Bentall, eds, **《광기의 모델들: 조현병에 대한 심리학적, 사회적, 생물학적 접근법**Models of Madness: Psychological, Social and Biological Approaches to Schizophrenia**》**(New York: Brunner-Routledge, 2004)    여러 저자가 함께 쓴 이 책의 유일한 가치는 조현병에 관해 아무것도 모르는 거의 모든 사람을 책 한 권 안에 모아놓았다는 점이다. 따라서 이 책은 '무지의 저작'이라고 할 수 있다. 책임 편집자이자 뉴질랜드의 임상심리학자인 존 리드는 전체 24장 중 12장의 전체 또는 일부를 썼는데, 그럼으로써 아동학대와 부모의 일탈이 조현병의 원인이라는 자신의 이론을 홍보할 기회를 한껏 누렸다. 충분히 예상할 수 있듯이 저자 대부분이 합심해서 장려하는 치료법은 정신분석 심리치료다. 이 책에서 '생물학적' 측면을 다룬 유일한 장의 제목이 "생물학적 정신의학의 가망 없는 목표"다. 뻔뻔스럽게도 심한 오해를 야기하는 제목을 달고 나온 책.

**존 모드로**John Modrow, 《**조현병 환자가 되는 법: 생물학적 정신의학에 반대하는 주장**How to Become a Schizophrenic: The Case Against Biological Psychiatry》(Everett, Wash.: Apollylon Press, 1992)　　이 책은 한때 조현병 진단을 받았던 남자가 쓴 한심한 책이다. "나의 운명을 결정한 것은 유전자가 아니라, 자신들의 심각한 심리적 문제를 갖고 있었던 내 부모의 태도, 믿음, 기대였다." 저자는 자기 증상들이 단순히 어머니와 아버지가 자신에게 가한 스트레스의 결과일 뿐이라고 말한다. 한 부분에서는 "조현병은 상당 부분 강렬한 자기혐오의 감정에 의해 초래된다"고 주장하고, 또 다른 부분에서는 "조현병과 정상 상태 사이에는 그리 큰 차이가 없다"고 단언한다.

**켄 키지**, 《**뻐꾸기 둥지 위로 날아간 새**One Flew Over the Cuckoo's Nest》(New York: Signet Books, 1962); **정회성 옮김, 민음사, 2009**　　영화로도 만들어져 인기를 모은 이 소설은 어빙 고프먼의《수용소》와 영화 〈왕이 된 사나이〉가 불씨를 지핀 개념의 픽션 버전이다. 랜들 맥머피는 주립 병원 환자들을 동원해 래치드 수간호사와 그 병원에서 일하는 사악한 정신과 의사들에게 도전을 시도한다. 환자들은 병든 것이 아니라 억압받는 것으로 묘사되며, 마지막에 브롬 추장은 병원을 탈출해 영원히 행복하게 살아간다. 현실에서라면 브롬 추장은 어떤 다리 아래 모여 사는 정신질환자 노숙자 무리의 일원이 되거나, 감옥에 갇히거나, 구타를 당하거나 혹은 그 모든 일을 다 당할 확률이 높다. 키지는 당시 환각제의 전도사 같은 존재였는데, 그가 쓴 이야기에서도 환각 상태의 기미가 느껴진다.

**타이 콜버트**Ty C. Colbert, 《**고장 난 뇌 혹은 상처 입은 심장: 무엇이 정신질환을**

초래하는가Broken Brains or Wounded Hearts: What Causes Mental Illness》(Santa Ana, Calif.: Kevco, 1996)　　　전통적인 정신분석 이론을 새롭게 포장해 새로운 것인 양 팔려는 시도는 영원히 끝나지 않을 모양이다. 캘리포니아에서 개인 상담소를 운영하는 심리학자인 콜버트는 우리에게 "조현병은 뇌 질환이 아니"며 단지 "감정적 고통의 과부하"의 산물일 뿐이라고 믿게 하려 애쓴다. "정신은 그 고통을 처리하는 데 필요한 방어벽을 의도적으로 만들어낸다. 그러므로 조현병, 우울증, 그 밖의 소위 정신질환이라 불리는 장애들은 고통에 적응하려고 스스로 취하는 전략으로 보아야 한다"고 주장한다. 그러니까 조현병에 걸린 건 환자가 선택한 일이라는 것이다.

　　　토머스 사즈, 《조현병: 정신의학의 신성한 상징Schizophrenia: The Sacred Symbol of Psychiatry》(New York: Basic Books, 1976)　　　사즈는 1961년에 낸《정신질환이라는 신화》를 필두로《만들어진 광기The Manufacture of Madness》(1970),《조현병: 정신의학의 신성한 상징》(1976),《정신의학의 노예Psychiatric Slavery》(1977)로 이어가며, 조현병이라는 주제에 대해 그 어느 저자보다 현학적인 난센스를 쏟아냈다. 역사가로서 사즈는 최고 수준이었지만, 정신의학자로서는 조현병을 정신분석으로 치료하려는 접근법에서 한 걸음도 넘어서지 못했다. 예를 들어 그는 조현병이 정신의학의 발명품일 뿐이며, "정신의학만 존재하지 않으면 조현병도 존재하지 않는다"고 주장했다. 이 경이로운 단순성이라니! 사즈가 조현병 환자를 한 명이라도 본 적이 있는지 정말 궁금하다.

**피터 브레긴, 《자유의 심리학** The Psychology of Freedom**》**(Buffalo, N.Y.: Prome-
theus Books, 1980)    브레긴 박사가 조현병에 관해 쓴 책 중에서 최악의
책을 고른다는 건 정말 어려운 일이지만, 그래도 내게는 이 책이 최악
의 책으로 가장 걸맞아 보인다. 이 사람은 조현병을 "광기"라는 단어
로 칭하며 이렇게 정의한다. "광기는 신경의 고장이다. (…) 정신이상
은 비겁함이고, 지독한 정신이상은 지독한 비겁함이다." 브레긴에 따
르면 조현병에 걸린 사람은 자신을 그런 상태로 만든 책임이 있다. 그
들은 자신의 결점들을 직시할 용기가 없기 때문에 "자신을 무력한 상
태로 만든" 것이란다. "지독한 망상과 환각을 겪는 사람들은 지독하게
비겁하며, 자기 내면 삶의 통제력에 대한 책임을 상실했다. (…) 그것은
본인이 자기 자신에게 부과한 불구다." 이런 기가 막힌 헛소리들이 매
페이지 이어지는데, 조현병에 걸린 사람들이 자신을 이렇게 신랄하게
공격한 브레긴에게 화가 나서 몰려가지 않은 것이 놀라울 따름이다.

**피터 브레긴, 《해로운 정신의학** Toxic Psychiatry**》**(New York: St. Martin' Press,
1991)    브레긴 박사가 정신의약품에 관해 전작 《정신의학 약물: 뇌에
대한 위험 Psychiatric Drugs: Hazards to the Brain》보다 더 나쁜 책을 쓸 수 있을 거
라고는 상상하기 어려웠는데, 그 대단한 업적을 이뤄내고야 말았다.
그의 말에 따르면 조현병은 아동학대 때문에, 조현병 치료에 사용되는
약들 때문에 "정신적·영적으로 압도된 상태"다. 브레긴의 문체는 부
정적인 것을 엄청나게 과장하고 긍정적인 것은 완전히 무시하는 지리
멸렬하고 신경질적인 문체다.

한나 그린, 《난 너에게 장미 정원을 약속하지 않았어》(New York: Holt, Rinehart and Winston, 1964); 조앤 그린버그, 윤정숙 옮김, 챕터하우스, 2014  지난 반세기 동안 조현병에 관한 혼란을 야기하는 데 가장 큰 역할을 한 책에게 주는 상이 있다면, 수상작은 두말할 나위 없이 바로 이 책이다. "조현병"에 걸렸다고 하는 젊은 여성이 정신분석 심리치료의 도움으로 낫는다. 사실 이 여성은 조현병에 걸리지 않은 것이 확실하다. 그녀의 증상들은 히스테리와 거의 일치하며, 이후 그녀는 결혼을 하고 가족을 꾸리고, 15권의 책을 쓰고, 전국을 돌며 강연을 한다. 전형적인 조현병의 과정이라 보기엔 무리가 있다. 게다가 정신분석치료로 조현병을 치료한다는 것은 정신분석치료로 다발경화증을 치료한다는 것만큼 불가능한 이야기다. 젊은 여성의 판타지를 담은 이야기로 분류해야 할 책이다.

부록 2<sup>+</sup>

# 온라인 자료

## 조현병에 관한 유용한 온라인 자료

(이 자료들은 정신질환 정책 기구의 상임 이사이자《미친 결과들: 정신건강 업계는 어떻게 정신질환자들을 저버렸는가》의 저자인 D. J. 재피가 정리해주었다.)

인터넷 세상은 조현병 환자와 가족 들이 집을 나서지 않고도 쉽게 정보를 구하고 다른 사람들과 연결될 수 있게 해준다. 웹사이트, 소셜

---

+ 이 부분은 미국 내용이긴 하지만 다양한 자료를 소개한다는 의미가 있다. 한국의 경우 다음과 같은 기관과 단체 들을 참고할 수 있다.
- 국립정신건강센터 www.ncmh.go.kr
- 대한정신장애인가족협회 www.kfamd.or.kr
- 멘털헬스코리아 mentalhealthkorea1.modoo.at
- 한국조현병환우회(심지회) m.cafe.daum.net/kyky116

미디어 플랫폼, 블로그, 팟캐스트, 앱 중 일부는 양질의 정보를 제공하
지만 위험한 것들도 있다. 누구나 페이스북, 트위터, 핀터레스트, 인스
타그램, 링크드인, 블로그, 팟캐스트, 웹사이트만 있으면 자기만의 확
성기를 가질 수 있는 세상이다. 대중 심리학("정신질환을 치료하는 5가
지 방법")과 유사 과학("우울증에는 약보다 등산이 낫다")이 더해져 엄청난
양의 잘못된 정보를 만들어낸다. 미심쩍은 만병통치약 장사꾼들이 판
을 치고, 스마트폰 앱들이 당신의 조현병 문제를 깨끗이 해결해주겠다
고 큰소리친다. 영리기업들은 광고를 뉴스나 만족한 고객들의 평인 것
처럼 보이게 위장한다. 처음에는 사실인 이야기를 가져와 방송해도 그
이야기가 다시 방송될 때마다 매 방송 주체가 거기에 자신의 해석을
한 겹씩 더하고, 그러면 이야기 전달하기 게임에서처럼 여러 사람을
거쳐 전달되는 동안 처음과는 완전히 다른 이야기가 만들어진다. 예를
들어 고양이에게서 발생하는 톡소포자충이 일부 조현병 발병과 연관
이 있을 가능성이 발견되었다는 보도가 나가면 여러 단계를 거쳐 "조
현병 연구자들은 당신에게 고양이를 죽이라고 요구한다"는 이야기로
탈바꿈하는 식이다.

## 조심해야 할 온라인 자료들

인권 시민 위원회Citizens Commission on Human Rights, CCHR, 사이언톨로지,
매드 인 아메리카Mad in America, 전국 역량 강화 센터National Empowerment
Center, NEC, 탁월한 정신건강Excellence in Mental Health, 마인드프리덤mindfree-

dom, 배즐런Bazelon, 정신건강 회복 전국 연합National Coalition for Mental Health Recovery, NCMHR, 그리고 토머스 사즈, 피터 브레긴, 로버트 휘터커를 격찬하는 사이트는 모두 피해야 한다. 약물 치료의 이점에 대한 이야기는 없이 부작용만을 나열하거나, eCPR, 열린 대화Open Dialogue, 환청 네트워크, 정신건강 응급처치Mental Health First Aid, MHFA를 홍보하거나, 조현병의 원인, 치료법, 예측 또는 예방법이 발견되었다고 주장하는 사이트나 블로그 들도 피하라. 정신건강 차관보 엘리노어 맥컨스카츠Elinore McCance-Katz 박사의 지도 아래 개선되고 있기는 하지만, 나는 여전히 '약물남용 및 정신건강 서비스청'에서 나온 정보도 피하는 게 낫다고 생각한다. 그들은 정치적으로 올바를지는 모르나 과학적 근거가 없는 개입법들을 지지하는 성향이 있기 때문이다. 전미 정신질환자 가족 연합 전국 본부는 과거 올바른 정보를 제공했으나 지금은 그런 과거와 거리가 멀어졌다.

## 믿을 수 있는 자료를 제공하는 출처들

국립정신보건원의 조현병 페이지(https://www.nimh.nih.gov/health/topics/schizophrenia/index.shtml)에는 조현병에 관한 믿을 만한 기본 정보와 연구 참가자를 모집하고 있는 연구 페이지 링크들이 담겨 있다. 국립정신보건원의 자료들은 자유 이용 저작물이기 때문에, 다른 단체에서 내놓는 책자들은 국립정신보건원 자료의 오래된 버전인 경우가 많다. 탄탄한 정보를 제공하는 또 다른 사이트로는 캐나다 조현병 협회

(http://www.schizophrenia.ca), 브리티시콜럼비아 조현병 협회British Columbia Schizophrenia Society(http://www.bcss.org, Facebook: https://www.facebook.com/BCSchizophreniaSociety, @BCSchizophrenia), 노스쇼어 조현병 협회가 이름을 바꾼 패스웨이Pathways(http://pathwayssmi.org, @PathwaysSMI) 등이 있다.

새로운 치료와 연구에 관한 믿을 만한 정보는 대부분 다음의 과학 저널들에 발표되는 연구논문에서 찾을 수 있다.《조현병 연구Schizophrenia Research》(https://www.journals.elsevier.com/schizophrenia-research),《조현병 학회보Schizophrenia Bulletin》(https://academic.oup.com/schizophreniabulletin),《정신의학 소식Psychiatric News》(https://psychnews.psychiatryonline.org),《정신의학 타임스Psychiatric Times》(http://www.psychiatrictimes.com). 이 정보들에 의지하면 더 적은 사이트들을 탐색하면서도 지속적으로 최신 정보를 확보할 수 있다.

이런 저널들에 새로운 연구가 발표될 때 거기에는 대개 요약문(초록)이 포함되어 있다. 안타깝게도 기자나 블로거, 사이트 운영자 들은 기반이 되는 연구 내용을 읽어보지도 않은 채, 연구 초록에 실린 정보나 심지어 보도자료만 가지고 오거나 거기에 연구 저자 인터뷰를 더해 게시글을 작성하는 경우가 많다. 이런 관행이 문제가 되는 이유는 초록과 보도자료, 그리고 그것들로 꾸린 글은 긍정적인 연구 결과만을 강조하고, 그 연구에서 나온 부정적인 결과나 연구의 약점들은 다루지 않기 때문이다. 또한 어떤 연구에서 중간에 빠진 참가자 수도 매번 보도되지 않기 때문에 마지막까지 연구에 남아 있는 참가자들이 전형적인 경우인지 비전형적인 경우인지 판단하기가 어렵다.

초록이 아니라 연구 내용이 담긴 본문 자체를 읽어라. 온라인에서 찾아낸 연구가 초록만 공개되어 있는 경우라도, 대개의 경우 그 페이지에는 연구 대표 저자의 이메일 주소도 나와 있다. 그들에게 예의바르게 감사를 표현하는 메일을 보내면 대개는 논문 전체를 보내준다. 그렇지 않다면 도서관에 신청해서 구해볼 수도 있다.

연구한 사람들이 누구인지도 꼼꼼히 살펴보라. 독립성이 없는 연구거나, 연구 결과에 금전적 이권이 걸린 제약 회사나 새로운 심리사회적 접근법의 개발자들에게서 돈을 받은 연구라면 한층 더 회의적인 시선으로 검토해야 한다. 연구 내용 전체를 읽는 것만큼 중요한 또 한 가지는, 당신이 확인하지 않은 정보를 퍼트려서는 안 된다는 것이다.

다음은 과학 기반 연구와 치료 정보에 관한 무료 자료를 제공하는 곳들이다. 일부는 초록으로 가는 링크들이고 일부는 연구 내용 자체로 가는 링크들이다.

### 펍메드 센트럴 PubMed Central과 펍메드 PubMed*

펍메드 센트럴 https://www.ncbi.nlm.nih.gov/pmc

펍메드 https://pubmed.ncbi.nlm.nih.gov

미국 국립의학도서관의 펍메드 센트럴에서는 국립보건원이 지원하고 과학 저널들에 발표된 연구논문 전문을 무료로 열람할 수 있다.

---

\*  펍메드는 생명과학과 생물의학 분야에 관한 MEDLINE(온라인 의학 문헌 분석 및 검색 시스템 Medical Literature Analysis and Retrieval System Online) 데이터베이스의 참고자료 및 논문 초록을 찾아볼 수 있는 무료 검색엔진이다. 데이터베이스는 국립보건원의 국립의학도서관이 관리한다.

하지만 정보가 공개되는 것은 출판 후 12개월까지만이다. 특정 약물이
나 치료법, 부작용에 관한 실제 연구를 찾아보고 싶을 때 좋은 자료다.
연구들을 날짜별로 배열할 수도 있다. 의학도서관의 펍메드에서는 어
디서 자금 지원을 받았는지와 관계없이 발표된 모든 연구의 초록을 검
색할 수 있다. 일부 초록들에는 연구논문 전문에 접근할 수 있는 링크
도 있다.

### 멘탈 요정 The Mental Elf

https://www.nationalelfservice.net/mental-health/schizophrenia

멘탈 요정은 영국 정신의료계에서 일해 온 정보과학자이자 블로거
인 안드레 톰린 Andre Tomlin 박사가 운영하는 사이트다. 그는 독자들에게
최신 정신의료 연구 정보를 제공하는 동시에 그 연구들의 한계도 짚어
준다. 그의 페이스북 페이지와 트위터 피드(@Mental_Elf)는 정신질환에
관한 더 광범위한 내용을 다룬다.

### 사이언스 데일리 Science Daily

https://www.sciencedaily.com/news/mind_brain/schizophrenia

〈사이언스 데일리〉의 조현병 섹션은 제출되는 연구논문들의 요약
문을 싣고 있지만, 그 요약문들이 가장 중요한 요점을 반영하고 있는
지 객관적으로 분석해주지는 않는다.

### 조현병 전사들의 스마트 아카데미 Schizophrenia Warriors Smart Academy

https://www.facebook.com/SchizophreniaWarriors

이 페이스북 페이지는 종종 과장되기도 하는 보도자료와 기사, 초록 등으로 피드를 활기차게 꾸려나간다. 어떤 연구들이 발표되고 있는지 알아보기에 좋은 곳이지만, 실제 연구 내용은 직접 읽고 판단해야 한다.

## 클로자핀에 관한 사이트

클로자핀에 관해 더 많은 내용이 궁금한 사람들은 로버트 레이트먼 Robert Laitman 박사가 운영하는 '대니얼을 위한 달리기Running for Daniel' 사이트(https://www.teamdanielrunningforrecovery.org)와 베서니 예이저Bethany Yeiser와 헨리 나스랄라Henry Nasrallah 박사가 운영하는 큐어스 재단CURESZ Foundation 홈페이지(https://curesz.org)에 관심을 가져도 좋겠다. 두 곳 모두 클로자핀에 관한 정보와 부작용에 대처하는 방법을 많이 소개하고 있다.

## 뉴로크리틱Neuro-critics

널리 홍보된 연구들의 한계점을 알고 싶다면 몇몇 '뉴로크리틱'들의 트위터 피드와 블로그를 구독해보라. 반정신의학 운동가들과 달리 뉴로크리틱들은 중증 정신질환의 존재를 인정하며 과학이란 이름으로 통용되는 허술한 연구와 과장된 주장을 찾아내 비판한다.

제임스 코인James Coyne의 '마인드 더 브레인Mind the Brain' 블로그 (https://www.coyneoftherealm.com/mind-the-brain)와 트위터 피드(@CoyneoftheRealm), 페이스북 페이지(https://www.facebook.com/james.c.coyne) 에서는 대중매체와 동료 리뷰 저널들을 통해 알려진 연구들의 허술하고 잘못된 수학, 모델링, 결론들을 폭로한다.

〈디스커버 매거진〉의 뉴로스켑틱 블로그(https://www.discoverma-gazine.com/author/neuroskeptic)와 트위터(@Neuro_Skeptic)는 회의적인 시선으로 광범위한 정신의학 영역을 훑으면서, 무엇에든 앞에 '뉴로'라는 접두사를 붙이는 가짜 과학을 폭로한다.

키스 로스Keith Laws(@Keith_Laws)는 인지신경심리학 교수로, 다수의 인지치료의 과장된 주장들을 다룬다.

더 뉴로크리틱the Neurocritic(@neurocritic)은 신경과학 및 뇌 영상과 관련되어 큰 화제를 일으킨 발견들을 검토한다.

'공적 시민들의 보건연구 그룹Public Citizen Health Research Group'의 시드니 울프 박사Sidney Wolfe가 운영하는 '최악의 약/최고의 약Worst Pills/Best Pills'(www.worstpills.org)은 특정 약품의 효능과 부작용을 찾아보는 데 유용하다. 공적 시민들의 보건연구 그룹은 제약업계의 지원을 일체 받지 않지만, 사이트를 이용하려면 회원가입을 해야 한다.

# 추천 참고문헌

## 1장

Amador, X. F. and Anthony S. David, eds. 병식과 정신증*Insight and Psychosis*, 2nd ed. New York: Oxford University Press, 2004.

Amador, X. F. and A.-L. Johanson. *I Am Not Sick, I Don't Need Help*. Peconic, N.Y.: Vida Press, 2000. 하비어 아마도르,《난 멀쩡해, 도움 따윈 필요 없어!》, 최주언 옮김, 한국심리치료연구소, 2013.

Chapman, J. "조현병의 초기 증상The Early Symptoms of Schizophrenia." *British Journal of Psychiatry* 112 (1966): 225-51.

Cutting, J. and F. Dunne. "조현병의 주관적 경험Subjective Experience of Schizophrenia." *Schizophrenia Bulletin* 15 (1989): 217-31.

DeVries, M. W., ed. 정신병리의 경험*The Experience of Psychopathology*. Cambridge: Cambridge University Press, 1992.

Dworkin, R. H. "조현병의 무통각증: 등한시되는 그 현상과 몇 가지 함의Pain Insensitivity in Schizophrenia: A Neglected Phenomenon and Some Implications." *Schizophrenia Bulletin* 20 (1994): 235-48.

Freedman, B. J. "조현병에서 지각과 인지장애의 주관적 경험: 자전적 기술 리뷰The Subjective Experience of Perceptual and Cognitive Disturbances in Schizophrenia: A Review of Autobiographical Accounts." *Archives of General Psychiatry* 30 (1974): 333-40.

Kaplan, B. ed. 정신질환 내부의 세계*The Inner World of Mental Illness*. New York: Harper & Row, 1964.

McGhie, A. and J. Chapman. "초기 조현병에서 주의와 지각의 장애들Disorders of Attention and Perception in Early Schizophrenia." *British Journal of Medical Psychology* 34 (1961): 103-16.

Morgan, K. 집을 잃은 정신: 조현병 회상기*Mind Without a Home: A Memoir of Schizophrenia*. Center City, MN: Hazeldon, 2013.

North, C. 환영한다, 침묵이여: 조현병에 맞선 나의 승리*Welcome, Silence: My Triumph over Schizophrenia*. New York: Simon & Schuster, 1987.

Parnas, J. and P. Handest. "초기 조현병에서 비정상적 자기표현의 현상학Phenomenology of Anomalous Self-Experience in Early Schizophrenia." *Comprehensive Psychiatry* 44 (2003): 121-134.

Plaze, M, M.-L. Paillère-Martinot, J. Penttilä, et al. "환청은 어디서 오는가?"-내부 환각 혹은 외부 환각을 겪는 조현병 환자들의 뇌 형태계측 연구'Where Do Auditory Hallucinations Come From?'—A Brain Morphometry Study of Schizophrenia Patients with Inner or Outer Space Hallucinations." *Schizophrenia Bulletin* 37 (2011): 212-21.

Potvin, S., S. Marchand. "조현병의 통각 저하증은 항정신병약물과 무관하다: 실험연구에 대한 체계적 정량적 검토Hypoalgesia in Schizophrenia Is Independent of Antipsychotic Drugs: A Systematic Quantitative Review of Experimental Studies." *Pain* 138 (2008): 70-78.

Prigatano, G. P., ed. 질병인식불능증 연구*The Study of Anosognosia*. New York: Oxford University Press, 2010.

Sechehaye, M. *Autobiography of a Schizophrenic Girl*. New York: Grune & Stratton, 1951. Paperback by New American Library. 이 여성의 증상들을 정신분석학적으로 해석하는 이 책의 2부는 건너뛰는 게 좋다. M. A. 세셰이예, 《르네의 일기》, 류종렬 옮김, 마실가, 2003.

Snyder, K., R.E. Gur, L. W. Andrews. 나, 나 자신, 그리고 그들: 한 젊은이의 조현
병 경험에 대한 일인칭 서술*Me, Myself and Them: A Firsthand Account of One Young Person's Experience
with Schizophrenia*. New York: Oxford University Press, 2007.

Sommer, R., J. S. Clifford, and J. C. Norcross. "정신질환자들의 자서전에 관한 서
지학: 업데이트와 분류체계A Bibliography of Mental Patients' Autobiographies: An Update and
Classification System." *American Journal of Psychiatry* 155 (1998): 1261-64.

## 2장

Birur, B., N. V. Kraguljac, et al. "조현병과 양극성장애에서 뇌의 구조, 기능, 신
경화학-자기공명신경영상 연구 문헌의 체계적 검토Brain Structure, Function, and
Neurochemistry in Schizophrenia and Bipolar Disorder — a Systematic Review of the Magnetic Resonance
Neuroimaging Literature." *NPJ Schizophrenia* 3 (2017). https://www.nature.com/
articles/s41537-017-0013-9

Carpenter, W. T. Jr., D. W. Heinrichs, and A. M. I. Wagman. "결핍형 조현병과
비결핍형 조현병: 개념Deficit and Nondeficit Forms of Schizophrenia: The Concept." *American
Journal of Psychiatry* 145 (1988): 578-83.

*Diagnostic and Statistical Manual of Mental Disorders: DSM-5. 5th ed.* Washington,
D.C.: American Psychiatric Association, 2013. American Psychiatric Association,
《DSM-5 정신질환의 진단 및 통계 편람 제5판》, 권준수 옮김, 학지사, 2015.

Dickey, C. C., R. W. McCarley, M. M. Voglmaier, et al. "조현형 성격장애와 측두엽
회백질의 MRI 이상소견Schizotypal Personality Disorder and MRI Abnormalities of Temporal Lobe
Gray Matter." *Biological Psychiatry* 45 (1999): 1393-1402.

Duke, P., and G. Hochman. 찬란한 광기: 조울증과 함께하는 삶*A Brilliant Madness: Living
with Manic-Depressive Illness*. New York: Bantam Books, 1992.

Jamison, K. R. *An Unquiet Mind: A Memoir of Moods and Madness*. New York: Vintage
Books, 1995. 케이 레드필드 재미슨,《조울병, 나는 이렇게 극복했다》, 박민철
옮김, 하나의학사, 2005.

Ketter, T. A., P. W. Wang, O. V. Becker, et al. "정신증적 양극성장애: 조현병과 유

사한 차원인가, 전혀 다른 범주인가?Psychotic Bipolar Disorders: Dimensionally Similar to or Categorically Different from Schizophrenia?" *Journal of Psychiatric Research* 38 (2004): 47-61.

Kirkpatrick, B., R. W. Buchanan, D. E. Ross, et al. "조현병 증후군에 속하는 개별적 질환A Separate Disease within the Syndrome of Schizophrenia." *Archives of General Psychiatry* 58 (2001): 165-71.

Lieberman, J. A., T. S. Stroup, D. O. Perkins, eds. 조현병의 핵심*Essentials of Schizophrenia.* Washington: American Psychiatric Publishing, 2012.

Slater, E., and M. Roth. 임상정신의학*Clinical Psychiatry.* Baltimore: Williams and Wilkins, 1969. 교과서에 나오는 조현병에 관한 설명 중 단연 최고다.

Soares, J. C., and S. Gershon, eds. 양극성장애: 기본 기제와 치료에 관한 함의*Bipolar Disorders: Basic Mechanisms and Therapeutic Implications.* Vol. 15 of the series Medical Psychiatry. New York: Marcel Dekker, 2000.

Taylor, M. A. "조현병과 정동장애는 서로 연관이 있는가? 선별 문헌 검토Are Schizophrenia and Affective Disorder Related? A Selected Literature Review." *American Journal of Psychiatry* 149 (1992): 22-32.

Torrey, E. F., and M. B. Knable. "조현병과 양극성장애는 같은 병인가 다른 병인가? 심포지엄 서문Are Schizophrenia and Bipolar Disorder One Disease or Two? Introduction to the Symposium." *Schizophrenia Research* 39 (1999): 93-94. 이 학술지의 1999년 9월호 (vol. 39, no. 2)는 이 주제를 다룬 논문들만으로 꾸려졌다.

Torrey, E. F., and M. B. Knable. 조울증에서 살아남기: 환자, 가족, 의료종사자를 위한 양극성장애 안내서*Surviving Manic Depression: A Manual on Bipolar Disorder for Patients, Families and Providers.* New York: Basic Books, 2002.

## 3장

Achté, K. A., E. Hillbom, and V. Aalberg. "전쟁 중 뇌 부상을 입은 뒤의 정신증Psychoses Following War Brain Injuries." *Acta Psychiatrica Scandinavica* 45 (1969): 1-8.

Clarke, M. C., A. Tanskanen, M. O. Huttunen, et al. "간질과 정신증의 공통 감수성에 대한 증거: 인구 기반 가족 연구Evidence for Shared Susceptibility to Epilepsy and Psychosis: A

Population-Based Family Study." *Biological Psychiatry* 71 (2012): 836-9.

Coleman, M., and C. Gillberg. 자폐증후군의 생물학The Biology of the Autistic Syndromes.
New York: Praeger, 1985.

Coleman, M., and C. Gillberg. 조현병: 조현병 스펙트럼장애The Schizophrenias: A Biological
Approach to the Schizophrenia Spectrum Disorders. New York: Springer, 1996.

David, A. S., and M. Prince, "두부외상 이후의 정신증: 비판적 리뷰Psychosis Following
Head Injury: A Critical Review." *Journal of Neurology, Neurosurgery, and Psychiatry* 76
(2005): 53-60.

Davison, K. "기질적 뇌장애와 연관되는 조현병 유사 정신증: 리뷰Schizophrenia-
like Psychoses Associated with Organic Cerebral Disorders: A Review." *Psychiatric Developments* 1
(1983): 1-34. 이 논문의 이전 버전으로 널리 인용되는 논문: Davison and C. R.
Bagley, "중추신경계의 기질적 장애와 연관되는 조현병 유사 정신증Schizophrenia-
like Psychoses Associated with Organic Disorders of the Central Nervous System" in *Current Problems in
Neuropsychiatry*, edited by R. N. Herrington. Ashford, England: Headley Brothers,
1969.

De Hert, M., M. Wampers, T. Jendricko, et al. "대마초 사용이 조현병과 양극성장
애의 발병 연령에 미치는 영향Effects of Cannabis Use on Age at Onset in Schizophrenia and Bipolar
Disorder." *Schizophrenia Research* 126 (2011): 270-76.

Gage, S. H., M. Hickman, and S. Zammit, "대마초와 정신증의 연관성: 역학적 증
거Association Between Cannabis and Psychosis: Epidemiologic Evidence." *Biological Psychiatry* 79
(2016): 549-556.

Grandin, T. *Thinking in Pictures*. New York: Vintage Books, 1996. 템플 그랜딘, 《나
는 그림으로 생각한다》, 홍한별 옮김, 양철북, 2005.

Hambrecht, M., and H. Häfner. "물질 남용과 조현병 발병Substance Abuse and the
Onset of Schizophrenia." *Biological Psychiatry* 40 (1996): 1155-63.

Lishman, W. A. 기질성 정신의학: 뇌 질환의 심리학적 결과들Organic Psychiatry: The
Psychological Consequences of Cerebral Disorder. Oxford: Blackwell Science, 1998.

McGrath, J., J. Welham, J. Scott, et al. "젊은 성인 코호트에서 형제자매 분석을 통

해 알아본, 대마초 사용과 정신증 관련 결과 사이의 연관관계Association Between Cannabis Use and Psychosis- Related Outcomes Using Sibling Pair Analysis in a Cohort of Young Adults." *Archives of General Psychiatry* 67 (2010): 440-47.

Molloy, C., R. M. Conroy, D. R. Cotter, et al. "뇌 외상은 조현병의 위험 요인인가? 환자군-대조군 기반 연구의 메타분석Is Traumatic Brain Injury a Risk Factor for Schizophrenia? A Meta-Analysis of Case-controlled Population-based Studies." *Schizophrenia Bulletin* 37 (2011): 1104-10.

Torrey, E. F. "기능적 정신증과 바이러스 뇌염Functional Psychoses and Viral Encephalitis." *Integrative Psychiatry* 4 (1986): 224-36.


## 4장

Aleman, A., R. S. Kahn, J.-P. Selten. "조현병 위험 요인의 성별 차이Sex Differences in the Risk of Schizophrenia." *Archives of General Psychiatry* 60 (2003): 565-71.

Cannon, M., P. Jones, M. O. Huttunen, et al. "핀란드 어린이의 학교 성적과 이후의 조현병 발병: 인구 기반 종단연구School Performance in Finnish Children and Later Development of Schizophrenia: A Population-Based Longitudinal Study." *Archives of General Psychiatry* 56 (1999): 457-63.

Ciompi, L. "노화와 조현성 정신증Aging and Schizophrenic Psychosis." *Acta Psychiatrica Scandinavica*, Suppl. no. 319, 71 (1985): 93-105.

Frese, F. J., E. L. Knight and E. Saks. "조현병 회복: 정신의학자, 심리학자, 조현병 진단받은 이들의 관점Recovery from Schizophrenia: With Views of Psychiatrists, Psychologists, and Other Diagnosed With This Disorder." *Schizophrenia Bulletin* 35 (2009): 370-380.

Harding, C. M., J. Zubin, and J. S. Strauss. "만성 조현병에 대한 재고Chronicity in Schizophrenia: Revisited." *British Journal of Psychiatry* (Suppl. 18), 161 (1992): 27-37.

Harris, A. E. "신체질환과 조현병Physical Disease and Schizophrenia." *Schizophrenia Bulletin* 14 (1988): 85-96.

Harris, M. J., and D. V. Jeste. "후기 발병 조현병: 개관Late-Onset Schizophrenia: An Overview." *Schizophrenia Bulletin* 14 (1988): 39-55.

Henry, L. P., G. P. Amminger, M. G. Harris, et al. "조기 정신증 예방 중재 센터의 초발 정신증 후속 연구: 기준 입원 후 7년이 지난 시점의 임상 및 기능의 장기적 결과The EPPIC Follow-up Study of First-Episode Psychosis: Longer-Term Clinical and Functional Outcome 7 Years after Index Admission." *Journal of Clinical Psychiatry* 71 (2010): 716-28.

Howard, R., P. V. Rabins, M. V. Seeman, et al. "후기 발병 조현병과 매우 느린 발병 조현병 유사 정신증: 국제적 합의Late-Onset Schizophrenia and Very-Late-Onset Schizophrenia-like Psychosis: An International Consensus." *American Journal of Psychiatry* 157 (2000): 172-78.

Lewis, S. "성별과 조현병: 차이 만세Sex and Schizophrenia: Vive la Difference." *British Journal of Psychiatry* 161 (1992): 445-50.

Liberman, R. P., and A. Kopelowicz. "조현병의 회복: 연구가 필요한 개념Recovery from Schizophrenia: A Concept in Search of Research." *Psychiatric Services* 56 (2005): 735-42.

Malmberg, A., G. Lewis, A. David, and P. Allebeck. "조현병 환자의 병전 적응과 성격Premorbid Adjustment and Personality in People with Schizophrenia." *British Journal of Psychiatry* 172 (1998): 308-13.

Menezes, N. M., T. Arenovich, R. B. Zipursky. "초발 정신증의 종단 결과 연구들에 대한 체계적 리뷰A Systematic Review of Longitudinal Outcome Studies of First-Episode Psychosis." *Psychological Medicine* 36 (2006): 1349-62.

Olfson, M., T. Gerhard, C. Huang, et al., "미국 성인 조현병 환자의 조기 사망률 Premature Mortality Among Adults with Schizophrenia in the United States." *JAMA Psychiatry* 72 (2015): 1-10.

Peschel, E., R. Peschel, C. W. Howe, and J. W. Howe, eds. 어린이와 청소년의 신경생물학적 장애들Neurobiological Disorders in Children and Adolescents. San Francisco: Jossey-Bass, 1992.

Resnick, S. G., A. Fontana, A. F. Lehman, and R. A. Rosenheck. "회복 지향의 경험적 개념An Empirical Conceptualization of the Recovery Orientation." *Schizophrenia Research* 75 (2005): 119-28.

Robling, S. A., E. S. Paykel, V. J. Dunn, et al. "중증 산후 정신질환의 장기 결과: 23년

추적 연구Long-term Outcome of Severe Puerperal Psychiatric Illness: A 23 Year Follow-up Study."
*Psychological Medicine* 30 (2000): 1263-71.

Shaner, A., G. Miller, J. Mintz. "조현병 발병 연령의 위도차에 대한 증거Evidence of a Latitudinal Gradient in the Age of Onset of Schizophrenia." *Schizophrenia Research* 94 (2007): 58-3.

Torrey, E. F., A. E. Bowler, E. H. Taylor, et al. 조현병과 조울장애*Schizophrenia and Manic-Depressive Disorder*. New York: Basic Books, 1994.

Welham, J., M. Isohanni, P. Jones, et al. "조현병의 선행사건들: 출생 코호트 연구 리뷰The Antecedents of Schizophrenia: A Review of Birth Cohort Studies." *Schizophrenia Bulletin* 35 (2009): 603-23.

Wilson, L. 낯선 사람, 나의 아들*This Stranger, My Son*. New York: Putnam, 1968. Paperback by New American Library.

## 5장

Bakhshi, K., and S. A. Chance. "조현병의 신경병리학: 뇌 구조와 세포 구조에 관한 과거 연구들과 새롭게 등장한 주제들에 관한 선별적 리뷰The Neuropathology of Schizophrenia: A Selective Review of Past Studies and Emerging Themes in Brain Structure and Cytoarchitecture." *Neuroscience* 303 (2015): 82- 102.

Carlson, A. "도파민 이론 다시 생각하기The Dopamine Theory Revisited." In S. R. Hirsch and D. R. Weinberger, eds. *Schizophrenia*. Oxford: Blackwell Science, 1995.

Dickerson, F. B., C. Stallings, A. Origoni, et al. "최근 발병 정신증과 다중 삽화 조현병에서 글루텐 민감성 표지들과 셀리악병Markers of Gluten Sensitivity and Celiac Disease in Recent-onset Psychosis and Multi-episode Schizophrenia." *Biological Psychiatry* 68 (2010): 100-04.

Dickerson, F. B., J. J. Boronow, C. Stallings, et al. "단순포진바이러스 1형에 대한 혈청 항체와 조현병 환자의 인지 결손과의 연관Association of Serum Antibodies to Herpes Simplex Virus 1 with Cognitive Deficits in Individuals with Schizophrenia." *Archives of General Psychiatry* 60 (2003): 466-72.

Dickerson, F., Stallings, C., Origoni, A. et al. "최근 발병 정신증과 만성 조현병의 염증표지Inflammatory Markers in Recent Onset Psychosis and Chronic Schizophrenia." *Schizophrenia Bulletin* 42 (2016): 134- 141.

Ellison-Wright, I., and E. Bullmore. "양극성장애와 조현병의 해부학: 메타분석 Anatomy of Bipolar Disorder and Schizophrenia: A Meta- Analysis." *Schizophrenia Research* 117 (2010): 1-12.

English, J. A., K. Pennington, M. J. Dunn, et al. "조현병의 신경단백체학The Neuroproteomics of Schizophrenia." *Biological Psychiatry* 69 (2011): 163-72.

Garver, D. L. "조현병의 신경내분비 소견Neuroendocrine Findings in the Schizophrenias." *Endocrinology of Neuropsychiatric Disorders* 17 (1988): 103-9.

Haijma, S. V., N. Van Haren, W. Cahn, et al. "조현병에서 뇌 부피: 18,000명 이상에 대한 메타분석Brain Volumes in Schizophrenia: A Meta-Analysis in Over 18,000 Subjects." *Schizophrenia Bulletin* 39 (2013): 1129- 1138.

Harrison, P. J., and D. R. Weinberger. "조현병 유전자와 유전자발현과 신경병리학: 통섭의 문제Schizophrenia Genes, Gene Expression, and Neuropathology: On the Matter of Their Convergence." *Molecular Psychiatry* 10 (2005): 40-68.

Kirkpatrick, B. and B. J. Miller, "염증과 조현병Inflammation and Schizophrenia," *Schizophrenia Bulletin* 39 (2013): 1174-1179.

Knable, M. B., J. E. Kleinman, and D. R. Weinberger. "조현병의 신경생물학 Neurobiology of Schizophrenia." In A. F. Schatzberg and C. B. Nemoroff, eds., 정신약리학 교과서Textbook of Psychopharmacology, 2nd ed., Washington, D.C.: American Psychiatric Association Press, 1998, pp. 589-607.

Lieberman, J., and R. Murray, eds. 조현병의 포괄적 진료Comprehensive Care of Schizophrenia. London: Martin Dunitz Publishers, 2000.

McGrath, J. J., T. H. Burne, F. Féron, et al. "발달기 비타민 D 결핍과 조현병 위험성: 10년 후 업데이트Developmental Vitamin D Deficiency and Risk of Schizophrenia: A 10-Year Update." *Schizophrenia Bulletin* 36 (2010): 1073-78.

Mesholam-Gately, R. I., A. J. Giuliano, K. P. Goff, et al. "초발 조현병의 신경

인지: 메타분석 리뷰Neurocognition in First-Episode Schizophrenia: A Meta-Analytic Review." *Neuropsychology* 23 (2009): 315-36.

Mortensen, P. B., C. B. Pedersen, T. Westergaard, et al. "가족력과 출생 장소 및 계절이 조현병 위험성에 미치는 영향Effects of Family History and Place and Season of Birth on the Risk of Schizophrenia." *New England Journal of Medicine* 340 (1999): 603-8.

Muller N., M. Schwarz, "면역계와 조현병Immune System and Schizophrenia," *Current Immunology Review* 6 (2010): 213-220.

Muller, N. "조현병에서 염증: 병원病源 측면과 치료에 관한 고려 사항Inflammation in Schizophrenia: Pathogenetic Aspects and Therapeutic Considerations," *Schizophrenia Bulletin* (2018): 44: 973-982.

Oken, R. J., and M. Schulzer. "쟁점: 조현병과 류머티즘성관절염: 역의 상관관계 다시 생각해보기Schizophrenia and Rheumatoid Arthritis: The Negative Association Revisited." *Schizophrenia Bulletin* 25 (1999): 625-38.

Owen, F., and M. D. C. Simpson. "조현병의 신경화학The Neurochemistry of Schizophrenia." In S. R. Hirsch and D. R. Weinberger, eds. *Schizophrenia*. Oxford: Blackwell Science, 1995.

Torrey, E. F. "우리는 조현병에 대한 유전자의 역할을 과대평가하고 있는 것일까?Are We Overestimating the Genetic Contribution to Schizophrenia?" *Schizophrenia Bulletin* 18 (1992): 159-70.

Torrey, E. F. "항정신병약물 치료 경험이 없는 조현병 환자들에 대한 연구: 리뷰Studies of Individuals with Schizophrenia Never Treated with Antipsychotic Medications: A Review." *Schizophrenia Bulletin* 58 (2002): 101-15.

Torrey, E. F., and R. H. Yolken. "조현병의 가족 및 유전 메커니즘Familial and Genetic Mechanisms in Schizophrenia." *Brain Research Reviews* 31 (2000): 113-17.

Torrey, E. F., B. M. Barci, M. J. Webster, et al. "사후 뇌로 살펴본 조현병, 양극성장애, 주요우울증의 신경화학적 표지Neurochemical Markers for Schizophrenia, Bipolar Disorder, and Major Depression in Postmortem Brains." *Biological Psychiatry* 57 (2005): 252-60.

Torrey, E. F., J. J. Bartko, and R. H. Yolken. "톡소포자충 및 기타 조현병의 위

험 요인들: 업데이트Toxoplasma gondii and Other Risk Factors for Schizophrenia: An Update."
*Schizophrenia Bulletin* 38 (2012): 642-47.

Torrey, E. F., J. Miller, R. Rawlings, et al. "조현병과 양극성장애의 출생 계절 요
인: 문헌 리뷰Seasonality of Births in Schizophrenia and Bipolar Disorder: A Review of the Literature."
*Schizophrenia Research* 28 (1997): 1-38.

Torrey, E. F. and R. H. Yolken, "조현병과 감염: 답은 눈에 있다Schizophrenia and
Infections: The Eyes Have It." *Schizophrenia Bulletin* 43 (2017): 247-252.

Weinberger, D. R. "신경발달장애로서 조현병Schizophrenia as a Neurodevelopment Disorder."
In S. R. Hirsch and D. R. Weinberger, eds. Schizophrenia. Oxford: Blackwell
Science, 1995.

Weinberger, D. R., "지나간 날들이 불러올 미래: 신경발달과 조현병Future of Days Past:
Neurodevelopment and Schizophrenia." *Schizophrenia Bulletin* 43 (2017): 1164-1168.

Yolken, R. H., and E. F. Torrey, "정신증의 일부 사례는 미생물 인자가 초래하는가?
증거에 대한 검토Are Some Cases of Psychosis Caused by Microbial Agents? A Review of the Evidence."
*Molecular Psychiatry* 13 (2008): 470-79.

Yolken, R. H., F. B. Dickerson, and E. F. Torrey. "톡소플라스마와 조현병Toxoplasma
and Schizophrenia." *Parasite Immunology* 31 (2009): 706-15.

Yolken, R. H., H. Karlsson, F. Yee, et al. "내인성 레트로바이러스와 조현병Endogenous
Retroviruses and Schizophrenia." *Brain Research Reviews* 31 (2000): 193-99.

## 6장

Cadet, J. L., K. C. Rickler, and D. R. Weinberger. "조현병의 임상 신경학 검사The
Clinical Neurologic Examination in Schizophrenia." In H. M. Nasrallah and D. R. Weinberger,
eds. 조현병의 신경학*The Neurology of Schizophrenia*. Amsterdam: Elsevier, 1986.

Garfield, R. L., S. H. Zuvekas, J. R. Lave, et al. "의료개혁이 중증 정신장애가 있는
성인들에게 미치는 영향The Impact of National Health Care Reform on Adults with Severe Mental
Disorders." *American Journal of Psychiatry* 168 (2011): 486-94.

Goldman, H. H. "의료보험 개혁은 조현병 환자에게 도움이 될까?Will Health Insurance

Reform in the United States Help People with Schizophrenia?" *Schizophrenia Bulletin* 36 (2010): 893-94.

Stevens, A., N. Doidge, D. Goldbloom, et al. "의료시설이 부족한 지역의 화상 정신건강 검진에 대한 예비 연구Pilot Study of Televideo Psychiatric Assessments in an Underserviced Community." *American Journal of Psychiatry* 156 (1999): 783-85.

Taylor, R. 심리학적 가장무도회: 기질적 장애와 심리적 장애 구별하기*Psychological Masquerade: Distinguishing Psychological from Organic Disorders*. New York: Springer Publishing, 2007.


7장

Buchanan, R. W., J. Kreyenbuhl, D. L. Kelly, et al. "2009 조현병 환자 성과 연구 팀 정신 약리 치료 추천과 요약The 2009 Schizophrenia PORT Psychopharmacological Treatment Recommendations and Summary Statements." *Schizophrenia Bulletin* 36 (2010): 71-93.

Cohen, C. I., and S. I. Cohen. "신제품 향정신의약품의 알약 쪼개기로 얻을 수 있는 비용 절감 가능성Potential Cost Savings from Pill Splitting of Newer Psychotropic Medications." *Psychiatric Services* 51 (2000): 527-29.

Deegan, P. E., and R. E. Drake. "회복 과정의 공동 결정과 약물 치료 관리Shared Decision Making and Medication Management in the Recovery Process." *Psychiatric Services* 57 (2006): 1636-39.

Dickerson, F. B., and A. F. Lehman. "조현병을 위한 증거 기반 심리치료Evidence-Based Psychotherapy for Schizophrenia." *Journal of Nervous and Mental Disease* 194 (2006): 3-9.

Dixon, L. B., F. Dickerson, A. S. Bellack, et al. "2009 조현병 환자 성과 연구 팀 정신사회 치료 추천과 요약The 2009 Schizophrenia PORT Psychosocial Treatment Recommendations and Summary Statements." *Schizophrenia Bulletin* 36 (2010): 48-70.

Fenton, W. S. "조현병의 자발성 운동이상 유병률Prevalence of Spontaneous Dyskinesia in Schizophrenia." *Journal of Clinical Psychiatry* 61 (Suppl. 4) (2000): 10-14.

Francell, E. G., Jr. "약: 회복의 토대Medication: The Foundation of Recovery." *Innovations and Research* 3 (1994): 31-40.

Goren J. L., A. J. Rose, E. G. Smith, et al. "클로자핀 활용 확대를 위한 사업적 논거The Business Case for Expanded Clozapine Utilization." *Psychiatric Services* 67 (2016): 1197-1205.

Kelly, D. L., J. Kreyenbuhl, R. W. Buchanan, et al. "왜 클로자핀을 쓰지 않는가?Why Not Clozapine?" *Clinical Schizophrenia & Related Psychoses* 1 (2007): 92-95.

Leucht, S., K. Komossa, C. Rummel- Kluge, et al. "조현병 치료에서 2세대 항정신병약물들의 정면 비교에 대한 메타분석A Meta-Analysis of Head-to-Head Comparisons of Second-Generation Antipsychotics in the Treatment of Schizophrenia." *American Journal of Psychiatry* 166 (2009): 152-63.

Leucht, S., M. Tardy, K. Korhossa, et al. "조현병 재발 예방을 위한 항정신병약물 대 위약 비교: 체계적 리뷰와 메타분석Antipsychotic Drugs Versus Placebo for Relapse Prevention in Schizophrenia: A Systematic Review and Meta-Analysis." *Lancet* 379 (2012): 2067-71.

Opler, L. A., R. S. Laitman, A. M. Laitman, et al. 클로자핀: 조현병의 유의미한 회복Clozapine: Meaningful Recovery From Schizophrenia, order from website of teamdaniel-runningforrecovery.org

약물 및 치료에 대한 의학 서한The Medical Letter on Drugs and Therapeutics (The Medical Letter, Inc.), http://secure.medicalletter.org/medicalletter

Tandon, R., and M. D. Jibson, "신세대 항정신병약물의 조현병 치료 효능Efficacy of Newer Generation Antipsychotics in the Treatment of Schizophrenia," *Psychoneuroendocrinology* 28 (2003): 9-26.

Torrey, E. F., M. Knable, C. Quanbeck and J. Davis. 조현병 치료를 위한 클로자핀: 주들 간 비교Clozapine for Treating Schizophrenia: A Comparison of the States. Treatment Advocacy Center(Arlington, VA) 2015. http://www.treatmentadvocacycenter.org/storage/documents/clozapine-for-treating-schizophrenia.pdf

Torrey, E. F., and John Davis. "조현병과 양극성장애의 보조 치료: 아이디어가 바닥났을 때 시도해볼 것들Adjunct Treatments for Schizophrenia and Bipolar Disorder: What to Try When You Are Out of Ideas." *Clinical Schizophrenia & Related Psychoses* 5 (2012): 208-16.

최악의 약, 최고의 약Worst Pills, Best Pills (Public Citizen' Health Research Group), http://

worstpills.org

## 8장

Anthony, W., M. Cohen, and M. Farkas. 정신과 재활*Psychiatric Rehabilitation*. Boston: Center for Psychiatric Rehabilitation, 1990.

Campbell, K., G. R. Bond, and R. E. Drake. "어떤 사람들이 지원 고용에서 혜택을 얻을까: 메타분석 연구Who Benefits from Supported Employment: A Meta-Analytic Study." *Schizophrenia Bulletin* 37 (2011): 370-80.

Dauwan, M., M. J. H. Begemann, S. M. Heringa, et al. "운동은 조현병의 임상적 증상, 삶의 질, 전반적 기능, 우울증을 개선한다: 체계적 리뷰와 메타분석Exercise Improves Clinical Symptoms, Quality of Life, Global Functioning, and Depression in Schizophrenia: Systematic Review and Meta-Analysis. *Schizophrenia Bulletin* 42 (2016): 588-99.

Dincin, J., ed. 정신과 재활에 대한 실용적 접근: 시카고의 스레숄드 프로그램에서 얻은 교훈A Pragmatic Approach to Psychiatric Rehabilitation: Lessons from Chicago' Thresholds Program. San Francisco: Jossey-Bass, 1995. No. 68 in the New Directions for Mental Health Services series.

Dixon, L. B., F. B. Dickerson, A. S. Bellack, et al. "2009 조현병 환자 성과 연구 팀 정신 사회 치료 추천과 요약The 2009 Schizophrenia PORT Psychosocial Treatment Recommendations and Summary Statements." *Schizophrenia Bulletin* 36 (2010): 48-70.

Friedlander, A. H., and S. R. Marder. "조현병의 정신병리, 의료 관리, 치과적 영향들The Psychopathology, Medical Management, and Dental Implications of Schizophrenia." *Journal of the American Dental Association* 133 (2002): 603-10.

Gioia, D., and J. S. Brekke. "젊은 조현병 환자들의 미국 장애인법 활용Use of the Americans with Disabilities Act by Young Adults with Schizophrenia." *Psychiatric Services* 54 (2003): 302-4.

Goff, D. C., C. Cather, A. E. Evins, et al. "조현병의 의학적 이환율과 사망률: 정신과 의사들을 위한 지침Medical Morbidity and Mortality in Schizophrenia: Guidelines for Psychiatrists," *Journal of Clinical Psychiatry* 66 (2005): 183-94.

Lehman, A. F., R. Goldberg, L. B. Dixon, et al. "중증 정신질환자들의 고용 결과 개선하기Improving Employment Outcomes for Persons with Severe Mental Illnesses." *Archives of General Psychiatry* 59 (2002): 165-72.

Liberman, R. P. 장애에서 회복하기: 정신과 재활 안내서Recovery from Disability: Manual of Psychiatric Rehabilitation. Washington, D.C.: American Psychiatric Press, 2008.

McCreadie, R. G., H. Stevens, J. Henderson, et al. "조현병 환자의 치아 건강The Dental Health of People with Schizophrenia." *Acta Psychiatrica Scandinavica* 110 (2004): 306-10.

Marder, S. R., S. M. Essock, A. L. Miller, et al. "조현병 환자의 신체 건강 모니터링Physical Health Monitoring of Patients with Schizophrenia." *American Journal of Psychiatry* 161 (2004): 1334-49.

Marder, S. R., W. C. Wirshing, J. Mintz, et al. "2년간의 조현병 외래환자 사회적 기술훈련과 집단 심리치료의 결과Two-Year Outcome of Social Skills Training and Group Psychotherapy for Outpatients with Schizophrenia." *American Journal of Psychiatry* 153 (1996): 1585-92.

Noble, J. H. "중증 정신질환자의 고용 촉진 정책개혁의 딜레마Policy Reform Dilemmas in Promoting Employment of Persons with Severe Mental Illnesses." *Psychiatric Services* 49 (1998): 775-81.

Noble, J. H., R. S. Honberg, L. L. Hall, et al. 실패의 유산: 중증 정신질환자들을 돕지 못하는 연방 및 주의 직업재활 체계A Legacy of Failure: The Inability of the Federal-State Vocational Rehabilitation System to Serve People with Severe Mental Illnesses. Arlington, Va.: National Alliance for the Mentally Ill, 1997.

Persson, K., B. Axtelius, B. Söderfeldt, et al. "정신과 외래환자의 삶의 질에 대한 인식과 구강 건강의 연관관계Association of Perceived Quality of Life and Oral Health among Psychiatric Outpatients." *Psychiatric Services* 60 (2009): 1552-54.

Trepp, J. K. 로지 매직: 정신건강 회복의 현실 모험Lodge Magic: Real Life Adventures in Mental Health Recovery. Minneapolis: Tasks Unlimited, 2000.

Winerip, M. 9 하일랜드 로드9Highland Road. New York: Pantheon Books, 1994.

## 9장

Allness, D. J., and W. H. Knoedler. 만성 중증 정신질환자를 위한 지역사회 기반 치료를 위한 적극적 지역사회 치료 프로그램PACT 모델: PACT 착수를 위한 안내서*The PACT Model of Community-Based Treatment for Persons with Severe and Persistent Mental Illness: A Manual for PACT Start-up*. Arlington, VA: National Alliance for the Mentally Ill, 1998.

Balfour, M. E. , J. Winsky and J. Isely. "투손 정신건강 지원 팀 모델: 위기와 공공안전에 대한 예방 초점 접근법The Tucson Mental Health Support Team (MHST) Model: A Prevention Focused Approach to Crisis and Public Safety." *Psychiatric Services* 68 (2017): 211-212.

Doyle, A., J. Laneil, K. Dudek. 파운틴하우스: 정신보건 실무의 커뮤니티 만들기 *Fountain House: Creating Community in Mental Health Practice*. New York: Columbia University Press, 2013.

Flannery, M. and M. Glickman. 파운틴하우스: 정신질환으로부터 되찾은 삶들의 초상*Fountain House: Portraits of Lives Reclaimed from Mental Illness*. Center City, MN. Hazelden, 1996.

Fuller, D. A., E. Sinclair, J. Geller, et al. "점점 더 사라져가는 중: 주립 병원 정신과 병상 제거의 조류와 결과들Going, Going, Gone: Trends and Consequences of Eliminating State Psychiatric Beds, 2016." Treatment Advocacy Center (Arlington, VA), 2016. TACReports. org/going-going-gone.

Lamb, H. R. "피난처와 보호구역 존속의 필요성The Need for Continuing Asylum and Sanctuary." *Hospital and Community Psychiatry* 35 (1984): 798-800.

Lehman, A. F. "만성 중증 정신질환자들의 삶의 질 척도Measures of Quality of Life among Persons with Severe and Persistent Mental Disorders." *Social Psychiatry and Psychiatric Epidemiology* 31 (1996): 78-88.

Torrey, E. F. "만성 정신질환자 돌봄을 위한 지속적 치료 팀Continuous Treatment Teams in the Care of the Chronic Mentally Ill." *Hospital and Community Psychiatry* 37 (1986): 1243-47.

Torrey, E. F. "중증 정신질환자들을 위한 모범적 프로그램의 광범위한 시행을 막는 경제적 장벽들Economic Barriers to Widespread Implementation of Model Programs for the Seriously

Mentally Ill." *Hospital and Community Psychiatry* 41 (1990): 526-31.

Torrey, E. F. 미국의 정신증: 연방정부는 어떻게 정신질환 치료 체계를 파괴했나 *American Psychosis: How the Federal Government Destroyed the Mental Illness Treatment System*. New York: Oxford University Press, 2013.

Torrey, E. F. 정신이상 범죄: 중증 정신질환자를 치료하지 못한 미국의 실패가 어떻게 미국 시민을 위험에 빠트리는가*The Insanity Offense: How America's Failure to Treat the Seriously Mentally Ill Endangers its Citizens*. New York: W.W. Norton, revised paperback edition, 2012.

Torrey, E. F., K. Entsminger, J. Geller, et al. "정신질환자들을 위한 공공병원 병상 부족The Shortage of Public Hospital Beds for Mentally Ill Persons," Treatment Advocacy Center (2008). Arlington, VA.

Wasow, M. "만성 정신질환자들을 위한 정신병원의 필요The Need for Asylum for the Chronically Mentally Ill." *Schizophrenia Bulletin* 12 (1986): 162-67.

Wing, J. K. "정신병원의 기능The Functions of Asylum." *British Journal of Psychiatry* 157 (1990): 822-27.

## 10장

익명. "비디오와 조현병 환자의 미약한 병식Video and Poor Insight in Persons with Schizophrenia." *Schizophrenia Bulletin* 42 (2016): 262-63.

Amador, X. *I Am Not Sick, I Don' Need Help!* Peconic, N.Y.: Vida Press, 2000. 하비어 아마도르,《난 멀쩡해, 도움 따윈 필요 없어!》, 최주언 옮김, 한국심리치료연구 소, 2013.

Bogart, T., and P. Solomon. "정신의료 제공자, 소비자, 가족 간의 치료 정보 공유 절차Procedures to Share Treatment Information among Mental Health Providers, Consumers, and Families." *Psychiatric Services* 50 (1999): 1321-25.

Caldwell, C. B., and I. I. Gottesman. "조현병 환자들도 자살한다: 자살 위험 요인 검토Schizophrenics Kill Themselves Too: A Review of Risk Factors for Suicide." *Schizophrenia Bulletin* 16 (1990): 571-89.

Cather, C., R. S. Barr, and A. E. Evins. "흡연과 조현병: 유병률, 기제, 치료에 대한 암시Smoking and Schizophrenia: Prevalence, Mechanisms and Implications for Treatment." *Clinical Schizophrenia & Related Psychoses* 2 (2008): 70-78.

Choe, J. Y., L. A. Teplin, K. M. Abram. "폭력의 실행, 폭력적 괴롭힘, 그리고 중증 정신질환: 공중보건 우려 사항들의 균형 맞추기Perpetration of Violence, Violent Victimization, and Severe Mental Illness: Balancing Public Health Concerns." *Psychiatric Services* 59 (2008): 153-64.

Citrome, L., and J. Volavka. "조현병의 폭력 관리Management of Violence in Schizophrenia." *Psychiatric Annals* 30 (2000): 41-52.

Coverdale, J. H., L. B. McCullough, and F. A. Chervenak. "조현병 환자 임신부의 의사결정 지원 및 대리Assisted and Surrogate Decision Making for Pregnant Patients Who Have Schizophrenia." *Schizophrenia Bulletin* 30 (2004): 659-64.

De Boer, M. K., S. Castlelein, D. Wiersma. "조현병의 성기능(장애)에 관한 사실들: 임상 연관 소견들에 관한 개관The Facts about Sexual (Dys)function in Schizophrenia: An Overview of Clinically Relevant Findings." *Schizophrenia Bulletin* 41 (2015): 674-86.

Diamond, R. "마약과 삶의 질: 환자의 관점Drugs and the Quality of Life: The Patient's Point of View." *Journal of Clinical Psychiatry* 46 (1985): 29-35.

Dickerson, F., J. Schroeder, E. Katsafanas, et al. "중증 정신질환자의 흡연, 1999~2016: 점증하는 격차Cigarette Smoking by Patients With Serious Mental Illness, 1999-2016: An Increasing Disparity." *Psychiatric Services* 69 (2018): 147-53.

Drake, R. E., C. Mercer- McFadden, K. T. Mueser, et al. "이중 장애가 있는 환자들을 위한 정신의료와 물질 남용 치료의 통합에 관한 리뷰Review of Integrated Mental Health and Substance Abuse Treatment for Patients with Dual Disorders." *Schizophrenia Bulletin* 24 (1998): 589-608.

Drake, R. E., A. E. Luciano, K. T. Muesser, et al. "도시 정신건강 센터의 조현 스펙트럼 장애와 물질 사용 장애를 함께 갖고 있는 고객들의 장기 경과: 7년 전향 연구Longitudinal Course of Clients With Co-Occurring Schizophrenia-Spectrum and Substance Use Disorders in Urban Mental Health Centers: a 7-Year Prospective Study." *Schizophrenia Bulletin* 42 (2016): 202-

211.

Empfield, M. D. "임신과 조현병Pregnancy and Schizophrenia." *Psychiatric Annals* 30 (2000): 61-66.

Hyde, A. P. "가정에서 생활하는 정신질환자들의 위협, 협박, 폭력 행동에 대처하기: 가족 간병인을 위한 지침Coping with the Threatening, Intimidating, Violent Behaviors of People with Psychiatric Disabilities Living at Home: Guidelines for Family Caregivers." *Psychiatric Rehabilitation Journal* 21 (1997): 144-49.

Jamison, K. R. 밤은 빨리 다가온다: 자살 이해하기*Night Falls Fast: Understanding Suicide*. New York: Alfred A. Knopf, 1999.

Lamb, H. R., and L. E. Weinberger. "폭력적 중증 정신질환자를 치료하기 위한 방법으로서 정신보건 법정Mental Health Courts as a Way to Provide Treatment to Violent Persons with Severe Mental Illness." *Journal of the American Medical Association* 300 (2008): 722-24.

Malik, P., G. Kemmler, M. Hummer, et al. "초발 조현병 환자들의 성기능장애Sexual Dysfunction in First-Episode Schizophrenia Patients: Results from European First Episode Schizophrenia Trial." *Journal of Clinical Psychopharmacology* 31 (2011): 274-80.

Marshall, T., and P. Solomon. "성인 정신질환자의 가족들에게 정보를 제공해야 할 전문가의 책임Professionals' Responsibilities in Releasing Information to Families of Adults with Mental Illness." *Psychiatric Services* 54 (2003): 1622-28.

McCullough, L. B., J. Coverdale, T. Bayer, et al. "만성 정신질환 여성 환자의 임신 예방을 위한 가족계획 개입에 대한 윤리적으로 정당한 지침Ethically Justified Guidelines for Family Planning Interventions to Prevent Pregnancy in Female Patients with Chronic Mental Illness." *American Journal of Obstetrics and Gynecology* 167 (1992): 19-25.

Minkoff, K., and R. E. Drake, eds. 주요 정신질환과 물질 남용의 이중 진단*Dual Diagnosis of Major Mental Illness and Substance Abuse*. San Francisco: Jossey-Bass, 1991.

Monahan, J., A. D. Redlich, J. Swanson, et al. "지역사회에서 정신과 치료 유지를 위한 지렛대 활용Use of Leverage to Improve Adherence to Psychiatric Treatment in the Community." *Psychiatric Services* 56 (2005): 37-44.

Petrakis, I. L., C. Nich, and E. Ralevski. "정신증 스펙트럼 장애와 알코올남용: 약

물 치료 전략에 대한 리뷰와 날트렉손과 디설피람의 효과에 대한 보고Psychotic Spectrum Disorders and Alcohol Abuse: A Review of Pharmacotherapeutic Strategies and a Report on the Effectiveness of Naltrexone and Disulfiram." *Schizophrenia Bulletin* 32 (2006): 644-54.

Roy, L., A. G. Crocker, T. L. Nicholls, et al. "중증 정신질환 노숙자의 범죄 행동과 괴롭힘: 체계적 검토Criminal Behavior and Victimization Among Homeless Individuals With Severe Mental Illness: A Systematic Review." *Psychiatric Services* 65 (2014): 739-50.

Swanson, J. W., M. S. Swartz, R. Borum, et al. "외래환자 비자의 치료와 중증 정신 질환자의 폭력 행동 감소Involuntary Out-Patient Commitment and Reduction of Violent Behaviour in Persons with Severe Mental Illness." *British Journal of Psychiatry* 176 (2000): 224-31.

Torrey, E. F. 그림자에서 벗어나: 미국의 정신질환 위기 직면하기*Out of the Shadows: Confronting America's Mental Illness Crisis*. New York: John Wiley and Sons, 1997.

Torrey, E. F., and M. Zdanowicz. "외래환자 비자의 치료: 무엇을, 왜, 누구를 위하여?Outpatient Commitment: What, Why, and for Whom?" *Psychiatric Services* 53 (2001): 337-41.

Torrey, E. F., J. Stieber, J. Ezekiel, et al. 중증 정신질환자들의 범죄화: 구치소를 정신병원으로 남용함*Criminalizing the Seriously Mentally Ill: The Abuse of Jails as Mental Hospitals*. Washington, D. C.: Health Research Group and National Alliance for the Mentally Ill, 1992.

Torrey, E. F., M. T. Zdanowicz, A. D. Kennard, et al. "교도소와 구치소에 있는 정신 질환자 치료: 주 조사The Treatment of Persons with Mental Illness in Prisons and Jails: A State Survey." Treatment Advocacy Center (2014). http://www.treatmentadvocacycenter.org/storage/documents/treatment-behind-bars/treatment-behind-bars.pdf

Velligan, D.I., M. Sajatovic, A. Hatch, A. et al. "정신질환자들은 왜 항정신병약물 치료를 그만두는가? 중증 정신질환자들이 약물 치료를 유지하지 않는 이유들 에 대한 체계적 검토Why do Psychiatric Patients Stop Antipsychotic Medication? A Systematic Review of Reasons for Nonadherence to Medication in Patients with Serious Mental Illness." *Patient Preference and Adherence* 11 (2017): 449-68.

## 11장

지난 20년 동안 환자와 가족들이 조현병을 이겨내도록 돕기 위한 많은 논문과 책이 쏟아져 나왔다. 여기에 그중 다수를 주석 없이 수록했다. 〈부록 1〉에는 내가 보기에 가장 유용하다고 생각하는 책들을 선별해 주석과 함께 소개했다. 일부 절판된 책들도 있지만 그중에서 도서관이나 인터넷을 통해 구해볼 수 있는 것들도 있다.

### 가족을 위한 전반적 내용

Adamec, C. 정신질환자와 함께 사는 법*How to Live with a Mentally Ill Person*. New York: John Wiley, 1996.

Amador, X., and A.-L. Johanson. *I Am Not Sick: I Don' Need Help*. Peconic, N.Y.: Vida Press, 2000. 하비어 아마도르, 《난 멀쩡해, 도움 따윈 필요 없어!》, 최주언 옮김, 한국심리치료연구소, 2013.

Backlar, P. 조현병 가족의 얼굴*The Family Face of Schizophrenia*. New York: G. P. Putnam, 1994. Paperback by Tarcher, 1995.

Baronet, A.-M. "정신질환에서 간병인의 부담과 관련된 요인들: 연구 문헌에 관한 비판적 리뷰*Factors Associated with Caregiver Burden in Mental Illness: A Critical Review of the Research Literature*." *Clinical Psychological Review* 19 (1999): 819-41.

Beard, J., P. Gillespie, and G. Karser. 감출 것이 없다: 가족 내 정신질환*Nothing to Hide: Mental Illness in the Family*. New York: New Press, 2002.

Bernheim, K. F., and A. F. Lehman. 정신질환자 가족을 돕는 일*Working with Families of the Mentally Ill*. New York: Norton, 1985.

Bernheim, K. F., R. R. J. Lewine, and C. T. Beale. 보살피는 가족: 만성 정신질환과 함께 살아가기*The Caring Family: Living with Chronic Mental Illness*. New York: Random House, 1982.

Busick, B. S., and M. Gorman. 미친 게 아니라 병든*Ill Not Insane*. Boulder, Colo.: New Idea Press, 1986.

Carter, R. 정신질환자 돕기*Helping Someone with a Mental Illness*. New York: Times Books, 1998.

Creer, C., and J. Wing. 집안의 조현병*Schizophrenia at Home*. London: Institute of Psychiatry, 1974.

Dearth, N. S., B. J. Labenski, E. Mott, et al. 가족들을 돕는 가족들*Families Helping Families*. New York: Norton, 1986.

Deveson, A. 내가 여기 있다고 내게 말해줘*Tell Me I'm Here*. New York: Penguin, 1992.

Dixon, L. B., A. Lucksted, D. R. Medoff, et al. "정신질환에 관한 가족 대 가족 동료 교육 프로그램에 대한 무작위 연구 결과*Outcomes of a Randomized Study of a Peer-Taught Family-to-Family Education Program for Mental Illness*." *Psychiatric Services* 62 (2011): 591–97.

Esser, A. H., and S. D. Lacey. 정신질환: 가정 간병 가이드*Mental Illness: A Homecare Guide*. New York: John Wiley, 1989.

Farhall, J., B. Webster, B. Hocking, et al. "정신의료 전문가들과 가족 간병인들의 파트너 강화를 위한 훈련: 비교 연구*Training to Enhance Partnerships Between Mental Health Professionals and Family Caregivers: A Comparative Study*." *Psychiatric Services* 49 (1998): 1488–90.

Flach, F. 리키*Rickie*. New York: Fawcett Columbine, 1990.

Garson, S. 정신을 잃어버리다*Out of Our Minds*. Buffalo: Prometheus Books, 1986.

Hatfield, A. B. 정신질환에서 가족 교육*Family Education in Mental Illness*. New York: Guilford Press, 1990. Paperback edition, 1999.

Hatfield, A. B., ed. 정신질환자의 가족: 도전에 직면하기*Families of the Mentally Ill: Meeting the Challenge*. San Francisco: Jossey-Bass, 1987.

Hatfield, A. B., and H. P. Lefley, eds. 정신질환자의 가족: 대처와 적응*Families of the Mentally Ill: Coping and Adaptation*. New York, Guilford Press, 1987.

Hatfield, A. B., and H. P. Lefley. 정신질환에서 살아남기: 스트레스, 대처, 적응*Surviving Mental Illness: Stress, Coping and Adaptation*. New York: Guilford Press, 1993. Paperback edition, 1999.

Hinckley, J., and J. A. Hinckley. 한계점*Breaking Points*. Grand Rapids, Mich.: Chosen Books, 1985.

Howe, G. 조현병의 현실*The Reality of Schizophrenia*. London: Faber and Faber, 1991.

Howells, J. G., and W. R. Guirguis. 가족과 조현병*The Family and Schizophrenia*. New York: International Universities Press, 1985.

Jeffries, J. J., E. Plummer, M. V. Seeman, and J. F. Thornton. 조현병과 함께 살며 일하며*Living and Working with Schizophrenia*. Toronto: University of Toronto Press, 1990. (시먼 등이 쓴 이전 책의 개정판이다.)

Johnson, J. 감춰진 피해자 - 감춰진 치유자*Hidden Victims—Hidden Healers*. New York: Doubleday, 1988. 2nd ed., paperback, by PEMA Publications, 1994.

Johnson, J. 정신질환 이해하기*Understanding Mental Illness*. Minneapolis: Lerner, 1989.

Jungbauer, J., and M. C. Angermeyer. "조현병 환자와 함께 살기: 환자와 배우자에게 미치는 부담에 대한 비교 연구*Living with a Schizophrenic Patient: A Comparative Study of Burden as It Affects Parents and Spouses*." *Psychiatry* 65 (2002): 110-23.

Karp, D. A. 공감의 짐: 가족들은 정신질환에 어떻게 대처하는가*The Burden of Sympathy: How Families Cope with Mental Illness*. New York: Oxford University Press, 2001.

Keefe, R. and P. Harvey. 조현병 이해하기*Understanding Schizophrenia*. New York: The Free Press, 1994.

Lamb, H. R. 장기 정신질환 치료하기*Treating the Long-Term Mentally Ill*. San Francisco: Jossey-Bass, 1982.

Lefley, H. P., and D. L. Johnson, eds. 정신질환 치료의 협력자로서 가족*Families as Allies in Treatment of the Mentally Ill*. Washington, D. C.: American Psychiatric Press, 1990.

Levine, I. S., and L. R. Ligenza. "그들 자신의 목소리로: 위기에 빠진 가족: 중증 정신질환 환자 가족에 관한 초점 집단 연구*In Their Own Voices: Families in Crisis: A Focus Group Study of Families of Persons with Serious Mental Illness*." *Journal of Psychiatric Practice* 8 (2002): 344-53.

McElroy, E., ed. 어린이와 청소년의 정신질환: 부모를 위한 안내서*Children and Adolescents with Mental Illness: A Parents Guide*. Kensington, Md.: Woodbine House, 1988.

Marsh, D. T. 가족과 정신질환: 전문적 실무의 새로운 방향들*Families and Mental Illness: New Directions in Professional Practice*. New York: Praeger, 1992.

Marsh, D. T. 중증 정신질환과 가족*Serious Mental Illness and the Family*. New York: John

Wiley, 1998.

Mendel, W. 조현병 치료*Treating Schizophrenia*. San Francisco: Jossey-Bass, 1989.

Mueser, K. T., and S. Gingerich. 조현병에 대처하기: 가족을 위한 안내서*Coping with Schizophrenia: A Guide for Families*. Oakland, Calif.: New Harbinger, 1994.

Ray, D. 그의 뒤에 있는 유령들*The Ghosts behind Him*. Prince George, B. C.: Caitlin Press, 1999.

Rollin, H., ed. 조현병에 대처하기*Coping with Schizophrenia*. National Schizophrenia Fellowship. London: Burnett Books, 1980.

Secunda, V. 광기가 집으로 올 때*When Madness Comes Home*. New York: Hyperion, 1997.

Vine, P. 고통스러워하는 가족들: 정신질환자의 자녀, 형제자매, 배우자, 부모가 터 놓고 말하다*Families in Pain: Children, Siblings, Spouses, and Parents of the Mentally Ill Speak Out*. New York: Pantheon, 1982.

Walsh, M. 조현병: 가족과 친구들의 솔직한 이야기*Schizophrenia: Straight Talk for Family and Friends*. New York: William Morrow, 1985.

Wasow, M. 조현병 대처하기: 부모, 친척, 친구들을 위한 생존 안내서*Coping with Schizophrenia: A Survival Manual for Parents, Relatives and Friends*. Palo Alto, Calif.: Science and Behavior Books, 1982.

Wasow, M. 물수제비: 가족 내 정신질환이 미치는 파급효과*The Skipping Stone: Ripple Effects of Mental Illness in the Family*. Palo Alto: Science and Behavioral Books, 1995.

Wechsler, J. 어둠 속에서*In a Darkness*. Miami: Pickering, 1988. Originally published in 1972.

Wilson, L. 낯선 사람, 나의 아들*This Stranger, My Son*. New York: New American Library, 1968.

Woolis, R. 사랑하는 사람이 정신질환에 걸렸을 때*When Someone You Love Has a Mental Illness*. New York: Perigee Books, 1992.

## 환자 관점

Barham, P., and R. Hayward. "병듦과 건강함: 중증 정신질환자의 딜레마*In Sickness* and in Health: Dilemmas of the Person with Severe Mental Illness." *Psychiatry* 61 (1998): 163-70.

Carter, D. M., A. MacKinnon, and D. L. Copolov. "환청에 대처하는 환자의 전략들Patients' Strategies for Coping with Auditory Hallucinations." *Journal of Nervous and Mental Disease* 184 (1996): 159-64.

"소비자-생존자들이 전해주는 깨달음과 통찰Consumer-Survivors Share Awakening Insights." *Journal of the California Alliance for the Mentally Ill* 7 (1996): 32-58.

Cohen, A. N., A. B. Hamilton, E. R. J. D. Saks, et al. "조현병 진단을 받고도 직업적으로 높은 성취를 이룬 사람들이 증상을 관리하는 방법How Occupationally High-Achieving Individuals With a Diagnosis of Schizophrenia Manage Their Symptoms." *Psychiatric Services* 68 (2017): 324-329.

Davidson, L., and D. Stayner. "상실, 외로움, 사랑에 대한 욕망: 조현병 환자의 사회적 삶에 관한 견해Loss, Loneliness, and the Desire for Love: Perspectives on the Social Lives of People with Schizophrenia." *Psychiatric Rehabilitation Journal* 20 (1997): 3-12.

Davidson, L., M. Chinman, B. Kloos, et al. "중증 정신질환자들의 동료 지원: 증거에 대한 검토Peer Support among Individuals with Severe Mental Illness: A Review of the Evidence." *Clinical Psychology: Science and Practice* 6 (1999): 165-87.

Frese, F. J. "조현병 환자의 대처의 12가지 측면Twelve Aspects of Coping for Persons with Schizophrenia." *Innovations and Research* 2 (1993): 39-46.

Frese, F. J., III, J. Stanley, K. Kress, et al. "증거 기반 실무와 회복 모델의 통합Integrating Evidence-based Practices and the Recovery Model." *Psychiatric Services* 52 (2001): 1462-68.

Leete, E. "내가 나의 병을 인지하고 관리하는 방법How I Perceive and Manage My Illness." *Schizophrenia Bulletin* 15 (1989): 197-200.

Leete, E. "조현병의 치료: 어느 환자의 관점The Treatment of Schizophrenia: A Patient' Perspective." *Hospital and Community Psychiatry* 38 (1987): 486-91.

Liberman, R. P., and A. Kopelowicz. "중증 정신질환자들을 자신의 사례 관리자가 되도록 가르치기Teaching Persons with Severe Mental Disabilities to Be Their Own Case Managers." *Psychiatric Services* 53 (2002): 1377-79.

## 형제자매의 관점

Brodoff, A. S. "일인칭 서술: 누나의 눈으로 본 조현병-보이지 않는 짐의 무게First Person Account: Schizophrenia through a Sister's Eyes—The Burden of Invisible Baggage." *Schizophrenia Bulletin* 14 (1988): 113-16.

Conroy, P. 조류의 왕자*The Prince of Tides*. Boston: Houghton Mifflin, 1986. Paperback by Bantam Books, 1987.

Dering, K. F. 머리를 맞은: 누나의 회고록, 동생의 분투*Shot in the Head: A Sister's Memoir, A Brother's Struggle*. Dundas, Ontario: Bridgeross, 2014.

Dickens, R. M., and D. T. Marsh, eds. 괴로운 목소리들: 정신질환자들의 형제자매와 성인 자녀들*Anguished Voices: Siblings and Adult Children of Persons with Psychiatric Disabilities*. Boston: Center for Psychiatric Rehabilitation, 1994.

Friedrich, R. M., S. Lively, and L. M. Rubenstein. "형제자매의 대처전략과 정신의료 서비스: 조현병 환자의 형제자매들에 대한 전국적 연구Siblings' Coping Strategies and Mental Health Services: A National Study of Siblings of Persons with Schizophrenia." *Psychiatric Services* 59 (2008): 261-67.

Gerace, L. M., D. Camilleri, and L. Ayres. "조현병과 가족에 관한 형제자매의 관점Sibling Perspectives on Schizophrenia and the Family." *Schizophrenia Bulletin* 19 (1993): 637-47.

Greenberg, J. S., H. W. Kim, and J. R. Greenley. "중증 정신질환이 있는 성인의 형제자매들이 느끼는 주관적 부담의 연관 요인들Factors Associated with Subjective Burden in Siblings of Adults with Severe Mental Illness." *American Journal of Orthopsychiatry* 67 (1997): 231-41.

Hayner, K. K. "케빈Kevin." *Journal of the California Alliance for the Mentally Ill* 11 (2000): 42-44.

Horwitz, A. V. "중증 정신질환자를 간병하는 형제자매Siblings as Caregivers for the Seriously Mentally Ill." *Milbank Quarterly* 71 (1993): 323-39.

Hyland, B. 미친 오빠가 있는 소녀*The Girl with the Crazy Brother*. New York: Franklin Watts, 1987.

Jewell, T. C. "정신질환이 멀쩡한 형제자매에게 미치는 영향: 혼란의 바다Impact

of Mental Illness on Well Siblings: A Sea of Confusion." *Journal of the California Alliance for the Mentally Ill* 11 (2000): 34-36.

Judge, M. "아이오와에 내린 첫눈First Snow in Iowa." *Wall Street Journal*, December 12, 2009.

Lamb, W. 이만큼은 사실이란 걸 나는 안다*I Know This Much Is True*. New York: Regan Books, 1998. Paperback by HarperPerennial, 1999.

Landeen, J., C. Whelton, S. Dermer, et al. "조현병 환자의 멀쩡한 형제자녀들의 요구Needs of Well Siblings of Persons with Schizophrenia." *Hospital and Community Psychiatry* 43 (1992): 266-69.

Marsh, D. T., N. F. Appleby, R. M. Dickens, et al. "괴로운 목소리: 정신질환이 형제자녀와 자녀에게 미치는 영향Anguished Voices: Impact of Mental Illness on Siblings and Children." *Innovations and Research* 2 (1993): 25-34.

Marsh, D. T., R. M. Dickens, R. D. Koeske, et al. "험한 여정: 정신질환자의 형제자매와 자녀들Troubled Journey: Siblings and Children of People with Mental Illness." *Innovations and Research* 2 (1993): 13-23.

Moorman, M. 내 언니의 보호자*My Sister's Keeper*. New York: Norton, 1992.

Neugeboren, J. 로버트 상상하기: 나의 동생, 광기, 그리고 생존*Imagining Robert: My Brother, Madness and Survival*. New York: Morrow, 1997.

Pines, P. 내 동생의 정신병*My Brother's Madness*. Willimantic, CT: Curbstone Press, 2007.

Saylor, A. V. "내니: 언니의 이야기Nannie: A Sister'S Story." *Innovations and Research* 3 (1994): 34-37.

Simon, C. 광기의 가정: 정신질환이 있는 형제자매의 그늘 속에서 자란다는 것*Mad House: Growing Up in the Shadow of Mentally Ill Siblings*. New York: Doubleday, 1997.

Smith, M. J., and J. S. Greenberg. "성인 조현병 환자의 삶의 만족도에 형제자매 관계의 질이 미치는 영향The Effect of the Quality of Sibling Relationships on the Life Satisfaction of Adults with Schizophrenia." *Psychiatric Services* 58 (2007): 1222-24.

Smith, M. J., and J. S. Greenberg. "성인 조현병 환자의 형제자매 관계의 질에 기여하는 요인들Factors Contributing to the Quality of Sibling Relationships for Adults with Schizophrenia."

*Psychiatric Services* 59 (2008): 57–62.

Stålberg, G., H. Ekerwald, and C. M. Hultman. "조현병 환자의 형제자매: 형제자매의 유대감, 대처 패턴, 조현병 유전 가능성에 대한 두려움Siblings of Patients with Schizophrenia: Sibling Bond, Coping Patterns, and Fear of Possible Schizophrenia Heredity." *Schizophrenia Bulletin* 30 (2004): 445–58.

Stewart, B. "내 언니의 믿기 힘든 정신My Sister's Unbelievable Mind." *New York Times Magazine*, May 5, 2002, pp. 60–62.

Swados, E. 우리 넷: 어느 가족의 회고록*The Four of Us: A Family Memoir*. New York: Farrar, Straus & Giroux, 1991. Paperback by Penguin Books, 1993.

## 조현병 환자 자녀의 관점

Bartok, M. 기억의 장소*The Memory Place*. New York: Free Press, 2011.

Brasfield, L. 자연의 교훈*Nature Lessons*. New York: St. Martin' Press, 2003.

Caton, C. L. M., F. Cournos, A. Felix, et al. "가난한 조현병 환자들의 자녀들의 아동기 경험과 현재의 적응Childhood Experiences and Current Adjustment of Offspring of Indigent Patients with Schizophrenia." *Psychiatric Services* 49 (1998): 86–90.

Crosby, D. "일인칭 서술: 조현병 환자인 어머니와 함께한 성장기First Person Account: Growing Up with a Schizophrenic Mother." *Schizophrenia Bulletin* 15 (1989): 507–9.

Flynn, L. M. 대양을 삼켜라*Swallow the Ocean*. Berkeley: Counterpoint Press, 2008.

Higgins, J., R. Gore, D. Gutkind, et al. "조현병 어머니의 자녀양육의 결과들: 25년 추적연구Effects of Child-Rearing by Schizophrenic Mothers: A 25-Year Follow-up." *Acta Psychiatrica Scandinavica* 96 (1997): 402–4.

Holley, T. E., and J. Holley. 내 어머니의 보호자: 조현병 그림자 속 성장기에 대한 어느 딸의 회고록*My Mother's Keeper: A Daughter' Memoir of Growing Up in the Shadow of Schizophrenia*. New York: Morrow, 1997. Reprinted in paperback, 1998.

Holman, V. 패티 허스트 구출하기: 미친 10년 동안 제정신을 차리고 성장하기*Rescuing Patty Hearst: Growing Up Sane in a Decade Gone Mad*. New York: Simon and Schuster, 2003.

Johanson, A.-L. "나는 비밀을 지키기 위해 모든 일을 했다 Did Everything to Keep My Secret." *Good Housekeeping*, October 2001, pp. 141-45.

Kauffman, C., H. Grunebaum, B. Cohler, et al. "슈퍼키즈: 정신증 환자 어머니의 유능한 자녀들Superkids: Competent Children of Psychotic Mothers." *American Journal of Psychiatry* 136 (1979): 1398-1402.

Knuttsson-Medin, L., B. Edlund, and M. Ramklint. "정신질환자의 성인 자녀들의 경험Experiences in a Group of Grown-up Children of Mentally Ill Patients." *Journal of Psychiatric and Mental Health Nursing* 14 (2007): 744-52.

Lachenmeyer, N. 아웃사이더: 내 아버지의 광기와의 분투 속으로 떠나는 여행*The Outsider: A Journey into My Father's Struggle with Madness*. New York: Broadway Books, 2000.

Lanquetot, R. "일인칭 서술: 조현병 환자 딸의 고백First Person Account: Confessions of the Daughter of a Schizophrenic." *Schizophrenia Bulletin* 10 (1984): 467-71.

Lanquetot, R. "일인칭 서술: 모녀 관계에 관하여First Person Account: On Being Daughter and Mother." *Schizophrenia Bulletin* 14 (1988): 337-41.

"자손Offspring." *Journal of the California Alliance for the Mentally Ill* 7 (1996).

Olson, L. S. 아빠는 여전히 나의 아빠였다*He Was Still My Daddy*. Portland, Ore.: Ogden Howe, 1994.

Östman, M., and L. Hansson. "중증 정신질환자 가족이 있는 집안의 아이들: 발생률과 지원의 필요성Children in Families with a Severely Mentally Ill Member: Prevalence and Needs for Support." *Social Psychiatry and Psychiatric Epidemiology* 37 (2002): 243-48.

Puffer, K. A. "정신의 침입자The Intruder of the Mind." *Schizophrenia Bulletin* 36 (2010): 651-54.

Riley, J. 크레이지 퀼트*Crazy Quilt*. New York: Morrow, 1984.

Ross, R. G., and N. Compagnon. "조현병 부모의 자녀의 정신과적 장애 진단과 치료Diagnosis and Treatment of Psychiatric Disorders in Children with a Schizophrenic Parent." *Schizophrenia Research* 50 (2001): 121-29.

Sanghera, S. 상투를 튼 소년*The Boy with the Topknot*. New York: Penguin Books, 2009. 2008년(Viking) 이제는 당신이 나를 모른다면*If You Don't Know Me by Now*이라는 제목

으로 출간되었던 책.

Sherman, M. D., and D. M. Sherman. 나는 혼자가 아니다: 정신질환이 있는 부모
와 사는 십 대들을 위한 안내서*I'm Not Alone: A Teen's Guide to Living with a Parent Who Has a Mental
Illness*. Edina, Minn.: Beavers Pond Press, 2006.

Steinem, G. "루스의 노래(루스는 노래를 부를 수 없으니까)Ruth's Song (Because She Could Not
Sing)." In W. Martin, ed., *Essays by Contemporary American Women*. Boston: Beacon
Press, 1996, pp. 14-31.

Williams, A. S. "정신질환이 있는 어머니들의 성인이 된 딸들: 뒤돌아보기와 앞
을 바라보기A Group for the Adult Daughters of Mentally Ill Mothers: Looking Backwards and Forwards."
*British Journal of Mental Psychology* 71 (1998): 73-83.

## 조현병 환자의 배우자의 관점

Angermeyer, M. C., R. Kilian, H.-U. Wilms, et al. "정신질환자의 배우자들의 삶의
질Quality of Life of Spouses of Mentally Ill People." *International Journal of Social Psychiatry* 52
(2006): 278-85.

"일인칭 서술: 정신질환이 있는 배우자와 함께하는 삶First Person Account: Life with a
Mentally Ill Spouse." *Schizophrenia Bulletin* 20 (1994): 227-29.

Frese, P. "우리는 모두 적응하며 산다We All Make Accommodations." *Journal of the
California Alliance for the Mentally Ill* 9 (1998): 6-8. This issue has ten other articles
on schizophrenia written by spouses.

Jungbauer, J., B. Wittmund, S. Dietrich, et al. "등한시된 간병인들: 조현병 환자
배우자들의 주관적 부담The Disregarded Caregivers: Subjective Burden in Spouses of Schizophrenia
Patients." *Schizophrenia Bulletin* 30 (2004): 665-75.

Mannion, E. "정신질환자 배우자들의 회복탄력성과 부담Resilience and Burden in Spouses of
People with Mental Illness." *Psychiatric Rehabilitation Journal* 20 (1996): 13-23.

Nasar, S. *A Beautiful Mind: A Biography of John Forbes Nash, Jr., Winner of the Nobel
Prize in Economics, 1994*. New York: Simon and Schuster, 1998. Paperback by
Touchstone Books, 1999. 실비아 네이사, 《뷰티풀 마인드》, 신현용, 이종인, 승영

조 옮김, 승산, 2002.

Seeman, M. V. "나쁘거나, 부담을 졌거나, 악의적인 남편? 조현병 환자의 남편들에 대한 상투적 분류Bad, Burdened or Ill? Characterizing the Spouses of Women with Schizophrenia." *International Journal of Social Psychology* 59 (2012): 805-810.

## 12장

Belkin, L. "주만 부부가 마이클에 관해 몰랐던 사실What the Jumans Didn't Know about Michael." *New York Times Magazine*, March 14, 1999, pp. 42-49.

DiLalla, D. L., and I. I. Gottesman. "조현병에서 불일치하는 일란성쌍둥이들의 정상 성격특성Normal Personality Characteristics in Identical Twins Discordant for Schizophrenia." *Journal of Abnormal Psychology* 104 (1995): 490-99.

Edlund, M. J., C. Conrad, and P. Morris. "조현병 외래환자의 사고Accidents among Schizophrenic Outpatients." *Comprehensive Psychiatry* 30 (1989): 522-26.

Hatfield, A. B. "우리가 없을 땐 누가 보살펴주지?Who Will Care When We Are Not There?" *Journal of the California Alliance for the Mentally Ill* 11 (2000): 60-61.

Huguelet, P., S. Mohr, C. Betrisey, et al. "조현병 외래환자의 영적 평가를 위한 무작위 시험: 환자들과 임상의들의 경험A Randomized Trial of Spiritual Assessment of Outpatients with Schizophrenia: Patients' and Clinicians' Experience." *Psychiatric Services* 62 (2011): 79-86.

캘리포니아 정신질환자 연합 저널 8호*Journal of the California Alliance for the Mentally Ill* 8 (1997). 이 호는 영성과 정신질환에 관한 내용만을 특집으로 다루었다.

Khandaker, G. M., J. H. Barnett, I. R. White, et al. "발병 전 지능과 조현병에 관한 인구 기반 연구들에 대한 수량적 메타분석A Quantitative Meta-Analysis of Population-based Studies of Premorbid Intelligence and Schizophrenia." *Schizophrenia Research* 132 (2011): 220-27.

Kirov, G., R. Kemp, K. Kirov, et al. "정신증 질환 이후의 종교적 신앙Religious Faith after Psychotic Illness." *Psychopathology* 31 (1998): 234-45.

Lefley, H. P., and A. B. Hatfield. "간병인인 부모와 정신질환 소비자가 부모의 노화와 상실에 대처하도록 돕는 일Helping Parental Caregivers and Mental Health Consumers Cope with

Parental Aging and Loss." *Psychiatric Services* 50 (1999): 369-75.

Pies, R. "청년과 자동차: 조현병을 넘어A Guy, a Car: Beyond Schizophrenia." *The New York Times*. May 4, 2009.

Russell, L. M., A. E. Grant, S. M. Joseph, et al. 미래를 위한 계획: 당신이 사망한 뒤에도 장애가 있는 자녀가 의미 있는 삶을 살 수 있도록*Planning for the Future: Providing a Meaningful Life for a Child with a Disability After Your Death*, 3rd ed. Evanston, Ill.: American Publishing, 1995.

Tepper, L., S. A. Rogers, E. M. Coleman, et al. "지속적 정신질환을 겪는 사람들이 종교로써 대처하는 비율The Prevalence of Religious Coping among Persons with Persistent Mental Illness." *Psychiatric Services* 52 (2001): 660-65.

Torrey, E. F. "우리는 조현병에 대한 유전자의 역할을 과대평가하고 있는 것일까?Are We Overestimating the Genetic Contribution to Schizophrenia?" *Schizophrenia Bulletin* 18 (1992): 159-70.

Waterhouse, S. 신의 백성을 위한 힘: 정신질환자 가족들을 위한 성직자들*Strength for His People: A Ministry for Families of the Mentally Ill*. Amarillo, Tex.: Westcliff Bible Church (Box 1521, Amarillo, TX 79105).

Zammit, S., P. Allebeck, A. S. David, et al. "발병 전 IQ 점수와 조현병, 양극성장애, 중증 우울증, 기타 비정동성 정신증의 위험성에 대한 종단 연구A Longitudinal Study of Premorbid IQ Score and Risk of Developing Schizophrenia, Bipolar Disorder, Severe Depression, and Other Nonaffective Psychoses." *Archives of General Psychiatry* 61 (2004): 354-60.

## 13장

캘리포니아 정신질환자 연합 저널*Journal of the California Alliance for the Mentally Ill* 4(1) 1993. 이 호는 미디어에 등장하는 정신질환에 관해 다룬다.

McGinty, E. E., A. Kennedy-Hendricks, S. Chosky, et al. "정신질환을 다루는 미국 뉴스의 흐름: 1995~2015Trends in News Media Coverage of Mental Illness in the United States: 1995-2015." *Health Affairs* 35 (2016): 1121-29.

Nasar, S. A *Beautiful Mind: A Biography of John Forbes Nash, Jr., Winner of the Nobel*

*Prize in Economics, 1994.* New York: Simon & Schuster, 1998. 실비아 네이사,《뷰티풀 마인드》, 신현용, 이종인, 승영조 옮김, 승산, 2002.

Pescosolido, B. A., J. K. Martin, J. S. Long, et al. "'다른 병들과 다를 것 없는 그냥 하나의 병이라고?' 10년간 조현병, 우울증, 알코올의존증에 대한 대중의 반응 변화'A Disease Like Any Other?' A Decade of Change in Public Reactions to Schizophrenia, Depression, and Alcohol Dependence." *American Journal of Psychiatry* 167 (2010): 1321-30.

Pescosolido, B. A., J. Monahan, B. G. Link, et al. "정신건강 문제가 있는 사람들의 역량, 위험, 법적 강제의 필요에 대한 대중의 관점The Public's View of the Competence, Dangerousness, and Need for Legal Coercion of Persons with Mental Health Problems." *American Journal of Public Health* 89 (1999): 1339-45.

Phelan, J. C., B. G. Link, A. Stueve, et al. "1950년과 1996년의 정신질환에 대한 대중의 인식: 정신질환이란 무엇이며, 그것은 두려워할 대상인가?Public Conceptions of Mental Illness in 1950 and 1996: What Is Mental Illness and Is It to Be Feared?" *Journal of Health and Social Behavior* 41 (2000): 188-207.

Thornicroft, G. 기피: 정신질환자에 대한 차별Shunned: Discrimination Against People with Mental Illness. Oxford: Oxford University Press, 2007.

Torrey, E. F. "낙인과 폭력: 이제는 점들을 연결할 때가 되지 않았는가?Stigma and Violence: Isn't It Time to Connect the Dots?" *Schizophrenia Bulletin* 37 (2011): 892-96.

Vincent, G. 미지의 밤: 미국 화가 R. A. 블레이크록의 광기와 천재성The Unknown Night: The Genius and Madness of R. A. Blakelock, An American Painter. New York: Grove Press, 2003.

Wahl, O. F. "정신의료 소비자의 낙인 경험Mental Health Consumers' Experience of Stigma." *Schizophrenia Bulletin* 25 (1999): 467-78.

## 14장

Cloutier, M., M. S. Aig bogun, A. Guerin, et al. "2013년 미국, 조현병의 경제적 부담The Economic Burden of Schizophrenia in the United States in 2013." *Journal of Clinical Psychiatry* 77 (2016): 764-71.

Geller, J. L. "연방의 서비스 환급에서 정신질환 시설을 배제하다: 전략인가 참사인가?Excluding Institutions for Mental Diseases from Federal Reimbursement for Services: Strategy or Tragedy?" *Psychiatric Services* 51 (2000): 1397-403.

Hare, E. "정신이상은 증가하고 있었을까?Was Insanity on the Increase?" *British Journal of Psychiatry* 142 (1983): 439-55.

Isaac, R. J., and V. C. Armat. 거리의 정신이상Madness in the Streets. New York: Free Press, 1990.

James, D. J., and L. E. Glaze. 교도소와 구치소 수감자의 정신건강 문제Mental Health Problems of Prison and Jail Inmates. Washington, D.C.: U.S. Department of Justice, 2006.

McGrath, J. J. "조현병 역학에 관한 신화와 명백한 진실Myths and Plain Truths about Schizophrenia Epidemiology—5 the NAPE Lecture 2004." *Acta Psychiatrica Scandinavica* 111 (2005): 4-1.

Saha, S., D. Chant, J. Welham, et al. "조현병 유병률에 대한 체계적 리뷰A Systematic Review of the Prevalence of Schizophrenia." *PLoS Medicine* 2 (2005): e141.

Torrey, E. F. 갈 곳 없는 사람들: 정신이상 노숙자의 비극적 오디세이Nowhere to Go: The Tragic Odyssey of the Homeless Mentally Ill. New York: Harper and Row, 1988.

Torrey, E. F. 그림자에서 벗어나: 미국의 정신질환 위기 직면하기Out of the Shadows: Confronting America' Mental Illness Crisis. New York: John Wiley and Sons, 1997.

Torrey, E. F. 조현병과 문명Schizophrenia and Civilization. New York: Jason Aronson, 1980.

Torrey, E. F., and J. Miller. 보이지 않는 역병: 1750년부터 현재까지 정신이상의 증가The Invisible Plague: Rising Insanity from 1750 to the Present. New Brunswick, N. J.: Rutgers University Press, 2001.

Torrey, E. F. 정신이상 범죄: 중증 정신질환자를 치료하지 못한 미국의 실패가 어떻게 미국 시민을 위험에 빠트리는가The Insanity Offense: How America's Failure to Treat the Seriously Mentally Ill Endangers Its Citizens. New York: W. W. Norton, revised paperback edition, 2012.

Torrey, E. F. 미국의 정신증: 연방정부는 정신질환 치료 시스템을 어떻게 파괴했나American Psychosis: How the Federal Government Destroyed the Mental Illness Treatment System. New York: Oxford University Press, 2014.

Wu, E. Q., H. G. Birnbaum, L. Shi, et al. "2002년 미국, 조현병의 경제적 부담The Economic Burden of Schizophrenia in the United States in 2002." *Journal of Clinical Psychiatry* 66 (2005): 1122-29.

## 15장

Jaffe, D. J. 미친 결과들: 정신건강 업계는 어떻게 정신질환자들을 저버렸는가*Insane Consequences: How the Mental Health Industry Fails the Mentally Ill*. Amherst, New York: Prometheus Books, 2017.

Torrey, E. F. 그림자에서 벗어나: 미국의 정신질환 위기 직면하기*Out of the Shadows: Confronting America' Mental Illness Crisis*. New York: John Wiley and Sons, 1997.

Torrey, E. F. "낙인과 폭력: 이제 점들을 연결할 때가 되지 않았는가?*Stigma and Violence: Isn't It Time to Connect the Dots?*" *Schizophrenia Bulletin* 37 (2011): 892-96.

Torrey, E. F. 정신이상 범죄: 중증 정신질환자를 치료하지 못한 미국의 실패가 어떻게 미국 시민을 위험에 빠트리는가*The Insanity Offense: How America's Failure to Treat the Seriously Mentally Ill Endangers Its Citizens*. New York: W. W. Norton, paperback edition, 2012.

Torrey, E. F., M. T. Zdanowicz, S. M. Wolfe, et al. 정신의학 연구에서 연방의 실패: 중증 정신질환에 대한 충분한 연구 자금을 지급하지 않는 국립정신보건원의 지속적 태만*A Federal Failure in Psychiatric Research: Continuing NIMH Negligence in Funding Sufficient Research on Serious Mental Illnesses*. Arlington, Va.: The Treatment Advocacy Center, 2003.

Torrey, E. F. 미국의 정신증: 연방정부는 정신질환 치료 시스템을 어떻게 파괴했나*American Psychosis: How the Federal Government Destroyed the Mental Illness Treatment System*. New York: Oxford University Press, 2014.

# 후주

## 5쪽

1 빈센트 반 고흐의 편지, J. Rewald, *Post-Impressionism: From van Gogh to Gauguin* (New York: Museum of Modern Art, 1962), p. 321에서 재인용. 존 리월드, 《후기인 상주의의 역사: 반 고흐에서 고갱까지》, 정진국 옮김, 까치, 2006.

## 1장

1 H. R. Rollin, 조현병에 대처하기*Coping with Schizophrenia*(London: Burnett Books, 1980), p. 162.

2 R. W. Emerson, *Journals*(1836).

3 R. Porter, *A Social History of Madness*(New York: Weidenfeld and Nicolson, 1987), p. 9.

4 P. J. Ruocchio, "일인칭 서술: 조현병 환자의 내면First person account: the schizophrenic inside," *Schizophrenia Bulletin* 17 (1991): 357-60.

5 See C. North and R. Cadoret, "'조현병' 환자의 개인적인 이야기들에 나타나는 진단적 불일치Diagnostic Discrepancy in Personal Accounts of Patients with 'Schizophrenia,'" *Archives of General Psychiatry* 38 (1981): 133-37.

6   J. Cutting and F. Dunne, "조현병의 주관적 경험Subjective Experience of Schizophrenia,"
    *Schizophrenia Bulletin* 15 (1989): 217-31.

7   N. Dain, 미국의 정신이상의 개념들 *Concepts of Insanity in the United States, 1789-1865*
    (New Brunswick: Rutgers University Press, 1964), p. 226, 일리노이 주립 정신병원
    의 1861~62년 보고서 *1861-62 Reports of the Illinois State Hospital for the Insane* 인용.

8   A. McGhie and J. Chapman, "초기 조현병에서 주의와 지각의 장애들Disorders
    of Attention and Perception in Early Schizophrenia," *British Journal of Medical Psychology* 34
    (1961): 103-16.

9   상동.

10  Cutting and Dunne.

11  상동.

12  상동.

13  G. Burns, "내 광기에 관한 이야기An Account of My Madness," mimeo, 1983.

14  M. Sechehaye, *Autobiography of a Schizophrenic Girl* (New York: Grune and Stratton,
    1951), p. 22. M. A. 세셰이예, 《르네의 일기》, 류종렬 옮김, 마실가, 2003.

15  McGhie and Chapman.

16  Anonymous, "조현병 경험에 관한 자서전An Autobiography of a Schizophrenic Experience,"
    *Journal of Abnormal and Social Psychology* 51 (1955): 677-89.

17  M. Vonnegut, 에덴 익스프레스 *The Eden Express* (New York: Praeger, 1975), p. 107.

18  E. Leete, "정신질환: 내부자의 관점Mental Illness: An Insider's View," 1985년 뉴올리언
    스에서 열린 전미 정신질환자 가족연합 연례 회의 발표문.

19  McGhie and Chapman.

20  R. McLean, 완치가 아닌 회복 *Recovered, Not Cured* (Crows Nest, Australia: Allen and
    Unwin, 2003), p. 35.

21  M. Barnes and J. Berke, Mary Barnes: 광기의 여정에 관한 두 가지 이야기 *Two
    Accounts of a Journey through Madness* (New York: Ballantine, 1973), p. 44.

22  P. S. Wagner, "감춰진 삶Life in the Closet," *Hartford Courant*, August 26, 1993.

23  Rollin, p. 150.

24 상동.

25 M. B. Bowers, 온전한 정신으로부터의 후퇴: 정신증 발발의 구조*Retreat from Sanity: The Structure of Emerging Psychosis* (Baltimore: Penguin, 1974).

26 McGhie and Chapman.

27 McGhie and Chapman.

28 Bowers, p. 152.

29 W. Mayer-Gross, E. Slater, and M. Roth, 임상정신의학*Clinical Psychiatry* (Baltimore: Williams and Wilkins, 1969), p. 268.

30 Wagner.

31 A. Boisen, 심연에서 벗어나다*Out of the Depths*, 1960. Quoted in B. Kaplan, ed., 정신질환 내부의 세계*The Inner World of Mental Illness* (New York: Harper and Row, 1964), p. 118.

32 E. Leete, "대인관계의 환경*The Interpersonal Environment*," in A. B. Hatfield and H. P. Lefley, 정신질환에서 살아남기*Surviving Mental Illness* (New York: Guilford Press, 1993), p. 117.

33 M. Coate, 모든 이성 너머에*Beyond All Reason* (Philadelphia: Lippincott, 1965), p. 21.

34 Bowers, p. 27.

35 J. Parnas and P. Handset, "초기 조현병에서 비정상적 자기표현의 현상학*Phenomenology of Anomalous Self-Expression in Early Schizophrenia*," *Comprehensive Psychiatry* 44 (2003): 121-34.

36 B. J. Freedman, "조현병에서 지각과 인지장애의 주관적 경험*The Subjective Experience of Perceptual and Cognitive Disturbances in Schizophrenia*," *Archives of General Psychiatry* 30 (1974): 333-40.

37 Rollin, p. 150.

38 See E. F. Torrey, "요추천자 이후 두통과 정신질환자의 무통각증*Headaches After Lumbar Puncture and Insensitivity to Pain in Psychiatric Patients*," *New England Journal of Medicine* 301 (1979): 110; G. D. Watson, P. C. Chandarana, and H. Merskey, "통증과 조현병의 관계*Relationship between Pain and Schizophrenia*," *British Journal of*

*Psychiatry* 138 (1981): 33-36; and L. K. Bickerstaff, S. C. Harris, R. S. Leggett, et al., "조현병 환자의 무통각증Pain Insensitivity in Schizophrenic Patients," *Archives of Surgery* 123 (1988): 49-51.

39 N. McDonald, "조현병을 안고 산다는 것Living with Schizophrenia," *Canadian Medical Association Journal* 82 (1960): 218-1, 678-81.

40 McGhie and Chapman.

41 상동.

42 Cutting and Dunne.

43 J. Chapman, "조현병의 초기 증상들The Early Symptoms of Schizophrenia," *British Journal of Psychiatry* 112 (1966): 225-51.

44 Sechehaye, foreword.

45 S. Sheehan, 지구상에 나를 위한 장소는 없나요? *Is There No Place on Earth for Me?* (Boston: Houghton Mifflin, 1982), p. 69.

46 McGhie and Chapman.

47 B. O'Brien, 조작자와 사물들: 어느 조현병 환자의 내적 삶*Operators and Things: The Inner Life of a Schizophrenic* (New York: Signet, 1976), pp. 97-98.

48 Sechehaye, p. 28.

49 Chapman.

50 McGhie and Chapman.

51 O'brien, p. 100.

52 McLean, p. 20.

53 Chapman.

54 Mayer-Gross, Slater, and Roth, pp. 281, 267.

55 G. Bateson, ed., 퍼시벌의 이야기: 자신의 정신증에 대해 한 환자가 들려주는 이야기 1830~1832*Perceval's Narrative: A Patient's Account of His Psychosis 1830- 1832* (1838, 1840) (New York: Morrow, 1974), p. 269.

56 McGhie and Chapman.

57 See Chapman.

**58** Anonymous, "나는 내 머릿속에 간혀서 그 벽에 대고 필사적으로 머리를 찧고 있는 느낌이다I Feel Like I Am Trapped Inside My Head, Banging Desperately against Its Walls," *New York Times*, March 18, 1986, p. C-3.

**59** S. Nasar, *A Beautiful Mind* (New York: Simon & Schuster, 1998), p. 11. 실비아 네이사,《뷰티풀 마인드》, 신현용, 이종인, 승영조 옮김, 승산, 2002.

**60** A. Chekhov, "Ward No. 6,"quoted in A. A. Stone and S. S. Stone, eds., 문학에 나타난 이상 성격*The Abnormal Personality through Literature* (Englewood Cliffs, N.J.: Prentice-Hall, 1966), p. 5.

**61** Anonymous, "조현병 경험Schizophrenic Experience."

**62** 상동.

**63** G. Remington and H. Book, "드 클레랑보 증후군, 양극성 정동장애, 리튬에 대한 반응에 관한 사례 보고서Case Report of de Clerembault Syndrome, Bipolar Affective Disorder and Response to Lithium," *American Journal of Psychiatry* 141 (1984): 1285-88.

**64** Rollin, p. 132.

**65** C. Hubert, "Woman Defies Her Demons to Excel," *Sacramento Bee*, February 1, 2002, p. A-1.

**66** McLean, p. 76.

**67** E. F. Torrey, et al., 미국 내 라디오와 텔레비전 방송국 직원들에 대한 중증 정신질환자들의 위협*Threats to Radio and Television Station Personnel in the United States by Individuals with Severe Mental Illnesses* (Washington, D. C.: Public Citizen' Health Research Group and the Treatment Advocacy Center, 1999).

**68** P. Earle, "정신이상과 정신이상자들에 대한 대중의 잘못된 생각들Popular Fallacies in Regard to Insanity and the Insane," *Journal of Social Science* 26: 107-17, 1890.

**69** J. Lang, "환각의 이면The Other Side of Hallucinations," *American Journal of Psychiatry* 94 (1938): 1090-97.

**70** Poe, "고자질하는 심장The Tell-Tale Heart."

**71** D. P. Schreber, 내 신경병증에 대한 회고록*Memoirs of My Nervous Illness* (1903), translated and with introduction by I. Macalpine and R. A. Hunter (London: William

Dawson, 1955), p. 172.

72  Boisen, quoted in Kaplan, p. 119.

73  Schreber, p. 225.

74  E. Goode, "전문가들 마음의 목소리를 새로운 관점에서 보다Experts See Mind's Voices in New Light," *New York Times*, May 6, 2003, p. F-1.

75  D. Terry and D. Terry, "내 은밀한 혼란의 합창My Private Chorus of Chaos," *Chicago Tribune*, February 23, 2003, p. 8.

76  P. K. McGuire, G. M. S. Shah, and R. M. Murray, "조현병에서 환청 시 브로카 영역의 혈류 증가Increased Blood Flow in Broca's Area during Auditory Hallucinations in Schizophrenia," *Lancet* 342 (1993): 703-6.

77  M. Plaze, M.-L. Paillère-Martinot, J. Penttilä, et al., "'환청은 어디에서 오는가?'-내부 환각 혹은 외부 환각을 겪는 조현병 환자들의 뇌 형태계측 연구 'Where Do Auditory Hallucinations Come From?'—Brain Morphometry Study of Schizophrenia Patients with Inner or Outer Space Hallucinations," *Schizophrenia Bulletin* 37 (2011): 212-21.

78  E. M. R. Critchley, "청각장애인 조현병 환자의 청각 경험Auditory Experiences of Deaf Schizophrenics," *Journal of the Royal Society of Medicine* 76 (1983): 542-4.

79  Lang.

80  Silvano Arieti, 창조성: 마법적 합성Creativity: The Magic Synthesis (New York: Basic Books 1976), p. 251.

81  상동.

82  Lang.

83  Parnas and Handset.

84  상동.

85  H. Faure, "자기 이미지의 착란적 투여L'Investissement Delirant de L'Image de Soi," *Evolution Psychiatrique* 3 (1956): 545-77.

86  Chapman.

87  Sechehaye, p. 87.

88  Schreber, p. 207.

89  S. Bustamante, K. Maurer, W. Loffler, et al., "조현병 초기의 우울 증상들
Depressive Symptoms in the Early Course of Schizophrenia," abstract, *Schizophrenia Research* 11
(1994): 187.

90  Lang.

91  Sechehaye, p. 35.

92  M. Stakes, "일인칭 서술: 바다에 나갈 수 있는 사람이 되기First Person Account:
Becoming Seaworthy," *Schizophrenia Bulletin* 11 (1985): 629.

93  P. Cramer, J. Bowen, and M. O'Neill, "조현병 환자들과 사회적 판단
Schizophrenics and Social Judgment," *British Journal of Psychiatry* 160 (1992): 481-87.

94  C. G. Kohler, T. H. Turner, W. B. Bilker, et al., "조현병에서 얼굴의 감정 인
지: 강도 효과와 오류 패턴Facial Emotion Recognition in Schizophrenia: Intensity Effects and Error
Pattern," *American Journal of Psychiatry* 160 (2003): 1768-74.

95  McGhie and Chapman.

96  Chapman.

97  Anonymous, "Schizophrenic Experience."

98  E. Meyer and L. Covi, "이인성의 경험: 한 환자의 서면 보고서The Experience of De-
personalization: A Written Report by a Patient," *Psychiatry* 23 (1960): 215-17.

99  J. A. Wechsler, *In a Darkness* (New York: Norton, 1972), p. 17.

100  A. M. Kring, S. L. Kerr, D. A. Smith, et al., "조현병의 단조로운 정동이 주관
적 감정 경험의 감소를 반영하는 것은 아니다Flat Affect in Schizophrenia Does Not Reflect
Diminished Subjective Experience of Emotion," *Journal of Abnormal Psychology* 102 (1993):
507-17.

101  J. K. Bouricius, "조현병에서 음성 증상과 감정Negative Symptoms and Emotions in
Schizophrenia," *Schizophrenia Bulletin* 15 (1989): 201-7.

102  I. Chovil, "일인칭 서술: 나와 나, 춤추는 바보가 당신들 세상에게 결투를 신청
한다First Person Account: I and I, Dancing Fool, Challenge You the World to a Duel," *Schizophrenia
Bulletin* 26 (2000): 745-47.

103  T. C. Manschreck, et al., "조현병에서 수의 운동활동의 교란Disturbed Voluntary

Motor Activity in Schizophrenic Disorder," *Psychological Medicine* 12 (1982): 73-84; see also M. Jones and R. Hunter, "만성 정신질환자의 비정상적 동작Abnormal Movements in Patients with Chronic Psychotic Illness," in G. E. Crane and R. Gardner, *Psychotropic Drugs and Dysfunctions of the Basal Ganglia*, publication no. 1938 (Washington, D.C.: U.S. Public Health Service, 1969).

104  Cutting and Dunne.

105  상동.

106  See J. R. Stevens, "눈 깜빡임과 조현병: 정신증 또는 지연성 운동장애Eye Blink and Schizophrenia: Psychosis or Tardive Dyskinesia," *American Journal of Psychiatry* 135 (1978): 223-26.

107  H. de Balzac, "Louis Lambert"(1832), in A. A. Stone and S. S. Stone, eds., The Abnormal Personality through Literature (Englewood Cliffs, N.J.: Prentice-Hall, 1966), pp. 63-64. 오노레 드 발자크, 《루이 랑베르》, 송기정 옮김, 문학동네, 2010.

108  McGhie and Chapman.

109  상동.

110  상동.

111  Kindwall and Kinder (1940), C. Landis and F. A. Mettler, 정신병리학적 경험의 다양성Varieties of Psychopathological Experience (New York: Holt, Rinehart, and Winston, 1964), p. 530에서 재인용.

112  Chapman.

113  Chapman.

114  Wagner.

115  B. Hoffman, "이상하지만 사실이다Weird But True," *New York Post*, May 28, 2002, p. 19.

116  T. W. H. Chong and D. J. Castle, "껴입은 데 또 껴입고: 조현병의 체온조절Layer upon Layer: Thermoregulation in Schizophrenia," *Schizophrenia Research* 69 (2004): 149-57.

117 E. Herrig, "일인칭 서술: 어떤 사적인 경험First Person Account: A Personal Experience," *Schizophrenia Bulletin* 21 (1995): 339-42.

118 "힝클리 시니어 정신질환에 맞선 전쟁에 지지를 구하다Hinckley Sr. Seeks Support in Fight against Mental Illness," *Psychiatric News*, November 16, 1984.

119 "정신이상자의 감금Confinement of the Insane," *American Law Review* (1869): 215.

120 Quoted by O. Sacks, *The Man Who Mistook His Wife for a Hat* (New York: Summit Books, 1985), p. 140. 올리버 색스, 《아내를 모자로 착각한 남자》, 조석현 옮김, 알마, 2016.

121 Burns.

122 *The Complete Letters of Vincent Van Gogh, vol. 3* (Boston: New York Graphic Society, 1978), p. 524.

123 A. Sobin and M. N. Ozer, "급성뇌염으로 인한 정신장애들Mental Disorders in Acute Encephalitis," *Journal of Mount Sinai Hospital* 33 (1966): 73-82.

124 B. Bick, "사랑과 앙심Love and Resentment," *New York Times*, March 25, 1990.

125 Balzac.

## 2장

1 M. Coate, 모든 이성 너머에*Beyond All Reason* (Philadelphia: Lippincott, 1965), pp. 1-2.

2 C. S. Mellor, "조현병의 일급증상First Rank Symptoms of Schizophrenia," *British Journal of Psychiatry* 117 (1970): 15-23.

3 W. T. Carpenter, J. S. Strauss, and S. Muleh, "조현병에는 질병특유 증상이 있는가?Are There Pathognomonic Symptoms in Schizophrenia?" *Archives of General Psychiatry* 28 (1973): 847-52.

4 정신질환 진단 및 통계 편람*Diagnostic and Statistical Manual of Mental Disorders* (Washington, D.C.: American Psychiatric Association, 1994).

5 D. L. Rosenhan, "정신 나간 장소에서 제정신으로 있는 일에 관해On Being Sane in Insane Places," *Science* 179 (1973): 250-8; see also R. L. Spitzer, "과학 속의 유사 과학에 관한 후속 논의와 정신의학 진단을 위한 옹호More on Pseudoscience in Science

and the Case for Psychiatric Diagnosis," *Archives of General Psychiatry* 33 (1976): 459-70.

6   S. S. Kety, "합리화에서 이성으로From Rationalization to Reason," *American Journal of Psychiatry* 131 (1974): 957-63.

7   W. T. Carpenter Jr., D. W. Heinrichs, and A.M.I. Wagman, "결핍형 조현병과 비결핍형 조현병: 개념Deficit and Nondeficit Forms of Schizophrenia: The Concept," *American Journal of Psychiatry* 145 (1988): 578-83.

8   I. I. Goffman and T. D. Gould, "정신의학에서 내인성 표현형 개념: 어원과 전략적 의도The Endophenotype Concept in Psychiatry: Etymology and Strategic Intentions," *American Journal of Psychiatry* 160 (2003): 636-45.

9   J. van Os, R. J. Linscott, I. Myin-Germeys, et al., "정신증 연속체에 대한 체계적 리뷰와 메타분석: 정신증 장애의 정신증 경향-존속-손상 모델A Systematic Review and Meta-Analysis of the Psychosis Continuum: Evidence for a Psychosis Proneness-Persistence-Impairment Model of Psychotic Disorder," *Psychological Medicine* 39 (2008): 1-17.

10  R. Nuevo, S. Chatterji, E. Verdes, et al., "일반 인구에서 정신증 증상의 연속체: 국제 비교 연구The Continuum of Psychotic Symptoms in the General Population: A Cross-National Study," *Schizophrenia Bulletin* 38 (2012): 475-85.

**3장**

1   J. Rewald, *Post-Impressionism: From van Gogh to Gauguin* (New York: Museum of Modern Art, 1962), p. 320. 존 리월드, 《후기인상주의의 역사: 반 고흐에서 고갱까지》, 정진국 옮김, 까치, 2006.

2   J. McGrath, J. Welham, J. Scott, et al., "젊은 성인 코호트에서 형제자매 분석을 통해 알아본, 대마초 사용과 정신증 관련 결과 사이의 연관관계Association between Cannabis Use and Psychosis-Related Outcomes Using Sibling Pair Analysis in a Cohort of Young Adults," *Archives of General Psychiatry* 67 (2010): 440-47; M. De Hert, M. Wampers, T. Jendricko, et al., "대마초 사용이 조현병과 양극성장애 발병 연령에 비치는 영향Effects of Cannabis Use on Age at Onset in Schizophrenia and Bipolar Disorder," *Schizophrenia Research* 126 (2011): 270-76.

3 M. Hambrecht and H. Häfner, "물질 남용과 조현병 발병Substance Abuse and the Onset of Schizophrenia," *Biological Psychiatry* 40 (1996): 1155-63.

4 R. C. W. Hall, E. R. Gardner, S. K. Stickney, et al., "정신질환처럼 보이는 신체질병Physical Illness Manifesting as Psychiatric Disease," *Archives of General Psychiatry* 37 (1980): 989-95.

5 L. M. Koran, H. C. Sox, K. I. Marton, et al., "정신질환자의 의학적 평가Medical Evaluation of Psychiatric Patients," *Archives of General Psychiatry* 46 (1989): 733-40.

6 K. Davison, "기질적 뇌장애와 관련된 조현병 유사 정신증: 리뷰Schizophrenia-like Psychoses Associated with Organic Cerebral Disorders: A Review," *Psychiatric Developments* 1 (1983): 1-34.

7 E. C. Johnstone, J. F. Macmillan, and T. J. Crow, "최초 삽화 조현병 환자 268명에게서 병인론적 의미를 지닐 가능성이 있거나 확률이 높은 기질적 질환의 발생The Occurrence of Organic Disease of Possible or Probable Aetiological Significance in a Population of 268 Cases of First Episode Schizophrenia," *Psychological Medicine* 17 (1987): 371-79.

8 Davison.

9 E. F. Torrey, "기능적 정신증과 바이러스 뇌염Functional Psychoses and Viral Encephalitis," *Integrative Psychiatry* 4 (1986): 224-36.

10 Davison.

11 A. G. Awad, "조현병과 다발경화증Schizophrenia and Multiple Sclerosis," *Journal of Nervous and Mental Disease* 171 (1983): 323-24.

12 Davison.

13 N. Buhrich, D. A. Cooper, and E. Freed, "기능성 정신증과 구별되지 않는 증상들과 관련된 HIV 감염HIV Infection Associated with Symptoms Indistinguishable from Functional Psychosis," *British Journal of Psychiatry* 152 (1988): 649-53.

14 A. S. Nielsen, P. B. Mortensen, E. O'allaghan, et al., "두부외상은 조현병의 위험 요인인가?Is Head Injury a Risk Factor for Schizophrenia?" *Schizophrenia Research* 55 (2002): 93-98; G. E. Jaskiw and J. F. Kenny, "성인기에 생긴 변연피질 부상은 조현병 유사 증후군으로 이어지는가?Limbic Cortical Injury Sustained during Adulthood

Leads to Schizophrenia-like Syndrome," *Schizophrenia Research* 58 (2002): 205-22.

15  P. Buckley, J. P. Stack, C. Madigan, et al., "대뇌 외상과 연관된 조현병 유사 정
신증의 자기공명영상: 임상병리적 상관성Magnetic Resonance Imaging of Schizophrenia-
like Psychoses Associated with Cerebral Trauma: Clinicopathological Correlates," *American Journal of
Psychiatry* 150 (1993): 146-48.

16  E. F. Torrey, 갈 곳 없는 사람들*Nowhere to Go* (New York: Harper and Row, 1988), pp.
102-6.

17  D. B. Smith, "머릿속에서 목소리가 들려오는 채로 살 수 있나요?Can You Live with
the Voices in Your Head?" *New York Times Magazine*, March 25, 2007, pp. 49-53.

18  J. Rimmer and B. Jacobsen, "조현병 환자 친족의 반사회적 인격Antisocial Personality
in the Biological Relatives of Schizophrenics," *Comprehensive Psychiatry* 21 (1980): 258-62.


**4장**

1   V. Norris, 런던의 정신질환*Mental Illness in London* (London: Oxford University Press,
1959), p. 15에서 재인용.

2   J. Hawkes, "정신이상의 증가에 대하여On the Increase of Insanity," *Journal of Psycholo-
gical Medicine and Mental Pathology* 10 (1857): 508-21.

3   E. Kraepelin, 조발성 치매와 망상분열증*Dementia Praecox and Paraphrenia* (Huntington,
N.Y.: Robert E. Krieger, 1971), pp. 236-37.

4   M. Isohanni, I. Isohanni, P. Jones, et al., "1966년 북부 핀란드 출생 코호트에서
학창시절의 조현병 예측 요인들School Predictors of Schizophrenia in the 1966 Northern Finland
Birth Cohort," *Schizophrenia Research* 36 (1999): 44.

5   A. Shaner, G. Miller, and J. Mintz, "조현병 발병 연령의 위도 차에 대한 증거
Evidence of a Latitudinal Gradient in the Age of Onset of Schizophrenia," *Schizophrenia Research* 94
(2007): 58-63.

6   M. Hambrecht, H. Häfner, and W. Löffler, "친지들이 관찰한 조현병 발병
Beginning Schizophrenia Observed by Significant Others," *Social Psychiatry and Psychiatric
Epidemiology* 29 (1994): 53-60; J. Varsamis and J. D. Adamson, "조현병의 신

체 증상Somatic Symptoms in Schizophrenia," *Canadian Psychiatric Association Journal* 21 (1976): 1-6.

7   A. T. Russell, L. Bett, and C. Sammons, "아동기에 발생하는 조현병의 현상학The Phenomenology of Schizophrenia Occurring in Childhood," *Journal of the American Academy of Child and Adolescent Psychiatry* 28 (1989): 399-407.

8   J. L. Rapoport, J. N. Giedd, J. Blumenthal, et al., "아동기 발병 조현병에서 청소년기 동안 일어난 진행성 피질 변화Progressive Cortical Change During Adolescence in Childhood-Onset Schizophrenia," *Archives of General Psychiatry* 56 (1999): 649-54; A. L. Sporn, D. K. Greenstein, N. Gogtay, et al., "아동기 발병 조현병에서 청소년기 동안 일어난 진행성 뇌 체적 소실Progressive Brain Volume Loss during Adolescence in Childhood-Onset Schizophrenia," *American Journal of Psychiatry* 160 (2003): 2181-89.

9   J. G. Howells and W. R. Guirguis, "아동기 조현병 그 20년 후Childhood Schizophrenia 20 Years Later," *Archives of General Psychiatry* 41 (1984): 123-28.

10  V. Nabokov, 블라드미르 나보코프 단편선The Stories of Vladimir Nabokov (New York: Vintage, 1995), pp. 598-603.

11  L. Wilson, 낯선 사람, 나의 아들This Stranger, My Son (New York: Putnam, 1968).

12  I. M. Terp, G. Engholm, H. Moller, et al., "산후정신증의 추적 연구: 예후와 재입원의 위험인자A Follow-Up Study of Postpartum Psychoses: Prognosis and Risk Factors for Readmission," *Acta Psychiatrica Scandinavica* 100 (1999): 40-46.

13  H. Brodaty, P. Sachdev, A. Koschera, et al., "후기 발병 조현병의 장기 결과: 5년 후속 연구Long-term Outcome of Late-Onset Schizophrenia: 5-year Follow-up Study," *British Journal of Psychiatry* 183 (2003): 213-19.

14  A. Aleman, R. S. Kahn, J. P. Selten, "조현병 위험 요인의 성별 차이Sex Differences in the Risk of Schizophrenia," *Archives of General Psychiatry* 60 (2003): 565-71.

15  See M. V. Seeman, "조현병의 성별 차이Gender Differences in Schizophrenia," *Canadian Journal of Psychiatry* 27 (1982): 107-11; J. M. Goldstein, "조현병 과정의 성별 차이Gender Differences in the Course of Schizophrenia," *American Journal of Psychiatry* 145 (1988): 684-89; and S. Lewis, "성별과 조현병: 차이 만세Sex and Schizophrenia: Vive la

Difference," *British Journal of Psychiatry* 161 (1992): 445-50.

16  J. Lieberman, et al., "최초 삽화 조현병에서 치료 반응의 시간 경과와 생물학적 상관관계Time Course and Biologic Correlates of Treatment Response in First-Episode Schizophrenia," *Archives of General Psychiatry* 50 (1993): 369-76.

17  J. H. Stephens, "조현병의 장기 예후와 후속 연구Long-term Prognosis and Follow-up in Schizophrenia," *Schizophrenia Bulletin* 4 (1978): 25-47.

18  L. Ciompi, "조현병 환자의 생애과정과 노화에 대한 장기 병후력 연구 Catamnestic Long-term Study of the Course of Life and Aging of Schizophrenics," *Schizophrenia Bulletin* 6 (1980): 606-16.

19  C. M. Harding and J. S. Strauss, "조현병의 경과: 진화하는 개념The Course of Schizophrenia: An Evolving Concept" in M. Alpert, ed., *Controversies in Schizophrenia* (New York: Guilford Press, 1985), p. 347.

20  W. Mayer-Gross, E. Slater, and M. Roth, 임상정신의학*Clinical Psychiatry* (Baltimore: Williams and Wilkins, 1969), p. 275.

21  M. Von Korff, G. Nestadt, A. Romanoski, et al., "DSM-III로 진단된 치료 및 비치료 조현병 유병률Prevalence of Treated and Untreated DSM-III Schizophrenia," *Journal of Nervous and Mental Disease* 173 (1985): 577-81.

22  R. J. Sullivan, J. S. Allen, and K. L. Nero, "팔라우의 조현병Schizophrenia in Palau," *Current Anthropology* 48 (2007): 189-213.

23  A. Cohen, V. Patel, R. Thara, et al., "공리 의심하기: 개발도상국의 조현병 예후가 더 좋다?Questioning an Axiom: Better Prognosis for Schizophrenia in the Developing World?," *Schizophrenia Bulletin* 34 (2008): 229-44.

24  P. Allebeck, "조현병: 삶을 단축하는 병Schizophrenia: A Life-Shortening Disease," *Schizophrenia Bulletin* 15 (1989): 81-89.

25  D. W. Black and R. Fisher, "DSM-IIIR 조현병의 사망률Mortality in DSM-IIIR Schizophrenia," *Schizophrenia Research* 7 (1992): 109-16.

26  P. Corten, M. Ribourdouille, and M. Dramaix, "지역 정신건강 센터 외래환자의 조기 사망Premature Death among Outpatients at a Community Mental Health Center," *Hospital*

*and Community Psychiatry* 42 (1991): 1248-51.

27   B. P. Dembling, D. T. Chen, and L. Vachon, "중증 정신질환 치료를 받은 인구 집단에서 기대여명 및 사망원인Life Expectancy and Causes of Death in a Population Treated for Serious Mental Illness," *Psychiatric Services* 50 (1999): 1036-42.

28   B. Logdberg and L. Nilsson, "지난 70년간 말뫼 지역의 조현병 사망률Mortality in Schizophrenia over the Last 70 Years in the Township of Malmö," abstract, *Schizophrenia Bulletin* 31 (2005): 229.

29   M. J. Edlund, C. Conrad, and P. Morris, "조현병 외래환자의 사고Accidents among Schizophrenic Outpatients," *Comprehensive Psychiatry* 30 (1989): 522-26.

30   S. Brown, "조현병의 초과 사망률Excess Mortality of Schizophrenia," *British Journal of Psychiatry* 171 (1997): 502-8.

31   See A. E. Harris, "신체질환과 조현병Physical Disease and Schizophrenia," *Schizophrenia Bulletin* 14 (1988): 85-96; and S. Mukherjee, D. B. Schnur, and R. Reddy, "조현병 환자의 제2형 당뇨병 가족력Family History of Type 2 Diabetes in Schizophrenic Patients," *Lancet* 1 (1989): 495.

32   P. B. Mortensen, "조현병 환자의 신경이완제 투약과 전립선암 위험 감소Neuroleptic Medication and Reduced Risk of Prostate Cancer in Schizophrenic Patients," *Acta Psychiatrica Scandinavica* 85 (1992): 390-93

33   S. Brown, J. Birtwistle, L. Roe, et al., "조현병 환자의 건강에 해로운 생활 방식The Unhealthy Lifestyle of People with Schizophrenia," *Psychological Medicine* 29 (1999): 697-701.

34   B. G. Druss, D. W. Bradford, R. A. Rosenheck, et al., "정신질환과 심근경색 이후 심혈관 시술 시행Mental Disorders and Use of Cardiovascular Procedures after Myocardial Infarction," *Journal of the American Medical Association* 283 (2000): 506-11.

35   M. Marshall and D. Gath, "집 없는 정신질환자들에게는 어떤 일이 벌어지는가?: 옥스포드의 노숙자 보호시설 거주자들에 대한 추적 연구What Happens to Homeless Mentally Ill People? Follow-up of Residents of Oxford Hostels for the Homeless," *British Medical Journal* 304 (1992): 79-80.

**36**  J. Cannon, "시신 신원 확인됨Remains Identified," *Norman Transcript*, December 21, 1990, p. 2.

**37**  S. K. Bardwell, "노숙자 모자 교통사고로 사망Services Saturday for Homeless Woman, Son Killed in Traffic Accident," *Houston Chronicle*, April 29, 1999, p. A-32.

**38**  R. Hinch, "기차에 치여 사망한 여성, 장례를 치르다Woman Killed by Train Has Final Resting Place," *Orange County Register*, February 23, 2000, p. A-1.

## 5장

**1**  J. F. Duncan, "협회장 연설문President's Address," *Journal of Mental Science* 21 (1875): 316.

**2**  Lyall Watson, quoted in J. Hooper and D. Teresi, 3파운드의 우주*The 3-Pound Universe* (New York: MacMillan, 1986), p. 21.

**3**  M.T. Moore, D. Nathan, A.E. Elliot et al., "조현병의 뇌 촬영도 연구Encepalographic Studies in Schizophrenia," *American Journal of Psychiatry* 89 (1933): 801-10.

**4**  K. Bakhshi and D. A. Chance, "조현병의 신경병리학: 뇌 구조와 세포구조에 관한 과거 연구들과 새롭게 등장한 주제들에 관한 선별적 리뷰The Neuropathology of Schizophrenia: A Selective Review of Past Studies and Emerging Themes in Brain Structure and Cytoarchitecture," *Neuroscience* 303 (2015): 82-102.

**5**  S. V. Haijma, N. V. Haren, W. Cahn, et al., "조현병의 뇌 부피: 18,000명 이상의 연구 대상에 대한 메타분석Brain Volume in Schizophrenia: A Meta-analysis of Over 18,000 Subjects," *Schizophrenia Bulletin* 29 (2013): 1129-38.

**6**  M. A. Taylor and R. Abrams, "조현병의 인지장애Cognitive Impairment in Schizophrenia," *American Journal of Psychiatry* 141 (1984): 196-201.

**7**  D. W. Heinrichs and R. W. Buchanan, "조현병의 신경학적 징후들의 중요성과 의미Significance and Meaning of Neurological Signs of Schizophrenia," *American Journal of Psychiatry* 145 (1988): 11-18.

**8**  J. A. Grebb, D. R. Weinberger, and J. M. Morihisa, "조현병의 뇌파검사와 유발전위 연구Electroencephalogram and Evoked Potentials Studies of Schizophrenia," in H. A.

Nasrallah and D. R. Weinberger, eds., *The Neurology of Schizophrenia* (Amsterdam: Elsevier, 1986), pp. 121-40.

9 E. F. Torrey, J. J. Bartko, and R. H. Yolken, "톡소포자충과 그 밖의 조현병 위험 요소들Toxoplasma gondii and Other Risk Factors for Schizophrenia: An update," *Schizophrenia Bulletin* 38 (2012): 642-47.

10 H. Griesinger, cited by G. Zilboorg and G. W. Henry, 의학적 심리학의 역사 *A History of Medical Psychology* (New York: Norton, 1941), p. 436.

11 "영국의 색다른 정신분석가Britain's Offbeat Psychoanalyst," *Newsweek*, November 1, 1982, p. 16.

12 "허버드의 가르침이 정신질환 치료를 인도한다Hubbard's Teachings Guide Treatment of Mental Illness," *St. Petersburg Times*, November 14, 1998.

13 S. Arzy, M. Seeck, S. Ortigue, et al., "그림자 인간 환상 유도Induction of an Illusory Shadow Person," *Nature* 443 (2006): 287.

14 C. Farrar and C. D. Frith, "자신을 행위의 원인으로 경험하는 것과 타인을 행위의 원인으로 경험하는 것: 행위주체 경험의 신경상관물Experiencing Oneself vs Another Person as Being the Cause of an Action: The Neural Correlates of the Experience of Agency," *NeuroImage* 15 (2002): 596-603.

15 W. A. F. Browne, 정신병원은 무엇이었고, 무엇이며, 무엇이어야 하는가What Asylums Were, Are, and Ought to Be (Edinburgh: Black, 1837), p. 6.

16 H. Maudsley, 마음의 생리와 병리Physiology and Pathology of the Mind (London: Macmillan, 1867), p. 367.

17 1934년 시선집 《사냥꾼이여, 어떤 사냥감을?Huntsman, What Quarry?》에 실린 소네트137Sonnet 137. Poems by Edna St. Vincent Millay (New York: Harper and Brothers, 1939)에서 발췌.

18 D. R. Weinberger, "정상적 뇌 발달이 조현병 발병기전에 대해 갖는 함의 Implications of Normal Brain Development for the Pathogenesis of Schizophrenia," *Archives of General Psychiatry* 44 (1987): 660-69.

19 E. S. Susser and S. P. Lin, "태아기에 1944~1945 겨울 네덜란드 기아에 노출

된 이후의 조현병Schizophrenia after Prenatal Exposure to the Dutch Hunger Winter of 1944-1945," *Archives of General Psychiatry* 49 (1992): 983-88; E. Susser, R. Neugebauer, H. W. Hoek, et al., "태아기 기아 이후 조현병Schizophrenia after Prenatal Famine," *Archives of General Psychiatry* 53 (1996): 25-31.

20  D. St Clair, M. Xu, P. Wang, et al., "태아기에 1959~1961년 중국 기근에 노출된 이들의 성인기 조현병 비율Rates of Adult Schizophrenia following Prenatal Exposure to the Chinese Famine of 1959-1961," *Journal of the American Medical Association* 294 (2005): 557-62.

21  J. J. McGrath, T. H. Burne, F. Féron, et al., "발달기 비타민 D 결핍과 조현병 발병 위험: 10년 후 업데이트Developmental Vitamin D Deficiency and Risk of Schizophrenia: A 10-Year Update," *Schizophrenia Bulletin* 36 (2010): 1073-78.

22  C. C. Tennant, "스트레스와 조현병: 리뷰Stress and Schizophrenia: A Review," *Integrative Psychiatry* 3 (1985): 248-61.

23  E. Susser, C.S. Widom, "아동기의 씁쓸한 슬픔에 관한 사라진 진실을 찾아서 Still Searching for Lost Truths About the Bitter Sorrows of Childhood," *Schizophrenia Bulletin* 38 (2012): 672-5.

24  S. Bendall, H. J. Jackson, C. A. Hulbert et al., "아동기 트라우마와 정신이상: 증거에 대한 체계적 비판적 리뷰Childhood Trauma and Psychotic Disorders: A Systematic, Critical Review of the Evidence," *Schizophrenia Bulletin* 34 (2008): 568-79.

25  E. Bleuler, 조발성치매 혹은 일군의 조현병*Dementia Praecox or the Group of Schizophrenias* (New York: International Universities Press, 1950), p. 345; first published in 1911.

26  E. Jones, 지그문트 프로이트의 삶과 업적*The Life and Work of Sigmund Freud, vol. 2* (New York: Basic Books, 1955), p. 437. 프로이트가 칼 아브라함Karl Abraham에게 보낸 편지 중에서.

27  M. Shur, 이드, 그리고 정신 기능의 조절 원리*The Id and the Regulatory Principle of Mental Functioning* (London: Hogarth, 1967), p. 21에서 재인용.

28  C. Lasch, 나르시시즘의 문화*The Culture of Narcissism* (New York: Norton, 1979), p. 76.

29  상동.

30  R. C. Lewontin, S. Rose, and L. J. Kamin, *Not in Our Genes* (New York: Pantheon Books, 1984), p. ix.

## 6장

1  Charles Dickens, "신기한 나무 한 그루를 돌며 추는 신기한 춤A Curious Dance around a Curious Tree," in *Household Words*, January 17, 1852.

2  C. Blanco, C. Carvalho, M. Olfson, et al., "해외와 미국 의대 출신 정신과 의사들의 의료실무 패턴Practice Patterns of International and U.S. Medical Graduate Psychiatrists," *American Journal of Psychiatry* 156 (1999): 445-50.

3  B. J. Ennis, 정신의학의 수감자들Prisoners of Psychiatry (New York: Harcourt Brace Jovanovich, 1972); 이 문제에 관한 더 포괄적인 논의는 다음 논문에서 볼 수 있다. R. L. Taylor and E. F. Torrey, "미국 정신의학의 사이비 규제The Pseudo-regulation of American Psychiatry," *American Journal of Psychiatry* 129 (1972): 658-62.

4  H. C. Sox, L. M. Koran, C. H. Sox, et al., "정신질환자의 신체질환 감지를 위한 의학적 알고리즘A Medical Algorithm for Detecting Physical Disease in Psychiatric Patients," *Hospital and Community Psychiatry* 40 (1989): 1270-76.

5  B. von der Stein, W. Wittgens, W. Lemmer, et al., "조현병을 흉내 내는 신경질환들Schizophrenia Mimicked by Neurological Diseases," presented at the International Conference on Schizophrenia, Vancouver, July 1992.

6  B. Silcock, "광기의 세 가지 경험Three Experiences of Madness," *Sane Talk*, summer 1994, p. 5.

7  P. V. Rosenau and S. H. Linder, "1980년 이후 미국의 정신과 입원환자에게 의료를 제공하는 영리기관과 비영리기관의 실행 비교A Comparison of the Performance of For-Profit and Nonprofit U.S. Psychiatric Inpatient Care Providers since 1980," *Psychiatric Services* 54 (2003): 183-87.

8  "JCAHO, 정신병원 감독에 대한 우려에 답하다JCAHO Responds to Concern over Psychiatric Hospital Oversight," *Mental Health Weekly*, vol. 9, October 4, 1999, p. 1.

9  C. Holden, "더 광범위한 비자의 입원 법을 요구함Broader Commitment Laws Sought,"

*Science* 230 (1985): 1253-55.

10   D. A. Treffert, "치료가 필요한 명백히 병든 환자: 의법 비자의 치료의 넷째 기
준The Obviously Ill Patient in Need of Treatment: A Fourth Standard for Civil Commitment," *Hospital
and Community Psychiatry* 36 (1985): 259-64.

11   J. M. Kane, F. Quitkin, A. Rifkin, et al., "치료 후 비자의 입원 환자들의 태
도 변화Attitudinal Changes in Involuntarily Committed Patients Following Treatment," *Archives of
General Psychiatry* 40 (1983): 374-77.

12   B. Pasamanick, F. R. Scarpitti, and S. Dinitz, 지역사회의 조현병: 입원 예방을
위한 실험 연구*Schizophrenics in the Community: An Experimental Study in the Prevention of Hospitalization*
(New York: Appleton-Century-Crofts, 1967), p. ix.

13   J. Rabinowitz, E. Bromet, J. Lavelle, et al., "정신증 초기에 보험의 유형과 치
료의 관계Relationship between Type of Insurance and Care during the Early Course of Psychosis,"
*American Journal of Psychiatry* 155 (1998): 1392-97.

14   G. Geis, P. Jaslow, H. Pontell, et al., "정신과 의사들의 정부 의료 혜택 부정 및
남용Fraud and Abuse of Government Medical Benefit Programs by Psychiatrists," *American Journal of
Psychiatry* 142 (1985): 231-34.

15   Editorial, "정신과 돈Mind and Money," *Wall Street Journal*, December 17, 1999, p.
A-14.


## 7장

1   광기의 철학*The Philosophy of Insanity*, by an inmate of the Glasgow Royal Asylum for
Lunatics at Gartnavel, 1860; Albert Deutsch, 국가의 수치*The Shame of the States* (New
York: Harcourt, Brace, 1948)에서 제사題辭로 사용됨.

2   J. M. Davis, "개관: 정신증의 유지 치료: 1. 조현병Overview: Maintenance Therapy in
Psychiatry: 1. Schizophrenia," *American Journal of Psychiatry* 132 (1975): 1237-45.

3   S. Leucht, M. Tardy, K. Komossa, et al., "조현병 재발 방지에서 항정신병약물
대 위약: 체계적 검토와 메타분석Antipsychotic Drugs Versus Placebo for Relapse Prevention in
Schizophrenia: A Systematic Review and Meta-Analysis," *Lancet* 379 (2012): 2063-71.

4　G. Goldstein, R. D. Sanders, S. D. Forman, et al., "조현병의 신경학적 검사에 서 드러난 이상들의 요인과 군집 구조에 항정신병약물이 미치는 영향들The Effects of Antipsychotic Medication on Factor and Cluster Structure of Neurologic Examination Abnormalities in Schizophrenia," *Schizophrenia Research* 75 (2005): 55-64.

5　R. Mojtabai, L. Fochtmann, S-W. Chang, et al., "조현병 정신의료의 미충족 수요: 문헌 개관과 최초 입원 연구에서 나온 새로운 데이터Unmet Need For Mental Health Care in Schizophrenia: An Overview of Literature and New Data From a First-Admission Study," *Schizophrenia Bulletin* 35 (2009): 678-95.

6　M. Torniainen, E. Mittendorfor-Rutz, A. Tanksanen, et al., "조현병에서 항정신 병약물 치료와 사망률Antipsychotic Treatment and Mortality in Schizophrenia," *Schizophrenia Bulletin* 41 (2015): 656-63. J. Vermeulen, G. van Rooijen, P. Doedens, et al., "조 현병 환자들에게서 항정신병약물 치료와 장기 사망률 위험성: 체계적 리뷰 와 메타분석Antipsychotic Medication and Long-Term Mortalitty Risk in Patients with Schizophrenia; A Systemic Review and Meta-Analysis," *Psychological Medicine* 47 (2017): 2217-18.

7　R. W. Buchanan, J. Kreyenbuhl, D. L. Kelly, et al., "2009 조현병 환자 성과 연구 팀 정신약리치료 추천과 요약The 2009 Schizophrenia PORT Psychopharmacological Treatment Recommendations and Summary Statements," *Schizophrenia Bulletin* 36 (2010): 71-93.

8　S. Leucht, A. Cipriani, L. Spineli, et al., "15가지 조현병 항정신병약물의 효능 과 내성 비교: 다중 치료 메타분석Comparative Efficacy and Tolerability of 15 Antipsychotic Drugs in Schizophrenia: A Multiple-Treatments Meta-Analysis," *Lancet* 382 (2013): 951-62.

9　T. Turner, "빅토리아시대 잉글랜드의 부유하고 미친 사람들Rich and Mad in Victorian England," *Psychological Medicine* 19 (1989): 29-44.

10　W. S. Fenton, "조현병의 지연이상운동증 유병률Prevalence of Spontaneous Dyskinesia in Schizophrenia," *Journal of Clinical Psychiatry* 61 (2000) (Suppl 4): 10-14.

11　V. Khot and R. J. Wyatt, "움직이는 모든 것이 지연이상운동증은 아니다Not All That Moves Is Tardive Dyskinesia," *American Journal of Psychiatry* 148 (1991): 661-66.

12　R. Yassa and N. P. V. Nair, "지연이상운동증에 대한 10년 추적연구A 10-Year

Follow-Up Study of Tardive Dyskinesia," *Acta Psychiatrica Scandinavica* 86 (1992): 262-66.

13  O. V. Tcheremissine, "쿠에티아핀은 남용 약물인가?: 중독 문제의 재검토Is Quetiapine a Drug of Abuse? Reexamining the Issue of Addiction," *Expert Opinion on Drug Safety* 7 (2008): 739-48.

14  S. Gentile, "임신 초기와 후기의 항정신병약물 치료: 체계적 리뷰Antipsychotic Therapy during Early and Late Pregnancy: A Systematic Review," *Schizophrenia Bulletin* 36 (2010): 518-44.

15  P. E. Deegan and R. E. Drake, "회복 과정의 공동 결정과 약물 치료 관리Shared Decision Making and Medication Management in the Recovery Process," *Psychiatric Services* 57 (2006): 1636-39.

16  "플루페나진 수치-단기와 장기Fluphenazine Levels—Short and Long," *Biological Therapies in Psychiatry* 4 (1981): 33-34.

17  P. Ruiz, R. V. Varner, D. R. Small, et al., "조현병 신경이완 치료의 인종 차이 Ethnic Differences in the Neuroleptic Treatment of Schizophrenia," *Psychiatric Quarterly* 70 (1999): 163-72.

18  S. Leucht, R. Busch, W. Kissling, et al., "조현병 환자의 항정신병약물 무반응에 대한 초기 예측Early Prediction of Antipsychotic Nonresponse among Patients with Schizophrenia," *Journal of Clinical Psychiatry* 68 (2007): 352-60.

19  J. A. Gallego, D. G. Robinson, S. M. Sevy, et al., "최초 삽화 조현병 치료에 대한 반응 시간: 급성 치료 시험은 여러 달 지속하는 것이 좋은가?Time to Treatment Response in First-Episode Schizophrenia: Should Acute Treatment Trials Last Several Months?" *Journal of Clinical Psychiatry* 72 (2011): 1691-96.

20  J. L. Goren, A.J. Rose, E. G. Smith, et al., "클로자핀 활용 확대를 위한 사업적 논거The Business Case for Expanded Clozapine Utilization," *Pscyhiatric Services* 67 (2016): 1197-1205.

21  C. Leucht, S. Heres, J. M. Kane, et al., "조현병의 경구 대 데포 항정신병약물-무작위 장기 시험들에 대한 비판적 체계적 리뷰와 메타 분석Oral versus Depot Antipsychotic Drugs for Schizophrenia—Critical Systematic Review and Meta-Analysis of Randomised Long-

term Trials," *Schizophrenia Research* 127 (2011): 83-92.

22  C. Arango, I. Bombín, T. González-Salvador, et al., "폭력 전력이 있는 조현병 환자들에게서 주클로펜틱솔 경구제와 데포제 무작위 대조 임상시험Randomised Clinical Trial Comparing Oral versus Depot Formulations of Zuclopenthixol in Patients with Schizophrenia and Previous Violence," *European Psychiatry* 21 (2006): 34-40.

23  H. Taipale, E. Mittendorfer-Rutz, K. Alexanderson, et al., "전국 29,823명 조현병 환자 코호트에서 항정신병약물과 사망률Antipsychotics and Mortality in a Nationwide Cohort of 29,823 Patients with Schizophrenia," *Schizophrenia Research* 197 (2018): 274-80.

24  G. Goodwin, W. Fleischhacker, C. Arango, et al., "항정신병약물 병용요법의 장단점Advantages and Disadvantages of Combination Treatment with Antipsychotics," *European Neuropsychopharmacology* 19 (2009): 520-32.

25  D. Cauchon, "미국인들이 더 많은 돈을 지불하는 이유Americans Pay More; Here's Why," *USA Today*, November 10, 1999.

26  R. Whitaker, 어느 유행병의 해부*Anatomy of an Epidemic* (New York: Crown, 2010).

27  S. Teferra, T. Shibre, A. Fekadu, et al., "에티오피아의 조현병 5년 임상경과와 결과Five-year Clinical Course and Outcome of Schizophrenia in Ethiopia," *Schizophrenia Research* 136 (2012): 137-42; A. Cohen, V. Patel, R. Thara, et al., "어떤 공리에 대한 의문 제기: 개발도상국의 조현병 예후는 과연 더 양호한가?Questioning an Axiom: Better Prognosis for Schizophrenia in the Developing World?," *Schizophrenia Bulletin* 34 (2008): 229-44.

28  J. Moncrieff, "항정신병약물 금단증상이 정신증을 유발하는가? 급속 발병 정신증(초민감성 정신증)과 금단 관련 재발에 관한 문헌 리뷰Does Antipsychotic Withdrawal Provoke Psychosis? Review of the Literature on Rapid Onset Psychosis (Supersensitivity Psychosis) and Withdrawal-related Relapse," *Acta Psychiatrica Scandinavica* 114 (2006): 3-13.

29  G. T. Konopaske, K.-A. Dorph-Petersen, J. N. Pierri, et al., "항정신병약물에 대한 만성노출이 마카크원숭이의 두정피질 세포수에 미치는 영향Effect of Chronic Exposure to Antipsychotic Medication on Cell Numbers in the Parietal Cortex of Macaque Monkeys," *Neuropsychopharmacology* 32 (2007): 1216-23.

30  W. Z. Potter and M. V. Rudorfer, "전기경련요법-현대의 의학적 처치 Electroconvulsive Therapy— Modern Medical Procedure," *New England Journal of Medicine* 328 (1993): 882-83.

31  P. B. Fitzgerald and Z. J. Daskalakis, "조현병 치료에서 반복 경두개 자기 자극 술 사용에 대한 리뷰A Review of Repetitive Transcranial Magnetic Stimulation Use in the Treatment of Schizophrenia," *Canadian Journal of Psychiatry* 53 (2008): 567-76; C. W. Slotema, J. D. Blom, H. W. Hoek, et al., "정신과 치료방법의 도구상자에 반복 경두개 자기 자극술도 포함시켜야 할까? 정신의학적 장애에서 반복 경두개 자기 자 극술의 효능에 대한 메타분석Should We Expand the Toolbox of Psychiatric Treatment Methods to Include Repetitive Transcranial Magnetic Stimulation(rTMS)? A Meta-Analysis of the Efficacy of rTMS in Psychiatric Disorders," *Journal of Clinical Psychiatry* 71 (2010): 873-84.

32  P. McGorry, "쟁점: 코크란, 조기 개입, 그리고 정신의료 개혁: 분석인가, 마비인가, 증거기반 발전인가?At Issue: Cochrane, Early Intervention, and Mental Health Reform: Analysis, Paralysis, or Evidence-Informed Progress?," *Schizophrenia Bulletin* 38 (2012): 221-24; M. Weiser, "조현병에 대한 조기 개입: 전구기 항정신병약물 치료의 위험-이익비율Early Intervention for Schizophrenia: The Risk-Benefit Ratio of Antipsychotic Treatment in the Prodromal Phase," editorial, *American Journal of Psychiatry* 168 (2011): 761-63.

33  J. Unützer, R. Klap, R. Sturm, et al., "정신장애와 대안 의약품 사용: 전국적 설문조사 결과Mental Disorders and the Use of Alternative Medicine: Results from a National Survey," *American Journal of Psychiatry* 157 (2000): 1851-57.

34  A. H. C. Wong, M. Smith, and H. S. Boon, "정신과 의료에서 약초 요법Herbal Remedies in Psychiatric Practice," *Archives of General Psychiatry* 55 (1998): 1033-44.

35  D. Pyevich and M. P. Bogenschutz, "약초 이뇨제와 리튬 독성Herbal Diuretics and Lithium Toxicity," letter, *American Journal of Psychiatry* 158 (2001): 1329.

36  G. Hogarty and S. Goldberg, "퇴원 후 조현병 유지 치료에서 약물과 사회적 치료Drug and Sociotherapy in the Post-Hospital Maintenance of Schizophrenia," *Archives of General Psychiatry* 24 (1973): 54-64.

37  M. Clarke, P. Whitty, S. Browne, et al., "정신증의 미치료와 결과Untreated Illness

and Outcome of Psychosis," *British Journal of Psychiatry* 189 (2006): 235-40.

38 I. Melle, T. K. Larsen, U. Haahr, et al., "초발 삽화 조현병에서 음성 증상 정신병리의 예방Prevention of Negative Symptom Psychopathologies in First-Episode Schizophrenia," *Archives of General Psychiatry* 65 (2008): 634-40.

39 P. B. Jones and J. J. Van Os, "십 대들에게서 조현병 예측하기: 영국 1946년 출생 코호트의 비관적 결과들Predicting Schizophrenia in Teenagers: Pessimistic Results from the British 1946 Birth Cohort," abstract, *Schizophrenia Research* 29 (1998): 11.

40 E. C. Johnstone, K. P. Ebmeier, P. Miller, et al., "조현병 예측하기: 에든버러 고위험 연구에서 발견한 점들Predicting Schizophrenia: Findings from the Edinburgh High-Risk Study, *British Journal of Psychiatry* 186 (2005): 18-25.


# 8장

1 J. Halpern, P. R. Binner, C. B. Mohr, et al., 탈원화라는 병폐*The Illusion of Deinstitutionalization* (Denver: Denver Research Institute, 1978).

2 W. M. Mendel, 조현병 치료*Treating Schizophrenia* (San Francisco: Jossey-Bass, 1989), p. 128.

3 H. Hoffman, Z. Kupper, and B. Kunz, "조현병에서 '체념'이 재활 결과에 미치는 영향The Impact of 'Resignation' on Rehabilitation Outcome in Schizophrenia," *Schizophrenia Research* 36 (1999): 325-26.

4 Social Security Administration, Department of Health and Human Services, 생활 보조금 규정*Supplemental Security Income Regulations* (these regulations are available in all Social Security offices).

5 "당뇨병 환자, 그룹홈에서 사망한 채로 사흘 동안 방치되다Diabetic Lay Dead at Group Home 3 Days," *Washington Post*, April 19, 1986, p. C-3.

6 "사립 위탁가정 4곳에 들어간 21명의 정신과 환자들21 Ex-Mental Patients Taken from 4 Private Homes," *New York Times*, August 5, 1979, p. B-3.

7 C. Levy, "결손된 위탁가정Broken Homes," *New York Times*, April 28-30, 2002.

8 H. R. Lamb, "기숙 요양 가정을 전전하는 떠돌이들Board-and-Care Home Wanderers,"

*Hospital and Community Psychiatry* 32 (1981): 498-500.

9  G. W. Fairweather, ed., 페어웨더 로지: 25년의 회고*The Fairweather Lodge: A Twenty-Five-Year Retrospective* (San Francisco: Jossey-Bass, 1980).

10  F. B. Dickerson, N. Ringel, and F. Parente, "조현병 외래환자들의 주거 독립성에 대한 예측 요인들Predictors of Residential Independence among Outpatients with Schizophrenia," *Psychiatric Services* 50 (1999): 515-19.

11  저기가 그 동네다*There Goes the Neighborhood* (White Plains, N.Y.: Community Residences Information Services Program, 1986).

12  R. J. Turner, "일과 조현병Jobs and Schizophrenia," *Social Policy* 8 (1977): 32-40.

13  H. R. Lamb and Associates, 장기간 환자들의 지역사회 생존*Community Survival for Long-term Patients* (San Francisco: Jossey-Bass, 1976), p. 8.

14  S. E. Estroff, 미치게 만들다: 미국 지역사회 정신의료 이용자들의 민족지학 *Making It Crazy: An Ethnography of Psychiatric Clients in an American Community* (Berkeley: University of California Press, 1981), p. 233.

15  C. Smith, "1980년대의 조현병Schizophrenia in the 1980s," presented at the Alberta Schizophrenia Conference, May 1986.

16  R. P. Roca, W. R. Breakey, and P. J. Fisher, "만성 정신과 외래환자들의 건강관리Medical Care of Chronic Psychiatric Outpatients," *Hospital and Community Psychiatry* 38 (1987): 741-44.

17  L. E. Adler and J. M. Griffith, "조현병 환자의 동시 질환Concurrent Medical Illness in the Schizophrenic Patient," *Schizophrenia Research* 4 (1991): 91-107.

18  S. R. Marder, S. M. Essock, A. L. Miller, et al., "조현병 환자들의 신체 건강 모니터링Physical Health Monitoring of Patients with Schizophrenia," *American Journal of Psychiatry* 161 (2004): 1334-49.

19  R. G. McCreadie, H. Stevens, J. Henderson, et al., "조현병 환자들의 치아 건강The Dental Health of People with Schizophrenia," *Acta Psychiatrica Scandinavica* 110 (2004): 306-10

20  T. Styron, L. Utter, L. Davidson, "환청 네트워크: 초기의 교훈들과, 정신건강

전문가 및 의료시스템이 나아가야 할 방향The Hearing Voices Network: Initial Lessons and Future Directions for Mental Health Professionals and Systems of Care," *Psychiatric Quarterly* 88 (2017): 769-85.

21    A. Woods, "목소리를 듣는 사람The Voice-Hearer," *Journal of Mental Health* 22 (2013): 263-270.

22    T. Styron, L. Utter, L. Davidson, 위의 글.


## 9장

1    W. L. Perry-Jones, 정신병 산업The Trade in Lunacy (London: Routeldge and Kegan Paul, 1972), p. 11.

2    E. F. Torrey, K. Entsminger, J. Geller, et al. 정신질환자들을 위한 공공병원 병상 부족The Shortage of Public Hospital Beds for Mentally Ill Persons, Treatment Advocacy Center, March 17, 2008.

3    D. A. Fuller, E. Sinclair, J. Geller, et al., 점점 더 사라져가는 중: 주립 병원 정신과병상 제거의 조류와 결과들Going, Going, Gone: Trends and Consequences of Eliminating State Psychiatric Beds, 2016, Treatment Advocacy Center, June 2016.

4    See E. F. Torrey, L. Dailey, H. R. Lamb, et al.; 치료하거나 반복하거나: 중증 정신질환, 주요 범죄, 지역사회 치료에 대한 주별 조사Treat or Repeat: A State Survey of Serious Mental Illness, Major Crimes and Community Treatment, Treatment Advocacy Center, September 2017.

5    상동.

6    L. E. Adler and J. M. Griffith, "조현병 환자에게 동시에 존재하는 의학적 질환Concurrent Medical Illness in the Schizophrenic Patient," *Schizophrenia Research* 4 (1991): 91-107.


## 10장

1    Anonymous, "정신질환자들의 입원Admissions to Hospitals for the Insane," *American Journal of Insanity* 25 (1868): 74.

2   F. Dickerson, J. Schroeder, E. Katsafanas, et al., "중증 정신질환자들의 흡연, 1999~2016 : 점증하는 격차Cigarette Smoking by Patients with Serious Mental Illness, 1999- 2016: An Increasing Disparity," *Psychiatric Services* 69 (2018): 147-53.

3   C. Cather, G. N. Pachas, K. M. Cieslak, et al., "조현병 환자의 금연 목표 달성Achieving Smoking Cessation in Individuals with Schizophrenia," *CNS Drugs* 31 (2017): 471-81.

4   F. Dickerson, M. B. Adamos, E. Katsafanas et al., "조현병, 양극성장애, 비정신과적 대조군에서 흡연, 단순헤르페스바이러스 1형 노출, 인지기능의 연관관계The Association Among Smoking, HSV-1 Exposure, and Cognitive Functioning in Schizophrenia, Bipolar Disorder, and Non-Psychiatric Controls," *Schizophrenia Research* 176 (2016): 566-71.

5   J. I. Benson and J. J. David, "만성 조현병 환자의 커피 먹기Coffee Eating in Chronic Schizophrenic Patients," *American Journal of Psychiatry* 143 (1986): 940-41.

6   P. B. Lucas, D. Pickar, J. Kelsoe, et al., "조현병 환자의 카페인 급성 복용의 영향 Effects of the Acute Administration of Caffeine in Patients with Schizophrenia," *Biological Psychiatry* 28 (1990): 35-40.

7   F. Kulhanek, O. K. Linde, and G. Meisenberg, S. R. Hirsch, "커피나 차와의 상호작용에서 일어나는 항정신병약물의 침전Precipitation of Antipsychotic Drugs in Interaction with Coffee or Tea," letter, *Lancet* 2 (1979): 1130-31.

8   Lucas, et al., "카페인 급성 복용의 영향Effects of the Acute Administration of Caffeine" M. O. Zaslove, R. L. Russell, and E. Ross, "정신증 입원환자에게 카페인이 미치는 영향Effect of Caffeine Intake on Psychotic In-Patients," *British Journal of Psychiatry* 159 (1991): 565-67.

9   F. Kulhanek, et. al., 상동

10  D. A. Regier, M. E. Farmer, D. S. Rae, et al., "정신질환과 알코올 및 기타 약물 남용의 동반이환Comorbidity of Mental Disorders with Alcohol and Other Drug Abuse," *Journal of American Medical Association* 264 (1990): 2511-18.

11  Substance Abuse and Mental Health Services Administration, 2020년 약물 사용 및 건강에 관한 전국 조사 결과: 상세한 도표Results from the 2002 National Survey on Drug Use and Health: Detailed Tables (U.S. Department of Health and Human Services, 2003).

12  C. A. Pristach and C. M. Smith, "당사자가 보고하는, 조현병 증상에 알코올 사용이 미치는 영향Self-Reported Effects of Alcohol Use on Symptoms of Schizophrenia," *Psychiatric Services* 47 (1996): 421-23

13  R. E. Drake and M. A. Wallach, "만성질환자의 물질 남용Substance Abuse among the Chronically Ill," *Hospital and Community Psychiatry* 40 (1989): 1041-46.

14  M. S. Swartz, J. W. Swanson, and M. J. Hannon, "두발의 방사면역분석에 의한 조현병 환자의 불법 물질 사용 탐지Detection of Illicit Substance Use among Persons with Schizophrenia by Radioimmunoassay of Hair," *Psychiatric Services* 54 (2003): 891-95.

15  R. Warner, D. Taylor, J. Wright, et al., "정신질환자의 물질 사용: 사용자 비율, 이유, 병에 미치는 영향Substance Use among the Mentally Ill: Prevalence, Reasons for Use, and Effects on Illness," *American Journal of Orthopsychiatry* 64 (1994): 30-39; V. Peralta and M. J. Cuesta, "조현병의 정신병리에 대마초 남용이 미치는 영향Influence of Cannabis Abuse on Schizophrenic Psychopathology," *Acta Psychiatrica Scandinavica* 85 (1992): 127-30.

16  J. Coverdale, J. Aruffo, and H. Grunebaum, "여성 만성 정신질환 외래환자를 위한 가족계획 서비스 개발Developing Family Planning Services for Female Chronic Mentally Ill Outpatients," *Hospital and Community Psychiatry* 43 (1992): 475-77.

17  J. A. Kelly, D. A. Murphy, G. R. Bahr, et al., "만성 정신질환자들의 AIDS/HIV 위험 행동AIDS/HIV Risk Behavior among the Chronically Mentally Ill," *American Journal of Psychiatry* 149 (1992): 886-89.

18  K. McKinnon, F. Courrios, H. F. L. Meyer-Bahlburg, et al., "정신과 환자들과의 성적으로 위험한 행동에 관한 면담의 신뢰도Reliability of Sexual Risk Behavior Interviews with Psychiatry atients," *American Journal of Psychiatry* 150 (1993): 972-74.

19  D. Civic, G. Walsh, and D. McBride, "주립 정신병원 내 환자들의 성적 행동에 대한 직원들의 관점Staff Perspectives on Sexual Behavior of Patients in a State Psychiatric Hospital," *Hospital and Community Psychiatry* 44 (1993): 887-90.

20  K. Bhui, A. Puffet, and G. Strathdee, "만성 중증 정신증 환자들의 성적인 문제와 인간관계 문제Sexual and Relationship Problems amongst Patients with Severe Chronic Psychoses,"

*Social Psychiatry and Psychiatric Epidemiology* 32 (1997): 459-67.

21  M. B. Rosenbaum, "신경이완제와 성기능Neuroleptics and Sexual Functioning," *Integrative Psychiatry* 4 (1986): 105-6.

22  G. Sullivan and D. Lukoff, "항정신병약물의 성적 부작용: 평가와 개입Sexual Side Effects of Antipsychotic Medication: Evaluation and Interventions," *Hospital and Community Psychiatry* 41 (1990): 1238-41.

23  S. Smith, P. Mostyn, S. Vearnals, et al., "전통적인 항정신병약물을 복용하는 조현병 환자의 성기능장애 유병률The Prevalence of Sexual Dysfunction in Schizophrenic Patients Taking Conventional Antipsychotic Medication," *Schizophrenia Research* 41 (2000): 218.

24  D. D. Gold and J. D. Justino, "항정신병약물과 연관된 지속 발기 현상'Bicycle Kickstand' Phenomenon: Prolonged Erections Associated with Antipsychotic Drugs," *Southern Medical Journal* 81 (1988): 792-94.

25  M. V. Seeman, M. Lang, and N. Rector, "만성 조현병: HIV에 대한 위험 요인인가?Chronic Schizophrenia: A Risk Factor for HIV?" *Canadian Journal of Psychiatry* 35 (1990): 765-68.

26  J. H. Coverdale and J. A. Aruffo, "만성 정신과 여성 외래환자의 가족계획 필요성Family Planning Needs of Female Chronic Psychiatric Outpatients," *American Journal of Psychiatry* 146 (1989): 1489-91.

27  L. M. Howard, G. Thornicroft, M. Salmon, et al., "정신증적 장애가 있는 여성의 모자병동 퇴원 후 양육 결과의 예측 요인Predictors of Parenting Outcome in Women with Psychotic Disorders Discharged from Mother and Baby Units," *Acta Psychiatrica Scandinavica* 110 (2004): 347-55.

28  Coverdale and Aruffo, 위의 26번 참고.

29  M. Mullick, L. J. Miller, and T. Jacobsen, "주요 정신질환이 있는 어머니들의 경우 정신질환에 대한 병식과 아동 학대의 위험성Insight into Mental Illness and Child Maltreatment Risk among Mothers with Major Psychiatric Disorders," *Psychiatric Services* 52 (2001): 488-92.

30  B. E. Bennedsen, P. B. Mortensen, A. V. Olesen, et al., "조현병 여성 환자 자녀

의 조기출생과 자궁 내 성장 지체Preterm Birth and Intra-Uterine Growth Retardation among Children of Women with Schizophrenia," *British Journal of Psychiatry* 175 (1999): 239-45.

31  A. Jablensky, S. Zubrick, V. Morgan, et al., "조현병과 정동정신증 여성 환자의 자녀The Offspring of Women with Schizophrenia and Affective Psychoses: A Population Study," *Schizophrenia Research* 41 (2000): 8.

32  A. Buist, T. R. Norman, and L. Dennerstein, "모유수유와 향정신증 약의 사용: 리뷰Breastfeeding and the Use of Psychotropic Medication: A Review," *Journal of Affective Disorders* 19 (1990): 197-206.

33  D. Gamino, "오스틴 주립 병원 환자 24명 중 1명이 HIV를 갖고 있다1 in 24 New Austin State Hospital Patients Has HIV," *Austin American-Statesman*, August 22, 1991.

34  F. Cournos, M. Empfield, E. Horwath, et al., "두 정신병원 입원 환자들의 HIV 혈청유병률HIV Seroprevalence among Patients Admitted to Two Psychiatric Hospitals," *American Journal of Psychiatry* 148 (1991): 1225-30.

35  M. Sacks, H. Dermatis, S. Looser-Ott, et al., "정신과 입원환자들의 HIV 혈청유병률과 에이즈 위험인자Seroprevalence of HIV and Risk Factors for AIDS in Psychiatric Inpatients," *Hospital and Community Psychiatry* 43 (1992): 736-37.

36  W. D. Klinkenberg, J. Caslyn, G. A. Morse, et al., "중증 정신질환과 물질 남용 장애가 함께 있는 노숙자들의 HIV, B형 간염, C형 간염의 유병률Prevalence of Human Immunodeficiency Virus, Hepatitis B, and Hepatitis C among Homeless Persons with Co-occurring Severe Mental Illness and Substance Use Disorders," *Comprehensive Psychiatry* 44 (2003): 293-302.

37  J. F. Aruffo, J. H. Coverdale, R. C. Chacko, et al., "여성 정신과 외래환자들의 에이즈에 관한 인식 수준Knowledge about AIDS among Women Psychiatric Outpatients," *Hospital and Community Psychiatry* 41 (1990): 326-28.

38  F. Cournos, K. McKinnon, H. Meyer-Bahlburg, et al., "중증 정신질환자들의 HIV 위험 행동: 예비 조사 결과HIV Risk Activity among Persons with Severe Mental Illness: Preliminary Findings," *Hospital and Community Psychiatry* 44 (1993): 1104-6.

39  J. A. Kelly, et al., 각주 17번 참고.

40 D. J. Sells, M. Rowe, D. Fisk, et al., "정신질환과 물질남용장애가 있는 사람들에 대한 폭력적 괴롭힘Violent Victimization of Persons with Co-occurring Psychiatric and Substance Use Disorders," *Psychiatric Services* 54 (2003): 1253-57.

41 A. F. Lehman and L. S. Linn, "퇴원 후 기숙 요양 가정 거주 정신과 환자들을 대상으로 한 범죄Crimes against Discharged Mental Patients in Board-and-Care Homes," *American Journal of Psychiatry* 141 (1984): 271-74.

42 V. A. Hiday, M. S. Swartz, J. W. Swanson, et al., "중증 정신질환자들의 범죄 피해Criminal Victimization of Persons with Severe Mental Illness," *Psychiatric Services* 50 (1999): 62-68.

43 C. W. Dugger, "큰 보호소는 정신질환자들에게 공포의 장소다Big Shelters Hold Terrors for the Mentally Ill," *New York Times*, January 12, 1992, pp. 1 and 22.

44 S. Friedman and G. Harrison, "조현병 환자인 여성과 '정상' 여성들의 성 관련 과거사, 태도, 행동Sexual Histories, Attitudes, and Behavior of Schizophrenic and 'normal' Women," *Archives of Sexual Behavior* 13 (1984): 555-67.

45 L. A. Goodman, M. A. Dutton, and M. Harris, "때때로 노숙 생활을 하는 중증 정신질환자 여성: 신체적·성적 폭행 발생률Episodically Homeless Women with Serious Mental Illness: Prevalence of Physical and Sexual Assault," *American Journal of Orthopsychiatry* 65 (1995): 468-78.

46 J. M. Darvez-Bornoz, T. Lemperiere, A. Degiovanni, and P. Grillard, "조현병과 양극성장애가 있는 여성의 성적 피해Sexual Victimization in Women with Schizophrenia and Bipolar Disorder," *Social Psychiatry and Psychiatric Epidemiology* 30 (1995): 78-84.

47 C. J. Cooper, "샌프란시스코 노숙자 여성의 가혹한 삶Brutal Lives of Homeless S. F. Women," *San Francisco Examiner*, December 18, 1988, p. A-1.

48 J. A. Marley and S. Buila, "정신질환자들에 대한 폭력: 괴롭힘의 폭로Then Violence Happens to People with Mental Illness: Disclosing Victimization," *American Journal of Orthopsychiatry* 69 (1999): 398-402.

49 T. Marshall and P. Solomon, "정신질환이 있는 성인의 가족들에게 정보를 공개해야 할 전문가들의 책임Professionals' Responsibilities in Releasing Information to Families of

Adults with Mental Illness," *Psychiatric Services* 54 (2003): 1622-28.

50  N. Dearth, B. J. Labenski, M. E. Mott, et al., 가족들을 돕는 가족들*Families Helping Families* (New York: Norton, 1986), p. 61.

51  T. Bogart and P. Solomon, "정신건강 제공자, 소비자, 가족 간의 치료로 정보 공유 절차Procedures to Share Treatment Information among Mental Health Providers, Consumers, and Families," *Psychiatric Services* 50 (1999): 1321-25.

52  P. J. Weiden, L. Dixon, A. Frances, et al., "조현병의 신경이완제 비순응Neuroleptic Noncompliance in Schizophrenia," in C. A. Tamminga and S. C. Schulz, eds., 신경정신의학과 정신약리학의 발전*Advances in Neuropsychiatry and Psychopharmacology. Vol. 1: Schizophrenia Research* (New York: Raven Press, 1991), pp. 285-96.

53  P. J. Weiden and M. Olfson, "조현병 재입원의 비용 측정Measuring Costs of Rehospitalization in Schizophrenia," 미국정신의학회 연례 회의 발표문, San Francisco, California, May 1993. 첫 2년간의 평균 비용임.

54  I. E. Lin, R. Spiga, and W. Fortsch, "만성 조현병 환자의 병식과 복약 유지Insight and Adherence to Medication in Chronic Schizophrenics," *Journal of Clinical Psychiatry* 40 (1979): 430-32.

55  D. Minor, quoted in A. B. Hatfield and H. P. Lefley, 조현병에서 살아남기 *Surviving Mental Illness* (New York: Guilford Press, 1993), p. 134.

56  E. Leete, "조현병의 치료: 어느 환자의 관점The Treatment of Schizophrenia: A Patient's Perspective," *Hospital and Community Psychiatry* 38 (1987): 486-91.

57  M. Vanelli, P. Burstein, and J. Cramer, "전국적 약품 소매 체인에서 비정형 항정신병약물과 전통적 항정신병약물의 재구매 패턴Refill Patterns of Atypical and Conventional Antipsychotic Medications at a National Retail Pharmacy Chain," *Psychiatric Services* 52 (2001): 1248-0; M. Valenstein, F. C. Blow, L. A. Copeland, et al., "조현병 환자의 저조한 복약 지속: 약물과 환자의 요인들Poor Antipsychotic Adherence among Patients with Schizophrenia: Medication and Patient Factors," *Schizophrenia Bulletin* 30 (2004): 255-64.

58  P. J. Weiden, J. J. Mann, G. Haas, et al., "신경이완제로 유도된 운동장애에

대한 임상의의 불인지: 주의 촉구를 위한 연구Clinical Nonrecognition of Neuroleptic-Induced Movement Disorders: A Cautionary Study," *American Journal of Psychiatry* 144 (1987): 1148-53.

59  S. E. Finn, J. M. Bailey, R. T. Schultz, et al., "조현병 치료에서 신경이완제의 주관적 유용성 평가Subjective Utility Ratings of Neuroleptics in Treating Schizophrenia," *Psychological Medicine* 20 (1990): 843-48.

60  T. Van Putten, "조현병 환자들은 왜 약 복용을 거부하는가?Why Do Schizophrenic Patients Refuse to Take Their Drugs?" *Archives of General Psychiatry* 31 (1974): 67-72.

61  R. Diamond, "약과 삶의 질: 환자의 관점Drugs and the Quality of Life: The Patient's Point of View," *Journal of Clinical Psychiatry* 46 (1985): 29-35.

62  B. Blaska, "정신의학계의 약물에 관한 무수한 실수: 소비자의 관점The Myriad Medication Mistakes in Psychiatry: A Consumer's View," *Hospital and Community Psychiatry* 41 (1990): 993-98.

63  R. McLean, 완치가 아닌 회복-*Recovered, Not Cured* (Crow' Nest, Australia: Allen and Unwin, 2003), pp. 160-61.

64  C. Clary, A. Dever, and E. Schweizer, "정신과 입원환자들이 퇴원 시점에 지니고 있는 복약에 관한 이해Psychiatric Inpatients' Knowledge of Medication at Hospital Discharge," *Hospital and Community Psychiatry* 43 (1992): 140-44.

65  A. F. Lehman, L. B. Dixon, E. Kernan, et al., "중증 정신질환이 있는 노숙자에 대한 적극적 지역사회 치료 무작위 연구A Randomized Trial of Assertive Community Treatment for Homeless Persons with Severe Mental Illness," *Archives of General Psychiatry* 54 (1997): 1038-43.

66  L. Dixon, P. Weiden, M.Torres, et al., "정신질환자 노숙자의 적극적 지역사회 치료와 복약순응-Assertive Community Treatment and Medication Compliance in the Homeless Mentally Ill," *American Journal of Psychiatry* 154 (1997): 1302-4.

67  D. J. Luchins, P. Hanrahan, K. J. Conrad, et al., "기관 기반의 대리 수령 프로그램과 중증 정신질환자의 지역사회 거주 기간 개선An Agency-Based Representative Payee Program and Improved Community Tenure of Persons with Mental Illness," *Psychiatric Services*

49 (1998): 1218-22.

68  R. Rosenheck, J. Lam, and F. Randolph, "중증 정신질환자와 물질 남용자인 노숙자들에게 대리 수령이 물질 사용에 미치는 영향Impact of Representative Payees on Substance Use among Homeless Persons with Serious Mental Illness and Substance Abuse," *Psychiatric Services* 48 (1997): 800-806.

69  M. R. Stoner, "집이 없는 정신질환자를 위한 금전 관리 서비스Money Management Services for the Homeless Mentally Ill," *Hospital and Community Psychiatry* 40 (1989): 751-53.

70  Brown v. Bowen, 845 F2d 1211, 3rd Circuit, 1988.

71  P. Gorman, 뉴햄프셔주 보건복지부New Hampshire Department of Health and Human Services, 1998년 9월 11일에 개인적으로 나눈 대화 내용.

72  C. O'Keefe, D. P. Potenza, K. T. Mueser, "조건부 퇴원으로 지역사회 기반 치료를 받은 중증 정신질환자의 치료 결과Treatment Outcomes for Severely Mentally Ill Patients on Conditional Discharge to Community-Based Treatment," *Journal of Nervous and Mental Disease* 185 (1997): 409-11.

73  J. D. Bloom, M. H. Williams, J. L. Rogers, et al., "정신이상으로 무죄판결을 받은 이들의 지역사회 내 평가와 치료Evaluation and Treatment of Insanity Acquittees in the Community," *Bulletin of the American Academy of Psychiatry and Law* 14 (1986): 231-44.

74  J. D. Bloom, M. H. Williams, and D. A. Bigelow, "정신이상을 이유로 무죄를 받은 사람들의 감시 조건부 퇴원Monitored Conditional Release of Persons Found Not Guilty by Reason of Insanity," *American Journal of Psychiatry* 148 (1991): 444-48.

75  E. F. Torrey and R. J. Kaplan, "외래환자 비자의 치료 활용에 대한 전국 조사A National Survey of the Use of Outpatient Commitment," *Psychiatric Services* 46 (1995): 778-84.

76  G. Zanni and L. deVeau, "외래환자 비자의 치료 이전과 이후의 입원Inpatient Stays before and after Outpatient Commitment," *Hospital and Community Psychiatry* 37 (1986): 941-42.

77  M. R. Munetz, T. Grande, J. Kleist, et al., "일반 외래환자 비자의 치료의

효과 The Effectiveness of Outpatient Civil Commitment," *Psychiatric Services* 47 (1996): 1251-53.

78  B. M. Rohland, "조현병 환자 관리에서 외래환자 비자의 치료의 역할 The Role of Outpatient Commitment in the Management of Persons with Schizophrenia," Iowa Consortium for Mental Health, Services, Training, and Research, May 1998.

79  G. A. Fernandez and S. Nygard, "노스캐롤라이나주에서 외래환자 비자의 치료가 회전문 신드롬에 미친 영향 Impact of Involuntary Outpatient Commitment on the Revolving-Door Syndrome in North Carolina," *Hospital and Community Psychiatry* 41 (1990): 1001-4.

80  M. S. Swartz, J. W. Swanson, H. R. Wagner, et al., "외래환자 비자의 치료가 재입원을 줄일 수 있을까?: 중증 정신질환자들을 대상으로 한 무작위 시험의 결과 Can Involuntary Outpatient Commitment Reduce Hospital Recidivism?: Findings from a Randomized Trial with Severely Mentally Ill Individuals," *American Journal of Psychiatry* 156 (1999): 1968-75.

81  V. A. Hiday and T. L. Scheid-Cook, "노스캐롤라이나의 외래환자 비자의 치료 경험: 비판적 평가 The North Carolina Experience with Outpatient Commitment: A Critical Appraisal," *International Journal of Law and Psychiatry* 10 (1987): 215-32.

82  Munetz, Grande, Kleist, et al., "일반 외래환자 비자의 치료의 효과 The Effectiveness of Outpatient Civil Commitment."

83  R. A. Van Putten, J. M. Santiago, and M. R. Berren, "애리조나의 외래환자 비자의 치료: 회고 연구 Involuntary Outpatient Commitment in Arizona: A Retrospective Study," *Hospital and Community Psychiatry* 39 (1988): 953-58.

84  Rohland, "조현병 환자 관리에서 외래환자 비자의 치료의 역할 The Role of Outpatient Commitment."

85  J. W. Swanson, M. S. Swartz, R. Borum, et al., "외래환자 비자의 치료와 중증 정신질환자의 폭력 행동 감소 Involuntary Outpatient Commitment and Reduction of Violent Behaviour in Persons with Severe Mental Illness," *British Journal of Psychiatry* 176 (2000): 224-31.

86  J. C. Phelan, M. Sinkewicz, D.M. Castille, et al. "뉴욕주의 외래환자 지원 치료의 효과와 결과Effectiveness and Outcomes of Assisted Outpatient Treatment in New York State," *Psychiatric Services* 61 (2010): 137-43.

87  켄드라법: 외래환자 지원 치료 상태에 대한 임시 보고서*Kendra's Law: An Interim Report on the Status of Assisted Outpatient Treatment* (New York State Office of Mental Health, 2003).

88  J. Geller, A. L. Grudzinskas Jr., M. McDermett, et al., "매사추세츠의 외래환자 비자의 치료의 효율The Efficacy of Involuntary Outpatient Treatment in Massachusetts," *Administration and Policy in Mental Health* 25 (1998): 271-85.

89  J. L. Geller, "지역사회에서 '비자의' 치료를 받는 것에 대하여On Being 'Committed' to Treatment in the Community," *Innovations and Research* 2 (1993): 23-27.

90  J. L. Geller, "강요된 지역사회 치료의 옳음과 그름과 딜레마Rights, Wrongs, and the Dilemma of Coerced Community Treatment," *American Journal of Psychiatry* 143 (1986): 1259-64.

91  H. J. Steadman, A. Redlich, L. Callahan, et al., "이 체포와 수감 일수에 미치는 효과Effect of Mental Health Courts on Arrests and Jail Days," *Archives of General Psychiatry* 68 (2011): 167-2; V. A. Hiday and B. Ray, "잘 확립된 정신보건 법정을 거쳐 간 지 2년 후의 체포 비율Arrests Two Years after Exiting a Well-Established Mental Health Court," *Psychiatric Services* 61 (2010): 463-68.

92  H. R. Lamb and L. E. Weinberger, "폭력적인 중증 정신질환자에게 치료를 제공하는 한 방법으로서 정신보건 법정Mental Health Courts as a Way to Provide Treatment to Violent Persons with Severe Mental Illness," *Journal of the American Medical Association* 300 (2008): 722-24.

93  A. F. Lehman, 1998년 10월 12일, 개인적 대화에서.

94  S. Kapur, R. Ganguli, R. Ulrich, et al., "만성 조현병 환자의 복약순응 표지로서 랜덤시퀀스 리보플라빈의 활용Use of Random-Sequence Riboflavin as a Marker of Medication Compliance in Chronic Schizophrenics," *Schizophrenia Research* 6 (1992): 49-53.

95  G. A. Ellard, P. J. Jenner, and P. A. Downs, "약물 자가복용 추적 감시를 위한 이소니아지드, 아세틸이소니아지드, 이소니코틴산의 잠재적 용도 평가An

Evaluation of the Potential Use of Isoniazid, Acetylisoniazid and Isonicotinic Acid for Monitoring the Self-Administration of Drugs," *British Journal of Clinical Pharmacology* 10 (1980): 369-81.

96  A. Lucksted and R. D. Coursey, "정신과 치료의 압박과 강요에 대한 소비자 인식Consumer Perceptions of Pressure and Force in Psychiatric Treatments," *Psychiatric Services* 46 (1995): 146-52.

97  W. M. Greenberg, L. Moore-Duncan, and R. Herron, "강제 복약에 대한 환자의 태도Patients' Attitudes toward Having Been Forcibly Medicated," *Bulletin of the American Academy of Psychiatry and the Law* 24 (1996): 513-24.

98  R. Reich, "만성 정신질환의 간호: 국가적 불명예Care of the Chronically Mentally Ill: A National Disgrace," *American Journal of Psychiatry* 130 (1997): 912.

99  A. B. Hatfield, 정신질환에 대한 가족교육*Family Education in Mental Illness* (New York: Guilford Press, 1990), p. 124에서 재인용.

100  D. M. Steinwachs, J. D. Kaspar, and E. A. Skinner, "중증 정신질환이 있는 친족의 간호 필요 충족에 대한 가족들의 관점: 전국 조사Family Perspectives on Meeting the Needs for Care of Severely Mentally Ill Relatives: A National Survey" (Arlington, Va.: National Alliance for the Mentally Ill, 1992).

101  J. Rabkin, "퇴원한 정신과 환자의 범죄 행동: 연구에 대한 비판적 평가Criminal Behavior of Discharged Mental Patients: A Critical Appraisal of the Research," *Psychological Bulletin* 86 (1979): 1-27.

102  D. A. Martell and P. E. Dietz, "뉴욕시 지하철 선로에 피해자를 밀어뜨리거나 밀어뜨리려 시도한 정신질환 범죄자들Mentally Disordered Offenders Who Push or Attempt to Push Victims onto Subway Tracks in New York City," *Archives of General Psychiatry* 49 (1992): 472-75.

103  H. J. Steadman et al., "급성 정신과 입원 시설에서 퇴원한 사람들과 같은 지역 다른 사람들의 폭력Violence by People Discharged From Acute Psychiatric Inpatient Facilities and by Others in the Same Neighborhoods," *Archives of General Psychiatry* 55 (1998): 393-401.

104  B. G. Link, H. Andrews, and F. T. Cullen, "정신질환자들의 폭력적 불법적 행동에 대한 재고The Violent and Illegal Behavior of Mental Patients Reconsidered," *American*

*Sociological Review* 57 (1992): 275 - 92.

105 J. W. Swanson, C. E. Holzer, V. K. Ganju, et al., "지역사회의 폭력과 정신질환: 역학적 집적 영역 조사에서 나온 증거Violence and Psychiatric Disorder in the Community: Evidence from the Epidemiologic Catchment Area Surveys,"; *Hospital and Community Psychiatry* 41 (1990): 761 - 70.

106 J. Monahan, "정신질환과 폭력 행동Mental Disorder and Violent Behavior," *American Psychologist* 47 (1992): 511 - 21.

107 P. M. Marzuk, "폭력, 범죄, 그리고 정신질환Violence, Crime, and Mental Illness," *Archives of General Psychiatry* 53 (1996): 481 - 86.

108 J. W. Swanson, E. E. McGinty, S. Fazel, et al., "정신질환과 총기 폭력 및 자살의 감소: 역학연구를 정책에 반영하기Mental Illness and Reduction of Gun Violence and Suicide: Bringing Epidemiologic Research to Policy," *Annals of Epidemiology* 25 (2015): 366 - 76.

109 이 섹션의 인용은 달리 언급하지 않았다면 모두 다음 책에서 가져온 것이다. E. F. Torrey, 그림자에서 벗어나: 미국의 정신질환 위기 직면하기*Out of the Shadows: Confronting America's Mental Illness Crisis* (New York: John Wiley, 1997), chapter 3, pp. 25 - 42.

110 B. A. Palmer, V. S. Pankratz, and J. M. Bostwick, "조현병의 평생 자살 위험도The Lifetime Risk of Suicide in Schizophrenia," *Archives of General Psychiatry* 62 (2005): 247 - 53.

111 C. P. Miles, "자살 성향을 만드는 조건들: 리뷰Conditions Predisposing to Suicide: A Review," *Journal of Nervous and Mental Disease* 164 (1977): 231 - 46.

112 H. Heilä, "조현병과 자살 - 리뷰Suicide in Schizophrenia—Review," *Psychiatria Fennica* 30 (1999): 59 - 79.

113 M. De Hert, K. McKenzie, and J. Peuskens, "젊은 조현병 환자들의 자살 위험 요인: 장기 추적 연구Risk Factors for Suicide in Young People Suffering from Schizophrenia: A Long-Term Follow-up Study," *Schizophrenia Research* 47 (2001): 127 - 34.

## 11장

1 H. M. Hurd, 정신이상자에 대한 미국과 캐나다의 제도적 돌봄The Institutional Care of the Insane in the United States and Canada, vol. 2 (New York: Arno Press, 1973), p. 95. 1917년에 처음 발표된 S. B. Woodward의 글을 재인용.

2 "한 아들에게는 연민과 사랑, 다른 아들에게는 공포와 분노Compassion and Love for One Son; Fear and Anger for the Other,"" Ontario Friends of Schizophrenics Newsletter, Summer 1987; reprinted from the Alliance for the Mentally Ill of Southern Arizona Newsletter.

3 L. Wilson, 낯선 사람, 나의 아들This Stranger, My Son (New York: Putnam, 1968).

4 J. Wechsler, N. Wechsler, and H. Karpf, 어둠 속에서In a Darkness (New York: Norton, 1972), p. 27.

5 Wilson, 낯선 사람, 나의 아들This Stranger, My Son, pp. 123-24.

6 W. S. Appleton, "환자 가족에 대한 정신과 의사의 잘못된 대우Mistreatment of Patients' Families by Psychiatrists," American Journal of Psychiatry 131 (1974): 655-57.

7 A. C., 개인 서신, Maryland.

8 C. Adamec, 정신질환자와 함께 사는 법How to Live with a Mentally Ill Person (New York: John Wiley, 1996), p. 52.

9 H. B. M. Murphy, "시골의 정신과 환자에 대한 지역사회 관리Community Management of Rural Mental Patients," Final Report of USPHS Grant (Rockville, Md.: National Institute of Mental Health, 1964).

10 E. Leete, "조현병의 치료: 어느 환자의 관점The Treatment of Schizophrenia: A Patient's Perspective,"" Hospital and Community Psychiatry 38 (1987): 486-91.

11 J. Baum, "정신질환: 수용이 열쇠다Mental Illness: Acceptance Is the Key," originally published in the Alabama Advocate and reprinted in the Utah AMI Newsletter, Oct./Dec. 1993, p. 4.

12 R. Carter, 정신질환이 있는 사람을 돕는다는 것Helping Someone with Mental Illness (New York: Times Books, 1998), pp. 6-7.

13 G. L., 개인 서신, Maryland.

**14** W. W. Michaux, et al., 밖에서 보낸 첫 해: 퇴원 후의 정신과 환자*The First Year Out: Mental Patients After Hospitalization* (Baltimore: Johns Hopkins University Press, 1969).

**15** C. Creer and J. K. Wing, 가정에서의 조현병*Schizophrenia at Home* (London: Institute of Psychiatry, 1974), p. 33.

**16** Laffey, p. 40.

**17** H. R. Lamb and Associates, 장기 환자의 지역사회 생존*Community Survival for Long-Term Patients* (San Francisco: Jossey‑ Bass, 1976), p. 7.

**18** Wing, *Schizophrenia*, p. 29.

**19** O. Sacks, *The Man Who Mistook His Wife for a Hat* (New York: Summit Books, 1985), pp. 70-74. 올리버 색스, 《아내를 모자로 착각한 남자》, 조석현 옮김, 알마, 2016.

**20** E. Francell, "약물 치료: 회복의 토대Medication: The Foundation of Recovery," *Innovations and Research* 3 (1994): 31-40.

**21** L. Dixon, B. Stewart, J. Burland, et al., "가족 대 가족 교육 프로그램의 효과에 대한 예비 연구Pilot Study of the Effectiveness of the Family-to-Family Education Program," *Psychiatric Services* 52 (2001): 965-67.

**22** E. Leete, "내가 나의 병을 인지하고 관리하는 방법How I Perceive and Manage My Illness," *Hospital and Community Psychiatry* 15 (1989): 197-200.

**23** E. Leete, "조현병의 치료: 어느 환자의 관점The Treatment of Schizophrenia: A Patient's Perspective," *Hospital and Community Psychiatry* 38 (1987): 486-91.

**24** G. Faulkner and A. Sparkes, "조현병 치료법으로서 운동: 민족지학적 연구 Exercise as Therapy for Schizophrenia: An Ethnographic Study," *Journal of Sport and Exercise Psychology* 21 (1999): 52-69.

**25** E. Leete, "내가 나의 병을 인지하고 관리하는 방법How I Perceive and Manage My Illness."

**26** J. Walsh, "익명의 조현병 환자들: 오하이오주 프랭클린 카운티의 경험Schizoph-renics Anonymous: The Franklin County, Ohio, Experience," *Psychosocial Rehabilitation Journal* 18 (1994): 61-74.

27  C. W. McGill and C. J. Patterson, "정신과 폐쇄 입원병동에서 동료 상담자로 활동하는 이전 환자들Former Patients as Peer Counselors on Locked Psychiatric Inpatient Units," *Hospital and Community Psychiatry* 41 (1990): 1017-20.

28  P. S. Sherman and R. Porter, "사례 관리 보조자로 활동하는 정신의료 소비자Mental Health Consumers as Case Management Aides," *Hospital and Community Psychiatry* 42 (1991): 494-98.

29  A. -M. Baronet, "정신질환에서 간병인의 부담과 관련된 요인들: 연구 문헌에 대한 비판적 리뷰Factors Associated with Caregiver Burden in Mental Illness: A Critical Review of the Research Literature," *Clinical Psychology Review* 19 (1999): 819-41.

30  "NAMI 회원인 한 어머니의 생각Thoughts from a NAMI Mother," *NAMI Oklahoma News* 15(1999), p. 1.

31  D. Lerner, H. Chang, W. H. Rogers, "조현병이나 조현정동장애 환자 간병인들의 심리적 괴로움Psychological Distress Among Caregivers of Individuals with a Diagnosis of Schizophrenia or Schizoaffective Disorder," *Psychiatric Services* 69 (2018): 169- 78.

32  J. Farhall, B. Webster, B. Hocking, et al., "정신의료 전문가와 가족 간병인들의 동반관계 증진을 위한 훈련: 비교 연구Training to Enhance Partnerships between Mental Health Professionals and Family Caregivers: A Comparative Study," *Psychiatric Services* 49 (1998): 1488-90.

33  익명, 개인적 대화. Davis, California.

34  A. H., 개인적 대화, Washington, D.C.

35  Wing, *Schizophrenia*, p. 27.

36  H. R. Rollin, ed., 조현병에 대처하기*Coping with Schizophrenia* (London: Burnett, 1980), p. 158.

37  Career and Wing, p. 71.

38  상동. p. 22.

39  상동. p. 11.

40  상동. p. 8.

41  B. B., 개인 서신, New York.

42  L. Y., 개인 서신, San Jose, California.

43  L. M., 개인 서신, Florida.

44  P. Earle, "정신이상과 정신이상자들에 대한 대중의 잘못된 생각들Popular Fallacies in Regard to Insanity and the Insane," *Journal of Social Science* 26 (1890): 113.

45  A. H., 개인 서신, Washington, D.C.

46  Creer and Wing, p. 30.

47  Anonymous, 개인 서신, California.

48  Creer and Wing, p. 10.

49  R. Lanquetot, "일인칭 서술: 모녀관계에 관하여First Person Account: On Being Daughter and Mother," *Schizophrenia Bulletin* 14 (1988): 337-41.

50  M. Fichtner, "광기의 자녀들Children of Madness," *Miami Herald*, September 15, 1991, pp. J-1-4.

51  M. Blais, "트리시Trish," *Miami Herald Sunday Magazine*, May 24, 1987, pp. 7-16.

52  W. Kelley, "충족되지 않은 필요Unmet Needs," *Journal of the California Alliance for the Mentally Ill* 3 (1992): 28-30.

53  J. Mozham, "아빠와 나: 조현병 환자와 함께한 성장기Daddy and Me: Growing Up with a Schizophrenic," *Reflections of AMI of Michigan*, May/June 1991, pp. 18-19.

54  A. S. Brodoff, "일인칭 서술: 누나의 눈으로 본 조현병-보이지 않는 짐의 무게First Person Account: Schizophrenia through a Sister' Eyes—The Burden of Invisible Baggage," *Schizophrenia Bulletin* 14 (1988): 113-16.

55  M. Wasow, 물수제비The Skipping Stone (Palo Alto, Calif.: Science and Behavior Books, 1995), p. 72.

56  D. T. Marsh, 중증 정신질환과 가족Serious Mental Illness and the Family (New York: John Wiley, 1998), p. 239.

57  P. Aronowitz, "형의 꿈A Brother's Dreams," *New York Times Magazine*, January 24, 1988, p. 355.

58  C. Kauffman, H. Grunebaum, B. Cohler, et al., "슈퍼키즈: 정신증환자 어머니

의 유능한 자녀들Superkids: Competent Children of Psychotic Mothers," *American Journal of Psychiatry* 136 (1979): 1398-1402.

59 Lanquetot.

60 M. Moorman, 내 언니의 보호자*My Sister's Keeper* (New York: Norton, 1992).

61 Mozham.

62 Fichtner.

63 J. Johnson, 감춰진 피해자-감춰진 치유자*Hidden Victims—Hidden Healers* (New York: Doubleday, 1988).

64 C. D. Swofford, J. W. Kasckow, G. Scheller-Gilkey, et al., "물질 사용: 조현 병 재발의 강력한 예측 변수Substance Use: A Powerful Predictor of Relapse in Schizophrenia," *Schizophrenia Research* 20 (1996): 145-51.

65 M. I. Herz and C. Melville, "조현병의 재발Relapse in Schizophrenia," *American Journal of Psychiatry* 137 (1980): 801-5.

66 M. Herz, "Prodromal Symptoms and Prevention of Relapse in Schizophrenia," *Journal of Clinical Psychiatry* 46 (1985): 22-25.

67 M. Birchwood, J. Smith, F. MacMillan, et al., "조현병 재발 예측: 환자와 가족 들을 관찰자로 활용하는 초기 신호 모니터링 시스템의 개발과 실행Predicting Relapse in Schizophrenia: The Development and Implementation of an Early Signs Monitoring System Using Patients and Families as Observers," *Psychological Medicine* 19 (1989): 649-56.

68 P. Jørgensen, "조현병의 망상: 경고 신호의 감지Schizophrenic Delusions: The Detection of Warning Signals," *Schizophrenia Research* 32 (1998): 17-22.

69 M. Lovejoy, "조현병에서 회복하다: 사적인 오딧세이Recovery from Schizophrenia: A Personal Odyssey," *Hospital and Community Psychiatry* 35 (1984): 809-12.

70 S. A. Davidoff, B. P. Forester, S. N. Ghaemi, et al., "정신증적 장애에서 비디 오를 통한 자기 관찰이 병식 생성에 미치는 영향Effect of Video Self-Observation on Development of Insight in Psychotic Disorders," *Journal of Nervous and Mental Disease* 186 (1998): 697-700.

## 12장

1   R. Mead, 의학적 수칙과 주의할 점들Medical Precepts and Cautions (London: J. Brindley, 1751).

2   D. L. DiLalla and I. I. Gottesman, "조현병에서 불일치하는 일란성쌍둥이들의 정상 성격특성Normal Personality Characteristics in Identical Twins Discordant for Schizophrenia," *Journal of Abnormal Psychology* 104 (1995): 490-99.

3   B. Bick, "사랑과 원망Love and Resentment," *New York Times Magazine*, March 25, 1990, p. 26.

4   J. K. Wing, 지역사회의 조현병과 그 관리Schizophrenia and Its Management in the Community (*pamphlet published by National Schizophrenic Fellowship*, 1977), pp. 28-29.

5   S. Brill, "부정직한 항변A Dishonest Defense," *Psychology Today*, November 1981, pp. 16-19.

6   C. Holden, "정신이상 항변의 재검토Insanity Defense Reexamined," *Science* 222 (1983): 994-95.

7   A. J. Russell, J. C. Munro, P. B. Jones, et al., "조현병과 지적 쇠퇴라는 신화Schizophrenia and the Myth of Intellectual Decline," *American Journal of Psychiatry* 154 (1997): 635-39.

8   I. Isohanni, M. R. Jarvelin, P. Jones, et al., "탁월한 학교 성적이 조현병의 증상일 수 있을까? 북부 핀란드 1966년 출생 코호트에 대한 28년 추적연구Can Excellent School Performance Be a Precursor of Schizophrenia? A 28-Year Follow-Up in the Northern Finland 1966 Birth Cohort," *Acta Psychiatrica Scandinavica* 100 (1999): 17-26.

9   J. S. Bedwell, B. Keller, A. K. Smith, et al., "아동기 발병 조현병에서 정신증 이후 IQ 감소가 일어나는 이유는 무엇인가?Why Does Postpsychotic IQ Decline in Childhood-Onset Schizophrenia?" *American Journal of Psychiatry* 156 (1999): 1996-97.

10  M. J. Edlund, C. Conrad, and P. Morris, "조현병 외래환자들의 사고Accidents among Schizophrenic Outpatients," *Comprehensive Psychiatry* 30 (1989): 522-26.

11  L. E. Hollister, "정신과 환자의 자동차 운전Automobile Driving by Psychiatric Patients," letter, *American Journal of Psychiatry* 149 (1992): 274; see also D. O'Neill, "운

전과 정신질환Driving and Psychiatric Illness," letter, *American Journal of Psychiatry* 150 (1993): 351.

12  G. Kirov, R. Kemp, K. Kirov, et al., "정신질환 이후의 종교적 신앙Religious Faith after Psychotic Illness," *Psychopathology* 31 (1998): 234-45.

13  D. B. Larson, A. A. Hohmann, L. G. Kessler, et al., "상담사와 성직자: 연관성 발견의 필요성The Couch and the Cloth: The Need for Linkage," *Hospital and Community Psychiatry* 39 (1988): 1064-69.

14  M. Galanter, "대규모 집단으로의 심리적 유도: 현대의 한 종파에서 알아낸 사실들Psychological Induction into the Large Group: Findings from a Modern Religious Sect," *American Journal of Psychiatry* 137 (1980): 1574-79; M. Galanter, et al., "'통일교도': 현대 한 종파의 개종과 회원들에 대한 심리학적 연구The 'Moonies' A Psychological Study of Conversion and Membership in a Contemporary Religious Sect," *American Journal of Psychiatry* 136 (1979): 165-70; S. V. Levine, "광신적 종교 집단 현상에서 정신의학의 역할Role of Psychiatry in the Phenomenon of Cults," *Canadian Journal of Psychiatry* 24 (1979): 593-603에서는 특히 설득력 있는 분석을 볼 수 있다.

15  S. V. Levine, "광신적 종교 집단 현상에서 정신의학의 역할Role of Psychiatry."

16  F. J. Frese, "조현병 환자를 위한 대처의 12가지 측면Twelve Aspects of Coping for Persons with Schizophrenia," *Innovations and Research* 2 (1993): 39-46.

17  E. Kringlen, "조현병을 비롯, 정신증이 있는 부모의 성인 자녀Adult Offspring of Two Psychotic Parents, with Special Reference to Schizophrenia," in L. C. Wynne, R. L. Cromwell, and S. Matthysse, 정신의학의 본질The Nature of Schizophrenia (New York: John Wiley, 1978), pp. 9-24; K. Modrzewska, "스웨덴 한 격리구의 조현병 부모의 자녀들The Offspring of Schizophrenic Parents in a Swedish Isolate," *Clinical Genetics* 17 (1980): 191-201.

18  E. F. Torrey, "우리는 조현병에 대한 유전의 역할을 과대평가하고 있는가?Are We Overestimating the Genetic Contribution to Schizophrenia?" *Schizophrenia Bulletin* 18 (1992): 159-70.

## 13장

1   F. S. Fitzgerald, 밤은 부드러워라*Tender Is the Night* (New York: Charles Scribner' Sons, 1934), pp. 191-92.

2   J. Mahler, "완전 감금Fully Committed," *Talk*, March 2000, pp. 134-35.

3   로저 에버트는 〈샤인〉을 리뷰했을 때처럼 때때로 핵심을 빗나갈 때가 있기는 하지만, 대체로 정신질환에 관해서는 이해를 바탕으로 한 세심한 글을 쓴다. www.rogerebert.com/reviews/clean-shaven-1995 또는 로저 에버트의 비디오 컴패니언*Roger Ebert' Video Companion* (Kansas City: Andrews and McMeel, updated annually since 1986)을 보라.

4   M. Martin and M. Porter, 비디오 무비 가이드2000*Video Movie Guide 2000* (New York: Ballantine Books, 1999).

5   T. Teachout, "음악과 대혼란The Music and the Mayhem," *New York Daily News*, March 20, 1997 (www.nydailynews.com). 1998년 초《AMI Cooke County North Suburban Newsline》에 "데이비드 헬프갓-정신질환의 신화를 홍보하는 전형적 인물David Helfgott—Poster Boy for the Mental Illness Myth"이라는 글을 실어준 달린 바크Darlene Bakk에게 감사한다.

6   S. Holden, "뒤죽박죽된 정신의 사악한 거미줄 속으로Into Sinister Webs of a Jumbled Mind," *New York Times*, February 28, 2003, E-1.

7   E. L. Altschuler, "고골의 '광인 일기'에 나오는 가장 오래된 조현병 병례 중 하나One of the Oldest Cases of Schizophrenia in Gogol's Diary of a Madman," *British Medical Journal* 323 (2001): 1475-77.

8   Quotes are taken from E. A. Poe, "베레니스Berenice," in 에드거 앨런 포 작품선 *The Works of the Late Edgar Allan Poe*, vol. 1, N. P. Willis, J. R. Lowell, and R. W. Griswold, eds. (New York: J. S. Redfield, 1850), pp. 437-45.

9   C. Dickens, "광인의 원고A Madman's Manuscript," in 찰스 디킨스 작품선: 픽윅 회보(픽윅 클럽 여행기)*The Works of Charles Dickens: The Pickwick Papers* (New York: Books, Inc., 1868), p. 134.

10   C. Brontë, *Jane Eyre* (New York: Penguin Books, 1982), p. 295. 샬롯 브론테, 《제인

에어》.

11   H. Small, 사랑의 광기: 의학, 장편소설, 그리고 여성의 정신이상 1800~1865
     년*Love's Madness: Medicine, the Novel, and Female Insanity, 1800- 1865* (New York: Oxford University
     Press, 1996), p. 165, 1848년 1월 4일에 쓴 브론테의 편지를 인용함.

12   C. Dickens, 데이비드 코퍼필드*The Oxford Illustrated Dickens: The Personal History of David
     Copperfield* (London: Oxford University Press, 1966), p. 202.

13   H. Melville, 필경사 바틀비*Herman Melville: Four Short Novels* (New York: Bantam Books,
     1959), pp. 3-41.

14   A. A. Stone and S. S. Stone, eds., 문학에 담긴 이상 성격*The Abnormal Personality through
     Literature* (Englewood Cliffs, N.J.: Prentice- Hall, 1966), p. 5에서 재인용.

15   V. Woolf, 댈러웨이 부인*Mrs. Dalloway* (New York: Knopf, 1993), p. 23.

16   V. Woolf, 파도*The Waves* (New York: Harcourt Brace, 1988), pp. 43-45, 107.

17   C. Aiken, "소리 없는 눈, 비밀스러운 눈Silent Snow, Secret Snow," in 내부 세계: 우
     리 시대의 신경증을 조명하는 소설*The World Within: Fiction Illuminating Neuroses of Our Time*,
     Mary Louise Aswell, ed. (New York: McGraw- Hill, 1947), p. 241.

18   상동, p. 258.

19   Z. Fitzgerald, 왈츠는 나와 함께*Save Me the Waltz* (New York: Signet, 1968), p. 186.

20   피츠제럴드가 의사 슬로쿰에게 보낸 편지Letter from F. S. Fitzgerald to Dr. J. Slocum,
     April 8, 1934 (www.poprocks.com/zelda/scottletters/fitz4.html).

21   F. S. Fitzgerald, 밤은 아름다워라*Tender Is the Night* (New York: Scribners, 1934), pp.
     191-92. F.

22   A. Kavan, in 내부 세계: 우리 시대의 신경증을 조명하는 소설*The World Within:
     Fiction Illuminating Neuroses of Our Time*, Mary Louise Aswell, ed. (New York: McGraw-Hill,
     1947), pp. 270-81.

23   T. Capote, in 내부 세계: 우리 시대의 신경증을 조명하는 소설*The World Within:
     Fiction Illuminating Neuroses of Our Time*, Mary Louise Aswell, ed. (New York: McGraw-Hill,
     1947), pp. 270-81.

24   O. de Manzano, S. Cervenka, A. Karabanov, et al., "덜 온전한 상자 밖에서 사

고하기: 시상의 도파민 D2 수용체 밀도는 심리검사로 측정한 건강한 사람의 창조성과 음의 상관관계를 갖는다Thinking Outside a Less Intact Box: Thalamic Dopamine D2 Receptor Densities Are Negatively Related to Psychometric Creativity in Healthy Individuals," *PLoS One* 5 (2010): e10670.

25 J. L. Karlson, "재능 및 창조성과 조현병의 유전적 연관Genetic Association of Giftedness and Creativity with Schizophrenia," *Hereditas* 66 (1970): 177.

26 R. Ellmann, 제임스 조이스: 개정판*James Joyce: New and Revised Edition* (New York: Oxford University Press, 1982), p. 685.

27 N. J. C. Andreasen, "제임스 조이스: 조현성 성격자로서 예술가의 초상James Joyce: A Portrait of the Artist as a Schizoid," *Journal of the American Medical Association* 224 (1973): 67-71.

28 Ellmann, p. 650.

29 앙토냉 아르토 선집*Antonin Artaud: Selected Writings* (New York: Farrar, Straus and Giroux, 1976), p. 423.

30 A. A. Davidson, "미국판 반고흐의 비참한 삶과 죽음The Wretched Life and Death of an American Van Gogh, *Smithsonian Magazine*, December 1987, pp. 80-91.

31 거니에 관한 인용문들. M. Hurd, 이보르 거니의 시련*The Ordeal of Ivor Gurney* (Oxford: Oxford University Press, 1978), pp. 43, 122, and 158.

32 From P. J. Kavanagh, ed., 이보르 거니 시선*Collected Poems of Ivor Gurney* (Oxford: Oxford University Press, 1982), p. 156; reprinted by permission of the editor.

33 S. Nasar, *A Beautiful Mind* (New York: Simon & Schuster, 1998), pp. 243 and 244. 실비아 네이사,《뷰티풀 마인드》, 신현용, 이종인, 승영조 옮김, 승산, 2002.

34 R. Nijinsky, ed., 바슬라프 니진스키의 일기*The Diary of Vaslav Nijinsky* (Berkeley: University of California Press, 1968), pp. 185-86.

35 B. Schiff, "'푸른 색조와 명랑한 색채 나라에서의 승리와 비극Triumph and Tragedy in the Land of 'Blue Tones and Gay Colors,'" *Smithsonian Magazine*, October 1984, p. 89.

36 O. Wahl, "대중 대 전문가의 조현병 인식 비교Public vs. Professional Conceptions of Schizophrenia," *Journal of Community Psychiatry* 15 (1987): 285-91.

37  J. C. Phelan, B. G. Link, A. Stueve, et al., "1950년과 1996년의 정신질환에 대한 대중의 인식: 정신질환이란 무엇이며, 그것은 두려워할 대상인가?Public Conceptions of Mental Illness in 1950 and 1996: What Is Mental Illness and Is It to Be Feared?," *Journal of Health and Social Behavior* 41 (2000): 188-207.

38  미국 공중보건국장의 정신보건 보고서Report on Mental Health of the United States Surgeon General (Washington, D.C.: U.S. Department of Health and Human Services, 1999).

39  B. A. Pescosolido, J. K. Martin, J. S. Long, et al., "'다른 병들과 다를 것 없는 그냥 하나의 병이라고?' 10년간 조현병, 우울증, 알코올의존증에 대한 대중의 반응 변화A Disease Like Any Other? A Decade of Change in Public Reactions to Schizophrenia, Depression, and Alcohol Dependence," *American Journal of Psychiatry* 167 (2010): 1321-30.

40  E. E. McGinty, A. K. Hendricks, S. Chosky, et al., "정신질환을 다루는 미국 뉴스의 흐름들: 1995~2014Trends in the News Media Coverage of Mental Illness in the United States: 1995- 2014," *Health Affairs* 35 (2016): 1121-29.

41  J. A. Thorton and O. F. Wahl, "뉴스가 정신질환에 대한 태도에 미치는 영향Impact of a Newspaper Article on Attitudes toward Mental Illness," *Journal of Community Psychology* 24 (1996): 17-25.

42  M. C. Angermeyer and H. Matschinger, "조현병 환자의 폭력적 공격이 정신질환자에 대한 대중의 태도에 미치는 영향The Effect of Violent Attacks by Schizophrenic Per-sons on the Attitude of the Public Towards the Mentally Ill," *Social Science and Medicine* 43 (1996): 1721-28.

43  M. S. McGinty, D. W. Webster, C. L. Barry, "대량 총기난사 사건에 대한 뉴스 미디어 메시지가 중증 정신질환자에 대한 태도 및 총기 규제 정책에 대한 대중의 지지에 미치는 영향Effects of News Media Message About Mass Shootings on Attitudes Toward Persons With Serious Mental Illness and Public Support for Gun Control Policies," *American Journal of Psychiatry* 170 (2013): 494-501.

44  E. E. Ginty et al., op cit.

45  E. Jarvik, "확산되는 낙인에 대한 정신건강 고객들의 공포Mental Health Clients Fear

Growing Stigma," *Deseret News*, April 24, 1999, p. A-1.

## 14장

1   W. Hall, G. Andrews, and G. Goldstein, "조현병의 비용The Costs of Schizophrenia," *Australian and New Zealand Journal of Psychiatry* 19 (1985): 3-5.

2   L. Wilson, 낯선 사람, 나의 아들*This Stranger, My Son* (New York: Putnam, 1968), p. 174.

3   E. F. Torrey, 그림자에서 벗어나: 미국의 정신질환 위기 직면하기*Out of the Shadows: Confronting America's Mental Illness Crisis* (New York: John Wiley, 1997)

4   D. J. James and L. E. Glaze, 교도소와 구치소 수감자의 정신건강 문제*Mental Health Problems of Prison and Jail Inmates* (Washington, D.C.: U.S. Department of Justice, 2006).

5   D. M. Steinwachs, J. D. Kasper, E. A. Skinner, et al., 중증 정신질환자 친족을 간호하기 위한 필요의 충족에 관한 가족들의 관점*Family Perspectives on Meeting the Needs for Care of Severely Mentally Ill Relatives* (Arlington, Va.: NAMI, 1992).

6   J. M. Dawson and P. A. Langan, 가족 내 살인*Murder in Families* (Washington, D.C.: U.S. Department of Justice, 1994).

7   A. F. Lehman and L. S. Linn, "기숙 요양 가정의 퇴원 정신질환자들에 대한 범죄Crimes against Discharged Mental Patients in Board-and-Care Homes," *American Journal of Psychiatry* 141 (1984): 271-74.

8   S. Friedman and G. Harrison, "조현병 환자 여성과 일반 여성의 성적 역사, 태도, 행동Sexual Histories, Attitudes, and Behavior of Schizophrenic and Normal Women," *Archives of Sexual Behavior* 13 (1984): 555-67.

9   T. Alex, "이 도시의 여름: 드모인에서 일어난 폭력 범죄Summer in the City: Violent Crime in D. M.," *Des Moines Register*, August 3, 1989, p. 1.

10   "사설 요양 가정 4곳에서 환자 시체 21구를 치우다21 Ex-Mental Patients Taken from 4 Private Homes," *New York Times*, August 5, 1979, p. A-33.

11   S. Raab, "직원, 정신질환자 거주소는 비참한 곳Mental Homes Are Wretched, A Panel Says," *New York Times*, August 6, 1990.

12   "허술한 창고에 방치되어 있던 환자의 시체Ex-Patients Kept in Primitive Shed," *New*

*York Times*, October 21, 1982, p. A-21.

13  R. Davidson, "일리노이주의 정신의료 위기A Mental Health Crisis in Illinois," *Chicago Tribune*, December 9, 1991.

14  C. F. Muller and C. L. M. Caton, "조현병의 경제적 비용: 퇴원 후 연구Economic Costs of Schizophrenia: A Postdischarge Study," *Medical Care* 21 (1983): 92-104.

15  J. L. Geller, "미국 주립 병원 '최악의' 상습 입원자들에 관한 보고서A Report on the 'Worst' State Hospital Recidivists in the U.S.," *Hospital and Community Psychiatry* 43 (1992): 904-8.

16  E. Bumiller, "줄리아니 시장, 공격 사건 후 노숙자를 단속하다In Wake of Attack, Giuliani Cracks Down on Homeless," *New York Times*, November 20, 1999, p. 1.

17  M. Olfson, H. A. Pincus, and T. H. Dial, "미국 정신과 의사들의 전문적 진료 패턴Professional Practice Patterns of U.S. Psychiatrists," *American Journal of Psychiatry* 151 (1994): 89-95.

18  D. A. Regier, W. E. Narrow, D. S. Rae, et al., "미국 정신장애 및 중독장애 서비스 시스템의 실상The De Facto U.S. Mental and Addictive Disorders Service System," *Archives of General Psychiatry* 50 (1993): 85-94.

19  M. Von Korff, G. Nestadt, A. Romanoski, et al., "치료받지 않은 DSM-III 조현병 비율Prevalence of Untreated DSM-III Schizophrenia," *Journal of Nervous and Mental Disease* 173 (1985): 577-81.

20  D. A. Treffert, "치료가 필요한 명백히 병든 환자The Obviously Ill Patient in Need of Treatment," *Hospital and Community Psychiatry* 36 (1985): 259-64.

21  "중증 정신질환이 있는 미국인을 위한 의료 개혁: 전국 정신건강 자문 위원회 보고서Health Care Reform for Americans with Severe Mental Illnesses: Report of the National Advisory Mental Health Council," *American Journal of Psychiatry* 150 (1993): 1447-65.

22  J. C. Anthony, M. Folstein, A. J. Romanoski, et al., "비전문가 진단 면담 일정과 표준 정신의학 진단 비교Comparison of the Lay Diagnostic Interview Schedule and a Standardized Psychiatric Diagnosis," *Archives of General Psychiatry* 42 (1985): 667-75.

23  W. E. Narrow, D. S. Rae, L. N. Robins, "미국의 정신질환 유병률 수정 추

정치)Revised Prevalence Estimates of Mental Disorders in the United States," *Archives of General Psychiatry* 59 (2002): 115-23.

24  See M. Kramer, B. M. Rosen, and E. M. Willis, "어느 인종차별 사회에서의 정신질환의 정의와 분포Definitions and Distribution of Mental Disorders in a Racist Society," in C. V. Willie, B. M. Kramer, and B. S. Brown, eds., 인종차별과 정신건강Racism and Mental Health (Pittsburgh: University of Pittsburgh Press, 1973); and M. Kramer, "인구변화와 조현병, 1970~1985년Population Changes and Schizophrenia, 1970-1985," in L. Wynne, et al., eds., 조현병의 본질The Nature of Schizophrenia (New York: Wiley, 1978).

25  대통령 직속 정신보건 위원회 보고서Report of the President's Commission on Mental Health (Washington, D.C.: U.S. Government Printing Office, 1978).

26  Kramer, Rosen, Willis.

27  M. A. Burnam, R. L. Hough, J. I. Escobar, et al., "로스앤젤레스의 멕시코계 미국인과 비히스패닉계 백인들의 6개월간 구체적 정신의학적 장애 유병률Six-Month Prevalence of Specific Psychiatric Disorders among Mexican Americans and Non-Hispanic Whites in Los Angeles," *Archives of General Psychiatry* 44 (1987): 687-94.

28  E. G. Jaco, 정신질환의 사회적 역학: 텍사스주 정신의학 조사The Social Epidemiology of Mental Disorders: A Psychiatric Survey of Texas (New York: Russell Sage Foundation, 1960).

29  J. W. Eaton and R. J. Weil, 문화와 정신질환: 후터파와 다른 인구집단들에 대한 비교 연구Culture and Mental Disorders: A Comparative Study of the Hutterites and Other Populations (Glencoe: Free Press, 1955).

30  따로 밝힌 경우를 제외하고 이 섹션에서 언급한 모든 연구에 대해서는 다음 책과 논문에 리뷰가 실려 있다. E. F. Torrey, 조현병과 문명Schizophrenia and Civilization (New York: Jason Aronson, 1980); and E. F. Torrey, "조현병 유병률 연구Prevalence Studies in Schizophrenia," *British Journal of Psychiatry* 150 (1987): 598-608.

31  S. Saha, D. Chant, J. Welham, and J. McGrath, "조현병 유병률에 대한 체계적 리뷰A Systematic Review of the Prevalence of Schizophrenia," *PLoS Medicine* 2 (2005): e141-e433.

32  J. J. McGrath, "조현병 역학에 관한 신화들과 명백한 진실들-북유럽 정신의

학 역학조사 위원회 강연 2004년Myths and Plain Truths about Schizophrenia Epidemiology— The NAPE Lecture 2004," *Acta Psychiatrica Scandinavica* 111 (2005): 4-11.

33  F. X. Hezel and A. M. Wylie, "미크로네시아의 조현병과 만성 정신질환: 역 학조사Schizophrenia and Chronic Mental Illness in Micronesia: An Epidemiological Survey," *ISLA: A Journal of Micronesian Studies* 1 (1992): 329-54.

34  A. Halliday, 아일랜드 정신병원들의 현재 상태에 관한 언급Remarks on the Present State of the Lunatic Asylums in Ireland (London: John Murray, 1808).

35  S. Wessely, D. Castle, G. Der, et al., "조현병과 아프리카계 카리브인Schizophrenia and Afro-Caribbeans," *British Journal of Psychiatry* 159 (1991): 795-801.

36  E. Cantor-Graae and J.-P. Selten, "조현병과 이민: 메타분석과 리뷰Schizophrenia and Migration: A Meta-Analysis and Review," *American Journal of Psychiatry* 162 (2005): 12-24.

37  R. E. Kendell, D. E. Malcolm, and W. Adams, "조현병 발생의 변화를 감지하 는 문제The Problem of Detecting Changes in the Incidence of Schizophrenia," *British Journal of Psychiatry* 162 (1993): 212-18.

38  R. Lemkau, C. Tietze, and M. Cooper, "도심 구역의 정신위생 문제Mental-Hygiene Problems in an Urban District," *Mental Hygiene* 25 (1941): 624-46; and 26 (1942): 100-19.

39  A. B. Hollingshead and F. C. Redlich, 사회계급과 정신질환Social Class and Mental Illness (New York: John Wiley, 1958).

40  A. Y. Tien and W. W. Eaton, "조현병 증후군에 대한 정신병리학적 전구요인 과 사회인구학적 위험 요인Psychopathologic Precursors and Sociodemographic Risk Factors for the Schizophrenia Syndrome," *Archives of General Psychiatry* 49 (1992): 37-46.

41  D. V. Jeste, R. del Carmen, J. B. Lohr, et al., "조현병은 18세기 이전에도 존재 했는가Did Schizophrenia Exist before the Eighteenth Century?" *Comprehensive Psychiatry* 26 (1985): 493-503; see also N. M. Bark, "조현병의 역사에 관하여On the History of Schizophrenia," *New York State Journal of Medicine* 88 (1988): 374-83.

42  E. F. Torrey, 조현병과 문명Schizophrenia and Civilization (New York: Jason Aronson, 1980).

43 N. M. Bark, "셰익스피어는 조현병을 알았을까? 〈리어 왕〉에서 가련한 미친 톰의 경우Did Shakespeare Know Schizophrenia? The Case of Poor Mad Tom in King Lear," *British Journal of Psychiatry* 146 (1985): 436-38.

44 Jeste, et al., and E. Hare, "1800년 이전의 조현병? 조지 트로스 목사의 경우Schizophrenia before 1800? The Case of the Revd George Trosse," *Psychological Medicine* 18 (1988): 279-85.

45 Torrey, 조현병과 문명*Schizophrenia and Civilization*, and E. Hare, "정신이상은 증가하고 있었는가?Was Insanity on the Increase?" *British Journal of Psychiatry* 142 (1983): 439-55.

46 A. L. Stroup and R. W. Manderscheid, "미국에서 주립 정신병원의 발달 과정: 18450~1980년The Development of the State Mental Hospital System in the United States: 1840- 1980," *Journal of the Washington Academy of Sciences* 78 (1988): 59-68.

47 E. Jarvis, "정신이상의 증가라는 가정에 대해On the Supposed Increase in Insanity," *American Journal of Insanity* 8 (1852): 333.

48 W. J. Corbet, "정신이상의 증가에 대해On the Increase of Insanity," *American Journal of Insanity* 50 (1893): 224-38에서 재인용.

49 F. B. Sanborn, "미국인의 정신이상은 증가하고 있는가?Is American Insanity Increasing? A Study," *Journal of Mental Science* 40 (1894): 214-19.

50 이 섹션에 나오는 대부분의 자료는 Torrey, 갈 곳 없는 사람들*Nowhere to Go* (New York: Harper and Row, 1988)에서 찾아볼 수 있다.

51 국립신경정신연구소에 대한 청문회Hearings on the National Neuropsychiatric Institute, 미 상원 건강 및 교육 소위원회Subcommittee on Health and Education, United States Senate, March 6-8, 1946, pp. 167 and 169.

52 A. Deutsch, 미국의 수치*The Shame of the States* (New York: Harcourt Brace, 1948), p. 28.

53 See Torrey, *Nowhere to Go*, pp. 102-6.

54 President Kennedy's 1963 special message to Congress, reprinted in H. A. Foley and S. S. Sharfstein, 광기와 정부*Madness and Government* (Washington, D.C.: American Psychiatric Press, 1983).

55 E. F. Torrey, S. M. Wolfe, and L. M. Flynn, "정신질환자를 위한 프로그램들의 재정 착복: 지역 정신건강 센터 건축을 위한 연방 보조금 프로그램의 불법성과 실패에 관한 보고서Fiscal Misappropriations in Programs for the Mentally Ill: A Report on Illegality and Failure of the Federal Construction Grant Program for Community Mental Health Centers" (Washington, D. C.: Public Citizen Health Research Group and National Alliance for the Mentally Ill, 1990).

56 L. Caplan, "바닥을 향한 변호사들의 경쟁The Lawyers Race to the Bottom," *The New York Times*, August 6, 1993, A-24.

57 C. A. Taube, B. J. Bums, and L. Kessler, "개인 진료소의 정신과 의사와 심리학자에게 치료받는 환자들: 1980Patients of Psychiatrists and Psychologists in Office-Based Practice: 1980," *American Psychologist* 39 (1984): 1435-47.

58 오리건주의 예는 다음 글에서 가져온 것이다. "주거도 없고, 회복도 없다No Housing, No Recovery," an editorial in the *Oregonian*, March 20, 2000, p. E-12.

59 A. E. Moran, R. I. Freedman, and S. S. Sharfstein, "실비아 프럼킨의 여정: 정책입안자를 위한 사례 연구The Journey of Sylvia Frumkin: A Case Study for Policymakers," *Hospital and Community Psychiatry* 35 (1984): 887-93.

60 D. P. Rice and L. S. Miller, "조현병의 경제적 부담The Economic Burden of Schizophrenia," *Journal of Clinical Psychiatry* 60 (Suppl. 1) (1999): 4-6.

61 R. J. Wyatt, I. de Saint Ghislain, M. C. Leary, et al., "조현병의 경제적 평가-1991년An Economic Evaluation of Schizophrenia—1991," *Social Psychiatry and Psychiatric Epidemiology* 30: 196-205, 1995.

62 E. Q. Wu, H. G. Birnbaum, L. Shi, et al., "2002년 미국, 조현병의 경제적 부담The Economic Burden of Schizophrenia in the United States in 2002," *Journal of Clinical Psychiatry* 66(2005): 1122-29.

63 G. Andrews, W. Hall, G. Goldstein, et al., "조현병의 경제적 비용The Economic Costs of Schizophrenia," *Archives of General Psychiatry* 42 (1985): 537-43.

64 R. J. Wyatt, "과학과 정신의학Science and Psychiatry," in J. T. Kaplan and B. J. Sadock, eds., 정신의학 종합 교과서Comprehensive Textbook of Psychiatry, 4th ed. (Baltimore:

Williams and Wilkins, 1984), chapter 53, p. 2027.

65   E. Jarvis, 매사추세츠의 정신이상과 백치: 정신이상 위원회 보고서, 1855*Insanity and Idiocy in Massachusetts: Report of the Commission on Lunacy, 1855* (Cambridge: Harvard University Press, 1971), p. 104.

## 15장

1   R. C. Waterston, "매사추세츠의 정신이상자들The Insane in Massachusetts," *Christian Examiner* 33 (1843): 338-52.

2   F. Tiffany, 도로시아 린드 딕스의 생애*Life of Dorothea Lynde Dix* (Ann Arbor: Plutarch Press, 1971), p. 134.

3   E. F. Torrey, M. T. Zdanowicz, S. M. Wolfe, et al., 정신의학연구에 대한 연방의 실패: 중증 정신질환에 대한 연구 자금 지원을 계속 등한시하는 국립정신보건원*Federal Failure in Psychiatric Research: Continuing NIMH Negligence in Funding Sufficient Research on Serious Mental Illnesses* (Arlington, Va.: Treatment Advocacy Center, November 2003).

4   E. F. Torrey, "정신 나간 관료주의: 공중보건을 훼손하며 돈을 낭비하는 연방 기구Bureaucratic Insanity: The Federal Agency That Wastes Money while Undermining Public Health," *National Review*, June 20, 2011.

5   H. R. Lamb, "치료를 제공함으로써 낙인 무찌르기Combating Stigma by Providing Treatment," *Psychiatric Services* 50 (1999): 729.

6   H. Takahashi, T. Ideno, S. Okubo, et al., "일본 청년들이 schizophrenia에 대해 갖고 있는 상투적 고정관념 때문에 'schizophrenia'에 대한 일본어 용어를 바꾼 효과Impact of Changing the Japanese Term for 'Schizophrenia' for Reasons of Stereotypical Beliefs of Schizophrenia in Japanese Youth," *Schizophrenia Research* 112 (2009): 149-52.

7   A. Aoki, Y. Aoki, R. Goulden, et al., "20년간 일본에서 조현병에 관한 신문 보도에 나타난 변화Change in Newspaper Coverage of Schizophrenia in Japan Over 20-year Period," *Schizophrenia Research* 175 (2016): 193-97; S. Koike, S. Yamaguichi, Y. Ojie, et al., "일본에서 1983~2013년까지 조현병 명칭 변경이 대중매체에 미친 영향: 텍스트 데이터 마이닝 분석Effect of Name Change of Schizophrenia on Mass Media Between 1985

and 2013 in Japan: A Text Data Mining Analysis," *Schizophrenia Bulletin* 42 (2015): 552-9.

8   대통령 직속 정신보건위원회 보고서 2권*Report of the President' Commission on Mental Health, vol. 2* (Washington, D.C.: U.S. Government Printing Office, 1978), p. 362.

9   R. W. Heinrichs, 광기를 찾아서: 조현병과 신경과학*In Search of Madness: Schizophrenia and Neuroscience* (New York: Oxford University Press, 2001), p. 276.

# 찾아보기

옮긴이 **정지인**

《욕구들》,《공감은 지능이다》,《우울할 땐 뇌 과학》,《내 아들은 조현병입니다》,《불행은 어떻게 질병으로 이어지는가》,《공부의 고전》,《혐오사회》,《무신론자의 시대》등 여러 권의 책을 번역했다. 어려서부터 언어에 대한 관심과 재미가 커서 좀 조숙한 나이에 번역을 하겠다는 '장래희망'을 품었고, 그대로 세월이 흘러 꽤 오랫동안 번역만 하며 살고 있다. 부산대학교에서 독일어와 독일문학을 '조금' 공부했다.

# 조현병의 모든 것

**첫판 1쇄 펴낸날** 2021년 5월 17일
**7쇄 펴낸날** 2023년 10월 21일

**지은이** E. 풀러 토리
**옮긴이** 정지인
**감수** 권준수
**발행인** 조한나
**편집기획** 김교석 유승연 문해림 김유진 곽세라 전하연 박혜인 조정현
**디자인** 한승연 성윤정
**마케팅** 문창운 백윤진 박희원
**회계** 양여진 김주연

**펴낸곳** (주)도서출판 푸른숲
**출판등록** 2003년 12월 17일 제2003-000032호
**주소** 서울특별시 마포구 토정로 35-1 2층, 우편번호 04083
**전화** 02)6392-7871, 2(마케팅부), 02)6392-7873(편집부)
**팩스** 02)6392-7875
**홈페이지** www.prunsoop.co.kr
**페이스북** www.facebook.com/prunsoop   **인스타그램** @prunsoop

ⓒ 푸른숲, 2021
ISBN 979-11-5675-878-5 (03180)